"十二五"国家重点图书出版规划项目

中国社会科学院创新工程学术出版资助项目

总主编：金 碚

经济管理学科前沿研究报告系列丛书

THE FRONTIER REPORT ON THE
DISCIPLINE OF
STATISTICS

叶明确 主编

统计学学科前沿研究报告

经济管理出版社
ECONOMY & MANAGEMENT PUBLISHING HOUSE

图书在版编目（CIP）数据

统计学学科前沿研究报告 2011/叶明确主编. —北京：经济管理出版社，2015.6
ISBN 978-7-5096-3834-7

Ⅰ. ①统… Ⅱ. ①叶… Ⅲ. ①统计学—研究报告 Ⅳ. ①FC8

中国版本图书馆 CIP 数据核字（2015）第 135205 号

组稿编辑：张永美
责任编辑：张永美
责任印制：黄章平
责任校对：车立佳

出版发行：经济管理出版社
　　　　　（北京市海淀区北蜂窝 8 号中雅大厦 A 座 11 层　100038）
网　　　址：www. E-mp. com. cn
电　　话：（010）51915602
印　　刷：三河市延风印装厂
经　　销：新华书店
开　　本：787mm×1092mm/16
印　　张：27.75
字　　数：640 千字
版　　次：2015 年 6 月第 1 版　　2015 年 6 月第 1 次印刷
书　　号：ISBN 978-7-5096-3834-7
定　　价：88.00 元

《经济管理学科前沿研究报告》
编辑委员会

总主编：金 碚

副总主编：徐二明　高　闯　赵景华

编辑委员会委员（按姓氏笔划排序）：

万相昱	于亢亢	王　钦	王伟光	王京安	王国成	王默凡	史　丹
史小红	叶明确	刘　飞	刘文革	刘兴国	刘建丽	刘　颖	孙久文
孙若梅	朱　彤	朱　晶	许月明	何　瑛	吴东梅	宋　华	张世贤
张永军	张延群	李　枫	李小北	李俊峰	李禹桥	杨世伟	杨志勇
杨明辉	杨冠琼	杨春河	杨德林	沈志渔	肖　霞	陈宋生	陈　宪
周小虎	周应恒	周晓明	罗少东	金　准	贺　俊	赵占波	赵顺龙
赵景华	钟甫宁	唐　矿	徐二明	殷　凤	高　闯	康　鹏	操建华

本书编写人员

主　编：叶明确

其他编写人员：曹萍萍　胡诗云　虞棋栋　蒋帝文

序 言

　　为了落实中国社会科学院哲学社会科学创新工程的实施，加快建设哲学社会科学创新体系，实现中国社会科学院成为马克思主义的坚强阵地、党中央国务院的思想库和智囊团、哲学社会科学的最高殿堂的定位要求，提升中国社会科学院在国际、国内哲学社会科学领域的话语权和影响力，加快中国社会科学院哲学社会科学学科建设，推进哲学社会科学的繁荣发展具有重大意义。

　　旨在准确把握经济和管理学科前沿发展状况，评估各学科发展近况，及时跟踪国内外学科发展的最新动态，准确把握学科前沿，引领学科发展方向，积极推进学科建设，特组织中国社会科学院和全国重点的大学专家学者研究撰写《经济管理学科前沿研究报告》。本系列报告的研究和出版得到了国家新闻出版广电总局的支持和肯定，特将本系列报告丛书列为"十二五"国家重点图书出版项目。

　　《经济管理学科前沿研究报告》包括经济学和管理学两大学科。经济学包括能源经济学、旅游经济学、服务经济学、农业经济学、国际经济合作、世界经济、资源与环境经济学、区域经济学、财政学、金融学、产业经济学、国际贸易学、劳动经济学、数量经济学、统计学。管理学包括工商管理学科、公共管理学科、管理科学与工程三个学科。工商管理学科包括管理学、创新管理、战略管理、技术管理与技术创新、公司治理、会计与审计、财务管理、市场营销、人力资源管理、组织行为学、企业信息管理、物流供应链管理、创业与中小企业管理等学科及研究方向；公共管理学科包括公共行政学、公共政策学、政府绩效管理学、公共部门战略管理学、城市管理学、危机管理学、公共部门经济学、电子政务学、社会保障学、政治学、公共政策与政府管理等学科及研究方向；管理科学与工程包括工程管理、电子商务、管理心理与行为、管理系统工程、信息系统与管理、数据科学、智能制造与运营等学科及研究方向。

　　《经济管理学科前沿研究报告》依托中国社会科学院独特的学术地位和超前的研究优势，撰写出具有一流水准的哲学社会科学前沿报告，致力于体现以下特点：

　　(1) 前沿性。本系列报告能体现国内外学科发展的最新前沿动态，包括各学术领域内的最新理论观点和方法、热点问题及重大理论创新。

　　(2) 系统性。本系列报告囊括学科发展的所有范畴和领域。一方面，学科覆盖具有全面性，包括本年度不同学科的科研成果、理论发展、科研队伍的建设，以及某学科发展过程中具有的优势和存在的问题；另一方面，就各学科而言，还将涉及该学科下的各个二级学科，既包括学科的传统范畴，也包括新兴领域。

（3）权威性。本系列报告由各个学科内长期从事理论研究的专家、学者主编和组织本领域内一流的专家、学者进行撰写，无疑将是各学科内的权威学术研究。

（4）文献性。本系列丛书不仅系统总结和评价了每年各个学科的发展历程，还提炼了各学科学术发展进程中的重大问题、重大事件及重要学术成果，因此具有工具书式的资料性，为哲学社会科学研究的进一步发展奠定了新的基础。

《经济管理学科前沿研究报告》全面体现了经济、管理学科及研究方向本年度国内外的发展状况、最新动态、重要理论观点、前沿问题、热点问题等。该系列报告包括经济学、管理学一级学科和二级学科以及一些重要的研究方向，其中经济学科及研究方向15个，管理学科及研究方向45个。该系列丛书按年度撰写出版60部学科前沿报告，成为系统研究的年度连续出版物。这项工作虽然是学术研究的一项基础工作，但意义十分重大。要想做好这项工作，需要大量的组织、协调、研究工作，更需要专家学者付出大量的时间和艰苦的努力，在此，特向参与本研究的院内外专家、学者和参与出版工作的同仁表示由衷的敬意和感谢。相信在大家的齐心努力下，会进一步推动中国对经济学和管理学学科建设的研究，同时，也希望本系列报告的连续出版能提升我国经济和管理学科的研究水平。

金碚

2014.5

目　录

第一章 统计学学科 2011 年研究综述

我国的统计学学科在 2009 年做了大幅调整，形成了具有 10 个二级学科和 36 个三级学科的一级学科。在这一章，我们首先阐述了统计学发展的基本概念，其次从学科分类和期刊角度总结统计学在近年和 2011 年发展的整体趋势，最后再从论文角度对 2011 年统计学科的最新动态、重要理论观点、前沿和热点问题进行归纳。

第一节 统计学学科的划分与发展

一、统计学的概念

统计学原是数学的一个分支，它根植于概率论与数学，同时也受到更现代的计算机科学的影响。其处理数据的特点是通过对局部样本进行统计推断，从而了解总体的规律性。但是，以数据为基础的统计学与其他数学分支很不一样，现在已经成长为一门独立的学科（韦博成，2011）。

辞典中对统计的定义基本一致。例如，《新华词典》中的定义是：统计是指对某一现象有关的数据的搜集、整理、计算和分析等，也指获得的统计资料。特指社会经济统计，即对政治、经济、文化等各种社会现象在数量方面进行搜集、整理和分析研究。《大英百科全书》的定义是：统计学是一门收集数据、分析数据，并根据数据进行推断的艺术和科学。由 Kotz Johnson 和 Read 编辑的《统计科学百科全书》是迄今最完整的关于统计的具有权威性的百科全书，它说"统计学"这个术语表示"涉及收集、表示和分析数据的普遍方法和原理的领域"，它还列举了 40 多个运用统计的领域。我国由李淮春总编的《中国经济统计实用大全》（1990）中说，"统计学是研究客观存在的总体数量关系，搜集、整理和分析统计资料的理论和方法的科学"。大百科全书中对统计学的定义是"用以收集数据、分析数据和由数据得出结论的一组概念、原则和方法"。更确切地说，统计学是"研究如何获取数据、如何分析数据、如何解释数据，从数据中提取信息，寻找规律性的学科"。

学者们对于统计学的概念也给出了界定。乔亚梅（1998）认为，现代统计学应是研究如何从数量方面认识和分析社会、经济、科技、自然现象的理论和方法论科学。冯叔民

（1997）认为，统计学就是研究对于我们所关心的某一现象有关联的数据先进行搜集的技术和方法，然后对收集到的数据提供科学的整理和加工技术，在整理和加工的基础上再进行合理、有效、科学的计算，在整理、加工和计算结果时进行分析研究，并在分析和研究结论的基础上提出具体的应对策略的一门科学。贾俊平（2006）通过总结各种统计学的定义，将统计学概括为收集、处理、分析、解释数据并从数据中得出结论的科学。

统计学这一概念涵盖的范畴十分广泛，ISI（国际统计学会）常设办公室主任 Zoltan Kenessey 认为统计学的研究范围包括：统计学基本理论；经济统计学；社会统计学；物理统计学、生物统计学、环境统计学及其他领域的统计学；统计活动的理论和统计学史研究。他还对每一方面又进行了具体的大类和小类的划分。

曾五一（2000）认为统计学主要可以分为两类：一类是以抽象的数据为研究对象，研究一般的收集数据、分析数据方法的数理统计学，另一类是以各个不同领域的具体数量为研究对象的应用统计学。前一类统计学具有通用方法论的理学性质，其特点是计量不计质。后一类统计学则与各不同领域的实质性学科有着非常密切的联系，是有具体对象的方法论，因而具有复合性学科和边缘学科的性质。统计在每一个应用领域都有自己的目标和特点，如生物统计、统计质量控制、政府统计等。各个应用统计领域既有个性又有共性，多数普遍应用的统计方法最初是为某一个应用领域而发展的，然后为其他领域所利用，这些统计方法和原理逐渐形成统计学的基石（吴喜之，1997）。

不同统计分支采用的统计学定义有所不同。数理统计学界定义统计学是一门关于数据资料的收集、整理、分析和推断的科学。应用统计学的主要分支——社会经济统计学界，是以社会经济数量为对象的方法论科学，要在经济领域应用统计方法。在社会经济统计学界，给统计学所下的定义是阐述如何从总体上研究客观现象数量方面的特征与相互关系的理论与方法（冯叔民，1997）。

综上所述，统计学的研究对象是客观事物的数量特征和数据资料。统计学以搜集、整理、分析和研究等技术为手段，对所研究对象的总体数量关系和数据资料去伪存真、去粗取精，从而达到显示、描述和推断被研究对象的特征、趋势和规律性的目的。

二、统计学科的划分

（一）国内统计学科的划分

长期以来，我国部分学者认为统计学是经济学的一个分支，另外一部分学者认为统计学是应用数学的一个分支，两派争论相持不下。但在国外的学科分类以及研究领域中，统计学是一门独立的学科，独立于经济学和应用数学。从 1992 年国家颁布《学科分类与代码（GB/T13745-92）》开始，我国学科建设终于开始和国际接轨，统计学从各大学科中划分出来，上升为一级学科。但是，受到当时条件的限制，1992 年版的统计学科体系还存在着以下问题。

首先，统计学科体系的研究内容不完整。虽然该学科体系体现了统计学与部分学科的交叉关系，如经济、社会、人口、环境等学科，但是没有包含与其他一些重要学科的交叉关系，如生物、医学、劳动等重要学科。这就使得统计学科这个大家族不够全面和完整。

其次，统计学科的内在结构联系不强。有理论统计学，却没有应用统计学；有描述统计学，却没有推断统计学，从而造成统计学科内部结构不平衡，彼此联系不紧密。

针对 1992 年版出现的上述问题，理论界开始不断努力和修正，并取得了一定的进展。国家标准化管理委员会于 2009 年颁布了《学科分类与代码（GB/T13745-2009）》，新版学科分类对统计学科进行了大幅度的修订，较好地解决了上述问题。其中的统计学科设置情况如表 1-1 所示，统计学科共包含 10 个二级学科和 36 个三级学科，其中二级学科有统计学史、数理统计学、应用统计数学、经济统计、科学技术统计学、社会统计学、人口统计学、环境与生态统计学、生物与医学统计学和统计学其他学科。

表 1-1 2009 年学科分类中的统计学（910）

代码	学科名称	代码	学科名称
91010	• 统计学史	91035	• 科学技术统计学
11067	• 数理统计学	91040	• 社会统计学
1106710	抽样理论	9104010	教育统计学
1106715	假设检验	9104020	文化与体育统计学
1106720	非参数统计	9104040	司法统计学
1106725	方差分析	8407425	劳动统计学
1106730	相关回归分析	9104050	社会保障统计学
1106735	统计推断	9104060	生活质量统计学
1106740	贝叶斯统计	9104099	社会统计学其他学科
1106745	试验设计	91045	• 人口统计学
1106750	多元分析	91050	• 环境与生态统计学
1106755	统计判决理论	9105010	资源统计学
1106760	时间序列分析	9105020	环境统计学
1106765	空间统计	9105030	生态统计学
11071	• 应用统计数学	9105099	环境与生态统计学其他学科
1107110	统计质量控制	91060	• 生物与医学统计学
1107120	可靠性数学	9106010	生物统计学
1107130	保险数学	31057	• 医学统计学
1107135	统计计算	33072	• 卫生统计学
1107140	统计模拟	9106099	生物与医学统计学其他学科
91030	• 经济统计学	91099	• 统计学其他学科
9103015	国民经济核算		
9103025	经济统计分析		
7903520	经济计量学		
9103099	经济统计学其他学科		

资料来源：根据《学科分类与代码（GB/T13745-2009）》整理得到。符号"•"表示二级学科。

2009 年版最大的变化是增加了 2 个二级学科（应用统计学、生物与医学统计学）和 12 个三级学科（统计质量控制、保险数学、统计计算、经济计量学、劳动统计学、生物统计学等 9 个，医学统计学，卫生统计学，空间统计）。同时删减了 4 个二级学科和 12 个三级学科，删减的二级学科分别是理论统计学、描述统计学、统计法学和国际统计学，形成了 10 个二级学科和 36 个三级学科的统计学学科体系。新标准完善和扩充了统计学的研究内容，改善和加强了统计学子学科间的内在联系。2011 年 6 月，在统计学科评议组首次会议上又将金融统计、风险管理与精算学上升为二级学科，说明我国金融系统不断成熟，成为推动我国统计学科发展的重要力量。

除了以上的增减以外，2009 年版的统计学科划分还调整了部分学科的名称和内容。将统计核算理论和宏观经济统计学合并为国民经济核算；将微观经济统计学变更为经济统计分析；将社会福利与社会保障统计学更名为社会保障统计学；将自然资源统计学更名为资源统计学；将生态平衡统计学更名为生态统计学。

我国学科分类标准的实施（2009）和统计学学科重新分类（2011）不断扩充与完善着统计学体系，改善和加强了统计学内部结构的相互联系，极大地促进了统计学学科的发展。与国外统计学相比，我国学科分类的一个优点是将理论和应用统一在同一个一级学科下，有利于学科发展和人才培养。另一个优点是以应用为主导。在现阶段，这种分类方式符合我国统计学的发展现状，并且在一段时间内会促进我国统计学的发展，然而我们也要意识到，不把学科重心放到统计学的理论研究上将会影响我国统计学的长期发展（叶明确，2013）。

（二）国外统计学科的划分

根据维基百科上的分类（见表 1–2），将统计学一共分成了 5 个二级学科，分别是 Computational Statistics（计算统计学）、Design of Experiments（实验设计）、Sampling Survey（抽样调查）、Statistics Modelling（统计建模）和 Statistical Theory（统计理论）。

表 1–2　国外统计学科的划分

Statistics（统计学）学科	
• Computational Statistics（计算统计学）	• Statistics Modelling（统计建模）
Data Mining	Biostatistics
Regression	Multivariate Analysis
Simulation	Reliability Theory
• Design of Experiments（实验设计）	Quality Control
Block Design and Analysis of Variance	• Statistical Theory（统计理论）
Response Surface Methodology	Decision Theory
• Sample Survey（抽样调查）	Mathematical Statistics
Sampling Theory	Survey Methodology
Mathematics（数学）学科下的统计学	
• Applied Mathematics（应用数学）Statistics	Mathematical Statistics、Econometrics、Actuarial Science、Demography

资料来源：维基百科，http://en.wikipedia.org/wiki/List_of_academic_disciplines.

在 Computational Statistical（计算统计学）下，设立了 Data Mining（数据挖掘）、Regression（回归）和 Simulation（仿真）三级学科，并在 Simulation（仿真）下设立了 Bootstrap（自助法）。

在 Design of Experiments（实验设计）下，设立了 Block Design and Analysis of Variance（区组设计和方差分析）和 Response Surface Methodology（响应面法）三级学科。

在 Sample Survey（抽样调查）下，设立了 Sampling Theory（抽样理论）。

在 Statistics Modelling（统计建模）下，设立了 Biostatistics（生物统计学）、Multivariate Analysis（多变量分析）、Reliability Theory（可靠性理论）和 Quality Control（质量控制）三级学科。在 Biostatistics（生物统计学）下又设立了 Epidemiology（流行病学），在 Multivariate Analysis（多变量分析）下又设立了 Structural Equation Model（结构方程模型）和 Time Series（时间序列）。

在 Statistical Theory（统计理论）下，设立了 Decision Theory（决策理论）、Mathematical Statistics（数理统计学）和 Survey Methodology。

可以看出，国外将统计学科设置为一级学科，主要涉及的二级学科是关于统计理论和方法，侧重点在于各种统计方法，包括计算、实验、抽样、建模等。统计学的应用部分归入了应用数学。国内外统计学科划分相比较，国内的统计学将统计理论和应用统一在一个一级学科内，强调统计学科与其他学科（如经济、社会、人口、环境、生物、医学、金融）之间的学科交叉，强调应用中的统计理论。总的来说，就统计学学科本身而言，国内的学科划分更具完整性，在应用上更为全面和丰富。

三、统计学科的发展

统计的历史在我国至少可以追溯到公元前 2000 多年前的大禹治水时期，在国外，公元前 3000 多年埃及建造金字塔时就已经有了人口普查的雏形。而统计学的历史却只有数百年，17 世纪中叶，威廉·配第（William Petty）《政治算术》的问世标志着统计学的诞生。统计学的历史大致经历了以下三个阶段（袁卫，1992）：

第一阶段是统计学的初创阶段。包括 17 世纪中叶英国威廉·配第《政治算术》、英国约翰·格朗特（John Graunt）的"人口统计"、德国海尔门·康令（Hermann Conring）的"国势学"和法国帕斯卡尔（Blaise Pascal）的"古典概率论"研究。《政治算术》大量运用了实际统计资料，对英国、法国和荷兰三个国家的经济实力进行数量上的对比分析，强调运用数学、重量和尺度说话，所提出的数量对比分析法为统计学奠定了方法论基础，是一部开立统计学先河的著作。到 19 世纪末英国卡尔·皮尔逊（Karl Pearson）的"矩估计"与"X 方"检验，经过两个半世纪的漫长时间，描述统计与概率论的基本内容才逐渐形成（袁卫，1992）。

第二阶段是统计学方法体系基本确定的阶段。从 20 世纪初英国戈赛特（W. S. Gosset）的"小样本 t 分布"，经过费希尔（R. A. Fisher）的"F 分布"、"极大似然估计"、"方差分析"与"试验设计",内曼（J. Neyman）和小皮尔逊（E. S. Pearson）的"置信区间估计"与"假设检验"到 20 世纪 40 年代末沃尔德（A. Wald）的"统计决策函数"与"序贯抽样",推断统计得到了长足的发展,概率论体系也日臻完善（袁卫,1992）。

第三阶段是统计方法与应用研究全面发展的阶段。从 20 世纪 50 年代起,统计学受计算机、信息论等现代科学技术的影响,新的研究领域层出不穷,如多元统计分析、探索性数据分析、现代时间序列方法、刀切法与自助法、投影寻踪、人工智能等。据美国学者统计,现代统计学是以指数加速度发展,新的研究分支每隔 17 年就会增加 1 倍。在这一阶段,涌现了一大批杰出的统计学家,统计应用的领域已扩展到理、工、农、医、文五大类的各个学科领域,极大地推动了这些学科的发展;反过来,统计方法在各学科领域的应用又促进了统计方法研究的深入和发展（袁卫,1992）。

从 19 世纪中叶开始,统计学进入现代统计学发展阶段,这一时期是统计学全面化、科学化的时期。在此期间,统计学从凯特勒的"社会物理学"出发,沿着两个方面向前发展:一个是沿着"论数学与大量观察的关系"发展,形成研究统计学一般理论和方法的数理统计学;另一个是引进科学调查方法,把社会调查与社会研究结合起来,沿着恩格尔的政府统计道路发展,形成社会统计学。

数理统计学和社会统计学的分野持续了近一个世纪,都经历了从旧学派向新学派的变化过程。到 20 世纪中叶两者在科学化的基础上又逐步融合成为统一的现代统计学。由于统计学方法的复合性被广泛应用于各个领域,因此,统计学在逐步发展成一门独立学科的过程中经历了十分激烈的讨论。具体表现在从 19 世纪中叶开始,一方面,数学家 K.P.皮尔逊展开了数据观察的理论,即通过大样本建立了描述统计理论。戈赛特发现有时候"大样本理论"不能满足需要,于是建立起"小样本理论"。尼曼和 E.S.皮尔逊进一步完善和发展了推测统计理论。沃尔德把"估计理论"与"假设理论"结合起来,提出了"决策理论"。到了 20 世纪 40 年代,克拉美的《统计学的数量方法》一书出版,标志着数理统计学成为独立的学科。在数理统计学的形成过程中,数理统计方法在自然与工程技术、产品质量管理农业田间试验等方面得到了广泛的应用。另一方面,使用统计研究社会现象的社会统计学也经历了由浅入深不断科学化的过程,从初期分散的指标设置、运用到后来指标体系的科学设计,从简单的调查方法取得统计资料到统计信息收集的专门化制度,从单项事物核算分析到多因素组成的社会经济现象复杂的综合分析,以及后来国民经济动态体系的建立、经济运行预警与监测体系的建立、现代抽样方法的广泛应用等,都成为政府统计的重要内容。

随着社会经济的发展,数学方法的丰富和电子计算机的应用,顺应官方统计学范畴的扩充和数理统计推断方法的拓展,人们又开始从新的高度运用数理统计方法研究社会经济现象。在这方面荷兰学者丁伯根、挪威学者弗里希等开创了经济计量学的研究,这一趋势反映了社会经济统计学与数理统计学的融合,正因为这一融合,人们对统计学学科性质的认识也由传统的"实质性社会科学"转向了"一般性方法论科学"（乔亚梅,1998）。

杨灿（2010）、信继红（2006）对此进行了深入的研究,将统计学科的观点分为三类。

自 20 世纪 50 年代至 80 年代初期，我国学术界普遍认为统计学是社会经济统计学，属于经济学的分支学科，是一门专门研究大量社会经济现象数量方面的社会科学。这些学者认为统计学是一门研究如何以有效的方式方法收集、整理数据，并在此基础上对数据进行分析，做出统计推断，从而为所研究的问题提供决策依据的一般方法论科学。社会经济统计学中涉及社会经济核算和社会经济分析需要的是社会经济的广度以及丰富的人文、经济等知识，其思维方式多是辩证的、系统的、综合的。

但是，我国也有人持相反的观点，认为统计学是数理统计学，属于应用数学的一个分支，是以概率论数学理论为基础的一门应用数学。这些学者认为，数理统计学主要是关于概率如何有效而合理地对实际数字资料加以描述与推断的方法论。作为统计学来说，其本身就是数理统计学的名称，通常意味着是描述统计学和推断统计学的两个领域。

除此之外，在中国比较盛行的是"大统计"思想。因为学者们发现，统计学分散在各个学科当中，如经济统计学属于经济学，社会统计学属于社会学，人口统计学属于人口学等，各个领域的统计学不应该相互独立，而应该彼此结合。所谓"大统计"，实际上就是数理统计学和社会经济统计学的有机结合。就其核心而言，是研究现象量的规律性及其计算方法的科学。

从对统计学的历史考察中，不难看出现代统计学应是研究如何从数量方面认识和分析社会、经济、科技、自然现象的理论和方法论科学。这里的社会、经济、科技、自然现象构成大统计学的"认识对象体系"，传统社会经济统计学中的常规方法和数理统计学的各种定量分析方法构成了大统计学的"方法论体系"，大统计学的研究对象是"认识对象体系"和"方法论体系"以及两者结合的方式方法。大统计学的"认识对象体系"和"方法论体系"中各要素之间完全可以是"一对多"或"多对一"的对应关系。认清了这一点后，就没有理由武断地解释"统计学就是数理统计学"，也没有必要把统计方法应用于社会经济领域而误认为"统计学是以大量社会经济现象的数量方面为研究对象的社会科学"（乔亚梅，1998）。

聂皖生（1995）给出了"大统计"的内涵，认为应该包含以下几点：①研究对象的扩大，包括自然现象与社会经济现象的数量方面，既研究确定性现象，又重视随机现象研究。②统计方法的扩展，既包括研究经济与自然现象的特有方法，又包括运用于社会现象和自然现象研究的通用方法。③应用研究范围的延伸从社会经济领域延伸到自然科技领域以及两者交叉之领域。④统计学科地位上升，由处于数学和经济学两个一级学科下的二级学科上升到与其平行的一级学科。⑤统计理论与应用研究的融合，"大统计"学科在一定程度上对统计理论与应用研究的融合与协调起规范作用。杨灿（2010）认为，"大统计"思想是一种学术进步，但是对统计学本身的性质也要有一个正确的定位。首先，不同门类、不同领域的统计学分支之间既有共性，也有差异，而且在某些统计学分支之间是差异大于共性；其次，在整个大统计学的范围内并不存在严格统一的理论体系；最后，许多统计学分支具有双重的学科属性。因此，大统计学只是一个松散的学科群。黄良文（2011）认为，"大统计"学是规范当前统计学发展的一个理念，这一理念要求我们用发展、辩证的眼光看待统计学的发展和建设，着眼于促进统计学各分支学科的应用，提升统计学的理论创新和方法，加强各分支统计学的交流。加强经济统计学与其他分支统计学的交流与合作，是未来经济统计学的发展方向，也是其未来的生命力所在。

随着"大统计"思想的形成与发展以及关于统计学科分类问题讨论的推动，1992年11月1日颁布实施的中华人民共和国国家标准《学科分类与代码 (GBT13745-92)》将统计学列为一级学科。这是我国统计发展史上具有重大现实意义和深远历史意义的大事件。以后，统计学终于形成了一个完整的、独立的学科体系。在这次颁布的《学科分类与代码 (GBT13745-92)》中，统计学科共包含12个二级学科和36个三级学科，其中二级学科有统计学史、理论统计学、统计法学、描述统计学、数理统计学、经济统计学、科学技术统计学、社会统计学、人口统计学、环境与生态统计学、国际统计学和统计学其他学科。

虽然此次标准的颁布将统计学列为了一级学科，但是未能完整地反映统计学的研究内容，也没有体现统计学科体系的内在结构和相互关系，并且设置了一些不必要的统计学科而遗漏了一些重要的统计学科。针对这些问题，理论界做出了不懈的努力，国家标准化管理委员会于2009年颁布了《学科分类与代码 (GB/T13745-2009)》，该版本在统计学科的划分中做出了很大的变动和修订。

我们认为，我国统计学科接下来的建设要着重于以下几个方面：①学科建设要放眼长期。我国学科不断扩充与完善统计学体系，极大地促进了统计学学科发展。其特点是以应用为主导。在现阶段，这种分类方式符合我国统计学的发展现状，并且在一段时间内会促进我国统计学的发展，然而我们也要意识到，不把学科重心放到统计学的理论研究上将会影响我国统计学的长期发展。②人才培养要与国际接轨。③加强理论与方法研究。④要加快生物医药统计学的发展。⑤要加强数据问题、贝叶斯和高维分析研究（叶明确，2013）。

第二节　统计期刊与统计学发展趋势

一、期刊与排名

对于国外期刊，根据 Web of Science 数据库，每年的期刊数目有所不同。2011年在概率与统计方向上共有116个期刊，根据5年影响因子，各个期刊排名如表1-3所示。其中，*Journal of the Royal Statistical Society Series B-Statistical Methodologt*、*Journal of Statistical Software*、*Econometrica*、*Statistical Science* 和 *Annalis of Statistics* 是最具有影响力的期刊。

表 1-3　国外统计学期刊排名

排名	期刊缩写	全名	5 年影响因子
1	J R STAT SOC B	Journal of the Royal Statistical Society Series B–Statistical Methodology	5.281
2	J STAT SOFTW	Journal of Statistical Software	4.791
3	ECONOMETRICA	Econometrica	4.700
4	STAT SCI	Statistical Science	4.205
5	ANN STAT	Annals of Statistics	3.700
6	J AM STAT ASSOC	Journal of the American Statistical Association	3.310
7	BIOSTATISTICS	Biostatistics	3.162
8	MULTIVAR BEHAV RES	Multivariate Behavioral Research	3.148
9	BAYESIAN ANAL	Bayesian Analysis	3.077
10	STATA J	Stata Journal	3.063
11	STAT METHODS MED RES	Statistical Methods in Medical Research	2.988
12	STAT MED	Statistics in Medicine	2.582
13	BIOMETRIKA	Biometrika	2.575
14	ANN APPL STAT	Annals of Applied Statistics	2.550
15	STAT COMPUT	Statistics and Computing	2.540
16	J BUS ECON STAT	Journal of Business & Economic Statistics	2.442
17	CHEMOMETR INTELL LAB	Chemometrics and Intelligent Laboratory Systems	2.295
18	J R STAT SOC A STAT	Journal of the Royal Statistical Society Series A–Statistics in Society	2.275
19	BIOMETRICS	Biometrics	2.249
20	PHARM STAT	Pharmaceutical Statistics	2.160
21	FUZZY SET SYST	Fuzzy Sets and Systems	1.988
22	J CHEMOMETR	Journal of Chemometrics	1.976
23	J COMPUT GRAPH STAT	Journal of Computational and Graphical Statistics	1.915
24	J QUAL TECHNOL	Journal of Quality Technology	1.860
25	IEEE ACM T COMPUT BI	Ieee–acm Transactions on Computational Biology and Bioinformatics	1.806
26	J COMPUT BIOL	Journal of Computational Biology	1.727
27	STAT APPL GENET MOL	Statistical Applications in Genetics and Molecular Biology	1.704
28	TECHNOMETRICS	Technometrics	1.689
29	ANN PROBAB	Annals of Probability	1.669
30	BIOMETRICAL J	Biometrical Journal	1.614
31	ENVIRON ECOL STAT	Environmental and Ecological Statistics	1.585
32	PROBAB THEORY REL	Probability Theory and Related Fields	1.570
33	STOCH PROC APPL	Stochastic Processes and Their Applications	1.514
34	BRIT J MATH STAT PSY	British Journal of Mathematical & Statistical Psychology	1.489
35	STOCH ENV RES RISK A	Stochastic Environmental Research and Risk Assessment	1.465
36	OXFORD B ECON STAT	Oxford Bulletin of Economics and Statistics	1.440
37	INSUR MATH ECON	Insurance Mathematics & Economics	1.439
38	FINANC STOCH	Finance and Stochastics	1.434
39	PROBABILIST ENG MECH	Probabilistic Engineering Mechanics	1.430

续表

排名	期刊缩写	全名	5年影响因子
40	ECONOMET REV	Econometric Reviews	1.418
41	ANN APPL PROBAB	Annals of Applied Probability	1.374
42	COMPUT STAT DATA AN	Computational Statistics & Data Analysis	1.373
43	J BIOPHARM STAT	Journal of Biopharmaceutical Statistics	1.338
44	ELECTRON J STAT	Electronic Journal of Statistics	1.330
45	SCAND J STAT	Scandinavian Journal of Statistics	1.291
46	BERNOULLI	Bernoulli	1.283
47	AM STAT	American Statistician	1.267
48	ENVIRONMETRICS	Environmetrics	1.243
49	J AGR BIOL ENVIR ST	Journal of Agricultural Biological and Environmental Statistics	1.208
50	TEST-SPAIN	Test	1.190
51	STAT SINICA	Statistica Sinica	1.167
52	J R STAT SOC C-APPL	Journal of the Royal Statistical Society Series C-Applied Statistics	1.166
53	LIFETIME DATA ANAL	Lifetime Data Analysis	1.164
54	QUAL QUANT	Quality & Quantity	1.101
55	J MULTIVARIATE ANAL	Journal of Multivariate Analysis	1.088
56	STAT MODEL	Statistical Modelling	1.083
57	ECONOMET THEOR	Econometric Theory	1.050
58	ECONOMET J	Econometrics Journal	0.964
59	ELECTRON J PROBAB	Electronic Journal of Probability	0.943
60	ANN I STAT MATH	Annals of the Institute of Statistical Mathematics	0.907
61	J TIME SER ANAL	Journal of Time Series Analysis	0.905
62	ADV APPL PROBAB	Advances in Applied Probability	0.897
63	OPEN SYST INF DYN	Open Systems & Information Dynamics	0.857
64	INFIN DIMENS ANAL QU	Infinite Dimensional Analysis Quantum Probability and Related Topics	0.853
65	CAN J STAT	Canadian Journal of Statistics-revue Canadienne de Statistique	0.850
66	AUST NZ J STAT	Australian & New Zealand Journal of Statistics	0.845
67	ANN I H POINCARE-PR	Annales de L Institut Henri Poincare-probabilites et Statistiques	0.841
68	METHODOL COMPUT APPL	Methodology and Computing in Applied Probability	0.840
69	COMB PROBAB COMPUT	Combinatorics Probability & Computing	0.816
70	J STAT PLAN INFER	Journal of Statistical Planning and Inference	0.786
71	J APPL PROBAB	Journal of Applied Probability	0.784
72	COMPUTATION STAT	Computational Statistics	0.771
73	ASTIN BULL	Astin Bulletin	0.760
74	STATISTICS	Statistics	0.759
75	APPL STOCH MODEL BUS	Applied Stochastic Models in Business and Industry	0.736
76	INT STAT REV	International Statistical Review	0.723
77	STOCH DYNAM	Stochastics and Dynamics	0.690
78	STOCH MODELS	Stochastic Models	0.689

排名	期刊缩写	全名	5年影响因子
79	ELECTRON COMMUN PROB	Electronic Communications in Probability	0.644
80	STAT PAP	Statistical Papers	0.638
81	STOCH ANAL APPL	Stochastic Analysis and Applications	0.637
82	PROBAB ENG INFORM SC	Probability in the Engineering and Informational Sciences	0.627
83	J THEOR PROBAB	Journal of Theoretical Probability	0.625
84	J STAT COMPUT SIM	Journal of Statistical Computation and Simulation	0.595
85	METRIKA	Metrika	0.558
86	STAT PROBABIL LETT	Statistics & Probability Letters	0.553
87	STAT BIOPHARM RES	Statistics in Biopharmaceutical Research	0.543
88	ADV DATA ANAL CLASSI	Advances in Data Analysis and Classification	0.541
89	INT J GAME THEORY	International Journal of Game Theory	0.531
90	J NONPARAMETR STAT	Journal of Nonparametric Statistics	0.498
91	THEOR PROBAB APPL+	Theory of Probability and Its Applications	0.484
92	STAT NEERL	Statistica Neerlandica	0.483
93	COMMUN STAT–SIMUL C	Communications in Statistics–simulation and Computation	0.482
94	J APPL STAT	Journal of Applied Statistics	0.479
95	MATH POPUL STUD	Mathematical Population Studies	0.476
96	COMMUN STAT–THEOR M	Communications in Statistics–theory and Methods	0.386
97	UTILITAS MATHEMATICA	Utilitas Mathematica	0.346
98	ALEA–LAT AM J PROBAB	Alea–latin American Journal of Probability and Mathematical Statistics	
99	ASTA–ADV STAT ANAL	Asta–advances in Statistical Analysis	
100	BRAZ J PROBAB STAT	Brazilian Journal of Probability and Statistics	
101	ESAIM–PROBAB STAT	Esaim–probability and Statistics	
102	EXTREMES	Extremes	
103	HACET J MATH STAT	Hacettepe Journal of Mathematics and Statistics	
104	INT J AGRIC STAT SCI	International Journal of Agricultural and Statistical Sciences	
105	J KOREAN STAT SOC	Journal of the Korean Statistical Society	
106	J OFF STAT	Journal of Official Statistics	
107	PAK J STAT	Pakistan Journal of Statistics	
108	QUAL ENG	Quality Engineering	
109	QUAL TECHNOL QUANT M	Quality Technology and Quantitative Management	
110	REV COLOMB ESTAD	Revista Colombiana de Estadistica	
111	REVSTAT–STAT J	Revstat–statistical Journal	
112	SCAND ACTUAR J	Scandinavian Actuarial Journal	
113	SORT–STAT OPER RES T	Sort–statistics and Operations Research Transactions	
114	STAT METHOD APPL–GER	Statistical Methods and Applications	
115	STOCHASTICS	Stochastics –an International Journal of Probability and Stochastic Processes	
116	SURV METHODOL	Survey Methodology	

下面对 2008~2011 年的期刊名和增刊进行了比较:

2009 年相对于 2008 年新增加了 8 个期刊,分别为 *ASTA-ADV. STAT. ANAL*、*BAYESIAN ANAL*、*HACET J MATH STAT*、*INT J AGRIC STAT SCI*、*J KOREAN STAT SOC*、*SORT-STAT OPER RES T*、*STAT METHOD APPL-GER*、*SURV METHODOL*;2010 年相对于 2009 年新增加了 10 个期刊,分别为 *ADV DATA ANAL CLASSI*、*ECONOMET THEOR*、*ELECTRON J STAT*、*EXTREMES*、*J OFF STAT*、*PAK J STAT*、*REV COLOMB ESTAD*、*REVSTAT-STAT J*、*SCAND ACTUAR J*、*STOCHASTICS*;2011 年相对于 2010 年新增加了 6 个期刊,分别为 *ALEA-LAT AM J PROBAB*、*BRAZ J PROBAB STAT*、*ESAIM-PROBAB STAT*、*QUAL ENG*、*QUAL TECHNOL QUANTM*、*STAT METHOD APPL-GER*。根据中国知网数据库,我国目前主要的统计类期刊如表 1-4 所示,其中《统计研究》、《统计与决策》、《数理统计与管理》、《统计与信息论坛》是最具有影响力的中文统计期刊。

表 1-4 国内统计学期刊及其收录情况

序号	名称	起止日期	ISSN	收录情况
1	《统计研究》	2001 年至今	1002-4565	PKU,CSSCI
2	《统计与决策》	2001 年至今	1002-6487	PKU,CSSCI
3	《数理统计与管理》	1999 年至今	1002-1566	PKU,CSSCI,CJCR,CSCD
4	《统计与信息论坛》	2001 年至今	1007-3116	CSSCI
5	《应用统计概率》	2000 年至今	1001-4268	PKU,CJCR,CSCD
6	《中国卫生统计》	1994 年至今	1002-3674	PKU,CJCR,CSCD
7	《中国统计》	2001 年至今	1002-4557	PKU
8	《广西统计》	2000 年至今	1003-1855	—
9	《内蒙古统计》	2006 年至今	1672-4151	—
10	《统计教育》	1994 年至今	1005-5762	—
11	《统计与预测》	1994 年至今	1009-2021	—
12	《统计与咨询》	2001 年至今	1674-0106	—
13	《浙江统计》	2001 年至今	1671-0819	—
14	《中国医院统计》	1994 年至今	1006-5253	—

注:PKU:中文核心期刊要目总览(2008 年);CSSCI:中文社会科学引文索引-CSSCI(2010 年);CJR:中国科技期刊引证报告(2009 年);CSCD:中国科学引文数据库来源期刊(2009~2010 年)。

除此之外,由于统计学和其他学科的联系,表 1-5 中所列也是统计学论文发表的常见核心期刊,尤其是《数学的实践与认识》。

表 1-5 国内统计学相关期刊及其收录情况

序号	名称	起止日期	ISSN	收录情况
1	《数学的实践与认识》	1994 年至今	1000-0984	PKU,CJCR,CSCD
2	《数学杂志》	1989 年至今	0255-7797	PKU,CJCR,CSCD
3	《应用数学》	1994 年至今	1001-9847	PKU,CJCR,CSCD

序号	名称	起止日期	ISSN	收录情况
4	《工程数学学报》	1994 年至今	1005–3085	PKU, CJCR, CSCD
5	《数学物理学报》	1994 年至今	1003–3998	PKU, CJCR, CSCD
6	《应用数学学报》	1994 年至今	0254–3079	SCIE, PKU, CJCR, CSCD
7	《数量经济技术经济研究》	1994 年至今	1000–3894	PKU, CSSCI, CSCD
8	《系统科学与数学》	1994 年至今	1000–0577	SCIE, EI, PKU, CJCR, CSCD
9	《中国科学 A 辑：数学》	1994 年至今	1006–9232	SCIE, PKU, CJCR, CSCD
10	《吉林大学学报》（理学版）	1994 年至今	671–5489	PKU, CJCR, CSCD
11	《高校应用数学学报 A 辑》（中文版）	1994 年至今	1000–4424	SCIE, PKU, CJCR, CSCD
12	《现代预防医学》（医学统计）	1994 年至今	1003–8507	PKU, CJCR
13	《计算机工程与应用》	1994 年至今	1002–8331	PKU, CJCR, CSCD
14	《科技管理研究》（科技统计）	1994 年至今	1000–7695	PKU

二、从期刊排名变化看统计学发展趋势

（一）国外统计期刊整体情况

表 1–6　统计期刊整体评价表（2008~2011 年）

概率论与数理统计	总引用次数	中值影响因子	学科集合影响因子	学科集合立即指数	学科集合被引半衰期	期刊数	统计的论文数
2008 年	185468	1.002	1.164	0.212	>10.0	92	6564
2009 年	220819	0.940	1.213	0.212	>10.0	100	6844
2010 年	218585	0.948	1.140	0.201	>10.0	110	7053
2011 年	229616	0.863	1.094	0.220	>10.0	116	7648

注：总引用次数（Total Cites）是某一特定期刊的文章在 JCR 出版年被引用的总次数。中值影响因子（Median Impact Factor）表示如果期刊按照影响因子排序，该主题类目中间期刊的影响因子。学科集合影响因子（Aggregate Impact Factor）表示某个学科领域里 JCR 出版年所有期刊的一般文章和评论性文章引用该类目过去两年所有期刊发表的文章的情况。学科集合立即指数（Aggregate Immediacy Index）表示某一特定主题类目下 JCR 出版年所有期刊引用同一年所有期刊中文章的情况。学科集合被引半衰期（Aggregate Cited Half Life）表示某主题类目下的所有期刊从当前年度向前推算引文数占截止到当年引用期刊提供的总引用数的 50%的年数。

资料来源：ISI Journal Citation Reports.

可以看出，统计学的被引次数一直居于较高水平，且呈逐年上升的趋势；统计学科中值影响因子平均水平保持在 0.93 左右，较为稳定；学科集合影响因子和学科集合立即指数也保持一个相对稳定的水平；统计学科集合被引半衰期大于 10，说明了该学科在学术界一直有较高的影响力，且一直被国际学术界所关注。

1. 文献来源国别分析

2008~2011 年 Web of Science 数据库所收录的概率论与数理统计类学术论文中，其作者涵盖了 112 个国家/地区，收录论文最多的国家是美国，共收录 10479 篇，而中国共收

录 2709 篇，排名第二，但是与美国有很大的差距；2008~2011 年统计学科论文最多的前 10 个国家/地区的数据，如表 1-7 所示：

表 1-7　统计学科类论文数理排名前 10 的国家

名次	国家/地区	数量（篇）	占比（%）
1	美国	10479	35.487
2	中国	2709	9.174
3	英国	2392	8.101
4	法国	2290	7.755
5	加拿大	1979	6.702
6	德国	1880	6.367
7	意大利	1326	4.491
8	西班牙	1187	4.02
9	印度	1022	3.461
10	澳大利亚	963	3.261

注：其中占比指的是每个国家的文献数量占全部 112 个国家文献总数的比例。

2. 高被引论文分析

通过对 2008~2011 年统计学科论文的被引频次分析发现，被引频次最高的为 1748 次（2014 年 10 月 16 日查询）。被引频次前 100 篇的论文国别分布如表 1-8 所示。从表中可以看出，美国的学术论文不仅在数量上占绝对优势，质量上也稳居第一，相对而言，中国的学术论文质量有待进一步提高。

表 1-8　前 100 篇高被引论文国别统计

名次	国家/地区	数量（篇）	占比（%）
1	美国	51	51.00
2	英国	21	21.00
3	瑞士	9	9.00
4	加拿大	9	9.00
5	法国	6	6.00
6	荷兰	5	5.00
7	苏格兰	4	4.00
8	中国	4	4.00
9	德国	4	4.00
10	丹麦	3	3.00
11	奥地利	3	3.00
12	澳大利亚	3	3.00
13	印度	2	2.00

（二）2011 年期刊排名变化与统计学发展趋势

我们把 2011 年的期刊排名和前几年的期刊排名做了一个比较（根据 5 年影响因子排名），发现有以下几个显著特点：

1. 统计理论型期刊排名有所下降

如 FUZZY SET SYST，从 2008 年的第 13 名下降到 2010 年的第 19 名，到 2011 年下降到了第 21 名，PROBAB THEORY REL 从第 28 名逐年下降，到了 2011 年下降到第 32 名。ANN PROBAB 从第 25 名下降到第 29 名，而 J MULTIARIATE ANAL 更是从第 41 名下降到第 55 名，STATISTICA SINICA 从 2008 年的第 40 名下降到 2011 年的第 51 名，值得注意的是 J R STAT SOC C-APPL 从 2008 的第 24 名下降到 2011 年的第 52 名。

2. 统计应用型期刊排名总体有所上升

药品方面的 PHARM STAT 从 2008 年的第 39 名上升到 2009 年的第 37 名及 2010 年的第 34 名，到了 2011 年为第 20 名，环境方面的 ENVIRON ECOL STAT 从 2008 年的第 37 名上升到 2009 年的第 36 名，2011 年为第 31 名。基因方面的 STAT APPL GENET MOL 从 2008 年的第 90 名上升到 2010 年的第 21 名，2011 年为第 27 名。统计软件类的 J STAT SOFTW 更是从 2008 年的第 88 名上升到 2011 年的第 2 名，但值得注意的是生物方面的 BIOSTATISTICS 有所下降，从 2008 年的第 1 名下降到 2011 年的第 7 名。化学方面的 J CHEMOMETR 从 2008 年的第 10 名下降到第 22 名。

3. 贝叶斯分析成为关注热点

在 2008 年的期刊中，没有 Bayesian Anal（贝叶斯分析），但是随后几年里，贝叶斯分析一直保持在前 10 名（2009 年第 8 名，2010 年第 10 名，2011 年第 9 名），是非常重要的期刊之一，说明近年来贝叶斯分析成为关注热点。

第三节　统计学研究的动态与热点

一、统计学整体趋势与动态

统计方法在自然科学上的应用已经有很长的历史了，尽管将之认知为一门独立的学科要追溯到 20 世纪。在统计学家 K.皮尔逊（K.Pearson）、R.费歇（R.Fisher）、A.瓦尔特（A.Wald）、C.R.劳（C.R.Rao）、J.土凯（J.Tukey）的带领下，建模和估计领域有了很多重要的发展，这些研究出来的方法扩大了可用模型的视野，拓宽了统计方法有效性的范围。这些研究的一个重要副产品是所谓的大样本理论的扩展——当数据样本很大时统计过程的分布性质的研究。不确定性的精确度量是统计推断的关键部分。大样本理论使统计学家们能够在很广的一类问题中计算这些度量的相当好的近似值（缪柏其，2005）。

20世纪70年代，计算机的技术革命和发展完全改变了统计分析的面貌。有了计算机的帮助，科学家们具有了收集更多和更复杂数据的能力。仪器发展和计算效率的指数增长等技术进步使研究者们能收集大量数据。如物理学中从哈勃望远镜或卫星照片所收集的数据，基因和生命科学中的数据库以及工程和社会科学中有关互联网的数据等。所有这些数据的公共特征是量大、复杂和有噪声。这些巨大的数据集对统计创造了新的挑战和机遇，它的主要任务是收集数据、分析数据和从中提取信息。同时，现在科学、工业和社会正在处理的大多数情况是原本缺乏数据，如地下污染的控制和补救、复杂系统的可靠性、核设备和材料、防撞性交通工具的研究等。这些研究正在通过数学/计算机建模和统计分析的结合来做，因此需要最好地利用这些稀有的（因此价值无法衡量的）数据。这对统计学家提出了新的挑战和机遇，他们必须在极端复杂的情况下最优地设计试验，然后从有限的数据中提取最大的信息。[①]

陈希孺（2002）指出，自20世纪60年代以来，在预测统计学未来发展主流方面，统计学整体趋势发展可以归为两大类：一类是贝叶斯统计；另一类则是数据分析。计算机的出现推动了各种技术的发展，统计学也受到了强有力的促进。多元统计分析在30年代兴起后，由于计算上的困难，一直处于停顿状态。50年代末，计算技术上的发展使得这种困难逐步消失，多元分析以更迅猛的速度在发展，聚类分析、多维标度、因子分析等许多方法得到了很大的进展。与计算机的使用相伴而产生了PP（投影追踪）、刀切法、自助法、随机加权法等各种新的方法。一些统计的软件包如雨后春笋般拔地而起，SPSS、SAS、TSP等大型的统计软件包已成为产品生产。缺失数据、截断数据的研究引出了不少新的方向和分析技术，形成了与医学、可靠性等密切相关的生存分析，已成为一个重要的热点。从可靠性引出的安全性、风险分析技术在社会经济领域受到了广泛的重视；环境、生态的研究更是离不开统计的方法。

在统计领域，统计问题总是随着新的数据结构和新的计算方法而发展的。缪柏其（2005）归纳了目前六个统计面临的挑战和发展方向。这些挑战主要是基于发展用来处理多参数、多刻度以及有复杂相依结构的（可能的）大量观测值的概念框架和适当的渐近逼近理论的。

（1）数据的规模。下述观点虽属老生常谈，但仍然正确：数据增加呈指数型，数据分析呈二次增长，而统计学者数量的增长是线性的。1994年Huber关于数据大小的分类方法（很小10^2，小10^4，中等10^6，大10^8，巨大10^{10}）看来已经过时了（Wegman，1995）。例如，在斯坦福线性加速器中心，当用"BaBaR"探测器作单粒子物理试验时的一个数据库为5×10^{15}比特。在每一个规模上，我们有许多问题需要研究——在大小为100以下的数据集范围内，我们还没有解决所有的问题。然而，对统计新的挑战是各种问题的混合，例如，可归纳性（General-izability）、可测量性（Scalability）、稳健性，以及对数据科学理解

---

① 来自由美国国家科学基金会（NSF）资助召开的一个研讨会的一份工作报告，时间为2002年5月6~8日，大约有50位来自世界各地的统计学家参加。研讨会的目的是确认统计学今后面临的挑战和机遇。

的深度，将随着规模和内容而变化。而且，显然我们的研究及研究生教育还没有完全认识到与大规模数据相联系的计算和其他结果。

（2）数据缩减和压缩。我们需要更多的"压缩原理"：费歇尔（R.A. Fisher）给出了许多重要的思想，例如充分性、辅助性（Ancillarity）、条件变量、变换、枢轴法和渐近最优性，后来又有了不变性。然而，在诸如模型选择、预测和分类等领域显然需要新思想来指导我们。一种新思想是用"压缩"作为数据分析中的指导性方法。其基本想法是全面理解数据结构，不仅能够压缩储存这些数据，而且能够解除压缩和几乎恢复原始信息。例如，在信号和图像数据领域，小波在表达和压缩图像中的曲线边界时实际上不是最优的。这就要求我们建立新的表示系统以便更好地压缩。

（3）机器学习和神经网络在现实中有很多方法和计算策略来处理"工业强度"的数据，其中大多数方法还不能说已经得到广泛的理解，也没有被融入主流统计中。这些方法是由机器学习领域在分析庞大而复杂的数据中发展起来的，在未来的工作中应该把这些方法有条理地整合到核心统计中去。这些研究大体上是建立模型和结构，通过这些模型和结构能够对风险进行描述并可基于数据进行风险评价。这包括开发基于一定原理的工具，以便在建模过程中选用。

（4）对大 p 小 n 的多元分析在许多重要的统计应用中，变量数（p）往往要比观测单元数（n）大。这样的例子包括曲线数据、光谱、图像以及 DNA 微阵数据的分析。最近在荷兰来顿（Leiden）举行的名为"高维数据：p、n 在数理统计和生物医学中的应用"的研究会突出了该课题与统计中很多领域交叉研究的重要性。下面这个比较特殊的例子可以用来描述其他领域的信息如何能够证明本问题是有用的，因此加强了核心统计继续在外延寻求思想的观点。随机矩阵理论描述了这样一类模型和方法，这些模型和方法始于在数学物理中对复杂原子核能级的研究，是在最近 40 年里发展起来的。最近几年这些思想引起了概率论和组合数学的兴趣。目前在高维情况下应用和研究统计和数据分析中的方法的时机似乎已经成熟。例如，在许多领域，科学家用大的数据矩阵［许多观测值（n）和许多变量（p）］做研究，几乎没有统计理论来支持和理解用于维数缩减的启发性方法，如主成分、典型相关等。早期结果显示大 n—大 p 理论有些时候提供了比经典的大 n—固定 p 的渐近理论更有用和更好的近似。例如，关于"高斯正交总体"和 Tracy－Widom 分布提供了单一的分布，经过恰当的中心化和刻度变换，它提供了关于极值主成分和典型相关系数在零假设下分布的非常精确的描述。

（5）贝叶斯估计和有偏估计。20 世纪 90 年代以来计算技术的发展和效率使得贝叶斯方法可以在很广泛的模型类中实现。未来几十年的挑战是充分研究和开发将贝叶斯方法和近代非参数、半参数统计方法联系在一起的纽带，包括将贝叶斯方法和频率论方法尽可能结合的研究。一个明确的问题是对于有许多变量的海量数据模型，无偏性和近似无偏性的概念（例如 MLE）将会变得毫无用处，因为统计方法中隐含的数据综合的概念将由于无偏方法的复杂性和变化性而失去意义。因此需要更广的"有偏估计理论"和处理有很多变量的海量数据的新理论。"蒙特卡罗"方法在建模实践中的作用不断增长，显然也需要从推断角度对"蒙特卡罗"方法进行进一步的分析。

（6）在证明和计算实验之间的中间地带。未来几十年对理论工作最后的挑战是研究证明速度（太慢）和无约束的计算实验的沼泽地（太武断且没有说服力）之间的协议中间地带。在许多问题中，由于证明太难以及证明不太重要这两个原因，严格的数学验证也许要落后于方法的研究。例如，尽管已经使用了几十年，但有许多重要的统计模型类，例如混合模型，其中可识别性问题基本上被忽略了，因为其中含有很难的分析，并且需要研究的模型结构不断扩展。

在后面的分析中，我们还可以看出，在统计方法上，除了贝叶斯、高维数据外，空间分析也是统计学方兴未艾的主题。

二、2011 年统计学整体趋势和研究主题

本书主要以 2007~2011 年的文献分析为依据，结合普林斯顿大学教授范剑青的 Frontier of Statistics（《统计学前沿》）、高等教育出版社的系列丛书"Frontier of Statistics"、陈希孺等对统计学未来发展的预测，探索 2011 年统计学发展动态。

（一）统计学论文分类与学科发展趋势

在这一部分，我们对刊登在 116 个统计期刊上的统计类学术论文（不包括编辑评论、综述论文、书评、勘误等）进行分析。近 5 年（2007~2011 年）来，统计类期刊刊登的文章数分别是 6152 篇、7144 篇、7457 篇、7223 篇和 7759 篇。按照学科分类可以分成 26 类，从表 1-9 中可以看出，总体而言，文章的学科比例有如下三个特点：

（1）统计学文章的基本学科结构比例保持稳定。发表文章数最多的前 4 个学科方向的排名一直没变，分别是计算科学、数理计算生物学、社会科学的数理方法、商业经济学。

（2）统计学文章有学科分散化的趋势。上述主要的 4 个学科方向文章数总占比呈现出逐年减少的趋势，分别是 46.38%（2007 年）、44.16%（2008 年）、41.17%（2009 年）和 41.58%（2010 年）、41.24%（2011 年），说明统计学有学科分散化的趋势。

（3）统计学文章有基础理论减少而交叉应用增强的趋势。值得注意的是，在纯技术和基础学科领域（如计算科学、化学、机械学、热力学和物理）方面发表的文章数在减少，从 2007 年到 2011 年文章数占比减少 13%，而在应用和交叉学科领域（如生物化学、环境科学、社会科学、农业和药理学）方面发表的文章数在不断增加，从 2007 年到 2011 年文章数占比增加 10%。

表 1-9　按学科分类的统计学论文数目（2007~2011 年）

序号及学科分类名称	2007 年		2008 年		2009 年		2010 年		2011 年	
	排名	占比(%)	排名	占比(%)	排名	占比(%)	排名	占比(%)	排名	占比(%)
1. 计算科学	1	19.07	1	15.54	1	15.78	1	14.97	1	16.6
2. 数理计算生物学	2	13.39	2	12.15	2	10.57	2	11.27	2	11.3

序号及学科分类名称	2007 年		2008 年		2009 年		2010 年		2011 年	
	排名	占比 (%)	排名	占比 (%)	排名	占比 (%)	排名	占比 (%)	排名	占比 (%)
3. 社会科学的数理方法	3	7.75	3	9.38	3	8.58	3	8.94	3	7.94
4. 商业经济学	4	6.16	4	7.10	4	6.24	4	6.40	4	5.44
5. 医学信息学	5	6.06	5	5.88	13	3.81	5	4.07	9	4.23
6. 公共环境职业卫生	6	5.62	6	5.40	5	3.35	6	3.67	5	3.78
7. 药物研究和实验	7	5.62	7	5.40	8	3.27	7	3.67	8	3.65
8. 生命科学和生物医学其他主题	8	3.89	8	3.32	9	2.98	8	3.46	13	3.35
9. 生物化学与分子生物学	9	2.94	13	2.72	6	2.96	13	3.39	6	3.33
10. 自动控制系统	10	2.91	10	2.62	7	2.96	9	3.07	7	3.33
11. 化学	11	2.91	11	2.62	10	2.59	14	2.46	14	2.63
12. 自动化工具与仪表	12	2.91	12	2.62	11	2.59	10	2.44	10	2.54
13. 工程	13	2.34	9	2.58	12	2.59	11	2.44	11	2.54
14. 环境科学生态学	14	2.16	14	2.24	14	2.55	12	2.44	12	2.54
15. 管理科学运筹学	15	1.72	15	1.55	15	2.01	15	1.88	15	1.93
16. 药理学	16	1.41	16	1.43	17	1.54	17	1.54	16	1.86
17. 生物技术和应用微生物学	17	1.37	17	1.18	16	1.34	16	1.41	17	1.65
18. 农业	18	1.19	23	1.06	23	1.29	23	1.34	21	1.28
19. 机械	19	1.19	19	1.05	19	1.19	21	1.26	19	1.12
20. 物理	20	1.15	18	0.97	21	1.02	18	1.11	23	1.06
21. 社会科学其他主题	21	0.99	20	0.84	18	1.01	22	0.98	18	1.03
22. 心理学	22	0.80	22	0.78	22	0.93	19	0.93	22	0.81
23. 水资源	23	0.76	21	0.71	20	0.91	20	0.78	20	0.74
24. 热力学	24	0.63	25	0.48	24	0.40	25	0.40	25	0.45
25. 卫生保健科学服务	25	0.44	24	0.32	25	0.39	24	0.33	24	0.32
26. 人口统计学	26	0.20	26	0.20	26	0.17	26	0.17	26	0.14

（二）研究主题分组与覆盖范围的变化

在这一部分，我们利用 Refviz 软件对 2008~2011 年论文的研究内容和主题进行分析。由于利用 Refviz 软件进行分析的文献数量最大容量为 32000，而如果我们用 2007~2011 年的文献进行分析会超过上限，所以我们选择 2008~2011 年的论文来分析。由于一些论文信息不全共导入 29467 篇论文，2008~2011 年论文数分别为 7108 篇、7431 篇、7213 篇、7715 篇。

从每一年的文献分簇聚类图来看，图形分布概貌上有明显的不同，似乎统计学研究在内容上有较大的变化，然而仔细观看会发现各个年份的分组不同，导致了形态不同。

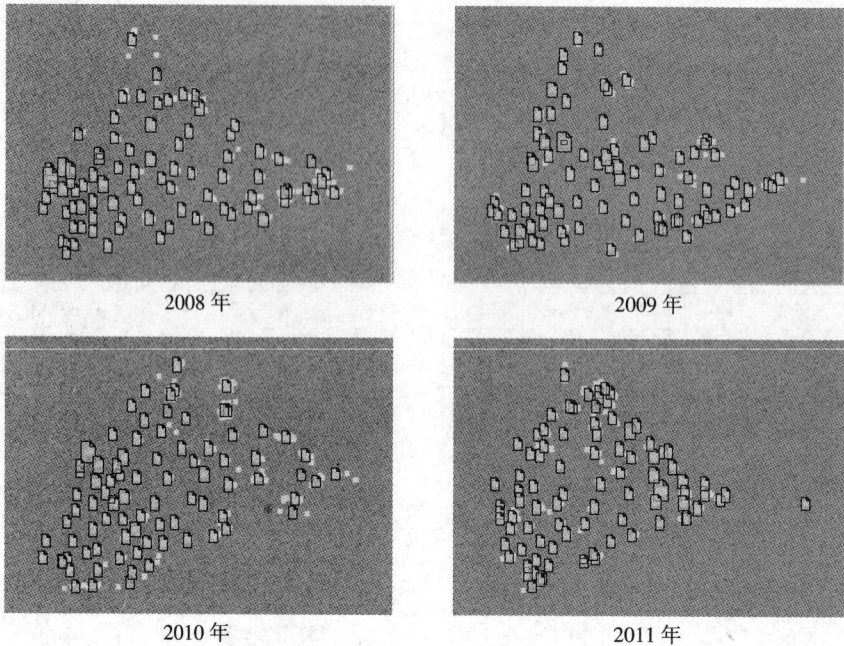

图 1-1　各年度单独统计的分簇聚类图（2008~2011 年）

　　为了使各年份的论文具有可比性，我们将四年的论文导入一个库中，由于拼写问题，含义相同的两个词会被认为是两个主题，于是我们增加了一些同义词，例如将 nonparametric 的同义词 non-parametric，semiparametric 的同义词 semi-parametric、semi-pararametric 和 semi-pararnetric，Bayesian 和 bayes、bayesan 归为一类等。由于 gene 另一个相关的词 genetic 更多的是和遗传算法（Genetic Algorithms）有关，所以没有归为一类。这些文献被分为 100 个文献组，每一组用三个主题词加以区别。

　　表 1-10 列出了 2008~2011 年 100 个文献组中排名前 20 的分簇聚类主题词统计。从表中可以看出，2011 年的分组排名与 2008~2011 年的分组排名变化不是太大。关于主题变化的分析见下一部分。

表 1-10　前 20 组分簇聚类主题词表（2008~2011 年）

序号	组号	主题词 1	主题词 2	主题词 3	篇数（2011 年）	排名（2011 年）	总篇数	总排名
1	64	spatial	cluster	price	1174	1	4311	1
2	77	cluster	gene	spatial	661	2	2384	2
3	18	cluster	gene	image	457	3	1689	3
4	82	lasso	quantile	cluster	407	4	1496	5
5	60	cluster	spatial	network	404	5	1586	4
6	19	bar	vertical	quantile	284	6	1316	6
7	70	spatial	price	ruin	278	7	1097	7

序号	组号	主题词1	主题词2	主题词3	篇数 (2011年)	排名 (2011年)	总篇数	总排名
8	67	quantile	graph	cluster	252	8	1009	8
9	89	cluster	quantile	spatial	227	9	895	9
10	46	chart	particle	spatial	222	10	842	10
11	51	gene	network	protein	186	11	663	11
12	36	particle	tree	ruin	158	12	576	13
13	12	service	filter	customer	144	13	571	14
14	90	quantile	ridge	lasso	140	14	586	12
15	97	bar	quantile	spatial	140	15	428	17
16	9	bar	vertical	particle	138	16	556	15
17	14	chart	network	spatial	114	17	467	16
18	1	bar	graph	copulas	108	18	395	18
19	80	dose	endpoint	non-inferiority	103	19	346	20
20	94	imputation	gene	fdr	96	20	394	19

下面我们看一下各年度的研究覆盖范围。各年度的论文分布情况如图1-2所示，选择的论文为浅灰色，没有选择的论文为深灰色，并且用圆圈标识出来。从图1-2可以看出，统计学研究的整体范围在2008~2011年没有太大的变化，每一年的论文基本覆盖了所有的100个分组内容，各年论文的覆盖范围与缺少范围如表1-11所示。

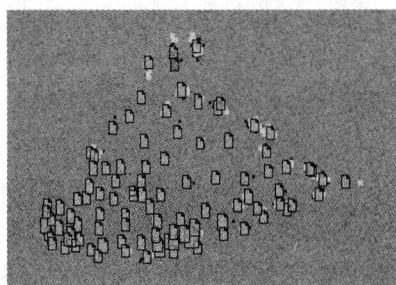

2008年（99组）

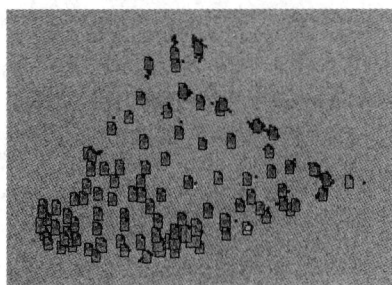

2009年（98组）

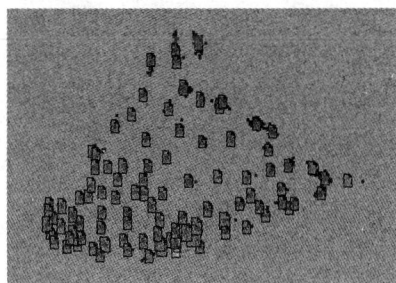

2010年（99组）

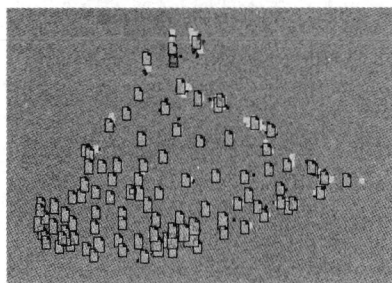

2011年（99组）

图1-2　四年总计的分簇聚类图及各年论文分布（2008~2011年）

表 1-11　统计学研究的覆盖范围变化（2008~2011 年）

年份	覆盖范围	缺失的组别	篇数	主题词	说明
2008	99组	第93组	0篇	无	无
2009	98组	第26组	2篇	Nutrient, nmr, metabolic	与生物方面有关的
		第50组	9篇	Les, la, des	与医药化学等有关
2010	99组	第83组	11篇	Imputation, nonresponce, meta-analysis	与填补等有关
2011	99组	第93组	0篇	无	无

（三）研究主题的组成与统计学发展

根据 Refviz 的划分，处在前 20 位的主题词依次是：spatial（空间）、cluster（聚类）、network（网络）、graph（图）、gene（基因）、price（价格或定价）、tree（树）、fuzzy（模糊）、image（图像）、bar（横杠或竖杠，出现于公式中）、particle（粒子）、forecast（预测）、protein（蛋白）、filter（滤波）、vertical（垂直）、quantile（分位）、imputation（填补）、endpoint（端点）、service（服务）和 game（博弈）。

从主题词的组成来看，一方面，我们可以看到推动统计学发展的几个力量：①数据方面，对于缺失数据的处理（imputation，即填补）、数据形式的丰富化（图形和图像数据 graph 及 image）、来自网络（network）的数据、数据的模糊化或定性数据的处理（fuzzy）都对数据处理提出了新的要求和挑战。②来自生物和医药的发展成为推动统计学发展的一大动力（gene、protein、vertical），市场、金融、服务类是推动统计学发展的第二大动力（price、game、service）。

另一方面，统计学也发展了新的方法和研究方向来处理各类新问题：①对空间的数据和方法的重视，使其成为第一位研究主题；②聚类的方法，由于海量数据的出现，各种聚类方法成为必需的工具；③不再局限于对均值建模，充分挖掘数据所隐含的信息，使得 quantile（分位）成为一个重要主题；④forecast（预测）一直是统计的一个重要命题，近年来对此方向的关注有一定的提升；⑤物理方面粒子（particle）成为统计应用领域中增加的方向。

与去年前 20 位主题词相比，我们可以从上面看到，新增的几个主题词有 particle（粒子）、filter（滤波）、endpoint（端点）、service（服务）和 vertical（垂直），在生物医药领域增加了 verticle，在市场金融领域增加了 service，以及增加了（particle）物理方向的应用。

（四）研究主题的变化与统计学发展

表 1-12 给出了主要研究主题及其在 2008~2011 年的论文数，出现的主题排序以 2011 年的前 20 位主题词为基准。由于每年的论文数在增加，所以我们计算了论文在当年论文中的百分比，以增加各个年度的可比性。

为了看清楚主题词在 2008~2011 年尤其是在 2011 年的变化，我们将 2011 年的前 20 位主题词与 2008~2011 年每年的原有排名进行比较（见表 1-13）。

表 1-12　2008~2011 年前 20 位主题词的论文篇数

序号	主题词	2008 年		2009 年		2010 年		2011 年	
		篇数	百分比 (%)	篇数	百分比 (%)	篇数	百分比 (%)	篇数	百分比 (%)
1	spatial	294	4.14	264	3.55	295	4.09	326	4.23
2	cluster	305	4.29	277	3.73	288	3.99	323	4.19
3	network	164	2.31	202	2.72	186	2.58	255	3.31
4	graph	170	2.39	201	2.70	208	2.88	237	3.07
5	gene	147	2.07	206	2.77	152	2.11	197	2.55
6	price	158	2.22	153	2.06	151	2.09	188	2.44
7	tree	147	2.07	162	2.18	160	2.22	173	2.24
8	fuzzy	167	2.35	207	2.79	194	2.69	157	2.03
9	image	85	1.20	119	1.60	107	1.48	139	1.80
10	bar	134	1.89	135	1.82	158	2.19	119	1.54
11	particle	86	1.21	88	1.18	95	1.32	114	1.48
12	forecast	92	1.29	94	1.26	89	1.23	112	1.45
13	protein	60	0.84	69	0.93	84	1.16	108	1.40
14	filter	97	1.36	101	1.36	79	1.10	103	1.34
15	vertical	105	1.48	94	1.26	120	1.66	96	1.24
16	quantile	81	1.14	105	1.41	96	1.33	95	1.23
17	imputation	64	0.90	60	0.81	66	0.92	91	1.18
18	endpoint	70	0.98	86	1.16	64	0.89	89	1.15
19	service	71	1.00	76	1.02	80	1.11	86	1.11
20	game	72	1.01	71	0.96	76	1.05	85	1.10
相比 2011 年的变化	跌出榜外	exposure (12) item (19) mortality (13) ruin (18)		chart (18) exposure (16) item (20) mortality (19)		chart (16) exposure (14) mortality (18)		chart (24) item (21) ruin (30) exposure (22) mortality (23)	
	进入榜内	protein (26) endpoint (23) service (22) imputation (24)		protein (23) service (21) game (22) imputation (26)		endpoint (24) game (21) imputation (23)		—	

表 1-13　2008~2011 年前 20 位主题词的年度排名

序号	主题词	2008 年	2009 年	2010 年	2011 年
1	spatial	2	2	1	1
2	cluster	1	1	2	2
3	network	5	5	5	3
4	graph	3	6	3	4
5	gene	8	4	8	5
6	price	6	8	9	6
7	tree	7	7	6	7

序号	主题词	2008 年	2009 年	2010 年	2011 年
8	fuzzy	4	3	4	8
9	image	16	10	11	9
10	bar	9	9	7	10
11	particle	15	16	13	11
12	forecast	14	15	15	12
13	protein	26	23	17	13
14	filter	11	12	20	14
15	vertical	10	14	10	15
16	quantile	17	11	12	16
17	imputation	24	26	23	17
18	endpoint	23	17	24	18
19	service	22	21	19	19
20	game	20	22	21	20

为了使排名变化更为清晰，我们作了排名图（见图 1-3），横轴是 20 个主题，每个主题自左向右的 4 个矩形柱表示 2008~2011 年的排名变化，纵轴是用 21 减去排名数，值越大表示排名越靠前，第一名的值是 20，负值和零值表示该主题在当年排名中位于 20 名以外，图 1-3 中向下的趋势线是 2011 年的排名线，在排名线右上方表示排名有所下降，在排名线下方表示排名有所上升。

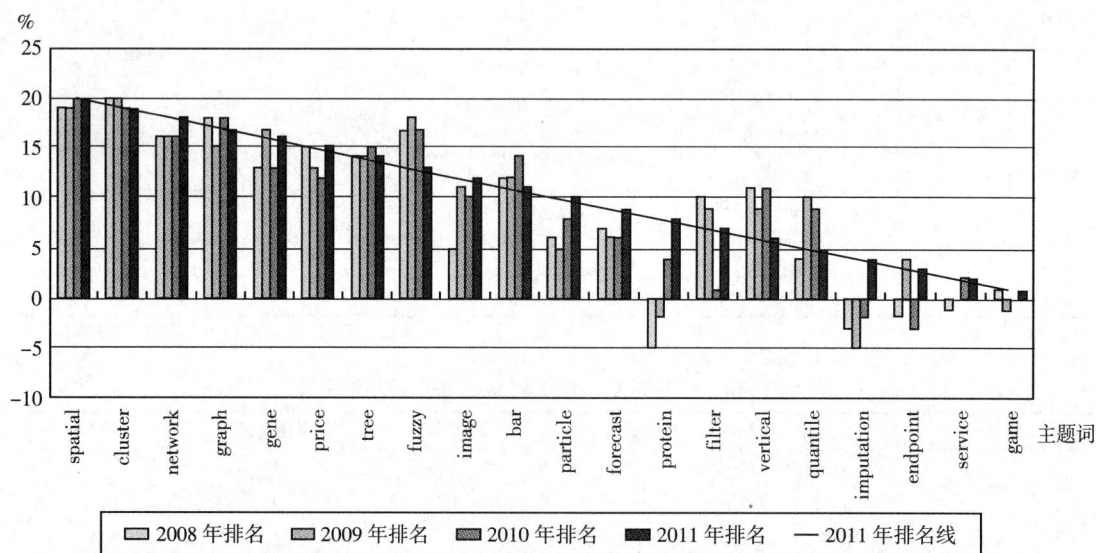

图 1-3　2008~2011 年前 20 位主题词的年度排名

从排名表和排名图中我们可以看到几个值得注意的、比较大的变化：

（1）一个是 spatial 在前两年排名位于 cluster 之后，为第二名，后两年超过 cluster 成为第一位主题词。spatial 主题除了生物医药领域外，覆盖了大部分研究领域。

（2）主题词 network、image、imputation 的论文比例和排名有所上升，graph 稍有下降，说明了丰富的数据类型及其相关问题成为统计学一个上升的研究领域。

（3）主题词 protein、gene、endpoint 排名逐年上升，名次显著增加，其中 protein 增加最为明显，endpoint 从后 20 名进入前 20 名。exposure 从第 12 名跌到第 22 名。mortality 从第 13 名跌到第 23 名。这说明在生物和医药领域中，侧重点有所转移，对基因、蛋白质的研究有所增多，而对辐射及死亡率的研究有所减少。

（4）主题词 vertical、price 有下降的趋势，ruin 从第 18 名跌到第 30 名，service、game、forecast 有所上升。这说明在经济领域中，市场、破产理论对统计学发展的推动作用有所下降，而服务、博弈论及预测的作用有所上升。

（5）主题词 quantile 的论文排名有显著上升趋势。这说明分位数回归和分位数检验成为继均值回归、方差回归之后又一较新的研究领域。

（6）主题词 fuzzy、filter 有所下降，particle 有所上升。这说明模糊、滤波方面的研究有所减少，而粒子方面的研究有所增加。

（五）三类主题的变化与统计学发展

上述系统产生的主题还不能很好地覆盖统计学的所有主题，因此在这一部分我们挑选了一些有代表性的主题加以分析，我们将这些主题分为三类，分别是数据相关的、方法相关的和应用相关的，当然这三类主题实际上并没有严格的界限。例如，high-dimensional（高维）既与高维数据有关，也与高维统计学有关。

1. 数据相关的主题词

我们挑选了 8 个与数据相关的主题词，分别是 survey、network、graph、image、chart、miss、fuzzy 和 high-dimensional。表 1-14 给出了各个主题词在 2008~2011 年的论文篇数和在当年论文中的占比情况。

表 1-14　数据类主题词的论文篇数（2008~2011 年）

序号	主题词	2008 年		2009 年		2010 年		2011 年	
		篇数	百分比（%）	篇数	百分比（%）	篇数	百分比（%）	篇数	百分比（%）
1	survey	179	2.52	172	2.31	221	3.06	251	3.25
2	network	164	2.31	202	2.72	186	2.58	255	3.31
3	graph	170	2.39	201	2.70	208	2.88	237	3.07
4	image	85	1.20	119	1.60	107	1.48	139	1.80
5	chart	63	0.89	85	1.14	86	1.19	73	0.95
6	miss	189	2.66	196	2.64	209	2.90	253	3.28
7	fuzzy	167	2.35	207	2.79	194	2.69	157	2.03
8	high-dimensional	105	1.48	103	1.39	149	2.07	154	2.00

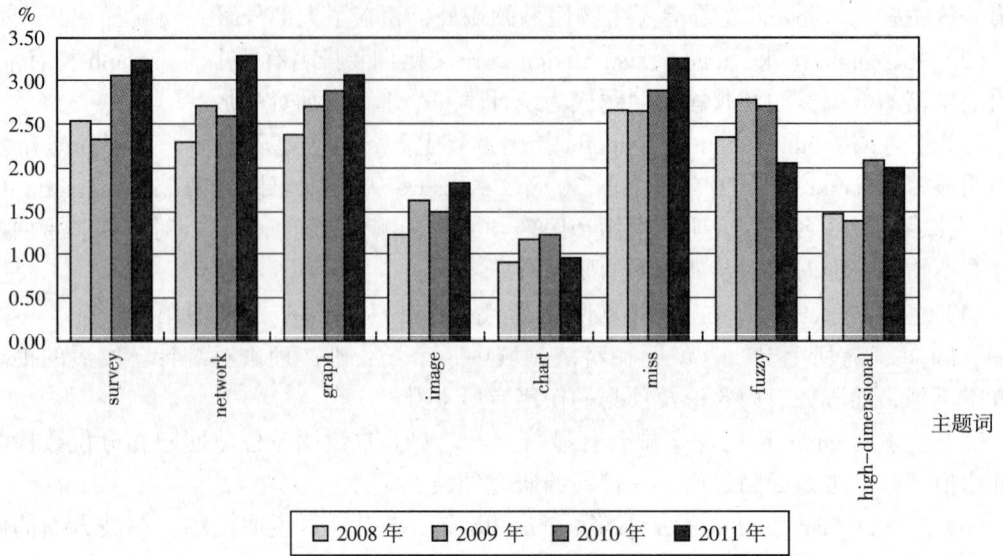

图 1-4　数据类主题词的论文篇数占比（2008~2011 年）

从图 1-4 可以看出：①在数据来源上，调查数据（survey）和网络数据（network）都有增加，且网络数据的研究增加幅度较大。②在数据表现形式上，图形（graph）、图像（image）、图表类（chart）有逐年上升的趋势。③在数据问题上，缺失（miss）数据的处理越来越成为重要课题。模糊数据（fuzzy）的研究稍有下降，高维数据（high-dimensional）问题快速上升，成为热点课题。

2. 方法相关的主题词

方法相关的主题词我们挑选了 11 个，分别是 likelihood（似然）、bayesian（贝叶斯）、nonparametric（非参数）、semiparametric（半参数）、spatial（空间）、cluster（聚类）、survival（生存）、bootstrap（自助法）、longitudinal（纵向）、high-dimensional（高维）、quantile（分位）。表 1-15 给出了各个主题词在 2008~2011 年的论文篇数和在当年论文中的占比情况。其中查询 likelihood 时包括了 quasi-likelihood 及 pseudo-likelihood 关键词。

表 1-15　2008~2011 年方法类主题词的论文篇数

序号	主题词	2008 年		2009 年		2010 年		2011 年	
		篇数	百分比（%）	篇数	百分比（%）	篇数	百分比（%）	篇数	百分比（%）
1	likelihood	767	10.79	836	11.28	835	11.58	904	11.72
2	bayesian	636	8.95	677	9.11	691	9.58	750	9.72
3	nonparametric	494	6.95	568	7.64	519	7.20	561	7.27
4	semiparametric	194	2.73	219	2.95	224	3.11	224	2.90
5	spatial	294	4.14	264	3.55	295	4.09	326	4.23
6	cluster	305	4.29	277	3.73	288	3.99	323	4.19
7	survival	239	3.36	237	3.19	247	3.42	268	3.47

序号	主题词	2008 年		2009 年		2010 年		2011 年	
		篇数	百分比（%）	篇数	百分比（%）	篇数	百分比（%）	篇数	百分比（%）
8	bootstrap	199	2.80	203	2.73	209	2.90	194	2.51
9	longitudinal	171	2.41	185	2.49	195	2.70	221	2.86
10	high–dimensional	105	1.48	103	1.39	149	2.07	154	2.00
11	quantile	81	1.14	105	1.41	96	1.33	95	1.23

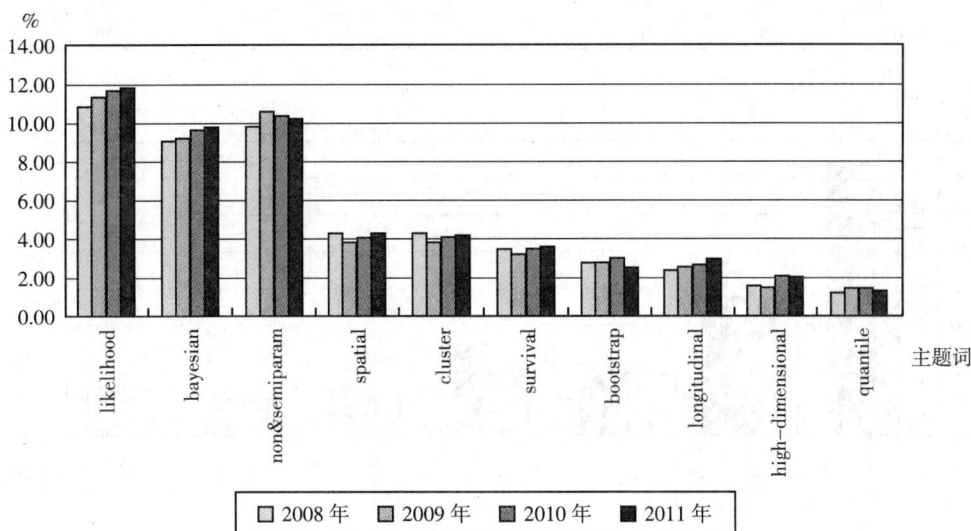

图 1-5　方法类主题词的论文篇数占比（2008~2011 年）

注：图中第 3 个位置增加了一个 non&semiparam 主题，是非参数和半参数主题的加总。

从图 1-5 可以看出：①以似然方法（likelihood）为主题的论文数呈逐年上升势头，主要是因为各种似然方法，包括 empirical likelihood、（nonconcave）penalized likelihood、marginal likelihood 的研究成为研究热点；②贝叶斯（bayesian）是很重要的统计分支，呈快速上升的势头，成为近年来的研究热点；③非参数和半参数方法（nonparametric、semi-parametric）比贝叶斯方法的占比高一点，并有小幅增加的趋势；④空间、生存、纵向数据和分位等方法都有小幅的增加，而聚类和自助方法论文占比有小幅减少；⑤高维数据分析方法有所增加，且在 2010 年有较大的增长。

3. 应用相关的主题词

应用相关的主题词我们挑选了 7 个，分别是 risk（风险）、clinic（临床）、gene（基因）、price（价格或定价）、volatility（波动）、service（服务）和 particle（粒子）。与 2013 年相比，我们增加了后面两个主题词。表 1-16 给出了各个主题词在 2008~2011 年的论文篇数和在当年论文中的占比情况。

表 1-16　应用类主题词的论文篇数（2008~2011 年）

序号	主题词	2008 年		2009 年		2010 年		2011 年	
		篇数	百分比(%)	篇数	百分比(%)	篇数	百分比(%)	篇数	百分比(%)
1	risk	492	6.92	536	7.21	531	7.36	479	6.21
2	clinic	299	4.21	301	4.05	272	3.77	365	4.73
3	gene	119	1.67	138	1.86	136	1.89	155	2.01
4	price	158	2.22	153	2.06	151	2.09	188	2.44
5	volatility	94	1.32	109	1.47	87	1.21	104	1.35
6	service	71	1.00	76	1.02	80	1.11	86	1.11
7	particle	86	1.21	88	1.18	95	1.32	114	1.48

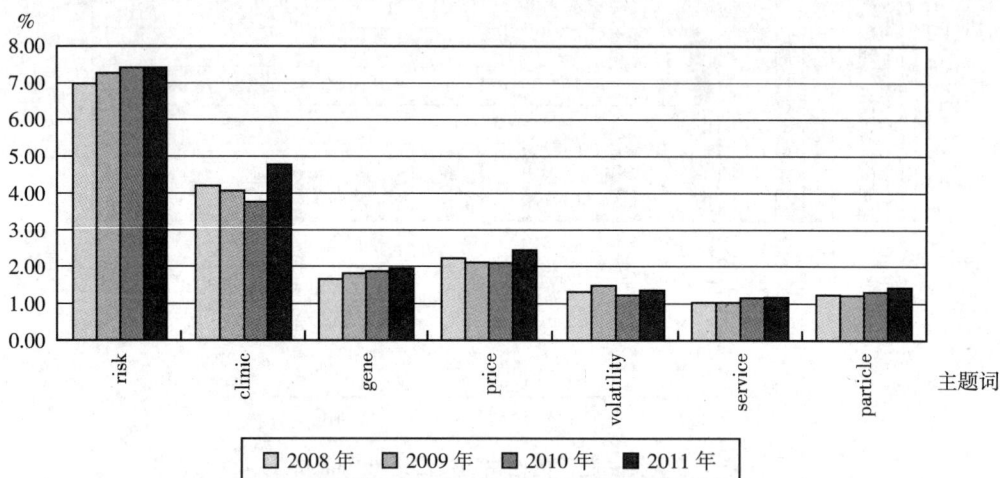

图 1-6　应用类主题词的论文篇数占比（2008~2011 年）

从图 1-6 可以看出：①风险（risk）研究的范围很广，既可以是市场风险和金融风险，也可以是医药风险或环境风险。对于各种风险（risk）的研究呈现先增后减的趋势。②在生物医药统计学方面，临床相关的论文数先减后增，基因研究逐年增加。③市场和金融方面的研究变化不大，发展平稳，服务方面的研究有所增加。④物理方面关于粒子的研究逐年增加。

三、中国学者论文数量及质量变化

（一）论文绝对数量和相对数量在提高

近五年（2007~2011 年）来，统计类期刊刊登的论文数分别是 6152 篇、7144 篇、7457 篇、7223 篇和 7759 篇，总体呈上升趋势。从国家排名表和排名变化图中（因为美国与其他国家差距大，单独用了一个坐标轴）可以看到，美国学者的论文在数量上一直是独占鳌头，而最近几年中国学者在统计学研究方面有较快速度的发展，发表的论文不仅绝对数值在增加，相对占比也在不断增加，论文数排名从 2007 年的第四名增加到 2008 年的第二名，仅次于美国。

表 1-17 统计学论文数国家排名 （2007~2011 年）

序号	国别	2007 年		2008 年		2009 年		2010 年		2011 年	
		排名	占比(%)	排名	占比(%)	排名	占比(%)	排名	占比(%)	排名	占比(%)
1	美国	1	37.19	1	37.51	1	35.94	1	34.42	1	34.84
2	中国	4	6.8	2	10.05	2	9.63	2	9.4	2	10.21
3	英国	2	8.62	3	8.71	3	8.34	3	7.96	4	8.13
4	法国	3	7.72	4	7.81	4	7.48	4	7.86	3	8.15
5	加拿大	5	6.39	5	7.18	5	6.88	5	6.73	5	6.5
6	德国	6	6.1	6	6.58	6	6.30	6	6.41	6	6.33

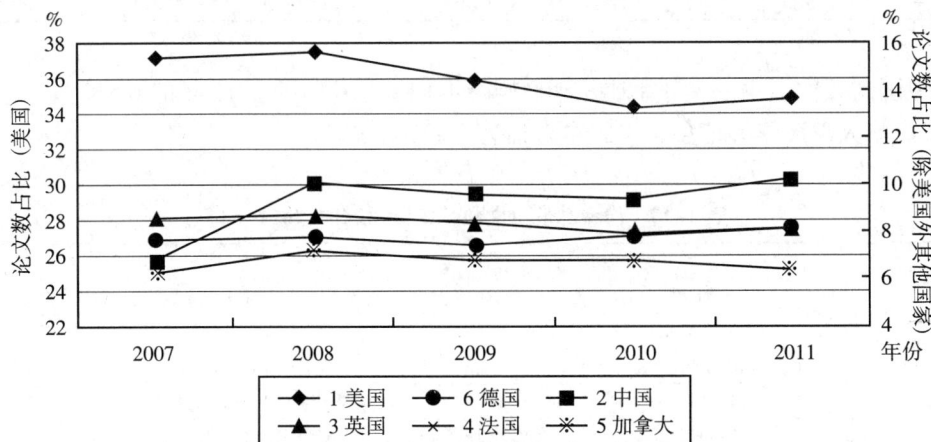

图 1-7 统计学论文数国家排名 （2007~2011 年）

（二）论文质量有所提高，仍有小幅差距

从表 1-18 可以看到，中国学者发表的论文数在不断增加，而且质量方面也有所提高。从篇均被引频次指标来看，中国学者和其他国家学者有一定的差距，但是差距不大，篇均被引频次比=中国篇均被引频次/其他国家篇均被引频次，保持在 0.94 左右。

我们统计了每年前 50 位的高引用论文，可以看到中国学者的高引用论文篇数整体呈上升趋势，从 2007 年的 1 篇增加到了 2011 年的 3 篇，平均水平为 4.8%，离中国所有论文发表比例平均水平（8.66%）还有一定的距离。

表 1-18 中的高引用论文效率比表示需要有多少篇论文中有 1 篇高引用论文（前 50 位），例如表中的 418∶117，表示在 2007 年中国平均 418 篇论文中有 1 篇高引用论文，而其他国家 117 篇中有 1 篇高引用论文；到了 2011 年，中国平均 264 篇论文有一篇高引用论文，而其他国家 148 篇有一篇高引用论文。高频次引用论文的出产效率有了比较大的

表 1–18 中国学者论文数量和质量（2007~2011 年）

年份		2007	2008	2009	2010	2011
全部	总论文数（篇）	6152	7144	7457	7223	7759
中国	论文数（篇）	418 (6.8%)	519 (7.3%)	718 (9.6%)	679 (9.4%)	792 (10.2%)
	篇均被引频次	9.21	6.35	6.52	4.22	2.86
	属于被引前 50 位	1 篇 (2%)	1 篇 (2%)	4 篇 (8%)	3 篇 (6%)	3 篇 (6%)
其他国家	论文数（篇）	5734 (93.2%)	6625 (92.7%)	6739 (90.4%)	6544 (90.6%)	6967 (89.8%)
	篇均被引频次	9.82	7.83	6.10	4.60	3.05
	属于被引前 50 位	49 篇 (98%)	49 篇 (98%)	46 篇 (92%)	47 篇 (94%)	47 篇 (94%)
比较	篇均被引频次比	0.94	0.81	1.07	0.92	0.94
	高引用论文效率比	418 : 117 (0.28)	519 : 135 (0.26)	180 : 147 (0.82)	226 : 139 (0.62)	264 : 148 (0.56)

提高，中国高频次引用论文效率比从 2007 年的 0.28 上升到了 2011 年的 0.56。

（三）华人高产学者增多，中国学者仍有差距

表 1–19 作者发表论文数量统计（2007~2011 年）

排名	2007 年		2008 年	
	作者	篇数	作者	篇数
1	NADARAJAH, S.	14	BALAKRISHNAN, N.	37
2	GUPTA, A.K.	13	NADARAJAH, S.	20
3	HALL, P.	12	MOLENBERGHS, G.	17
4	MATEU, J.	12	CARROLL, R.J.	13
5	WALKER, S.G.	12	ZHU, J.	12
6	BALAKRISHNAN, N.	11	CHEN, J.	11
7	KOTZ, S.	11	CHEN, M.H.	11
8	ZHANG, J.	11	LIANG, H.	11
9	LI, Y.	10	TAKEMURA, A.	11
10	MOLENBERGHS G.	10	WANG, X.	11
排名	2009 年		2010 年	
	作者	篇数	作者	篇数
1	BALAKRISHNAN, N.	46	BALAKRISHNAN, N.	30
2	NADARAJAH, S.	23	NADARAJAH, S.	22
3	HALL, P.	16	MOLENBERGHS, G.	19
4	DETTE, H.	14	DETTE, H.	17
5	BISWAS, A.	12	ZHU, L.X.	17
6	CARROLL, R.J.	12	CHEN, X.	13
7	CHEN, X.	12	CORDEIRO, G.M.	12

排名	2009年		2010年	
	作者	篇数	作者	篇数
8	LEE, S.	12	WANG, Y.	12
9	LIN, Z.Y.	12	ZHANG, Y.	12
10	TANG, M.L.	12	CARROLL, R.J.	11

排名	2011年	
	作者	篇数
1	BALAKRISHNAN, N.	43
2	NADARAJAH, S.	25
3	MOLENBERGHS, G.	18
4	CORDEIRO, G.M.	17
5	WITHERS, C.S.	17
6	DETTE, H.	14
7	LEE, S.	13
8	SHEN, P.S.	13
9	DUNSON, D.B.	12
10	LEMONTE, A.J.	12

通过以上 2007~2011 年作者发表论文数量来看，近几年产量较高且数目较为稳定的作者如 Balakrishan，N.（加拿大），Nadarajah，S.（英国），Carroll，R.J.（美国），Molenberghs，G.（比利时），Dette，H.（德国），偏向于欧美国家。从表 1–19 可以看出，尽管由于中国人的姓名缩写易重复，造成表 1–19 中高估了中国的高产作者文章数，但从表 1–19 可以看到，相比 2007 年的两位——Li，Y.（中国、美国），Zhang，J.（中国、美国），2008 年、2010 年出现了较多的华人学者，如 2010 年的 Zhu，L.X.（中国香港，朱力行），Chen，X.（美国、新加坡、中国等），Wang，Y.（中国、新西兰等），Zhang，Y.（中国、美国），说明华人学者在统计学领域越来越活跃（需要注意的是，2011 年华人学者并没有出现很多），但我们也看到中国学者与其他国家学者相比，仍有较大的差距，我们尚没有发现高产且稳定的中国学者。

第四节　统计学研究前沿的动态与热点

一、国外统计学的研究前沿

前面我们以统计类在 2008~2011 年的所有论文为研究对象，研究了统计学近几年来的研究主题与发展趋势。在本章，为了更为有效地把握统计学的前沿，我们选取了四个著名期刊的学术论文（不包括编辑评论、综述论文、书评、勘误等）进行分析，这四个期刊分别是 *Econometrica*、*J R STAT SOC B*（*Journal of the Royal Statistical Society Series B-Statistical Methodology*、*STAT SCI*（*Statistical Science*）和 *Annals of Statistics*。2008~2011 年刊登的论文数是 922 篇，导入 Refviz 后，得到有效的论文数是 906 篇，各年分别是 215 篇、227 篇、237 篇和 227 篇，总体呈上升趋势。

我们挑选一些有代表性的主题加以分析，这些主题可分为三类，分别是数据相关的、方法相关的和应用相关的。

（一）数据相关的主题词

数据相关的主题词我们挑选了 8 个，分别是 survey、network、graph、image、chart、miss、fuzzy 和 high-dimensional。表 1-20 给出了各个主题词在 2008~2011 年的论文篇数和在当年论文中的占比情况。

表 1-20　数据相关类主题词的论文篇数（2008~2011 年）

序号	主题词	2008 年		2009 年		2010 年		2011 年	
		篇数	百分比（%）	篇数	百分比（%）	篇数	百分比（%）	篇数	百分比（%）
1	survey	6	2.79	4	1.76	12	5.06	11	4.85
2	network	6	2.79	6	2.64	5	2.11	8	3.52
3	graph	0	0.00	0	0.00	0	0.00	0	0.00
4	image	3	1.40	6	2.64	8	3.38	8	3.52
5	chart	0	0.00	0	0.00	0	0.00	0	0.00
6	miss	11	5.12	7	3.08	13	5.49	13	5.73
7	fuzzy	0	0.00	0	0.00	0	0.00	0	0.00
8	high-dimensional	8	3.72	10	4.41	13		14	6.17

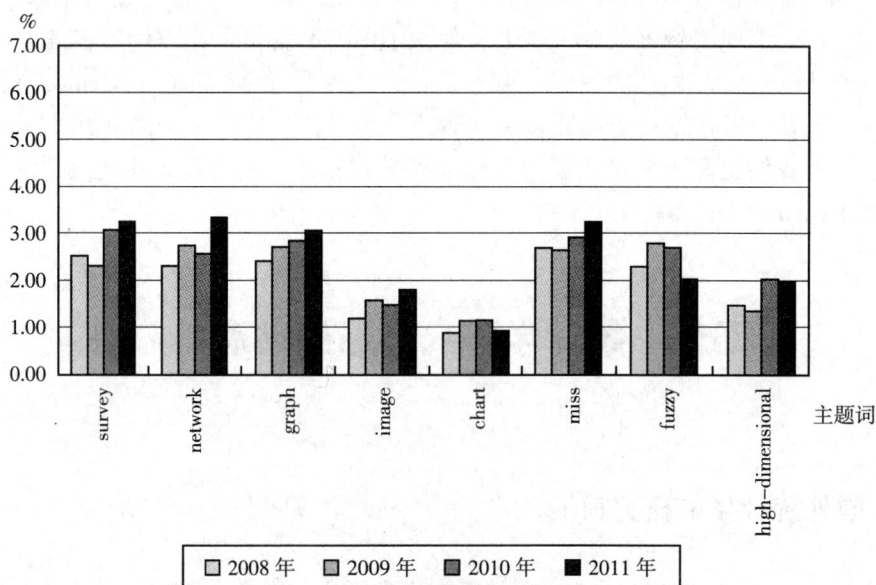

（国外所有期刊）

图 1-8　数据类主题词的论文篇数占比（2008~2011 年）

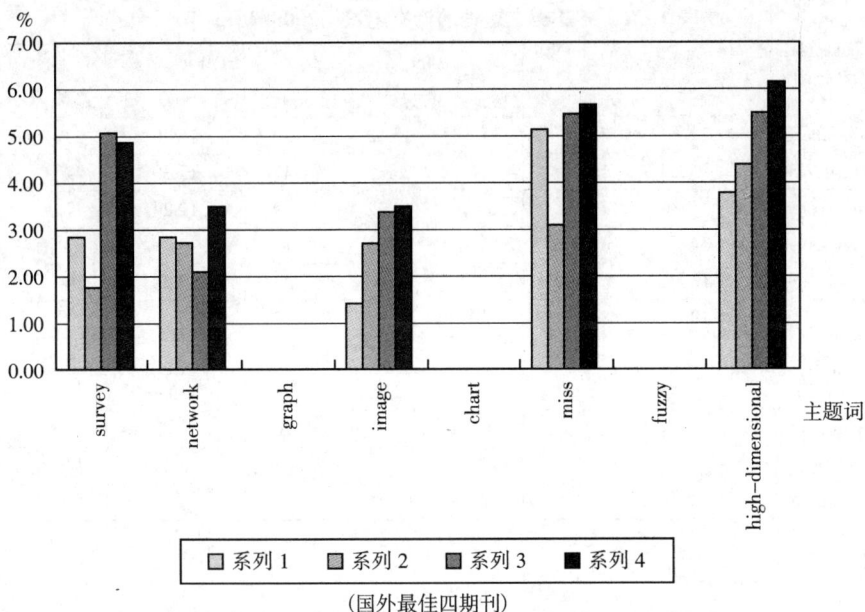

（国外最佳四期刊）

图1-8　数据类主题词的论文篇数占比（2008~2011年）（续）

图1-8上面是所有116个统计类期刊的论文统计，下面是上述四个期刊中的论文统计。从图1-8可以看出，与整体研究相比，统计学前沿研究也有相同的一些趋势：①在数据来源上，调查数据和网络数据都有增加。②在数据表现形式上，图像（image）在最近几年有持续上升的趋势。③在数据问题上，缺失（miss）数据的处理越来越成为重要课题。高维数据（high-dimensional）问题快速上升，成为热点课题。

明显不同的是：①图形（graph）、图表类（chart）在统计学的前沿研究中没有出现，模糊（fuzzy）主题作为一个传统研究主题，在统计类论文中仍然占有一席之地，但是已经退出了统计学的前沿研究。②高维（high-dimensional）主题作为一股新生力量，在所有期刊论文中占据的比例不大，但明显是统计学的研究前沿和热点。

（二）方法相关的主题词

方法相关的主题词我们挑选了11个，分别是likelihood（似然）、bayesian（贝叶斯）、nonparametric（非参数）、semiparametric（半参数）、spatial（空间）、cluster（聚类）、survival（生存）、bootstrap（自助法）、longitudinal（纵向）、high-dimensional（高维）和quantile（分位）。表1-21中给出了各个主题词在2008~2011年的论文篇数和在当年论文中的占比情况。

从图1-9可以看出，在方法主题上，整体研究和前沿研究有比较大的不同：

（1）似然方法（likelihood）：由于各种似然方法［包括经验似然（empirical likelihood）、惩罚似然（penalized likelihood）和边际似然（marginal likelihood）等］的研究和应用的成熟化，该主题的论文占比整体呈现上升势头，在前沿研究中，其发展逐渐趋于平稳。

表 1-21　方法类主题词的论文篇数（2008~2011 年）

序号	主题词	2008 年		2009 年		2010 年		2011 年	
		篇数	百分比（%）	篇数	百分比（%）	篇数	百分比（%）	篇数	百分比（%）
1	likelihood	33	15.35	35	15.42	39	16.46	29	12.78
2	bayesian	35	16.28	53	23.35	41	17.30	47	20.70
3	nonparametric	31	14.42	30	13.22	29	12.24	37	16.30
4	semiparametric	14	6.51	13	5.73	13	5.49	17	7.49
5	spatial	10	4.65	9	3.96	22	9.28	10	4.41
6	cluster	19	8.84	6	2.64	12	5.06	13	5.73
7	survival	9	4.19	11	4.85	9	3.80	4	1.76
8	bootstrap	5	2.33	5	2.20	9	3.80	6	2.64
9	longitudinal	13	6.05	10	4.41	10	4.22	7	3.08
10	high-dimensional	8	3.72	10	4.41	13	5.49	14	6.17
11	quantile	5	2.33	11	4.85	3	1.27	5	2.20

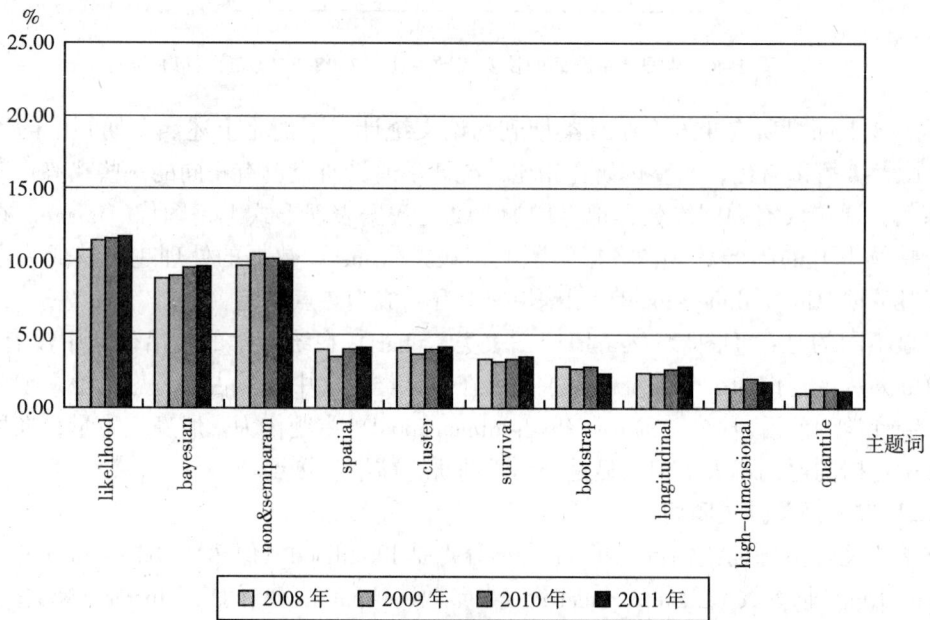

（国外所有期刊）

图 1-9　方法类主题词的论文篇数占比（2008~2011 年）

　　（2）贝叶斯（bayesian）：是很重要的统计分支，虽然在整体论文中的占比低于似然方法和非参半参方法，但其论文占比逐年上升，且其前沿研究已超过似然方法，发展很快。

　　（3）非参数和半参数方法（nonparametric，semiparametric）：作为一类重要主题，在整体论文中比贝叶斯方法的占比高一点，并有小幅增加。但是从前沿研究的角度来看，该主题研究发展平稳。

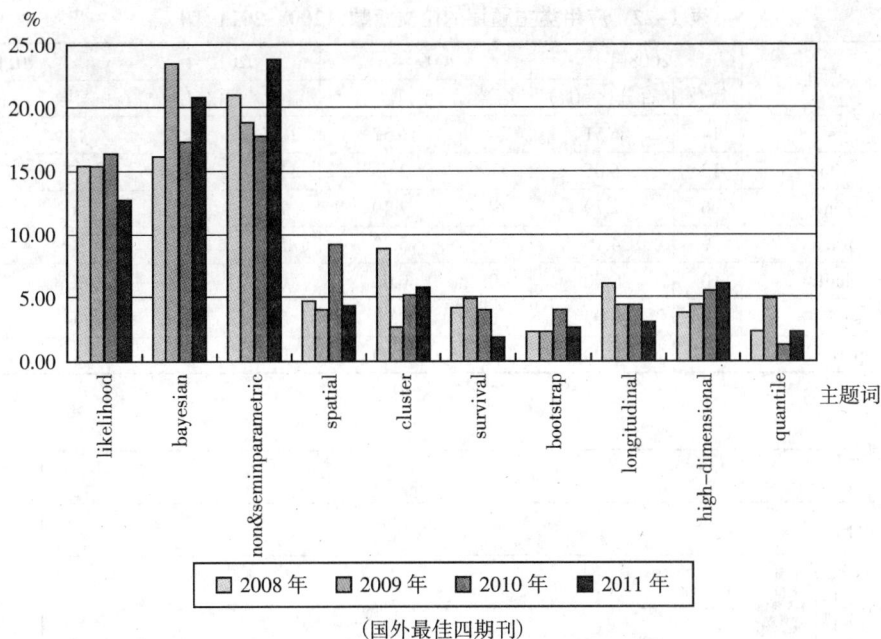

（国外最佳四期刊）

图 1-9　方法类主题词的论文篇数占比（2008~2011 年）（续）

注：图中第 3 个位置增加了一个 non&semiparam 主题，是非参数和半参数主题的加总。

（4）空间（spatial）：整体来看和前沿研究类似，都发展平稳，但在前沿研究中，该主题在 2010 年发展迅速。

（5）聚类（cluster）：整体研究和前沿研究类似，都有下降的趋势。

（6）生存（survival）和自助法（bootstrap）：整体研究中都发展平稳。从前沿研究看，前者有下降趋势，后者小幅增加。

（7）纵向数据（longitudinal）和分位（quantile）：作为重要主题，在整体论文中的占比仍有小幅增加，但从前沿研究角度来看，这两个主题已经处于逐年下降的趋势。

（8）高维（high-dimensional）：作为新兴前沿主题，整体研究和前沿研究类似，逐年增加，且前沿研究中增加的幅度较大。

总之，在前沿研究中，我们可以把这 11 个主题分为四个梯队：发展迅速（贝叶斯和高维）、小幅增长（自助法）、维持现状（似然法、空间、非参数和半参数）和下降趋势（聚类、生存、纵向数据和分位）。

（三）应用相关的主题词

应用相关的主题词分别是 risk（风险）、clinic（临床）、gene（基因）、price（价格或定价）、volatility（波动）、service（服务）和 particle（粒子）。表 1-22 中给出了各个主题词在 2008~2011 年的论文篇数和在当年论文中的占比情况。

从图 1-10 可以看出，在前沿研究中，risk、clinic、gene 和 price 主题的年度变化没有明显变化，但是在整体研究中占据一定比例的 volatility、service 和 particle 主题在前沿研究

表 1-22 应用类主题词的论文篇数（2008~2011 年）

序号	主题词	2008 年		2009 年		2010 年		2011 年	
		篇数	百分比（%）	篇数	百分比（%）	篇数	百分比（%）	篇数	百分比（%）
1	risk	14	6.51	24	10.57	10	4.22	11	4.85
2	clinic	13	6.05	7	3.08	11	4.64	7	3.08
3	gene	6	2.79	17	7.49	7	2.95	6	2.64
4	price	9	4.19	12	5.29	5	2.11	10	4.41
5	volatility	0	0.00	0	0.00	0	0.00	0	0.00
6	service	0	0.00	0	0.00	0	0.00	0	0.00
7	particle	0	0.00	0	0.00	0	0.00	0	0.00

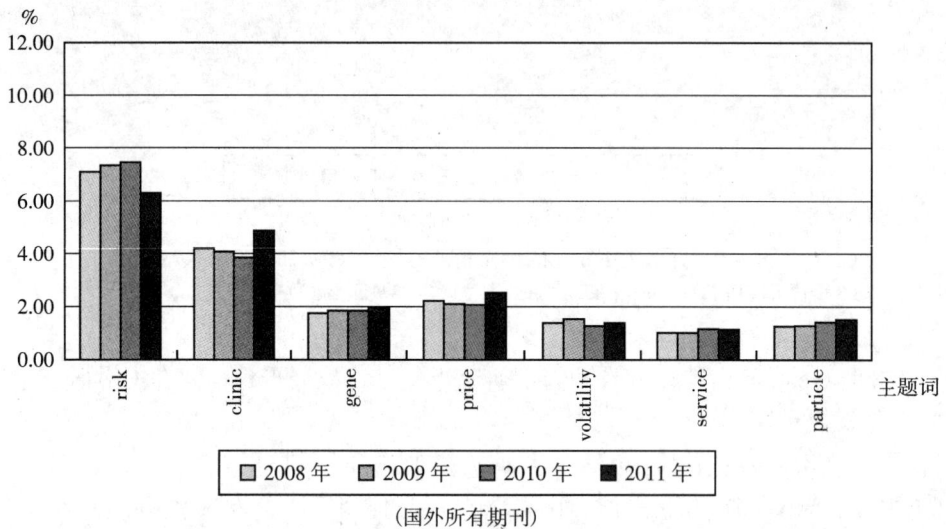

（国外所有期刊）

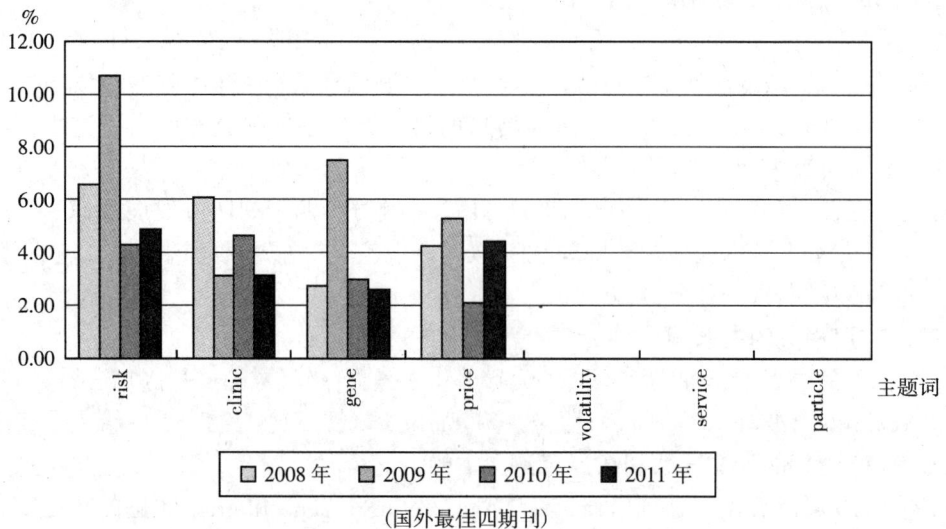

（国外最佳四期刊）

图 1-10 应用类主题词的论文篇数占比（2008~2011 年）

中没有出现。这说明虽然 service 和 paticle 类的研究在近几年有所增加，但仍未成为统计学的研究热点。我们从各个主题的平均论文数占比中还可以看出，生物和医学主题比市场、金融和服务类主题占比要大，这和整体研究一致，说明近年来统计学的发展动力更多的是来自生物医学的发展。

二、国内统计学的研究前沿

（一）国内学者的国际论文

在这一部分，我们以 2008~2011 年中国学者在上述所有 116 个统计类期刊上发表的所有论文（不包括编辑评论、综述论文、书评、勘误等）为研究对象。导入 Refviz 后，得到有效的论文数 2702 篇，各年度分别是 518 篇、717 篇、678 篇和 789 篇，总体呈上升趋势，2010 年略有下降。

为了便于比较，我们仍采用上述三类主题词进行研究。

1. 数据相关的主题词

数据相关的 8 个主题词分别是 survey、network、graph、image、chart、miss、fuzzy 和 high-dimensional。表 1-23 给出了各个主题词在 2008~2011 年的论文篇数和在当年论文中的占比情况。

表 1-23　数据类主题词的论文篇数（2008~2011 年）

序号	主题词	2008 年		2009 年		2010 年		2011 年	
		篇数	百分比（%）	篇数	百分比（%）	篇数	百分比（%）	篇数	百分比（%）
1	survey	9	1.74	6	0.84	6	0.88	13	1.65
2	network	13	2.51	11	1.53	17	2.51	22	2.79
3	graph	10	1.93	17	2.37	22	3.24	39	4.94
4	image	3	0.58	7	0.98	11	1.62	9	1.14
5	chart	8	1.54	11	1.53	12	1.77	9	1.14
6	miss	18	3.47	20	2.79	19	2.80	18	2.28
7	fuzzy	23	4.44	41	5.72	36	5.31	42	5.32
8	high-dimensional	5	0.97	8	1.12	11	1.62	18	2.28

将中国学者的统计图和前文中的所有期刊以及最佳四期刊的统计图相比，可以明显看出，中国学者研究的数据问题前沿性不足，表现在：

（1）缺失（miss）数据的处理越来越成为重要课题。但是在这里明显看出该主题论文呈下降趋势。

（2）图形和图表主题在所有期刊论文中占据一定的比例，但在前沿研究中没有出现，在这里可以看出这两个主题仍然占有部分比例。

（3）模糊（fuzzy）主题作为一个传统研究主题，虽然在统计类论文中仍然占有一席之地，但已经退出了统计学的前沿研究，可是在这里该主题占比高过其他主题。

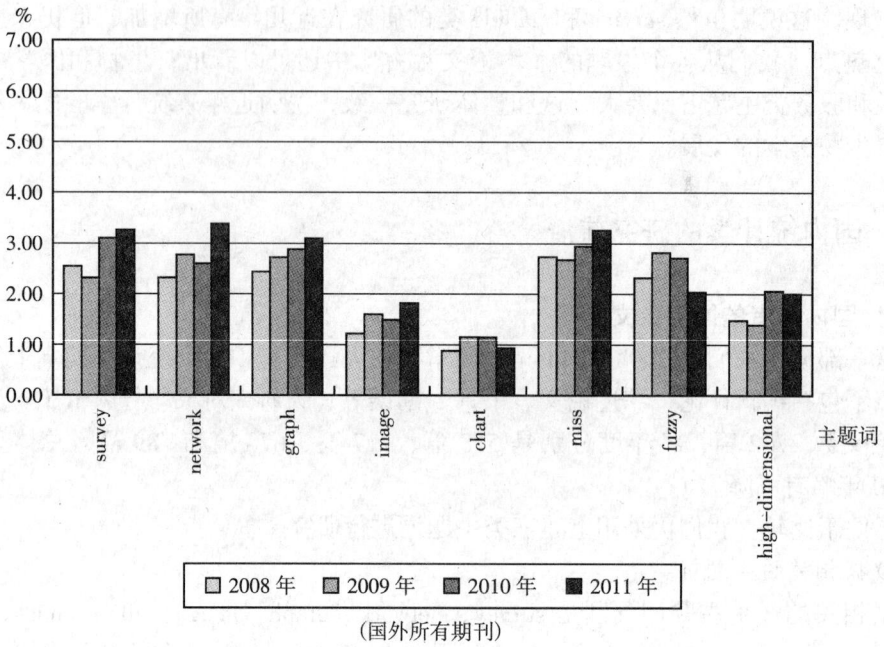

（国外所有期刊）

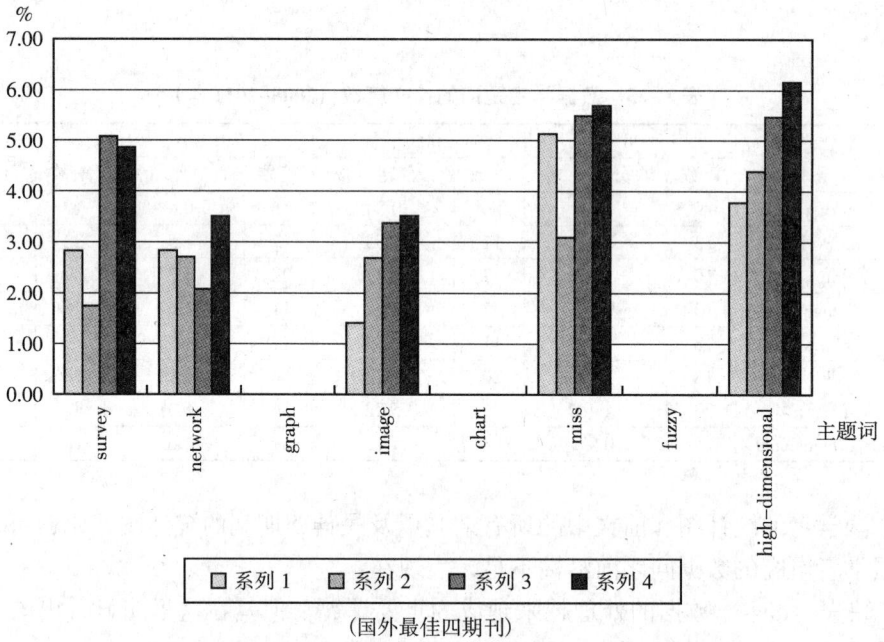

（国外最佳四期刊）

图1-11 数据类主题词的论文篇数占比（2008~2011年）

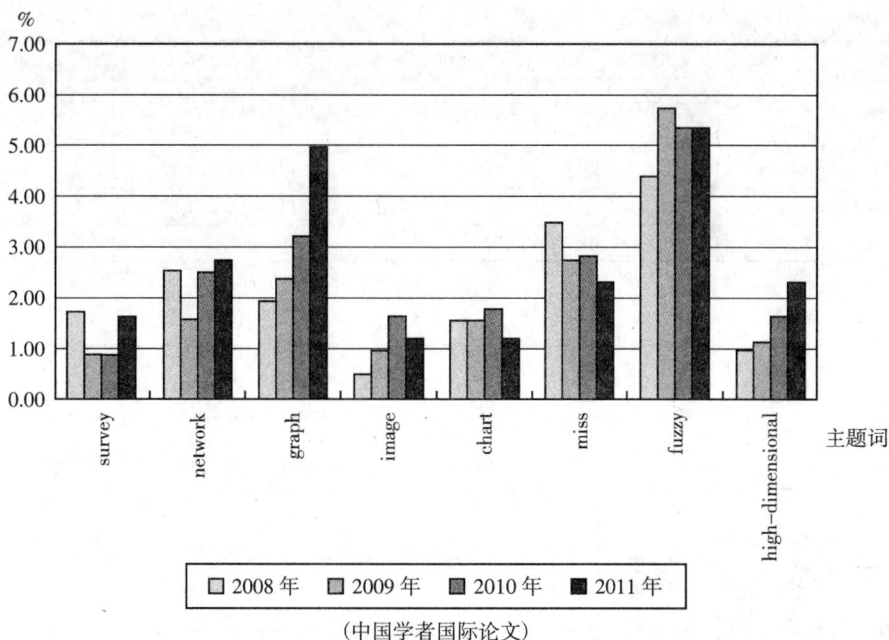

（中国学者国际论文）

图 1-11　数据类主题词的论文篇数占比（2008~2011 年）（续）

（4）高维（high-dimensional）主题作为一股新生力量，在所有期刊论文中占据比例不大，但明显是统计学的研究前沿和热点。这里占比不仅低于前沿研究的占比，还低于整体研究的占比，明显研究不足。

2. 方法相关的主题词

方法相关的 11 个主题词分别是 likelihood（似然）、bayesian（贝叶斯）、nonparametric（非参数）、semiparametric（半参数）、spatial（空间）、cluster（聚类）、survival（生存）、bootstrap（自助法）、longitudinal（纵向）、high-dimensional（高维）和 quantile（分位）。表 1-24 给出了各个主题词在 2008~2011 年的论文篇数和在当年论文中的占比情况。其中查询 likelihood 时增加了 loglikelihood 及 likelihood-based 关键词。

表 1-24　方法类主题词的论文篇数（2008~2011 年）

序号	主题词	2008 年		2009 年		2010 年		2011 年	
		篇数	百分比（%）	篇数	百分比（%）	篇数	百分比（%）	篇数	百分比（%）
1	likelihood	87	16.80	112	15.62	97	14.31	125	15.84
2	bayesian	19	3.67	27	3.77	29	4.28	44	5.58
3	nonparametric	47	9.07	68	9.48	51	7.52	66	8.37
4	semiparametric	16	3.09	37	5.16	33	4.87	34	4.31
5	spatial	11	2.12	13	1.81	16	2.36	20	2.53
6	cluster	16	3.09	11	1.53	14	2.06	24	3.04
7	survival	18	3.47	13	1.81	14	2.06	16	2.03

序号	主题词	2008 年		2009 年		2010 年		2011 年	
		篇数	百分比（%）	篇数	百分比（%）	篇数	百分比（%）	篇数	百分比（%）
8	bootstrap	11	2.12	18	2.51	13	1.92	20	2.53
9	longitudinal	12	2.32	18	2.51	13	1.92	22	2.79
10	high-dimensional	5	0.97	8	1.12	11	1.62	18	2.28
11	quantile	15	2.90	12	1.67	9	1.33	19	2.41

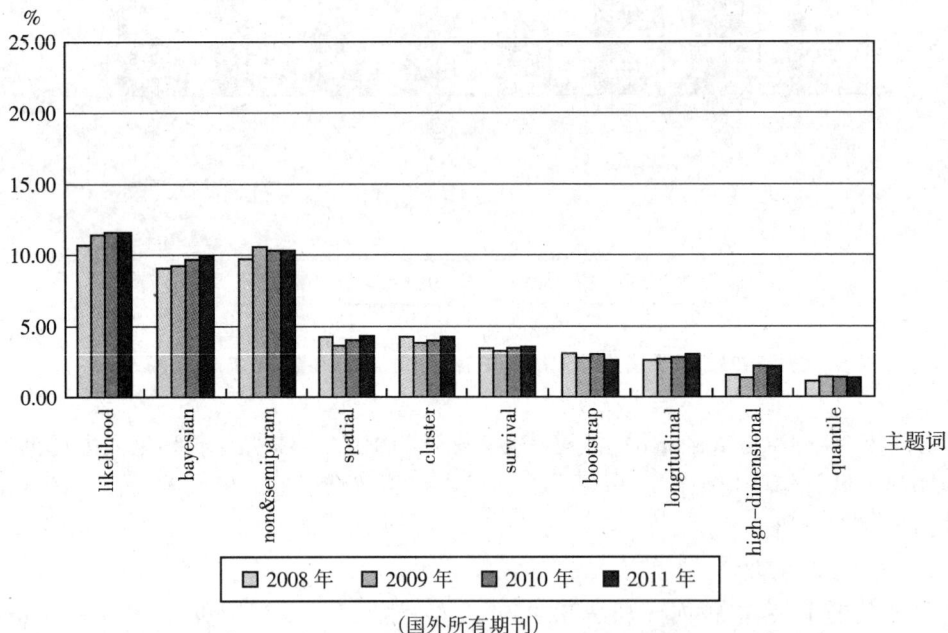

（国外所有期刊）

图 1-12　方法类主题词的论文篇数占比（2008~2011 年）

将中国学者的统计图和前文中的所有期刊以及最佳四期刊的统计图相比，可以明显看出，中国学者研究的方法有关主题的前沿性不足，表现在：

（1）在国际前沿研究的第一梯队（即发展迅猛的研究主题）中，贝叶斯（bayesian）研究过少，高维（high-dimensional）研究不足，未达到平均水平。

（2）在国际前沿研究的第二梯队（即小幅增长的研究主题）中，自助法（bootstrap）的占比略低于平均水平。

（3）在国际前沿研究的第三梯队（即维持现状的研究主题）中，似然法（likelihood）的占比接近研究前沿水平，高于一般水平。

（4）在国际前沿研究的第四梯队（即有下降趋势的研究主题）中，聚类、生存、纵向数据和分位均能反映研究前沿的变化，但论文占比低于研究前沿。

3. 应用相关的主题词

应用相关的 7 个主题词分别是 risk（风险）、clinic（临床）、gene（基因）、price（价格

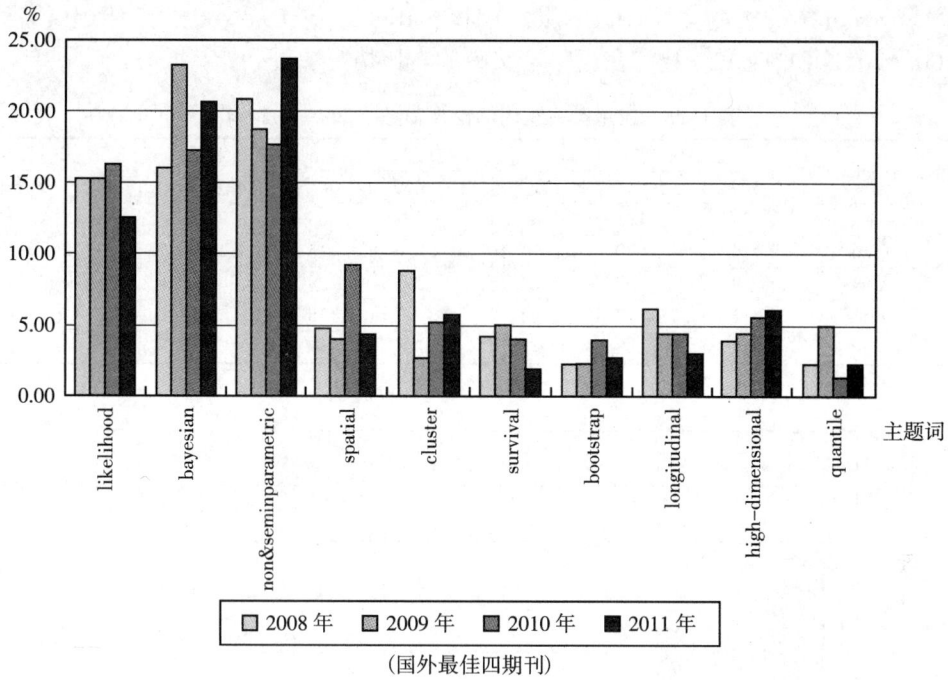

（国外最佳四期刊）

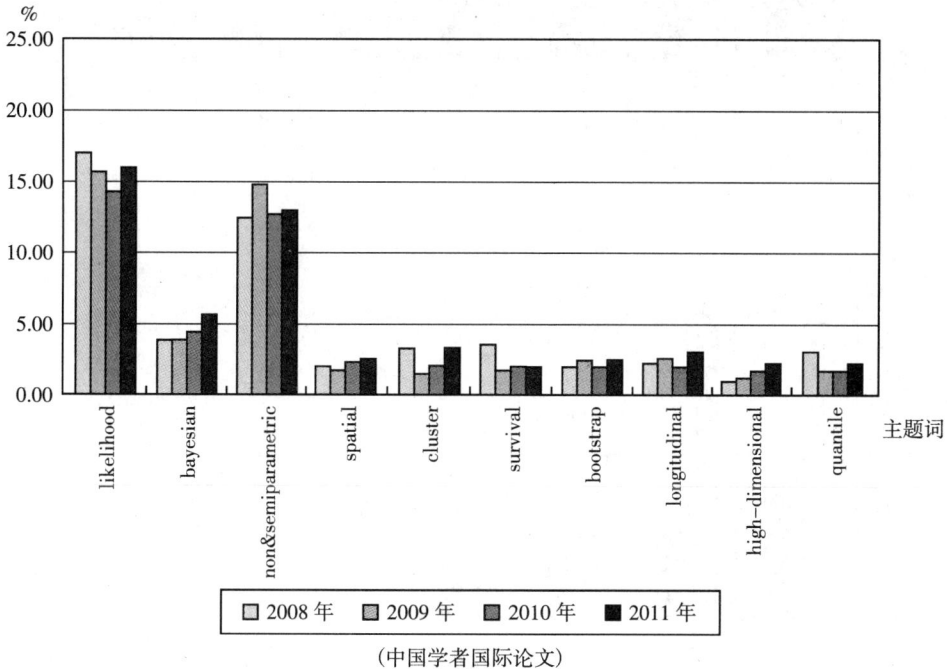

（中国学者国际论文）

图 1-12　方法类主题词的论文篇数占比（2008~2011 年）（续）

或定价）、volatility（波动）、service（服务）和 particle（粒子）。表 1–25 给出了各个主题词在 2008~2011 年的论文篇数和在当年论文中的占比情况。

表 1–25　应用类主题词的论文篇数（2008~2011 年）

序号	主题词	2008 年		2009 年		2010 年		2011 年	
		篇数	百分比（%）	篇数	百分比（%）	篇数	百分比（%）	篇数	百分比（%）
1	risk	36	6.95	67	9.34	65	9.59	62	7.86
2	clinic	14	2.70	13	1.81	15	2.21	20	2.53
3	gene	19	3.67	27	3.77	29	4.28	44	5.58
4	price	11	2.12	2	0.28	15	2.21	11	1.39
5	volatility	10	1.93	10	1.39	7	1.03	10	1.27

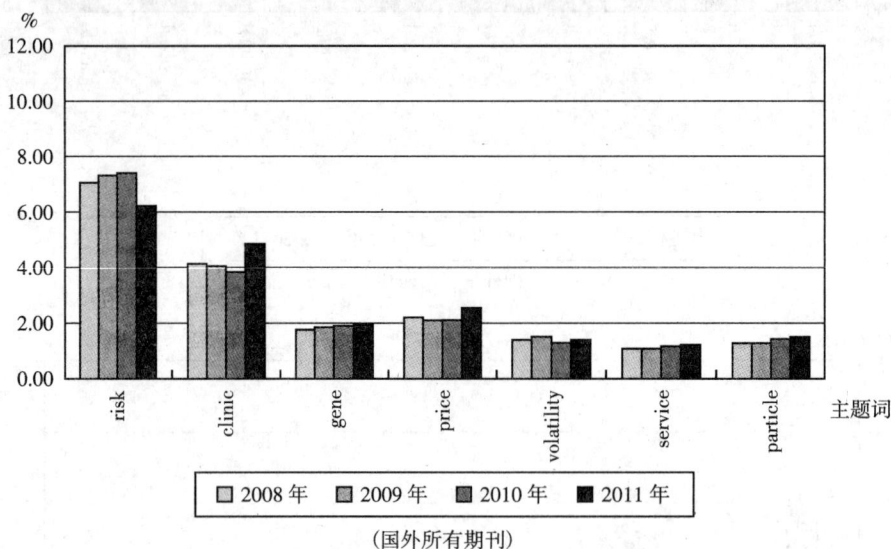

（国外所有期刊）

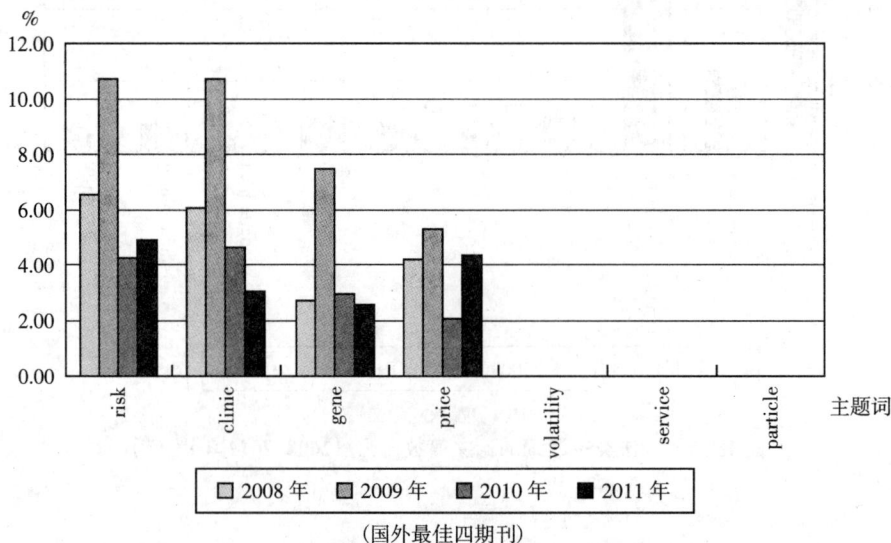

（国外最佳四期刊）

图 1–13　应用类主题词的论文篇数占比（2008~2011 年）

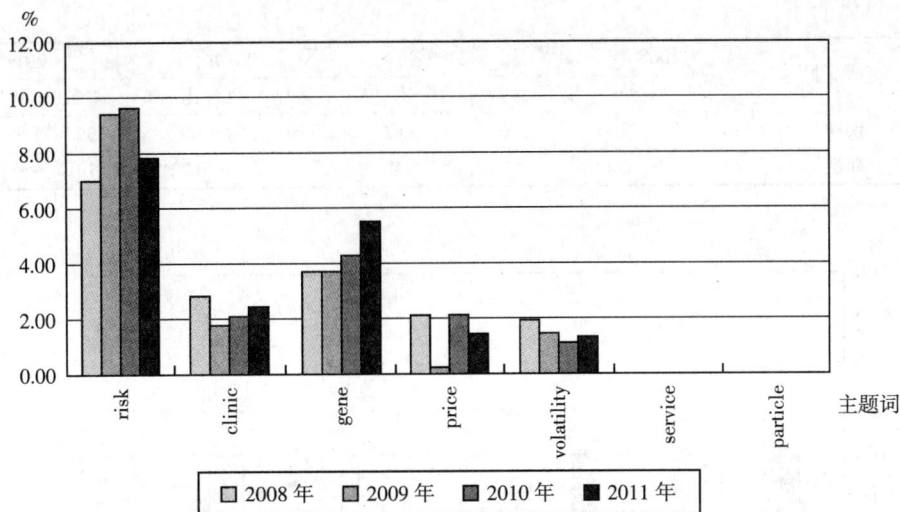

(中国学者国际论文)

图1-13 应用类主题词的论文篇数占比（2008~2011年）（续）

从图1-13可以看出，中国学者研究的方向与整体研究较为一致，但最后2个主题词 service 和 particle 与前沿研究一致，没有出现相关论文。从各个主题的平均论文数占比还是可以看出，生物和医学主题比市场和金融主题占比要略大，这和整体研究一致，说明近年来统计学的发展动力更多的是来自生物医学的发展。

（二）国内学者的国内论文

在这一部分，我们以2008~2011年中国学者在7个统计类核心期刊上发表的所有论文为研究对象。这7个核心期刊是《统计研究》、《统计与决策》、《数理统计与管理》、《应用概率统计》、《中国卫生统计》、《中国统计》、《数学的实践与认识》。去掉各种启事、声明、会议纪要、通知、勘误、讲话和要求文章，论文总数是14640篇，各年分别是3801篇、3824篇、3568篇和3447篇，总体呈减少的趋势。

为了便于比较，我们仍采用上述三类主题词进行研究。

1. 数据相关的主题词

数据相关的6个主题词分别是调研或调查、网络、图、缺失、模糊和高维。表1-26给出了各个主题词在2008~2011年的论文篇数和在当年论文中的占比情况。

表1-26 数据类主题词的论文篇数（2008~2011年）

序号	主题词	2008年		2009年		2010年		2011年	
		篇数	百分比（%）	篇数	百分比（%）	篇数	百分比（%）	篇数	百分比(%)
1	调研或调查	237	6.24	249	6.51	224	6.28	272	7.89
2	网络	138	3.63	122	3.19	149	4.18	150	4.35
3	图	65	1.71	78	2.04	89	2.49	87	2.52
4	缺失	19	0.50	24	0.63	17	0.48	30	0.87

续表

序号	主题词	2008 年		2009 年		2010 年		2011 年	
		篇数	百分比（%）	篇数	百分比（%）	篇数	百分比（%）	篇数	百分比(%)
5	模糊	145	3.81	146	3.82	139	3.90	139	4.03
6	高维	5	0.13	7	0.18	8	0.22	14	0.41

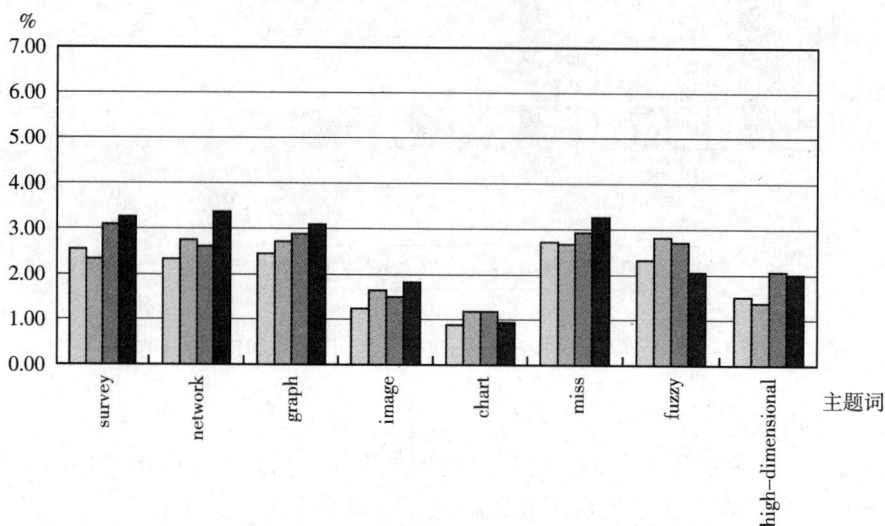

（国外所有期刊）

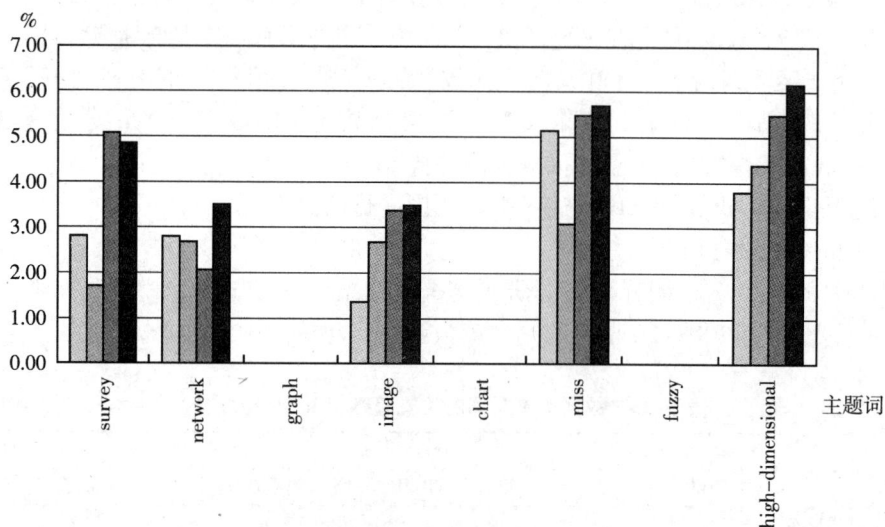

（国外最佳四期刊）

图 1-14　数据类主题词的论文篇数占比（2008~2011 年）

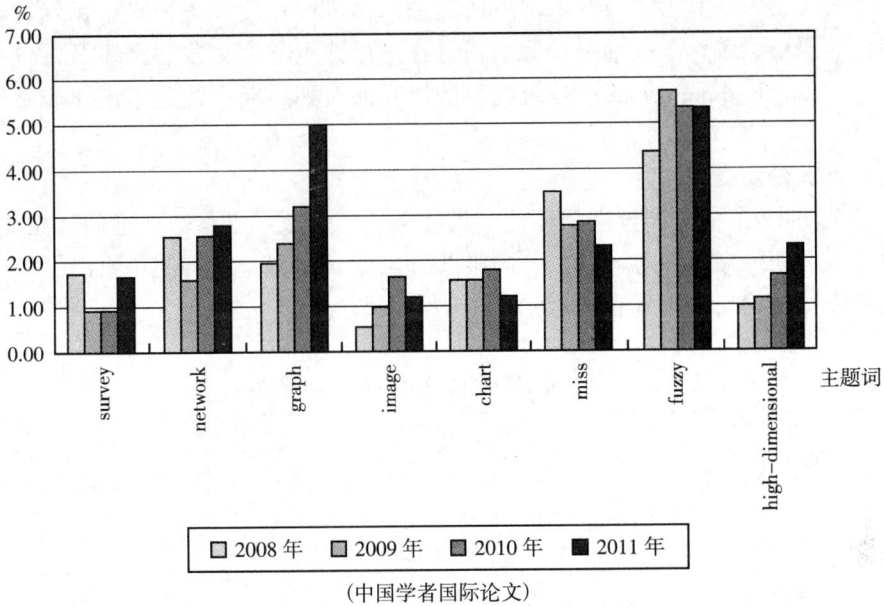

（中国学者国际论文）

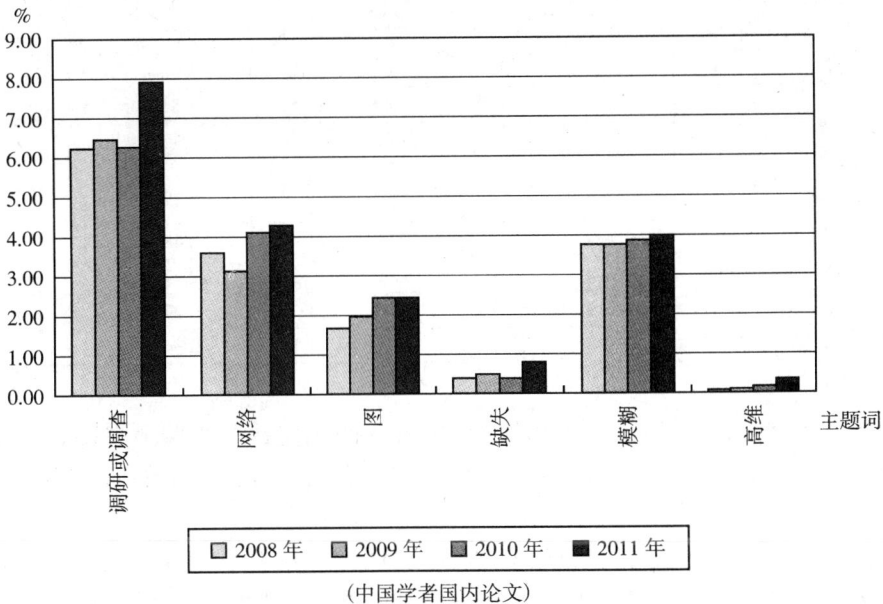

（中国学者国内论文）

图1-14 数据类主题词的论文篇数占比（2008~2011年）（续）

将中国学者的国内论文统计图和前文中的统计图相比，可以看出，中国学者的国内发表论文和国外论文的结构有明显的不同，他们更加重视统计数据的前期过程（survey及network），比较多地关注实际统计工作。

另外，国内论文和中国学者的国外发表论文结构相类似，前沿性不足，表现在：

（1）缺失（miss）数据的处理越来越成为重要课题，但是在这里论文数占比很低。

（2）模糊（fuzzy）主题作为一个传统研究主题，虽然在统计类论文中仍然占有一席之地，但是已经退出了统计学的前沿研究，可是在这里该主题论文数占比却很高。

（3）高维（high-dimensional）是统计学的研究前沿和热点，在这里占比非常低，明显研究不足。

2. 方法相关的主题词

方法相关的 12 个主题词分别是似然、贝叶斯、非参数、半参数、空间、聚类、生存、自助或自举或 bootstrap、纵向、面板、高维及分位或 quantile。表 1-27 给出了各个主题词在 2008~2011 年的论文篇数和在当年论文中的占比情况。

表 1-27　方法类主题词的论文篇数（2008~2011 年）

序号	主题词	2008 年		2009 年		2010 年		2011 年	
		篇数	百分比 (%)	篇数	百分比 (%)	篇数	百分比 (%)	篇数	百分比 (%)
1	似然	44	1.16	46	1.20	49	1.37	39	1.13
2	贝叶斯	31	0.82	30	0.78	38	1.07	38	1.10
3	非参数或半参数	43	1.13	46	1.20	40	1.12	43	1.25
4	非参数	33	0.87	37	0.97	22	0.62	32	0.93
5	半参数	10	0.26	9	0.24	18	0.50	11	0.32
6	空间	119	3.13	139	3.63	129	3.62	165	4.79
7	聚类	55	1.45	57	1.49	55	1.54	54	1.57
8	生存	33	0.87	43	1.12	34	0.95	48	1.39
9	自助或自举或 bootstrap	13	0.34	11	0.29	17	0.48	16	0.46
10	纵向	14	0.37	21	0.55	17	0.48	21	0.61
11	面板	54	1.42	61	1.60	88	2.47	87	2.52
12	高维	5	0.13	7	0.18	8	0.22	14	0.41
13	分位或 quantile	13	0.34	8	0.21	12	0.34	6	0.17

将中国学者国内论文的统计图和前文中的统计图相比，可以明显看出，与方法有关的论文比例整体比较少，这说明国内研究对于统计方法和统计理论的研究不足。具体表现在：

（1）在国际前沿研究的第一梯队（即发展迅猛的研究主题）中，贝叶斯和高维的研究不足，未达到平均水平。高维发展比较快，其发展趋势与国际前沿发展类似，都在逐年增长。

（2）在国际前沿研究的第二梯队（即小幅增长的研究主题）中，自助法占比较低，在2010 年有较快的增长。

（3）在国际前沿研究的第三梯队（即维持现状的研究主题）中，空间法的增长速度较快，似然、非参数和半参数法与国际前沿类似，没有明显趋势。

（4）在国际前沿研究的第四梯队（即有下降趋势的研究主题）中，聚类、生存、纵向

%

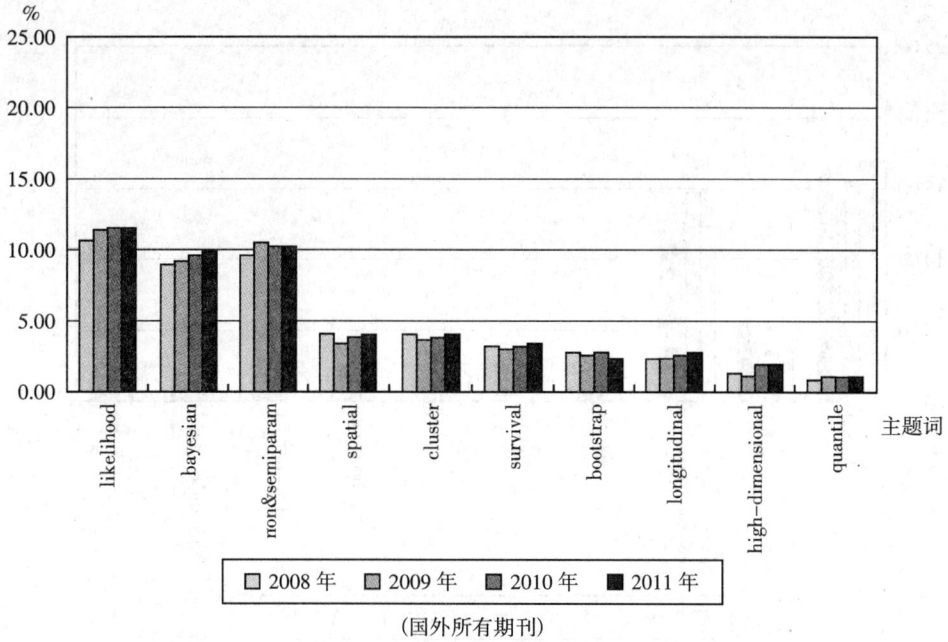

（国外所有期刊）

%

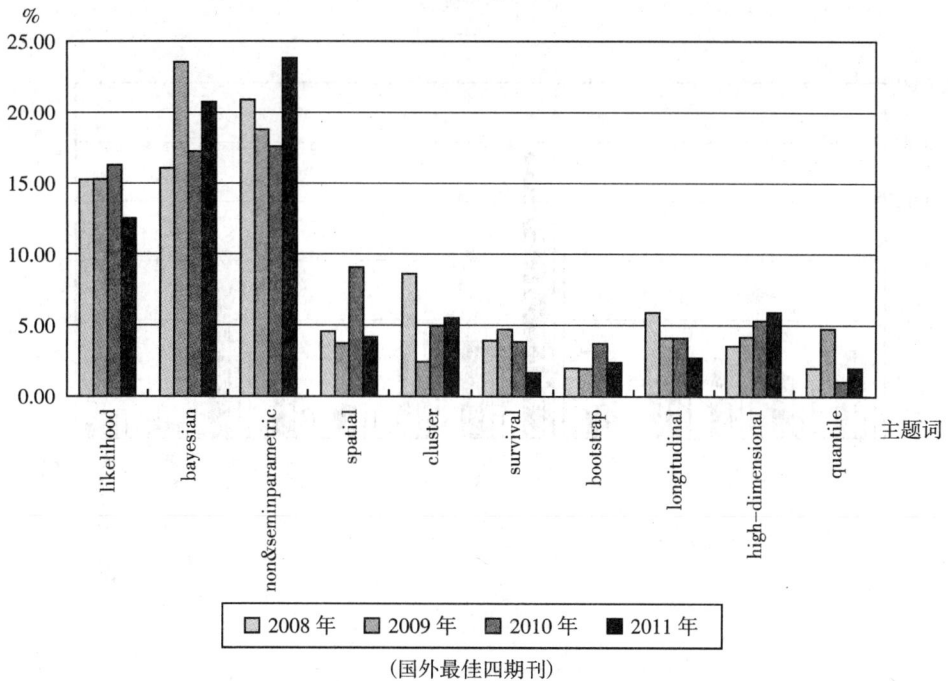

（国外最佳四期刊）

图 1-15　方法类主题词的论文篇数占比（2008~2011 年）

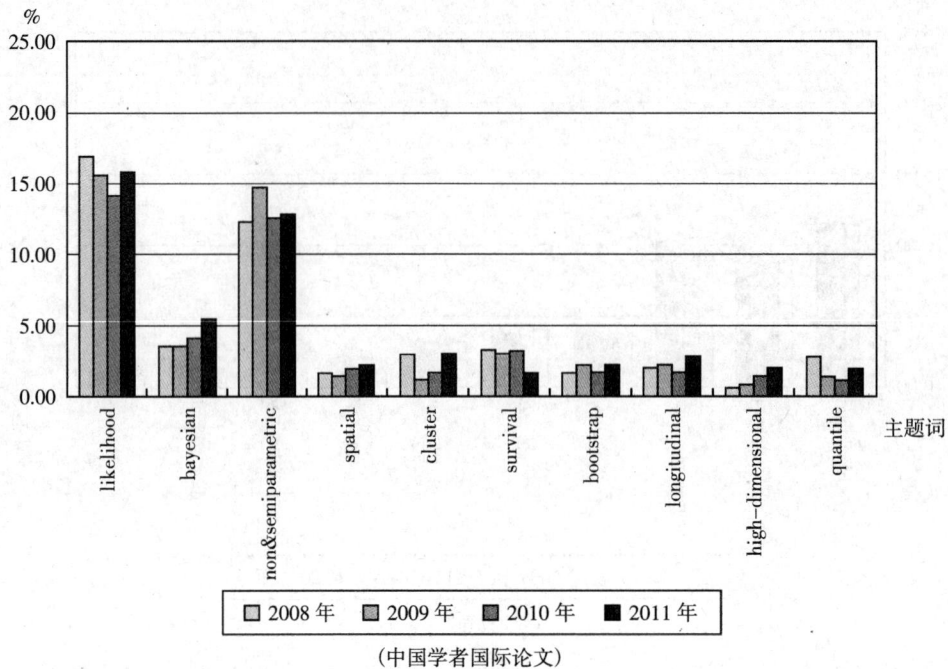

（中国学者国际论文）

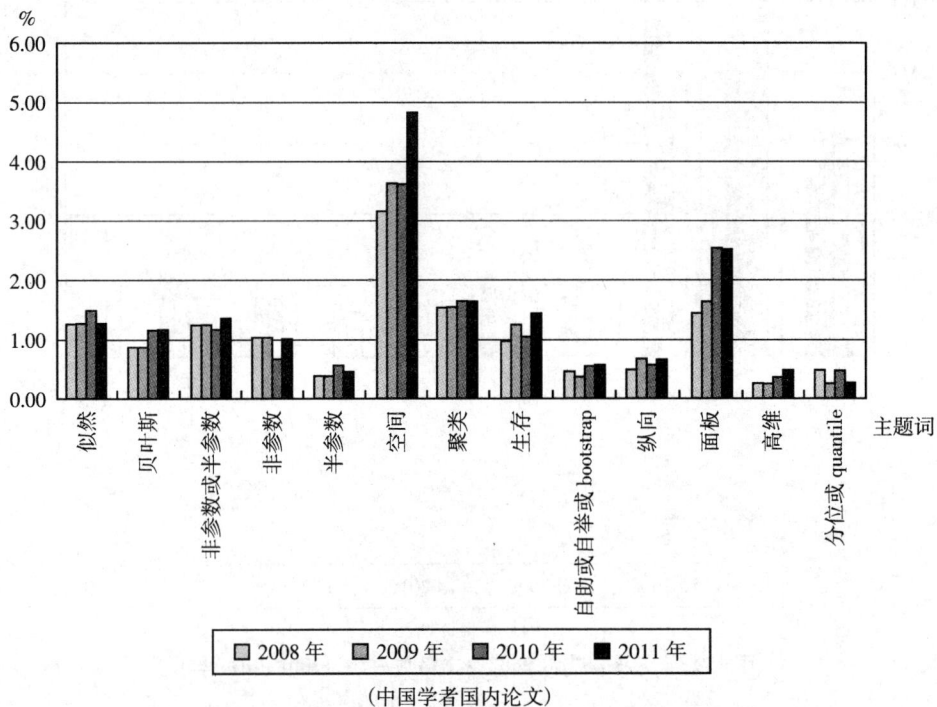

（中国学者国内论文）

图 1-15　方法类主题词的论文篇数占比（2008~2011 年）（续）

注：图中第 3 个位置增加了一个 non&semiparam 主题，是非参数和半参数主题的加总。

与国际前沿趋势相反，占比有增加的趋势。

3. 应用相关的主题词

应用相关的 7 个主题词分别是风险、临床、基因、价格或定价、波动、服务及粒子或质子。表 1-28 给出了各个主题词在 2008~2011 年的论文篇数和在当年论文中的占比情况。

表 1-28　应用类主题词的论文篇数（2008~2011 年）

序号	主题词	2008 年		2009 年		2010 年		2011 年	
		篇数	百分比(%)	篇数	百分比(%)	篇数	百分比(%)	篇数	百分比(%)
1	风险	256	6.74	258	6.75	256	7.17	241	6.99
2	临床	26	0.68	17	0.44	20	0.56	37	1.07
3	基因	9	0.24	14	0.37	14	0.39	13	0.38
4	价格	233	6.13	220	5.75	227	6.36	245	7.11
5	波动	121	3.18	135	3.53	138	3.87	131	3.80
6	服务	107	2.82	129	3.37	101	2.83	139	4.03
7	粒子或质子	2	0.05	11	0.29	12	0.34	7	0.20

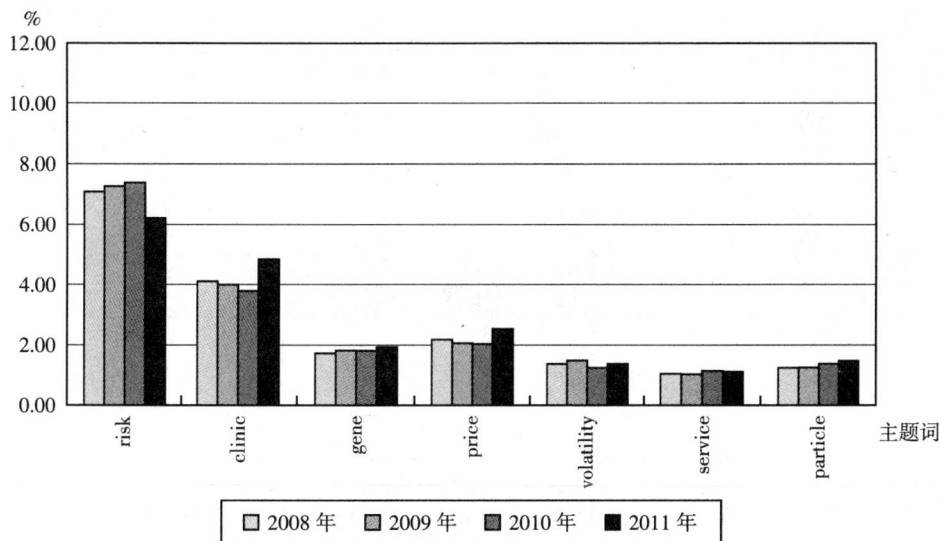

图 1-16　国外所有期刊中应用类主题词的论文篇数占比（2008~2011 年）

从图 1-16 可以看出，中国学者研究的方向与国际整体研究以及前沿研究有很大的不同。近年来国际统计学的发展动力来自生物医学的发展，而国内统计学的发展动力主要是来自市场、金融及服务主题，并且仍有不断加强的趋势。

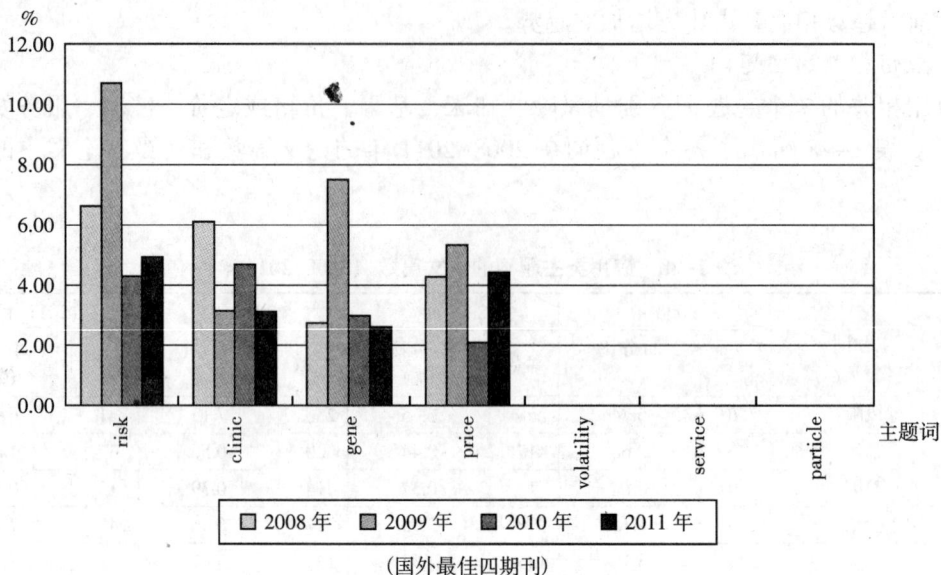

（国外最佳四期刊）

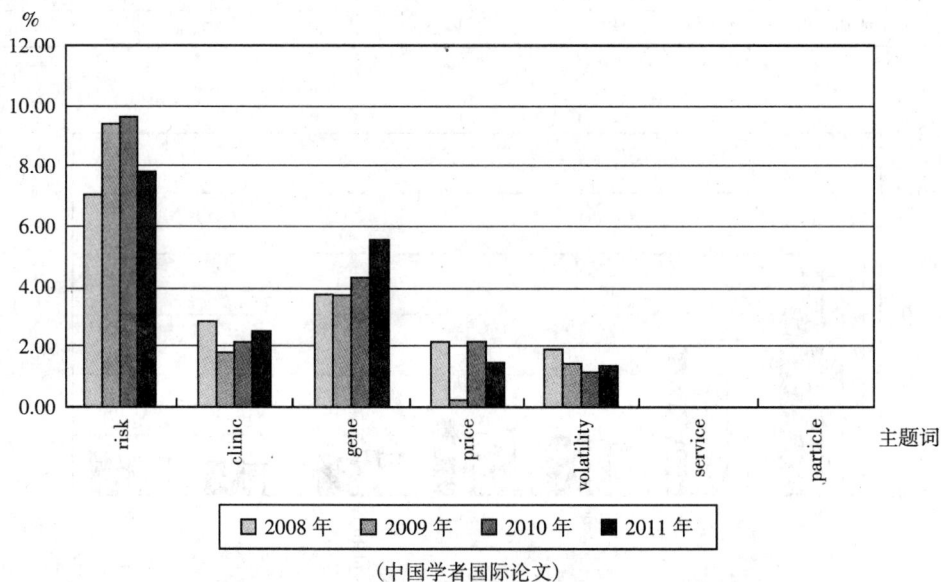

（中国学者国际论文）

图 1-16　应用类主题词的论文篇数占比（2008~2011 年）（续）

三、国内论文的研究热点

这一部分我们通过国内论文关键词统计，考查国内统计学研究的热点。表 1-29 给出了 2008~2011 年各年度排名前 20 位的关键词。由于中国知网上查询关键词时无法将各种启事、声明、会议纪要、通知、勘误、讲话和要求文章去除查询，所以这里的论文总数没

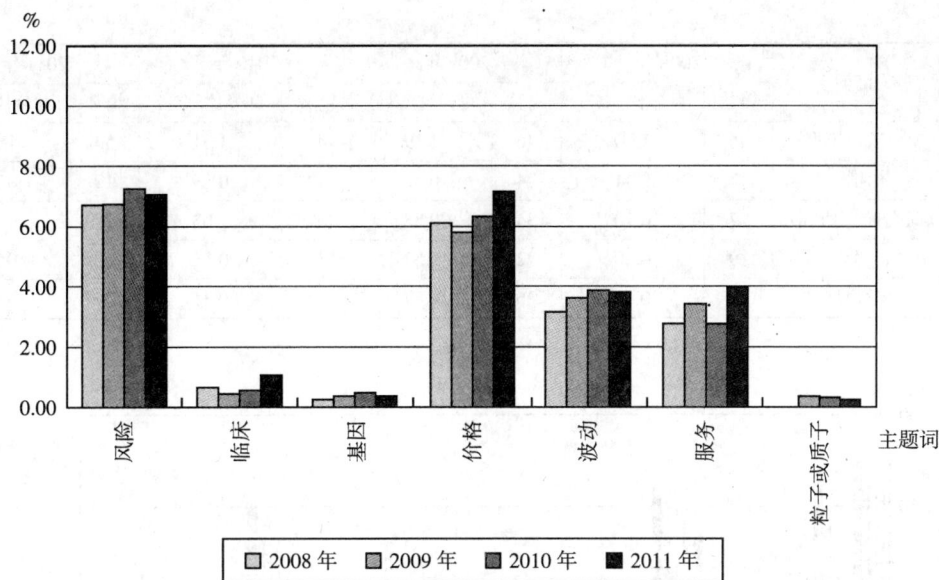

(中国学者国内论文)

图 1-16 应用类主题词的论文篇数占比（2008~2011 年）（续）

有去掉这些文章。另外，我们对中国知网的关键词统计做了微调，如将"主成分分析"、"主成分"和"主成分（份）分析"视为一个关键词，将"协整"、"协整分析"和"协整检验"视为一个关键词等。

表 1-29 国内论文的关键词排名（2008~2011 年）

序号	关键词	2008 年		2009 年		2010 年		2011 年	
		篇数	百分比（%）	篇数	百分比（%）	篇数	百分比（%）	篇数	百分比（%）
1	经济增长	62	1.62	63	1.63	57	1.59	60	1.73
2	预测	42	1.10	46	1.19	53	1.47	57	1.64
3	指标体系	36	0.94	49	1.27	32	0.89	32	0.92
4	因子分析	33	0.86	39	1.01	26	0.72	35	1.01
5	影响因素	24	0.63	23	0.60	30	0.83	49	1.41
6	（综合）评价	56	1.46	57	1.48	44	1.22	56	1.61
7	层次分析法	28	0.73	32	0.83	17	0.47	23	0.66
8	模型	33	0.86	25	0.65	22	0.61	20	0.58
9	主成分分析	33	0.86	31	0.80	23	0.64	23	0.66
10	供应链	20	0.52	29	0.75	19	0.53	25	0.72
11	聚类分析	24	0.63	30	0.78	19	0.53	20	0.58
12	遗传算法	19	0.50	26	0.67	18	0.50	19	0.55
13	协整（检验）分析	44	1.15	50	1.30	39	1.09	37	1.06
14	面板数据	14	0.37	18	0.47	27	0.75	18	0.52
15	产业结构	23	0.60	14	0.36	18	0.50	20	0.58

续表

序号	关键词	2008 年		2009 年		2010 年		2011 年	
		篇数	百分比（%）	篇数	百分比（%）	篇数	百分比（%）	篇数	百分比（%）
16	GM（灰色模型）	46	1.20	46	1.19	47	1.31	53	1.52
17	时滞	17	0.44	24	0.62	14	0.39	12	0.35
18	实证分析（研究）	27	0.70	34	0.88	37	1.03	27	0.78
19	周解期	19	0.50	22	0.57	13	0.36	8	0.23
20	数学模型	16	0.42	26	0.67	11	0.31	9	0.26

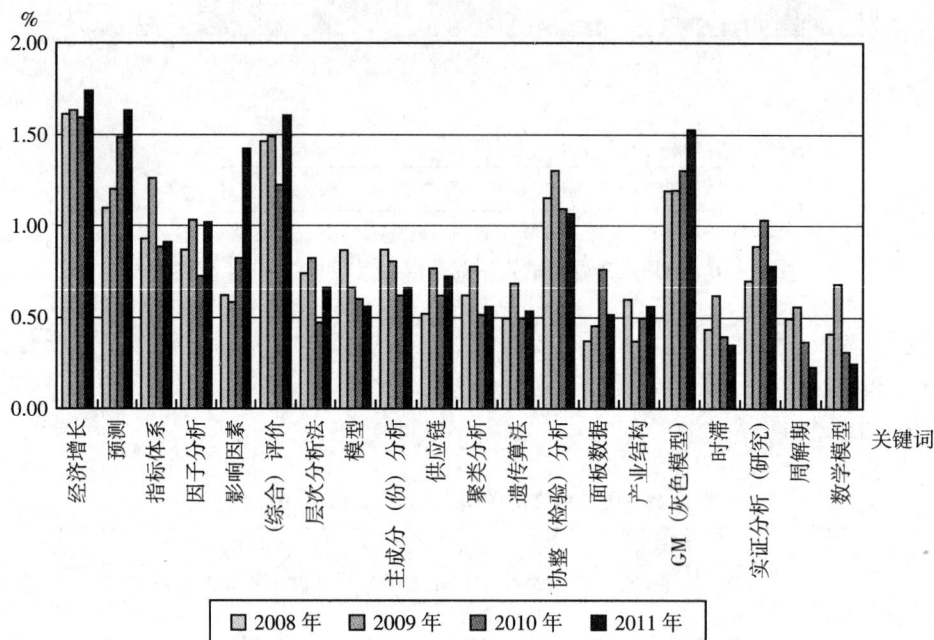

图 1-17　国内论文的关键词占比（2008~2011 年）

从图 1-17 可以看出，国内的研究热点有以下几个特点：

（1）注重经济实证研究，理论研究相对较少。关键词以实证研究的论文占比为主呈现逐年上升的趋势，排名靠前的主题词中有关经济实证研究的包括经济增长、预测、（综合）评价、指标体系、影响因素、实证分析（研究）。

（2）研究方法以成熟的统计方法为主。统计方法方面的关键词从高到低依次为：GM（灰色模型）、协整（检验）分析、因子分析、主成分（份）分析、层次分析、聚类分析、面板数据。这些方法都相对比较成熟，与国际前沿有一定的距离。

（3）研究热点。从关键词可以看出，国内研究热点还包括以下几个方面，但这些方面主要集中在统计学应用方面，在统计学方法方面的分析请参考上一部分的内容。①用各种统计方法对中国经济进行分析和评价，主成分（份）分析有下降的趋势，因子分析和聚类分析发展平稳。②用各种时间序列方法（包括协整、时滞）对金融市场、货币政策等进行分析，有小幅下降的趋势。③基于评价方法的产业结构研究，2011 年有上升趋势。④基于 GM 灰色预测模型本身的研究以及在如人口、消费、卫生、股市等方面的应用研究，有逐年上升的趋势。⑤基于数学模型及各种模型研究及其在各应用领域的运用中，有逐年下降的趋势。⑥基于遗传算法的生物进化论研究，有小幅上升的趋势。

四、国内数理统计学论文

从上述分析可知，由于历史等原因，国内统计类期刊论文更注重经济实证，不能很好地反映国内统计学研究的全貌。在这一部分，我们专注于 2008~2011 年中国学者在核心期刊上发表的所有数理统计类论文。论文总数是 4332 篇，各年分别是 1041 篇、1218 篇、1027 篇和 1048 篇，除了 2009 年比较多，总体变化不大。

为了便于比较，我们仍采用上述三类主题词进行研究。

1. 数据相关的主题词

数据相关的 6 个主题词分别是调研或调查、网络、图、缺失、模糊、高维。表 1-30 给出了各个主题词在 2008~2011 年的论文篇数和在当年论文中的占比情况。

表 1-30　数据类主题词的论文篇数（2008~2011 年）

序号	主题词	2008 年		2009 年		2010 年		2011 年	
		篇数	百分比（%）	篇数	百分比（%）	篇数	百分比（%）	篇数	百分比（%）
1	调研或调查	16	1.54	21	1.72	20	1.95	15	1.43
2	网络	20	1.92	33	2.71	34	3.31	40	3.82
3	图	35	3.36	25	2.05	33	3.21	27	2.58
4	缺失	23	2.21	25	2.05	25	2.43	24	2.29
5	模糊	32	3.07	38	3.12	21	2.04	30	2.86
6	高维	6	0.58	6	0.49	5	0.49	15	1.43

将中国学者国内数理统计类论文的统计图和前文中的国际论文统计图相比，体现出下述相同的趋势：

（1）在数据来源上，网络数据变得更多。

（2）高维数据的研究增长迅速。

（3）模糊主题的研究比较稳定。

其不同之处在于：

（1）国外调查数据有增加的趋势，但是国内数理统计研究中，该主题比较稳定，没有明显趋势。

（2）国外图表、图像、图像数据都有增加的趋势，但是国内图类研究没有明显趋势。

（3）对缺失数据的处理，越来越成为国外研究的重要课题，但是国内研究平稳且占比

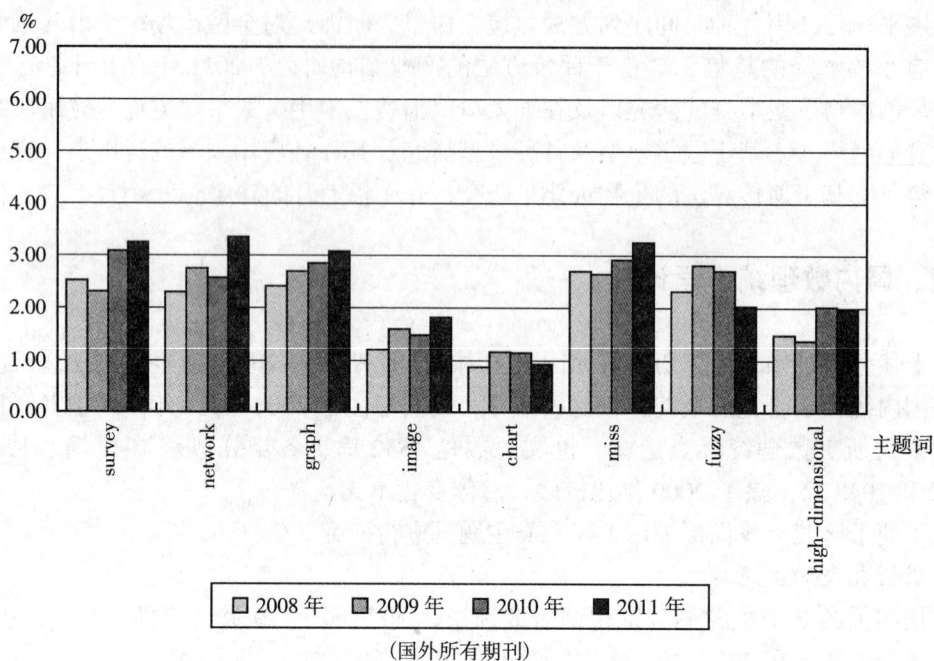

（国外所有期刊）

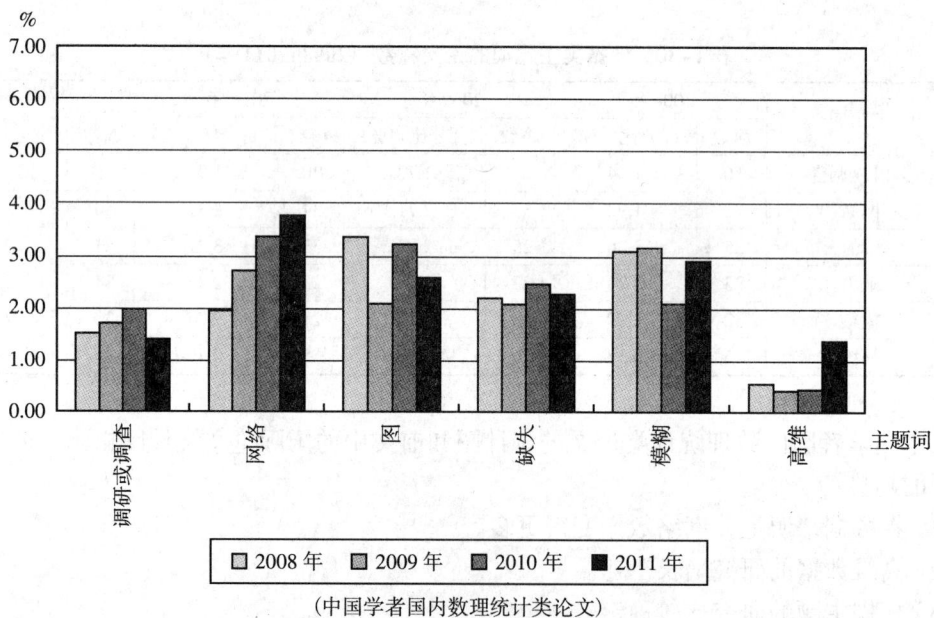

（中国学者国内数理统计类论文）

图1-18　2008~2011年主题词排名情况

与国外相比较低。

（4）高维数据的研究虽然在发展速度上与国外研究类似，但是占比差别很大，国内研究占比较低。

2. 方法相关的主题词

方法相关的 12 个主题词分别是似然、贝叶斯、非参数、半参数、空间、聚类、生存、自助或自举或 bootstrap、纵向、面板、高维、分位或 quantile。表 1-31 给出了各个主题词在 2008~2011 年的论文篇数和在当年论文中的占比情况。

表 1-31　方法类主题词的论文篇数（2008~2011 年）

序号	主题词	2008 年		2009 年		2010 年		2011 年	
		篇数	百分比（%）	篇数	百分比（%）	篇数	百分比（%）	篇数	百分比（%）
1	似然	88	8.45	98	9.41	81	7.89	81	7.73
2	贝叶斯	25	2.40	32	3.07	30	2.92	46	4.39
3	非参数或半参数	91	8.74	58	5.57	72	7.01	65	6.20
4	非参数	41	3.94	39	3.75	45	4.38	42	4.01
5	半参数	27	2.59	19	1.83	27	2.63	23	2.19
6	空间	50	4.80	70	6.72	67	6.52	71	6.77
7	聚类	11	1.06	15	1.44	11	1.07	13	1.24
8	生存	10	0.96	14	1.34	3	0.29	10	0.95
9	自助或自举或 bootstrap	27	2.59	21	2.02	20	1.95	11	1.05
10	纵向	13	1.25	11	1.06	9	0.88	9	0.86
11	面板	2	0.19	3	0.29	8	0.78	10	0.95
12	高维	6	0.58	6	0.58	5	0.49	15	1.43
13	分位或 quantile	7	0.67	9	0.86	10	0.97	4	0.38

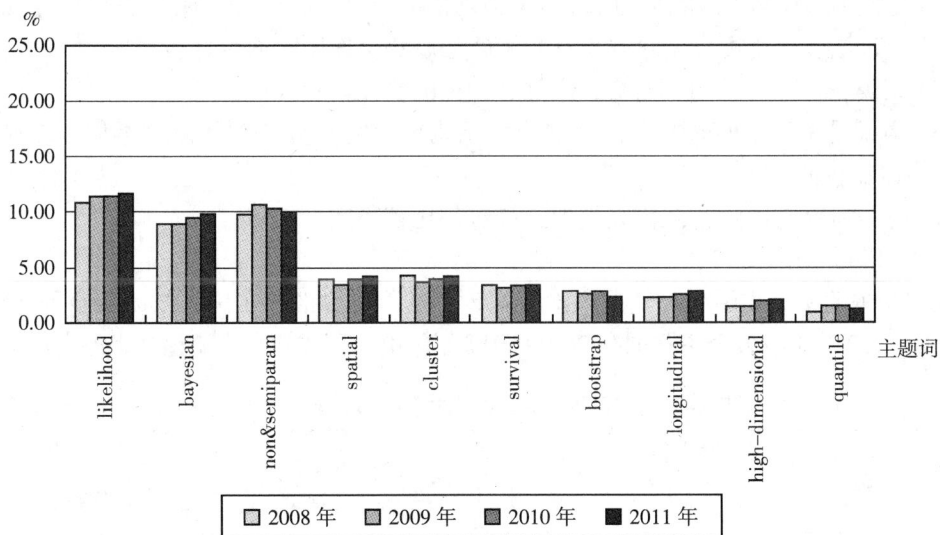

（国外所有期刊）

图 1-19　方法类主题词的论文篇数占比（2008~2011 年）

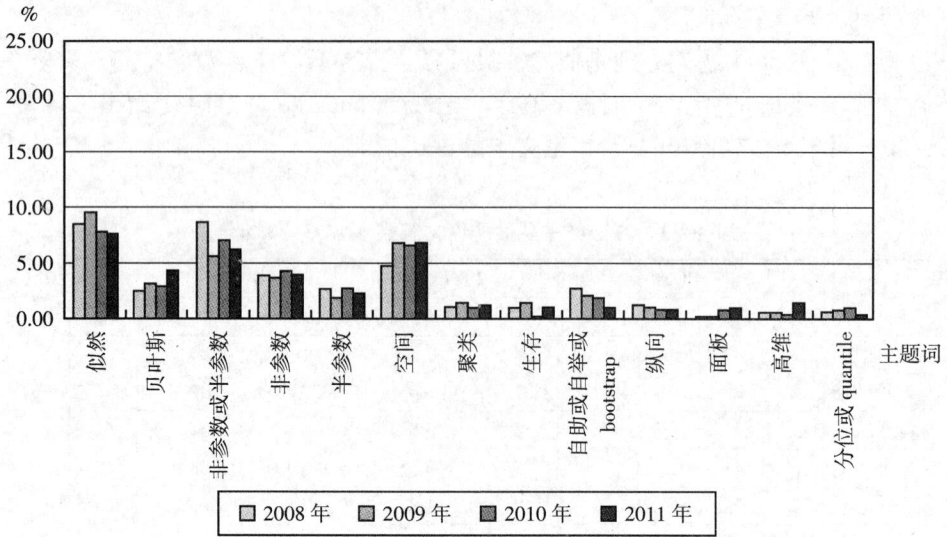

（中国学者国内数理统计论文）

图 1–19　方法类主题词的论文篇数占比（2008~2011 年）（续）

将中国学者国内数理统计类论文的统计图和前文中的国际论文统计图相比，仍可以明显看出，与方法有关的论文比例整体较少，这说明国内研究对于统计方法和统计理论的研究不足。此外还可以得出以下结论：

（1）似然方法在国际研究中呈现逐年上升的趋势，但这里呈下降趋势。

（2）贝叶斯的研究不足，未达到国际平均占比。这可以从似然、贝叶斯和半参数或非参数占比看出。

（3）空间的占比高于国际平均水平，且有增加的趋势，这与国际前沿研究趋势相类似。

（4）自助法在这里可以明显看出逐年下降的趋势，而国际研究比较稳定。

（5）聚类、生存、纵向、面板、高维、分位的研究比较少。

（6）高维是统计学的研究前沿和热点。国内该研究趋势和国际研究类似，增速很快，但是国内占比较低。

（7）分位研究与国际整体研究类似，趋势都比较稳定。

3. 应用相关的主题词

应用相关的 7 个主题词分别是风险、临床、基因、价格或定价、波动、服务及粒子或质子。表 1–32 给出了各个主题词在 2008~2011 年的论文篇数和在当年论文中的占比情况。

表 1–32　应用类主题词的论文篇数（2008~2011 年）

序号	主题词	2008 年		2009 年		2010 年		2011 年	
		篇数	百分比（%）	篇数	百分比（%）	篇数	百分比（%）	篇数	百分比（%）
1	风险	88	8.45	115	11.05	65	6.33	96	9.16
2	临床	7	0.67	3	0.29	4	0.39	2	0.19

序号	主题词	2008 年		2009 年		2010 年		2011 年	
		篇数	百分比 (%)	篇数	百分比 (%)	篇数	百分比 (%)	篇数	百分比 (%)
3	基因	1	0.10	3	2.69	8	0.78	3	0.29
4	价格	13	1.25	28	1.73	31	3.02	31	2.96
5	波动	14	1.34	18	0.48	25	2.43	23	2.19
6	服务	4	0.38	5	1.34	3	0.29	4	0.38
7	粒子或质子	8	0.77	14		6	0.58	10	0.95

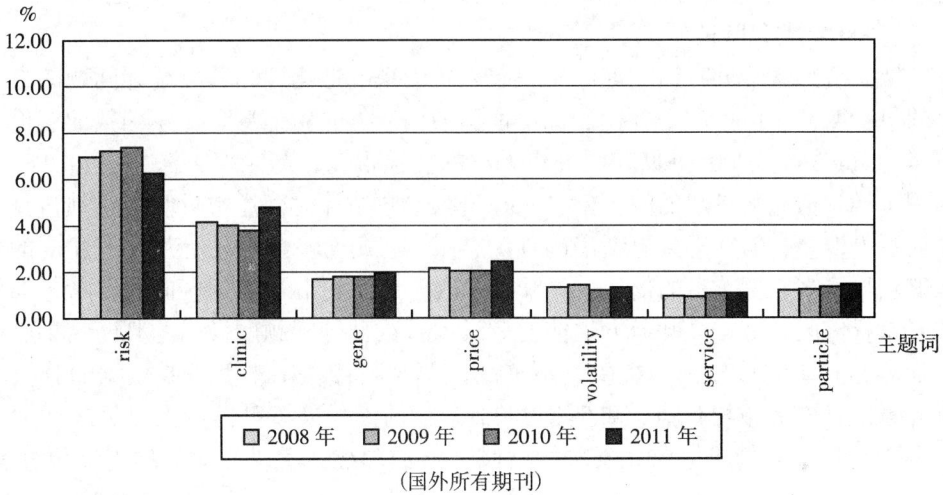

（国外所有期刊）

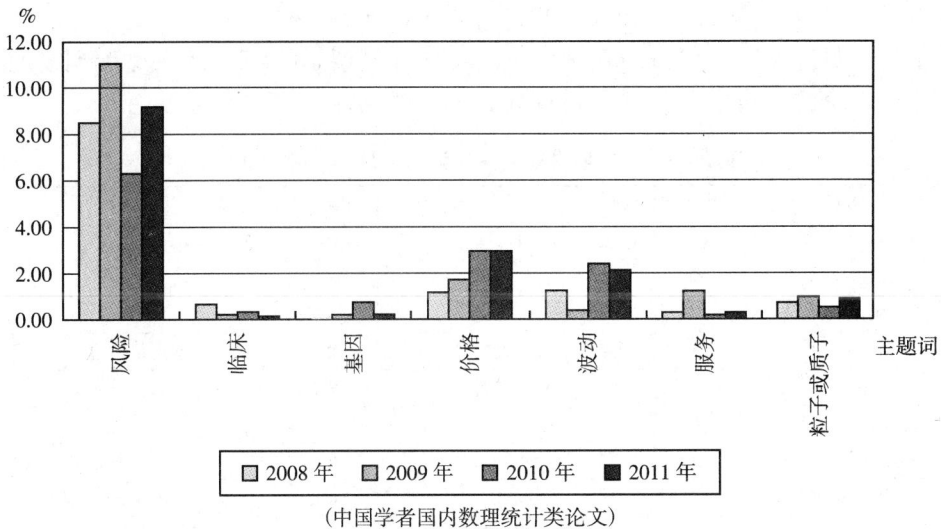

（中国学者国内数理统计类论文）

图 1-20　应用类主题词的论文篇数占比（2008~2011 年）

从图 1-20 可以看出，中国学者研究的方向与国际整体研究有很大的不同。国际研究中粒子方向逐年增加，而国内研究发展平稳。近年来国际统计学的发展动力来自生物医学的发展，而国内统计学的发展动力主要是来自市场和金融及服务主题，并且仍有不断加强的趋势。

五、重要的主题研究

在这一部分，我们对贝叶斯、高维、非参数和半参数、纵向（面板）、空间和生存 6 个主题在 2011 年的数理统计论文做一个梳理，简要给出一些研究结论和观点。

（一）2011 年的贝叶斯研究

贝叶斯方法是基于贝叶斯定理而发展起来用于系统地阐述和解决统计问题的方法。一个完全的贝叶斯分析包括数据分析、概率模型的构造、先验信息和效应函数的假设以及最后的决策（Lindley，2000）。贝叶斯分析方法的优点很多，与频率方法相比，贝叶斯方法充分利用了样本信息和参数的先验信息，在进行参数估计时，通常贝叶斯估计量具有更小的方差或平方误差，能够得到更精确的预测结果，且每个贝叶斯估计量都有相应的分布形式，能够获得更多、更丰富的信息。贝叶斯 HPD（最大后验）置信区间比不考虑参数先验信息的频率置信区间短；贝叶斯方法能对假设检验或估计问题所做出的判断结果进行量化分析，而不是频率统计理论中接受、拒绝的简单判断；在基于无失效数据的分析工作方面，贝叶斯统计有着重要优点（韩明，2005）。从前面的分析可以看出，贝叶斯主题在国内外研究中均呈上升趋势。首先看国内文献，在数理统计学科方向上的论文数分别是 43 篇（2001 年）、118 篇（2006 年）、186 篇（2011 年），呈现稳步上升的趋势。2010 年有 189 篇，而 2011 年有 186 篇，说明在 2011 年论文数小幅下降。

我们以"贝叶斯"或"bayes"为主题在中国知网搜到的 2011 年数理统计类论文 186 篇（其中核心论文 95 篇）中，其关键词如表 1-33 所示：

表 1-33　贝叶斯主题的关键词（2011 年，中文论文）

排名	关键词	篇数	排名	关键词	篇数	排名	关键词	篇数
1	Bayes 估计	44	12	贝叶斯公式	8	23	Bayes 统计	5
2	多层 Bayes 估计	14	13	收敛速度	8	24	后验概率	5
3	可容许性	13	14	熵损失函数	8	25	二项分布	5
4	贝叶斯估计	9	15	贝叶斯方法	8	26	渐近最优性	5
5	经验 Bayes 估计	9	16	参数估计	7	27	记录值	4
6	E-Bayes 估计	9	17	指数分布	6	28	NA 样本	4
7	损失函数	9	18	贝叶斯分析	6	29	最小二乘估计	4
8	贝叶斯估计	8	19	区间估计	6	30	经验 Bayes 检验	4
9	无失效数据	8	20	Gibbs 抽样	6	31	Bayes 方法	4
10	极大似然估计	8	21	可靠性	6	32	Lomax 分布	4
11	先验分布	8	22	MCMC	5	33	后验分布	4

很多学者应用经典贝叶斯估计、多层贝叶斯估计和经验贝叶斯估计，提出了新的参数估计方法 E-Bayes 估计。徐天群、刘焕彬和陈跃鹏（2011）给出了无失效数据情形失效率的 E-Bayes 估计和引进失效信息后的 E-Bayes 估计，并在此基础上给出了失效率和可靠度的综合 E-Bayes 估计。韩明（2011）在只有一个失效数据的情形下提出了失效概率 E-Bayes 估计的定义，给出了失效概率的 E-Bayes 估计、多层 Bayes 估计，并给出了 E-Bayes 估计的性质。

在贝叶斯估计中，一个重要的研究内容是贝叶斯估计量的可容许性。如宋立新、王明秋和王晓光（2011）主要研究了 q-对称熵损失函数下 Pareto 分布形状参数的最小风险同变估计和 Bayes 估计。通过证明得到，在适当的 Γ-先验分布下，α 的 Bayes 估计都具有统一的形式 $(cT+d)^{-1}$。并且，针对 c 和 d 的各种不同取值情况，讨论了 $(cT+d)^{-1}$ 的可容许性和不可容许性，给出了 q-对称熵损失函数下参数的最小最大估计。

在贝叶斯的收敛速度研究方面，很多学者也进行了许多研究。例如阳连武、廖丽和危寰（2011）在线性损失函数下，对 NA 样本下一类指数分布族参数 θ 的经验 Bayes 单侧检验问题进行了研究。通过构造参数的经验 Bayes 单侧检验函数，获得了它的渐近最优（a.o）性，在适当条件下得出了所提出的经验 Bayes 检验函数的收敛速度可以任意接近 $o(n^{-\frac{1}{2}})$。李乃医（2011）利用经验贝叶斯方法研究了伽马分布参数的双边检验问题，构造了一个在历史样本被随机右删失的条件下参数的经验 Bayes 检验函数，在适当的条件下证明了所提出的经验 Bayes 检验函数的渐近最优性，并获得了它的收敛速度可任意接近 $o(n^{-\frac{1}{2}})$。

在贝叶斯抽样方法方面，基于 MCMC 方法的 Gibbs 抽样被广泛运用到各种模型中。李贤锦、胡锡健和杨玉琴（2011）为了解决 AR(1)-MA(0) 双重模型的参数估计问题，基于 MCMC 和贝叶斯估计方法，对该模型的参数进行了估计，系统地推导出了模型中各参数的估计值。通过数值模拟，说明用该方法估计此类模型的参数是可行的，且与传统方法相比更易于实现。付志慧、郝立柱和徐宝（2011）探讨了 MCMC 算法在多级评分项目反应模型参数估计中的实现及其估计精度。针对等级反应模型，基于数据扩充技术，提出了一种高效灵活的 Gibbs 抽样方法，得到了各个参数的 Markov 链。随着潜在变量的引入，每个参数的满条件分布为相应参数的先验分布的截断分布，并通过随机模拟实验验证了该方法的有效性。

另外值得一提的是 Lomax 分布参数估计的问题，姚惠（2011）研究了在 Linex 损失函数下两参数 Lomax 分布中尺度参数已知时形状参数的 Bayes 估计及其容许性、多层 Bayes 估计。姚惠和谢林（2011）研究了两参数 Lomax 分布形状参数的 Bayes 估计问题。当尺度参数已知时，给出了在几种不同损失函数下形状参数的 Bayes 估计表达式，并运用随机模拟方法对各个估计进行了比较。

对于国外文献，以 Bayes 或 Bayesian 为主题搜索 2011 年的论文可知，这方面论文的研究主题（见图 1-21）非常广泛，涵盖了目前统计学的各种 100 个分组中的 42 个。

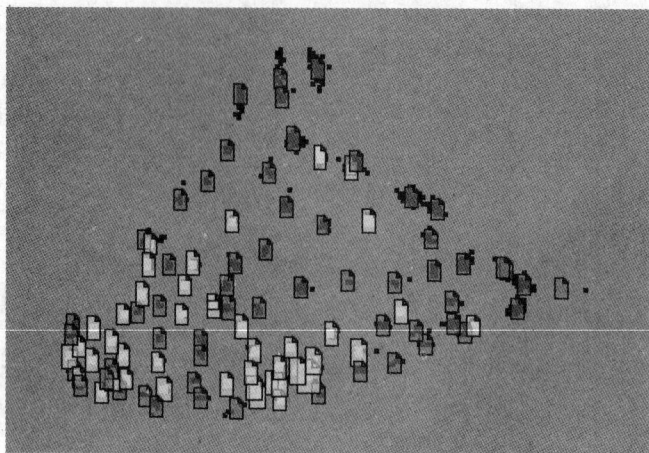

图 1-21　贝叶斯主题的分簇聚类图

2011 年与贝叶斯主题相关的子主题类按排名依次是 spatial、cluster、network、gene、image、filter、forecast、climate、particle、dose，由此我们可以看出，贝叶斯主题和其他主题的联系紧密，但对于其本身的研究还不是特别清晰，因此，我们对这部分论文进行了关键词排序，依次去除了排在前面一些表明该主题的关键词，如 inference（推断）、models（模型）、distribution（分布）、bayesian inference（贝叶斯推断）、bayesian（贝叶斯）、regression（回归）、Markov chain Monte Carlo（MCMC，马尔科夫链蒙特卡罗）、Bayesian analysis（贝叶斯分析），得到表 1-34。

表 1-34　贝叶斯主题的关键词排名（2011 年，英文论文）

序号	关键词	篇数	序号	关键词	篇数	序号	关键词	篇数
1	prediction	34	11	longitudinal data	19	21	False discovery rate	16
2	priors	34	12	chain monte-carlo	18	22	maximum-likelihood	16
3	variable selection	31	13	density-estimation	18	23	shrinkage	16
4	Empirical Bayes	30	14	risk	18	24	clinical-trials	15
5	mixtures	26	15	uncertainty	18	25	design	15
6	likelihood	25	16	distribution	17	26	missing data	15
7	model selection	24	17	lasso	17	27	computation	14
8	Gibbs sampling	22	18	parameters	17	28	EM algorithm	14
9	algorithm	21	19	statistics	17	29	rates	14
10	Dirichlet process	19	20	Bayes factor	16	30	components	13

Bacallado, S.（2011）定义了一个 r 阶可逆马尔科夫链的共轭先验，同时扩展了可变阶马尔科夫链，并展示了这种先验在可逆的马尔科夫链参数估计和定阶中的作用。

关于贝叶斯理论中参数和半参数中的研究中，Bontemps, D.（2011）做出了新的贡献，他将非参数理论中的参数和半参数理论中参数的函数应用到高斯序列模型和 Sobolev，

C. (alpha) 类函数回归中，得到极小极大收敛率，达到贝叶斯估计在应用中的适用性。

统计学已从过去的频率学派和贝叶斯学派的争论中摆脱出来。统计实用主义强调连接观察数据和统计模型的一系列假设，Kass，R. E.（2011）认为介绍性课程常常会对统计推断过程做出错误的描述，并提出一个替代"大画面"的描述。

在统计抽样方法方面，Rao，J. N. K.介绍了概率抽样设计原则和随机推断的实际运用，并介绍了贝叶斯方法对抽样调查的影响。

Rousseau，J.和Mengersen，K.研究了当混合模型的成员数量比真实成员数量要大时后验分布的渐进性质。他们证明了其后验分布的稳定性，倾向于清空额外的成员。这种稳定性可通过对先验的一些假定来实现，故可以用来作为选择先验的准则。

（二）2011 年的高维统计学

高维统计学是指参数 p 个数与样本容量 n 同步增加，或 p>n 情形下的统计学。主要在金融、基因、光谱学分析中出现得较多。其研究主题有高维推断（high-dimensional inference）、大的协方差矩阵估计（large covariance matrix estimation）、高维数据和风险分析（high-dimensional data and risk analysis）、高维数据的网络分析（network analysis for high-dimensional data）、遗传学和基因组学数据的高维数据（high-dimensional genetics and genomics data）、机器学习和高维数据分析（statistical machine learning and high dimensional data analysis）、非参数和半参数模型（nonparametric/semiparametric models and extremes under high-dimensionality）。

我们以"高维"为主题在中国知网搜索到 2011 年的数理统计类论文有 16 篇（其中核心论文 15 篇）。

表 1-35　高维主题的关键词（2011 年，中文论文）

排名	关键词	篇数	排名	关键词	篇数	排名	关键词	篇数
1	主成分分析	3	13	变量选择	1	25	连接函数	1
2	降维	2	14	经验似然	1	26	分段聚合近似	1
3	缺失数据	2	15	估计理论	1	27	充分降维子空间	1
4	M 估计	1	16	Huber 估计	1	28	可靠性	1
5	系统辨识	1	17	导数估计	1	29	混沌时间序列	1
6	重要抽样法	1	18	支持向量机	1	30	信息增益	1
7	偏最小二乘	1	19	投影寻踪	1	31	多元统计分析	1
8	线性泛函	1	20	单变量时间序列	1	32	强逼近	1
9	相似性	1	21	迭代法	1	33	概率简单叠加法则	1
10	部分线性模型	1	22	灵敏度分析	1	34	信噪比	1
11	Skorohod 嵌入定理	1	23	最小二乘估计	1	35	入库径流	1
12	两时段	1	24	云模型	1	36	特征提取	1

高维主题的国内研究很少，而且分散在各个学科中。比如，在时间序列方面，李海林和郭崇慧（2011）针对时间序列数据的高维特性，提出利用云模型的熵评判分段聚合后各子序列的数据稳定性，选取稳定性最弱的子序列再分段聚合，得到云模型序列的方法。该方法对时间序列能够有效降维，并能够自适应地识别和描述其基本特征。吴学文、索丽生和王志坚（2011）将支持向量机理论与混沌预测理论相耦合，建立基于支持向量机的入库径流混沌时间序列预测模型。经实例计算，模型比基于最大 Lyapunov 指数的混沌预测模型、人工神经网络模型和自回归模型拟合效果好，预测精度高，丰富和发展了入库径流预测理论和方法。

在线性回归方面，杨宜平、薛留根和王学娟研究了高维部分线性模型中的变量选择，结合样条方法和 Dantzig 或 Lasso 变量选择方法，同时进行变量选择和未知参数估计，证明了估计误差的非渐近界。模拟结果说明，该方法在参数维数较高时优于已有方法。

在高维统计方面，王艳清（2011）研究了四维及四维以上的 Wiener sausage 的体积，得到它们可以由一维 Brown 运动强逼近。作为应用，推出了弱收敛和重对数率。

对于国外文献，以 high-dimensional 为主题搜索 2011 年的论文可知，这方面论文的研究主题（见图 1-22）并不狭窄，涵盖了目前统计学的各种 100 个分组中的 33 个，但较为稀疏，相互联系不是很紧密。

图 1-22　高维主题的分簇聚类图

我们对这部分论文进行了关键词排序，依次去除了排在前面一些表明该主题的关键词，如 regression（回归）、models（模型）、high-dimensional data（高维数据），得到表 1-36。

表 1-36　高维主题的关键词排名（2011 年，英文论文）

序号	关键词	篇数	序号	关键词	篇数	序号	关键词	篇数
1	LARS	40	3	redundancy	28	5	sparsistency	24
2	variable interaction	33	4	segmentation	26	6	class-specific subspaces	22

序号	关键词	篇数	序号	关键词	篇数	序号	关键词	篇数
7	mixtures	17	15	microarray	11	23	model-based clustering	9
8	Conic programming	15	16	Adaptive group Lasso	10	24	cross validation	8
9	Oracle inequality	15	17	c-myc	10	25	estimator	8
10	Hierarchical penalty	14	18	dantzig selector	10	26	False discovery	8
11	model complexity	14	19	gene-expression	10	27	Infectious disease	8
12	nonconcave	13	20	dantzig	9	28	longitudinal	8
13	shifted lattice rules	13	21	level	9	29	Surrogate variables	8
14	gene selection	11	22	metrology	9	30	aggregation	7

Obozinski，G.（2011）等研究了多元组 lasso 的性质，在高维尺度下，证明了多元组 lasso 在随机设计中以高概率展现了回收行模式的阈值，且噪声由样本复杂性参数 theta(n，p，s) $= \dfrac{2\mathrm{psi}(B^*)\log(p-s)}{n}$ 决定。

Rohde，A.和 Tsybakov，A. B.（2011）对高维低秩矩阵进行了估计，他们利用 Schatten-p 准正态的惩罚项（p ≤ 1）研究了惩罚最小二乘估计。其主要结论表示为对预测风险和 Schatten-q 估计风险的非渐进上界，其中 q 为 [p，2] 中的元素。

在高维线性回归中，为了估计未知的回归方程，一个重要假设即线性组合项在某些程度上是稀疏的。Rigollet，P.和 Tsybakov，A.考虑更加一般的，带有高斯噪声的非线性回归及找到一个线性组合估计函数在保证稀疏的同时拥有小的均方误差。他们提出一个新的估计过程叫作指数筛选，通过调整线性组合使得均方误差和稀疏性达到最优平衡。

（三）2011 年的非参数和半参数建模

2011 年，我们以"非参数"或"半参数"为主题在中国知网搜索到数理统计类论文 84 篇（其中核心论文 51 篇），其关键词如表 1-37 所示：

表 1-37　非参数和半参数主题的关键词（2011 年，中文论文）

排名	关键词	篇数	排名	关键词	篇数	排名	关键词	篇数
1	渐近正态性	8	11	变量选择	2	21	权函数估计	2
2	半参数回归模型	6	12	渐近性质	2	22	测量误差	2
3	半参数模型	6	13	预测均方误差	2	23	r 阶平均相合性	2
4	强相合性	4	14	收敛速度	2	24	EM 算法	2
5	非参数检验	4	15	部分线性变系数模型	2	25	均值函数	2
6	小波估计	4	16	局部线性估计	2	26	局部纠偏	2
7	核估计	3	17	方差变点	2	27	非参数估计	2
8	非参数回归	3	18	缺失数据	2	28	半参数单指标回归模型	2
9	非参数统计	3	19	非参数	2	29	方差分析	2
10	纵向数据	3	20	p-样条	2	30	结构变点	2

关于渐近正态性，胡宏昌和张捷（2011）研究了删失数据半参数回归模型的渐近正态性问题。利用合成数据的方法，获得了参数 β、非参数 h(t) 的样条估计量，以及参数估计量的渐近正态性，推广了完全数据情形的相应结果。陆媛媛和宋立新（2011）给出了一种利用非参数统计中 U 统计量构造检验单个总体方差差异的方法，与 χ^2 检验法相比，该方法不仅适用于更宽泛的场合，而且其渐近相对效率为 1。

在半参数的模型方面，韩玉涛、杨万才和武新乾（2011）提出建立中国人口预测的半参数自回归模型，基于线性回归选取的显著性变量，利用多项式样条估计得到了半参数自回归方程，并且对中国 2004~2009 年的人口数量进行了预测比较，结果表明：半参数自回归模型优于一些传统的模型。此外，还对 2010~2013 年的中国总人口数量进行了预测。吕书龙、梁飞豹和刘文丽（2011）提出半参数线性回归模型的最小一乘核估计，通过模拟计算表明该方法是有效的，在与最小二乘核估计的比较中更突出了该方法的稳健性。

有关估计收敛速度方面，蔡择林和胡宏昌（2011）研究了误差为鞅差序列情形下的半参数回归模型。利用小波方法，在相当一般的条件下，得到了参数、非参数估计量的弱收敛速度。孙志猛、张忠占和杜江（2011）研究了响应变量缺失情况下半参数单调回归模型的估计问题。利用嵌入核估计的方法得到了参数部分的估计，在此基础上构造了非参数部分的单调约束最小二乘估计，证明了参数估计的渐近分布为正态分布，得到了非参数部分估计的收敛速度。崔文艳（2011）研究了一类纵向数据半参数模型参数和回归函数的估计问题，利用最小二乘法和一般的非参数权函数方法，获得了参数估计量的强收敛速度和回归函数估计量的一致收敛速度。

EM 算法方面，姜荣、邵明江和钱伟民（2011）给出半参数非线性回归模型的 t-型估计及其 EM 算法，同时获得估计的相合性及渐近正态性，并基于 EM 算法中的 Q 函数，研究了半参数非线性回归模型的统计诊断方法。最后，用一个模拟例子和一个实际例子验证了本文提出的 t-型估计和诊断方法的有效性。

有关方差分析方面，魏章进和唐丹玲（2011）使用方差分析、非参数检验等推断统计方法，对 1949~2008 年西北太平洋 2029 个热带气旋（TC）资料的气候特征进行统计分析。李春红和廖娟芬（2011）在方差齐性且分布未知的条件下，利用样本中心化和秩统计量两种方法对单因素等重复实验中的多个母体是否具有某种不同的均值进行了检验。

对于国外文献，以 semi-parametric 和 non-parametric 为主题搜索 2011 年的论文可知，这方面论文的研究主题涵盖了目前统计学的各种 100 个分组中的 62 个。

我们对这部分论文进行了关键词排序，依次去除了排在前面一些表明该主题的关键词，如 modelling（模型）、estimator（估计量）、nonparametric problems（非参数问题）及 nonparametric regression（非参数回归）等，得到表 1-38。

关于密度估计的自洽性方法，为了实现没有明确的假定条件但仍然可以获得准确的密度估计，Bernacchia, A. 和 Pigolotti, S.（2011）介绍了自洽性估计，自洽性估计被定义为先验候选估计准确地再现了本身，主要结论是对于任何给定的数据集，准确给出了自洽性估计，并研究了其性质。此外，将自洽性估计应用于由不同分布获得的人工数据中，结果

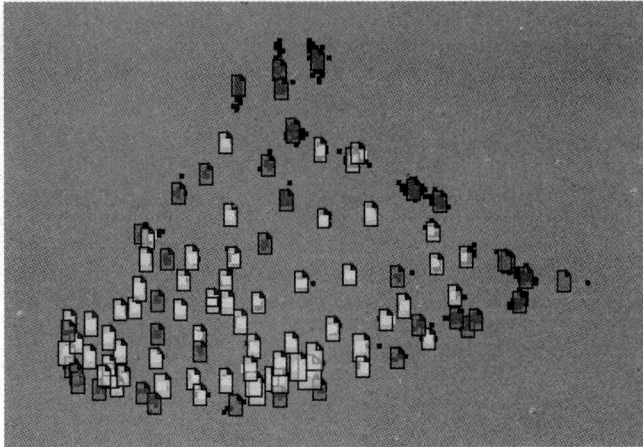

图 1-23　非参数和半参数主题的分簇聚类图

表 1-38　非参数和半参数主题的关键词排名（2011 年，英文论文）

序号	关键词	篇数	序号	关键词	篇数	序号	关键词	篇数
1	reduction	19	11	life-style	6	21	model order selection	5
2	indices extraction	16	12	maximum penalized likelihood	6	22	runs test	5
3	Distance functions	15	13	Paradox	6	23	self-consistent estimators	5
4	mixtures	13	14	time-dependent effects	6	24	Semi-parametric bootstrap	5
5	power	10	15	Berry-Esseen type bound	5	25	smooth estimation	5
6	spline functions	10	16	confidence-regions	5	26	2 normal-populations	4
7	Estimating equations	9	17	curve	5	27	comparative genomics	4
8	Blue shark logbook data	8	18	density-estimation	5	28	Confidence regions	4
9	seemingly unrelated regression	8	19	efficacy	5	29	control charts	4
10	Empirical distribution function	6	20	erroneous enumeration	5	30	em	4

表明它达到了尺度均方误差的理论极限。

Bunea，F.等（2011）提出用全数据方法分析高斯过程均值函数的推断。方法是在相对于一个近似函数的基础上，基于最小二乘估计量的阈值。另外，还构建了置信球，适应随机过程未知规律的均值和协方差函数。仿真研究表明新方法在实际应用中表现很好且稳健。

Comte，F.和 Lacour，C.（2011）探讨了在误差分布形式未知的情况下模型估计的问题。首先，定义一个估计量，提供集成 L（2）-risk 界限。其次，提出一种自适应估计的密度 f。最后，利用仿真实验说明估计量的优越性，从实证的角度研究理论约束的重要性。

McCabe 和 B. P. M. (2011) 获得了高效的整值随机变量概率预测，最优性是通过给定广泛的模型类用非参数方法估计预测分布实现的。理论上的有效性证明由模拟结果来补充，并应用该方法于股市冰山订单数据。二次抽样方法用来评估在充分估计预测分布中抽样的变化，并给出其有效性的证据。

（四）2011 年的纵向数据

对于 2011 年，我们以"纵向"或"面板"为主题在中国知网搜索到数理统计类论文 32 篇（其中核心论文 18 篇）。

表 1–39　纵向和面板主题的数理统计类论文（2011 年，中文论文）

排名	关键词	篇数	排名	关键词	篇数	排名	关键词	篇数
1	纵向数据	11	11	枢轴量	1	21	空中交通管理	1
2	面板数据	6	12	异方差	1	22	Bayes 估计	1
3	M 估计	3	13	区间估计	1	23	分位回归	1
4	收敛速度	2	14	删失	1	24	部分线性模型	1
5	混合效应模型	2	15	形状特征	1	25	渐近正态性	1
6	半参数模型	2	16	方差分量	1	26	EM 算法	1
7	面板数据模型	2	17	性能测试	1	27	主要国家	1
8	数据分析	1	18	SCAD 惩罚	1	28	PEB 估计	1
9	双方差过程	1	19	等价性	1	29	无偏转换	1
10	动态面板数据模型	1	20	随机过程	1	30	渐近最优性	1

从表 1–39 可以看到，纵向或面板数据的统计方法在各个方向都有一定的研究和突破。

在有关 M 估计及收敛速度方面，孙慧慧和林金官（2011）对纵向数据的线性混合模型用 Fisher 得分法得到了参数的 M 估计（稳健估计），给出了其渐近性质，研究了 M 估计下异方差的 Score 检验问题，并对检验统计量的功效进行了模拟，最后通过葡萄糖数据的实例说明了方法的有效性。崔文艳（2011）研究了一类纵向数据半参数模型参数和回归函数的估计问题。利用最小二乘法和一般的非参数权函数方法，获得了参数估计量的强收敛速度和回归函数估计量的一致收敛速度。

在面板数据模型方面，李群峰（2011）在对分位数回归基本原理进行全面分析说明的基础上，对其在面板数据模型中的应用进行了深入分析，结果表明：分位数回归方法在进行面板数据模型估计时具有明显的优势。吴镛洪和赵卫亚（2011）对文献中面板数据模型中一些重要的序列相关性检验方法进行了梳理，并基于动态面板数据模型联合序列相关性检验对外商直接投资与增加就业的影响关系进行了实证研究。

双方差过程方面，傅惠民和吴琼（2011）建立了多元双方差回归模型及其回归分析方法，给出其回归方程和高置信水平、高可靠度的置信限曲线（曲面）；提出了多项式双方差过程的概念，建立多项式双方差回归分析方法。与传统方法相比，文中方法可充分开发利用不同时刻数据之间的纵向信息，在性能曲线测试中具有信息量大、精度高、所需试样少的特点。

有关贝叶斯研究方面，朱慧明等（2011）针对现有动态面板数据分析中存在偶发参数和没有考虑模型参数的不确定性风险问题，提出了基于 Gibbs 抽样算法的贝叶斯随机系数动态面板数据模型。实证研究结果表明：基于 Gibbs 抽样方法的贝叶斯动态面板回归模型能有效地揭示跨截面滞后变量对响应变量的位置、尺度和形状的影响。

和删失数据有关，刘焕彬、苗瑞和孙六全（2011）在有偏抽样下，针对纵向反应变量与观察时间和删失时间相关性存在的情况，利用一个不能观察的潜在变量，提出了一个联合建模方法来刻画纵向反应变量与观察时间和删失时间的相关性，获得了模型中回归参数的估计方程以及估计的渐近性质，并通过数值模拟验证了这些估计在小样本下也是有效的。

对于国外文献，以 longitudinal 为主题搜索 2011 年的论文可知，这方面论文的研究主题涵盖了目前统计学的各种 100 个分组中的 25 个（见图 1-24）。

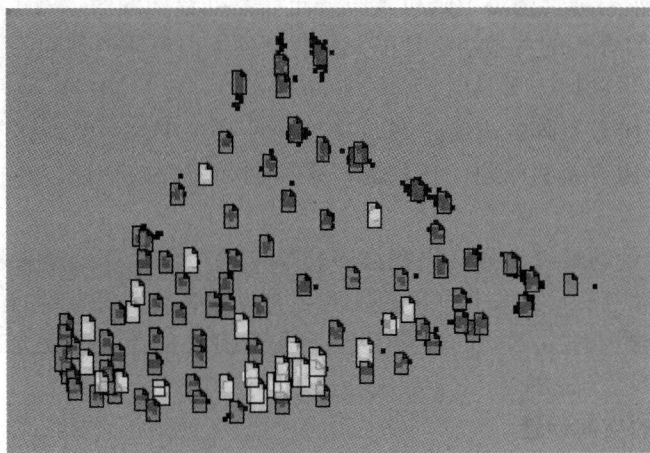

图 1-24 纵向数据主题的分簇聚类图

我们对这部分论文进行了关键词排序，依次去除了排在前面一些表明该主题的关键词，如 longitudinal count data（纵向计数数据）、regression-model（回归模型）和 Longitudinal data（纵向数据）。得到表 1-40。

表 1-40 纵向数据的关键词排名（2011 年，英文论文）

序号	关键词	篇数	序号	关键词	篇数	序号	关键词	篇数
1	infection	33	6	life-span	14	11	Ergodicity	10
2	regimes	30	7	damage	12	12	Mixed-effects model	10
3	Modeling covariance matrices	28	8	Curve registration	11	13	Mobility	10
4	missing completely at random	16	9	distribution	11	14	Outcome-dependent sampling	10
5	Mixed model	15	10	parameter-estimation	11	15	Random effect model	10

序号	关键词	篇数	序号	关键词	篇数	序号	关键词	篇数
16	EM	9	21	thyroid-hormone	9	26	secondary 62G05	8
17	Generalized estimating equation（GEE）	9	22	estimating equation approach	8	27	aggregate data	7
18	linear-model	9	23	Functional data	8	28	binary	7
19	mean-covariance modelling	9	24	linear mixed model	8	29	broken-stick model	7
20	response rates	9	25	longevity	8	30	Maximum likelihood estimation	7

　　包含随机效应的统计模型通常用来分析纵向和相关数据，往往对随机效应分布参数做出很强的假定，但这样的假定是否重要存在明显的争议。McCulloch，C. E.和Neuhaus，J. M.（2011）对广义混合线性模型中随机效应分布一系列错误的假定做了检验，结果表明这些假定并不重要。鲁棒性的关键结论是很大程度上最大似然常遇到的各种情况。

　　对于高维数据下的协方差估计问题，Pourahmadi，M.（2011）从两个相互补充的观点出发提供了模型协方差阵的进展过程。在这两种观点中，一个新兴的、统一的和强大的趋势是减少估计协方差的问题，转化为一系列回归方程的估计，并指出回归公式的几个实例。

　　带有大量协变量的聚类二元数据在许多科学学科中已经变得越来越普遍。Wang，L.（2011）开发了当聚类二元数据中协变量数量增加与聚类数量无穷时的渐近理论广义估计方程（GEE）。在这个 n、p 不同的框架下，证明了 GEE 估计量一致性和渐近正态性的存在性。此外，还证明了 sandwich 方差公式在这里仍然有效。

（五）2011 年的空间计量

　　在数理统计类文献里，由于"空间"一词还出现在如赋范空间、鞅 Hardy 空间、空间梁板、相空间、状态空间、概率空间和样本空间等词汇中。因此，对于 2011 年，我们以"空间抽样"、"空间经济"、"空间统计"、"空间自回归"、"空间滞后"、"空间误差"或"空间数据"为主题在中国知网共搜索到数理统计类论文 5 篇（其中核心期刊 3 篇），如表 1-41 所示：

表 1-41　空间主题的数理统计类论文（2011 年，中文论文）

序号	研究分类	篇数	关键词
1	随机前沿模型	1	随机前沿模型；空间滞后；技术效率
2	空间自回归分析	1	空间自回归分析；年均气温；年降水量；新疆地区
3	Bootstrap 方法	1	水平扭曲；功效；Bootstrap 方法；LM-Lag 检验
4	空间误差分量模型	1	误差分量模型；固定效应；空间相关性 Monte Carlo 模拟
5	多维空间数据正态性检验方法	1	多维空间数据；正态性检验；K-L 变换；最小生成树；蒙特卡罗方法

首先是空间自回归分析，李艳玲和张云鹏（2011）以新疆地区的年均气温和年降水量为指标，选取2006~2008年18个测站的数据进行了空间自回归模型分析。结果表明：2006~2008年的年均气温和年降水量在去除地形的影响后均具有显著的空间相关特性和空间聚集特征；一个地区的气温不仅和本地的降水量相关，还和相邻地区的气温及降水量相关。

龙志和、陈青青和林光平（2011）研究了固定效应设定下空间误差分量（Spatial Error Components，SEC）模型的空间相关性边际检验、条件检验和转换检验。Monte Carlo模拟实验证明，转换检验有更小的水平扭曲和优越的检验功效，且不受固定效应大小影响，是经济计量实证中理想的检验统计量；转换检验有限样本性质受空间权重矩阵的选取和N、T影响较小；选取Queen型矩阵或更大的样本量将增大边际检验的功效，但会导致更大的水平扭曲。

对于随机前沿模型方面，胡晶、魏传华和吴喜之（2011）为了刻画潜在的空间效应，提出了一类空间滞后随机前沿模型。在单边误差项分别服从半正态分布、指数分布及截尾正态分布的情况下，给出了模型的对数似然函数及迭代步骤。此外，应用JMLS方法给出了单边误差项的条件均值与条件众数，因而得到了相应的技术效率估计。

除了上述的3篇核心论文，另有林怡坚、欧变玲和龙志和（2011）对线性回归模型Bootstrap LM–Lag检验有效性进行了研究。赵相伟等（2011）分析了多维数据正态性检验方法及其适用性，研究了适用于多维空间数据正态性检验的基于K–L变换的检验法和基于最小生成树的检验法，并应用蒙特卡罗方法对两种方法进行了对比实验，结果证明基于K–L变换的检验法具有检验准确度高、鲁棒性强、运算速度快等优点。

对于国外文献，以spatial为主题搜索2011年论文可知，这方面论文的研究主题涵盖了目前统计学的各种100个分组中的38个（见图1–25）。

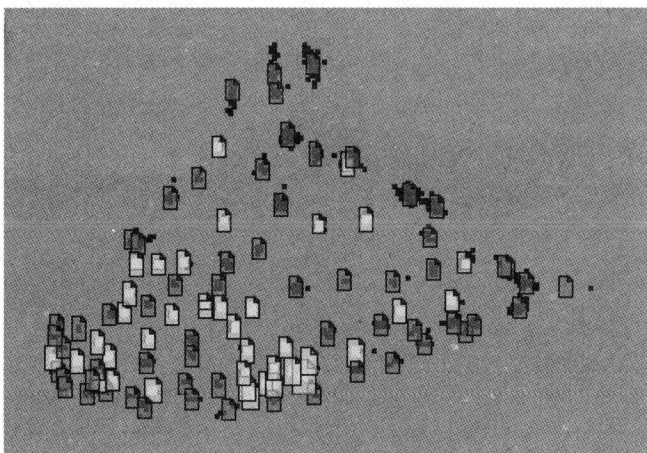

图1–25　空间主题的分簇聚类图

我们对这部分论文进行了关键词排序，依次去除了排在前面的一些表明该主题的关键词，如 modeling approach（模型方法）和 statistical-methods（统计方法），得出表 1-42。

表 1-42 空间主题论文的关键词排名（2011 年，英文论文）

序号	关键词	篇数	序号	关键词	篇数	序号	关键词	篇数
1	mixtures	27	11	power-plant plumes	11	21	Bayesian hierarchical models	8
2	precursors	26	12	seismic	11	22	geostatistical modelling	8
3	sparse matrices	22	13	korea	10	23	lightning fire initiation	8
4	regions	21	14	simplicial indicator kriging	10	24	random-field theory	8
5	infectious-diseases	17	15	unit root	10	25	rate	8
6	systematic sections	16	16	southern california	9	26	Bayesian hierarchical	7
7	pathogen	13	17	time-dependent covariate	9	27	danger	7
8	unbiased prediction	13	18	vancouver	9	28	interpoint distances	7
9	distributional properties	12	19	auto-probit	8	29	Markov	7
10	Gaussian predictive process	11	20	basin	8	30	Monte	7

Chu，T. J.（2011）等考虑了带有高斯误差项的不良空间线性模型选择协变量的问题。惩罚极大似然估计（PMLE）使得同步变量选择和参数估计得以发展，为了便于计算，PMLE 估计值由一步稀疏估计（OSE）估计得来。为了进一步提高计算效率，尤其是在大样本的条件下，提出了惩罚极大协方差变小估计（PMLE（T））及它的一步稀疏估计（OSE（T））。上述方法有限样本性质在模拟研究中展现。

大型计算机在科学实验中正变得越来越重要。统计学家可以采用多步过程来构建实验模型，在多步过程中构建一个精确的内插程序。在实践中，程序显示总体精度明显改善，但其理论特性并不完善。Haaland，B.和 Qian，P. Z. G.（2011）引入名义和数字误差，将内插程序的总体误差分解为名义和数字部分。数字和名义上的误差边界显示，理论上说多步方法可以实质性地增加整体的精度。

空间统计模型和地质统计学中最重要的组成部分是连续索引高斯字段（GFs）。Lindgren，F.等（2011）表明使用近似随机弱解（线性）随机偏微分方程，我们可以对一些 Matern 类中的 GFs 提供一个明确的连接，对于 GFs 和 GMRFs 之间的任何 R-d 三角作为一个基函数来表示。结果是，可以在两个领域中采用 GFs 做模型，但使用 GMRFs 做计算。这说明上述方法是通过分析全球气温数据和定义在球形上的非平稳模型实现的。

Robert，C.和 Casella，G.（2011）阐述了马尔科夫蒙特卡罗采样（MCMC）从 1940 年

末至今的使用过程，展示了早期阶段蒙特卡罗采样研究怎样导致当前使用的算法。更重要的是，使我们看到这种方法的发展不仅改变了解决方案，更改变了我们思考问题的方式。

（六）2011 年的生存分析

生存分析是将事件的结果（终点事件）和出现这一结果所经历的时间结合起来分析的一种统计分析方法。该方法在生物学、医学、保险学、可靠性工程学、人口学、社会学、经济学等方面都有重要应用，如生物医药方面的生存时间、药效或疗效分析，工程方面的故障时间分析，还有金融保险方面的公司存在时间、寿命分析等，是统计学的一个重要领域。根据前面的分析可知，生存分析相关主题在国内的数理统计研究方面在 2011 年前后稍有下降，这和国外的研究趋势不同。

我们以"生存"为主题在中国知网搜索到 2011 年的数理统计类论文 15 篇（其中核心论文 10 篇）。由于关键词基本都只出现一次，因此得到表 1-43。

表 1-43　生存主题的数理统计类论文（2011 年，中文论文）

序号	研究分类	篇数	关键词
1	Cox 模型	2	Cox 模型；多元生存数据；边际比例风险；WLW 模型；基于分割方法；估计效率；截尾分位数回归；生存分析；Cox 比例风险回归；条件异方差
2	复合二项风险模型	1	复合二项风险模型；Z 变换；破产概率；终值定理
3	指数分布	2	指数分布；失效率；逆失效率；截尾指数分布；定数截断；随机删失；极大似然估计；EM 算法
4	实值随机变量的高阶随机序	1	随机序；停止—损失序；期望效用理论
5	极大似然估计及其应用	2	极大似然估计；表格生存模型；风险环境随机右截尾；生存模型；最大似然估计；强相合
6	关于生存分析中的统计方法及其应用	1	生存分析 参数模型分析方法 非参数统计方法 对数秩（log-rank）检验
7	Copula 理论（应用）	2	信用风险；违约相关性；生存概率；Copula；条件 Copula；条件生存 Copula
8	基于随机需求的服务节点截流选址下限约束模型	1	随机需求；截流选址；顾客截流量
9	极值分布	1	运筹学；pH 分布；次序随机变量；n 中 k 系统；pH 更新过程；更新密度
10	ROC 曲线分析	1	ROC 曲线；生存分析；乘积限估计
11	纵向删失数据下线性模型的相合估计	1	删失；纵向数据；线性模型；无偏转换；相合性

在参数模型分析方法和非参数统计方法方面，李新海、王娜和宋海燕（2011）通过对老鼠注射某种药物，观测老鼠的生存时间，收集科学数据，然后利用对数（log-rank）检验理论，对观测到的数据进行生存分析，最终确定药物的疗效。

关于截尾分位数回归方面，王娟和王彤（2011）介绍了截尾分位数回归方法并对其进行了统计模拟，与 C_{ox} 回归和加速失效回归模型进行比较，通过实例对肾衰患者留置导尿管后的感染时间进行生存分析。结果表明，C_{ox} 模型对比例风险假设及离群点敏感且不能很好地反映数据的异质性。结论是，在一定条件下截尾分位数回归模型作为传统生存分析的替代方法可克服其缺点。

在 Copula 方法方面，梁歌春和任学敏（2011）研究了组合信用风险中的常用方法：违约相关性的 Copula 方法，建立了 Copula 方法与违约相关性研究中的结构化方法和约化方法的联系。此外，对于单个公司的生存概率的研究，他们还给出了不同于 Lando（1998）的求解和证明方法，而这种方法不需要在现在就知道将来的信息。

关于极值分布方面，唐胜达和秦永松（2011）对 pH 极值分布进行了推广，应用构造相关联的 Markov 过程的方法，证明了 n 个相互独立的 pH 随机变量构成的次序随机变量的分布仍是 pH 分布，并给出了次序 pH 随机变量分布表达式的表示方法，同时也给出了次序 pH 随机变量的联合生存分布。最后给出了次序 pH 随机变量在可靠性理论与更新理论中的应用。

在纵向数据方面，吴月琴（2011）讨论了在纵向右删失数据下线性回归模型回归系数估计的均方相合性，并且把结论推广到了污染线性模型，得到了污染系数、回归系数的强相合估计。

对于国外文献，以 survival 为主题搜索 2011 年的论文可知，这方面论文的研究主题涵盖了目前统计学的各种 100 个分组中的 37 个（见图 1–26）。

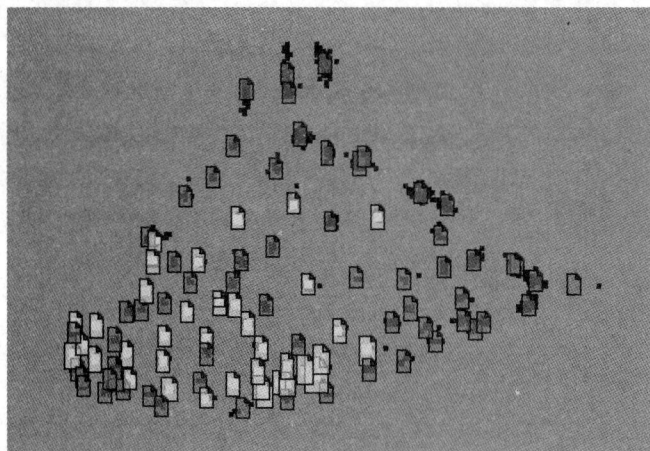

图 1–26　生存主题的分簇聚类图

我们对这部分论文进行了关键词排序，依次去除了排在前面的一些表明该主题的关键词，如 survival（生存）、modelling（模型）、distribution（分布）、regression-model（回归模型）和 estimation（估计）（见表 1–44）。

表 1-44 生存主题的关键词排名（2011 年，英文论文）

序号	关键词	篇数	序号	关键词	篇数	序号	关键词	篇数
1	region	32	11	breast cancer	11	21	clinical-trial designs	8
2	infection	30	12	Coverage probability	11	22	dispersal	8
3	surrogate end-points	30	13	Cox proportional hazards model	10	23	Power-generalized Weibull distribution	8
4	MMSE	22	14	fail-safe systems	10	24	proportional hazard model	8
5	censored survival-data	18	15	maximum -likelihood estimators	10	25	regression splines	8
6	proportional hazards	16	16	nonparametric regression	10	26	regression-coefficients	8
7	Competing risk	14	17	boosting	9	27	threshold regression	8
8	lifetimes	13	18	Longevity risk	9	28	Associated sequence	7
9	securitization	13	19	survival forests	9	29	equivalence	7
10	survival trials	12	20	canada geese	8	30	frailties	7

Martinussen，T.等（2011）扩展了关于生存结果接触点控制直接影响的定义。当接触分为两部分且随机分配和当生存结果与中间变量只被测量因素干扰的情况下，提出了两阶段估计过程。他们提出的估计是大样本性质，调查其小样本属性是通过蒙特卡罗模拟进行的。

许多疾病显示出了异构对治疗的反应，因此研究人员对于个体治疗有越来越多的兴趣。一个个性化的治疗原则是一个决策规则，建议根据患者治疗的特点进行治疗。Qian，M.和 Murphy，S. A.（2011）认为基于 l（1）-penalized 的最小二乘估计可以减少预处理变量而且解决计算问题。

Savitsky，T. 等（2011）提出了一个高斯过程模型的统一治疗，使得数据从指数分散分布族扩展到生存数据，分析了带有先验未知的可能形式非线性关联响应与预测因子相关的数据集。为了获得一类协方差矩阵依赖于预测的非参数回归模型，在建模方法中包含了广义线性模型框架中的高斯过程，特别考虑了连续、分类和计数响应模型。对于高斯先验过程，探索了替代之前的协方差公式且展示了高斯过程的灵活性。他们还比较了用于后验推断的可选择的 MCMC 策略，实现了计算的有效性和实用的方法。

六、2011 年其他子学科动态与热点

对于子学科的划分，如前所述，可分为数理统计学、应用统计数学、经济统计学、科学技术统计学、社会统计学、人口统计学、环境与生态统计学、生物与医学统计学和统计学其他学科等。数理统计学的分析可以参考前文。以下我们简要介绍一下各个学科的动态与热点。

（一）社会与经济统计学

1. 社会经济统计学的发展阶段和发展趋势（赵彦云，1990；邱东，2010）

目前统计学界大部分人都承认社会经济统计学是一门方法论科学。社会经济统计是认识的手段，它的对象是社会经济现象的数量方面，社会经济统计学是研究如何有效地实现这种认识的科学方法。社会经济统计学的方法论不同于数理统计学的方法论。数理统计学是建立在数理统计逻辑上的科学方法论，具有较高的一般性，或者说对所有的统计认识过程都是方法论的指导作用。社会经济统计学是专门从事认识社会经济活动数量方面的方法论研究的，与数理统计学相比，具有特殊性或具体性。因此，社会经济统计学应有独立的方法论体系。

如果把社会经济统计理解为对社会经济现象数量方面的一种调查研究活动，那么社会经济统计学的方法论体系分为三个组成部分，即社会经济统计描述的方法、统计资料调查和整理的方法及统计分析的方法。社会经济统计描述的方法论主要体现在两个方面，即社会经济统计描述的逻辑方法和社会经济统计计量及指标设计的方法。随着人们对社会经济活动客观规律认识的不断深化，社会经济统计描述的逻辑方法也应不断发展。所谓逻辑方法，就是对描述社会经济活动中客观事物联系规律的看法，它是决定揭示社会经济现象数量特征科学性的基础。例如，从静态宏观经济循环有序过程的逻辑方法，建立了国民经济核算体系；从动态宏观经济发展过程的逻辑方法，建立了经济周期统计体系，从人的再生产过程的逻辑方法，建立了社会人口统计体系等，这也表明，对社会经济统计学方法论的讨论不仅要从统计工作的过程中去进行，还要从统计学的学科体系上去研究。依据客观社会经济活动，归纳、研究新的统计逻辑方法。对社会经济统计计量和指标设计方法，过去虽研究颇多，但从统计对象反映的逻辑体系出发，在讲究系统一致的计量与指标设计上还有待进一步的发展。

社会经济统计调查和统计资料整理的方法论需要做广义的理解。社会经济统计调查方法很多，除系统阐述外，还应作体系归类研究，以便比较方法的差别，评价其优缺点，指出开发研究的方向和领域。统计资料的整理方法也不应停留在统计分组方法上，还应开发统计资料的修补方法、数据处理方法、历史资料整理方法以及建立在统计描述的逻辑方法基础上的统计系统推算方法等。当前，加强修补方法、数据处理方法和历史资料整理方法的研究，对提高与拓广实际统计分析有重要的作用。

需要指出的是，社会经济统计调查方法和统计资料整理方法应该在社会经济统计描述方法论的基础上进行。

社会经济统计分析方法论包括两个方面：一是统计分析的一般方法，如平均数分析、比较分析、因素分析、相关分析、平衡分析、差异分析、动态分析等；二是建立在统计描述体系基础上的专题分析方法，如投入产出分析、经济周期统计分析、经济增长因素分析、资金流量分析等。当前，我国迫切需要发展社会经济统计分析的方法，研究开发新的分析方法。社会经济统计分析方法论的发展也有赖于社会经济统计描述方法论和统计调查与统计资料整理方法论的发展。

作为社会经济统计学科的经济统计学，也要应用数理统计的方法，但在这门学科里，数理统计方法已经退居到较为次要的地位，比如，《收入与财富研究评论》是世界上专门从事社会经济统计学研究的学术期刊之一，它的编辑部特别强调该学术刊物并不欢迎单纯应用经济计量技术以及数理统计技术的研究论文。它研究的主要内容包括：国民经济核算、收入与财富分配研究、增长核算、贫困研究、价格理论、比较社会政策、货币银行统计、地下经济研究、公共部门分析、国民账户的修订、人口统计、国际比较、环境资源核算、生产率分析、政府活动分析、经济福利分析、时间利用和消费分析、就业研究、老龄经济、贸易与服务核算、投入产出核算、资金流量核算等。我们看到，多数从事数理统计的学者并不否认以国民经济核算为中心内容的经济统计学的存在。

进入 21 世纪以来，除了专题研究成果外，对现代国民经济统计学进行系统阐述的著作也不少。比如，Dudley Jackson（2000）围绕 GDP 核算的相关问题，以英国和澳大利亚的数据为例，介绍了国民经济核算的定义、分类和账户序列；Utz-Peter Reich（2001）研究了经济价值以及价值在微观理论中是如何定义以及在国民经济核算实践中是如何测度的；Dale W. Jorgenson 等人（2006）的著作通过对美国国民经济核算体系的研究，识别出现有核算体系的差距和不一致之处，将核心体系扩展到非市场核算部分。

OECD 于 2006 年出版了《理解国民账户》，该书阐述了经济总量、物量与价格、国际比较、生产边界、最终使用、住户核算、商业核算、金融与资产核算、政府核算、投入产出与综合账户等内容。书中还专设章节讲述如何收集国民经济核算数据以及国民经济核算体系的发展历史。另有 3 章分别考查了美国、中国和印度的国民经济核算状况。2008 年，OECD 又出版了由 Enrico Giovannini 撰写的《理解经济统计》，该书第一章论述了社会经济发展对经济统计的需求；第二章介绍了经济统计的基本概念、定义和分类；第三章论述了经济统计的主要生产者；第四章概述了 DECD 经济统计，其中包括各部门经济统计和分支经济统计，如农业渔业统计、工业和服务业统计、能源统计、劳动统计、货币与金融统计等内容；第五章则专门阐述经济统计质量评估问题。

美国高盛集团的经济研究机构于 2008 年出版了《理解美国经济统计》一书，其内容包括国民产出与收入、部门生产订单与存货、消费者支出与条件、住房与建造、对外贸易与国际资本流动、就业、价格、工资与生产率、货币与金融数据、联邦储备银行政策、联邦政府财政等部分。这是由企业做出的经济统计方法论研究。

国际统计学会常设办公室主任佐尔坦肯尼西在展望国际统计未来时，对经济统计学科做了较为深入的论述，他认为，"官方统计同样是一个激动人心的学术领域，它的复杂程度和面临的严峻挑战，并不亚于理论统计"。

2. 2011 年社会经济统计学的国内研究

由于在中国知网中查询选项的限制，我们对 2011 年社会统计学和经济统计学的国内研究分别进行了分析和总结。

（1）社会统计学。

我们在中国知网选择了"社会学及统计学"的学科查询条件，但由于这个学科还包括社会学内容，因此我们仅统计了在主要统计期刊上于 2011 年发表的核心期刊论文，共 262 篇。这些论文的关键词统计如表 1-45 所示。

表 1-45 社会统计学的论文关键词（2011 年，中文论文）

排名	关键词	篇数	排名	关键词	篇数	排名	关键词	篇数
1	统计数据质量	5	11	评价	2	21	统计	2
2	统计学	3	12	用户满意度调查	2	22	综合评价	2
3	假设检验	3	13	计算机辅助自填式调查	2	23	随机模拟	1
4	指标体系	3	14	社会保障	2	24	变异系数	1
5	城镇居民	2	15	敏感问题	2	25	官方统计	1
6	模型	2	16	偏好	2	26	市场经济	1
7	组合预测	2	17	样本轮换	2	27	国际比较	1
8	双重抽样框	2	18	网络调查	2	28	农村	1
9	数据	2	19	方差分析	2	29	异方差	1
10	平均回答时间	2	20	功效	2	30	抽样框误差	1

从国内文献的关键词统计可以看出，在社会统计学方面，目前更多地关注统计数据质量及统计学科等统计实践问题。

在统计学科发展方面，袁卫（2011）简要回顾了中国统计学科发展的百年历史，重点讨论了统计学科与统计教育的现状，特别是统计学完全成为一级学科后面对的大好发展机遇，以及在做大的基础上如何做强统计学科是需要我们重视、研究和解决的主要问题。

有关时变弹性生产函数模型方面，章上峰、许冰和顾文涛（2011）给出时变弹性生产函数的半参数变系数 Profile 估计方法，提出利用统计学和经济学原理检验时变弹性生产函数显著性和准确性的新思路。实证研究发现，广义似然比统计检验无法拒绝 Cobb-Douglas 生产函数，但是经济学检验拒绝 Cobb-Douglas 生产函数。时变弹性生产函数保留了 Cobb-Douglas 生产函数结构形式，具有明确的经济学意义，改进了不变产出弹性中性技术进步假设，是更加符合实际的生产函数模型。

在统计学教育和教学方面，统计学已经成为一级学科，但是在统计教材建设上还存在不少问题或误区。袁卫和刘超（2011）论述了统计教材与统计教学之间的关系，提出了加强统计教材建设的建议和思考。

统计数据质量问题成为统计学的一个重要议题。聂富强、崔名铠和向蓉美（2011）以政府统计数据质量内涵为研究对象，基于国际统计数据质量标准和各国统计部门成功实践经验，对其发展历程中所形成的"传统与现代"、"狭义与广义"、"绝对与相对"、"一般与特殊"四组范畴进行梳理，进而总结出政府统计数据质量管理工作的若干要点，并对进一步提高中国统计数据质量管理水平提出了建议。

在社会统计学的方法方面，大部分研究基于较为成熟的统计方法，如主成分分析、因子分析、层次分析法等。徐霄峰和上官金丽（2011）研究了层次分析法的逆序问题，并在判断矩阵一致性的条件下，给出了一种新的保序性方法，即通过引入权重的对数变换来解决层次分析法的逆序问题；最后以算例论述了该方法的有效性和可行性。林海明（2011）应用因子分析中主成分法的初始因子载荷阵回归的初始因子得分，建立了主成分与初始因子得分的一般关系式。

许多社会统计学的内容与经济统计学有比较密切的联系，如消费、偏好、幸福感等。理性习惯性偏好会影响居民消费行为，经济体制改革以来，随着经济的持续快速增长，中国城镇居民已经习惯于生活水平不断提高。在这样的环境中，如果一个家庭当年消费的数量和上一年相同，其幸福感就会打折扣；另外，消费还具有外部性，如果与他人相比自己的消费水平降低了，消费者的效用也会受到损失。因此，理性消费者的决策目标是保持消费长期稳定增长而不仅仅是消费在各个时期的均匀分配。杭斌（2011）利用1978~2008年中国26个省（直辖市）的城镇住户调查数据得到的实证分析结果显示：消费者的习惯偏好与制度环境有关。姚晓军和孙美平（2011）以兰州市居民幸福感调查结果为数据源，应用 Ordered Logistic 模型对居民幸福感在若干变量上的组群差异进行了较系统的分析。结果表明，幸福感在性别、教育程度、婚姻状况、健康状况、家庭氛围、职业稳定变量上的组群差异显著，可以认为这些变量是影响当前兰州市居民幸福感的主要因素，并提出了提高兰州市居民幸福感的政策建议。张祖庆和姜雅莉（2011）以苹果为例，运用联合分析法，分析消费者对不同产品的支付意愿与偏好，在影响产品的价格、产地、生产方式、有机认证、品牌五个特征中，消费者重视的因素主要是价格、产地和是否有有机认证；同时，消费者对本地产品也有较强的偏好性。

（2）经济统计学。

我们在中国知网选择了"经济统计学"的学科查询条件，2011年发表的核心期刊论文共272篇。这些论文的关键词统计如表1-46所示。

表1-46　经济统计学的论文关键词（2011年，中文论文）

排名	关键词	篇数	排名	关键词	篇数	排名	关键词	篇数
1	GDP	14	11	国内生产总值（GDP）	2	21	统计指标	2
2	绿色GDP	5	12	季节调整	2	22	指数	2
3	经济周期	3	13	SNA	2	23	统计数据质量	2
4	核算	3	14	灰色马尔科夫预测	2	24	ARIMA	2
5	国内生产总值	3	15	可持续发展	2	25	国际比较	2
6	研究	3	16	GDP数据修正	2	26	ARIMA模型	2
7	核算方法	3	17	住户部门	2	27	主成分分析	2
8	CPI	3	18	环境污染损失	2	28	累积法	2
9	国民经济核算体系	3	19	企业统计	2	29	比较研究	2
10	PPI	2	20	地区GDP核算	2	30	季度GDP	2

从国内文献的关键词统计可以看出，在经济统计学方面，关注的主要经济变量是国内生产总值（GDP），其次是绿色 GDP、CPI、PPI 等。关注的主要问题是经济周期、经济核算、经济变量间的关系、经济预测和统计数据质量问题等。使用的计量方法主要是时间序列分析方法，如季节调整、灰色马尔科夫预测模型、ARIMA 模型等。其他方法还有主成分分析法及累积法等。

在经济变量的预测方面，熊志斌（2011）分析了单整自回归移动平均（ARIMA）模型与神经网络（NN）模型的预测特性和优劣，并在此基础上建立了由 ARIMA 模型和 NN 模型集成的 GDP 时间序列预测模型与算法。仿真实验表明，集成模型的预测准确率显著高于单一模型的预测准确率，从而证实了集成模型用于 GDP 预测的有效性。张国帅（2011）针对传统灰色马尔科夫预测模型运算量大等问题，将累积法与灰色马尔科夫预测模型相结合，提出了一种基于累积法的灰色马尔科夫预测模型，克服了传统预测模型的缺陷。

在经济变量间的关系研究方面，鄢琼伟和陈浩（2011）运用 EViews 对时间序列的 GDP 和能源消费总量进行单位根检验、协整检验、Engle-Grange 因果关系检验。得出的结论是：GDP 增长引起能源需求和消费内生性的增长，减少能源的消费不影响产出、就业、收入的增长。宋敏慧等（2011）基于多重时间序列模型对城市固定资产投资与 GDP 的动态关系进行了研究。

在经济问题研究方面，陈仲常和谢小丽（2011）对改革开放 30 年来中国 GDP 能源消耗强度呈下降态势的原因作了解释，发现全要素生产率、对外开放程度和能源价格的市场化水平提高是导致中国能源消耗强度下降的主要原因，而不合理的能源消费结构使中国的能耗强度仍然处于偏高的水平。李文溥和李静（2011）对中国要素比价扭曲、过度资本深化与劳动报酬比重下降问题进行了分析。

在经济变量的核算方面，李宝瑜和马克卫（2011）设计了两种形式的社会核算矩阵，采用"bottom-up"的编表模式构建了中国 2007 年社会核算矩阵Ⅰ型表和Ⅱ型表，提出并采用了"分项平衡法"。许秀真和颜双波（2011）对福建省绿色 GDP 核算进行了研究，通过构建虚拟治理成本、水土流失和森林资源生态价值核算模型，对传统 GDP 进行调整。

3. 2011 年社会经济统计学的国外研究

对于国外文献，我们是从 116 本统计类学术论文中，先选取 2011 年的"社会科学数理方法"（Social Sciences Mathematical Methods）的子学科论文，共计 616 篇。然后再选取 2011 年的"经济学"（Economics）的子学科论文，共计 393 篇。我们发现，经济学这一部分的 393 篇全部包含在第一部分社会科学的 616 篇内，因此我们就第一部分的 616 篇论文进行了社会经济统计学的分析。通过关键词对比和文献分析，我们可以看出，在社会经济统计学中，相比社会统计学，经济统计学更为活跃。

国外论文与国内论文关注的重点有很大的不同，国内论文更加关注统计学科发展和宏观经济，而国外论文比较强调定量分析和模型部分。我们对这部分论文进行了关键词排序，依次去除了排在前面一些表明该主题的关键词，如 modelling（模型）、model effects（模型效果）、distribution（分布）、estimator（估计量）等（见表 1-47）。

表 1-47　社会经济统计学的关键词排名（2011 年，英文论文）

序号	关键词	篇数	序号	关键词	篇数	序号	关键词	篇数
1	infection	39	11	Informal inference	13	21	rated health	12
2	Register statistics	29	12	marital-status	13	22	synchronization	12
3	test transform	25	13	moral hazard	13	23	tikhonov regularization	12
4	Right-wing extremism	23	14	nonrespondents'	13	24	variable selection	12
5	Time-consistency	23	15	stochastic trends	13	25	Bond Pricing	11
6	dynamic-factor model	20	16	VIX index	13	26	cointegrating regression	11
7	identifiability	19	17	causal	12	27	inclusion probabilities	11
8	BFS	18	18	consumers	12	28	instrumental variables regression	11
9	segmentation	17	19	density-estimation	12	29	panel survey	11
10	group decision-problems	13	20	perfect prediction	12	30	derivatives	10

从上述关键词可以看出，社会经济统计学以回归分析为主。

倾向评分是指在一定协变量的条件下，一个观察对象可能接受某种处理因素的可能性。近年来，倾向评分法越来越受到人们的关注。Austin，P. C.（2011）描述了四种不同的倾向评分方法，不管倾向评分模型是否已被充分设定，都说明了检查的平衡诊断。此外，他还讨论了用于分析观测数据的基于回归法和基于评分法两种方法的不同，描述了不同的平均治疗效果及其与倾向评分法之间的关系。

Cameron，A. C.（2011）等提出了一个 OLS 估计量的方差估计量以及基于一些非线性模型的估计量如 Logit、Probit、GMM。此方差估计量在非嵌套双向或多项聚类存在时可以进行聚类稳健推断。该方差估计量扩展了用于单向聚类的标准的稳健聚类方差估计量或 sandwich 估计量，且依赖于类似的弱分布假设。

有关国际贸易方面，Eaton，J.（2011）等通过考查法国制造业公司的销售目的地，包括法国本身，找到几条规律：①相对于法国市场份额，法国公司的数量随着市场规模系统增加。②对于不同大小、不同参与程度的法国参与者在市场上的销售分布是类似的。③在法国，从不受欢迎的市场到更受欢迎的市场，平均销售系统逐渐增加。采用带有公司异质性和出口的模型来估计，结果表明，公司市场准入超过一半的变化可以归因于一个维度基础公司的异构性——效率。

Abadie 和 Imbens（2006）的研究结果表明，简单的最近邻匹配估计包括一项条件偏差的收敛于零的速度可能慢于 N(1/2)。因此，通常匹配估计不是收敛速度 N(1/2) 一致的估计。Abadie，A. 和 Imbens，G. W.（2011）提出一个偏差校正，使匹配估计 N(1/2) 一致且渐近正态。

Kennan，J. 和 Walker，J. R.（2011）提供了一个易于处理的有关最优迁徙的经济计量模型，以预期收入对迁徙的主要经济影响为焦点，主要结论是洲际移民决策在很大程度上被收入前景所影响。结果表明，收入和迁移决策之间的联系是通过驱动的地理差异的平均工资和倾向于在寻找更好的位置匹配收入引起的。

（二）生物医学统计学

生物医学统计学是公共卫生与预防医学领域一门非常重要的分支学科，也是医学科研工作的重要工具。它研究该领域数据收集、分析、推断和表达的原理与方法。作为一门学科，西方发达国家对统计学的研究与应用比我国成熟。由于广大卫生统计工作者的不懈努力，使得我国卫生统计学研究和应用得到了较快发展，特别是近两年来，相继产生了一些较高水平的研究工作。

生物医药统计学的发展主要有方法研究、应用研究两个方面（颜虹，2004）。

首先，介绍方法研究方面，随着医学科研中新的技术和手段的应用，医学科学研究数据呈现空前的多样化、复杂性，特别是海量基因数据，给统计学提出了许多新的课题，也使卫生统计学发展进入了一个新的发展阶段，如应用小波变换对基因表达海量数据的分析方法、队列研究数据的 Tobit 模型、诊断试验评价的 ROC 分析等。生物医学统计工作者还结合自己的研究工作，从不同角度和层次对现有的统计方法作了进一步的丰富和发展。举例如下：

（1）生存分析：如生存分析中期望寿命的评价方法，对 Cox 模型的风险假定的考查，分层 Cox 模型等，重复事件的生存分析、队列研究中选择偏倚和不可测数据的分析，年龄—时期—队列模型等。

（2）回归分析：如主成分 Logistic 回归分析、多分类有序反应变量 Logistic 回归；曲线回归、核密度估计和非参数局部多项式回归、纵向资料的回归分析、PLS 回归方法等。

（3）时间序列：ARIMA 模型、BP 神经网络的时间序列预测方法等。

（4）微阵列或基因芯片数据分析：cDNA 微阵列数据处理的统计分析过程；基因芯片的生物信息学挖掘、Biology-driven 基因表达谱信息挖掘、基因芯片技术在药物筛选研究中的应用、数据挖掘技术在生物信息学基因变异规律研究中的应用等。

（5）临床试验：随机对照试验的安全性评价、动态随机化在临床试验中的应用等。

（6）多水平统计模型：多水平 CFA 模型在构念效度评价中的应用等。

（7）其他方法：具有协变量或干扰因素的诊断试验数据的 ROC 分析、多水平统计模型、决策树技术、MCMC 方法、EM 型算法、Bayes 方法、CMH 法等。

其次，在应用研究方面，一年来，生物医药统计工作者在统计方法应用和推广的方面作了大量的工作，已在不同医学科研领域取得了一定的成绩，主要表现在：

（1）病因、死因、伤残数据的统计分析研究：如应用统计学的原理与方法预测疾病发病趋势，不同时间、不同地区、不同年龄以及不同人群的死亡、中毒、伤残分析以及病因分析，伤残期望寿命的测算等。

（2）遗传学中的统计应用：如基因表达谱对组织样品分类方法的研究、核心家系中数量性状遗传方差分量模型的研究、确切 Logistic 回归方法及其医学遗传学应用、病例对照家系设计中样本含量的估算、基因表达数据聚类分析结果的评价方法研究等。

（3）医院管理：如病人年龄和费用分析，医疗工作综合评价，统计监测系统，医疗信息的收集管理和利用，局域网络与医院统计，灰色模型在门诊、急诊人次预测分析，医院效益的评判，DEA 模型，回归树，住院成本岭回归模型等。

（4）传染病建模：如传染病模糊控制模型，指数曲线模型的乙型肝炎发病预测，BP人工神经网络的病毒性肝炎发病率自回归预测模型，水痘—带状疱疹病毒流行率的数学模型等。

（5）SARS 的预测模型：如 SARS 流行趋势预测与控制系统，SARS 疫情发展的分段式模型，SARS 患者体温的临床变化及对照研究，SARS 分型的影响因素分析等。

（6）临床试验：临床试验盲底的制作、非劣性和等效性试验、伦理学问题。

（7）其他方面：如 tMRI 数据的统计分析、生存质量研究、多水平模型应用、统计在地方病病因分析中的应用、空间误差模型应用、统计在社会心理分析中的应用、通径分析应用、人群营养评价、发育统计、INTERNET 评估分析系统、生活质量量表数据的分析、卫生服务的综合效益评价等。

1. 2011 年生物医药统计学的国内研究

由于在中国知网上没有生物与医药统计学科领域的选项，我们先是选择了"医药卫生科技"的学科领域，并选择核心期刊及时间为 2011 年、主题为统计进行搜索，共有 3778篇文献，导入 Endnote X5 软件进行分析。删除了部分投稿须知、订阅通知、获奖通知等各种与论文无关的通知，共有 3716 篇。这些文献主要刊登在以下几个杂志：《中华医院感染学杂志》280 篇，《中国药房》198 篇，《现代预防医学》188 篇，《中国妇幼保健》160 篇，《世界华人消化杂志》113 篇，其他杂志都是 100 篇以下。然而，通过分析论文发现，上升期刊中的论文大部分是简单统计，如自闭症诊断统计、对夜班每一时间段的就诊人次统计等，搜索到的论文范围太广，不能够反映生物医药统计学的前沿研究。

若学科领域选择基础科学数学中的概率论、数理统计，并选择核心期刊以及时间为 2011 年，主题为生物或者医学，则仅有 11 篇文献。因为许多生物医学统计学的文章并不是以生物或医学为主题的，导致搜索到的论文范围太窄，也不能反映生物医学统计学的研究现状。

因此，我们仅在前述的统计类核心期刊中搜索生物医学类文章，2011 年共有 389 篇。期刊构成是：《中国卫生统计》249 篇，《中国统计》40 篇，《统计研究》36 篇，《统计与决策》34 篇，《数理统计与管理》16 篇，《数学的实践与认识》14 篇，这些论文的关键词统计如表 1-48 所示。

表 1-48　生物医药统计学的论文关键词（2011 年，中文论文）

排名	关键词	篇数	排名	关键词	篇数	排名	关键词	篇数
1	影响因素	18	5	GM	6	9	死亡率	5
2	住院费用	7	6	流行病学	5	10	生存质量	5
3	评价	7	7	时间序列	5	11	统计分析	4
4	预测	6	8	结构方程模型	5	12	分析	4

续表

排名	关键词	篇数	排名	关键词	篇数	排名	关键词	篇数
13	肺结核	4	19	支持向量机	3	25	组内相关系数	2
14	研究	4	20	医疗质量	3	26	调查	2
15	模糊综合评价	4	21	危险因素	3	27	贵州省旅游	2
16	综合评价	4	22	满意度	3	28	计算资料	2
17	高血压	4	23	肺癌	3	29	病人满意度	2
18	地理信息系统	3	24	TOPSIS 法	3	30	实证研究	2

从国内文献的关键词统计可以看出，我们可以从生物医药统计学关注的问题和使用的方法方面来进行总结。

生物医药统计学关注的三类主要问题依次是影响因素、评价和预测。杨彩霞等（2011）探讨了脑梗死患者住院费用的影响因素，为控制医疗费用的上涨，制定有针对性的措施提供了参考依据。徐倩倩等（2011）介绍了我国中等发达地区已婚育龄妇女的生殖道感染（RTI）状况、分布及相关影响因素，探讨了相应的预防措施和策略。丁国武等（2011）采用加权秩和比法对 2008 年定西市 7 个区县的卫生资源配置情况进行了综合评价。赵小龙和石永芳（2011）采用万崇华等编制的肝癌患者生命质量测定量表（QOL-LCV2.0），对行肝动脉化疗栓塞（TACE）或肝动脉化疗药物灌注（TAI）介入治疗的 134 例原发性肝癌患者进行了生命质量评价分析。

从统计方法来看，除了常规的调查问卷、分组统计和量表统计外，最常用的方法是 GM 模型、结构方程模型、TOPSIS 法等。

韩春蕾等（2011）利用方法组合模型，即 GM（1，1）模型和 ARMA 模型相结合来制定我国卫生资源的规划，进行优化配置，对全国的卫生技术人员数量进行预测。

李鹏等（2011）应用结构方程模型（SEM）对天津市某三甲医院阑尾炎患者住院费用影响因素进行分析，为其今后在医学相关问题上的应用提供了方法学上的借鉴。张鹏等（2011）在健康促进知信行理论的基础上构建青少年性相关行为影响因素的结构方程模型，探讨了其影响因素的直接作用和间接作用。施学忠等（2011）探讨了结构方程模型在西医病名 HIV/AIDS 中医证候分布规律以及艾滋病中医证候与四诊信息关系方面的应用。

陈正利等（2011）运用 TOPSIS 法对传染病网络直报质量进行综合评价，为制定相关制度提供了可靠依据。黄巧娱等（2011）采用加权 TOPSIS 法对某二甲医院 2004~2008 年度科研教学质量进行综合评价并排序。王亚丽（2011）应用 TOPSIS 法综合评价 2009 年开封市各县（区）传染病网络直报工作质量优劣水平。

2. 2011 年生物医药统计学的国外研究

对于国外文献，我们从 116 本统计期刊上的统计类学术论文中选取了 2011 年的 7 个子学科的 1048 篇论文进行分析。这 7 个子学科分别是医学信息学（Medical Informatics）、药物研究和实验（Medicine Research Experimental）、生物学（Biology）和生物化学研究方法（Biochemical Research Methods）、药物药理学（Pharma Cology Pharmacy）、生物技术和应用微生物学（Biotechnology Applied Microbiology）及生物化学与分子生物学（Biochemistry Molecular Biology）。

这些文章主要发表在以下期刊：*Statistics in Medicine* 258 篇、*Biometrics* 171 篇、*Ieee Acm Transactions on Computational Biology and Bioinformatics* 150 篇、*Journal of Computational Biology* 128 篇、*Biometrika* 78 篇及 *Journal of Biopharmaceutical Statistics* 78 篇。

我们对这部分论文进行了关键词排序，依次去除了排在前面反映该学科的通用关键词，如 modelling principles（模型准则）、algorithm design（算法设计）、algorithms（算法）和 statistical-model（统计模型）等。

我们还删除了一些生物医药研究的主题词，依次是 registration（挂号）、infectious-diseases（传染病）和 clinical-trial designs（临床试验设计）等，得出表 1–49。

表 1–49　生物医药统计学的关键词排名（2011 年，英文论文）

序号	关键词	篇数	序号	关键词	篇数	序号	关键词	篇数
1	MNAR	69	11	trial simulation	31	21	network querying	26
2	alcohol-consumption	50	12	identifiability of phylogenetic	30	22	Data-driven order	25
3	predicting subcellular-localization	47	13	missing covariate	29	23	influenza	24
4	Canada goose	44	14	surveys	29	24	variable importance	24
5	segregating	44	15	evidence synthesis	28	25	breast cancer	23
6	longitudinal count data	42	16	pou domain	28	26	em	23
7	descriptors	40	17	distribution functions	27	27	Clinical trial simulations	22
8	Classical Test Theory	36	18	laser-desorption	27	28	Computational mass spectrometry	22
9	ligands	33	19	survival	27	29	designing disease prevention trials	22
10	testing superiority	32	20	bi-directional case-crossover	26	30	discriminatory accuracy	22

链条方程多重计算是一个灵活又实用的处理缺失数据的方法。White，I. R. 等（2011）介绍了这个方法的原理，展示了如何计算分类和定量变量，包括有偏变量，描述了如何实际分析乘法估算数据，包括模型建立和模型检查，并且强调了方法的局限性，并讨论可能的陷阱。

由包含在风险预测算法中新标记提供的添加有用的适当量化是如今研究和争论的活跃问题。Pencina，M. J. 等（2011）为 NRI 提出了一个预期的方案，为生存和竞争风险数据提供了迅速应用以及允许简单的权重与观察到或感知到的成本。

多变量随机效应模型是一个标准的单变量模型的推广，多元分析变得越来越广泛，D. Jackson、R. Riley、I. R.White（2011）描述了多元分析方法的应用领域，得出的结论是多元方法可能是很有用的，尤其可以提供有更好统计性质的估计，但是这些好的性质是以做更多的假定为代价，这样不会在每种情况下都可以获得好的推断。

风险预测模型已经被广泛应用于疾病的长期发病率的预测。几个参数已确定，估计量用来量化模型的预测能力以及用来比较新的模型与传统模型。这些估计不能说明生存数据中的审查对拟合模型是有用的，L. E. Chambless、C. P. Cummiskey，G. Cui（2011）修复了上述问题。仿真研究表明，一般来说我们估计没有偏差或者偏差和较小的方差和低于传统的估计。

最近的基因组测序研究表明，体细胞突变，推动癌症发展分布在大量的基因中。F. Vandin、E. Upfal 和 B. J. Raphael（2011）提出一个计算高效新创的子网识别战略交互网络，用来统计显著的突变的患者数量。并且预料他们的方法会增加使用癌症基因组研究增加的规模和范围。

（三）人口统计学、科技统计学及其他子学科动态

人口统计是一种从"量"的方面去研究人口现象的方法或学问。通过人口统计，可以揭示人口过程的规律性和人口现象的本质。人口统计学是同社会经济发展和国家管理决策有着密切联系的一门科学。社会的发展、经济与科技的进步，是推进人口统计学前进与发展的重要社会条件，而社会经济的进一步发展又对人口统计学的相应发展提出了客观要求。所以，人口统计学随着社会经济的发展而不断发展，也就成为社会历史发展的必然。事实证明，进入 21 世纪以来，随着世界经济与科学技术的迅速发展，人口统计学也有了突飞猛进的发展，各项新的、具有突破性的研究成果如雨后春笋般涌现（李永，1998）。

现代人口统计研究主要从以下几个方面入手：①政府统计口径的可靠性。②地理统计和人口统计的相关关系。③人口统计和心理学相结合。④古代人口统计历史考查。⑤人口统计和经济相关考查。

2011 年的中文文献主要关键词是人口预测、人口统计、流动人口、人口估计、人口空间分布等。通过文献梳理，可以看出人口统计学的研究重点有：

（1）人口估计和预测方面。郭志刚（2011）模拟过去 20 年人口进程及其主要人口指标，然后与其他来源的人口指标进行了比较和分析，结果判断 1990~2010 年的人口估计和预测存在的普遍问题是高估了出生人口数量、生育水平、人口增长，从而低估了人口老龄化程度。任强和侯大道（2011）基于 Leslie 矩阵和 ARMA 模型对人口进行随机预测，结果证明此方法是稳健的，具有很强的适用性。张艳粉、栗滢超和陈伟强（2011）利用人口自然增长模型、加权平均增长模型、回归预测模型和 GM（1，1）预测模型，对河南省固始县人口统计资料数据分别建立四组模型对其人口变化情况进行拟合。寇业富和孙晓静（2011）基于模糊线性回归分析，对我国人口进行了估计。

（2）人口统计数据空间化的研究。梁辉和岳彩娟（2011）采用空间统计分析方法以及典型相关分析方法，研究了武汉城市圈流动人口的空间体系以及流动人口空间体系与城市体系的相互影响关系。张杰云和申真（2011）利用 SPSS 数学统计软件的分析和数学建模功能及 ArcGIS 的强大空间分析功能，通过建立土地利用类型对人口分布的影响因子库，

实现了人口统计数据的空间化。贺华翔等（2011）考虑土地利用及坡度等信息与人口空间分布之间的关系，结合 Clark 模型与 Sherratt 模型对松辽流域人口空间分布进行了研究。

（3）统计指标体系和统计数据质量的研究。张应碧等（2011）根据武汉市的人口状况，结合人口特征的相关理论，建立了综合评价指标体系，运用熵权法确定指标权值。谢延（2011）对人口总量统计指标户籍人口、外来流动人口、常住人口和实有人口这四大指标之间的关系和运用做了详细的阐述。白先春和凌亢（2011）通过统计部门、公安部门和计生部门这三大部门涉及人口迁移统计项目与内容的系统梳理，探析影响我国人口迁移统计数据质量的原因，据此提出了一些提高人口迁移统计数据质量的对策建议。

（4）人口调查中抽样方法的研究。胡桂华（2011）利用广西统计年鉴提供的数据和作者采集的样本信息，采取分层两阶段抽样总体参数估计量及其方差估计量对广西及其各个市的人口数及方差进行了估计。

科技统计的研究对象是指采用现代统计学的基本理论与方法，观察与描述在促进经济社会进步的实践活动中，起直接和间接作用的科学技术的研究与创新活动、科学技术的传递与扩散活动、科学技术的交换与转让活动、科学技术的普及与提高活动及科学技术的咨询服务活动的数量方面。

王孟欣（2011）指出了我国依托于科技统计制度的符合国际标准的 R&D 统计制度在统计报表设计及统计工作组织方面存在的问题，并进行了具体分析，最后提出了完善 R&D 统计制度的对策建议。刘娟娟（2011）引入科技统计指标点、线、面、体的概念，对科技统计指标的内涵进行实证分析，充分说明科技统计在提高科研管理中的重要作用，探讨了科技统计与科研管理的辩证关系。高伟（2011）以 2009 年、2008 年和 2007 年的部分科技统计数据的分析和对比来研究相关院校的科研工作中存在的问题及应采取的相关对策，供科研管理及有关人员参考。武秀杰（2011）对山东省科技统计年报填报工作中存在的问题进行了分析，给科技工作的管理提出了合理化建议，以期为领导科学决策提供真正有参考价值的基础信息支持，最终促进科技管理部门科技工作的创新与发展。

第二章 统计学 2011 年
期刊论文精选

第一节

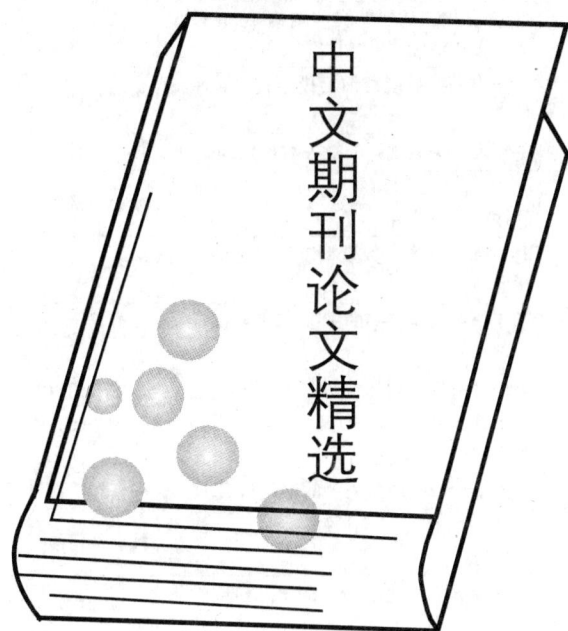

中文期刊论文精选

我们以统计学论文所处的子学科、学科热点和被引频次等作为依据，选取了 19 篇国内代表性文章，排名不分先后，如表 2-1 所示。

表 2-1　国内文章列表（2011 年）

序号	作者名	文章名	子学科	模型方法或问题（热点）
1	廖远甦、朱平芳	均值和方差双重变点的贝叶斯侦测	数理统计	贝叶斯
2	徐群芳	含高维相依自变量的中心 k 阶条件矩子空间的估计	数理统计	高维
3	陶庄	巧用生存分析法进行 ROC 曲线分析	数理统计	生存分析
4	刘强	纵向数据下混合效应 EV 模型中参数估计的渐近性质	数理统计	纵向数据
5	张征宇	带未知异方差与半线性结构 Tobit 模型的半参数估计	数理统计	非参数半参数
6	胡晶、魏传华、吴喜之	基于空间滞后随机前沿模型技术效率的估计	数理统计	空间建模
7	方匡南、谢邦昌	基于聚类关联规则的缺失数据处理研究	数理统计	缺失数据
8	熊志斌	基于 ARIMA 与神经网络集成的 GDP 时间序列预测研究	社会经济统计	时间序列模型
9	章上峰、许冰、顾文涛	时变弹性生产函数模型统计学与经济学检验	社会经济统计	半参数变系数模型
10	刘洪、昌先宇	基于全要素生产率的中国 GDP 数据准确性评估	社会经济统计	隐性变量法、状态空间模型
11	李宝瑜、马克卫	中国社会核算矩阵编制方法研究	社会经济统计	社会核算矩阵
12	王群勇	中国季度 GDP 的季节调整：结构时间序列方法	社会经济统计	季节调整
13	聂富强、崔名铠、向蓉美	政府统计数据质量内涵的演化与启示	社会经济统计	统计数据质量
14	袁卫	机遇与挑战——写在统计学成为一级学科之际	社会经济统计	统计学学科史
15	仇瑶琴、贺佳	多水平统计模型在 Meta 分析异质性控制中的作用	生物与医药统计学	Meta 分析
16	张天嵩、李秀娟、张素、王诚杰、潘宝峰、张伟伟、杨克敏	中西医结合治疗咳嗽变异性哮喘随机对照试验的贝叶斯 Meta 分析	生物与医药统计学	贝叶斯 Meta 分析
17	任强、侯大道	人口预测的随机方法：基于 Leslie 矩阵和 ARMA 模型	人口统计	ARMA 模型
18	马强	科技资源空间分布影响因素的统计检验	科技统计	结构方程模型
19	潘雄锋、舒涛、徐大伟	中国制造业碳排放强度变动及其因素分解	环境统计	因素分解法

均值和方差双重变点的贝叶斯侦测 *

廖远甦[1]　朱平芳[2]

（1. 常熟理工学院数学与统计学院，常熟　215500；
2. 上海社会科学院数量经济研究中心，上海　200235）

摘要： 本文应用贝叶斯方法研究了股价时序的均值和方差双重变点问题。基于后验概率比，我们提出一个类似 ICSS 算法的快速侦测算法。通过对上证指数时序的实证分析，我们总共发现 5 处方差突变。其中 3 处是均值和方差双重变点，它们都对应中国股市的重大结构变化。

关键词： 贝叶斯；变点；上证指数

一、引　言

在股市中，均值突变与方差突变是相互联系的，均值突变经常诱发市场情绪的强烈波动，从而引起方差突变。事实上，金融市场的重大结构变化一般表现为均值和方差的双重变化。当均值和方差都发生变化时，传统统计学处理起来显得很棘手，难以找到合适的统计量。然而，贝叶斯统计学却不存在原则性的困难，只需将方差变点模型加以扩展，引入均值参数并设定合适的先验分布即可解决。所以，本文运用贝叶斯方法研究均值和方差双重变点的侦测问题。

---

* 本文选自《统计研究》2011 年第 11 期。

作者简介：廖远甦，男，1975 年生，江苏盐城人，2007 年毕业于上海财经大学，获数量经济学专业经济学博士学位，现为常熟理工学院数学与统计学院讲师。研究方向为经济增长和金融风险管理。朱平芳，男，1961 年生，上海人，经济学博士，教授，博士生导师，现为上海社会科学院数量经济研究中心主任。研究方向为计量经济学理论及其在宏观经济和财务金融方面的应用。

二、文献回顾

关于结构变化的最早研究可以追溯到 Chow 检验 (1960)[9]，Chow 检验只适用于变化位置已知的单变点问题。近 40 年以来，从单变点到多变点，国内外学者在股市的结构变化研究上取得了丰硕的成果。根据研究方法的差异，相关研究文献可分为三类：累加平方和、贝叶斯方法和其他方法。

(一) 累加平方和

Inclan 和 Tiao (1994)[12] 用累加平方和 (Cumulative Sum of Squares) 方法研究方差多变点问题，提出了后来被广泛应用的 ICSS 算法。Bos 和 Hoontrakul (2002)[8] 改进了 ICSS 算法，提出了可区分变点性质的 ICSS：MV 算法。陈浪南和黄杰鲲 (2002)[1] 运用 ICSS 算法研究了深证成份股指数从 1993 年初到 2001 年底的日收益率数据，检测出 3 个结构性变点。赵昌文等 (2004)[6] 采用 ICSS：MV 算法，对从 1992 年 10 月到 2002 年 12 月的沪、深股指的收益率序列进行了变点分析，发现上证 A 股有 39 个变点，深证 A 股有 36 个变点，而且都是方差变点。他们认为陈浪南等 (2002)[1] 的观点有待商榷，因为 ICSS 算法检测出的变点数目太多。

(二) 贝叶斯方法

Booth 和 Smith (1982)[7]、Hsu (1982)[10] 根据贝叶斯比率检测时间序列的单个方差变点。Inclan (1993)[11] 首次用贝叶斯方法研究了收益率的方差多变点问题，并且以著名的 IBM 股价时序为例验证了模型的有效性。她的模型不需要用数值算法计算积分，但还是存在计算量大的缺陷，难以应用到较长的时序。廖远甦和刘弘 (2003)[3] 改进了 Inclan (1993)[11] 的研究，提出了一个较快的启发式算法，利用新算法研究了 SARS 疫情的方差变点。他们虽然提出了较快的求解算法，但所用模型不是标准的贝叶斯模型，而且没有给出确定变点数目的量化规则。王维国和王霞 (2009)[5] 用贝叶斯推断研究了上证指数月度数据的趋势突变 (等价于收益率的均值变点)，发现从 1993 年 1 月到 2008 年 5 月存在 4 个变点。他们的模型运用 Gibbs 抽样计算积分，应用到日度数据将会产生计算量激增的问题。

(三) 其他方法

Yao (1988)[13] 以 SIC 信息准则作为模型选择标准，用极大似然方法估计结构变化。李小勇和薛沛丰 (2000)[2] 运用概率变点法的累计次数算法分析了上证 30 指数周数据的结构变化，发现从 1996 年 7 月到 1999 年底存在 1 个偏涨变点。宿成建等 (2003)[4] 应用 SIC 信息准则结合二分法，研究了 1992~2002 年上证和深证综合指数的方差变点，并解释了变点的经济意义。Yao（1988）[13] 和宿成建等（2003）[4] 的方法本质上是极大似然估计，再结合基于贝叶斯的 SIC 信息准则确定变点数目。所以，他们的模型也有贝叶斯的成分。

综上所述，大多数文献都是研究方差变点的，关于均值变点的研究仅有王维国和王霞（2009）[5]，尚未发现研究均值和方差双重变点的文献。从研究方法上看，基于累加平方和的 ICSS 算法是研究方差变点的主流工具。ICSS 算法确实有计算高效的优点，但也存在对市场变化过于敏感的缺点，以致检测出的变点数目太多，无法捕捉全局性的重大结构变化。另外，ICSS 算法假设收益率均值为零，有可能将均值的突变识别成方差变点。改进版的 ICSS：MV 算法理论上能够区分变点的类型，但据赵昌文等（2004）[6] 的研究，上证指数时序的 39 个变点中居然无一是均值变点。

统计学对于均值变点问题有比较成熟的研究，但不适合直接用来侦测股价时序的均值突变。因为这些研究一般假定方差不变，而大量的实证研究都表明金融时序存在普遍的异方差现象。再者，股价的均值突变与方差突变是相互联系的。如果股价出现一个均值突变，那么必然有重大的利好或者利空。重大事件尤其重大利空通常会诱发强烈的市场情绪波动，导致股价发生方差突变。孤立地研究均值变点或者方差变点，对于侦测股价结构变化来说都不合适。

由于计算量大、推导相对复杂、先验分布设定需要技巧，近年来应用贝叶斯方法研究股价结构变化的文献较少。为了得到感兴趣参数的边缘分布，贝叶斯方法经常需要运用 MCMC 算法计算积分，如王维国等（2009）[5]。Inclan（1993）[11] 采用的先验分布设定，能够解析地计算积分，是我们研究的起点。她的模型需要穷举所有可能的解，计算量仍然很大。于是，我们基于后验概率比提出一个类似 ICSS 算法的高效求解算法，克服了贝叶斯方法计算量大的缺点。

三、研究方法

（一）模型推导

考察一个服从正态分布的收益率时间序列 $\{r_t\}$，$t = 1, 2, \cdots, T$。假定时序上有 M 个变点，变点下标 $\kappa = (\kappa_1, \kappa_2, \cdots, \kappa_M)'$，$1 \leq \kappa_1 < \kappa_2 < \cdots < \kappa_M < T$，$M = 1, \cdots, T-1$。为数学表达方便，约定 $\kappa_0 = 0$，$\kappa_{M+1} = T$。变点将时序分割成 M + 1 个时间段，每个时间段里的收益率分布相同。

$$r_t \sim N(\theta_j, \tau_j^2), \quad \kappa_j < t \leq \kappa_{j+1}, \quad j = 0, 1, \cdots, M \tag{1}$$

在第 j 个时间段中，收益率分布的均值是 θ_j，方差是 τ_j^2，观测数是 $d_j = \kappa_{j+1} - \kappa_j$，j =

0，1，$\cdots$，M。我们的问题是如何利用收益率样本 $r = (r_1, r_2, \cdots, r_T)'$ 估计变点位置 $\kappa = (\kappa_1, \kappa_2, \cdots, \kappa_M)'$。

Inclan（1993）[11] 给出如下的联合分布密度：

$$p(r|\tau, \kappa, M) = (2\pi)^{-T/2} \prod_{j=0}^{M} \tau_j^{-d_j} \exp\left\{-\frac{1}{2\tau_j^2} \sum_{t=\kappa_j+1}^{\kappa_{j+1}} r_t^2\right\} \tag{2}$$

因为 Inclan 假定收益率的均值为零，所以联合分布密度表达式中没有均值参数。她还将变点数目作为参数，如此处理就引出计算变点数目的后验概率的问题。而这个计算需要加总所有可能解的联合分布密度，是求解计算量大的关键原因。其实，完全可以避免计算变点数目的后验概率。注意到变点数目实际上是变点位置向量的维数，用函数 $M = N(\kappa)$ 表达，那么收益率时序的联合分布密度可以写成：

$$p(r|\theta, \tau, \kappa) = (2\pi)^{-T/2} \prod_{j=0}^{N(\kappa)} \tau_j^{-d_j} \exp\left\{-\frac{1}{2\tau_j^2} \sum_{t=\kappa_j+1}^{\kappa_{j+1}} (r_t - \theta_j)^2\right\} \tag{3}$$

其中，$\theta = (\theta_0, \theta_1, \cdots, \theta_{N(\kappa)})'$，$\tau = (\tau_0, \tau_1, \cdots, \tau_{N(\kappa)})'$。我们感兴趣的参数是变点位置 κ。参数 θ 和 τ 相对不重要，属于多余参数，应在合适的先验设定后用积分消去。

随机游走理论假定股价的行为遵循布朗运动，收益率服从均值为零的白噪声。所以，Inclan（1993）[11] 忽略股价的趋势变化，假定所有均值参数均为零，有一定的合理性。我们认为，在长时间尺度内，她的处理不会有严重的问题，毕竟市场有趋势的时间相对较少。但是，当我们考虑结构改变，将时序分割成若干个较短的时间段时，均值为零的假设就不再适用。事实上，导致 A 股结构变化的因素主要来自国内外经济形势、货币经济政策、证监会的监管行为等重大事件。重大事件一般具有明晰的利好或者利空含义，导致某个时间段内的收益率期望非零。我们对于均值参数采用了一个有直观经济学解释且易于数学处理的先验设定，$\theta_j \sim N(0, \tau_j^2/\delta_j)$，$j = 0, 1, \cdots, N(\kappa)$。当 $\delta_j \to +\infty$ 时，就得到 Inclan（1993）[11] 的特例。均值参数的期望为零与长时间尺度的随机游走模型一致。均值参数的方差与收益率的方差成正比意味着收益率波动较大的时间段，均值参数的变异性也较大。这个先验设定基于如下事实：重大事件导致结构变化，均值反映了重大事件的利好或者利空含义，方差反映了市场情绪的波动程度。均值和参数是相互联系的，利好或者利空含义越强烈，收益率期望偏离零越远，收益率的波动也越大。运用贝叶斯公式，然后积分消去 θ 可得：

$$p(r|\tau, \kappa) = \int p(r|\theta, \tau, \kappa)p(\theta|\tau)d\theta = (2\pi)^{-T/2} \prod_{j=0}^{N(\kappa)} \left(\frac{\delta_j}{d_j + \delta_j}\right)^{1/2} \tau_j^{-d_j}$$

$$\exp\left\{-\frac{1}{2\tau_j^2}\left[\sum_{t=\kappa_j+1}^{\kappa_{j+1}} r_t^2 - \frac{1}{d_j + \delta_j}\left(\sum_{t=\kappa_j+1}^{\kappa_{j+1}} r_t\right)^2\right]\right\} \tag{4}$$

然后，我们考虑方差参数 τ 的先验分布，假定 τ_j 条件独立地服从同一个逆伽马分布，$\tau_j^2 \sim IGamma\left(\frac{\upsilon}{2}, c\right)$，于是密度函数如下：

$$p(\tau_j|c, \upsilon) = \frac{2c^{\upsilon/2}}{\Gamma(\upsilon/2)}\tau_j^{-(\upsilon+1)}\exp(-c\tau_j^{-2}), \ 0 < \tau_j < \infty, \ j = 0, \ 1, \ \cdots, \ N(\kappa) \tag{5}$$

运用贝叶斯公式，然后积分消去参数 τ 得：

$$p(r|\kappa) = \int p(r|\tau, \kappa)p(\tau|c, \upsilon)d\tau \propto \left(\frac{c^{\upsilon/2}}{\Gamma(\upsilon/2)}\right)^{N(\kappa)+1}\prod_{j=0}^{N(\kappa)}$$

$$\left\{\left(\frac{\delta_j}{d_j+\delta_j}\right)^{1/2}\Gamma\left(\frac{d_j+\upsilon}{2}\right)\left[\frac{1}{2}\sum_{t=\kappa_j+1}^{\kappa_{j+1}}r_t^2 - \frac{1}{2(d_j+\delta_j)}\left(\sum_{t=\kappa_j+1}^{\kappa_{j+1}}r_t\right)^2 + c\right]^{-\frac{d_j+\upsilon}{2}}\right\}$$

最后，沿用 Inclan（1993）[11] 的处理方法，假定每个点是变点的概率相互独立地服从参数为 λ 的贝努利分布，那么变点位置的先验概率是 $p(\kappa) = \lambda^{N(\kappa)}(1-\lambda)^{T-N(\kappa)}$，于是，变点位置的先验概率：

$$p(\kappa|r) \propto p(r|\kappa)p(\kappa) \propto A^{N(\kappa)} \cdot \prod_{j=0}^{N(\kappa)}$$

$$\left\{\left(\frac{\delta_j}{d_j+\delta_j}\right)^{\frac{1}{2}}\Gamma\left(\frac{d_j+\upsilon}{2}\right)\left[\frac{1}{2}\sum_{t=\kappa_j+1}^{\kappa_{j+1}}r_t^2 - \frac{1}{2(d_j+\delta_j)}\left(\sum_{t=\kappa_j+1}^{\kappa_{j+1}}r_t\right)^2 + c\right]^{-\frac{d_j+\upsilon}{2}}\right\} \tag{6}$$

这里，$A = \frac{\lambda}{1-\lambda} \cdot \frac{c^{\upsilon/2}}{\Gamma(\upsilon/2)}$，因为变点的先验概率是一个很小的数，所以因子 A 也是很小的数，变点位置的后验概率通过因子 A 惩罚复杂的模型。我们以使后验概率式（6）最大的变点位置 $\bar{\kappa}_B$ 作为股市结构变化的贝叶斯估计。

（二）求解算法

变点位置所有可能的组合有 2^{T-1} 种。在时序较长的情况下，穷举计算所有解是难以想象的。后验概率比有助于提高搜索变点的效率。假设我们已经找到若干个变点，变点位置向量为 κ，然后继续寻找下一个变点。不妨设新变点的位置是 h，在某相邻变点之间，即 $\kappa_j < h < \kappa_{j+1}$，组成新的变点位置向量 κ*。新解与旧解的后验概率比见：

$$\frac{p(\kappa^*|r)}{p(\kappa|r)} = \frac{\lambda}{1-\lambda} \cdot \frac{c^{\upsilon/2}}{\Gamma\left(\frac{\upsilon}{2}\right)}\left[\frac{\delta_1\delta_2(1+\delta)}{\delta(l_1+\delta_1)\cdot(l_2+\delta_2)}\right]^{1/2}\frac{\Gamma\left(\frac{l_1+\upsilon}{2}\right)\Gamma\left(\frac{l_2+\upsilon}{2}\right)}{\Gamma\left(\frac{l+\upsilon}{2}\right)} \times$$

$$\frac{\left[\frac{1}{2}(l-1)s^2 + \frac{\delta \cdot l}{2(1+\delta)}\bar{r}^2 + c\right]^{(l+\upsilon)/2}}{\left[\frac{1}{2}(l_1-1)s_1^2 + \frac{\delta_1 \cdot l_1}{2(l_1+\delta_1)}\bar{r}_1^2 + c\right]^{(l_1+\upsilon)/2}\left[\frac{1}{2}(l_2-1)s_2^2 + \frac{\delta_2 \cdot l_2}{2(l_2+\delta_2)}\bar{r}_2^2 + c\right]^{(l_2+\upsilon)/2}} \tag{7}$$

这里，$l_1 = h - \kappa_j$，$l_2 = \kappa_{j+1} - h$，$l = l_1 + l_2$，$\bar{r}$ 和 s 分别是变点 κ_j 和 κ_{j+1} 之间的样本均值和标准差；$\bar{r}_1$ 和 s_1 是变点 κ_j 和 h 之间的样本均值和标准差；$\bar{r}_2$ 和 s_2 是变点 h 和 κ_{j+1} 之间的样本均值和标准差。从式（7）可以看出，后验概率比的计算仅限于相邻变点之间的样

本，无须涉及整个时序样本。利用这个数学性质，我们解决了贝叶斯变点分析计算量大的难题，给出类似 ICSS 算法的迭代算法：

从无变点开始，遍历 T－1 个样本点计算整个样本上的对数后验概率比，找到对数后验概率比最大的样本点。如果最大对数后验概率比大于 0（与后验概率比大于 1 等价），该点就是第 1 个变点；否则，说明后验概率支持没有变点，算法终止。第一个变点将整个时序分割成两段，分别在两段样本上计算对数后验概率比，总共遍历 T－2 个样本点，找到对数后验概率比最大的样本点。如果最大对数后验概率比大于 0，该点就是第 2 个变点；否则，说明后验概率不支持 2 个变点，算法终止。依此类推，重复上述步骤直到最大对数后验概率比不大于 0。

（三）变点性质的判定

如果某样本点发生了结构变化，那么有三种可能：均值变点、方差变点、均值和方差双重变点，分别对应以下三个假设。

H1：$\theta_{j-1} \neq \theta_j$，$\tau_{j-1} = \tau_j$；H2：$\theta_{j-1} = \theta_j$，$\tau_{j-1} \neq \tau_j$；H3：$\theta_{j-1} \neq \theta_j$，$\tau_{j-1} \neq \tau_j$

虽然我们的模型是基于均值和方差双重变点假设推导的，但如果均值或者方差的突变幅度比较大，有可能会将单纯的均值变点或者方差变点识别成均值和方差双重变点。Bos 和 Hoontrakul（2002）[8] 提出了 ICSS：MV 算法解决变点性质的判断问题，但算法比较复杂。但据赵昌文等（2004）[6] 的研究，ICSS：MV 算法的应用效果似乎并不理想，没有检出均值变点。我们提出一种更简单的判定方法。先对侦测出的变点用 F 统计量检验方差齐性假设。如果不拒绝方差齐性假设，那么必然属于第一种情形，即变点是均值变点。如果拒绝方差齐性假设，就用 Aspin-Welch 近似 T 检验法检验均值相等假设。如果不拒绝均值相等假设，那么变点是方差变点；否则就是均值和方差双重变点。

（四）超参数的设定

我们总共需要设定 4 个超参数：λ、c、υ 和 δ。这些参数需要结合先验信息和样本信息合理地设定。首先考虑变点的先验概率 λ，因为发生结构改变是一个小概率事件，所以 λ 应该是一个很小的数。Inclan（1993）[11] 建议 $\lambda = 1/T$，意味着整个时序上平均有 1 个变点，而且无变点与有一个变点的先验概率相同。这个设定没有用到特殊的先验信息，通常是很好的处理。当然，如果有关于变点概率的强先验信息，也应该充分利用。下文对上证指数作变点分析时，我们就参考了赵昌文等（2004）[6] 的实证结果设定变点先验概率。

其次，我们考虑逆伽马分布的两个超参数。Inclan（1993）[11] 根据经验建议，$\upsilon = 1$ 或者 $\upsilon = 2$ 的取值能够较好地捕捉方差参数的变异性，然后以样本标准差作为方差参数 τ 的众数，运用 $c = \tau_{mode}^2 \dfrac{(\upsilon + 1)}{2}$ 的关系式计算超参数 c。据我们试算，估计结果对 υ 的取值不敏感。于是，我们选择 $\upsilon = 1$，那么 c 等于样本方差。

最后，我们考虑均值参数的方差系数 δ。如前所述，均值参数 $\theta_j \sim N(0,\ \tau_j^2/\delta_j)$，在 θ_j

和 τ_j 已知的条件下，方差系数的极大似然估计为 $\bar{\delta}_j = \tau_j^2/\theta_j^2$。实际上，$\theta_j$ 和 τ_j 未知，只能用各段时序的样本均值和样本标准差代替，于是有 $\bar{\delta}_j = \bar{\tau}_j^2/\bar{\theta}_j^2$。当分段时序长度 d_j 较短时，均值和标准差的估计偏差会增大，从而出现变点估计不稳健的问题。经过大量模拟，我们推荐以下的解决方案：如果 $\bar{\delta}_j < d_j/4$（θ_j 显著不等于零）且 $d_j \geq 20$，$\bar{\delta}_j = \bar{\tau}_j^2/\bar{\theta}_j^2$；如果 $\bar{\delta}_j \geq d_j/4$（不拒绝 θ_j 为零）或 $d_j < 20$，$\bar{\delta}_j = \bar{\tau}^2/\bar{\theta}^2$，$\bar{\theta}$ 和 $\bar{\tau}$ 分别是整个时序的样本均值和样本标准差。

四、蒙特卡罗模拟实验

（一）变点数目侦测准确率

在股票市场中，牛市和熊市是轮流转换的，中间常有震荡市作为过渡。根据 A 股的历史资料，牛市与熊市的收益率偏移水平大致相当，牛市的波动水平大约是震荡市的 2 倍，熊市的波动水平大概是震荡市的 4 倍。据此，我们设计 1 个有 2 个变点的数据情景，时序长度 1000，整个时序分为 3 段，第 1 段模拟牛市，第 2 段模拟震荡市，第 3 段模拟熊市。不失一般性，震荡市的数据设置为标准正态分布，牛市和熊市的数据分别为 $N(\theta, 2)$ 和 $N(-\theta, 4)$。收益率的均值偏移 θ 从小到大依次设定三个水平，0.5、1.0 和 1.5。变点位置考虑三种典型情形，（333，667）、（200，800）和（200，400）。总计有 9 种组合，每种组合模拟 10000 次，并与 ICSS 算法比较变点数目侦测准确率，模拟结果见表 1。

如表 1 所示，随着收益率的均值偏移水平的增加，贝叶斯双重变点算法侦测的变点数目准确率逐渐上升。当均值偏移为 0.5 时，均值突变不显著，结构变化主要表现为方差的突变。所以，贝叶斯双重变点算法所侦测到的变点数目准确率大约为 50%，算法性能低于基于方差变点的 ICSS 算法。当均值偏移为 1.0 时，贝叶斯双重变点算法的性能与 ICSS 算法大致相当，侦测准确率都略超过 80%。当均值偏移为 1.5 时，结构变化表现为均值和方差的双重突变，贝叶斯双重变点算法的性能优于 ICSS 算法，侦测准确率高出 10 个百分点，几乎达到 100% 的识别率。

表 1　贝叶斯双重变点算法与 ICSS 算法侦测变点数目的频率分布

单位：%

均值偏移	变点位置	贝叶斯双重变点算法			ICSS 算法		
		0	1	2	0	1	2
0.5	（333，667）	1.0	45.2	53.8	0.3	16.8	82.9
0.5	（200，800）	3.9	46.8	49.3	1.3	14.4	84.3
0.5	（500，800）	2.3	44.9	52.8	1.6	14.6	83.8

续表

均值偏移	变点位置	贝叶斯双重变点算法			ICSS 算法		
		0	1	2	0	1	2
1.0	(333, 667)	0.0	17.1	82.9	0.2	15.8	84.0
1.0	(200, 800)	0.1	19.6	80.3	1.7	14.2	84.1
1.0	(500, 800)	0.0	16.4	83.6	0.1	16.6	83.3
1.5	(333, 667)	0.0	1.0	99.0	0.1	11.6	88.3
1.5	(200, 800)	0.0	0.7	99.3	0.5	10.7	88.8
1.5	(500, 800)	0.0	1.6	98.4	2.0	9.9	88.1

注：时序有 2 个变点，"2" 列数字表示侦测变点数目的准确率。

（二）变点位置估计精度

为评估算法对变点位置的估计精度，我们设计 1 个只有 1 变点的数据情景，时序长度 1000，整个时序分为 2 段，第 1 段模拟牛市，第 2 段模拟熊市，数据分布分别为 N(θ, 2) 和 N(-θ, 4)。收益率的均值偏移仍然设定三个水平，0.5、1.0 和 1.5。变点位置考虑 250、500 和 750 三种情形，总计有 9 种组合，每种组合模拟 10000 次，算法估计精度见表 2。

如表 2 所示，在只包括牛市和熊市的数据情景下，结构变化表现为均值和方差的双重突变，贝叶斯双重变点算法对变点位置的估计精度在所有组合下都高于 ICSS 算法，而且随着收益率的均值偏移水平的增加，估计精度越来越高，估计标准差从最初的 100 左右下降到 10 附近，而 ICSS 算法的估计精度未见任何改善。

表 2　贝叶斯双重变点算法与 ICSS 算法的变点位置估计精度

均值偏移	变点位置	贝叶斯双重变点算法			ICSS 算法		
		众数	平均值	标准差	众数	平均值	标准差
0.5	250	250	274.48	112.55	251	366.27	135.73
0.5	500	500	506.03	75.42	500	529.63	67.3
0.5	750	750	743.27	92.85	750	718.85	93.15
1.0	250	250	251.03	33.23	251	369.16	135.93
1.0	500	500	499.36	23.61	500	530.95	69.01
1.0	750	750	747.34	29.74	750	715.61	97.40
1.5	250	250	249.32	8.56	250	368.98	137.10
1.5	500	500	499.00	9.63	500	529.71	69.12
1.5	750	750	748.6	11.01	750	715.97	95.02

五、上证指数的实证分析

（一）数据说明

我们选取从 2006 年 1 月 4 日到 2010 年 12 月 31 日，共 5 年 1215 个交易日的上证指数收盘价数据，按照公式 $r_t = \mathrm{Ln}(P_t/P_{t-1})$ 转换成对数收益率。赵昌文等（2004）[6] 采用的样本是从 1992 年 10 月到 2002 年 12 月的日数据，王维国等（2009）[5] 所用样本是从 1993 年 1 月到 2008 年 5 月的月数据。我们选用的样本包括了最新的数据，经历了 A 股历史上最大的牛市和熊市，必然存在丰富的结构变化。因为深证指数与上证指数具有强相关性，而且据赵昌文等（2004）[6] 的研究，大约从 1998 年中期以后两个指数的结构变化几乎全部一致。所以，本文只对上证指数进行变点侦测。根据赵昌文等（2004）[6] 的结果，从 1993 年到 2002 年，10 年间上证指数日数据总共有 37 个变点，以每年 245 个交易日计算，变点先验概率 $\lambda = 0.015$。$\upsilon = 1$，c 等于样本方差 4.212E-4。方差系数 δ 按照前文所述方法分别估计。

（二）估计结果

在设定合适的超参数之后，运用前文给出的迭代算法我们找到 5 个变点，见表 3。

表 3　上证指数的双重变点的贝叶斯侦测

序号	变点位置（日期）	对数后验概率比	变点类型		间隔期间样本均值	间隔期间样本方差
			均值变点	方差变点		
	2006-01-04					
1	2006-12-07	33.942	0.474	2.930*	2.752E-3	1.636E-4
2	2008-01-14	4.933	−3.197*	1.688*	3.505E-3	4.794E-4
3	2009-03-09	42.062	3.835*	4.366*	−3.430E-3	8.091E-4
4	2009-07-28	9.811	−2.091*	3.733*	4.991E-3	1.853E-4
5	2009-10-09	0.908	0.870	3.302*	−3.537E-3	6.918E-4
	2010-12-31				−1.204E-4	2.095E-4

注：方差变点列是 F 统计量，标记 * 表示方差非齐性，是方差变点。均值变点列是近似 T 统计量，标记 * 表示显著非零，是均值变点。

众所周知，2006 年的股权分置改革纠正了"同股不同权"的制度缺陷，激发了广大中小投资者的投资热情，催生了 A 股历史上最大的牛市。这一轮长约两年的大牛市于第 2 个变点 2008 年 1 月 14 日结束，以 2006 年 1 月 4 日为起点计算，上证指数涨幅高达 365.5%。根据表 3，这轮牛市还在第 1 个变点，即 2006 年 12 月 7 日发生了结构变化。这个变点是方差变点，而且没有相对应的重大事件。它宣告牛市进入疯狂的冲刺阶段。随后的 2007 年，市场弥漫过度乐观的气氛，上证指数继续翻倍，同期波动水平放大约 3 倍。

2007 年底，我国开始实施货币紧缩政策控制通胀。进入 2008 年，美国"次贷危机"逐渐演变成全球金融危机，A 股也遭遇最大的熊市。第 2 个变点是均值和方差双重变点，发生在 2008 年 1 月 14 日。它标志着由牛转熊的重大结构变化，从高额正收益转变成同水平的负收益。其间，最大跌幅高达 70%，大牛市的果实几乎丧失殆尽，波动水平增加了 7 成。2008 年 11 月 10 日，为应对全球金融危机对我国经济的冲击，政府推出 4 万亿元经济刺激计划。庞大的经济刺激计划与多次减息的累积效应共同促使上证指数在 2009 年 3 月 9 日出现第 3 个变点。

第 3 个变点是均值和方差双重变点，标志着大熊市彻底结束，结构性牛市初现端倪。投资者渐渐摆脱大熊市的恐惧，随后的收益率水平甚至超过了大牛市，波动水平大约是大熊市的 2 成。但是，这轮结构性牛市仅仅持续了 5 个月。2009 年 7 月 28 日，央行表态货币政策将根据新形势适时微调。第 4 个变点随之发生，它是均值和方差双重变点。熊市重来的恐慌情绪使上证指数快速下跌，波动水平放大约 3.7 倍。但我国宏观经济的迅速复苏形成对 A 股有力的支撑。恐慌情绪逐渐平息，第 5 个变点在 2009 年 10 月 9 日出现。

第 5 个变点是方差变点，随后的波动水平下降至前期的 3 成。我们对 2009 年 10 月 9 日以后的收益率数据进行均值等于零的假设检验，T 统计量是 -0.144，不拒绝均值为零的原假设，说明这段时期市场处于震荡状态。由于全球经济复苏之路曲折多变，2010 年，我国的宏观经济政策采取了谨慎的折中策略。一方面，延续积极财政政策和适度宽松的货币政策，保持充裕的流动性；另一方面，调整经济结构，管理通胀预期，积极扩大直接融资。折中的宏观经济政策导致市场难以走出单边的上涨或者下跌行情。因此，2010 年的上证指数既有 4 月 19 日房地产调控引发的较大幅度下跌，也有国庆节后全球通胀预期导致的较大幅度上涨，处于波动水平较高的震荡状态。

六、结　论

均值和方差双重变点能够揭示股市重大的结构变化，比单纯的方差变点和均值变点更值得深入研究。我们在 Inclan（1993）[11] 研究的基础上，对股市结构变化的贝叶斯侦测作了两个重要改进：①考虑均值和方差同时发生变化的情形，捕捉重大结构变化；②基于后验概率比，我们提出一个类似 ICSS 算法的高效求解算法，克服了贝叶斯方法计算量大的缺点。蒙特卡罗模拟表明，对于均值和方差双重变点，贝叶斯双重变点算法的侦测准确率和变点位置估计精度都显著优于 ICSS 算法。通过上证指数的实证分析，我们发现从 2006 年 1 月 4 日到 2010 年 12 月 31 日，上证指数的收益率时序共有 5 个变点，其中 2 个是方差变点，3 个是均值和方差双重变点。参照以往的研究，我们可以得出 4 个结论。

(一) 贝叶斯双重变点算法像 ICSS 算法一样高效

首先，我们对收益率均值的先验分布作了一个合理且容易数学处理的假定：均值参数的方差与收益率的方差成正比。在这个假定下，可以解析地运用积分消去均值参数。其次，均值和方差双重变化的假设决定了变点分割后的相邻片段之间没有参数依赖。后验概率比的计算仅限于相邻变点之间的样本，无须涉及整个时序样本。所以，贝叶斯模型能够像 ICSS 算法一样通过迭代分割时序寻找新变点。不同之处在于，贝叶斯模型需要计算对数后验概率比；而 ICSS 算法需要计算 IT（Inclan 和 Tiao 的简称）统计量。贝叶斯模型以对数后验概率比不大于零作为终止条件；ICSS 算法的终止条件是 IT 统计量不大于某显著水平的阈值。

(二) 贝叶斯双重变点算法能够侦测重大的结构变化

如前所述，导致 A 股结构变化的因素主要来自国内外经济形势、货币经济政策和证监会的监管行为等重大事件的变化。重大事件一般具有明晰的利好或者利空含义，经常会诱发强烈的市场情绪波动。所以，重大的结构变化必然是均值和方差双重变点。通过对 A 股的实证分析，发现 3 个均值和方差双重变点。这 3 个变点都标志着 A 股重大的结构变化，对应的日期分别是：2008 年 1 月 14 日，大牛市和大熊市的分界点；2009 年 3 月 9 日，大熊市的终点，结构性牛市的起点；2009 年 7 月 28 日，官方发出货币政策适时微调信号，结构性牛市结束。从实证结果看，我们未发现单纯的均值变点，均值突变总伴随着方差突变。

(三) 均值和方差双重变点可作为股市阶段性的划分标准

陈浪南等（2002）[1] 认为，用 ICSS 算法侦测的方差变点可以作为我国股市阶段性的划分标准。赵昌文等（2004）[6] 认为他们的观点有待商榷，原因在于检测出的变点数目太多。事实上，股价的异方差现象是普遍的，以方差突变作为划分标准对市场变化过于敏感。相比贝叶斯方法，ICSS 算法会比较频繁地对市场事件做出反应。赵昌文等（2004）[6] 的方差变点出现频率大约是 1.5%，本文侦测的均值和方差双重变点的出现频率是 2.5‰。如果说 ICSS 算法侦测的方差变点揭示了微观意义上的结构变化，那么贝叶斯方法侦测的均值和方差双重变点则是捕捉了宏观意义上的重大结构变化。因此，我们认为，均值和方差双重变点比方差变点更适合作为我国股市阶段性的划分标准。

(四) 中国股市具有显著的"政策市"特征

我们的研究表明，中国股市的重大结构变化与宏观经济政策（尤其是货币政策）存在密切的联系，具有显著的"政策市"特征。首先，2006 年的股权分置改革催生了 A 股史上最大的牛市。其次，2008 年的大熊市固然有全球金融危机的影响，但多次上调准备金率和加息的政策调控也不可忽视。再次，2009 年初，遭受重创的 A 股在 4 万亿元经济刺激计划的影响下迅速走出一轮短暂的结构性牛市。最后，2009 年 7 月 28 日的央行表态，又使上证指数在 1 个月内跌去 1/4。我们认为，"政策市"特征是中国股市制度性缺陷的产物，具有存在的惯性和合理性。随着市场机制、信息披露机制、监管机制的逐步完善，中国股市的"政策市"特征将逐渐消失。

参考文献

［1］陈浪南，黄杰鲲. 中国股票市场波动非对称性的实证研究［J］. 金融研究，2002（6）：67–73.

［2］李小勇，薛沛丰. 上证 30 指数的变点分析［J］. 预测，2000（4）：79–80.

［3］廖远甦，刘弘. 公共安全突发事件的探测分析——利用方差多变点分析技术对 SARS 疫情的研究［J］. 财经研究，2003（11）：76–80.

［4］宿成建，陈洁. 应用变点模型来研究沪深股股市波动性突变行为［J］. 重庆大学学报，2003，26（11）：152–155.

［5］王维国，王霞. 基于贝叶斯推断的上证指数突变点研究［J］. 中国管理科学，2009（3）：8–16.

［6］赵昌文，杜江，杨记军. 中国股市股指收益序列的结构性变点与重大事件反应——基于 ICSS：MV 算法的实证研究［C］. 第四届中国经济学年会参会论文，2004（12）：1–15.

［7］Booth, N. B., and Smith, A. F. M. A Bayesian Approach to Retrospective Identification of Change–Points［J］. Journal of Econometrics, 1982（19）：7–22.

［8］Bos, Theodore, and Pongsak Hoontrakul. Estimation of Mean and Variance Episodes in the Price Return of the Stock Exchange of Thailand［J］. Financial Risk and Financial Management, 2002（16）：535–554.

［9］Chow, G. C. Tests of Equality between Subsets of Coefficients in Two Linear Regression Models［J］. Econometrica, 1960：591–605.

［10］Hsu, D. A. A Bayesian Robust Detection of Shift in the Risk Structure of Stock Market Returns［J］. Journal of the American Statistical Association, 1982（77）：39–29.

［11］Inclan, C. Detection of Multiple Changes of Variance Using Posterior Odds［J］. Journal of Business & Economic Statistics, 1993（11）：289–300.

［12］Inclan, Carla, and George C. Tiao. Use of Cumulative Sums of Squares for Retrospective Detection of Changes in Variance［J］. Journal of the American Statistical Association, 1994（89）：913–923.

［13］Yao, Y. C. Estimating the Number of Change–Points by Schwarz's Criterion［J］. Statistics and Probability Letters, 1988（6）：181–187.

Bayesian Detection of Structure Changes of both Mean and Variance

Liao Yuansu[1]   Zhu Pingfang[2]

(1. Changshu Institute of Technology, Changshu   215500;

2. Shanghai Academy of Social Science, Shanghai   200235)

Abstract: This article uses a Bayesian procedure to study structure changes of both mean and variance in stock price time series. A fast algorithm like ICSS algorithm is proposed to detect change points of both mean and variance based on posterior odds. We discover five changes of variance in a Shanghai composite index time series. Three of them are change points of both mean and variance that indicate significant structure changes in Chinese stock market.

Key Words: Bayesian; Change Points; Shanghai Composite Index

含高维相依自变量的中心 k 阶条件矩子空间的估计 *

徐群芳

（浙江农林大学统计系，临安　311300）

摘要： 在回归分析中往往对条件均值、条件方差及高阶条件矩特别感兴趣。本文将关注中心 k 阶条件矩子空间在高维相依自变量情形的估计问题。为此，我们首先引入中心 k 阶条件矩子空间的概念，并研究该子空间的基本性质。针对高维相依自变量的复杂数据，为了避免预测变量协方差阵的逆矩阵的计算，本文提出用偏最小二乘方法来估计中心 k 阶条件矩子空间，最后得到了估计的强相合性等渐近性质。

关键词： 充分降维子空间；中心 k 阶条件矩子空间；高维相依；最小二乘估计；偏最小二乘

一、引　言

现代科学技术和社会经济的许多领域都会遇到高维相依自变量复杂数据的统计分析问题。它是目前统计学应用和理论中备受关注的突出问题。由于高维数据分析十分困难，而且高维数据中的信息往往主要包含在一个或几个低维结构中，因此降维是分析高维相依数据的一个重要手段。

一般地，对于一维响应变量 Y 和 p 维预测变量 $X = (X_1, \cdots, X_p)^T$ 之间的回归问题，主要目标是要推断 Y 在给定 X 下的条件分布 $F_{Y|X}$，即研究对于 X 的不同取值，$Y|X$ 如何变化？当解释变量 X 的维数 p 较大时，充分降维（Suffcient Dimension Reduction，SDR）理论提供了回归分析的一个有效出发点。充分降维的基本目标就是要寻找估计 p 维解释变量 X 的最小线性组合 $\eta_1^T X, \cdots, \eta_q^T X, q \leq p$，令 $p \times q$ 的矩阵 $\eta = (\eta_1, \cdots, \eta_q)$，使得用

* 本文选自《应用概率统计》2011 年第 1 期。本文由浙江省教育厅项目（20070939）资助。

更低维的 $\eta^T X$ 来代替 X，而不损失从 X 中可获得的条件分布 $F_{Y|X}$ 的回归信息，即包含所有从样本中可获得的回归信息，而且不需要指定参数模型。充分降维是要寻找一个中心降维子空间，也称中心子空间（Central Subspace，CS），记为 $S_{Y|X}$。它是所有满足给定 $\eta^T X$ 时 Y 与 X 条件独立（即对所有可能的 X 值，条件分布 Y|X 与 Y|$\eta^T X$ 服从相同的分布）的子空间的交集。若存在，就是最小子空间。在很弱的条件下 CS 总是存在的，矩阵 η 的列向量构成中心子空间的一组基，$\eta^T X$ 包含了关于条件分布 $F_{Y|X}$ 的所有回归信息。因此，若中心子空间 $S_{Y|X}$ 已知，则可用 Y 关于 $\eta^T X$ 的最小充分回归概要图来进行系列回归分析。若 $\hat{\eta}$ 是中心子空间 $S_{Y|X}$ 的基本估计，则可用 Y 关于 $\hat{\eta}^T X$ 的最小充分回归概要图来近似（Cook，1998；Cook 和 Weisberg，1999）。

中心子空间 CS 是包含条件分布 $F_{Y|X}$ 的所有回归信息的最小子空间，刻画了 Y 与 X 的完全相依关系。但当回归分析特别关注推断条件均值 E(Y|X)，而把条件分布 $F_{Y|X}$ 的其他信息作为讨厌参数时，Cook 和 Li（2002）引出了一个新的降维子空间——中心均值子空间（Central Mean Subspace，CMS），并记为 $S_{E(Y|X)}$。中心均值子空间（CMS）的定义与中心子空间（CS）类似，它是所有满足给定 $A^T X$ 时 Y 与 E(Y|X) 条件独立的子空间的交集。在很弱的条件下 CMS 也总是存在的，矩阵 A 的列向量构成中心均值子空间 $S_{E(Y|X)}$ 的一组基，$A^T X$ 包含了关于条件均值 E(Y|X) 的所有回归信息。由此可知，$S_{E(Y|X)} \subseteq S_{Y|X}$。Yin 和 Cook（2002）进一步推广了中心均值子空间的概念，提出了中心 k 阶矩降维子空间。

近年来有不少文献研究估计中心子空间 CS 和中心均值子空间 CMS 的方法，如最小二乘（Ordinary Least Squares，OLS）、切片逆回归（Sliced Inversion Regression，SIR）、部分切片逆回归（Partial SIR）、切片均方差估计（Sliced Average Variance Estimation，SAVE）、主黑塞方向（Principal Hessian Direction，PHD）以及方向回归（Directional Regression，DR）等。但是这些方法都没考虑预测变量的维数依赖于样本量的情形。而 Zhu 和 Zhu（2009）针对该情形，提出了用分布加权的偏最小二乘方法估计中心子空间，并证明了估计具有相合性和渐近正态性等大样本性质。

本文我们将进一步推广中心均值子空间，特别关注 k 阶条件矩 $E(Y^k|X)$ 的回归推断问题。接下来，我们在论文第二部分将引入中心 k 阶条件矩子空间的概念，并研究该子空间的性质。在第三部分给出高维相依自变量的中心 k 阶条件矩子空间的基于 k 阶矩加权偏最小二乘估计方法以及相合性等结论。模拟和讨论分别在第四部分和第五部分给出。为了论文主线的简明，把较复杂的定理证明放在论文最后。

二、基本假设及相关引理

全文假定：一维响应变量 Y 和 p 维预测变量 $X = (X_1, \cdots, X_p)^T$ 具有联合分布且具有

有限矩，$F_{Y|X}$ 为 Y 在给定 X 下的条件分布。样本 $\{(x_i, y_i), i = 1, \cdots, n\}$ 是来自总体 (X, Y) 的独立同分布样本。为便于讨论，约定预测变量是中心化的，满足 $E(X) = 0$ 和 $Cov(X) = \sum$，除非特别说明。论文中引入的记号如下：$U \perp\!\!\!\perp V|Z$ 是指在给定随机向量 Z 的任何一个取值时，随机向量 U 和 V 条件独立。子空间记为 S，$S_B = span\{B\}$ 表示由矩阵 B 的列向量所张成的子空间。P_B 表示在标准内积下到子空间 S_B 的投影算子，而 $P_B(\sum)$ 表示在 $\sum$ 内积下到子空间 S_B 的投影算子。另外，现有子空间的一些估计方法需要以下两个假设条件（Cook 和 Li，1999）：

条件 1（线性条件）条件均值 $E(X|B^TX)$ 关于 X 是线性的，即：

$$E(X|B^TX) = \sum B(B^T\sum B)^{-1}B^TX, \quad \sum = Cov(X) \tag{1}$$

条件 2（常数方差条件）条件方差 $Var(X|B^TX)$ 与 Y 不相关。

中心子空间 $S_{Y|X}$ 是包含条件分布 $F_{Y|X}$ 的所有回归信息的最小子空间，刻画了 Y 与 X 的完全相依关系。在 Cook 和 Li（2002）引出的中心均值子空间 $S_{E(Y|X)}$ 包含了关于条件均值 $E(Y|X)$ 的所有回归信息，而把条件分布 $F_{Y|X}$ 的其他信息作为讨厌参数。下面我们将特别关注 k 阶条件矩 $E(Y^k|X)$，而把条件分布 $F_{Y|X}$ 的其他信息作为讨厌参数的回归推断问题。Yin 和 Cook（2002）进一步推广了中心均值子空间的概念，提出了中心 k 阶矩降维子空间 $S_{Y|K}^{(k)}$。它包含了关于前 k 阶条件中心矩 $E(Y^j|X)$，$j = 1, \cdots, k$ 的所有回归信息。该文献中提出的协方差估计方法要用到 $\sum^{-1}$ 的估计，沿着类似的思路，我们先考虑其特殊情形，引入中心 k 阶条件矩子空间的概念，并研究该子空间的性质。

定义 1 令 B 为满足以下条件的 $p \times q (q \le p)$ 矩阵：

$$Y \perp\!\!\!\perp E(Y^k|X)|B^TX \tag{2}$$

则 S_B 是一个 Y 关于 X 的 k 阶条件矩 DRS。令 $S_{E(Y^q|X)}$ 是所有 k 阶条件矩 DRSs 的交集，若 $S_{E(Y^q|X)}$ 也是 k 阶条件矩 DRS，则称其为中心 k 阶条件矩子空间（Central K th-conditional Moment Subspace，CKCMS），记为 $S_{E(Y^q|X)}$。

中心 k 阶条件矩子空间 CKCMS 不一定存在，但在微弱的条件下就能保证其存在。例如，若 X 的支撑是开的凸集，则 CS、CMS 和 CKCMS 都存在。由于存在性不是很关键的问题，故在论文接下来的部分，我们总假定子空间是存在的。中心 k 阶条件矩子空间 $S_{E(Y^q|X)}$ 是最小的 k 阶条件矩降维子空间，矩阵 B 的列向量构成 $S_{E(Y^q|X)}$ 的一组基，B^TX 包含了关于 k 阶条件均值 $E(Y^k|X)$ 的所有回归信息。很明显，$S_{E(Y|X)} \subseteq S_{E(Y^q|X), k=1,\cdots,j} \subseteq S_{Y|X}$。

下面的引理给出了定义 1 中（2）条件独立的几个等价条件。

引理 1 下面的命题是等价的。

（1）$Y \perp\!\!\!\perp E(Y^k|X)|B^TX$, $k = 1, \cdots, j$。

（2）$Cov\{Y^k, E(Y^k|X)|B^TX\} = 0$, $k = 1, \cdots, j$。

（3）$E(Y^k|X)$ 是 B^TX 的函数，$k = 1, \cdots, j$。

（4）对任意函数 $f(\cdot)$，$Cov\{Y^k, f(X)|B^TX\} = 0$, $k = 1, \cdots, j$。

该引理是 Yin 和 Cook（2002）命题 1 的特殊情形。

三、子空间 CKCMS 的估计方法及结论

在这一节我们给出寻找高维相依预测变量的中心 k 阶条件矩子空间 $S_{E(Y^k|X)}$ 方向的估计方法，基于 k 阶矩加权偏最小二乘以及相合性等结论。

（一）基于 k 阶矩加权最小二乘估计

在回归分析中，最小二乘法（以下简称 OLS）是简单易实现的估计方法。Cook 和 Li（2002）指出：在线性条件（1）下，利用 OLS 可以寻找估计中心均值子空间 CMS 的方向，$\beta_{OLS} = \Sigma^{-1}V$，其中 $\Sigma = Cov(X)$，$V = Cov(X, Y)$，而且有 $span\{\beta_{OLS}\} \subseteq S_{E(Y|X)}$。

类似的，对于中心 k 阶条件矩子空间 $S_{E(Y^k|X)}$ 方向的估计，也可以用 OLS 想法。令：

$$\beta_{k0} = Cov(X, Y^k) = E(XY^k), \quad k = 1, \cdots, j \tag{3}$$

上述式子中最后一个等式是由于假定 $E(X) = 0$。类似于 Yin 和 Cook（2002）命题 2，我们可以证明在很弱的条件下 $\Sigma^{-1}\beta_{k0}$ 在中心 k 阶条件矩子空间 $S_{E(Y^k|X)}$ 上，得到的结论如下：

引理 2 对任意固定的 k，假设矩阵 B 的列向量构成中心 k 阶条件矩子空间 $S_{E(Y^k|X)}$ 的一组基，即 $S_B = span\{B\} = S_{E(Y^k|X)}$。则在线性条件（1）下，有：

$$\beta_{k0} = E(XY^k) \in \Sigma S_{E(Y^k|X)} \tag{4}$$

显见引理 2 的结论等价于 $span\{\beta_{k0}\} \subseteq \Sigma S_{E(Y^k|X)} \subseteq \Sigma S_{Y|X}$，也即：

$$\Sigma^{-1}\beta_{k0} = \Sigma^{-1}E(XY^k) \in S_{E(Y^k|X)} \subseteq S_{Y|X}$$

不难看出，与估计 CMS 空间方向的 OLS 估计 $\beta_{OLS} = \Sigma^{-1}Cov(X, Y) = \Sigma^{-1}E(XY)$ 相比，我们提出的 CKCMS 的方向的估计 $\Sigma^{-1}\beta_{k0} = \Sigma^{-1}E(XY^k)$ 是用 $E(XY^k)$ 代替 $E(XY)$。为此，我们把估计 $\beta_{KMWLSE} = \Sigma^{-1}\beta_{k0} = \Sigma^{-1}E(XY^k)$ 称为基于 k 阶矩加权最小二乘估计。

（二）基于 k 阶矩加权偏最小二乘

由引理 2 的结论可知，可用 $\Sigma^{-1}\beta_{k0} = \Sigma^{-1}E(XY^k)$ 来寻找估计中心 k 阶条件矩子空间 $S_{E(Y^k|X)}$ 的方向，从而也有助于推断中心子空间 CS，但是从中可见估计时涉及预测变量协方差阵 $\Sigma = Cov(X)$ 的逆矩阵的计算和估计。而当预测变量之间存在高维严重多重相关性的复杂数据或解释变量多而样本量相对较少的条件下，Σ 往往是病态的或不可逆的，普通最小二乘法往往失效，这不仅会增大模型误差，而且会使模型丧失稳健性，而偏最小二乘方法（Partial Least Squares，PLS）的优越性便能充分显示出来。偏最小二乘法是一种新型的处理高维共线性预测变量的多元统计数据分析方法，它于 1983 年由伍德（S. Wold）和阿巴诺（C. Albano）等人首次提出。PLS 的基本思想可详细参见文献 Wold（1966，1975），

Wold、Martens 和 Wold（1983）等。近几十年来，PLS 在理论、方法和应用方面都得到了迅速的发展，其中 Naik 和 Tsai（2000）证明了在很弱的条件下，用 V = Cov(X，Y) 作为种子向量的 PLS 估计存在于中心均值子空间 $S_{E(Y|X)}$ 中。我们感兴趣的是如何把该方法进行适当的改进推广，以寻求用 PLS 方法来估计中心 k 阶条件矩子空间 CKCMS。下面我们给出用基于 k 阶矩加权偏最小二乘方法来估计中心 k 阶条件矩子空间 CKCMS 的方向。为了避免使用 Σ^{-1}，我们首先假定存在子空间 span$\{R\}$ 包含 $\Sigma^{-1}\beta_{k0}$。然后我们把 $\Sigma^{-1}\beta_{k0}$ 在 Σ 内积下投影到子空间 span$\{R\}$ 上，即有 $\Sigma^{-1}\beta_{k0} = R(R^T\Sigma R)^{-1}R^T\beta_{k0}$。这样，就不需要计算和估计 Σ^{-1} 了。有关基矩阵 $\{R\}$ 的选择的基本原则是在保证不包含 Σ^{-1} 的前提下不能太大，也不能过小。为此，我们根据 PLS 方法的思想，建议用 $\beta_{k0} = E(XY^k)$ 作为种子向量，把 $\Sigma^{-1}\beta_{k0}$ 在 Σ 内积下投影到如下 Krylov 子空间。

$$R_u = (\beta_{k0}, \Sigma\beta_{k0}, \cdots, \Sigma^{u-1}\beta_{k0}),\ u = 1, 2, \cdots \tag{5}$$

于是，我们可以得到该投影为：

$$R_u(R_u^T\Sigma R_u)^{-1}R_u^T\beta_{k0} =: \beta_{ku},\ u = 1, 2, \cdots \tag{6}$$

由于当 u 增加时，在式（5）中的 $p \times u$ 矩阵 R_u 张成非减嵌套子空间序列。故当 $\Sigma^{-1}\beta_{k0} \in$ span$\{R_u\}$ 时，我们可以得到：

$$\Sigma^{-1}\beta_{k0} = \beta_{ku} \tag{7}$$

在此论文中，我们把由式（6）定义的并满足式（7）的 β_{ku} 称为基于 k 阶矩加权偏最小二乘（K th-moment Weight Partial Least Squares，KMWPLS）。

显然，计算式（6）给出的 β_{ku} 不包含 Σ 的逆矩阵。为了研究 β_{ku} 的性质和 u 的合理选择，我们给出如下条件，类似于 Naik 和 Tsai（2000）中所用的条件。

条件 3 $\beta_{k0} = \sum_{i=1}^{m} \theta_i\gamma_i$，其中 $\theta_1, \cdots, \theta_m$ 是非零实数，$\gamma_1, \cdots, \gamma_m$ 是 Σ 的 m 个不同的正的特征值对应的特征向量。

注意到假如 Σ 的特征值是多重的，则我们可以再采取 Helland's（1990）所提出的方法。若 Σ 是与 $p \times p$ 单位矩阵成比例的矩阵，则可取 m = 1 以及 $\gamma_1 = \beta_{ku}$。下面我们给出 β_{ku} 的一个性质。

定理 1 假定模型满足条件 1（线性条件）和条件 3 以及 u = m，则：

$$\beta_{ku} = \beta_{km} \subseteq S_{E(Y^k|X)}$$

由于 $\beta_{km} = R_m(R_m^T\Sigma R_m)^{-1}R_m^T\beta_{k0}$ 不涉及 Σ 的逆矩阵，故可用它来估计高维严重相依预测变量的中心 k 阶条件矩子空间 $S_{E(Y^k|X)}$ 的方向。

注记 1 关于 u 的合理选择，Zhu 和 Zhu（2009）指出，当条件 1 满足时，u 的最优选择为 Σ 的不同的正的特征值个数 m，而且 $u = m = \dim(R_p) = \dim(R_pR_p^T)$。又由于 m 相对于维数 p 来说很小，为了进一步提高具体实现时估计的效率，我们可以通过选择满足 $p \gg K_n \geq m$ 的合适的 K_n。显然，矩阵 $R_pR_p^T$ 和 $R_{K_n}R_{K_n}^T$ 的维数相等，都是 m。因此我们只需要计算更低维的矩阵 R_{K_n} 的维数来估计 m。矩阵 $R_{K_n}R_{K_n}^T$ 的非零特征值个数可以作为 u = m 的合理选择。

注记 2　由方程（5）、方程（6）和方程（7），我们可得到优化初始向量 β_{k0} 的迭代算法以提高具体实现时估计的准确性。令 $\beta_{k0}^{(0)} = E(XY^k)$ 是初始值。$\beta_{k0}^{(i)}$ 的第 i 步迭代公式为：

$$\beta_{k0}^{(i)} = \sum R_u^{(i-1)}(R_u^{(i-1),T}\sum R_u^{(i-1)})^{-1}R_u^{(i-1),T}\beta_{k0}^{(i-1)}$$

其中，$R_u^{(i-1)} = (\beta_{k0}^{(i-1)}, \sum\beta_{k0}^{(i-1)}, \cdots, \sum^{u-1}\beta_{k0}^{(i-1)})$。反复使用如上迭代公式，直至 $\beta_{k0}^{(i)}$ 不再变化，满足所需要的精度要求。在记号不至于混淆的情况下，我们记 β_{k0} 的最终估计为：

$$\beta_{k0} = \sum R_u^{(i)}(R_u^{(i),T}\sum R_u^{(i)})^{-1}R_u^{(i),T}\beta_{k0}^{(i)}$$

（三）基于 k 阶矩加权偏最小二乘估计的渐近性质

下面我们研究基于 k 阶矩加权偏最小二乘（KMWPLS）估计的渐进性质。我们用 Zhu 和 Zhu（2009）所提出的改进的贝叶斯信息准则（Bayesian Information Criterion，简称 BIC-型准则）来估计矩阵 R_{K_n}，$R_{K_n}^T$ 的维数 m，并讨论了 KMWPLS 估计的相合性。至于 KMWPLS 估计的渐近正态性及证明还有待以后进一步讨论。

由样本点数据 $\{(x_i, y_i)$，$i = 1$，$\cdots$，$n\}$，我们先用以下的矩估计来估计 β_{k0} 和 $\sum$：

$$\hat{\beta}_{k0} = \frac{1}{n}\sum_{i=1}^n x_i y_i^k, \quad \hat{\Sigma} = \frac{1}{n}\sum_{i=1}^n x_i x_i^T - \frac{1}{n^2}\sum_{i=1}^n x_i \sum_{i=1}^n x_i^T \tag{8}$$

于是我们就可以得到对应估计的嵌套子空间序列 $\{\hat{R}_u$，$u = 1$，$\cdots$，$K_n\}$，其中当 $n \to \infty$ 时 $K_n \to \infty$。例如，我们可取 $K_n = O((\log p)^{3/4})$，当 p 大时，它大于 m。由前面注记 1 的讨论，矩阵 $R_{K_n}R_{K_n}^T$ 的非零特征值个数可以作为 $u = m$ 的合理选择。因此，我们可用 Zhu 和 Zhu（2009）所提出的如下改进的 BIC-型准则来估计矩阵 $R_{K_n}R_{K_n}^T$ 的维数 m。

令 $\hat{\lambda}_i$ 是矩阵 $\hat{R}_{K_n}\hat{R}_{K_n}^T$ 的第 i 个特征值：

$$G(j) = \frac{\sum_{i=1}^j [\log(\hat{\lambda}_i + 1) - \hat{\lambda}_i]}{\sum_{i=1}^{K_n} [\log(\hat{\lambda}_i + 1) - \hat{\lambda}_i]} - C_n \times \frac{j(j+1)}{2K_n^2}, \quad j = 1, \cdots, K_n$$

从而 m 的估计定义为 $G(\hat{m}_k) = \max_{1 \le j \le K_n} G(j)$。

Zhu 和 Zhu（2009）定理 1 证明了对于 $p = o(n^{1/2})$ 情形，若令：

$C_n = O(\log n)$，$K_n = O((\log p)^{3/4})$，

则所得到的估计 $\hat{m}_k$ 是强相合的。

于是，基于如上 m 的相合估计，我们可以通过 $\hat{R}_{\hat{m}_k} = (\hat{\beta}_{k0}, \hat{\Sigma}\hat{\beta}_{k0}, \cdots, \hat{\Sigma}^{\hat{m}_k-1}\hat{\beta}_{k0})$ 来估计 Krylov 子空间。因此，最终的基于 k 阶矩加权偏最小二乘（KMWPLS）的估计为：

$$\hat{\beta}_{k\hat{m}_k} = \hat{R}_{\hat{m}_k}(\hat{R}_{\hat{m}_k}^T \hat{\Sigma} \hat{R}_{\hat{m}_k})^{-1}\hat{R}_{\hat{m}_k}^T \hat{\beta}_{k0} \tag{9}$$

记号‖·‖表示矩阵‖A‖的欧氏范数，也称 Frobenius 范数，即‖A‖是等于矩阵 A 的所有元素的平方之和的平方根。关于 KMWPLS 的估计 $\hat{\beta}_{k\hat{m}_k}$ 的渐近性质，我们有如下相合性结果。

定理 2 假定 $\hat{m}_k \to m$ 几乎处处满足，而且 $\max\limits_{1 \le i \le p} E(X_i^4) < \infty$ 对 p 一致成立，则：

$$\|\hat{\beta}_{k\hat{m}_k} - \beta_{km}\| = O(pn^{-1/2}\log n)，几乎处处成立。$$

四、模　拟

为了考查本文所提出的高维相依中心 k 阶条件矩子空间的方向的 KMWPLS 估计的效果，我们用 KMWPLS 估计得到的估计空间 $\text{span}\{\hat{\beta}\}$ 和真实空间 $\text{span}\{\beta\}$ 之间的绝对相关系数 $|\text{Corr}(\hat{\beta}^T X, \beta^T X)|$ 的大小来衡量估计效果。显然，绝对相关系数值越大，估计效果越好。考虑以下模型：

$$Y = (x^T\beta - 2)^2 + \varepsilon，\quad X \sim 0.5 \times N_p(0, \textstyle\sum)，\quad \varepsilon \sim 0.5 \times N(0, 1)$$

假设 ε 和 X 相互独立。模型的参数选择如下：解释变量 X 的协方差阵 $\sum$ 是主对角线元素都是 1，其他元素都是 0.8 的 p 阶矩阵，即解释变量之间是高度相关的。令 p 维方向向量 $\beta = (1, \cdots, 1, 0, \cdots, 0)^T / \sqrt{5}$，即前 5 个分量都是 $1/\sqrt{5}$，其他分量都是 0。我们从该模型中每次产生 n 个数据，对不同的 n 和 p 分别都进行了 100 次重复模拟试验。常见情形 k = 1 的模拟结果见表 1。

表 1　绝对相关系数的均值和标准差（重复 100 次）

n	\multicolumn{6}{c}{Normal predictors，and all are equally correlated}
	p = 10	p = 20	p = 30	p = 40	p = 50	p = 100
50	0.9554	0.9333	0.9102	0.8888	0.8836	0.8536
	0.0232	0.0257	0.0292	0.0312	0.0314	0.0372
100	0.9735	0.9510	0.9374	0.9205	0.9064	0.8669
	0.0122	0.0181	0.0228	0.0261	0.0319	0.0338
200	0.9849	0.9692	0.9621	0.9508	0.9392	0.9048
	0.0079	0.0117	0.0123	0.0130	0.0174	0.0205
400	0.9921	0.9841	0.9759	0.9700	0.9621	0.9397
	0.0044	0.0050	0.0077	0.0077	0.0100	0.0136

注：每个格子中第一个是均值，第二个是标准差。

在表 1 中，我们列出了对不同的 n 和 p 分别都进行了 100 次重复模拟得到的绝对相关系数的均值和标准差。从表 1 的模拟结果我们可以看到，对于不同的维数 p，即使较大的维数 p 的高维相依情形，绝对相关系数的均值都较大而标准差都较小，而且随着样本量 n

的增加，绝对相关系数的均值越大而标准差越小。对于较小的样本量 n 和相对较大的维数 p，该估计仍有较好的估计效果。

五、讨 论

在本文中，我们通过对最小二乘估计和偏最小二乘方法进行改进，推广到估计高维相依中心 k 阶条件矩子空间 $S_{E(Y^k|X)}$ 的方向，提出了基于 k 阶矩加权偏最小二乘估计。该方法有以下主要优点：

（1）在统计分析中，往往对比条件分布更简单的条件均值、条件方差及高阶条件矩特别感兴趣。

（2）已有的 SIR，PHD 和 SAVE 等方法虽都是较有效的降维方法，但这些方法都基于下面的两个假设：线性条件和常数方差条件。而且这些方法都要用到预测变量的协方差阵 Σ 的逆矩阵的计算和估计。而本文给出的基于 k 阶矩加权偏最小二乘估计方法只需要其中的线性条件，而且避免了协方差阵 Σ 的逆矩阵的计算和估计，适用于高维相依预测向量情形。

另外，在高维相依预测变量情形，利用 KMWPLS 方法得到各中心 $k(k = 1, 2, \cdots, j)$ 阶条件矩子空间方向的估计后，易求得中心前 j 阶条件矩子空间的估计。中心前 j 阶条件矩子空间类似于中心均值子空间的定义。令 B 为满足以下条件的 $p \times q$（$q \leqslant p$）矩阵，若 $Y \perp\!\!\!\perp \{E(Y^1|X), \cdots, E(Y^j|X)\}|B^{\mathrm{T}}X$，则 S_B 是一个 Y 关于 X 的前 j 阶条件矩 DRS。令 $S_{Y|X}^{(j)}$ 是所有前 j 阶条件矩 DRSs 的交集，若 $S_{Y|X}^{(j)}$ 也是前 j 阶条件矩 DRS，则称其为中心前 j 阶条件矩子空间。假设 $\hat{\beta}_{k\hat{m}_k}(k = 1, 2, \cdots, j)$ 为利用 KMWPLS 方法得到高维相依预测变量中心 k $(k = 1, 2, \cdots, j)$ 阶条件矩子空间方向的估计，记矩阵 $\hat{B} = (\hat{\beta}_{1\hat{m}_1}, \cdots, \hat{\beta}_{j\hat{m}_j})$，然后对矩阵 $\hat{B}$ 进行奇异值分解，令 $\sigma_1 \geqslant \sigma_2 \geqslant \cdots \geqslant \sigma_r > 0$ 是矩阵 $\hat{B}$ 的正奇异值，$l_1, l_2, \cdots, l_r$ 为对应的左奇异向量。若中心前 j 阶条件矩子空间的维数为 d，则前 d 个左奇异向量所张成的子空间就是中心前 j 阶条件矩子空间的估计，$l_i(i = 1, 2, \cdots, d)$ 就是该空间的第 i 个预测向量。至于实际问题中维数 d 的估计和检验的思想和方法，可详细参见 Li（1991），Cook 和 Weisberg（1991）所研究的置换检验方法以及 Zhu，Miao 和 Peng（2006）提出的 BIC 估计方法等。

有关在高维相依情形，基于 k 阶矩加权偏最小二乘估计方法的渐近正态性及证明还有待进一步研究和讨论。

六、定理证明

引理 2 的证明可参看 Yin 和 Cook（2002）命题 2，此略。

定理 1 的证明：因为由条件 3 易得，$\Sigma^{-1}\beta_{k0} \subseteq \text{span}\{\gamma_1, \cdots, \gamma_m\}$。又因为 $\beta_{k0}, \Sigma\beta_{k0}, \cdots, \Sigma^{m-1}\beta_{k0}$ 线性独立，而且它们中每一个都属于子空间 $\text{span}\{\gamma_1, \cdots, \gamma_m\}$ 的元素。所以我们可以得到当 $u = m$ 时，$\text{span}\{R_u\} = \text{span}\{\gamma_1, \cdots, \gamma_m\}$，从而 $\Sigma^{-1}\beta_{k0} \subseteq \text{span}\{R_u\}$。

注意到记号 $P_{R_u}(\Sigma) = R_u(R_u^T\Sigma R_u)^{-1}R_u^T\Sigma$ 表示在关于 Σ 内积下到空间 $\text{span}\{R_u\}$ 的投影算子，再结合刚才得到的结论 $\Sigma^{-1}\beta_{k0} \subseteq \text{span}\{R_u\}$，我们就有：

$$\beta_{ku} = R_u(R_u^T\Sigma R_u)^{-1}R_u^T\beta_{k0} = P_{R_u}(\Sigma)\Sigma^{-1}\beta_{k0} = \Sigma^{-1}\beta_{k0} \subseteq S_{E(Y^q|X)}$$

于是该定理得证。

为了证明定理 2 估计的强相合性，先引进如下引理：

引理 3 （1）设 $\max\limits_{1 \leqslant i \leqslant p} E(|X_i|^2) < \infty$ 关于 p 一致成立，且 p 随着 n 的增加而增大，则：

$$\left\| \frac{1}{n}\sum_{i=1}^n [x_i - E(X)] \right\| = o(\sqrt{p/n}\, \log n)，几乎处处成立； \tag{10}$$

（2）设 $\max\limits_{1 \leqslant i \leqslant p} E(|X_i|^4) < \infty$ 关于 p 一致成立，且 p 随着 n 的增加而增大，则：

$$\left\| \frac{1}{n}\sum_{i=1}^n [x_ix_i^T - E(XX^T)] \right\| = o(p\, \log n/\sqrt{n})，几乎处处成立。 \tag{11}$$

该引理证明可参看 Zhu 和 Zhu（2009）Lemma 1 类似证明。此略。

下面给出定理 2 的证明。

定理 2 的证明：我们首先讨论矩估计 $\hat{\Sigma}$ 和 $\hat{\beta}_{k0}$ 的收敛速度。由于假设 $E(X) = 0$，故：

$$\|\hat{\Sigma} - \Sigma\| = \left\| \frac{1}{n}\sum_{i=1}^n x_ix_i^T - E(XX^T) - \frac{1}{n}\sum_{i=1}^n x_i \frac{1}{n}\sum_{i=1}^n x_i^T \right\|$$

$$\leqslant \left\| \frac{1}{n}\sum_{i=1}^n x_ix_i^T - E(XX^T) \right\| + \left\| \frac{1}{n}\sum_{i=1}^n x_i \frac{1}{n}\sum_{i=1}^n x_i^T \right\|$$

$$= S_1 + S_2$$

而根据引理 3 可知 $S_1 = o(p\, \log n/\sqrt{n})$，$S_2 = \left\| (1/n)\cdot\sum_{i=1}^n x_i \right\|^2 = o(p\, \log^2 n/n)$ 几乎处处成立。因此，我们得到：

$$\|\hat{\Sigma} - \Sigma\| = o(p\, \log n/\sqrt{n})，几乎处处成立。 \tag{12}$$

由引理 3 类似易得：

$$\|\hat{\beta}_{k0} - \beta_{k0}\| = \left\| \frac{1}{n} \sum_{i=1}^{n} \left[x_i y_i^k - E(XY^k) \right] \right\| = o(\sqrt{p/n} \, \log n) \tag{13}$$

几乎处处成立。

接下来我们证明基于 k 阶矩加权偏最小二乘（KMWPLS）估计 $\hat{\beta}_{k\hat{m}_k}$ 的强相合性，其中 $\hat{\beta}_{k\hat{m}_k} = \hat{R}_{\hat{m}_k} (\hat{R}_{\hat{m}_k}^T \hat{\Sigma} \hat{R}_{\hat{m}_k})^{-1} \hat{R}_{\hat{m}_k}^T \hat{\beta}_{k0}$。

由于：

$$P(\|\hat{\beta}_{k\hat{m}_k} - \beta_{km}\| \geq pn^{-1/2} \log n) = P(\|\hat{\beta}_{k\hat{m}_k} - \beta_{km}\| \geq pn^{-1/2} \log n, \ \hat{m}_k = m)$$

$$+ P(\|\hat{\beta}_{k\hat{m}_k} - \beta_{km}\| \geq pn^{-1/2} \log n, \ \hat{m}_k \neq m)$$

$$\leq P(\|\hat{\beta}_{km} - \beta_{km}\| \geq pn^{-1/2} \log n) + P(\hat{m}_k \neq m)$$

$$= I_1(n) + I_2(n)$$

因此，我们可以通过分别讨论 $I_1(n)$ 和 $I_2(n)$ 的收敛性来证明估计收敛。由于 $\hat{m}_k \to m$ 意味着 $\sum_{n=1}^{\infty} I_2(n) < \infty$。故接下来我们只需要证明 $\sum_{n=1}^{\infty} I_1(n) < \infty$，也即证明 $\|\hat{\beta}_{km} - \beta_{km}\| = o(pn^{-1/2} \log n)$，几乎处处成立。

注意到第一步证明中的结论式（12）和式（13），结合三角不等式和矩阵 Frobenius 范数的相容性条件，我们可以得到：

$$\|\hat{\Sigma}^i \hat{\beta}_{k0} - \Sigma^i \beta_{k0}\| \leq \|(\hat{\Sigma}^i - \Sigma^i) \hat{\beta}_{k0}\| + \|\Sigma^i (\hat{\beta}_{k0} - \beta_{k0})\|$$

$$\leq \|\hat{\Sigma}^i - \Sigma^i\| \|\hat{\beta}_{k0}\| + \|\Sigma^i\| \|\hat{\beta}_{k0} - \beta_{k0}\|$$

$$= o(pn^{-1/2} \log n), \text{ 对 } 1 \leq i \leq m \text{ 几乎处处成立。}$$

从而根据 $R_m = (\beta_{k0}, \ \Sigma \beta_{k0}, \ \cdots, \ \Sigma^{m-1} \beta_{k0})$ 的定义和对应的估计：

$$\hat{R}_m = (\hat{\beta}_{k0}, \ \hat{\Sigma} \hat{\beta}_{k0}, \ \cdots, \ \hat{\Sigma}^{m-1} \hat{\beta}_{k0})$$

并结合三角不等式和矩阵 Frobenius 范数的相容性条件等性质，类似易证：

$$\|\hat{R}_m - R_m\| = o(pn^{-1/2} \log n)$$

$$\|\hat{R}_m^T \hat{\Sigma} \hat{R}_m - R_m^T \Sigma R_m\| = o(pn^{-1/2} \log n) \tag{14}$$

于是根据矩阵的性质，对任意非奇异矩阵 U 和对应的估计 $\hat{U}$：

$$\hat{U}^{-1} - U^{-1} = U^{-1}(U - \hat{U}) \hat{U}^{-1}$$

我们易得：

$$\|(\hat{R}_m^T \hat{\Sigma} \hat{R}_m)^{-1} - (R_m^T \Sigma R_m)^{-1}\| = o(pn^{-1/2} \log n), \text{ 几乎处处成立。} \tag{15}$$

再利用以上类似的证明方法可证 $\|\hat{\beta}_{km} - \beta_{km}\| = o(pn^{-1/2} \log n)$ 几乎处处成立。因此由

Borel–Cantelli 引理即得 $\sum_{n=1}^{\infty} I_1(n) < \infty$ 。

综上可得相合性得证。

参考文献

[1] Cook, R.D. Regression Graphics: Ideas for Studying Regressions through Graphics. Wiley & Sons, New York, 1998.

[2] Cook, R.D. and Weisberg, S. Graphs in Statistical Analyses: Is the Medium the Message? Amer. Statist., 1999 (53).

[3] Cook, R.D. and Li, B. Dimension Reduction for Conditional Mean in Regression. Ann. Statist., 2002 (30).

[4] Yin, X. and Cook, R.D. Dimension Reduction for Conditional K–th Moment in Regression. J. Roy. Statist. Soc., Ser. B, 2002 (64).

[5] Zhu, L.P. and Zhu, L.X. On Distribution–weighted Partial Least Squares with Diverging Number of Highly Correlated Predictors. J. Roy. Statist. Soc., Ser. B., 2009 (71).

[6] Cook, R.D. and Lee, H. Dimension Reduction in Regressions with a Binary Response. J. Amer. Statist. Assoc., 1999 (94).

[7] Wold, H. Estimating of Principal Components and Related Models by Iterative Least Squares. In Multi Analysis, Ed. Krishnaiah, P.R., New York: Academic Press, 1966.

[8] Wold, H. Soft Modelling by Latend Variables: The Nonlinear Partial Least Squares (NIPALS) Approach. In Perspectives in Probability and Statistics, Papers in Honor of M.S. Barlett. Ed. Gani, J. London: Academic Press, 1975.

[9] Wold, S., Martens, H. and Wold, H. The Multivariate Calibration Problem Solved by the PLS Method. Proc. Conf. Matrix Pencils. Eds. Ruhe, A. and Kågström, B., Lecture notes in mathematics, Springer Verlag, Heidelberg, 1983.

[10] Naik, P. and Tsai, C.L. Partial Least Squares Estimator for Single–index Models. J. Roy. Statist. Soc., Ser. B, 2000 (62).

[11] Helland, I.S. Partial Least Squares Regression and Statistical Models. Scand. J. Statist., 1990 (17).

[12] Li, K.C. Sliced Inverse Regression for Dimension Reduction (with discussion). J. Amer. Statist. Assoc., 1991 (86).

[13] Cook, R.D. and Weisberg, S. Discussion to "Sliced Inverse Regression for Dimension Reduction". J. Amer. Statist. Assoc., 1991 (86).

[14] Zhu, L.X., Miao, B.Q. and Peng, H. On Sliced Inverse Regression with High–dimensional Covariates. J. Amer. Statist. Assoc, 2006 (101).

The Central K th–Conditional Moment Suspace Estimation with Highly Dimensional and Highly Correlated Predictors

Xu Qunfang

(Department of Statistics, Zhejiang Agriculture and Forset University, Lin'an 311300)

Abstract: The conditional mean, variance and higher–conditional moment functions are often of special interest in regression. In this paper, we generalize central mean subspace and focus especial attention on the K th–conditional moment function. For this, we first borrow the new concept—the central K th–conditional moment subspace, and study its basic properties. To avoid computing the inverse of the covariance of predictors with large dimensionality and highly collinearity, we develop a method called the K th–moment weighted partial least squares to handle with the estimation of the central K th–conditional moment subspace. Finally, we obtain strong consistency.

Key Words: Suffcient Dimension Reduction Subspace; Central K th–conditional Moment Subspace; High Dimensionality and Collinearity; Least Squares Estimation; Partial Least Squares

巧用生存分析法进行 ROC 曲线分析 *

陶庄

(中国疾病预防控制中心公共卫生监测与信息服务中心，北京 100050)

摘要： 本文提出使用生存分析的理论和方法解决 ROC 曲线的分析问题。文中使用两个例子分别说明如何使用生存分析的方法解决 ROC 曲线下面积的估计问题和对多组 ROC 曲线的比较检验的过程。本文得出在使用生存分析的方法估算的 ROC 曲线下面积与经典算法相同，而对多组 ROC 曲线的比较检验实现起来更加简洁。本文的主要结果是使用生存分析方法解决 ROC 曲线的分析问题，理论简单，方法成熟，实现便利，既拓宽了经典统计方法的应用领域，同时也为进行 ROC 曲线分析的工作者提供了一个全新的选择。

关键词： ROC 曲线；生存分析；乘积限估计

一、引 言

ROC 曲线是受试者工作特征曲线 (Receiver Operating Characteristic Curve) 或相对工作特征 (Relative Operating Characteristic Curve) 的缩写，它是使用待估试剂或试验方法对标准样品进行测试，并使用不同的检定界值得到一系列的灵敏度 (Sensitivity) 和特异度 (Specificity)，然后以真阳性率 (True Positive Rate，TPR) 即灵敏度为纵坐标，假阳性率 (False Positive Rate，FPR) 即 (1–特异度) 为横坐标作图，如图 1 所示。其中，虚线为所谓的机会线 (Chance Fine)，表示该待估试剂或试验方法无任何检测能力。其上的曲线即为 ROC 曲线，其越远离机会线，说明检测能力越高。

对 ROC 曲线的分析一般包括两个内容：一是检验 ROC 曲线是否与机会线重合，即该试剂或试验是否有价值；二是比较不同 ROC 曲线是否重合，即比较不同的试剂或试验的检验能力有无差别。在经典的研究中，这两部分评价都是通过对其曲线下面积 A_Z 的分析来进行的，所以，如何估计 A_Z 及其方差就成为 ROC 曲线分析的关键。

---

* 本文选自《数理统计与管理》2011 年第 3 期。

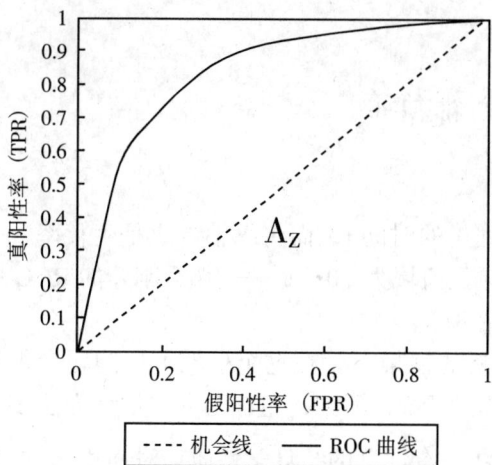

图 1 **ROC 曲线及其曲线下面积示意图**

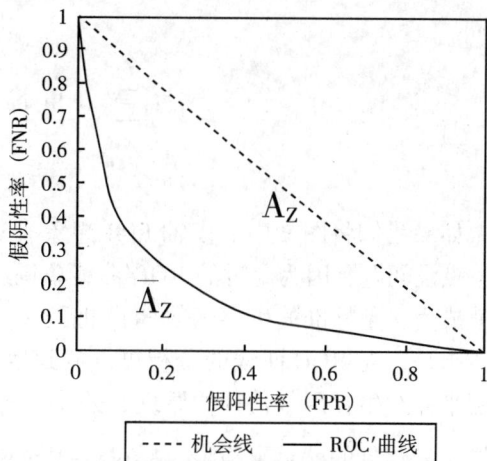

图 2 **旋转后的 ROC 曲线及其面积示意图**

自从 1975 年 Bamber 第一次提出 ROC 曲线下面积的估算方法以来[1]，许多学者都提出了各种解决办法，如类型设计参数方法和非参数方法，其中比较有影响的包括参数方法中的双正态模型[2] 和非参数的秩和检验[3-4]，另外，也有学者进行了使用累积 log1St1C 模型进行 ROC 曲线分析的探索[5]。

本文并不是对上述方法进行系统回顾，也无意对这些方法的优劣进行评估，而仅是提出一种基于生存分析的 ROC 曲线研究方法，希望能给广大的前沿工作者提供一个新的选择。

二、换一个角度想问题

让我们来重新审视图 1，如果我们将其逆时针旋转 90 度，我们将看到一个全新的图形（见图 2）。此时，横坐标仍为假阳性率，而纵坐标变为（1−真阳性率），即所谓假阴性率（False Negative Rate，FNR）。对这条曲线我们可以称为 ROC′曲线或 ROOT 曲线，以表示转置的含义。显然，这时的曲线下面积 $\overline{A}_Z = 1 - A_Z$，即为原面积以 1 为模的补。

因此，我们对 ROC 曲线及其曲线下面积 A_Z 的估计就完全可以转化为对 ROC′曲线及其曲线下面积 $\overline{A}_Z$ 的估计。而且此时两者的方差相同：

$$\text{Var}(\overline{A}_Z) = \text{Var}(1 - A_Z) = \text{Var}(1) + \text{Var}(-1 \times A_Z) = 0 + (-1)^2 \text{Var}(A_Z) = \text{Var}(A_Z)$$

三、再换一个新角度

如果我们将图 2 中的横轴 FPR 想象成从 0 到 1 的时间 t，而将纵轴看成是生存率——这一点没问题，因为此时的 ROC' 曲线单调递减，且值域为 {0，1}——那么刚才的 ROC' 曲线就成为一条标准的生存函数 S(t) 曲线了（见图 3）。

于是，对 ROC 曲线的分析可以放到生存分析的框架下，在这个框架下，问题变得简单起来：对生存函数估计的原理、公式结构成熟、清晰、简洁；生存函数的估计方法多种多样，最常见的就是乘积限（Kaplan-Meier）方法，有优良的统计学性质；对面积 $\overline{A}_z$ 的意义更是一目了然，它就是我们在生存分析中常说的平均生存时间 [6]。

更利好的消息来自此时对不同试验 ROC 曲线的比较，这时，基于乘积限（Kaplan-Meier）估计的比较方法非常丰富而且灵活，Harrington 和 Fleming 提出的通用检验方法更使我们可以通过对曲线的不同部分设置不同的权重，来达到我们更复杂的分析要求，为分析带来更大的便利 [7]。（由于本文不是对生存分析的专论，所以对这部分详细知识感兴趣的读者请自行阅读相应的文献。）

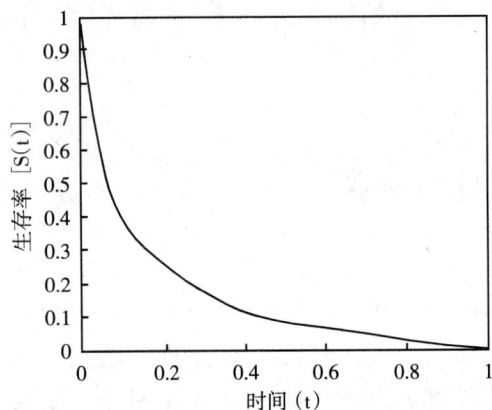

图 3　与 ROC' 曲线一致的生存函数图　　　　图 4　使用 Kaplan-Meier 估计得到的生存函数图

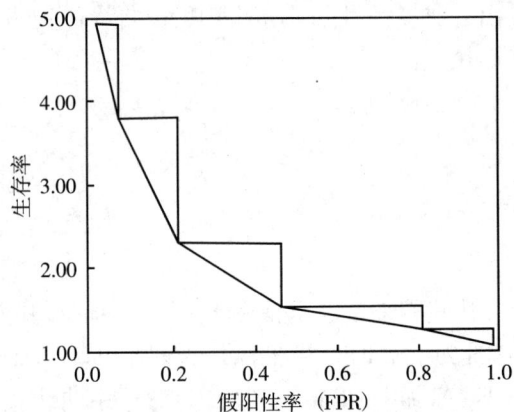

下面，我们将分别用两个例子来说明单条 ROC 曲线下面积的估计和多条 ROC 曲线比较的实现。

四、实　例

（一）单条 ROC 曲线下面积的估计

现在我们使用一个教科书上的例子来说明我们的分析步骤。

例 1　设有经专家会诊确定的异常组 41 人和正常组 193 人。某研究组试图用影像资料作为诊断手段。他们将影像资料异常程度分为 1、2、3、4、5 五类（本例采用值越大越异常），结果见表 1，以此影像资料进行诊断，价值如何[8]？

表 1　某影像资料诊断结果

	异常程度					
	1	2	3	4	5	合计
异常组	2	3	8	16	12	41
正常组	35	68	49	29	12	193

分析步骤：

步骤 1　计算真假阳性率和真假阴性率，见表 2。

表 2　与表 1 资料相应的真假阳性率和真假阴性率

	异常程度				
	5	4	3	2	1
真阳性率	0.2926	0.6829	0.8780	0.9512	1.0000
假阳性率	0.0622	0.2124	0.4663	0.8187	1.0000
真阴性率	0.9378	0.7876	0.5337	0.1813	0.0000
假阴性率	0.7074	0.3171	0.1220	0.0488	0.0000

步骤 2　创建所需的分析数据集。

根据生存分析的要求，我们将创建数据集，见表 3。

表 3　与表 1 资料相应的生存分析数据集

异常程度		5	4	3	2	1
异常组中的异常数（R）[a]	0[b]	12	16	8	3	2
假阳性率（FPR）	0.0000[b]	0.0622	0.2124	0.4663	0.8187	1.0000

注：a：括号内为变量名，见下文程序。b：该列其实在分析中无意义，此处为清楚见而保留。

本文中使用 SAS9.13 进行计算机实现，其创建数据集的程序为：

```
Data a；
Input R FPR stu @@；
lagT=lag（FPR）；
cards；
0 0.0000 0 12 0.0622 1 16 0.2124 1
8 0.4663 1 3 0.8187 1 2 1.0000 1
；
Run；
```

其中，stu 为指示变量，表示是否有异常被检出（1 是，0 否），在 ROC 分析中，除第一条记录外全部为 1；lagT 是定义一假阳性率的滞后变量，其意义详后再述。

步骤3 对曲线下面积 A_z 的估算：

对曲线估计的方法采用 Kaplan–Meier 估计，其 SAS 程序为：

```
Proc lifetest method=KM plots=（s）；
Time FPR*stu（0）；
Freq R；
Run；
```

运行的结果（部分）如表 4 所示。

表 4 对生存率和平均生存时间的 Kaplan–Meier 估计

时间	生存率	死亡率	生存率的标准误	累计死亡率	尚存活数	死亡数
0.00000	1.0000	0.0000	0.0000	0	41	0
0.06220	0.7073	0.2927	0.0711	12	29	12
0.21240	0.3171	0.6829	0.0727	28	13	16
0.46630	0.1220	0.8780	0.0511	36	5	8
0.81870	0.0488	0.9512	0.0336	39	2	3
1.00000	0.0000	1.0000	0.0000	41	0	2
平均生存时间	0.30076		平均生存时间的标准差			0.04139

对照表 1、表 2 和表 4，我们可以清楚地看出它们之间的相互关系：表 4 中的"时间"就是表 2 中的假阳性率（FPR，1-特异度）；"生存率"就是假阴性率（FNR，1-灵敏度）；"死亡率"就是真阳性率（TPR，灵敏度）；而表 4 中的"死亡数"就是表 1 中相应各等级诊断检出的异常数。那么，此时所谓的"平均生存时间"就是对生存函数曲线下面积的估计。

但是，由于 Kaplan–Meier 估计的性质，只有在出现事件（event）的情况下，生存函数图才向下"跃降"，所以其图形表现为阶梯图，见图 4。

从图 4 中我们可以清楚地看出，此时的阶梯线下面积并非我们所要求的 ROC′曲线（即图中各拐点的连线）的下面积，也就是说，此时求得的"平均生存时间"高估了真实值。

为了求出真正的面积，我们需构造另一条辅助的生存函数曲线。此时只需把步骤3中的程序第2行改为：

Time lagT*stu（0）；

即可。这时，我们又获得了一个面积值：0.13977，和相应的标准差0.03138。显然这个面积值又被低估了，但是其低估的大小却与前面高估的大小相同。见图5。

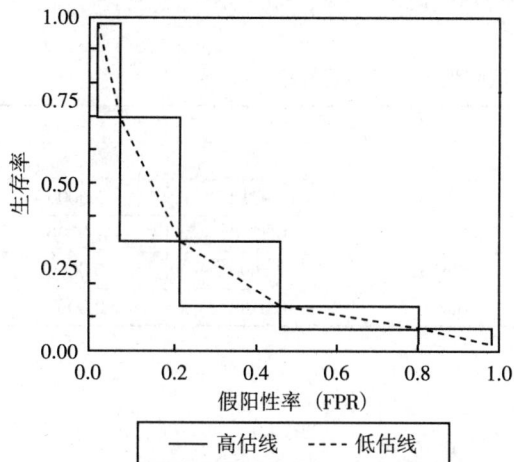

图 5　高估生存函数与低估生存函数图

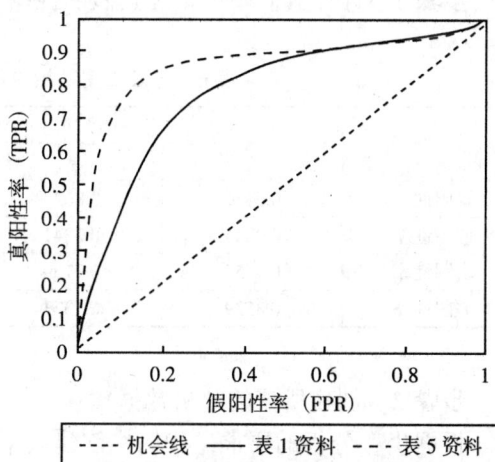

图 6　两套资料的 ROC 曲线

显然，通过两条不同的曲线，我们就可以求出真正的 ROC′ 曲线下面积：

$$\bar{A}_Z = (\bar{A}_U + \bar{A}_L)/2 = (0.30076 + 0.13977)/2 = 0.220265$$

此时，ROC 曲线下面积就为：

$$A_Z = 1 - \bar{A}_Z = 1 - 0.220265 = 0.779735$$

此时，对于 A_Z 标准差，我们可以简单地使用两次估计中较大的一个，即 0.04139，这样比较保守（其实此时的标准差值一定小于这个大值）。

最后需要指出的是，对于这套资料，使用经典的算法，可得：

$$A_Z = 1 - \bar{A}_Z = 1 - 0.220265 = 0.7797, \quad SE_{A_Z} = 0.0403$$

与我们提出的新方法的结果差别不大。

（二）多条 ROC 曲线的比较

例2　在例1的基础上，研究者又获得了另一种影像资料，其结果见表5，本例仍采用值越大越异常。那么，以此影像资料进行诊断与前一种有无差别？

表5 另一组影像资料诊断结果

	异常程度					
	1	2	3	4	5	合计
异常组	3	2	2	11	33	51
正常组	33	6	6	11	2	58

分析步骤：

步骤 1 计算真假阳性率和真假阴性率，见表6和图6。

表6 与表5资料相应的真假阳性率和真假阴性率

	异常程度				
	5	4	3	2	1
真阳性率	0.6471	0.8627	0.9020	0.9412	1.0000
假阳性率	0.0345	0.2241	0.3296	0.4310	1.0000
真阴性率	0.9655	0.7759	0.6704	0.5690	0.0000
假阴性率	0.3529	0.1373	0.0980	0.0588	0.0000

步骤 2 创建所需的分析数据集：

根据生存分析的要求，我们将创建数据集（见表7）。

表7 与表5资料相应的生存分析数据集

分类	5	4	3	2	1
异常组中的异常数（R）	0	33	11	2	2	3
假阳性率（FPR）	0.0000	0.0345	0.2241	0.3296	0.4310	1.0000

仍使用 SAS9.13 进行数据集的创建，程序为：

```
Data a；
Input R FPR stu g@@；
cards；
0 0.0000 0 1 12 0.0622 1 1 16 0.2124 1 1
8 0.4663 1 1 3 0.8187 1 1 2 1.0000 1 1
0 0.0000 0 2 33 0.0345 1 2 11 0.2241 1 2
2 0.3296 1 2 2 0.4310 1 2 3 1.0000 1 2
；
Run；
```

其中，g是分组变量，1为表1资料，2为表5资料。其他变量同前。请注意，此时没有定义 lagT，这是因为进行两条 ROC 曲线比较，高估或低估不会影响两者之间的差距。

步骤 3 对两条 ROC 曲线进行比较：

对曲线估计的比较方法仍采用 Kaplan–Meier 估计，其 SAS 程序为：

Proc lifetest method=KM plots=（s）；

Time FPR*stu（0）；

Freq R；

Strata g/test=（all）；

；

Run；

比较检验的结果见表 8。

表 8　两套资料 ROC 曲线的比较检验结果

检验方法	χ^2 值	自由度	P 值
Log–Rank	6.8265	1	0.0090
Wilcoxon	17.1059	1	<0.0001
Tarone	12.1485	1	0.0005
Peto	14.7243	1	0.0001
Modified Peto	14.8359	1	0.0001
Fleming（1）	17.1059	1	<0.0001

由此可见，两种诊断方法在统计学上有显著性差异，表 5 资料检验能力较高。

五、结　论

（1）本方法的第一步要求将对 ROC 曲线的坐标轴进行逆时针 90 度的旋转，似乎非常麻烦，但是如果从问题的根本来看，ROC 曲线使用的是灵敏度和（1–特异度），而旋转后的 ROC′曲线使用的是（1–灵敏度）和（1–特异度），其实质并不复杂，并且在进入分析数据集时，只是输入病例组（异常组）中被检出的阳性数和假阳性率（即 1–特异度），还是比较方便的。

（2）由于本方法只是对原图形的旋转，所以无论曲线的形状和曲线下的面积都未发生改变，故分析对象的本质没有不同。

（3）生存分析是研究一个或多个非负随机变量的进行统计分析的方法[9]。从结构上看，进行 ROC 曲线分析的数据经过旋转后，完全符合生存分析的数据要求，且不含删失数据，估计更加理想。

（4）生存分析方法简明易懂，而且无论理论还是现实都已非常成熟，各种主流统计学软件如 SAS、SPSS、STATA、R 等都有现成的模块，更有利于应用者的操作。

（5）使用 Kaplan-Meier 估计所获得曲线下面积高估的真实值，这是小样本造成的结果，随着样本点的增多，高估的部分将逐渐减少，逐渐逼近真实的 ROC′ 曲线，但在实践中还是以本文所使用的添加辅助线的解决方法为佳。当然，在多组比较时则无此必要。

（6）在生存分析的框架下，Kaplan-Meier 估计是最大似然估计，有许多良好的性质[10]，而且基于 Kaplan-Meier 估计的多组 ROC 曲线的比较，方法丰富和灵活，可以应付更复杂的分析要求。

（7）如果比较的两组或多组数据来自同一套实验对象，此时各组间数据存在相关性，此时可使用 COX 模型进行解决，但数据将相应使用原始个案数据的形式，而不再使用本文所用的汇总数据形式。

（8）如果各组待比较数据含有类似纵向数据重复测量的结构，可以使用含随机效应的 COX 模型进行解决。

（9）如果在多组 ROC 曲线的比较中，分组变量呈现等级甚至连续型变量的趋势，我们还可以使用生存分析中相应的趋势检验和 COX 模型进行解决。

综上所述，使用生存分析方法解决 ROC 曲线的分析问题理论成熟，方法简单，实现便利，特别是在比较多组 ROC 曲线时，该方法更是灵活强大，所以使用该方法处理 ROC 曲线，既拓宽了一项经典统计学方法的应用领域，同时也为进行 ROC 曲线分析的前沿工作者提供了一个全新的选择。

参考文献

[1] Bamber D. The Area above the Ordinal Dominance Graph and the Area Below the Receiver Operating Characteristic Graph [J]. Journal of Mathematical Psychology, 1975 (12)：387-415.

[2] Metz C. E., Herman B. A., Shen J. H. Maximum-likelihood Estimation of Receiver Operating Characteristic (ROC) Curves from Continuously-distributed Data [J]. Statistics in Medicine, 1998, 17 (9)：1033-1053.

[3] Hanley J. A. and McNeil B. J. The Meaning and Use of the Area under A Receiver Operating Characteristic (ROC) Curve [J]. Radiology, 1982 (143)：29-36.

[4] Hanley J. A. and McNeil B. J. A Method of Comparing the Area under Two ROC Curves Derived from the Same Cases [J]. Radiology, 1983 (148)：839-843.

[5] Hosmer D. W. and Lemeshow S. Applied Logistic Regression [M]. New York：John Wiley and Sons, 2000.

[6] 彭非，王伟编著. 生存分析 [M]. 北京：中国人民大学出版社，2004.

[7] Harrington D. P., Fleming T. R. A Class of Rank Test Procedures for Censored Survival Data [J]. Biometrika, 1982 (69).

[8] 方积乾主编. 医学统计学与电脑实验（第2版）[M]. 上海：上海科学技术出版社，2001.

[9] 陈家鼎编著. 生存分析与可靠性 [M]. 北京：北京大学出版社，2001.

[10] 王启华. 生存数据统计分析 [M]. 北京：科学出版社，2006.

Survival Analysis: A New Method to ROC Curve

Tao Zhuang

(Chines Center for Disease Control and Prevention, Beijing 100050)

Abstract: This paper introduces a new method to ROC curve with survival analysis. Through two examples to describe how to analyze ROC curve with survival analysis. The main results is that there is no different in estimator for ROC between the classical method and survival analysis, and survival analysis is more concise. The paper gets that survival analysis is a new choice to deal with ROC curve for user in this domain.

Key Words: Receiver Operating Characteristic (ROC) Curve; Survival Analysis; Kaplan-meier Estimation

纵向数据下混合效应 EV 模型中参数估计的渐近性质 *

刘 强

(首都经济贸易大学统计学院，北京 100070)

摘要：考虑纵向数据下混合效应 EV 模型。对带有惩罚项的 Profile 广义最小二乘方法进行了修正。利用矩估计法和 ML-based EM 算法给出了固定效应，随机效应以及协方差阵的估计。在一般的条件下，给出了固定效应估计的强相合性和渐近正态性，并对所提出的各种估计进行了模拟研究。模拟效果不错。

关键词：混合效应模型；纵向数据；强相合性；渐近正态性

一、引 言

混合效应模型由于兼顾到个体的随机效应和总体的固定效应，因而近年来一直受到统计学家的较大关注，至今已积累了许多估计方法。例如，Davidian 和 Giltinan[1] 讨论了非线性混合效应模型的估计问题；Wu 等[2] 讨论了纵向数据下非参数混合效应模型，利用惩罚局部多项式似然方法给出了固定效应和随机效应的估计，并证明了固定效应估计的渐近正态性。关于纵向数据下混合效性模型的有关问题，可以参见 Wu 等[3]。

众所周知，在很多实际应用领域，由于受随机因素的影响，变量在观测时带有一定误差的现象是非常普遍的。自 1877 年 Adcock 最先讨论观测均含误差的两个变量的直线拟合以来，EV 模型就一直受到人们的普遍重视。例如，Liang[4] 就非参数部分含有误差情形通过利用局部似然的方法给出了未知参数的估计，并给出了估计的渐近正态性。刘强

* 本文选自《数理统计与管理》2011 年第 3 期。基金项目：国家社科基金项目资助（10CTJ001）；北京市教委社科计划项目资助（SN1201110038014）；北京市属高等学校人才强教计划资助项目——中青年骨干人才培养计划；北京市教委统计学特色专业建设资助项目。

等[5] 利用小波估计法和全最小二乘法得出了未知参数和未知函数的估计，给出了估计的强相合性。刘强等[6] 利用经验似然方法讨论了删失数据下半参数 EV 模型，给出了参数估计的渐近分布和置信区域。关于混合效应 EV 模型，Zhong 等[7] 讨论了固定效应含有测量误差情形下的线性混合效应模型，在正态性假定下，给出了估计的渐近正态性。Cui 等[8] 考虑了独立数据下固定效应和随机效应均含有测量误差的情形下线性混合效应的估计问题，利用矩估计法给出了固定效应和方差分量的估计，证明了估计的渐近正态性。本文中，我们考虑了更为复杂的情形，在纵向数据下讨论了线性混合效应 EV 模型的估计问题。

考虑纵向数据下混合效应 EV 模型：

$$\begin{cases} Y_{ij} = x_{ij}^T \beta + Z_{ij}^T b_i + \varepsilon_{ij}, & 1 \leq i \leq n, \ 1 \leq j \leq m_i \\ X_{ij} = x_{ij} + u_{ij}, \end{cases} \tag{1}$$

其中，$(x_{ij}, Z_{ij}) \in R^p \times R^q (1 \leq i \leq n, 1 \leq j \leq m_i)$ 是固定设计点列，$\{Y_{ij}\}$ 是在给定观测点 (x_{ij}, Z_{ij}) 处的观测，β 是 $p \times 1$ 的固定效应，b_i 为 $q \times 1$ 的个体随机效应，且有 $E(b_i) = 0$，$E(b_i b_i^T) = D$。$\{u_{ij}\}$ 为独立同分布序列，且满足 $E(u_{ij}) = 0$，$E(u_{ij}u_{ij}^T) = \sum_u$ 为已知协方差阵。记 $\{\varepsilon_i\} = \{\varepsilon_{i1}, \cdots, \varepsilon_{im_i}\}^T$，$\{\varepsilon_i, 1 \leq i \leq n\}$ 组间独立，组内可能具有相关性，对于任意的 $1 \leq i \leq n$，有 $E(\varepsilon_{ij}) = 0$，$E(\varepsilon_i \varepsilon_i^T) = R_i$。进一步假定 $\{b_i\}$，$\{\varepsilon_{ij}\}$ 和 $\{u_{ij}\}$ 相互独立。

总的观测数目为 $N = \sum_{i=1}^n m_i$，假定 n 可以充分大，而 $\{m_i\}$ 为有界的正整数序列。

本文讨论了协变量带有测量误差的混合效应模型，由于处理混合效应的常规方法不能直接运用到测量误差模型中，对 Wu 等[2] 中带有惩罚项的 Profile 广义最小二乘法进行了修正。通过利用矩估计法和 ML-based EM 算法给出了固定效应、随机效应以及协方差阵的估计，在一般的条件下，给出了固定效应估计的强相合性和渐近正态性，并对所提出的估计进行了模拟研究，模拟效果不错。

二、方法与主要结果

由于 $\{m_i\}$ 有界，N 与 n 同阶，因而 $N \to \infty$ 与 $n \to \infty$ 等价。我们是在设计点列 (x_{ij}, Z_{ij}) 为固定情形进行讨论的，事实上，本文的结果可以作适当修改，以便适用于随机设计情形。

为叙述方便，给出如下记号：

$$x_i = (x_{i1}, \cdots, x_{im_i})^T, \quad u_i = (u_{i1}, \cdots, u_{im_i})^T$$

$$X_i = (X_{i1}, \cdots, X_{im_i})^T, \quad Z_i = (Z_{i1}, \cdots, Z_{im_i})^T, \quad Y_i = (Y_{i1}, \cdots, Y_{im_i})^T$$

则模型（1）可以化为：

$$\begin{cases} Y_i = x_i\beta + Z_i b_i + \varepsilon_i, & 1 \leq i \leq n \\ X_i = x_i + u_i, \end{cases} \tag{2}$$

对于该模型，我们的兴趣在于给出固定效应、误差协方差阵 D 和 R_i 的估计，以及随机效应 b_i 的估计（这里指的是预测）。

β 的估计可以采用 Cui 等[8] 所使用的矩估计的方法，由式（2）可知：

$$X_i^T Y_i = X_i^T X_i \beta + X_i^T Z_i b_i + X_i^T \varepsilon_i - X_i^T u_i \beta$$

因而 $E(X_i^T Y_i) = E(X_i^T X_i)\beta - m_i \sum_u \beta$，从而 β 的估计为：

$$\hat{\beta} = \left(\frac{1}{n} \sum_{i=1}^{n} (X_i^T X_i - m_i \sum_u) \right)^{-1} \frac{1}{n} \sum_{i=1}^{n} X_i^T Y_i \tag{3}$$

如果 u_{ij} 可以忽略，协方差阵 D 和 R_i 已知，则 b_i 的估计可以通过极小化下式得到。

$$\sum_{i=1}^{n} \left((Y_i - x_i \beta - Z_i b_i)^T R_i^{-1} (Y_i - x_i \beta - Z_i b_i) + b_i^T D^{-1} b_i \right)$$

b_i 的估计为：

$$\hat{b}_i = D Z_i^T V_i^{-1} (Y_i - x_i \hat{\beta}^*) \tag{4}$$

其中，$V_i = Z_i D Z_i^T + R_i$ 为 $m_i \times m_i$ 矩阵，$\hat{\beta}^*$ 为 β 的估计。

然而当 u_{ij} 不可以忽略时，用 X_i 代替 x_i，估计不具有相合性，因而需要对上述估计进行修正。由于：

$$Cov(Y_i - x_i \beta - Z_i b_i) = Cov(\varepsilon_i - u_i \beta) = R_i + diag(\beta^T \sum_u \beta)$$

其中，$diag(\beta^T \sum_u \beta)$ 是以 $\beta^T \sum_u \beta$ 为对角元素的 $m_i \times m_i$ 对角矩阵。因而 b_i 修正的带有惩罚项的 Profile 广义最小二乘估计可以通过极小化下式得到：

$$\sum_{i=1}^{n} \left((Y_i - x_i \hat{\beta} - Z_i b_i)^T (R_i + diag(\hat{\beta}^T \sum_u \hat{\beta}))^{-1} (Y_i - x_i \hat{\beta} - Z_i b_i) + b_i^T D^{-1} b_i \right)$$

从而：

$$\hat{b}_i = D Z_i^T V_i^{-1} (Y_i - x_i \hat{\beta}) \tag{5}$$

其中，$V_i = Z_i D Z_i^T + R_i + diag(\hat{\beta}^T \sum_u \hat{\beta})$ 为 m_i 阶矩阵，$\hat{\beta}$ 为式（3）给出的 β 的估计。由于式（5）中含有未知协方差阵 D 和 R_i，$1 \le i \le n$，因而需要给出 D 和 R_i 的估计。为简单化，我们仅考虑 $R_i = \sigma^2 I_{m_i}$，参见 Wu 等[2-3]。

注意到 $E(Y_{ij} - X_{ij}^T \beta)^2 = Z_{ij}^T D Z_{ij} + \sigma^2 + \beta^T \sum_u \beta$，因而：

$$\sigma^2 = E(Y_{ij} - X_{ij}^T \beta)^2 - Z_{ij}^T D Z_{ij} + \beta^T \sum_u \beta$$

σ^2 的矩估计可以定义为：

$$\hat{\sigma}^2 = \frac{1}{N} \sum_{i=1}^{n} \sum_{j=1}^{m_i} \left((Y_{ij} - X_{ij}^T \hat{\beta})^2 - Z_{ij}^T \hat{D} Z_{ij} \right) - \hat{\beta}^T \sum_u \hat{\beta} \tag{6}$$

其中 $\hat{D}$ 为 D 的估计。

下面给出 D 的估计。这里利用 ML-based EM[3] 算法给出 D 的估计。D 的矩估计可以定义为：

$$\hat{D} = \frac{1}{n} \sum_{i=1}^{n} b_i b_i^T \tag{7}$$

然而 b_i 未知，上述估计无法计算。在 EM 计算中，E 步是用在观测值 y_i，$\beta = \hat{\beta}$ 给定的条件下用 $\sum_{i=1}^{n} b_i b_i^T$ 的条件期望去替代它，即：

$$E\left(\sum_{i=1}^{n} b_i b_i^T \,\middle|\, y_i, \ \beta = \hat{\beta} \right) = \sum_{i=1}^{n} \left(\hat{b}_i \hat{b}_i^T + (D - DZ_i^T V_i^{-1} Z_i D) \right) \tag{8}$$

M 步是用式（8）替代式（7）中的未知量，从而：

$$\hat{D} = \frac{1}{n} \sum_{i=1}^{n} \left(\hat{b}_i \hat{b}_i^T + (D^* - D^* Z_i^T V_i^{-1} Z_i D^*) \right) \tag{9}$$

这里 D^* 为 D 的粗略估计（raw estimator）。因而 b_i、D、R_i 的最终估计可以利用如下的迭代算法给出。

具体实现过程为：

（1）给出 D 的初始估计 $\hat{D} = I_p$。

（2）由式（6）计算 $\hat{\sigma}_i^2$。

（3）将 $\hat{\beta}$、$\hat{D}$ 和 $\hat{\sigma}_i^2$ 代入 [2.4] 式得到 $\hat{b}_i$。

（4）利用式（9）和最近更新的 $\hat{b}_i$、$\hat{D}$、$\hat{\sigma}_i^2$，更新 $\hat{D}$。

（5）重复（2）（3）（4），直到收敛，可以给出 b_i、D、σ_i^2 的最终估计。

注意到通过利用矩估计方法和 EM 算法，不仅测量误差效应可以有效地消除掉，同时也减少了迭代过程的计算量。以下是本文的基本假定：

C_1：$\frac{1}{n} \sum_{i=1}^{n} x_i^T x_i \to \sum_1 > 0$。

C_2：$E(u_{11}^{(k)} u_{11} u_{11}^T) = 0$，其中 $u_{11}^{(k)}$ 为 u_{11} 的第 k 个分量，k = 1，2，…，p，且 $E\|u_{11}\|^4 < M < \infty$。

C_3：$\frac{N}{n} \to k$，其中 k > 0。

定理 1　对于模型（2），若 $C_1 - C_3$ 成立，则：

$$\hat{\beta} \to \beta, \quad \text{a.s}$$

定理 2　对于模型（2），若 $C_1 - C_3$ 成立，则：

$$\sqrt{n}(\hat{\beta} - \beta) \xrightarrow{L} N_p(0, \ \sum_1^{-1} B \sum_1^{-1})$$

其中：

$$B = B_1 + B_2 \sum_u + k(2 \sum_u \beta \beta^T \sum_u + B_3) + \beta^T \sum_u \beta \sum_1$$

$$B_1 = \lim_{n \to \infty} \frac{1}{n} \sum_{i=1}^{n} x_i^T V_i x_i, \quad B_2 = \lim_{n \to \infty} \frac{1}{n} \sum_{i=1}^{n} \left(\sum_{j=1}^{m_i} Z_{ij}^T D Z_{ij} + tr(R_i) \right), \quad B_3 = E(u_{11} u_{11}^T \beta \beta^T u_{11} u_{11}^T)$$

这里 $tr(A)$ 表示矩阵 A 的迹。

三、模拟研究

在这一节中，我们通过一些数值模拟来说明估计的效果。为了简单化，只讨论 $p = q = 2$，$m_i = m$ 的情况。假定 $\beta = (\beta_0, \beta_1)^T = (1, 1)^T$，$b_i \sim N(0, 0.25 I_2)$，$u_{ij} \sim N(0, 0.25 I_2)$。测量误差 $\varepsilon_{ij} \sim N(0, 1)$，且组内相关系数 $\rho = 0.4$。$X_{ij} = (X_{ij}^{(1)}, X_{ij}^{(2)})^T$，$Z_{ij} = (Z_{ij}^{(1)}, Z_{ij}^{(2)})^T$。对于协变量 X_{ij}、Z_{ij}，我们分均匀分布和正态分布两种情况进行讨论，且数据一旦产生，在整个模拟过程中保持不变。

（Ⅰ）$X_{ij}^{(1)}$，$X_{ij}^{(2)}$ 均产生于正态分布 $U(0, 1)$，$Z_{ij}^{(1)}$，$Z_{ij}^{(2)}$ 来自于均匀分布 $U(-1, 1)$；

（Ⅱ）$X_{ij}^{(1)}$，$X_{ij}^{(2)}$，$Z_{ij}^{(1)}$，$Z_{ij}^{(2)}$ 都来自于正态分布 $N(0, 1)$。

对于不同的样本大小都重复进行 M = 200 次试验，均方误差（MSE）、标准差（SD）以及估计的偏差（Bias）都是基于 200 次模拟试验给出的。表 1 和表 2 分别给出了在两种情形下固定效应 β 在不同样本大小的估计情况。从模拟结果来看，情形（Ⅱ）要比情形（Ⅰ）好。同时也可以清楚地看到，随着样本容量 n、m 的增大，模拟的效果会有较大的改进。

表 1 情形（Ⅰ）下 β 的估计精度

		Mean	Bias	MSE	SD
n=200，m=3	$\hat{\beta}_0$	1.0121	0.0121	0.0132	0.1143
	$\hat{\beta}_1$	0.9947	0.0053	0.0125	0.1115
n=500，m=3	$\hat{\beta}_0$	0.9880	0.0120	0.0060	0.0768
	$\hat{\beta}_1$	1.0067	0.0067	0.0057	0.0755
n=200，m=10	$\hat{\beta}_0$	1.0059	0.0059	0.0057	0.0750
	$\hat{\beta}_1$	0.9991	−0.0009	0.0053	0.0727

表 2 情形（Ⅱ）下 β 的估计精度

		Mean	Bias	MSE	SD
n=100，m=3	$\hat{\beta}_0$	1.0012	0.0012	0.0044	0.0660
	$\hat{\beta}_1$	0.9946	−0.0054	0.0046	0.0673

续表

		Mean	Bias	MSE	SD
n=200，m=3	$\hat{\beta}_0$	0.9975	−0.0025	0.0021	0.0456
	$\hat{\beta}_1$	1.0056	0.0056	0.0018	0.0418
n=200，m=10	$\hat{\beta}_0$	1.0007	0.0007	0.5108e−003	0.0226
	$\hat{\beta}_1$	1.0030	0.0030	0.6739e−003	0.0258

表3　不同样本下 σ^2、D_{11}、D_{22} 的估计精度

		Mean	Bias	MSE	SD
n=200，m=10	$\hat{\sigma}^2$	0.5002419	−0.000241917	0.003105992	0.05573090
	$\hat{D}_{11}$	0.4924393	0.007560725	0.002657864	0.05099706
	$\hat{D}_{22}$	0.4968847	0.003115292	0.002645302	0.05133807
n = 200，m = 20	$\hat{\sigma}^2$	0.5056500	−0.005649800	0.002155100	0.04607800
	$\hat{D}_{11}$	0.4948242	0.005175829	0.002330484	0.04799682
	$\hat{D}_{22}$	0.5028000	−0.002801200	0.002595600	0.05087000

在情形（Ⅰ）下，我们对误差方差 σ^2，随机效应协方差阵的对角线元素 D_{11}、D_{22} 的估计以及随机效应 $b_i(i=100，200)$ 的预测进行了模拟研究，模拟结果在表3、图1和图2中给出。图 1[（1）~（3）] 分别给出了 $\hat{\sigma}^2$、$\hat{D}_{11}$、$\hat{D}_{22}$ 的分布直方图，图 1（4）给出了 b_{100} 的预测情况，其中横轴表示 b_{100} 的预测，纵轴表示 b_{100} 的真值。图2与图1的意义相同，只是样本容量为 n = 200，m = 10。从表3、图1及图2中可以看出，本文的估计方法是有效可行的。

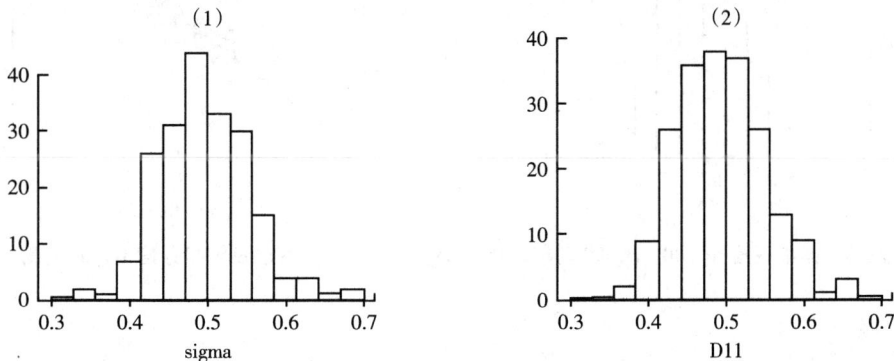

图1　样本容量 n = 200，m = 10 时 $\hat{\sigma}^2$、$\hat{D}_{11}$、$\hat{D}_{22}$ 的分布直方图以及随机效应 b_{100} 的预测

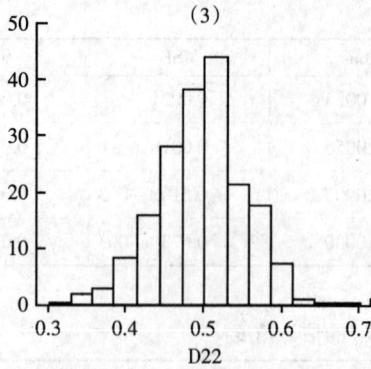

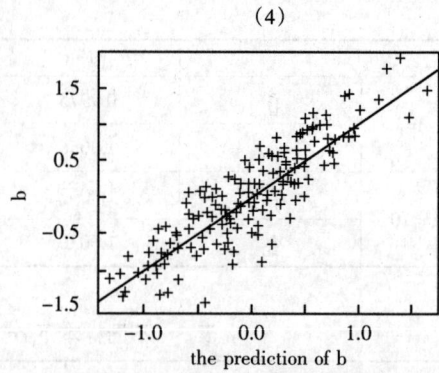

图 1　样本容量 n = 200，m = 10 时 $\hat{\sigma}^2$、$\hat{D}_{11}$、$\hat{D}_{22}$ 的分布直方图以及随机效应 b_{100} 的预测（续）

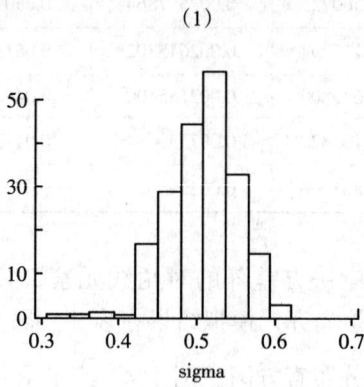

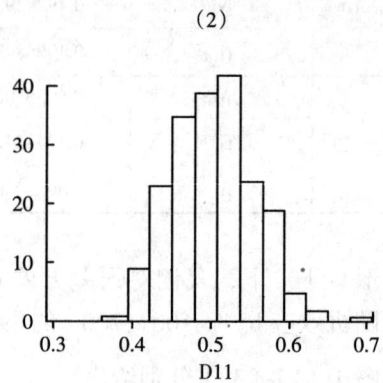

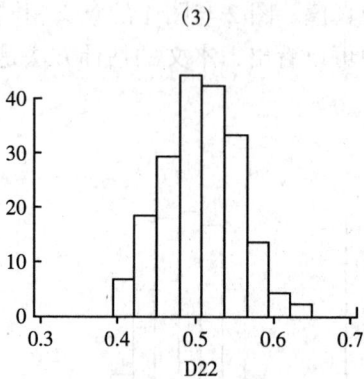

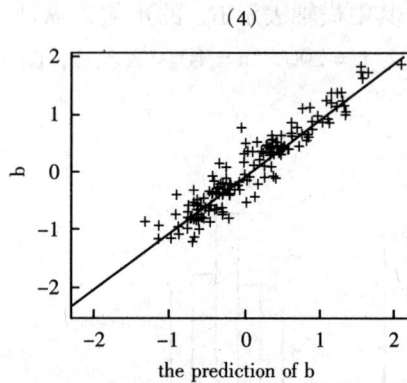

图 2　样本容量 n=200，m=20 时 $\hat{\sigma}^2$、$\hat{D}_{11}$、$\hat{D}_{22}$ 的分布直方图以及随机效应 b_{200} 的预测

参考文献

［1］Davidian M., Giltinan D. M. Some General Estimation Methods for Nonlinear Mixed-effects Models ［J］. J. Biopharmaceut. Statist., 1993（3）.

［2］Wu H. L., Zhang J. T. Local Polynomail Mixed-effects Models for Longitudinal Data ［J］. J. Amer. Statist. Assoc., 2002, 97（459）.

［3］Wu H. L., Zhang J. T. Nonparametric Regression Methods for Longitudinal Data Analysis ［M］. New Jersey: John Wiley & Sons, 2006.

［4］Liang H. Asymptotic Normality of Parametric Part in Partially Linear Models with Measurement Error in the Nonparametric Part ［J］. J. Statist. Plan. Infer., 2000 (86).

［5］刘强，姜玉英，吴可法. 半参数变量含误差函数关系模型的小波估计 ［J］. 应用数学学报，2005, 28 (2).

［6］刘强，薛留根，陈放. 删失数据下部分线性 EV 模型中参数的经验似然置信域 ［J］. 数学学报，2009, 52 (3).

［7］Zhong X. P., Fung W. K., Wei B. C. Estimation in Linear Models with Random Effects Effects and Errors-in-variables ［J］. Ann. Inst. Math. Statist., 2004 (54).

［8］Cui H. J., Kai W. N., Zhu L. X. Estimation in Mixed Effects Model with Errors in Variables ［J］. J. Multi. Anal., 2004 (91).

［9］Glessor L. J. Estimation in A Multivariate errors-in variables Regression Model: Large Sample Results ［J］. Ann. Statist., 1981 (9).

附录　定理的简要证明

在定理证明之前，首先给出如下引理。

引理[9]　设 $\{Y_n\}$ 为相互独立的 $p \times 1$ 随机向量序列，具有零均值和有限协方差阵 V_n，如果 $\lim_{n \to \infty} \frac{1}{n} \sum_{i=1}^{n} V_i \triangleq V^*$ 存在，则 $\frac{1}{\sqrt{n}} \sum_{i=1}^{n} Y_i \xrightarrow{L} N_p(0, V^*)$。下面给出定理的证明。

$$\hat{\beta} - \beta = (\frac{1}{n} \sum_{i=1}^{n} X_i^T X_i - m_i \sum_u)^{-1} \frac{1}{n} \sum_{i=1}^{n} X_i^T Y_i - \beta$$

$$= (\frac{1}{n} \sum_{i=1}^{n} X_i^T X_i - m_i \sum_u)^{-1} (\frac{1}{n} \sum_{i=1}^{n} X_i^T (Z_i b_i + \varepsilon_i - u_i \beta) + m_i \sum_u \beta)$$

$$\stackrel{\triangle}{=} (\frac{1}{n} \sum_{i=1}^{n} X_i^T X_i - m_i \sum_u)^{-1} \frac{1}{n} \sum_{i=1}^{n} \eta_i \tag{10}$$

由条件 C_1 可知：

$$\frac{1}{n} \sum_{i=1}^{n} X_i^T X_i - m_i \sum_u \to \sum_1 \tag{11}$$

由于 b_i、ε_i 和 u_i 相互独立，经过简单计算可得：

$$Cov(\eta_i) = Cov(X_i^T Z_i b_i + X_i^T \varepsilon_i - X_i^T u_i \beta)$$

$$= Cov(X_i^T Z_i b_i) + Cov(X_i^T \varepsilon_i) + Cov(X_i^T u_i \beta)$$

$$\stackrel{\triangle}{=} \xi_{i1} + \xi_{i2} + \xi_{i3} \tag{12}$$

由于：

$$Cov(u_i^T Z_i b_i) = \sum_{j=1}^{m_i} Cov(u_{ij} Z_{ij}^T b_i) = (\sum_{j=1}^{m_i} Z_{ij}^T D Z_{ij}) \sum_u$$

$$Cov(x_i^T Z_i b_i) = x_i^T Z_i D Z_i^T x_i$$

所以：

$$\xi_{i1} = x_i^T Z_i D Z_i^T x_i + \left(\sum_{j=1}^{m_i} Z_{ij}^T D Z_{ij} \right) \sum_u \tag{13}$$

$$\xi_{i2} = Cov(x_i^T \varepsilon_i + u_i^T \varepsilon_i) = Cov(x_i^T \varepsilon_i) + \sum_{j=1}^{m_i} Cov(u_{ij}\varepsilon_{ij}) = x_i^T R_i x_i + tr(R_i) \cdot \sum_u \tag{14}$$

根据条件 C_2：

$$\xi_{i3} = Cov(x_i^T u_i \beta) + Cov(\sum_{j=1}^{m_i} u_{ij}u_{ij}^T \beta) = x_i x_i^T (\beta^T \sum_u \beta) + m_i B_3 + 2m_i \sum_u \beta\beta^T \sum_u \tag{15}$$

其中，$B_3 = E(u_{11}u_{11}^T \beta\beta^T u_{11}u_{11})$。结合式 （12） ~式 （15） 有：

$$Cov(\eta_i) = x_i^T Z_i D Z_i^T x_i + m_i(2\sum_u \beta\beta^T \sum_u + B_3) + \sum_{j=1}^{m_i} Z_{ij}^T D Z_{ij} + tr(R_i) + x_i x_i^T (\beta^T \sum_u \beta) \tag{16}$$

又因为对任意的 $1 \le i \le n$，有 $E\eta_i = 0$，根据条件 $C_1 \sim C_3$，结合 Kolmogorov 强大数定律可知定理 1 成立。由引理 1，结合式 （10） 至式 （11） 和式 （16） 以及定理的条件可知定理 2 成立。

Asymptotic Properties of Estimators of Parameters for Mixed–Effects EV Model with Longitudinal Data

Liu Qiang

(School of Statistics, Capital University of Economics and Business, Beijing 100070)

Abstract： A mixed–effects EV （errors–in–variables） model with longitudinal data is considered. The profile generalized least square method with a penalty is improved. By using moment estimation method and ML–based EM algorithm, the estimators of fixed effects and random effects as well as the covariance matrices are constructed. Under mild conditions, strong convergence and asymptotic normality of the parameter's estimator are investigated. The performances of the simulation are encouraging.

Key Words： Mixed Effects Model; Longitudinal Data; Strong Consistency; Asymptotic Normality

带未知异方差与半线性结构 Tobit 模型的半参数估计 *

张征宇

（上海社会科学院数量经济研究中心，上海　200235）

摘要： 本文将 Tobit 模型扩展至同时带未知条件异方差与半线性结构回归函数的场合，并提出一种计算简便的半参数二步估计法。该方法的关键之处在于连续两次施以成对相减变换，并先后消去第一步所得被解释变量非参数条件分位函数中的两类非线性冗余成分（非线性回归函数部分与未知异方差结构）。文章证明了估计量的 $\sqrt{n}-$ 一致性与渐近正态性，并通过 Monte Carlo 模拟研究了分位点对的选择、扰动项分布类型与样本删尾程度等因素对估计量小样本性质的影响。最后通过国内居民医疗服务利用不平等的实例验证了本文所提的方法。

关键词： Tobit 模型；条件异方差；半线性模型；非参数分位点估计

一、引　言

删尾数据（Censored Data）是微观计量经济分析中常见的数据类型之一。针对此类受限数据的回归模型被称为 Tobit 模型。近年来，该类模型被越来越多的国内学者用来分析各类经济学与金融学的实证问题，例如商业银行效率（朱南等，2004）、农村消费需求（李锐等，2004）与农村老年人的劳动供给（李琴等，2009）等。出现在这些文献中的回归模型均具有以下形式：

$$y_i = \max(0,\ x_i'\beta_0 + u_i) \quad i = 1, \cdots, n \tag{1}$$

其中，y_i 是被解释变量，x_i 是 $k \times 1$ 维可观测的解释变量，β_0 是对应的 k 维斜率系数，

---

* 本文选自《数量经济技术经济研究》2011 年第 6 期。本文获得上海市教育发展基金会 2010 年晨光计划项目"广义空间计量模型前沿理论及其在微观金融市场个体策略性博弈中的实证研究"（2010CG66）的资助。

$u_i(i = 1, \cdots, n)$ 是模型的扰动项，通常被认为是独立同分布的。

基于微观数据的实证研究中经常遇见的两大问题使得放松模型（1）中的若干限制条件是必要的。第一，由于同一截面上不同个体在规模特征上的差异性，扰动项同方差的假定是值得推敲的。如果我们能够放松对扰动项同方差的这一要求，而允许一般形式下的异方差结构存在，无疑将大大提高模型估计的稳健性。第二，模型（1）中对回归方程函数形式的设定采用经典线性的形式。线性回归函数使得模型的估计与系数经济学意义的诠释变得简单明了，但同时也大大增加了由模型设定错误导致估计量不一致性的风险。在当今的非参数半参数计量经济学文献中，常用的做法是考虑一个同时包含线性与未知非线性部分的半线性（Partially Linear）函数形式。半线性的设定可在保持回归函数形式灵活性的同时避免由纯非参数设定带来的经济学意义难以解释、维数诅咒（Curse of Dimensionality）与收敛速度过慢等问题。

以上讨论促使我们考虑一类同时含未知条件异方差与半线性结构的 Tobit 模型的估计问题。它一般可以写成：

$$y_i = \max(0, x_i'\beta_0 + h(z_i) + u_i) \quad i = 1, \cdots, n \tag{2}$$

其中，x_i 与 z_i 分别是 k_x 与 k_z 维离散或连续解释变量，$h(\cdot)$ 是 k_z 维的未知函数，u_i 是不可观察的扰动项。为刻画扰动项中的异方差现象，将 u_i 进一步表示为：

$$u_i = (\sigma(x_i) + \kappa(z_i))\epsilon_i \tag{3}$$

其中，$\sigma(\cdot)$ 与 $\kappa(\cdot)$ 分别是 k_x 与 k_z 维未知函数，ϵ_i, $i = 1, \cdots, n$ 是独立同分布的扰动项，其分布函数未知。注意到模型（2）至模型（3）设定的两大特点是重要的。第一，模型对回归函数中的非线性部分，异方差形式与扰动项分布类型均不加以限制，因而在实证研究中具有极大的普适性。第二，该模型的识别与参数的一致估计不需要有关随机扰动项在均值与分位点方面的任何约束。例如，我们没有要求 ϵ_i 的均值或某 α-分位数等于零。这一点的重要性将在下文中详细讨论。

二、对已有 Tobit 模型设定与估计方法的评述

自诺贝尔经济学奖得主 McFadden 与 Heckman 建立微观计量经济学的体系以来，微观计量模型（包括 Tobit 模型）估计方法的发展大致经历了两个阶段。[①] 其中第一代方法被称为参数方法，主要包括极大似然方法（Amemiya，1973；Heckman，1976）。容易证明，由于微观计量模型的非线性特征，参数估计的一致性极大程度上依赖扰动项分布的正确设定。当扰动项的真实分布是非正态时，基于正态密度函数的 Tobit 模型的极大似然估计一

[①] 除 Tobit 模型外，重要的微观计量模型还包括离散应变量（Discrete Response）模型、选择性（Selectivity）模型、处理效应（Treatment Effects）模型与持续时间（Duration）模型等。

般是不一致的。考虑到经济学理论并不对扰动项的真实分布提供任何信息，建立不依赖于扰动项分布（Distribution-free）的半参数估计方法势必成为第二代方法的使命。

在这一背景下，Powell（1984）提出了针对 Tobit 模型（1）的删尾最小绝对距离（Censored Least Absolute Distance，CLAD）估计方法，即在扰动项 u_i 具有零条件中位数的约束下，则有：

$$\hat{\beta}_{CLAD} = \arg \min_{\beta} \sum_{i=1}^{n} |y_i - \max(x_i'\beta,\ 0)|$$

之后，Powell（1986a）将 CLAD 估计量推广到一般的分位点回归（Quantile Regression，QR）框架中，即对于给定的分位点 $0 < \alpha < 1$，在扰动项 u_i 的 $\alpha-$ 条件分位数为零的约束下，则有：

$$\hat{\beta}_{CQR} = \arg \min_{\beta} \sum_{i=1}^{n} \rho_{\alpha}(y_i - \max(x_i'\beta,\ 0))$$

其中：

$$\rho_{\alpha}(u) = (\alpha - 1(u < 0))u^{①} \tag{4}$$

容易看出，CLAD 正是 CQR 估计量 $\alpha = 1/2$ 当时的特例。得益于分位数回归方法本身具备的优良性质，Powell 估计量的一致性不需要依赖于扰动项分布的先验设定，同时也允许扰动项中包含一般形式条件异方差。但是这一方法本身存在以下缺陷：第一，CLAD 或 CQR 估计量由于没有显性的表达式，因此在计算上十分烦琐，且其识别条件在一般情况下亦难以满足。[②] 第二，当回归函数是半线性形式 [如模型（2）]，Powell 方法的直接推广将变得十分复杂以至难以实现。因此，寻求简便易行的半参数估计方法成为继 Powell（1984，1986a）之后文献的主要目标。按照这一思路，Powell（1986b）提出了一种针对删尾模型简便易行的修剪最小二乘（Trimmed Least Squares）估计方法，然而这一方法的成立需要扰动项是对称分布的假定。为放松扰动项对称分布的假定，Horowitz 和 Powell（1994）又提出了成对相减（Pair-wise Differencing）估计量，但是它仅适用于扰动项与解释变量互相独立的情形，因而不适用于包含条件异方差的场合。

另外，自 Robinson（1988）首次在多元线性回归模型中加入半线性（Partial Linear）结构并得到参数部分的 $\sqrt{n}-$ 一致估计后，一个自然的推广便是：在各种非线性微观计量模型（包括 Tobit 模型）中加入半线性结构之后，我们是否仍然可以方便地得到参数的 $\sqrt{n}-$ 一致估计？Chen 和 Khan（2001，以下简称 CK）考虑了以下带半线性结构的 Tobit 模型的半参数估计：

$$y_i = \max(0,\ x_i'\beta_0 + h(z_i) + u_i) \quad i = 1,\ \cdots,\ n \tag{5}$$

其中要求 u_i 当给定 x_i、$z_i(i = 1,\ \cdots,\ n)$ 时的 $\alpha-$ 条件分位数为零，即：

---

① $\rho_{\alpha}(u)$ 在分位点回归文献中被称为 "check" 函数。

② Powell（1984）的 CLAD 估计量在实际中能够奏效依赖于识别条件 $E(I(x_i'\beta_0 > 0)x_i,\ x_i')$ 是满秩阵。在实际中，当样本是重度删尾的（即大量的 y_i 等于零），意味着 $x_i'\beta_0$ 有较大的概率是负值，因此破坏了识别条件。

$$P(u_i \leqslant 0 | x_i, \ z_i) = \alpha \tag{6}$$

CK 针对式（5）提出了一种计算简便的两阶段半参数估计法。这一方法之所以能够在扰动项分布未知的情形下方便地获得参数的一致估计，是因为它很好地结合了 Powell（1986a）中的条件分位数估计框架与 Horowitz 和 Powell（1994）中采用的成对相减变换原理。CK 估计方法的基本思想是：对于任意 $i \neq j$，在样本中对 $(x_i, \ z_i)$ 与 $(x_j, \ z_j)$ 上分别对被解释变量的条件分位数进行非参数拟合。注意到这两个样本点上只有部分是变动的，成对相减变换可以在消去模型中冗余非线性部分 $h(z)$ 的同时，保留待估计的参数部分 $x'\beta_0$。最后，将所有这样的样本以一定方式加以组织，加权最小二乘法可以帮助获得参数的一致估计。

为理解 CK 模型的局限从而引出本文的研究动机，我们来仔细分析一下 CK 中约束条件（6）的含义：当 $u_i(i = 1, \ \cdots, \ n)$ 独立同分布，即不存在异方差时，约束条件（6）中的条件概率退化为无条件概率。此时，只要参数部分解释变量 x 中包含常数项，我们就可以获得 β_0 的一致估计。此外，如果 $u_i(i = 1, \ \cdots, \ n)$ 包含条件异方差的结构，例如式（3）所设定的那样，则情况将变得复杂：此时 u_i 的 α – 条件分位数为零这一要求一般将难以满足，除非异方差结构中 $\sigma(x)$ 具有线性形式 $x'\gamma_0$。这是因为当 $\sigma(x) = x'\gamma_0$ 时，我们总可以将式（5）中的 u_i 替换成 $u_i^* = (x_i'\gamma_0 + \kappa \ (z_i))(\epsilon_i - q_\epsilon^\alpha)$，其中 q_ϵ^α 是 ϵ 的 α – 分位数，从而使得 u_i^* 满足约束条件（6）。但是这样带来的另一个问题是，此时 CK 方法只能估计出 $\beta_0 + \gamma_0 q_\epsilon^\alpha$，而无法单独估计出 β_0。如果 $\sigma(x)$ 采取其他的非线性形式，情况将变得更加糟糕：此时为满足约束条件（6），本质上需要我们在回归函数中增加另一项有关 x 的非参数结构 $\sigma^*(x) = q_\epsilon^\alpha \sigma(x)$，从而使得 CK 算法本身无法实施。

以上分析说明，在形如式（6）的约束条件下，CK 模型与算法在处理条件异方差的场合仍有不少不便之处。根据本文引言部分的讨论，既然分析微观数据时有必要放松截面个体的同质性假定，本文将在 CK 一文的基础上，考虑一类同时包含未知条件异方差与半线性结构的 Tobit 模型（2）至模型（3）的半参数估计。与 CK 模型相比，模型（2）至模型（3）的设定中不需要有关扰动项在均值与分位数方面的任何约束条件。与 CK 算法中只利用一次成对相减变换相比，本文针对模型（2）至模型（3）提出的估计步骤中需连续两次施以成对相减变换，以先后消去第一步估计所得的被解释变量条件分位函数中的两种非线性冗余成分（包括非线性回归函数部分与未知异方差结构），因此所得估计量的渐近方差具有更为复杂的形式。

三、半参数两步估计法

记 $w = (x, \ z)$，$q^\alpha(x, \ z) = q^\alpha(y | x, \ z)$ 为给定 x 与 z 时 y 的 α 条件分位数，简记 $q_{ii}^\alpha = q^\alpha$

(x_i, z_i), $q_{ji}^{\alpha} = q^{\alpha}(x_i, z_i)$。$q_{\epsilon}^{\alpha}$ 是 ϵ 的 α - 分位数，满足 $P(\epsilon \leq q_{\epsilon}^{\alpha}) = \alpha$。利用分位数函数的单调不变性（Equivariance to Monotone Transformation）可得：[1]

$$q^{\alpha}(x, z) = max(0, x'\beta_0 + h(z) + (\sigma(x) + \kappa(z))q_{\epsilon}^{\alpha}) \tag{7}$$

给定 $\{x_i, z_i\}$，$i = 1, \cdots, n$，记 $\Delta q_{ij}^{\alpha} = q_{ii}^{\alpha} - q_{ji}^{\alpha}$。任选 $0 < \alpha_1 < \alpha_2 < 1$，在 $q_{ii}^{\alpha_l} > 0$ 与 $q_{ji}^{\alpha_l} > 0$, $l = 1, 2$ 同时成立的前提下，将其成对相减后可得：

$$\Delta q_{ij}^{\alpha_1} = q_{ii}^{\alpha_1} - q_{ji}^{\alpha_1} = q^{\alpha_1}(x_i, z_i) - q^{\alpha_1}(x_j, z_i) = (x_i, x_j)'\beta_0 + (\sigma(x_i) - \sigma(x_j))q_{\epsilon}^{\alpha_1} \tag{8}$$

$$\Delta q_{ij}^{\alpha_2} = q_{ii}^{\alpha_2} - q_{ji}^{\alpha_2} = q^{\alpha_2}(x_i, z_i) - q^{\alpha_2}(x_j, z_i) = (x_i, x_j)'\beta_0 + (\sigma(x_i) - \sigma(x_j))q_{\epsilon}^{\alpha_2} \tag{9}$$

为再次使用成对相减变换消去式（8）~式（9）中的异方差结构 $\sigma(x_i) - \sigma(x_j)$，记 $\overline{\Delta q}_{ij}^{\alpha_1, \alpha_2} = (\Delta q_{ij}^{\alpha_1} + \Delta q_{ij}^{\alpha_2})/2$，$\gamma^{\alpha_1, \alpha_2} = \dfrac{q_{\epsilon}^{\alpha_1} + q_{\epsilon}^{\alpha_2}}{2(q_{\epsilon}^{\alpha_1} - q_{\epsilon}^{\alpha_2})}$，并将式（8）~式（9）等号两边相加除以 2 可得以下重要的关系：

$$\overline{\Delta q}_{ij}^{\alpha_1, \alpha_2} = (x_i - x_j)'\beta_0 + (\Delta q_{ij}^{\alpha_1} - \Delta q_{ij}^{\alpha_2})\gamma^{\alpha_1, \alpha_2} \tag{10}$$

式（10）提示我们一种获得参数 β_0 一致估计的两步估计法：

①对于任意的 $i, j = 1, \cdots, n$, $i \neq j$，先以 y 对 (x, z) 进行非参数分位点回归，获得 $q_{ii}^{\alpha_l}$ 与 $q_{ji}^{\alpha_l}$, $l = 1, 2$ 的一致估计式 $\hat{q}_{ii}^{\alpha_l}$ 与 $\hat{q}_{ji}^{\alpha_l}$, $l = 1, 2$。②在 $\hat{q}_{ii}^{\alpha_l} > 0$ 与 $\hat{q}_{ji}^{\alpha_l} > 0$ 都成立的前提下分别计算 $\widehat{\Delta q}_{ij}^{\alpha_l} = \hat{q}_{ii}^{\alpha_l} - \hat{q}_{ji}^{\alpha_l}$, $l = 1, 2$ 与 $\widehat{\overline{\Delta q}}_{ij}^{\alpha_1, \alpha_2} = (\widehat{\Delta q}_{ij}^{\alpha_1} + \widehat{\Delta q}_{ij}^{\alpha_2})/2$, $i, j = 1, \cdots, n$, $i \neq j$。注意到式（10），用所有的 $\widehat{\overline{\Delta q}}_{ij}^{\alpha_1, \alpha_2}$ 对 $(x_i - x_j)$ 与 $\widehat{\Delta q}_{ij}^{\alpha_1} - \widehat{\Delta q}_{ij}^{\alpha_2}$ 进行最小二乘回归，从而获得 β_0 与 $\gamma^{\alpha_1, \alpha_2}$ 的一致估计。下面我们分别就以上两步估计法中每一步的计算要点做出详细说明。

（一）非参数条件分位数估计

第①步涉及 y 对 $w = (x, z)$ 的非参数条件分位数估计。现有的计量理论文献已提出若干种计算非参数条件分位数方法。为确定起见并与 CK 方法保持一致，本文集中讨论由 Chaudhuri（1991a，1991b）提出的局部线性多项式方法。

依据随机变量是连续分布还是离散分布的，x_i 可被分解成 (x_i^d, x_i^c)，其中 x_i^c 表示 x_i 中 k_{x^c} 维连续分布的分量，x_i^d 表示 x_i 中 k_{x^d} 维离散分布的分量。同理 $z_i = (z_i^d, z_i^c)$。对于任意 $w = (x^d, x^c, z^d, z^c)$ 定义集合 $C_{h_n}(w)$ 中的元素是满足该条件的 $w_j = (x_j, z_j) = (x_j^d, z_j^d, x_j^c, z_j^c)$，其中 $x_j^d = x^d$，$z_j^d = z^d$，(x_j^c, z_j^c) 落在以 (x^c, z^c) 为中心、边长 $2h_n$ 的 $k_{x^c} + k_{z^c}$ 维正方体中。依据

---

[1] 所谓分位数函数的单调不变性是指对于任意的单调变换 $\psi(\cdot)$，以及随机变量 u 的第 α 分位数 $q^{\alpha}(u)$，成立 $q^{\alpha}(\psi(u)) = \psi(q^{\alpha}(u))$。

局部线性估计的原理，$q^\alpha(x, z) = q^\alpha(y|x, z)$ 在局部可由形如 $b_0(w) + w^{c'}b_1(w)$ 的线性多项式近似，其中截距项 $b_0(w)$ 与 $k_{x^c} + k_{z^c}$ 维斜率 $b_1(w)$ 最小化以下目标函数：

$$(b_0(w), b_1(w)) = \arg\min_{b_0, b_1} \sum_{j=1}^{n} 1\left[w_j \in C_{h_n}(w)\right]\rho_\alpha(y_j - b_0 - (w_j^c - w^c)'b_1) \tag{11}$$

其中 $\rho_\alpha(\cdot)$ 由式 (4) 给出。

(二) 加权最小二乘法

在第②步中，我们将第①步所得的条件分位点函数 $\widehat{\Delta q}_{ij}^{\alpha_1, \alpha_2}$ 与 $\widehat{\Delta q}_{ij}^{\alpha_1} - \widehat{\Delta q}_{ij}^{\alpha_2}$ 作为新的"原始"数据，然后进行普通最小二乘回归。此时，满足 $i, j = 1, \cdots, n, i \neq j$ 的指标 (i, j) 最多有 $n(n-1)$ 对，但并非所有这 $n(n-1)$ 对 $\widehat{\Delta q}_{ij}^{\alpha_1, \alpha_2}$ 与 $\widehat{\Delta q}_{ij}^{\alpha_1} - \widehat{\Delta q}_{ij}^{\alpha_2}$ 都要参与到最后的最小二乘回归中。我们通过定义赋权函数来决定哪些指标对将参与到最后的回归中。首先，式 (8) 至式 (9) 的成立以 $q_{ii}^{\alpha_1} > 0$，$q_{ji}^{\alpha_1} > 0$，$l = 1, 2$ 作为前提条件。由于 $0 < \alpha_1 < \alpha_2 < 1$，这只需要求 $q_{ii}^{\alpha_1} > 0$，$q_{ji}^{\alpha_1} > 0$ 成立。显然，体现这一加权原则的手段之一是引入指示函数 1 ($q_{ii}^{\alpha_1} > 0$) 与 $1(q_{ji}^{\alpha_1} > 0)$。指示函数 $1(\cdot)$ 的一个缺陷是它不是连续的，即我们无法依靠它来区分那些使得 $q_{ii}^{\alpha_1}$ 符号为正并且绝对值很大的指标对 (i, j) 与那些尽管使得 $q_{ii}^{\alpha_1}$ 符号为正且绝对值很小的指标对 (i, j)。[①] 正如 CK 所指出的，解决这一问题的方法是将非连续的指示函数 $1(\cdot)$ 连续化，即采用这样的连续函数 $\omega(q)$：它当 q 小于等于 c 时等于零，其中 c 是某个很小的正数；当 q 大于 c 时取正值，且 $\omega(q)$ 随 q 的增大而不断增大。重要的是 $\omega(q)$ 在 c 这一点是连续的。按照这一要求，CK 采用了如下形式的 $\omega(q)$：

$$\omega(q) = \left[\frac{e^{q-2c}}{1 + e^{q-2c}} - \frac{e^{-c}}{1 + e^{-c}}\right]\left[\frac{2 + e^c + e^{-c}}{e^c - e^{-c}}\right]1(c < q < 3c) + 1(q > 3c) \tag{12}$$

其中 c 是某个很小的正数。[②]

此外，给定样本 (x_i, z_i)，$i = 1, \cdots, n$，在不加取舍的情形下，第①步中我们需分别估计 $q^\alpha(x, z) = q^\alpha(y|x, z)$ 在 (x_j, z_j)，$i, j = 1, \cdots, n$，$i \neq j$ 上的数值，即最多需要进行 $O(n^2)$ 阶次非参数分位点的运算。很明显，当 n 较大时所需的计算量将变得异常庞大而大大降低估计方法的可行性。解决这一问题的一个办法是只对充分靠近样本点 (x_i, z_i)，$i = 1, \cdots, n$ 的那些 (x_j, z_j)，$i, j = 1, \cdots, n$，$i \neq j$ 进行非参数分位点估计。这又等价于只在那些满足 $|x_j - x_i| < \delta_n$ 的 (x_j, z_j) 点上进行非参数分位点估计，其中 δ_n 是某一随 n 趋于零的序列。一般地，我们用一个指示函数 $\upsilon_{ij} = \upsilon(x_i, x_j)$ 来体现这样的指标选择法则：(x_i, x_j)

---

① 为理解这一点，考虑两类指标对 (i, j)，第一类使得 $q^{\alpha_1}(x_i, z_i)$ 符号为正但绝对值很小，第二类使得 $q^{\alpha_1}(x_i, z_i)$ 符号为负但绝对值很小。函数 $1(\cdot)$ 对这两类指标对分别返回 1 与 0。事实上完全存在这样的可能：真实的 $q^{\alpha_1}(x_i, z_i)$ 接近于零或等于零；非参数条件分位点估计值的随机误差造成了在某些情况下估计结果是正值，在另一些情况下它是负的。

② CK 中设 $c = 0.05$，本文的 Monte Carlo 模拟部分将延续采用这样的设定。

被选中当且仅当 $\iota_{ij} > 0$。以上提到的法则即对应于 $\iota(x_i, x_j) = 1$ $(\|x_i - x_j\| \leq \delta_n)$。我们将在 Monte Carlo 模拟部分讨论小样本中 δ_n 的选择对估计量性质的影响。

根据以上分析，我们不难得到计算 $\theta = (\beta', \gamma^{\alpha_1, \alpha_2})'$ 的估计量的最后表达式：

$$\hat{\theta}_n = \hat{S}_{1n}^{-1} \hat{S}_{2n} \tag{13}$$

其中：

$$\hat{S}_{1n} = \left[\sum_{i=1}^{n} \sum_{j \neq 1} \omega(\hat{q}_{ii}^{\alpha_1}) \omega(\hat{q}_{ji}^{\alpha_1}) \iota_{ij} \begin{bmatrix} x_i - x_j \\ \widehat{\Delta q_{ij}^{\alpha_1}} - \widehat{\Delta q_{ij}^{\alpha_2}} \end{bmatrix} (x_i - x_j, \; \widehat{\Delta q_{ij}^{\alpha_1}} - \widehat{\Delta q_{ij}^{\alpha_2}}) \right] \tag{14}$$

$$\hat{S}_{2n} = \left[\sum_{i=1}^{n} \sum_{j \neq 1} \omega(\hat{q}_{ii}^{\alpha_1}) \omega(\hat{q}_{ji}^{\alpha_1}) \iota_{ij} \begin{bmatrix} x_i - x_j \\ \widehat{\Delta q_{ij}^{\alpha_1}} - \widehat{\Delta q_{ij}^{\alpha_2}} \end{bmatrix} \widehat{\Delta q_{ij}^{\alpha_1, \alpha_2}} \right] \tag{15}$$

由于以上估计量具有显式解的形式，因此在实际应用中具有计算简便的特点。

四、估计量的大样本性质

为推导估计量式（13）的极限分布，我们引入以下正则性假定 1~7。这些假定都直接引自 CK 一文或是它们的直接推广。

假定 1　以下 $(k_x + 1) \times (k_x + 1)$ 维矩阵：

$$V = E\left[\omega(q_{ii}^{\alpha_1}) \omega(q_{ji}^{\alpha_1}) \iota_{ij} \begin{bmatrix} x_i - x_j \\ \Delta q_{ij}^{\alpha_1} - \Delta q_{ij}^{\alpha_2} \end{bmatrix} (x_i - x_j, \; \Delta q_{ij}^{\alpha_1} - \Delta q_{ij}^{\alpha_2}) \right] \tag{16}$$

满秩且可逆。

假定 2　$(k_x + k_z + 1)$ 维随机向量 (x_i, z_i, ϵ_i), $i = 1, \cdots, \infty$ 独立同分布。

假定 3　函数 $\omega(\cdot) \geq 0$; $\omega(q) = 0$ 当且仅当 $q < c$，其中 c 是某个很小的正数; $\omega'(\cdot)$ 存在且有界。

假定 4　（a）对于任意的 $(x, z) \in W$，一致地成立 $c \leq f_{x^c, z^c | x^d, z^d}(x^c, z^c | x^d, z^d) < \infty$，其中 X, Z, W 分别是 x_i, z_i, $w_i = (x_i, z_i)$ 的支撑集（Support），$f_{x^c, z^c | x^d, z^d}(\cdot, \cdot | \cdot, \cdot)$ 为给定 (x^d, z^d) 时，(x^c, z^c) 的条件密度函数，c 是某个很小的正数;（b）离散随机向量 (x^d, z^d) 的边际密度函数 $f_{x^d, z^d}(\cdot, \cdot)$ 只在有限个点上有正的概率。

假定 5　随机变量 ϵ_i 与 $w_i = (x_i, z_i)$ 独立; ϵ_i 具有连续、有界、处处为正的密度函数 $f_\epsilon(\cdot)$。

给定 $\rho \in (0, 1]$，函数 f 与实数集合 D，我们称 $f \in C^\rho(D)$，如果存在某个正数 K，对于任意的 x_1, $x_2 \in D$，$|f(x_1) - f(x_2)| \leq K\|x_1 - x_2\|^\rho$ 成立。记 $f_{x, z}(\cdot)$ 为 (x, z) 的边际密度函数。

假定 6　存在某个 $\rho \in (0, 1]$，使得（a）$f_{x, z}(\cdot, \cdot) \in C^\rho(W^c)$;（b）$\sigma(\cdot)$ 在它的连续分量

x_c 上 ρ_x 次可微，$\kappa(\cdot)$ 在它的连续分量 z^c 上 ρ_z 次可微。$\sigma(\cdot)$ 与 $\kappa(\cdot)$ 在各自连续分量上的 ρ_x 与 ρ_z 阶偏导数分别属于 $C^\rho(X)$ 与 $C^\rho(Z)$。(c)$h(\cdot)$ 在连续分量 z^c 上 η 次可微，在连续分量上的 η 阶偏导数属于 $C^\rho(Z)$。(d)$\iota(x_i,\ x_j) \in C^\rho(X^c \times X^c)$。

假定 7 $h_n = O(n^{-\xi})$，其中 $\xi \in (1/2p,\ 1/3(k_{x_c} + k_{z_c}))$，其中 $p = \rho + \min(\rho_x,\ \rho_z,\ \eta)$。

假定 1 给出了参数可识别的充分条件。这一条件类似于在多元线性回归 $y = x'\beta_0 + u$ 中为识别 β_0 要求 $E(xx')$ 满秩且可逆。假定 3 给出了权重函数 $\omega(\cdot)$ 应满足的连续性质。很明显，式（12）给出的 $\omega(q)$ 满足所有这些性质。假定 4、假定 5 意味着，若想获得估计量理想的性质，随机解释变量 $w_i = (x_i,\ z_i)$ 与扰动项 ϵ_i 应服从那些常见的、定义良好的、非极端的分布。假定 6 总结了估计量涉及的各种函数的光滑性要求。假定 7 给出了非参数分位点估计时窗宽（Bandwidth）的阶条件。为叙述估计量的极限分布，定义 $c_2 = q_\epsilon^{\alpha_1}/(q_\epsilon^{\alpha_1} - q_\epsilon^{\alpha_2})$，$c_1 = -q_\epsilon^{\alpha_2}/(q_\epsilon^{\alpha_1} - q_\epsilon^{\alpha_2})$，然后进一步定义：

$$\pi_{1k} = \omega_{kk}\{\alpha_1 - 1(y_k \leqslant q_{kk}^{\alpha_1})f_\epsilon^{-1}(q_\epsilon^{\alpha_1})[x_k\psi_1^{\alpha_1}(x_k,\ z_k) - \psi_2^{\alpha_1}(x_k,\ z_k)]\}$$

$$\pi_{2k} = \omega_{kk}\{\alpha_1 - 1(y_k \leqslant q_{kk}^{\alpha_1})f_\epsilon^{-1}(q_\epsilon^{\alpha_1})[(q_{kk}^{\alpha_1} - q_{kk}^{\alpha_2})\psi_1^{\alpha_1}(x_k,\ z_k) - (\psi_3^{\alpha_1,\alpha_1}(x_k,\ z_k) - \psi_3^{\alpha_1,\alpha_2}(x_k,\ z_k))]\}$$

$$\pi_{3k} = \omega_{kk}\{\alpha_1 - 1(y_k \leqslant q_{kk}^{\alpha_1})f_\epsilon^{-1}(q_\epsilon^{\alpha_1})[\psi_4^{\alpha_1}(x_k,\ z_k) - x_k\psi_5^{\alpha_1}(x_k,\ z_k)]\}$$

$$\pi_{4k} = \omega_{kk}\{\alpha_1 - 1(y_k \leqslant q_{kk}^{\alpha_1})f_\epsilon^{-1}(q_\epsilon^{\alpha_1})[\psi_6^{\alpha_1,\alpha_1}(x_k,\ z_k) - \psi_3^{\alpha_1,\alpha_1}(x_k,\ z_k) - (q_{kk}^{\alpha_1} - q_{kk}^{\alpha_2})\psi_5^{\alpha_1}(x_k,\ z_k)]\}$$

$$\pi_{5k} = \omega_{kk}\{\alpha_1 - 1(y_k \leqslant q_{kk}^{\alpha_2})f_\epsilon^{-1}(q_\epsilon^{\alpha_2})[x_k\psi_1^{\alpha_2}(x_k,\ z_k) - \psi_2^{\alpha_2}(x_k,\ z_k)]\}$$

$$\pi_{6k} = \omega_{kk}\{\alpha_2 - 1(y_k \leqslant q_{kk}^{\alpha_2})f_\epsilon^{-1}(q_\epsilon^{\alpha_2})[(q_{kk}^{\alpha_1} - q_{kk}^{\alpha_2})\psi_1^{\alpha_2}(x_k,\ z_k) - (\psi_3^{\alpha_2,\alpha_1}(x_k,\ z_k) - \psi_3^{\alpha_2,\alpha_2}(x_k,\ z_k))]\}$$

$$\pi_{7k} = \omega_{kk}\{\alpha_1 - 1(y_k \leqslant q_{kk}^{\alpha_2})f_\epsilon^{-1}(q_\epsilon^{\alpha_2})[\psi_4^{\alpha_2}(x_k,\ z_k) - x_k\psi_5^{\alpha_2}(x_k,\ z_k)]\}$$

$$\pi_{8k} = \omega_{kk}\{\alpha_2 - 1(y_k \leqslant q_{kk}^{\alpha_2})f_\epsilon^{-1}(q_\epsilon^{\alpha_2})[\psi_6^{\alpha_2,\alpha_2}(x_k,\ z_k) - \psi_3^{\alpha_2,\alpha_2}(x_k,\ z_k) - (q_{kk}^{\alpha_1} - q_{kk}^{\alpha_2})\psi_5^{\alpha_2}(x_k,\ z_k)]\}$$

其中：

$$\psi_1^{\alpha_1}(x,\ z) = E(\omega(q^{\alpha_1}(x_j,\ z))\iota(x,\ x_j)|x,\ z)$$

$$\psi_2^{\alpha_1}(x,\ z) = E(\omega(q^{\alpha_1}(x_j,\ z))\iota(x,\ x_j)x_j|x,\ z)$$

$$\psi_3^{\alpha_{i_1},\alpha_{i_2}}(x,\ z) = E(\omega(q^{\alpha_{i_1}}(x_j,\ z))\iota(x,\ x_j)q^{\alpha_{i_2}}(x_j,\ z)|x,\ z)$$

$$\psi_4^{\alpha_1}(x,\ z) = E(\omega(q^{\alpha_1}(x_j,\ z))\iota(x_i,\ x)x_i|x,\ z)$$

$$\psi_5^{\alpha_1}(x,\ z) = E(\omega(q^{\alpha_1}(x_i,\ z))\iota(x_i,\ x)|x,\ z)$$

$$\psi_6^{\alpha_{i_1},\alpha_{i_2}}(x,\ z) = E(\omega(q^{\alpha_{i_1}}(x_i,\ z))\iota(x_I,\ x)q^{\alpha_{i_2}}(x_i,\ z)|x,\ z)$$

定理 1 在假定 1 至假定 7 下，$\sqrt{n}\ (\hat{\theta}_n - \theta_0) \xrightarrow{d} N(0,\ V^{-1}\Omega V^{-1})$，其中 V 由式（16）给出，$\Omega = E(\Pi_k \Pi_k')$，$\Pi_k = c_1 \begin{bmatrix} \pi_{1k} - \pi_{3k} \\ \pi_{2k} - \pi_{4k} \end{bmatrix} + c_2 \begin{bmatrix} \pi_{5k} - \pi_{7k} \\ \pi_{6k} - \pi_{8k} \end{bmatrix}$。

证明：定理的详细证明十分复杂，为突出重点，我们只给出证明的基本思路与主要步骤，而在技术细节处引导读者参考 CK 一文定理 1 证明的对应部分。首先将式（13）写成：

$$\hat{\theta}_n - \theta_0 = \left[\frac{1}{n(n-1)}\hat{S}_{1n}\right]^{-1}\frac{1}{n(n-1)}(\hat{S}_{2n} - \hat{S}_{1n}\theta_0) \tag{17}$$

证明分两步：①证明 $\frac{1}{n(n-1)}\hat{S}_{1n}$ 依概率收敛到某可逆有限矩阵；②证明 $\frac{1}{n(n-1)}(\hat{S}_{2n} - \hat{S}_{1n}\theta_0)$ 依分布收敛到某正态分布。为证明①，按式 $\hat{S}_{1n}$ 中各项的构成形式，采用适用于 U 统计量的大数定理，并注意到非参数条件分位点估计 $\hat{q}_{ii}^\alpha$ 与 $\hat{q}_{ji}^\alpha$ 分别是 q_{ii}^α 与 q_{ji}^α 的一致估计，[①] 可以证明 $\frac{1}{n(n-1)}\hat{S}_{1n} \xrightarrow{p} V$（仿照 CK 引理 3 的证明过程），其中 V 由式（16）给出。为证明

②，记 $\hat{\omega}_{ii} = \omega(\hat{q}_{ii}^{\alpha_1})$，$\hat{\omega}_{ji} = \omega(\hat{q}_{ji}^{\alpha_1})$，将 $\frac{1}{n(n-1)}(\hat{S}_{2n} - \hat{S}_{1n}\theta_0) = \frac{1}{n(n-1)}\sum_{i=1}^{n}\sum_{j\neq i}\hat{\omega}_{ii}\hat{\omega}_{ji}\iota_{ij}$

$\begin{bmatrix} x_i - x_j \\ \widehat{\Delta q}_{ij}^{\alpha_1} - \widehat{\Delta q}_{ij}^{\alpha_2} \end{bmatrix}\left[\widehat{\Delta q}_{ij}^{\alpha_1,\alpha_2} - [x_i - x_j, \widehat{\Delta q}_{ij}^{\alpha_1} - \widehat{\Delta q}_{ij}^{\alpha_2}]'\theta_0\right]$ 分解成 $\sum_{1n} + \sum_{2n} + \sum_{3n} + \sum_{4n}$，其中：

$$\sum_{1n} = \frac{1}{n(n-1)}\sum_{i=1}^{n}\sum_{j\neq i}\hat{\omega}_{ii}\hat{\omega}_{ji}\iota_{ij}\begin{bmatrix} 0 \\ (\widehat{\Delta q}_{ij}^{\alpha_1} - \Delta q_{ij}^{\alpha_1}) - (\widehat{\Delta q}_{ij}^{\alpha_2} - \Delta q_{ij}^{\alpha_2}) \end{bmatrix}$$
$$(\widehat{\Delta q}_{ij}^{\alpha_1,\alpha_2} - (x_i - x_j, \widehat{\Delta q}_{ij}^{\alpha_1} - \widehat{\Delta q}_{ij}^{\alpha_2})'\theta_0)$$

$$\sum_{2n} = \frac{1}{n(n-1)}\sum_{i=1}^{n}\sum_{j\neq i}\hat{\omega}_{ii}\hat{\omega}_{ji}\iota_{ij}\begin{bmatrix} x_i - x_j \\ \Delta q_{ij}^{\alpha_1} - \Delta q_{ij}^{\alpha_2} \end{bmatrix}\left[\overline{\Delta q}_{ij}^{\alpha_1,\alpha_2} - [x_i - x_j)'\beta_0 - (\Delta q_{ij}^{\alpha_1} - \Delta q_{ij}^{\alpha_2}]\gamma_0\right]$$

$$\sum_{3n} = \frac{1}{n(n-1)}\sum_{i=1}^{n}\sum_{j\neq i}\hat{\omega}_{ii}\hat{\omega}_{ji}\iota_{ij}\begin{bmatrix} x_i - x_j \\ \Delta q_{ij}^{\alpha_1} - \Delta q_{ij}^{\alpha_2} \end{bmatrix}\left[\widehat{\Delta q}_{ij}^{\alpha_1,\alpha_2} - \overline{\Delta q}_{ij}^{\alpha_1,\alpha_2}\right]$$

$$\sum_{4n} = \frac{1}{n(n-1)}\sum_{i=1}^{n}\sum_{j\neq i}\hat{\omega}_{ii}\hat{\omega}_{ji}\iota_{ij}\begin{bmatrix} x_i - x_j \\ \Delta q_{ij}^{\alpha_1} - \Delta q_{ij}^{\alpha_2} \end{bmatrix}((\Delta q_{ij}^{\alpha_1} - \Delta q_{ij}^{\alpha_2}) - (\widehat{\Delta q}_{ij}^{\alpha_1} - \widehat{\Delta q}_{ij}^{\alpha_2}))\gamma_0$$

对于 $\sum_{1n}$，利用 $\widehat{\Delta q}_{ij}^{\alpha_l} - \Delta q_{ij}^{\alpha_l} = o_p(n^{-1/4})$，$l = 1, 2$（Chaudhuri 等，1997，引理 4.3a），与证明 $\frac{1}{n(n-1)}\hat{S}_{1n} \xrightarrow{p} V$ 时相同的 U 统计量大数定理，可得 $\sum_{1n} = o_p(n^{-1/2})$。为说明 $\sum_{2n} = o_p(n^{-1/2})$，注意到式（10），这等价于证明：

$$\frac{1}{n(n-1)}\sum_{i=1}^{n}\sum_{j\neq i}(\hat{\omega}_{ii}\hat{\omega}_{ji} - \omega_{ii}\omega_{ji})\iota_{ij}\begin{bmatrix} x_i - x_j \\ \Delta q_{ij}^{\alpha_1} - \Delta q_{ij}^{\alpha_2} \end{bmatrix}$$
$$\left[\overline{\Delta q}_{ij}^{\alpha_1,\alpha_2} - [x_i - x_j]'\beta_0 - (\Delta q_{ij}^{\alpha_1} - \Delta q_{ij}^{\alpha_2}]\gamma_0\right] = o_p(n^{-1/2})$$

[①] 即 $\hat{q}^\alpha(x_i, z_i)$ 收敛到 $q^\alpha(x_i, z_i)$ 的速度不低于 $n^{1/4}$，见 Chaudhuri 等人（1997）引理 4.3a，或 CK 引理 1。

现利用假定 3 中关于 $\omega'(\cdot)$ 存在且有界的条件，将 $\hat{\omega}_{ii}$ 与 $\hat{\omega}_{ji}$ 在真值 ω_{ii} 与 ω_{ji} 处进行 Taylor 展开，并再次利用 $\hat{q}_{ii}^{\alpha} - \hat{q}_{ii}^{\alpha} = o_p(n^{-1/4})$ 与 $\hat{q}_{ji}^{\alpha} - \hat{q}_{ji}^{\alpha} = o_p(n^{-1/4})$ 即可得结论（详细步骤请见 CK 引理 4）。最后，我们来处理 $\sum_{3n}$ 与 $\sum_{4n}$。

利用恒等式 $\widehat{\Delta q}_{ij}^{\alpha_1,\alpha_2} - \Delta q_{ij}^{\alpha_1,\alpha_2} = \frac{1}{2}\left[(\widehat{\Delta q}_{ij}^{\alpha_1} - \Delta q_{ij}^{\alpha_1}) + (\widehat{\Delta q}_{ij}^{\alpha_2} - \Delta q_{ij}^{\alpha_2})\right]$ 并注意到式（10）中，$\gamma_0 = \gamma^{\alpha_1,\alpha_2}$，我们可以把 $\sum_{3n}$ 与 $\sum_{4n}$ 合并写成：

$$\sum_{3n} + \sum_{4n} = \frac{1}{n(n-1)}\sum_{i=1}^{n}\sum_{j\neq i}\hat{\omega}_{ii}\hat{\omega}_{ji}\iota_{ij}\begin{bmatrix} x_i - x_j \\ \Delta q_{ij}^{\alpha_1} \Delta q_{ij}^{\alpha_2} \end{bmatrix}\left[c_1[\widehat{\Delta q}_{ij}^{\alpha_1} - \Delta q_{ij}^{\alpha_1}] + c_2[\widehat{\Delta q}_{ij}^{\alpha_2} - \Delta q_{ij}^{\alpha_2}]\right]$$

(18)

其中 $c_2 = q_{\epsilon}^{\alpha_1}/(q_{\epsilon}^{\alpha_1} - q_{\epsilon}^{\alpha_2})$，$c_1 = q_{\epsilon}^{\alpha_2}/(q_{\epsilon}^{\alpha_1} - q_{\epsilon}^{\alpha_2})$。由于 $\widehat{\Delta q}_{ij}^{\alpha} - \Delta q_{ij}^{\alpha} = \hat{q}_{ii}^{\alpha} - q_{ii}^{\alpha} - (\hat{q}_{ji}^{\alpha} - q_{ji}^{\alpha})$，我们分别考虑下列各式的极限分布：

$$\Gamma_{1n} = \frac{1}{n(n-1)}\sum_{i=1}^{n}\sum_{j\neq i}\hat{\omega}_{ii}\hat{\omega}_{ji}\iota_{ij}\begin{bmatrix} x_i - x_j \\ \Delta q_{ij}^{\alpha_1} \Delta q_{ij}^{\alpha_2} \end{bmatrix}(\hat{q}_{ii}^{\alpha_1} - q_{ii}^{\alpha_1})$$

$$\Gamma_{2n} = \frac{1}{n(n-1)}\sum_{i=1}^{n}\sum_{j\neq i}\hat{\omega}_{ii}\hat{\omega}_{ji}\iota_{ij}\begin{bmatrix} x_i - x_j \\ \Delta q_{ij}^{\alpha_1} \Delta q_{ij}^{\alpha_2} \end{bmatrix}(\hat{q}_{ji}^{\alpha_1} - q_{ji}^{\alpha_1})$$

$$\Gamma_{3n} = \frac{1}{n(n-1)}\sum_{i=1}^{n}\sum_{j\neq i}\hat{\omega}_{ii}\hat{\omega}_{ji}\iota_{ij}\begin{bmatrix} x_i - x_j \\ \Delta q_{ij}^{\alpha_1} \Delta q_{ij}^{\alpha_2} \end{bmatrix}(\hat{q}_{ii}^{\alpha_2} - q_{ii}^{\alpha_2})$$

$$\Gamma_{4n} = \frac{1}{n(n-1)}\sum_{i=1}^{n}\sum_{j\neq i}\hat{\omega}_{ii}\hat{\omega}_{ji}\iota_{ij}\begin{bmatrix} x_i - x_j \\ \Delta q_{ij}^{\alpha_1} \Delta q_{ij}^{\alpha_2} \end{bmatrix}(\hat{q}_{ji}^{\alpha_2} - q_{ji}^{\alpha_2})$$

首先考虑 Γ_{1n}。采取与之前证明 $\sum_{2n} = O_p(n^{-1/2})$ 时相同的步骤，可以说明 Γ_{1n} 与 $\overline{\Gamma}_{1n} = \frac{1}{n(n-1)}\sum_{i=1}^{n}\sum_{j\neq i}\omega_{ii}\omega_{ji}\iota_{ij}\begin{bmatrix} x_i - x_j \\ \Delta q_{ij}^{\alpha_1} \Delta q_{ij}^{\alpha_2} \end{bmatrix}(\hat{q}_{ii}^{\alpha_1} - q_{ii}^{\alpha_1})$ 之差不大于 $o_p(n^{-1/2})$，这意味着我们只需分析 $\overline{\Gamma}_{1n}$ 的极限分布即可。依据 Chaudhuri 等（1997）引理 4.1，$\hat{q}_{ii}^{\alpha} = \hat{q}^{\alpha}(x_i, z_i)$ 具有如下的线性近似表示：

$$\hat{q}_{ii}^{\alpha} - q_{ii}^{\alpha} = N_n^{-1}(w_i)e'_{(1)}G_n^{-1}(w_i)\sum_{j\neq i}L(h_n, w_j - w_i)(\alpha - 1(y_j \leq q_{jj}^{\alpha}))1(w_j \in C_{h_n}(w_i)) + R_n \quad (19)$$

其中，$C_{h_n}(w_i)$ 已在式（11）中加以定义；$N_n(w_i)$ 是给定 w_i 时，$C_{h_n}(w_i)$ 中包含不同 w_j 的个数；[①] $e_{(1)}$ 是第一个分量为 1，其余分量为零的 $(1 + k_{x^c} + k_{z^c})$ 维列向量；$L(h_n, w_j - w_i) = (1, h_n^{-1}(x_j^c - x_i^c)', h_n^{-1}(z_j^c - z_i^c)')'$。另外按 Chaudhuri 等（1997）引理 4.1 所述，$G_n(w_i)$ 是一

---

① 或者说，$N_n(w_i)$ 等于式（19）中实际参与求和的加项个数。

个 $(1 + k_{x^c} + k_{z^c})$ 维的方阵，它的第（r, s）位置元素等于给定 w_i 时，$L(h_n, w_j - w_i)$ 的第 r 个分量与第 s 个分量乘积的条件期望。[①] 最后，残留项 $R_n = o_p(n^{-1/2})$。将式（19）代入 $\overline{\Gamma}_{1n}$，使得我们可以集中考虑：

$$\frac{1}{n(n-1)(n-2)}\sum_{i \neq j \neq k}\omega_{ii}\omega_{ji}\iota_{ij}\begin{bmatrix} x_i - x_j \\ \Delta q_{ij}^{\alpha_1} \quad \Delta q_{ij}^{\alpha_2} \end{bmatrix}N_n^{-1}(w_i)e'_{(1)}G_n^{-1}(w_i)L(h_n, w_k - w_i)$$

$$(\alpha_1 - 1(y_k \leqslant q_{kk}^{\alpha_1}))1(w_k \in C_{h_n}(w_i)) \tag{20}$$

上式是一个三阶的 U 统计量，可以表示成 $\dfrac{1}{n(n-1)(n-2)}\sum_{i \neq j \neq k}F_n(\xi_i, \xi_j, \xi_k)$，其中 $\xi_i = (y_i, w'_i)'$。利用 U 统计量的投影定理（Powell 等，1989），即：

$$\frac{1}{n(n-1)(n-2)}\sum_{i \neq j \neq k}F_n(\xi_i, \xi_j, \xi_k) = \frac{1}{n}\sum_{k=1}^{n}E(F_n(\xi_i, \xi_j, \xi_k)|\xi_k) + o_p(n^{-1/2})$$

并反复遵循 CK 引理 5 的证明步骤，可以分别证明：

$$\frac{1}{n(n-1)(n-2)}\sum_{i \neq j \neq k}\omega_{ii}\omega_{ji}\iota_{ij}x_iN_n^{-1}(w_i)e'_{(1)}G_n^{-1}(w_i)L(h_n, w_k - w_i)(\alpha_1 - 1(r_k \leqslant q_{kk}^{\alpha_1}))1(w_k \in C_{h_n}$$

$$(w_i)) = \frac{1}{n}\sum_{k=1}^{n}\omega_{kk}x_k(\alpha_1 - 1(y_k \leqslant q_{kk}^{\alpha_1}))f_\epsilon^{-1}(q_\epsilon^{\alpha_1})\psi_1^{\alpha_1}(x_k, z_k)$$

$$\frac{1}{n(n-1)(n-2)}\sum_{i \neq j \neq k}\omega_{ii}\omega_{ji}\iota_{ij}x_jN_n^{-1}(w_i)e'_{(1)}G_n^{-1}(w_i)L(h_n, w_k - w_i)(\alpha_1 - 1(y_k \leqslant q_{kk}^{\alpha_1}))1(w_k \in$$

$$C_{h_n}(w_i)) = \frac{1}{n}\sum_{k=1}^{n}\omega_{kk}(\alpha_1 - 1(y_k \leqslant q_{kk}^{\alpha_1}))f_\epsilon^{-1}(q_\epsilon^{\alpha_1})\psi_2^{\alpha_1}(x_k, z_k)$$

同理，式（20）中其他组成部分的极限分布也可以被类似地推得。总之，若按定理 1 之前对 $\pi_{1k}\pi_{2k}$ 的定义，我们有 $\Gamma_{1n} = \dfrac{1}{n}\sum_{k=1}^{n}\begin{bmatrix}\pi_{1k}\\\pi_{2k}\end{bmatrix} + o_p(n^{-1/2})$。同理可得 $\Gamma_{2n} = \dfrac{1}{n}\sum_{k=1}^{n}\begin{bmatrix}\pi_{3k}\\\pi_{4k}\end{bmatrix} + o_p$

$(n^{-1/2})$，$\Gamma_{3n} = \dfrac{1}{n}\sum_{k=1}^{n}\begin{bmatrix}\pi_{5k}\\\pi_{6k}\end{bmatrix} + o_p(n^{-1/2})$，$\Gamma_{4n} = \dfrac{1}{n}\sum_{k=1}^{n}\begin{bmatrix}\pi_{7k}\\\pi_{8k}\end{bmatrix} + o_p(n^{-1/2})$。最后，注意到 $\dfrac{1}{n(n-1)}$

$\hat{S}_{1n}\xrightarrow{p}V$ 与式（18），可得：

$$\sqrt{n}(\hat{\theta}_n - \theta_0)\xrightarrow{p}V^{-1}\frac{1}{\sqrt{n}}\sum_{k=1}^{n}c_1\begin{bmatrix}\pi_{1k} - \pi_{3k}\\\pi_{2k} - \pi_{4k}\end{bmatrix} + c_2\begin{bmatrix}\pi_{5k} - \pi_{7k}\\\pi_{6k} - \pi_{8k}\end{bmatrix}$$

这就完成了定理证明。

[①] $G_n(w)$ 精确表达式见 Chaudhuri 等（1997）中式（4.3）。这一矩阵是局部线性多项式估计中的必要成分之一。

五、Monte Carlo 模拟结果

在实际计算中，即使基于合适的非参数条件分位数算法程序，研究者在实施以上两步估计法时，仍须在第一阶段主观决定在哪一对分位点（α_1，α_2）上进行非参数拟合，并在第二阶段选择赋权函数 ι_{ij} 中的窗宽 σ_n 以决定哪些样本对参与到最后的最小二乘回归中。不仅如此，研究者还可能关心的是，当样本容量适中或较小时，扰动项的分布类型与样本删尾程度的严重度会给估计量的性质带来什么影响。本节通过一个小型 Monte Carlo 模拟试验来说明所提估计量在以上影响因素变化时的小样本表现。假设数据由：

$$y_i = \max(0, \ a + x_{1i}\beta_{10} + x_{2i}\beta_{20} + h(z_i) + \delta(z_i)\epsilon_i), \ i = 1, \cdots, n$$

生成，其中 $\delta(z) = z^2$，$h(z) = \sin z$。为简单起见，让 $\{x_{1i}, x_{2i}, z_i\}$，$i = 1, \cdots, n$ 的各分量均取自独立标准正态分布 $N(0, 1)$，$\beta_{10} = 1$，$\beta_{20} = -1$。截距项 a 用来调节以控制以下各情形下样本的删尾程度（增大 a 可以减弱删尾度，减小 a 可以加重删尾度）。我们的兴趣在于了解 δ_n 与分位点对（α_1，α_2）的选择，以及扰动项 ϵ 的分布类型与样本删尾程度 τ（定义为被删尾个体占样本所有个体比例）对斜率系数 β_{10}、β_{20} 估值的影响。我们分别计算当 $\delta_n = 0.5$，1（分别对应于窄、宽型窗宽），（α_1，α_2）=（0.5，0.6），（0.5，0.8）（分别对应小间距与大间距的分位点对），$\epsilon \sim N(0, 1)$，$\epsilon \sim \chi^2(1) - 1$（分别对应基准对称分布与非对称分布），$\tau = 15\%$，30%（分别对应轻度删尾与中度删尾，删尾程度由截距 a 调节）时的半参数二步估计量。对于以上 $2^4 = 16$ 种情形中的每一种，我们在样本容量 n = 100，200，400 时各做 400 次重复计算并报告估计量的样本均值与样本标准差。模拟结果见表 1 至表 3。

表 1　模拟结果（n=100）

ϵ 分布	（α_1，α_2）	τ	δ_n	β_{10} 均值	标准差	β_{20} 均值	标准差
N(0, 1)	(0.5, 0.6)	15%	0.5	0.9498	0.0480	−0.9399	0.0516
			1	0.9686	0.0484	−0.9780	0.0490
		30%	0.5	0.8369	0.0897	−0.8552	0.0778
			1	0.8756	0.0804	−0.8460	0.0779
	(0.5, 0.8)	15%	0.5	0.9819	0.0376	−0.9542	0.0379
			1	0.9728	0.0432	−0.9661	0.0399
		30%	0.5	0.9144	0.0762	−0.8972	0.0869
			1	0.8949	0.0710	−0.8815	0.0754
$\chi^2(1) - 1$	(0.5, 0.6)	15%	0.5	0.9846	0.0537	−0.9611	0.0559
			1	0.9659	0.0588	−0.9477	0.0479
		30%	0.5	0.8710	0.0787	−0.9202	0.0745
			1	0.9013	0.0707	−0.8787	0.0721

ϵ 分布	(α_1, α_2)	τ	δ_n	β_{10} 均值	β_{10} 标准差	β_{20} 均值	β_{20} 标准差
$\chi^2(1)-1$	(0.5, 0.8)	15%	0.5	0.9497	0.0538	−0.9355	0.0537
			1	0.9538	0.0639	−0.9575	0.0655
		30%	0.5	0.8901	0.0741	−0.8480	0.0840
			1	0.9160	0.0700	−0.9259	0.0777

表 2 模拟结果（n=200）

ϵ 分布	(α_1, α_2)	τ	δ_n	β_{10} 均值	β_{10} 标准差	β_{20} 均值	β_{20} 标准差
N(0, 1)	(0.5, 0.6)	15%	0.5	0.9685	0.0341	−0.9624	0.0335
			1	0.9695	0.0364	−0.9741	0.0370
		30%	0.5	0.9008	0.0647	−0.8989	0.0555
			1	0.8920	0.0657	−0.9044	0.0525
	(0.5, 0.8)	15%	0.5	0.9714	0.0282	−0.9646	0.0288
			1	0.9751	0.0276	−0.9769	0.0252
		30%	0.5	0.9140	0.0589	−0.8826	0.0585
			1	0.9038	0.0522	−0.8712	0.0532
$\chi^2(1)-1$	(0.5, 0.6)	15%	0.5	0.9703	0.0437	−0.9588	0.0399
			1	0.9558	0.0394	−0.9418	0.0319
		30%	0.5	0.8710	0.0587	−0.9202	0.0545
			1	0.9117	0.0507	−0.8787	0.0521
	(0.5, 0.8)	15%	0.5	0.9616	0.0373	−0.9758	0.0336
			1	0.9513	0.0476	−0.9608	0.0408
		30%	0.5	0.9126	0.0568	−0.9027	0.0617
			1	0.9223	0.0523	−0.9254	0.0545

表 3 模拟结果（n=400）

ϵ 分布	(α_1, α_2)	τ	δ_n	β_{10} 均值	β_{10} 标准差	β_{20} 均值	β_{20} 标准差
N(0, 1)	(0.5, 0.6)	15%	0.5	0.9783	0.0225	−0.9664	0.0235
			1	0.9683	0.0215	−0.9705	0.0151
		30%	0.5	0.9218	0.0447	−0.9034	0.0355
			1	0.9356	0.0457	−0.9176	0.0325
	(0.5, 0.8)	15%	0.5	0.9794	0.0182	−0.9563	0.0248
			1	0.9729	0.0195	−0.9763	0.0184
		30%	0.5	0.9278	0.0389	−0.9066	0.0385
			1	0.9173	0.0322	−0.9163	0.0332

ϵ 分布	(α_1, α_2)	τ	δ_n	β_{10}		β_{20}	
				均值	标准差	均值	标准差
$\chi^2(1)-1$	(0.5, 0.6)	15%	0.5	0.9713	0.0317	−0.9653	0.0299
			1	0.9519	0.0294	−0.9663	0.0219
		30%	0.5	0.9054	0.0387	−0.9253	0.0345
			1	0.9153	0.0407	−0.9156	0.0321
	(0.5, 0.8)	15%	0.5	0.9747	0.0273	−0.9865	0.0236
			1	0.9874	0.0346	−0.9694	0.0308
		30%	0.5	0.9378	0.0368	−0.9183	0.0417
			1	0.9238	0.0395	−0.9349	0.0383

通过观察这些模拟结果，我们可以得到以下经验结论：

第一，在已经列出的各种情形下，估计量都有一定的偏误，偏误程度大致在2%~15%。在任何情形下，估计量的精度（样本标准差的倒数）随样本容量的增大而提高，且提高的速度与理论预计的 $\sqrt{n}$ 基本一致。

第二，估计方法对扰动项分布具备一定的稳健性。在扰动项非正态、非对称分布时该方法依然可以给出较理想的估计值。从结果来看，当扰动项为卡方分布时，在不少情形下，所得估计量无论在偏误和精度方面均不逊于甚至优于相应正态分布下的结果。

第三，主观选择的分位点对 (α_1, α_2) 与赋权函数窗宽 δ_n 对估计量的影响均十分有限。从结果来看，任何一种选取方式均没有一致地优于其他方式。例如，当扰动项是正态分布时，选择大间距分位点对 (0.5, 0.8) 时的估计结果一般要比选择小间距分位点对 (0.5, 0.6) 对应的结果好。然而，当扰动项是卡方分布时，结论则完全相反。直觉上，由于估计步骤本身涉及在所选两个分位点上的条件分位数估计，且任何条件分位数估计的精度均正比于总体分布在所选分位点上的密度大小，因此分位点对的选择对估计量性质影响的方向将与扰动项分布本身的形状特点密切相关。由于分布类型未知，这种影响方向将难以评述。解决这一问题的方法是设计一种由数据自身决定的最优分位点对选择的机制，这应是未来可以继续研究的方向之一。

第四，样本删尾度对估计量的偏误有较大影响，这是因为删尾程度越大，同等容量样本中包含的信息含量也越少。在删尾度为15%的情形下，估计量具有2%~5%的较小偏误；而在删尾度为30%的情形下，偏误迅速增加到10%左右。与偏误相比，删尾程度对估计量精度方面影响较小。最后，增大样本容量可在一定程度上缩小删尾比例过大带来的估计偏误，这表明在实证研究中，若遇删尾比例较高的数据，研究者须尽量扩大样本容量以减少偏误过大的问题。

六、实证分析

　　中国经济 30 多年的高速增长见证了人民生活水平的日益提高与健康状况的极大改善。与此同时，不断扩大的收入差距已成为我国经济发展中的一个突出问题，对社会与人民生活的各方面都产生了重要影响。面对同时出现的收入差距扩大与居民健康医疗需求的增长，正确理解收入与健康之间的内在联系，特别是如今收入不均现状下居民医疗卫生需求行为的基本特征正成为公共卫生政策制定者与经济学家关心的问题。收入不平等影响健康的可能途径之一是收入差距导致的医疗卫生服务利用的不平等性。医疗卫生体系中的平等是指这样一种状态：同等需要应得到同等保健（Equal Need Ought to be Treated Equally），即医疗需求不与个体的收入、地域、种族有关而只与其年龄、自身健康状况等变量相关。当医疗服务利用受到了收入等非必需类变量的影响，即认为医疗服务不平等是存在的。近年来，国内学者基于微观调查数据，对国内居民医疗服务利用不平等现状进行实证研究的文献主要包含林相森和舒元（2007）、解垩（2009）等。

　　基于 2006 年中国健康与营养调查（CHNS）数据，本文采用 Tobit 模型来检验收入差距等因素是否导致了医疗服务利用不平等的现状。文章选取所有在调查之前四周内患有不同程度的疾病的成年人作为样本，一共包括 664 人。样本中个体的年龄分布为 18~85 岁，平均年龄为 50 岁；45%的个体居住在城市；家庭成员人数在 1~10 人，平均水平为 3.7 人/户；年平均个人可支配收入为 7009.40 元，48.8%的人得了严重的疾病，12.08%的人得了很严重的疾病。注意到这 664 个人中的 12.5%，即 84 个人的医疗支出显示为零。对于患病的人来说，医疗支出为零并不代表他或她就没有医疗服务的需求，因此我们所面对的正是一个应用 Tobit 模型的典型场合。我们将要估计的方程可以被写成：

$$medexp_i = max(0, \ lninc_i\beta_{lninc} + rural_i\beta_{rural} + h(z_i) + u_i) \quad i = 1, \cdots, n$$

　　其中，medexp 表示个体的医疗支出，lninc 表示收入对数。除了收入因素，我们可能还关心城乡差距对于医疗不平等的贡献，因此也把表征居民城乡属性的变量放入回归的线性部分。然后，我们将其他一些变量，例如疾病的严重程度、家庭规模、年龄等全部归入 z。这样做的原因主要是：一方面，虽然这些不是我们感兴趣的变量，但是它们仍然是与个人医疗支出密切相关的控制变量；另一方面，我们不了解这些控制变量是否以一种线性的方式影响被解释变量，因此更为稳妥的方式是认为它们与被解释变量之间是非线性的关系。最后需要强调的是，在此处允许回归方程的扰动项包含一般形式异方差的设定是十分必要的。这是因为个人的医疗支出会与一些难以观察的消费偏好与甚至对待健康的态度有关，而容易理解这些不可观察的个人倾向将与家庭规模、城乡户籍和年龄均有关系。

表 4　实证结果

估计方法	β_{lninc}		β_{rural}	
	估值	t 统计量	估值	t 统计量
CLAD	0.1834	2.24	−0.3705	−2.71
$(\alpha_1,\ \alpha_2)=(0.5,\ 0.6)$ $\delta_n=0.5$	0.2023	2.35	−0.2773	−2.29
$(\alpha_1,\ \alpha_2)=(0.5,\ 0.8)$ $\delta_n=0.5$	0.2343	2.52	−0.2676	−1.95
$(\alpha_1,\ \alpha_2)=(0.5,\ 0.6)$ $\delta_n=0.5$	0.2194	2.38	−0.2763	−2.16
$(\alpha_1,\ \alpha_2)=(0.5,\ 0.8)$ $\delta_n=0.5$	0.2329	2.44	−0.2563	−2.04

我们首先假设所有变量都以线性形式进入回归方程，并计算了此时的 CLAD 估计量（Powell，1984）。其次，我们在 $(\alpha_1,\ \alpha_2)=(0.5,\ 0.6),\ (0.5,\ 0.8)$ 与 $\delta_n=0.5$ 和 1 时分别计算了本文提出的半参数二步估计量。以上估计结果被总结在表 4 中。

从结果来看，收入变量斜率的各种估计量均一致表明收入差距是引起医疗消费不平等的重要原因之一。注意到收入弹性的二步法估计值普遍高于 CLAD 估计值，但是参数对应的显著性却提高不多，这应该是二步估计法的计算包含非参数分位点拟合的原因。二步估计量在不同分位点对与窗宽的选择下具有一定的稳定性，这一点实际上已经在上一节的 Monte Carlo 模拟中有所反映。另外，估计结果还显示医疗消费的城乡差距仍然显著存在。

参考文献

［1］Amemiya，T. Regression Analysis When the Dependent Variable is Truncated Normal ［J］. Econometrica，1973（41）.

［2］Chaudhuri，P. Nonparametric Quantile Regression ［J］. Annals of Statistics，1991（19）.

［3］Chaudhuri，P. Global Nonparametric Estimation of Conditional Quantiles and Their Derivatives ［J］. Journal of Multivariate Analysis，1991（39）.

［4］Chaudhuri，P.，K. Doksum，and A. Samarov. On Average Derivative Quantile Regression ［J］. Annals of Statistics，1997（25）.

［5］Chen，S. and Khan，S. Semiparametric Estimation of a Partially Linear Censored Regression Model ［J］. Econometric Theory，2001（17）.

［6］Heckman，J. J. The Common Structure of Statistical Models of Truncation，Sample Selection and Limited Dependent Variables and a Simple Estimator for Such Models ［J］. Annals of Economic and Social Measurement，1976（15）.

［7］Honore，B. and Powell，J. L. Pairwise Difference Estimators of Censored and Truncated Regression Models ［J］. Journal of Econometrics，1994（64）.

［8］Powell，J. L. Least Absolute Deviations Estimation for the Censored Regression Model ［J］. Journal of Econometrics，1984（25）.

［9］Powell，J. L. Censored Regression Quantiles ［J］. Journal of Econometrics，1986（32）.

[10] Powell, J. L. Symmetrically Trimmed Least Squares Estimation for Tobit Models [J]. Econometrtca, 1986 (54).

[11] Powell, J. L., J. H. Stock and T. M. Stoker. Semiparametric Estimation of Index Coefficients [J]. Econometrica, 1989 (57).

[12] 李琴等. 劳动力流动对农村老年人农业劳动时间的影响以及地区差异 [J]. 中国农村经济, 2009 (5).

[13] 李锐等. 基于截取回归模型的农户消费需求分析 [J]. 数量经济技术经济研究, 2004 (9).

[14] 林相森等. 我国居民医疗支出影响因素的实证分析 [J]. 南方经济, 2007 (6).

[15] 解垩. 与收入相关的健康及医疗服务利用不平等研究 [J]. 经济研究, 2009 (2).

[16] 朱南等. 关于我国国有银行商业效率的实证分析 [J]. 管理世界, 2004 (2).

Semi-parametric Estimation of Partially Linear Tobit Models with Unknown Heteroskedasticity

Zhang Zhengyu

(Shanghai Acadamy of Social Sciences, Shanghai   200235)

Abstract: A two-stage semi-parametric estimation procedure is proposed for a class of Tobit models in the presence of both partially linear structure and unknown conditional heteroskedastiticy. This procedure is able to eliminate nuisance nonlinear components appearing in the regression function by pair-wise differencing twice the nonparametrically estimated conditional quantile at the first stage. The resulting estimator is shown to be root-n-consistent and normally distributed. A Monte Carlo simulation is conducted to explore the impact upon its small sample performance through choice of quantile pairs under various error term distributions and degrees of sample censoring. As an empirical example, the suggested method is used to test the inequality of healthcare service in Chinal.

Key Words: Tobit Model; Conditional Heteroskedasticity; Partially Linear Model; Nonparametric Quantile Regression

基于空间滞后随机前沿模型技术
效率的估计 *

胡晶[1]   魏传华[2]   吴喜之[3]

(1. 南开大学数学科学学院，天津 300071；2. 中央民族大学理学院，北京 100081；
3. 中国人民大学应用统计科学研究中心，北京 100872)

摘要： 为了刻画潜在的空间效应，本文提出了一类空间滞后随机前沿模型。在单边误差项分别服从半正态分布、指数分布及截尾正态分布的情况下，我们给出了模型的对数似然函数及迭代步骤。此外，应用 JMLS 方法给出了单边误差项的条件均值与条件众数，因而得到了相应的技术效率估计。

关键词： 随机前沿模型；空间滞后；技术效率

一、引　言

技术效率是用来衡量在现有的技术水平下，生产者获得最大产出的能力，表示生产者的生产活动接近其前沿边界（最大产出）的程度，即反映了现有技术的发挥程度。因此，在现有的技术水平下，生产者的产出能否达到其前沿边界，依赖于技术效率水平的高低。技术效率的测算在经济与管理领域中具有非常重要的意义。针对技术效率的测定，Aigner、Lovell 和 Schmidt [1]，Battese 和 Corra [2] 以及 Meeusen 和 Broeck [3] 各自独立提出了随机前沿分析（Stochastic Frontier Analysis）（以下简称 SFA）技术的理论框架和计量方法，并将它们应用于实践中。到了 20 世纪 90 年代，SFA 模型得到了更加深入的发展，它不仅可以度量样本及其个体中的技术效率水平状态，而且还能够就那些影响技术效率的因素作进

* 本文选自《数理统计与管理》2011 年第 5 期。本文为国家社会科学基金项目（07CTJ003）的阶段性研究成果，并受中央民族大学"211"项目（21211030312）和教育部人文社会科学重点研究基地重大项目（05JJD910001）的资助。

一步剖析和测算，因而很快成为计量经济学中一个引人注目的分支。关于随机前沿模型的详细介绍可参考 Kumbhakar 和 Lovell [4] 的著作。

为了更好地分析区域经济增长的内涵，近年来国家或地区层面区域技术效率的测定引起了经济学家的重视，研究结果还相对较少，有关的国内外成果可参考 Maudos、Pastor 和 Serrano [5]，Koop、Osiewalski 和 Steel [6]，何枫、陈荣和何炼成 [7]，吴诣民和张凌翔 [8]，张宗益、周勇、钱灿和赖德林 [9]，唐德祥、李京文和孟卫东 [10]，周春应和章仁俊 [11] 等的著作。

综观国内外关于利用 SFA 模型进行区域技术效率测定的研究结果，我们发现研究中一般都使用了 Battese 和 Coelli [12] 或 Battese 和 Coelli [13] 的著作中所设定的模型，即为对数线性生产函数模型，并且假定了区域之间的独立性。假定不同个体之间的独立性，这在对不同企业进行技术效率分析时是有道理的。但是，对区域技术效率的分析研究中个体不相关的假定与实际情况并不吻合。在实际经济运行过程中，任何一个地区的经济都不可能独立存在，它总是与其他经济区域存在着千丝万缕的联系。当外生冲击对一个地区的经济造成影响时，往往也会波及邻近地区甚至更远的区域。在这种情况下，如果仍使用原有的带独立性假定的随机前沿模型对区域技术效率做出判断，势必会掩盖空间层面上的相互作用，造成与实际情况不相符合的结论。如何在考虑区域之间相互影响的前提下进行区域技术效率的测定是我们必须解决的问题；如何在计量经济学模型中处理空间属性（主要包括空间相关性和空间相依性两种特性）是空间计量经济学研究的领域。作为计量经济学的一个分支，空间计量经济学在区域科学、城市和房地产经济学、经济地理等方面已经有了广泛应用。尽管地区之间的相互作用已经引起人们越来越广泛的关注，但利用随机前沿模型进行区域技术效率测定时有针对性地考虑空间结构和空间相依性问题的研究结果还非常少，其中胡晶、魏传华和吴喜之 [14] 提出了一类简单的空间误差随机前沿模型。对于更为复杂的情形，我们还有必要进一步深入研究。

针对前面提到的问题，本文提出了一类空间滞后随机前沿模型，该模型在传统随机前沿模型的基础上考虑了空间相关性，从而考虑到了区域之间的相互影响。下面我们将给出所设定的空间滞后随机前沿模型，并在不同的分布假设条件下用极大似然方法估计模型参数及各生产单元技术（无）效率程度；然后利用 JMLS 方法求得基于条件分布的各生产单元的技术（无）效率估计。附录部分我们将给出一些结论的证明。

二、模型的设定及其估计

考虑如下基于对数线性 Cobb-Douglas 形式转化之后的随机前沿模型：

$$y_i = \beta_0 + \sum_{k=1}^{K} x_{ki}\beta_k + \varepsilon_i, \ \varepsilon_i = v_i - u_i, \ i = 1, \cdots, N \tag{1}$$

模型（1）可记为如下的矩阵形式：

$$Y = \beta_0 1_N + X\beta + \varepsilon, \quad \varepsilon = v - u \tag{2}$$

模型（1）或模型（2）定义了最简单的随机前沿模型。其中，$Y = (y_1, y_2, \cdots, y_N)^T$ 是由 N 个生产单元（区域）产品产出的对数值组成的（$N \times 1$）维向量，$x_i = (x_{1i}, x_{2i}, \cdots, x_{Ki})^T$ 表示第 i 个生产单元 K 个投入要素的对数组成的（$K \times 1$）维向量，$i = 1, \cdots, N$，$X = (x_1^T, x_2^T, \cdots, x_N^T)$，则 X 是由 N 个生产单元 K 个投入向量的对数组成的（$N \times K$）维矩阵，$1_N = (1, \cdots, 1)^T$ 是由 1 组成的（$N \times 1$）维向量，$\beta = (\beta_1, \cdots, \beta_K)^T$ 为回归系数，在随机前沿分析中表示技术参数，$\varepsilon = (\varepsilon_1, \cdots, \varepsilon_N)^T$ 是扰动项，在该模型中它包括两个部分：一是用来刻画不同生产单元的技术（无）效率程度的单边误差项 $u = (u_1, \cdots, u_N)^T$，$u_i \geq 0$；二是用来表示外生随机扰动项的双边误差项 $v = (v_1, \cdots, v_N)^T$，因而随机前沿模型也常被称作复合误差模型。通常假定"噪声"$\{v_i\}$ 相互独立服从同一对称分布，$E(v_i) = 0$，$Var(v_i) = \sigma_v^2$，而技术（无）效率 $\{u_i \geq 0\}$ 独立同分布于一单边分布，$E(u_i) = \mu$，$Var(u_i) = \sigma_u^2$，且 $\{v_i\}$，$\{u_i\}$（$i = 1, \cdots, N$）是彼此不相关的随机变量序列。因此复合误差项 $\{\varepsilon_i\}$ 的分布是非对称的。

模型（1）是一类最基本的随机前沿模型，很多种复杂的随机前沿模型都是在该模型的基础上进行的扩展。正如我们在第一部分所介绍的那样，模型（1）假定了研究个体之间的独立性，该假定在模型设定中的体现就是模型误差 v_i 被设定为独立同分布的。然而在生产过程中，由于邻近各生产单元之间总是或多或少地存在着竞争（合作）关系，因而其产品的产出将会受到邻居生产单元产品产出的影响，即存在响应变量的空间滞后。在模型（1）中，邻居生产单元的影响被完全视为随机扰动而加入误差项中，因而按照模型得到的单边误差项 u_i 的估计在某种程度上被"污染"了，无法准确反映生产单元的技术效率程度。为此，需要借助空间计量经济学的理论对模型进行修正，我们将研究个体的空间自相关性纳入到模型中。按照空间计量经济学的传统设定方法，空间自相关性在模型中可表现为因变量存在空间滞后性和模型误差存在空间自相关性两种形式。不同于胡晶、魏传华和吴喜之[14] 所提出的空间误差自相关随机前沿模型，本文考虑如下的空间滞后随机前沿模型，即在模型（1）中加入响应变量的空间滞后项 $W_N y$，即：

$$Y = \lambda W_N y + \beta_0 1_N + X\beta + \varepsilon, \quad \varepsilon = v - u \tag{3}$$

这里，空间权重矩阵 W_N 是已知的常数矩阵，一般假定其满足如下性质：

（1）$w_{ii} = 0$，$i = 1, \cdots, N$；

（2）对任意 $|\rho| < 1$，矩阵 $I_N - \rho W_N$ 是非奇异矩阵；

（3）矩阵 W_N、$I_N - \rho W_N$ 及 $(I_N - \rho W_N)^{-1}$ 中各行与各列元素绝对值的和一致有界。关于其详细的介绍可参考 Anselin[15] 以及 Anselin 和 Florax[16] 的著作。因此，模型（3）中 $W_N y$ 表示的是各生产单元的空间滞后值，而 λ 为待估的空间自回归系数。

由于空间滞后响应变量的存在，最小二乘估计不仅是有偏的，而且不是相合估计[15,p58]。因此本部分分别假定单边误差项和双边误差项的分布，应用极大似然估计方法来估计模型参数。

对于双边误差项 $\{v_i\}$，$i = 1$，$\cdots$，N，一般的随机前沿分析中总是假定其服从正态分布，即 $v_i \sim \text{iid } N(0, \sigma_v^2)$。而单边误差项 u_i 的分布假定则随着随机前沿分析的发展而发展。最初的 Algner、Lovell 和 Schmidt [1] 的著作中采用的单边误差项的分布假设为半正态分布与指数分布，这两种分布假设都是单参数的，且众数均为 0，因而在一定程度上限制了模型的变化。除此之外，两种分布虽然在形状上有所区别，但是从经验上来讲，依照这两种分布得到的模型参数的估计及技术（无）效率估计的区别都不大。另外，生产单元的技术（无）效率项 u_i 可能与某些变量（可能是投入要素，也可能是其他外生变量）相关，而半正态分布与指数分布都无法包括这种相关性。为此，Stevenson [17] 提出了一种双参数分布——截尾正态分布。这种分布假设是半正态分布假设的推广，它的众数不再是 0，而是待估计的参数 μ，这样可以建立 μ 与某些变量的回归模型，因而相对于半正态分布假设，截尾正态分布假设更加灵活。本部分将分别假设模型误差项服从正态—半正态分布、正态—指数分布及正态—截尾正态分布，求得模型的极大似然估计。

（一）正态—半正态分布假设

（a）$v_i \sim \text{i.i.d. } N(0, \sigma_v^2)$，$i = 1$，$\cdots$，$N$；

（b）$u_i \sim \text{i.i.d. } N^+(0, \sigma_u^2)$，$i = 1$，$\cdots$，$N$；

（c）u_i，$u_j(i, j = 1, \cdots, N)$ 彼此相互独立。

为得到模型的似然函数，首先来求复合误差项 ε_i 的分布密度函数。事实上，由 v_i 和 u_i 的独立性及分布假设可知：

$$f(u_i, v_i) = \frac{1}{\pi \sigma_u \sigma_v} \exp\left(-\frac{u_i^2}{\sigma_u^2} - \frac{v_i^2}{\sigma_v^2}\right)$$

这样，由 $\varepsilon_i = v_i - u_i$ 可知：

$$f(u_i, \varepsilon_i) = \frac{1}{\pi \sigma_u \sigma_v} \exp\left(-\frac{u_i^2}{\sigma_u^2} - \frac{(\varepsilon_i + u_i)^2}{\sigma_v^2}\right)$$

因此：

$$f(\varepsilon_i) = \int_0^\infty f(u_i, \varepsilon_i) du_i = \frac{2}{\sqrt{2\pi}\,\sigma} \Phi\left(-\frac{\gamma \varepsilon_i}{\sigma}\right) \exp\left(-\frac{\varepsilon_i^2}{2\sigma^2}\right)$$

其中，$\gamma = \dfrac{\sigma_u}{\sigma_v}$，$\sigma^2 = \sigma_u^2 + \sigma_v^2$。

因而此时模型的对数似然函数为：

$$\ln L = C_1 - \frac{N}{2}\ln \sigma^2 + \ln|I_N - \lambda W_N| + \sum_{i=1}^{N} \ln \Phi\left(-\frac{\gamma \varepsilon_i}{\sigma}\right) - \frac{1}{2\sigma^2} \sum_{i=1}^{N} \varepsilon_i^2$$

其中，$\varepsilon_i = y_i - \lambda \sum_{j=1}^{N} \omega_{ij} y_j - \sum_{k=1}^{k} x_{ki} \beta_k - \beta_0$。

进一步，若记：

$$\varphi_1 = \left(\frac{\phi\left(-\frac{\gamma}{\sigma}\varepsilon_1\right)}{\Phi\left(-\frac{\gamma}{\sigma}\varepsilon_1\right)}, \quad \frac{\phi\left(-\frac{\gamma}{\sigma}\varepsilon_2\right)}{\Phi\left(-\frac{\gamma}{\sigma}\varepsilon_2\right)}, \quad \cdots, \quad \frac{\phi\left(-\frac{\gamma}{\sigma}\varepsilon_N\right)}{\Phi\left(-\frac{\gamma}{\sigma}\varepsilon_N\right)} \right)^\tau, \quad A = I_N - \lambda W_N$$

则可以计算（见附录）矩阵形式的一阶条件为：

$$\frac{\partial \ln L}{\partial \beta} = \frac{\gamma}{\sigma} X^\tau \varphi_1 + \frac{1}{\sigma^2} X^\tau (Ay - X\beta - \beta_0 1_N) = 0 \tag{4}$$

$$\frac{\partial \ln L}{\partial \beta_0} = \frac{\gamma}{\sigma} 1_N^\tau \varphi_1 + \frac{1}{\sigma^2} (Ay - X\beta - \beta_0 1_N)^\tau 1_N = 0 \tag{5}$$

$$\frac{\partial \ln L}{\partial \lambda} = \frac{\gamma}{\sigma} y^\tau W_N^\tau \varphi_1 - t\gamma A^{-1} W_N + \frac{1}{\sigma^2} y^\tau W_N^\tau (Ay - X\beta - \beta_0 1_N) = 0 \tag{6}$$

$$\frac{\partial \ln L}{\partial \sigma^2} = -\frac{N}{2\sigma^2} + \frac{\gamma}{2\sigma^3} (Ay - X\beta - \beta_0 1_N)^\tau \varphi_1 + \frac{1}{2\sigma^4} (Ay - X\beta - \beta_0 1_N)^\tau (Ay - X\beta - \beta_0 1_N) = 0 \tag{7}$$

$$\frac{\partial \ln L}{\partial \gamma} = -\frac{1}{\sigma} (Ay - X\beta - \beta_0 1_N)^\tau \varphi_1 = 0 \tag{8}$$

然而由于 φ_1 的复杂形式，无法由一阶条件（4）~（8）直接得到参数的显式解，本文提出利用下面的迭代步骤来得到模型参数的数值解。首先由式（7）与式（8）可以得到：

$$\hat{\sigma}_{MLE}^2 = \frac{1}{N} (Ay - X\beta - \beta_0 1_N)^\tau (Ay - X\beta - \beta_0 1_N) \tag{9}$$

此外，注意到由于 $E(\varepsilon) = E(\upsilon - u) = -E(u) \equiv -\mu 1_N \neq 0$ 不满足 Gauss–Markov 条件，无法直接应用最小二乘得到迭代的初始估计值，因此需要将模型（3）进行适当改写：

$$y = (\beta_0 - \mu)1_N + \lambda W_N y + X\beta + \upsilon - (u - \mu 1_N)$$
$$\equiv \beta_0^* 1_N + \lambda W_N y + X\beta + \upsilon - u^* \tag{3}'$$

（1）首先，将 $W_N y$ 视为解释变量，因而可以得到参数 λ、β 及 β_0^* 的最小二乘估计：

$$\begin{pmatrix} \hat{\lambda}_{OLS} \\ \hat{\beta}_{OLS} \\ \hat{\beta}_{0\,OLS}^* \end{pmatrix} = \left(\begin{pmatrix} y^\tau W_N^\tau \\ X^\tau \\ 1_N^\tau \end{pmatrix} (yW_N \quad X \quad 1_N) \right)^{-1} \begin{pmatrix} y^\tau W_N^\tau \\ X^\tau \\ 1_N^\tau \end{pmatrix} y \tag{10}$$

令 $\hat{\beta}_0^{(0)} = \hat{\beta}_{0\,OLS}^*$，并与 $\hat{\lambda}^{(0)} = \hat{\lambda}_{OLS}$、$\hat{\beta}^{(0)} = \hat{\beta}_{OLS}$ 一同作为迭代过程的初始估计；

（2）将 $\hat{\lambda}^{(0)}$、$\hat{\beta}^{(0)}$ 及 $\hat{\beta}_0^{(0)}$ 代入式（9）得到 σ^2 的初始估计 $\hat{\sigma}^{2(0)}$；

（3）将 $\hat{\lambda}^{(0)}$、$\hat{\beta}^{(0)}$、$\hat{\beta}_0^{(0)}$ 及 $\hat{\sigma}^{2(0)}$ 代入式（8）得到 γ 的初始估计 $\gamma^{(0)}$；

（4）将 $\hat{\lambda}^{(0)}$、$\hat{\beta}_0^{(0)}$、$\hat{\sigma}^{2(0)}$ 及 $\gamma^{(0)}$ 代入式（4）得到 β 的新估计 $\hat{\beta}^{(1)}$；

（5）将 $\hat{\lambda}^{(0)}$、$\hat{\sigma}^{2(0)}$、$\gamma^{(0)}$ 及 $\hat{\beta}^{(1)}$ 代入式（5）得到 β_0 的新估计 $\hat{\beta}_0^{(1)}$；

（6）将 $\hat{\sigma}^{2(0)}$、$\gamma^{(0)}$、$\hat{\beta}^{(1)}$ 及 $\hat{\beta}_0^{(1)}$ 代入式（6）得到 λ 的新估计 $\hat{\lambda}^{(1)}$；

（7）将 $\gamma^{(0)}$、$\hat{\beta}^{(1)}$、$\hat{\beta}_0^{(1)}$ 及 $\hat{\lambda}^{(1)}$ 代入式（7）得到 σ^2 的新估计 $\hat{\sigma}^{2(1)}$；

（8）将 $\hat{\beta}^{(1)}$、$\hat{\beta}_0^{(1)}$、$\hat{\lambda}^{(1)}$ 及 $\hat{\sigma}^{2(1)}$ 代入式（8）得到 γ 的新估计 $\gamma^{(1)}$；

（9）若估计满足收敛条件，则停止迭代，否则，令 $\hat{\beta}^{(0)} = \hat{\beta}^{(1)}$，$\hat{\beta}_0^{(0)} = \hat{\beta}_0^{(1)}$，$\hat{\lambda}^{(0)} = \hat{\lambda}^{(1)}$ 及 $\hat{\sigma}^{2(0)} = \hat{\sigma}^{2(1)}$，重新进行步骤（4）。

（二）正态—指数分布假设

（a）$\upsilon_i \sim iidN(0,\ \sigma_\upsilon^2)$，$i = 1,\ \cdots,\ N$；

（b）$u_i \sim iidexp(\frac{1}{\sigma_u})$，$i = 1,\ \cdots,\ N$；

（c）u_i，$v_j(i,\ j = 1,\ \cdots,\ N)$ 彼此相互独立。

若记 $\alpha = \sigma_\upsilon/\sigma_u$，则类似于正态—半正态分布的情况，可以得到模型在正态—指数分布假设下的对数似然函数为：

$$\ln L = C_2 - N\ln\sigma_u + \ln|I_N - \lambda W_N| + \sum_{i=1}^{N}\ln\Phi\left(-\frac{\varepsilon_i}{\sigma_u\alpha} - \alpha\right) + \frac{N}{2}\alpha^2 + \sum_{i=1}^{N}\frac{\varepsilon_i}{\sigma_u}$$

记：

$$\varphi_2 = \left[\frac{\phi(-\frac{\varepsilon_1}{\sigma_u\alpha} - \alpha)}{\Phi(-\frac{\varepsilon_1}{\sigma_u\alpha} - \alpha)},\ \frac{\phi(-\frac{\varepsilon_2}{\sigma_u\alpha} - \alpha)}{\Phi(-\frac{\varepsilon_2}{\sigma_u\alpha} - \alpha)},\ \cdots,\ \frac{\phi(-\frac{\varepsilon_N}{\sigma_u\alpha} - \alpha)}{\Phi(-\frac{\varepsilon_N}{\sigma_u\alpha} - \alpha)}\right]^\tau$$

则其一阶条件为：

$$\frac{\partial\ln L}{\partial\beta} = \frac{1}{\sigma_u\alpha}X^\tau\varphi_2 - \frac{1}{\sigma_u}X^\tau 1_N = 0 \tag{11}$$

$$\frac{\partial\ln L}{\partial\beta_0} = \frac{1}{\sigma_u\alpha}1_N^\tau\varphi_2 - \frac{N}{\sigma_u} = 0 \tag{12}$$

$$\frac{\partial\ln L}{\partial\lambda} = \frac{1}{\sigma_u\alpha}y^\tau W_N^\tau\varphi_2 - t\gamma A^{-1}W_N - \frac{1}{\sigma_u}y^\tau W_N^\tau 1_N = 0 \tag{13}$$

$$\frac{\partial\ln L}{\partial\sigma_u} = -\frac{N}{\sigma_u} - \frac{1}{\sigma_u^2}(Ay - X\beta - \beta_0 1_N)^\tau 1_N + \frac{1}{\sigma_u^2\alpha}(Ay - X\beta - \beta_0 1_N)^\tau\varphi_2 = 0 \tag{14}$$

$$\frac{\partial\ln L}{\partial\alpha} = -1_N^\tau\varphi_2 + N\alpha + \frac{1}{\sigma_u\alpha^2}(Ay - X\beta - \beta_0 1_N)^\tau\varphi_2 = 0 \tag{15}$$

注意到由式（12）、式（14）和式（15）可以得到：

$$\hat{\sigma}_{uMLE} = \frac{1}{N}(Ay - X\beta - \beta_0 1_N)^\tau 1_N \tag{16}$$

与正态—半正态分布假设相同，此处也需要利用变换后的模型（3′）中参数的最小二乘估计作为迭代步骤的初始估计，具体步骤为：

（1）令迭代过程的初始估计 $\hat{\lambda}^{(0)}$、$\hat{\beta}^{(0)}$ 及 $\hat{\beta}_0^{(0)}$ 为模型（3′）中参数 λ、β 及 β_0^* 的最小

二乘估计 $\hat{\lambda}_{OLS}$、$\hat{\beta}_{OLS}$、$\hat{\beta}^*_{0OLS}$；

（2）将 $\hat{\lambda}^{(0)}$、$\hat{\beta}^{(0)}$ 及 $\hat{\beta}^{(0)}_0$ 代入式（16）得到 σ_u 的初始估计 $\hat{\sigma}^{(0)}_u$；

（3）将 $\hat{\lambda}^{(0)}$、$\hat{\beta}^{(0)}$、$\hat{\beta}^{(0)}_0$ 及 $\hat{\sigma}^{(0)}_u$ 代入式（15）得到 α 的初始估计 $\alpha^{(0)}$；

（4）将 $\hat{\lambda}^{(0)}$、$\hat{\beta}^{(0)}_0$、$\hat{\sigma}^{(0)}_u$ 及 $\alpha^{(0)}$ 代入式（11）得到 β 的新估计 $\hat{\beta}^{(1)}$；

（5）将 $\hat{\lambda}^{(0)}$、$\hat{\sigma}^{(0)}_u$、$\alpha^{(0)}$ 及 $\hat{\beta}^{(1)}$ 代入式（12）得到 β_0 的新估计 $\hat{\beta}^{(1)}_0$；

（6）将 $\hat{\sigma}^{(0)}_u$、$\alpha^{(0)}$、$\hat{\beta}^{(1)}$ 及 $\hat{\beta}^{(1)}_0$ 代入式（13）得到 λ 的新估计 $\hat{\lambda}^{(1)}$；

（7）将 $\alpha^{(0)}$、$\hat{\beta}^{(1)}$、$\hat{\beta}^{(1)}_0$ 及 $\hat{\lambda}^{(1)}$ 代入式（14）得到 σ_u 的新估计 $\hat{\sigma}^{(1)}_u$；

（8）将 $\hat{\beta}^{(1)}$、$\hat{\beta}^{(1)}_0$、$\hat{\lambda}^{(1)}$ 及 $\hat{\sigma}^{(1)}_u$ 代入式（15）得到 α 的新估计 $\alpha^{(1)}$；

（9）若估计满足收敛条件，则停止迭代，否则令 $\hat{\beta}^{(0)} = \hat{\beta}^{(1)}$，$\hat{\beta}^{(0)}_0 = \hat{\beta}^{(1)}_0$，$\hat{\lambda}^{(0)} = \hat{\lambda}^{(1)}$ 及 $\hat{\sigma}^{(0)}_u = \hat{\sigma}^{(1)}_u$，重新进行步骤（4）。

（三）正态—截尾正态分布假设

（a）$\upsilon_i \sim iidN(0, \sigma^2_\upsilon)$，$i = 1, \cdots, N$；

（b）$u_i \sim iidN^+(a, \sigma^2_u)$，$i = 1, \cdots, N$；

（c）u_i，$\upsilon_j(i, j = 1, \cdots, N)$ 彼此相互独立。

此时，模型的对数似然函数为：

$$\ln L = C_3 - \frac{N}{2}\ln\sigma^2 - N\ln\Phi\left(\frac{a\sigma\gamma}{\sqrt{1+\gamma^2}}\right) + \ln|I_N - \lambda W_N| + \sum_{i=1}^{N}\ln\Phi\left(-\frac{\gamma}{\sigma}\varepsilon_i + \frac{a}{\sigma\gamma}\right)$$
$$+ \frac{1}{2\sigma^2}\sum_{i=1}^{N}(\varepsilon_i + a)^2$$

记：

$$\varphi_3 = \left(\frac{\phi\left(-\frac{\gamma\varepsilon_1}{\sigma} + \frac{a}{\sigma\gamma}\right)}{\Phi\left(-\frac{\gamma\varepsilon_1}{\sigma} + \frac{a}{\sigma\gamma}\right)}, \frac{\phi\left(-\frac{\gamma\varepsilon_2}{\sigma} + \frac{a}{\sigma\gamma}\right)}{\Phi\left(-\frac{\gamma\varepsilon_2}{\sigma} + \frac{a}{\sigma\gamma}\right)}, \cdots, \frac{\phi\left(-\frac{\gamma\varepsilon_N}{\sigma} + \frac{a}{\sigma\gamma}\right)}{\Phi\left(-\frac{\gamma\varepsilon_N}{\sigma} + \frac{a}{\sigma\gamma}\right)}\right)^\tau,$$

则其一阶条件为：

$$\frac{\partial\ln L}{\partial\beta} = \frac{\gamma}{\sigma}X^\tau\varphi_3 + \frac{1}{\sigma^2}X^\tau(Ay - X\beta - \beta_0 1_N + a1_N) = 0 \tag{17}$$

$$\frac{\partial\ln L}{\partial\gamma} = \frac{1}{\sigma^2}y^\tau W_N^\tau(Ay - X\beta - \beta_0 1_N + a1_N) + \frac{\gamma}{\sigma}y^\tau W_N^\tau\varphi_3 - t\gamma A^{-1}W_N = 0 \tag{18}$$

$$\frac{\partial\ln L}{\partial\gamma} = -\frac{1}{\sigma}(Ay - X\beta - \beta_0 1_N)^\tau\varphi_3 - \frac{a}{\gamma^2}1_N^\tau\varphi_3 - \frac{Na\sigma}{(1+\gamma^2)^{\frac{3}{2}}}\phi\left(\frac{a\sigma\gamma}{\sqrt{1+\gamma^2}}\right) = 0 \tag{19}$$

$$\frac{\partial \ln L}{\partial \sigma^2} = \frac{1}{2\sigma^4}(Ay - X\beta - \beta_0 1_N + a1_N)^\tau(Ay - X\beta - \beta_0 1_N + a1_N) - \frac{1}{\sigma^2}(\gamma\varepsilon - \frac{a}{\gamma}1_N)^\tau\varphi_3 -$$

$$\frac{N\alpha\gamma}{2\sigma\sqrt{1+\gamma^2}}\phi\left(\frac{a\sigma\gamma}{\sqrt{1+\gamma^2}}\right) = 0 \tag{20}$$

$$\frac{\partial \ln L}{\partial \beta_0} = \frac{\gamma}{\sigma}1_N^\tau\varphi_3 + \frac{1}{\sigma^2}(Ay - X\beta - \beta_0 1_N + a1_N)^\tau 1_N = 0 \tag{21}$$

与正态—半正态分布假设情况相同，可以得到参数的迭代估计方法，此处不再赘述。

三、技术（无）效率估计

随机前沿分析另一个（实际上是主要的一个）研究目的是生产单元的技术（无）效率估计，也就是如何将单边技术（无）效率误差项 u_i 从复合误差项中 ε_i 分离出来。JMLS[18] 给出了基于条件分布的方法，即由误差项的分布假设得出技术（无）效率项 u_i 在给定 ε_i 时的条件分布密度：

$$f(u_i | \varepsilon_i) = \frac{f(u_i, \varepsilon_i)}{f(\varepsilon_i)}$$

进而利用条件均值 $E(u_i | \varepsilon_i)$ 或条件众数 $\mathrm{Mode}(u_i | \varepsilon_i)$ 来求得 u_i 的估计。对于上述假设分布，可以得到（见附录）u_i 的估计分别为：

（一）正态—半正态分布假设

$$\hat{u}_i = \mathrm{Mode}(u_i | \varepsilon_i) = \begin{cases} -\dfrac{\sigma_u^2}{\sigma_u^2 + \sigma_v^2}\varepsilon_i, & \varepsilon_i \leqslant 0 \\ 0, & 其他 \end{cases} \tag{22}$$

$$\tilde{u}_i = E(u_i | \varepsilon_i) = -\frac{\sigma_u^2 \varepsilon_i}{\sigma_u^2 + \sigma_v^2} + \frac{\sigma_u^2 \sigma_v^2}{\sigma_u^2 + \sigma_v^2} \cdot \frac{\phi\left(-\dfrac{\sigma_u \varepsilon_i}{\sigma_v\sqrt{\sigma_u^2 + \sigma_v^2}}\right)}{\Phi\left(-\dfrac{\sigma_u \varepsilon_1}{\sigma_v\sqrt{\sigma_u^2 + \sigma_v^2}}\right)} \tag{23}$$

（二）正态—指数分布假设

$$\hat{u}_i = \mathrm{Mode}(u_i | \varepsilon_i) = \begin{cases} -\varepsilon_i - \dfrac{\sigma_v^2}{\sigma_u}, & \varepsilon_i \leqslant 0 \\ 0, & 其他 \end{cases} \tag{24}$$

$$\tilde{u}_i = E(u_i | \varepsilon_i) = -\varepsilon_i - \frac{\sigma_v^2}{\sigma_u} + \sigma_v \cdot \frac{\phi\left(-\dfrac{\varepsilon_i}{\sigma_v} - \dfrac{\sigma_v}{\sigma_u}\right)}{\Phi\left(-\dfrac{\varepsilon_i}{\sigma_v} - \dfrac{\sigma_v}{\sigma_u}\right)} \tag{25}$$

（三）正态—截尾正态分布假设

$$\hat{u}_i = \mathrm{Mode}(u_i|\varepsilon_i) = \begin{cases} \dfrac{-\sigma_u^2 \varepsilon_i + a\sigma_v^2}{\sigma_u^2 + \sigma_v^2}, & \varepsilon_i \leqslant \dfrac{a\sigma_v^2}{\sigma_u^2} \\[3mm] 0, & \text{其他} \end{cases} \tag{26}$$

$$\tilde{u}_i = E(u_i|\varepsilon_i) = \frac{-\sigma_u^2 \varepsilon_i + a\sigma_v^2}{\sigma_u^2 + \sigma_v^2} + \frac{\sigma_u^2 \sigma_v^2}{\sigma_u^2 + \sigma_v^2} \cdot \frac{\phi\left(\dfrac{-\sigma_u^2 \varepsilon_i + a\sigma_v^2}{\sigma_u \sigma_v \sqrt{\sigma_u^2 + \sigma_v^2}}\right)}{\Phi\left(\dfrac{-\sigma_u^2 \varepsilon_i + a\sigma_v^2}{\sigma_u \sigma_v \sqrt{\sigma_u^2 + \sigma_v^2}}\right)} \tag{27}$$

其中，$\varepsilon_i = y_i - \lambda \sum_{j=1}^{N} w_{ij} y_j - \sum_{k=1}^{k} x_{ki} \beta_k - \beta_0$。将由（三）得到的模型参数估计代入相应的式（21）至式（27）中得到单边误差项 u_i 的估计后，每个生产单元的技术效率可以通过 $TE_i = \exp\{-u_i\}$ 得到。

参考文献

［1］Aigner D. J., Lovell C. A. K., Schmidt P. Formulation and Estimation of Stochastic Frontier Production Function Models ［J］. Journal of Econometrics，1977（6）.

［2］Battese G. E., Corra G. Estimation of a Production Frontier Model：With Application to the Pastoral Zone of Eastern Australia ［J］. Australian Journal of Agricultural Economies，1977（21）.

［3］Meeusen W., Van Den Broeck J. Efficiency Estimation from Cobb−Douglas Production Functions with Composed Error ［J］. International Economic Reviews，1977（18）.

［4］Kumbhakar S. C., Lovell C. A. K. Stochastic Frontier Analysis ［M］. New York：Cambridge University Press，2000.

［5］Maudos J., Pastor J. M., Serrano L. Total Factor Productivity Measurement and Human Capital in OECD Countries ［J］. Economic letters，1999（63）.

［6］Koop G., Osiewalski J., Steel M. F. The Components of Output Growth：A Stoehastie Frontier Analysis ［J］. Oxford Bulletin of Economics and Statistics，2000（61）.

［7］何枫，陈荣，何炼成. SFA 模型及其在我国技术效率测算中的应用 ［J］. 系统工程理论与实践，2004（5）.

［8］吴诣民，张凌翔. 我国区域技术效率的随机前沿模型分析 ［J］. 统计与信息论坛，2004（2）.

［9］张宗益，周勇，钱灿，赖德林. 基于 SFA 模型的我国区域技术创新效率的实证研究 ［J］. 软科学，2006（2）.

［10］唐德祥，李京文，孟卫东. R&D 对技术效率影响的区域差异及其路径依赖——基于我国东中西部地区面板数据随机前沿方法（SFA）的经验分析 ［J］. 科研管理，2008（2）.

［11］周春应，章仁俊. 基于 SFA 模型的我国区域经济技术效率的实证研究 ［J］. 科技进步与对策，2008（4）.

［12］Battese G. E., Coelli T. J. Frontier Production Functions, Technical Effieiency and Panel Data with Application to Paddy Fanners in India ［J］. Journal of Productivity Analysis，1992（3）.

［13］Battese G. E., Coelli T. J. A Model for Teehnical Inefficiency Effects in a Stochastic Production Frontier for Panel Data [J]. Empirical Eocnomics, 1995 (20).

[14] 胡晶, 魏传华, 吴喜之. 空间误差自相关随机前沿模型及其估计 [J]. 统计与信息论坛, 2007 (2).

[15] Anselin L. Spatial Econometrics: Methods and Models [M]. Dordreeht: Kluwer Academic Publishers, 1988.

[16] Anselin L., Florax R. New Directions in Spatial Econometrics: Introduction [A]. In: Anselin L., Florax R. (Eds.). New Directions in Spatial Econometrics [C]. Berlin: Springer-Verlag, 1995.

[17] Stevenson R. E. Likelihood Functions for Generalized Stoehastic Frontier Functions [J]. Jolirnal of Econometrics, 1980 (13).

[18] Jondrow, Lovell C. A. K., Materov I. S., et al. On the Estimation of Technical Inefficiency in the Stochastic Frontier Production Function Model [J]. Journal of Econometrics, 1952 (19).

附录　正态—半正态分布假设的一阶条件推导

模型的对数似然函数为:

$$\ln L = C_1 - \frac{N}{2}\ln\sigma^2 + \ln|I_N - \lambda W_N| + \sum_{i=1}^{N}\ln\Phi\left(-\frac{\gamma\varepsilon_i}{\sigma}\right) + \frac{1}{2\sigma^2}\sum_{i=1}^{N}\varepsilon_i^2$$

$$= C_1 - \frac{N}{2}\ln\sigma^2 + \ln|I_N - \lambda W_N| + \ln\Phi_N\left(-\frac{\gamma(Ay - X\beta)}{\sigma}\right) + \frac{1}{2\sigma^2}(Ay - X\beta)^\tau(Ay - X\beta)$$

注意到:

$$\frac{\partial}{\partial\beta}\Phi_N\left(-\frac{\gamma\varepsilon}{\sigma}\right) = -\frac{\gamma}{\sigma}\sum_{i=1}^{N}\phi'\left(-\frac{\gamma}{\sigma}\varepsilon_i\right)\prod_{j\neq i,j=1}^{N}\Phi\left(-\frac{\gamma}{\sigma}\varepsilon_i\right)\frac{\partial\varepsilon_i}{\partial\beta}$$

$$= -\frac{\gamma}{\sigma}\sum_{i=1}^{N}\frac{\phi\left(-\frac{\gamma}{\sigma}\varepsilon_i\right)}{\Phi\left(-\frac{\gamma}{\sigma}\varepsilon_i\right)}(-x_i^\tau)\Phi_N\left(-\frac{\gamma\varepsilon}{\sigma}\right) = \frac{\gamma}{\sigma}X^\tau\varphi_1\Phi_N\left(-\frac{\gamma\varepsilon}{\sigma}\right)$$

$$\frac{\partial}{\partial\lambda}\Phi_N\left(-\frac{\gamma\varepsilon}{\sigma}\right) = -\frac{\gamma}{\sigma}\sum_{i=1}^{N}\phi\left(-\frac{\gamma}{\sigma}\varepsilon_i\right)\prod_{j\neq i,j=1}^{N}\Phi\left(-\frac{\gamma}{\sigma}\varepsilon_j\right)\frac{\partial\varepsilon_i}{\partial\lambda}$$

$$= -\frac{\gamma}{\sigma}\sum_{i=1}^{N}\frac{\phi\left(-\frac{\gamma}{\sigma}\varepsilon_i\right)}{\Phi\left(-\frac{\gamma}{\sigma}\varepsilon_i\right)}\left(-\sum_{j=1}^{N}w_{ij}y_j\right)\Phi_N\left(-\frac{\gamma\varepsilon}{\sigma}\right) = \frac{\gamma}{\sigma}y^\tau W_N^\tau\varphi_1\Phi_N\left(-\frac{\gamma\varepsilon}{\sigma}\right)$$

$$\frac{\partial}{\partial\lambda}\Phi_N\left(-\frac{\gamma\varepsilon}{\sigma}\right) = -\frac{1}{\sigma}\sum_{i=1}^{N}\phi\left(-\frac{\gamma}{\sigma}\varepsilon_i\right)\prod_{j\neq i,j=1}^{N}\Phi\left(-\frac{\gamma}{\sigma}\varepsilon_j\right)\varepsilon_i$$

$$= -\frac{1}{\sigma}(Ay - X\beta - \beta_0 1_N)^\tau\varphi_1\Phi_N\left(-\frac{\gamma\varepsilon}{\sigma}\right)$$

$$\frac{\partial}{\partial\sigma^2}\Phi_N\left(-\frac{\gamma\varepsilon}{\sigma}\right) = -\gamma\sum_{i=1}^{N}\phi\left(-\frac{\gamma}{\sigma}\varepsilon_i\right)\prod_{j\neq i,j=1}^{N}\Phi\left(-\frac{\gamma}{\sigma}\varepsilon_j\right)\frac{d\sigma^{-1}}{d\sigma^2}\varepsilon_i$$

$$= \frac{\gamma}{2\sigma^3}(Ay - X\beta - \beta_0 1_N)^{\tau}\varphi_I\Phi_N\left(-\frac{\gamma\varepsilon}{\sigma}\right)$$

$$\frac{\partial}{\partial\beta_0}\Phi_N\left(-\frac{\gamma\varepsilon}{\sigma}\right) = -\frac{\gamma}{\sigma}\sum_{i=1}^{N}\phi\left(-\frac{\gamma}{\sigma}\varepsilon_i\right)\prod_{j\neq i,j=1}\Phi\left(-\frac{\gamma}{\sigma}\varepsilon_j\right)\frac{\partial\varepsilon_i}{\partial\beta_0} = \frac{\gamma}{\sigma}1_N^{\tau}\varphi\Phi_N\left(-\frac{\gamma\varepsilon}{\sigma}\right)$$

$$\frac{\partial}{\partial\beta}(Ay - X\beta)^{\tau}(Ay - X\beta) = X^{\tau}(Ay - X\beta - \beta_0 1_N)$$

$$\frac{\partial}{\partial\lambda}(Ay - X\beta)^{\tau}(Ay - X\beta) = y^{\tau}W_N^{\tau}(Ay - X\beta - \beta_0 1_N)$$

$$\frac{\partial}{\partial\beta_0}(Ay - X\beta)^{\tau}(Ay - X\beta) = (Ay - X\beta)^{\tau}1_N - N\beta_0$$

$$\frac{d}{d\lambda}\ln|A| = t\gamma A^{-1}\frac{dA}{d\lambda} = -t\gamma A^{-1}W_N$$

根据以上结果即可得到一阶条件（4）~（8）。通过同样的方法可以得到正态—指数分布假设和正态—截尾正态分布假设下的一阶条件（11）~（15）与（17）~（21）。

生产单元技术无效率估计：

以正态—半正态分布假设为例：

$$f(u_i|\varepsilon_i) = \frac{f(u_i, \varepsilon_i)}{f(\varepsilon_i)} = \frac{\dfrac{1}{\pi\sigma_u\sigma_v}\exp\left(-\dfrac{u_i^2}{\sigma_u^2} - \dfrac{(\varepsilon_i + u_i)^2}{\sigma_v^2}\right)}{\dfrac{2}{\sqrt{2\pi(\sigma_u^2 + \sigma_v^2)}}\Phi\left(-\dfrac{\sigma_u\varepsilon_i}{\sigma_v\sqrt{\sigma_u^2 + \sigma_v^2}}\right)\exp\left(-\dfrac{\varepsilon_i^2}{2(\sigma_u^2 + \sigma_v^2)}\right)}$$

$$= \frac{\sqrt{\sigma_u^2 + \sigma_v^2}}{\sqrt{2\pi}\,\sigma_u\sigma_v}\Phi^{-1}\left(-\frac{\sigma_u\varepsilon_i}{\sigma_v\sqrt{\sigma_u^2 + \sigma_v^2}}\right)$$

$$\exp\left(-\frac{\sigma_u^2\sigma_v^2}{2(\sigma_u^2 + \sigma_v^2)}\left(u_i + \frac{\sigma_u^2}{\sigma_u^2 + \sigma_v^2}\varepsilon_i\right)^2\right)$$

$$\equiv \frac{1}{\sqrt{2\pi}\,\sigma_1}\Phi^{-1}\left(\frac{\mu_{1i}}{\sigma_1}\right)\exp\left(-\frac{1}{2\sigma_1^2}(u_i - \mu_{1i})^2\right)$$

其中，$\sigma_1^2 = \dfrac{\sigma_u\sigma_v}{\sigma_u^2 + \sigma_v^2}$，$\mu_{1i} = -\dfrac{\sigma_u^2}{\sigma_u^2 + \sigma_v^2}\varepsilon_i$。

显然，这是一个截尾正态分布 $N^+(\mu_{1i}, \sigma_1^2)$，因而其众数为 μ_{1i}，而均值为：

$$E(u_i|\varepsilon_i) = -\frac{\sigma_u^2\varepsilon_i}{\sigma_u^2 + \sigma_v^2} + \frac{\sigma_u^2\sigma_v^2}{\sigma_u^2 + \sigma_v^2}\frac{\phi\left(-\dfrac{\sigma_u\varepsilon_i}{\sigma_v\sqrt{\sigma_u^2 + \sigma_v^2}}\right)}{\Phi\left(-\dfrac{\sigma_u\varepsilon_i}{\sigma_v\sqrt{\sigma_u^2 + \sigma_v^2}}\right)}$$

Measuring Technical Efficiency Using Spatial Lag Stochastic Frontier Models

Hu Jing[1]   Wei Chuanhua[2]   Wu Xizhi[3]

(1.School of Mathematical Sciences, Nankai University, Tianjin 300071;

2. School of Science, Minzu University of China, Beijing 100081;

3. Center of Applied Statistics, Renmin University of China, Beijing 100872)

Abstract: This paper proposes a stochastic frontier model with spatial lag variable to account for potential spatial effects. We proposed the log-likelihood functions and the iterative steps with three different distributions for the one-sided disturbance term, the half-normal, the exponential and the truncated normal. Besides, using JMLS, we educes the conditional expectation and conditional mode of the one-side error term to estimate technical inefficiency.

Key Words: Stochastic Frontier Model; Spatial Lag; Technical Efficiency

基于聚类关联规则的缺失数据处理研究 *

方匡南　　谢邦昌

(厦门大学，厦门　361005)

摘要： 本文提出了基于聚类和关联规则的缺失数据处理新方法，通过聚类方法将含有缺失数据的数据集相近的记录归到一类，然后利用改进后的关联规则方法对各子数据集挖掘变量间的关联性，并利用这种关联性来填补缺失数据。通过实例分析，发现该方法对缺失数据处理，尤其是对在先验辅助信息缺失情况下的海量数据集具有较好的效果。

关键词： 聚类；关联规则；缺失数据；插补

一、引　言

数据缺失现象在社会经济研究、抽样调查、生物医药研究等诸多领域普遍存在。数据的缺失不仅影响了数据的质量，也可能造成统计分析结果的严重偏差。因此，对缺失数据的合理处理是一个非常重要的问题，是数据预处理的重要环节，也是提高数据质量的重要方法之一。缺失数据的处理一直是国际统计学界讨论的热点课题之一，但从目前的研究情况来看，我国学者对缺失数据处理的研究比较少，也不够广泛和深入，尤其是对缺失数据的处理方法的研究很少（金勇进、邵军，2009）。

对于缺失数据的处理方法有传统的个案删除法，也就是说如果一记录某个变量值缺失，就把该记录删除，只保留完全的记录。这种方法以减少样本量来换取信息的完备，丢弃了大量隐藏在含有缺失值对象中的信息，尤其当样本量较小时，该方法可能严重影响到数据的客观性和结果的正确性。目前，插补（Imputation，也称填补）是处理缺失数据时

───────────
* 本文选自《统计研究》2011 年第 2 期。本文为国家社科基金重点项目"国家统计数据质量管理问题研究"（09AZD0345）阶段性成果。作者简介：方匡南，男，27 岁，浙江省人，2010 年毕业于厦门大学经济学院计划统计系，获经济学博士学位，现为厦门大学经济学院助理教授。研究方向为数据挖掘和经济计量。谢邦昌，男，48 岁，中国台湾人，1991 年毕业于台湾大学统计系，获统计学博士，现为台湾辅仁大学统计资讯系教授，厦门大学讲座教授。研究方向为数据挖掘与商业智能。

普遍使用的一种技术，即采用一定的方式，为缺失数据确定一个合理的替代值，插补到原缺失数据的位置上。插补方法一方面可以减小由于缺失数据可能造成的估计量偏差，另一方面力图构造一个完整的数据集（完备信息系统），便于后续的统计分析。

插补方法众多，一般可以分为单一插补（Single Imputation）和多重插补（Multiple Imputation）。其中，单一插补是指对缺失数据构造单一替代值插补，常见的方法有众数插补法、均值插补法、回归插补法、热卡（Hot Deck）插补、冷卡（Cold Deck）插补法等。多重插补法是指用多个值来填充，然后用针对完整数据集的方法对它们进行分析得出综合的结果，常用的有趋势得分法、预测均值匹配法等。

单一均值、众数插补法的效果较差，而且插补值过于凝聚，扭曲了变量分布，低估了变量的方差；而回归插补需要找到有效的辅助变量，否则插补效果往往较差（金勇进、邵军，2009）。因此，学者们尝试从数据本身寻找变量之间的某种关系，利用变量间的这种关系作为新的辅助信息来进行插补，这样在先验知识缺失或者有限情况下，也可以充分挖掘变量间的辅助信息。Quinlan（2003）使用决策树模型来插补缺失值，但此方法的缺点是只适用于单一属性含有缺失值时，如果遇到多个属性都有缺失值，则无法建立正确决策树和计算属性之间的程度。

此外，也有部分学者尝试使用关联规则插补（Shen 等，2007；Hong 和 Wu，2009；Wu 和 Chou，2004；Bashir 等，2006），但用传统的关联规则来做插补时，一方面，可能规则数不够多，部分缺失值无法插补，另一方面，可能会出现规则发生冲突的情况。即同一缺失值由不同的规则得到的插补值不同，这些缺陷致使插补效果较差，限制了关联规则在缺失数据处理中的研究。针对以上问题，本文提出了基于聚类和关联规则的缺失值处理方法。为了解决所挖掘规则数不够的问题，先对不完整资料根据数据特征聚成不同的类别，这样每一类中的数据都具有较高的相似度，所计算出来的支持度会较高。为了提高插补精度，传统方法往往利用某一个或几个辅助信息进行分层，而在缺乏有效辅助信息条件下，利用聚类方法，从数据本身特征出发，充分利用所有变量间的某种内在联系，将所研究的对象划分为不同的类，从而可以增加类内对象的同质性，扩大类间对象的异质性。为了更好地利用关联规则填补缺失数据，本文提出了一种新的最小支持度计算法。为了解不同规则在插补时的冲突问题，本文提出了关联规则得分方法。

本文的结构安排如下：第二部分含有缺失值数据表的描述；第三部分提出了基于聚类关联规则方法的插补法；第四部分是实例分析；第五部分是本文的小结与讨论。

二、含缺失值数据表的描述

通常数据被储存在数据库中，由一个数据表或者多个数据表组成，列表示属性（变量），行表示事务（对象），且每一行表示该对象的一条信息。对于含有缺失数据的数据表，传统的统计描述方法往往不够精确、简洁，为了便于阐述，本文引入粗糙集理论来描述数据表，用一个四元有序组来表示：

S = {U, Q, V, f}

S 是我们所研究的数据表（粗糙集理论也称为信息系统），U 是对象（事务）的一个有限集 {x₁, x₂, …, xₙ}，n 为所研究的样本记录（事务）总量，称 U 为论域；Q = C ∨ D 是描述对象（事务）属性的一个有限集合 {q₁, q₂, …, qᵢ}，称 Q 为属性集，其中 C 表示条件属性，D 表示决策（目标）属性集；当然属性集里可以没有目标属性，即 D = Ø；V = ∪_{q∈Q}V_q 是属性项 q∈Q 的值域；f 是 U×Q 到 V 的一个映射，即：

f: U×Q→V

且 f(x, q)∈V_q，它表示对象 x 关于属性 q 的取值，指的是 U 中每一个对象（事务）的属性值。在事务信息系统 S 中，对于 q∈Q、v∈V，称（q, v）为该系统的描述。

如果一个信息系统 S 的属性值域 V_q 中至少有一个属性 q 的值（用"?"表示）为缺失数据，则称该信息系统是不完备的，也就是说含有缺失数据。

如表 1 就是一个事务数据库中的一张数据表，可以用信息系统 S 来描述，论域 U 包含 20 个事务项，即 U = {x₁, x₂, …, x₂₀}，每个事物由包含 6 个属性项的集合 Q = {q₁, q₂, …, q₆} = {A, B, C, D, E, F}，假设属性 F 是决策属性，其余为条件属性。属性 A 的值域是 {0, 1, 2, 3, ?}，其中"?"表示缺失值。该数据表的一个事务项在某个属性上的取值看作 U×Q→V 的映射，比如 f(x₁, A) = 2，f(x₁₁, C) = 2。

表 1　带缺失数据的数据表

ID	A	B	C	D	E	F	ID	A	B	C	D	E	F
1	2	3	1	?	0	?	11	1	1	2	1	0	2
2	0	2	2	2	0	3	12	2	6	2	3	0	3
3	2	4	2	3	0	1	13	3	2	4	?	0	3
4	0	3	1	1	0	1	14	3	4	1	1	1	3
5	2	1	2	2	1	1	15	3	4	4	2	0	1
6	0	6	2	4	0	0	16	3	2	2	?	0	3
7	2	6	2	2	0	1	17	0	?	2	4	0	3
8	3	4	1	1	0	2	18	0	4	2	2	0	3
9	2	5	4	4	0	3	19	2	4	1	1	0	3
10	?	5	3	4	?	1	20	3	6	2	2	0	2

注："?"表示缺失。

三、缺失数据插补

本文提出的基于聚类关联规则的插补法的主要思想是：先将含有缺失数据的数据集 S，利用合适的聚类方法聚成多个类别，这样每一类中的数据都具有较高的相似度，所计算出来的支持度会较高，所以挖掘出来的关联规则也会有较高的代表性，可以避免挖掘出偏颇的关联规则；又由于关联规则可以描述属性之间的关联性，可以在每一群中利用挖掘所得的关联规则对缺失值进行插补。为了更好地利用关联规则填补缺失数据，本文提出了一种新的最小支持度计算法，将缺失数据可能出现的概率一同考虑计算，以增加计算支持度的可信度。此外，在选取用来填补的规则时，提出了关联规则得分计算方法用来改善以往使用关联规则填补缺失数据会遇到多个规则填补值冲突的问题。填补完全后再将数据集做合并，然后检验缺失数据填补的正确性以及对填补后的数据集做进一步的统计分析。从某种角度讲，本文提出的方法可以归类到热卡插补法，因为都是使用当期数据集的数据进行插补。

关联规则最早由 Agrawal 等（1993）提出，主要用来研究事务数据库中属性之间的关系。假设有一个数据表 $S = \{U, Q, V, f\}$，U 中的每一个事物 x 所包含的属性记为 T，即 $T \subset Q$。假设有一个属性集 A，一个事务的属性 T，即 $A \subset T$，则称事务 x 支持属性 A。关联规则是如下形式的一种含义：$A \rightarrow B$，其中 A、B 是两个属性集，$A \subset Q$，$B \subset Q$，且 $A \cap B = \Phi$。在这里我们称 A 为"前件"，B 为"后件"。一般用支持度（Support）、可信度（Confidence）等参数来描述关联规则的性质。

关联规则的传统参数设定方法对于含有缺失值的数据集的规则提取往往效率低下，而且用来插补缺失值时可能面临规则冲突等问题，因此，本文提出了缺失概率支持度、最小支持度和规则填补得分方法，并给出了定义和计算方法。

（一）关联规则插补法若干概念和方法

1. 缺失概率支持度（support）

设 U 中有 s% 的事务同时支持项集 A 和 B，称 s 为关联规则 $A \rightarrow B$ 的支持度，记为 s $(A \rightarrow B)$。实际上，支持度也就是"前件"和"后件"并集中观测的比例，即 $P(A \cap B)$。不同于传统的支持度计算，本文将缺失数据在属性中可能出现各个值的概率也考虑进来计算，实际是经缺失概率权重调整后的支持度，因此称为缺失概率支持度。

定义 1 缺失概率支持度：假设 $S = \{U, Q, V, f\}$，其中 $Q = \{q_1, q_2, \cdots, q_i\}$，$U = \{x_1, x_2, \cdots, x_n\}$，$n(v_j^i) = n_j^i$ 表示属性 q_i 第 j 个取值的对象个数，$n_?^i$ 表示属性 q_i 缺失的对象个数，则属性 q_i 的第 j 个取值的缺失概率支持度为：

$$\sup{}_j^{q_i} = n_j^i \frac{n_j^i}{n^i - n_?^i} / \sum_{j=1}^{T_i} n_j^i \frac{n_j^i}{n^i - n_?^i}$$

其中，T_i 表示属性 q_i 的非缺失的属性取值数。

例如，表 1 为一个含有缺失数据的数据库，共有 20 笔数据，7 个遗失值，6 个属性为 A、B、C、D、E、F。属性 A 中，缺失数据为 1 笔，取值为 0、1、2、3 的分别有 5、1、7、6 笔，则该带缺失数据的数据表中属性 A 取值为 0、1、2、3 的概率分别为 $\frac{5}{19}$、$\frac{1}{19}$、$\frac{7}{19}$、$\frac{6}{19}$，将缺失数据的概率支持数加入之后，属性 A 取值为 0、1、2、3 的概率则分别为 $5\frac{5}{19}$/111、$1\frac{1}{19}$/111、$7\frac{7}{19}$/111、$6\frac{6}{19}$/111。

2. 最小支持度（min-sup）

在关联规则的分析中，最小支持度的设定将决定所挖掘出来的规则是否符合要求和规则数目的多少，因此设定最小支持度是非常重要的。本文针对不同的数据集，计算每个属性值在其属性中所出现的比例，并选取一个能够囊括用户所希望的数据百分比，综合所有属性之后，选择最低的百分比作为最小支持度。

定义 2 最小支持度：假设 $S = \{U, Q, V, f\}$，其中 $Q = \{q_1, q_2, \cdots, q_i\}$，$U = \{x_1, x_2, \cdots, x_n\}$，$V^i = \{v_1^i, \cdots, v_{T_i}^i\}$ 表示 q_i 的属性值域，T_i 表示 q_i 属性的取值个数。$n_{(j)}^i$ 表示属性 q_i 取值的对象个数的第 j 个次序统计量，且 $\sum_{j=1}^{T_i} n_{(j)}^i = n$，则最小支持度为：

$$\sup{}_{min} = \min\left\{\frac{n_{(m_1)}^1}{n^1}, \cdots, \frac{n_{(m_i)}^i}{n^i}\right\}$$

其中，$\sum_{j=1}^{m_i} \frac{n_{(j)}^i}{n^i} \geq \lambda \geq \sum_{j=1}^{m_i-1} \frac{n_{(j)}^i}{n^i}$，$\lambda$ 是根据实际需要设定的阈值。

例如，假设希望表 1 中每个属性能够找到至少 70% 的数据。以 A 属性为例，取值为 0、1、2、3 的分别有 3、1、6、4 笔，缺失数据的笔数为 1，经由排序之后，若要涵盖 70% 的资料则表示门槛值至少设在 20%。依此类推，可得所有属性的最小支持度，这六个属性中最小支持度最小的是属性 B，为 10%，将此作为该数据集的最小支持度。

3. 规则填补得分（socre）

使用关联规则填补缺失数据时，可能会发生多条规则可以填补到相同缺失的数据，而多条规则所要填补的值有可能会不相同，因此在这种情况下，本文提出一个新的计算关联得分方法。首先，计算规则的有效填补分数，并用填补分数高的规则来做填补。当缺失数据被填补过后，能够再填补到其他缺失数据时，填补分数的算法将有所改变。

第一次填补分数计算方式：

$$appl(X_j^i = X_j^i) = \begin{cases} 1, & \text{为非缺失值} \\ 0, & \text{为缺失值} \end{cases}$$

$$\mathrm{appl}(t) = \sum_{j=1}^{W_t} \mathrm{appl}(X_j^i = X_j^i)$$

$$\mathrm{score}(t) = \frac{\mathrm{appl}(t)}{W_t} \times \left[(\mathrm{lift}(X{\rightarrow}Y) \times \mathrm{sup}(X{\rightarrow}Y)) \right]^{\frac{W_t}{n}}$$

其中，X_j^i 表示在第 j 笔数据中第 i 个属性的项（item）；$\mathrm{appl}(X_j^i = X_j^i)$ 表示在数据库中属性值不缺失就给予基本分数 1 分，如果缺失就不给予分数，即 0 分。并加总此条规则中的 $\mathrm{appl}(X_j^i = X_j^i)$ 分数，W_t 表示此条规则所使用数据库中的属性个数，因此 $\frac{\mathrm{appl}(t)}{W_t}$ 可以代表此规则的明确程度。$\mathrm{lift}(X{\rightarrow}Y)$ 则表示规则 $X{\rightarrow}Y$ 的相关程度；而 n 为数据库中的所有属性个数，因此，$\frac{W_t}{n}$ 可用来表示此规则所使用的属性在数据库所有属性中的比例。

第 k 次填补分数计算方式：

$$\mathrm{appl}(X_j^i = X_j^i) = \begin{cases} 1, & \text{为非缺失值} \\ 0, & \text{为缺失值} \\ (0.5)^p, & \text{缺失值}{\rightarrow}\text{非缺失值，} p = k-1 \end{cases}$$

当数据库经由第一次填补缺失数据后，若没有将所有缺失数据填补完全，经由本研究所定之填补流程，进入到第 k 轮填补缺失数据，当有缺失数据经由上一轮填补而成为非缺失数据时，appl 的分数则调整为 $(0.5)^p$，其中 p 为第 k – 1 次填补。

（二）基于聚类关联规则的缺失数据插补算法

为了更加凝练地表示基于聚类关联规则的缺失数据插补方法，本文提出了如下可执行的算法。

输入：不完备信息系统 $S = \{U, R, V, f\}$，输出：填充后完备信息系统 $S' = \{U', R, V, f'\}$。

步骤 1：计算信息系统 S 的缺失对象集 MOS。

步骤 2：对不完备信息系统 S 进行聚类，把相似的事务项聚成一类，得到一系列子信息系统 $S_1, S_2, \cdots, S_k$。

步骤 3：for i = 1 to k do

对聚类后的子信息系统 S_i 挖掘关联规则 $\{A_{ti}{\rightarrow}B_{ti}\}$，t = 1，$\cdots$，$L_i$，$L_i$ 表示第 i 个子信息系统 S_i 挖掘出来的关联规则数。

End do

步骤 4：if 无法用关联规则填补的属性，then 使用众数填补。

Else if 可以用规则填补，且为单一规则，then 直接用规则填补；Else if 若有多条规则，且彼此不冲突，then 直接用规则填补，Else if 若有多条规则且发生冲突情形，then 进行第 k 次（k = k + 1）填补的得分计算，并选择较高得分的规则来填补。

步骤 5：填补完所有数据之后，检验步骤 4 后的信息系统是否完备，若不完备则重复步骤 3 和步骤 4。

步骤 6：当无法再有缺失数据可被填补，则执行结束。

本文的方法与分层热卡插补法、序贯热卡插补法等类似，难以给出明确的均方误差估计公式，因此主要通过模拟或者实证研究来分析其填补效果。

四、实例分析

本文对表 1 的缺失数据利用关联规则方法，设定最小支持度为 15%，提取了 46 条关联规则，详见表 2。进行第一轮填补时，从第一笔数据开始，非缺失值的属性项目有 A_2、B_3、C_1 与 E_0，而为缺失值的属性为 D 与 F，因此在规则中，挑选出前项为 A、B、C 与 E 的规则，以及后项为属性 D 与 F 的所有规则。接着，分别将前项所找出来的规则与后项的规则做交集，所得到的规则就是前项为 A、B、C、E 且后项必为属性 D 与 F 的规则。而这些规则最后还需要与这笔数据的项目做交集，如此一来才能够找到前项必为 A_2、B_3、C_1、E_0 且后项必为属性 D 与 F 的规则。若发现只有一条规则可填补时，则选择直接填补；有多条规则可填补时，则先检查规则是否彼此冲突（同一个缺失值有不同填补的值），没有冲突则直接填补，有冲突时则使用填补分数计算法来计算出较高分的规则，并以高分规则来做填补。经第一轮填补后，若数据集还有缺失值（填补率大于 0%）则进行第二轮的填补，并重复至无法填补为止。最后，无法用规则填补的缺失值用众数填补。含有缺失数据的事务项填补后的结果见表 3。

表 2　由表 1 挖掘所得的关联规则

1	$A_0 \rightarrow C_2$	17	$C_4 \rightarrow E_0$	33	$B_4 D_1 \rightarrow C_1$
2	$A_0 \rightarrow E_0$	18	$D_1 \rightarrow E_0$	34	$B_6 C_2 \rightarrow E_0$
3	$D_4 \rightarrow A_2$	19	$D_2 \rightarrow E_0$	35	$B_6 E_0 \rightarrow C_2$
4	$A_2 \rightarrow E_0$	20	$D_3 \rightarrow E_0$	36	$C_1 D_1 \rightarrow E_0$
5	$A_3 \rightarrow E_0$	21	$D_4 \rightarrow E_0$	37	$C_1 E_0 \rightarrow D_1$
6	$B_2 \rightarrow E_0$	22	$F_1 \rightarrow E_0$	38	$D_1 E_0 \rightarrow C_1$
7	$B_2 \rightarrow F_3$	23	$F_2 \rightarrow E_0$	39	$C_2 D_2 \rightarrow E_0$
8	$B_4 \rightarrow E_0$	24	$F_3 \rightarrow E_0$	40	$D_2 E_0 \rightarrow C_2$
9	$B_6 \rightarrow C_2$	25	$A_0 C_2 \rightarrow E_0$	41	$C_2 D_3 \rightarrow E_0$
10	$B_6 \rightarrow E_0$	26	$A_0 E_0 \rightarrow C_2$	42	$D_3 E_0 \rightarrow C_2$
11	$C_1 \rightarrow D_1$	27	$A_2 D_3 \rightarrow E_0$	43	$C_2 D_3 \rightarrow E_0$
12	$D_1 \rightarrow C_1$	28	$D_3 E_0 \rightarrow A_2$	44	$D_3 E_0 \rightarrow C_2$
13	$C_1 \rightarrow E_0$	29	$A_2 F_3 \rightarrow E_0$	45	$C_2 F_1 \rightarrow E_0$
14	$D_2 \rightarrow C_2$	30	$B_3 E_0 \rightarrow F_3$	46	$C_2 F_3 \rightarrow E_0$
15	$D_3 \rightarrow C_2$	31	$B_2 F_3 \rightarrow E_0$		
16	$C_2 \rightarrow E_0$	32	$B_4 C_1 \rightarrow D_1$		

表 3　表 1 缺失部分数据插补结果

ID	A	B	C	D	E	F
1	2	3	1	**1**	0	**3**
10	2	5	3	4	0	1
13	3	2	4	**1**	0	3
16	3	2	2	**2**	0	3
17	0	**4**	2	4	0	1

注：表中粗体数字为填补值。

为了进一步说明基于聚类关联规则的缺失数据插补方法，以及比较与其他插补方的优劣，本文选用了 Suduku、Chess 与 German 3 个数据集。首先将原始数据分为训练集和测试集，抽取 80% 左右的数据作为训练集，剩余的 20% 作为测试集，利用训练集挖掘出来的关联对测试集的缺失数据进行插补。具体数据特征描述见表 4。

表 4　数据集特征描述

数据集名称	条件属性		目标属性	训练集样本数	测试集样本数	样本总数
	个数	变量类别				
Suduku	9	全是分类变量	1	767	191	958
Chess	36	全是分类变量	1	2557	639	3196
German	20	13 个分类变量，7 个数值变量	1	800	200	1000

资料来源：加州大学欧文分校机器学习数据库（http://archive.ics.uci.edu/ml/）。

除了本文提出的聚类关联规则法（CAR）和关联规则法（AR）外，还选用了众数插补法、SMV 插补法、FRCAR 插补法等几种比较常用的插补方法作为标杆进行比较。各种方法的描述见表 5：

表 5　插补方法

插补方法	说明
CAR	利用聚类方法，先将原信息系统 S 聚成不同的子信息系统，再使用本文提出的关联规则插补法
AR	不对原信息系统聚类，直接在 S 上使用本文所提出的关联规则插补法
Mode	全部缺失数据都采用属性之众数插补
SMV	使用 SMV 算法来插补
FRCAR	使用 Shen 等提出的 FRCAR 算法来插补

聚类关联规则（CAR）方法是首先把训练数据集分为不同的类，本文使用的聚类方法是 Kohonen 法，不同群的训练数据集分别挖掘关联规则来做填补，其次使用各群当中的训练数据所挖掘出来的关联规则对测试数据集进行填补，填补完各群之后，最后将各群的数

据合并，并检验其填补的正确率。

表 4 中的数据集实际上都是完备信息系统，都不存在缺失数据，为了验证各种插补方法的优劣，本文使用随机数种子随机打空数据集，分别产生含有 5%、10%、15% 及 20% 缺失数据的共 12 个数据集。对于属性为数值变量的，需要通过分组离散化。各种方法填补准确率如表 6 所示。

从表 6 可以看出，本文提出的聚类关联规则（CAR）方法对三个数据集在不同的缺失比例下的插补准确率都是最高，其次是关联规则（AR）方法，而比较常用的众数（Mode）插补法效果最差。

表 6　缺失数据填补正确率

单位：%

数据集	Suduku				German				Chess			
缺失比例	5	10	15	20	5	10	15	20	5	10	15	20
CAR	42.11	48.77	44.62	46.18	43.66	45.26	42.08	44.29	75.80	74.49	74.76	73.12
AR	37.11	43.50	41.09	42.56	41.15	41.75	41.99	41.89	70.66	68.68	70.86	70.76
Mode	29.34	35.84	37.18	37.00	38.09	37.30	35.36	38.71	64.42	61.20	67.77	65.47
SMV	34.34	41.93	40.67	41.32	38.35	36.27	35.07	39.00	68.03	62.28	68.78	66.73
FRCAR	36.05	43.91	41.30	42.63	37.95	37.65	38.14	39.52	70.55	66.49	70.60	70.30

五、小结与讨论

本文提出了基于聚类和关联规则方法的缺失数据插补法。该方法先对原始数据集进行聚类，将具有相同特点的数据聚成一类，然后利用改进的关联规则来填补缺失数据。为了更好地利用关联规则填补缺失数据，本文提出了一种新的最小支持度的设定方法，将缺失数据在数据库中可能出现的概率一同考虑计算，以增加计算支持度的可信度；在选取用来填补的规则时，提出了规则得分计算方法，解决了多规则插补冲突的问题。通过本文的实例数据分析可以得知，本文提出的基于聚类关联规则的插补方法具有较好的效果，优于其他几种插补方法。与均值、众数插补法相比，本文提出的方法得到的插补值更加分散，不像均值插补法那样过于凝聚，从而扭曲了变量的样本分布，低估了插补方差。本文提出的方法可以在缺少先验辅助信息的条件下，根据数据本身的特征，充分挖掘数据内部变量和数值间的联系，利用这种数据内部间的联系来进行插补。

此外，本文提出的方法不仅是针对分类变量的插补，对于数值变量也同样适用，需在填补缺失数据之前，将数值属性离散化成类别属性，再进行关联规则插补，用插补值加上离散区间长度的均匀随机数。比如将数值属性按区间长度 c 划分为不同的区间，利用本文提出的聚类关联规则插补后的值加上 $[0, c]$ 的均匀分布随机数 e_i，如果区间长度 c 选取合适，往往具有良好的插补效果。

本文的不足之处在于当某一记录里缺失值较多时，可能会缺少关联"前件"而无法插补，因此，有时需要结合均值、随机均值或众数等其他插补法。如何将本方法和已有插补方法有效结合起来，将本方法作为一种挖掘变量间辅助信息的手段，充分利用各种方法的优势，提高插补的效果，是今后要努力的方向之一。

参考文献

［1］金勇进. 缺失数据的插补调整［J］. 数理统计与管理，2001（5）.

［2］金勇进，邵军. 缺失数据的统计处理［M］. 北京：中国统计出版社，2009.

［3］张其文，李明. 一种缺失数据的填补方法［J］. 兰州理工大学学报，2006（4）.

［4］金勇进. 调查中的数据缺失及处理（I）——缺失数据及影响［J］. 数理统计与管理，2001（1）.

［5］Baraldi A. N., Enders C. K. An Introduction to Modern Missing Data Analyses［J］. Journal of School Psychology, 2010（48）.

［6］Angiulli F., Ianni G., Palopoli L. On the Complexity of Inducing Categorical and Quantitative Association Rules［J］. Theoretical Computer Science, 2004（314）.

［7］Huang, C. C. A Case-Based Reasoning Model for Supporting Feature Weight and Missing Value Completion［J］. Industrial and Information Management, 2005（6）.

［8］Gustavo E. A. P. A. Batista and Maria Carolina Monard, An Analysis of Four Missing Data Treatment Methods for Supervised Learning［J］. Applied Artificial Intelligence, 2003（17）.

［9］Liu, W. Z., White, A. P., Thompson, S. G., Bramer, M. A. Techniques for Dealing with Missing Values in Classification［J］. International Symposium on Intelligent Data Analysis, 1997.

［10］Liang, T. H., Wang, C. Y., and Yang, Y. H. A Study of Imputation Missing Data for Household Income［J］. Journal of Data Analysis, 2006（4）.

［11］Agrawal, R. and Srikant, R. Fast Algorithm for Mining Association Rules［C］. Proc. 20th Int'l Conf. Very Large Data Bases, Santiago, Chile, 1994.

［12］Shen, J. J. Chang C. C. and Li Y. C. Combined Association Rules for Dealing with Missing Values［J］. Journal of Information Science, 2007（33）.

［13］Hong, T. P., and Wu, C. W. Data Mining from an Incomplete Data Set［C］. The 14th Conference on Artificial Intelligence and Application, 2009.

［14］Wu, C. H., Wun, C. H., Chou, H. J. Using Association Rules for Completing Missing Data［C］. Proceeding of the Fourth International Conference on Hybrid Intelligent System, 2004.

［15］Shariq B., Saad R., Umer M., Sonya T., A. Rauf B. Using Association Rules for Better Treatment of Missing Value［C］. 10th WSEAS Conference on Communication & Compute, 2006.

Research on Dealing with Missing Data Based on Clustering and Association Rule

Fang Kuangnan   Xie Bangchang

(Xiamen University, Xiamen   361005)

Abstract: This paper proposed a new method of dealing with missing data based on clustering and association rule. Firstly, we divided the original data set into several parts by clustering method, and then use the improved association rule to investigate useful rules between the variables on those child data sets, and use these rules to fill the missing data. We found that this method has a good result on handling massive data sets with missing data by empirical study.

Key Words: Clustering; Association Rule; Missing Data; Imputation

基于 ARIMA 与神经网络集成的 GDP 时间序列预测研究 *

熊志斌

（华南师范大学数学科学学院，广州　510631）

摘要： 本文深入分析了单整自回归移动平均（ARIMA）模型与神经网络（NN）模型的预测特性和优劣，并在此基础上建立了由 ARIMA 模型和 NN 模型集成的 GDP 时间序列预测模型与算法。其基本思想是充分发挥两种模型在线性空间和非线性空间的预测优势，据此将 GDP 时间序列的数据结构分解为线性自相关主体和非线性残差两部分，首先用 ARIMA 模型预测序列的线性主体，其次用 NN 模型对其非线性残差进行估计，最终集成为整个序列的预测结果。仿真实验表明：集成模型的预测准确率显著高于单一模型的预测准确率，从而证实了集成模型用于 GDP 预测的有效性。

关键词： 单整自回归移动平均；神经网络；集成模型；GDP 预测

一、引　言

国内生产总值（GDP）是指在一个特定时期，一个国家或地区的经济中所生产出的全部最终产品和劳务的价值，它反映一国或者一个地区所有常住单位在核算期内生产活动的最终成果及衡量国民经济发展规模、速度、结构、效益的代表性指标，也是制定经济发展战略目标的主要依据，通过它可以判断经济是在萎缩还是在膨胀，是需要刺激还是需要控制，是处于严重衰退还是处于通胀威胁之中[1]。GDP 预测准确与否极大地影响政府决策结果的科学性和有效性。因此，如何运用科学有效的方法来对其进行预测具有重要的现实意义。

用于 GDP 预测的方法很多，对于短期 GDP 预测，时间序列分析方法（主要是 Box-

---

* 本文选自《数理统计与管理》2011 年第 2 期。

Jenkins 模型）是较为常用的预测方法。在该类方法中，单整自回归移动平均（ARIMA）模型由于其简单性、可行性和灵活性，为目前应用最广泛的时间序列预测模型之一[2]。见诸文献的代表性成果有：郝香芝[3] 利用 ARMA 技术构建了我国 GDP 时间序列模型，龚国勇[4] 和王莎莎等[5] 利用 ARIMA 模型分别对深圳 GDP 和中国 GDP 进行了预测。

但是，ARIMA 模型存在以下两个基本缺陷：①在 ARIMA 模型中，序列变量的未来值被假定满足变量过去观察值和随机误差值的线性函数关系。然而，现实中绝大多数时间序列都包含非线性关系[6]，因此，用 ARIMA 方法构建时间序列预测模型在实际应用中具有较大的局限性。②为了得到较好的预测结果，使用 ARIMA 模型需要较多的历史数据，一般要求至少 50 个甚至更多[7]。然而，在现实情况中，由于整体环境的不确定性以及新技术的迅猛发展，当今社会变化呈现越来越快的特点。相应地，时间序列预测建模所使用历史数据的期限跨度也呈现越来越短的趋势。因此，有效的时间序列预测方法应该依据较少的历史数据就能达到较好的预测效果。

近年来，由于神经网络（Neural Networks，NN）模型具有较强的学习和数据处理能力，能够挖掘数据背后复杂的甚至很难用数学式描述的非线性关系，且神经网络模型对建模所用样本的数量并无特殊要求，样本数量多，网络结构可以复杂点，样本数量少，则网络结构可以简单些，其结构设计具有较大的灵活性，因此，神经网络模型在预测领域受到越来越多的重视，且已经在时间序列预测方法中占据主导地位[8-11]。

从上述分析可以看出，ARIMA 方法是基于线性技术来进行时序预测的，而对非线性数据的处理不尽合理，且效果欠佳；反之，NN 技术擅长挖掘数据中隐含的非线性关系，但在处理具有线性特征的数据方面，其效果往往不如 ARIMA 模型[12]。显然，实际的预测问题通常都既包含了线性时序的成分，又包含了非线性时序的成分，呈现出线性和非线性的复合特征，故单一的线性或非线性预测模型都不能很好地捕捉时间序列的这种复合特征[12]。因此，有学者将上述方法集成进行时间序列预测研究，通过不同方法之间的相互促进与补充，以提高模型的预测效果。如 Wedding 等[13] 提出了一种将传统的 ARMA 模型与径向基神经网络相结合的集成模型对时间序列进行预测；Tseng 等[14] 利用季节 ARIMA 模型与 BP 神经网络集成构成的 SARIMABP 模型预测季节性时间序列；Aslanargun 等[15] 也利用类似的集成模型预测旅游需求的时间序列，并与单一模型的预测结果作了对比；韩冬梅等[16] 将各单个模型按不同的组合方式构建了六种集成模型，并运用这些模型对我国 GDP 进行了预测。此外，Michele Hibon 等[17] 以 3003 种不同类型的序列数据为基础进行了比较研究，结果表明集成模型的总体预测效果显著优于单一模型的预测效果，而且在实际应用中，集成模型的使用风险远小于单一模型的使用风险。

目前，采用集成模型对 GDP 时间序列进行预测的研究还不多见，且现有集成模型的主要形式是对单个预测方法进行加权平均，其研究重点为加权系数的确定。加权系数直接影响集成模型的使用效果，但如何确定加权系数是一件非常困难的事情，在实际应用中带有强烈的随意性和主观性。Zhang[18] 通过研究认为，一个时间序列过程可以看成由一个线性结构和一个非线性结构两部分组成。受此启发，本文提出基于 ARIMA 和 NN 两种方法集成的 GDP 复合预测模型，该模型首先利用 ARIMA 技术拟合 GDP 序列的线性部分，然后利用 NN 技术估计序列的非线性残差部分，最终叠加为对整个 GDP 的预测结果。与使用单一模型相比，该集成模型充分发挥了单一模型各自的优势，显著改善了单一模型的预测性能，并降低了模型的使用风险。

二、ARIMA 和 NN 模型的基本原理

（一）ARIMA 模型

单整自回归移动平均模型（ARIMA）实质上是自回归移动平均模型（ARMA）的扩展，是由 Box 和 Jenkins（1970）提出的一种时间序列建模方法。由于 ARMA 模型构建要求时间序列满足平稳性，但在实际中，时间序列多具有某种趋势或循环特征，并不满足平稳性要求，因此不能直接使用 ARMA 模型。但如果非平稳序列 y_t，经过 d 阶逐期差分后平稳（即 d 阶单整），则可利用 ARMA(p, q) 模型对该平稳序列建模，然后再经逆变换得到原序列。上述过程就是 ARIMA 的建模方法。理论上，ARIMA 模型的数学描述为：

$$\Delta^d y_t = \theta_0 + \sum_{i=1}^{p} \phi_i \Delta^d y_{t-1} + \varepsilon_t + \sum_{j=1}^{q} \theta_j \varepsilon_{t-j} \tag{1}$$

这里，$\Delta^d y_t$ 表示 y_t 经 d 次差分转换之后的序列。ε_t 是 t 时刻的随机误差，是相互独立的白噪声序列，且服从均值为 0，方差为常量 σ^2 的正态分布。$\Phi_i(i = 1, 2, \cdots, p)$ 和 $\theta_j(j = 1, 2, \cdots, q)$ 为模型的待估计参数，p 和 q 为模型的阶。上述模型记为 ARIMA（p, d, q）。从式（1）可知，如果 $\Delta^d y_t$ 是一个 ARMA（p, q）过程，那么 y_t 是一个 ARIMA（p, d, q）过程。从式（1）还可看出，ARIMA 模型本质上属于线性模型，这使得它刻画时间序列非线性特征的能力受到极大限制。

ARIMA 建模与预测包括 4 个步骤：①序列平稳化处理。如果序列是非平稳的，可以通过差分变化使其满足平稳性条件。②模型识别。主要通过自相关系数和偏自相关系数来确定模型的阶数 p 和 q。③参数估计和模型诊断。估计模型的参数，并检验（包括参数的显著性检验和残差的随机性检验），然后判断所建模型是否可取。④利用所选取合适参数的模型进行预测。

（二）NN 模型

迄今为止，应用于经济和金融领域预测的 NN 模型种类很多，其中基于误差反向传播（Back Propagation）算法的多层前馈神经网络（BP 神经网络），是应用最广的一种 NN 模型[19]。因此，我们这里也采用 BP 神经网络来进行研究。

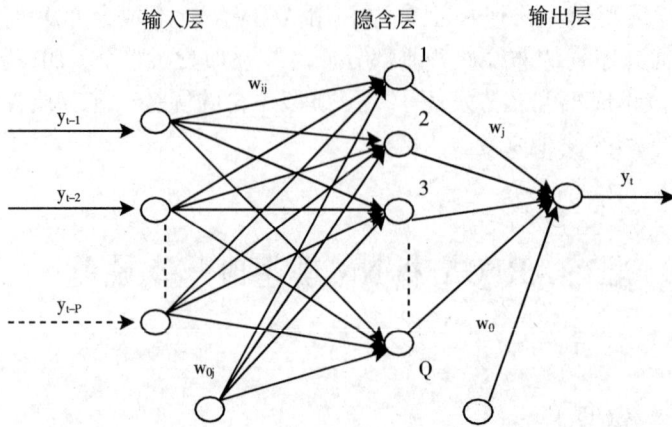

图 1　神经网络模型（P–Q–1 结构）

在 BP 网络模型的具体构建中，最重要的首先就是确定网络结构，而网络结构的关键在于隐含层及其节点数。对于学习任何函数，一般来说，一个隐含层足够[20]。神经网络具体结构如图 1 所示。

在 NN 模型中，输出 y_t 和输入 y_{t-1}，y_{t-2}，…，y_{t-P} 的关系可用下式表达：

$$y_t = w_0 + \sum_{j=1}^{Q} w_j g \left(w_{0j} + \sum_{i=1}^{P} w_{ij} y_{t-i} \right) + \varepsilon_t \tag{2}$$

上式中，$w_{ij}(i = 0, 1, 2, …, P, j = 1, 2, …, Q)$ 和 $w_j(j = 0, 1, 2, …, Q)$ 为模型参数（连接权值向量和阈值向量）；P 是输入层节点数；Q 是隐含层节点数；$g(\cdot)$ 是转换函数，常用的是 logistic 函数，即：

$$g(x) = \frac{1}{1 + e^{-x}} \tag{3}$$

因此，式（2）所描述的神经网络模型实际上反映了序列的前期观察值（输入）到当期值 y_t（输出）的非线性函数映射关系，即

$$y_t = f(y_{t-1}, y_{t-2}, …, y_{t-P}, W) + \varepsilon_t \tag{4}$$

这里，W 是模型所有参数向量，函数 $f(\cdot)$ 是由网络结构和权值参数等决定。

BP 网络模型主要通过 BP 算法来训练神经网络，并最终确定合适的模型参数（w_{ij} 和 w_j）。BP 算法的基本思想是：先赋予网络初始权值和阈值，通过层间前向信息传递计算出网络的输出值，根据比较网络的实际输出和期望输出之间的误差来修改网络的权值和阈值，通过不断的反复训练和比较使得实际输出和期望输出之间的误差达到最小。BP 算法具体步骤可参见文献[21]。

由式（4）可知，NN 模型与传统的自回归模型（Autoregressive，AR）的表达形式非常相似，但相对于传统模型，NN 有着极强的非线性映射能力，从这个角度来说，NN 可以看作是一种非线性 AR 模型。

三、基于 ARIMA 和 NN 的集成模型

如前所述，实际的时间序列数据通常具有线性和非线性的复合特征，单一的 ARIMA 或 NN 模型都不能很好地刻画这种复合特征。不过 ARIMA 和 NN 模型虽然各自有着明显的缺陷，然而这种模型的缺陷却是另一种模型的优势所在。换言之，ARIMA 和 NN 之间存在明显的优劣互补性。因此，两者的集成有可能产生比单一模型更好的预测效果。

假设时间序列 y_t 可视为线性自相关主体 L_t 与非线性残差 N_t 两部分的组合，即：

$$y_t = L_t + N_t \tag{5}$$

本文采取如下步骤构建集成模型：

首先利用 ARIMA 模型对线性部分建模，设预测结果为 $\hat{L}_t$，原序列与 $\hat{L}_t$ 得残差为 e_t，那么有：

$$e_t = y_t - \hat{L}_t \tag{6}$$

序列 e_t 隐含了原序列中的非线性关系，我们利用 NN 模型来逼近这种非线性关系，假设 NN 有 n 个输入，这个残差序列关系可写成：

$$e_t = f(e_{t-1}, \ e_{t-2}, \ \cdots, \ e_{t-n}) + \varepsilon_t \tag{7}$$

这里，f 是由 NN 决定的非线性函数，ε_t 是随机误差。通过 NN 估计的残差 e_t 预测值记为 $\hat{N}_t$。那么用集成模型预测的结果可写为：

$$\hat{y}_t = \hat{L}_t + \hat{N}_t \tag{8}$$

从集成模型构建来看，ARIMA 模型用于线性部分的预测，而 NN 模型用于非线性部分预测，通过对 ARIMA 和 NN 这两种模型的综合运用，充分发挥它们各自的长处，从而达到提高预测效果的目的。

四、模型在 GDP 预测中的应用

本文以上述构建的集成模型为基础，将其应用到我国国内生产总值（GDP）的预测之中，构建了我国 GDP 时间序列预测模型。本研究选取改革开放以来的数据即 1978~2009 年的 GDP（换算成 1978 年不变价格的 GDP）为研究对象，其中 1978~2004 年的 GDP 作为建模样本，2005~2009 年的 GDP 作为测试样本来评估模型的准确性（具体样本数据见表 1），图 2 为我国 GDP（1978~2009 年）时间序列图。

表1 1978~2009 年我国 GDP 数据

年份	GDP（亿元）	年份	GDP（亿元）	年份	GDP（亿元）	年份	GDP（亿元）
1978	3645	1986	7654.50	1994	16504.56	2002	32724.81
1979	3922.02	1987	8540.26	1995	18308.84	2003	36005.31
1980	4228.2	1988	9502.52	1996	20142.27	2004	39635.73
1981	4450.55	1989	9888.89	1997	22012.16	2005	43769.16
1982	4851.50	1990	10267.97	1998	23736.24	2006	48868.52
1983	5380.02	1991	11212.02	1999	25547.81	2007	55239.98
1984	6196.50	1992	12808.53	2000	27698.36	2008	60186.24
1985	7031.21	1993	14594.58	2001	29998.35	2009	65422.44

注：数据资料来源于国家统计局网站（www.stats.gov.cn），数据已按 1978 年不变价格进行换算。

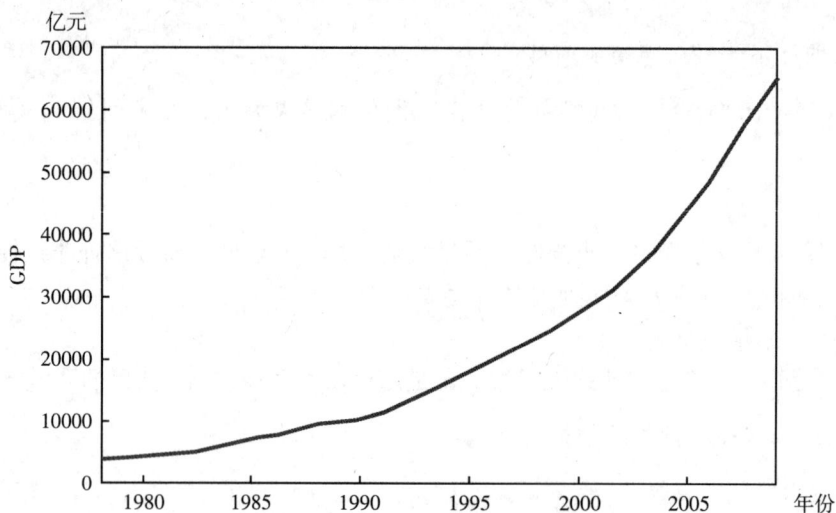

图2 我国 1978~2009 年 GDP 趋势（1978 年不变价格）

利用集成模型预测 GDP 的步骤包括：

步骤一：构建 ARIMA 模型估计序列的线性结构部分，得到预测结果 $\hat{L}_t$。本文借助 EViews 6.0 软件构建 ARIMA 模型，从图 2 可明显看出 GDP 数据为非平稳序列，为消除趋势同时减少序列的波动，先对序列 GDP 取对数，令 X = lnGDP，再进行一阶差分（记 Z = ΔX，Δ 为一阶差分算子），对序列 Z 进行单位根检验，在 10%、5% 和 1% 的显著性水平下，通过 AIC 最小准则选取阶数，检验结果如表 2 所示。

表2 序列 Z 的 ADF 检验结果

检验类型	显著性水平（%）	ADF 检验值	临界值	结论
回归方程包含常数项	1	−3.7330	−3.6999	平稳
	5	−3.7330	−2.9763	平稳
	10	−3.7330	−2.6274	平稳

上述结果说明序列 Z 为平稳的时间序列（即模型参数 d 取 1）。

通过观察序列自相关系数和偏自相关系数，初步确定其他参数为：p = 1~2，q = 0~1，再根据 AIC 最小准则经过比较分析，最后确定模型为 ARIMA(1，1，0)。模型的经验估计形式如下：

$$Z_t = 0.0936 + 0.634(Z_{t-1} - 0.0936) + v_t$$

t 值　（9.4357）　（3.0706）

p 值　（0.0000）　（0.0054）　　　　　　　　　　　　　　　　　　　（9）

模型参数都通过检验。此外，由模型残差序列 v_t 的自相关分析图可知，其自相关系数和偏自相关系数都很小，均落入置信水平为 95% 的置信区间。对残差序列 v_t 的 ADF 检验结果见表 3。

表 3　残差序列 v_t 的 ADF 检验结果

检验类型	显著性水平（%）	ADF 检验值	临界值	结论
回归方程不包含常数项和趋势项	1	−3.7284	−2.6924	平稳
	5	−3.7284	−1.9602	平稳
	10	−3.7284	−1.6071	平稳

据此，可认为 v_t 为平稳随机序列，说明所建立的 ARIMA 模型是合适的。因为 $Z = \Delta X = \Delta \ln GDP$，故 GDP 预测模型可以表示为：

$$\ln GDP_t = 0.0436 + 1.534 \ln GDP_{t-1} - 0.534 \ln GDP_{t-2} + v_t \qquad (10)$$

将式（10）做反对数变换可得到 GDP 预测结果，该结果就是由 ARIMA 模型估计的 $\hat{L}_t$。

步骤二：利用 BP 神经网络模型识别序列非线性部分 e_t，得到预测结果 $\hat{N}_t$，网络模型使用 Matlab 7.0 软件构建。如前所述，我们采用单隐层网络结构。确定网络输入节点数和隐层节点数是构建模型的一个难点，这方面目前还没有明确的理论指导。本文采用试错法（靠一些经验确定一个大概基数，然后通过不断尝试改变节点数来提高网络的收敛速度和拟合能力），直到网络输出误差满足要求为止，经反复试验比较，确定模型为 3 输入 1 输出（即利用 e_{t-1}，e_{t-2}，e_{t-3} 来预测 e_t），隐层节点数为 3，即网络模型采用 $3 \times 3 \times 1$ 结构。

步骤三：利用式（8）$\hat{y}_t = \hat{L}_t + \hat{N}_t$ 得到最后的预测结果。

为便于比较，本文还构建了 ARIMA 和 NN 两种单一预测模型（方法如前所述，具体步骤不再赘述）。三种模型的预测结果如表 4 所示，图 3 为三种模型的相对预测误差对比图。

总体来看，三种模型都呈现预测期限越短，预测效果越好的特点。关于三种模型的具体预测效果，由表 4 可知，三种模型当中，集成模型预测效果最好，其结果最接近实际数值，从对 5 年的 GDP 预测结果来看，集成模型预测误差最低为 0.193%，最高也只有 2.279%，远低于其他两种单一模型。另外，从图 3 也可以很直观地看出，集成模型的预测

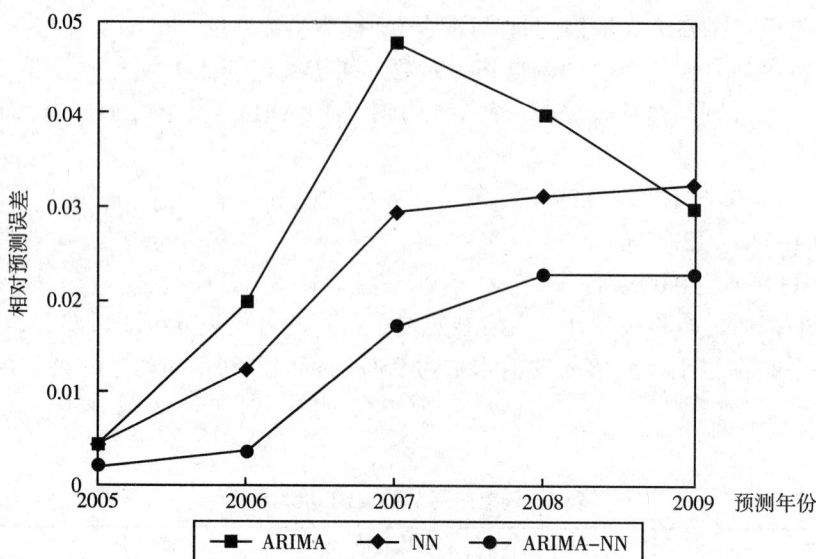

图3　三种模型相对预测误差比较

表4　各模型对测试样本的预测结果

单位：亿元

年份	模型预测值			实际值
	ARIMA	NN	集成模型（ARIMA-NN）	
2005	43581.53（0.429%）	43571.32（0.452%）	43684.69（0.193%）	43769.16
2006	47890.4（2.002%）	48260.11（1.245%）	48696.99（0.351%）	48868.52
2007	52607.86（4.765%）	53620.34（2.932%）	54287.64（1.724%）	55239.98
2008	57779.79（3.998%）	58304.82（3.126%）	58821.22（2.268%）	60186.24
2009	63454.17（3.009%）	63307.33（3.233%）	63931.46（2.279%）	65422.44

注：括号内数字为相对预测百分比误差。

误差最低，NN 模型其次，而 ARIMA 模型预测误差最高。

为了更加全面地描述不同模型对 GDP 的预测效果，本文采用均方根误差（RMSE）和平均绝对百分比误差（MAPE）两个指标来衡量模型预测效果的好坏（第一个指标是绝对指标，第二个指标是相对指标）。两个指标的定义分别为：

$$RMSE = \left(\frac{1}{N} \sum_{i=1}^{N} (y_i - \hat{y}_i)^2 \right)^{1/2} , \quad MAPE = \frac{1}{N} \sum_{i=1}^{N} \left| \frac{y_i - \hat{y}_i}{y_i} \right| \times 100\% \qquad (11)$$

式（11）中，$(\hat{y}_1, \hat{y}_2, \cdots, \hat{y}_N)$ 表示预测值，$(y_1, y_2, \cdots, y_N)$ 表示实际值，N 是预测样本数。显然，RMSE 和 MAPE 越小，说明模型预测精度越高，误差越小，模型效果也就越好。各模型预测效果的对比见表5。

从表5可以看出，无论是 RMSE 还是 MAPE，集成模型的预测误差都远小于 ARIMA 和 NN 模型，表明其预测效果显著优于两种单一模型的预测效果；而 NN 模型预测结果又好于 ARIMA 模型。

表 5　各模型预测效果比较

评价指标	ARIMA	NN	集成模型
RMSE	1875.368	1486.336	1002.977
MAPE（%）	2.840	2.198	1.363

五、结论与展望

　　GDP 预测是预测领域的研究热点，采用的方法多种多样，ARIMA 与 NN 模型是其中的典型代表，两者在 GDP 时序的预测上均具有自己独特的优势：ARIMA 善于捕捉数据中的线性特征，而 NN 则擅长挖掘数据背后的非线性关系。然而，实际的 GDP 时间序列数据既包含了线性成分，又包含了非线性的成分。因此，上述单一模型在处理这类预测问题时都存在着这样或那样的问题。但是，分析上面两个模型的特性可知，ARIMA 模型的缺陷正是 NN 模型的长处，而 NN 模型的不足之处又是 AIUMA 模型的优势所在，两者具有极强的互补性。

　　本文通过 ARIMA 与 NN 的结合，构建了一个集成的 ARIMA – NN 模型，其预测过程分两步完成：首先用 ARIMA 模型预测 GDP 序列的线性部分，然后用 NN 模型对其非线性残差部分进行估计。这样做的目的是充分发挥单一模型的优势，避免单一模型的缺陷，做到取长补短、相互补充。对我国 GDP 预测的仿真实验表明，集成模型的预测效果显著优于另外两种单一模型——ARIMA 模型和 NN 模型的预测效果。

　　由于本文所构建的预测模型是基于 GDP 的时间序列数据，因此预测期并不太长（本文只选取了 5 年）。若要对 GDP 进行较长期的预测，应结合考虑宏观经济因素，如何引入外部经济因素指标对模型进行改进是有待于进一步研究的课题。

　　此外，鉴于神经网络技术的理论体系还不完善，其参数设计主要依靠经验，缺乏有效的理论指导，且 BP 神经网络存在着收敛速度缓慢、容易陷入局部极值的缺陷，故神经网络技术的本身还有着大量的研究工作没有完成。如何改进神经网络自身的性能，也将是提高 GDP 预测精度的一个重要方面，这些都有待于本课题的后续研究。

参考文献

[1] 许宪春. 国内生产总值核算的重要意义和作用 [J]. 中国统计，2003，34（2）.

[2] 范剑青，姚琦伟. 非线性时间序列——建模、预报及应用 [M]. 陈敏译. 北京：高等教育出版社，2005.

[3] 郝香芝，李少颖. 我国 GDP 时间序列的模型建立与预测 [J]. 统计与决策，2007（23）.

[4] 龚国勇. ARIMA 模型在深圳 GDP 预测中的应用 [J]. 数学的实践与认识，2008，38（4）.

[5] 王莎莎，陈安，苏静，李硕. 组合预测模型在中国 GDP 预测中的应用 [J]. 山东大学学报（理学

版），2009，44（2）.

［6］Khashei M., Bijari M., Ardali G. A. R. Improvement of Auto-regressive Integrated Moving Average Models Using Fuzzy Logic and Artificial Neural Networks［J］. Neurocomputing, 2009（72）.

［7］Zhang G., Patuwo B. E., Hu Y. M. Forecasting with Artificial Neural Networks: The State of the Art［J］. International Journal of Forecasting, 1998（14）.

［8］Kaastra, Boyd M. Designing a Neural Network for Forecasting Financial and Economic Time-series［J］. NeurocomPuting, 1996（10）.

［9］Chen Y., Yang B., Dong J., Abraham A. Time-series Forecasting Using Flexible Neural Tree Model［J］. Inf. Sei., 2005（174）.

［10］Diordano F., La Rocca M., Perna C. Forecasting Nonlinear Time Series with Neural Netwnrk Sieve Bootstrap［J］. Comput. Stat. Data Anal., 2007（51）.

［11］刘兰娟，谢美萍. 基于自适应小波神经网络的数据挖掘方法研究——对我国石油产量的预测分析［J］. 财经研究, 2006, 32（3）.

［12］Andre Luis S. Maia, Francisco de A. T. de Carvalho, Teresa B. Ludermir. Forecasting Models for Interval-valued Time Series［J］. Neurocomputing, 2008（71）.

［13］Wedding, H. D. K., Cios K. J. Time Series Forecasting by Combining RBF Networks, Certainty Factors, and the Box-Jenkins Model［J］. Neurocomputing, 1996（10）.

［14］Tseng, F. M., Yu H. C., Tzeng G. H. Combining Neural Network Model with Seasonal Time Series ARIMA Model［J］. Technological Forecasting and Social Change, 2002（69）.

［15］Aslanargun A., Mammadov M., Yazici B., Yolacan S. Comparison of ARIMA, Neural Networks and Hybrid Models in Time Series: Tourist Arrival Forecasting［J］. Journal of Statistical Computation and Simulation, 2007（77）.

［16］韩冬梅，牛文清，杨荣. 线性与非线性最优组合预测方法的比较研究［J］. 情报科学, 2007, 25（11）.

［17］Michelle Hibon, Theodoros Evgeniou. To Combine or Not to Combine: Selecting among Forecasts and Their Combinations［J］. International Journal of Forecasting, 2005（21）.

［18］Zhang G. P. Time Series Forecasting Using a Hybrid ARIMA and Neural Network Model［J］. Neurocomputing, 2003（50）.

［19］Velldo A., Lisboa P. J. G., Vaughan J. Neural Network in Business: A Survey of Applications (1992-1998)［J］. Expert Systems with Applications, 1999（17）.

［20］Hornik K., Stinchcombe M., White H. Multilayer Feedforward Networks are Universal Approximators［J］. Neural Networks, 1989（2）.

［21］Skapura D. Building Neural Networks［M］. New York: Addison-Wesley, 1999.

Research on GDP Time Series Forecasting Based on Integrating ARIMA with Neural Networks

Xiong   Zhibin

(School of Mathematical Sciences, South China Normal University,

Guangdong Guangzhou 510631)

Abstract: Based on analysis of the autoregressive integrated moving average (ARIMA) and neural networks (NN) models, this paper Presents an ensemble approach to GDP time series forecasting which integrating ARIMA with NN. The GDP time series are considered to be composed of a linear autocorrelation structure and nonlinear structure. ARIMA is used to model the linear component of GDP time series and the NN model is applied to the nonlinear residuals component Prediction. The results of GDP forecasting show that the proposed model, which integrates the unique strength of the two models in linear and nonlinear modeling, has the more forecasting accuracy than that of single model.

Key Words: Autoregressive Integrated Moving Average; Neural Networks; Integrated Model; GDP Forecasting

时变弹性生产函数模型统计学与
经济学检验 *

章上峰　许冰　顾文涛

（浙江工商大学，杭州　310018）

摘要： 本文给出了时变弹性生产函数的半参数变系数 Profile 估计方法，提出了利用统计学和经济学原理检验时变弹性生产函数显著性和准确性的新思路。实证研究发现，广义似然比统计检验无法拒绝 Cobb-Douglas 生产函数，但是经济学检验拒绝 Cobb-Douglas 生产函数。时变弹性生产函数保留了 Cobb-Douglas 生产函数结构形式，具有明确的经济学意义，改进了不变产出弹性中性技术进步假设，是更加符合实际的生产函数模型。

关键词： 时变弹性生产函数；半参数变系数模型；广义似然比检验；条件自助法；劳动收入份额

一、引　言

政府在制定长期经济发展战略或者短期宏观经济政策时，往往需要知道一个国家或者地区的经济增长状况。生产函数是描述生产过程中投入的生产要素的某种组合与它可能的最大产出之间依存关系的数学表达式，从而为正确认识一个国家或者地区的经济增长状况提供重要参考依据。因此，生产函数模型受到经济学者和政府管理部门的高度关注和广泛

* 本文选自《统计研究》2011 年第 6 期。本文为国家社会科学基金青年项目"时变弹性生产函数：理论与应用研究"（项目编号 09CTJ005）的阶段性研究成果；本文研究还得到了国家自然科学基金（70973110）和教育部人文社会科学基金项目（10YJC790065）的资助。作者简介：章上峰，男，1982 年生，浙江温州苍南县人，统计学博士，浙江工商大学数量经济研究所助理研究员，《管理科学与统计决策》执行编辑。研究方向：数量经济学、增长经济学与发展经济学。许冰，男，1956 年生，浙江玉环人，日本早稻田大学管理工程博士，浙江工商大学数量经济研究所所长、教授、博士生导师，中国数量经济学会常务理事。研究方向：非参数计量经济学理论及其应用。顾文涛，男，1974 年生，浙江杭州人，美国印第安纳大学数学博士（统计专业），浙江工商大学数量经济学硕士生导师、副教授。研究方向：非参数统计、数量经济与计算统计。

应用。Cobb-Douglas 生产函数由于结构简单、经济意义明显且容易估计而受到广泛应用，其表达式如下：

$$Y_t = A_t K_t^{\alpha} L_t^{\beta} \tag{1}$$

其中，Y_t、A_t、K_t 和 L_t 分别表示第 t 期的实际产出、技术水平、资本投入和劳动力投入；α 和 β 分别代表资本和劳动力的产出弹性；$\alpha+\beta$ 表示规模报酬，$\alpha+\beta<1$ 表示规模报酬递减，$\alpha+\beta=1$ 表示规模报酬不变，$\alpha+\beta>1$ 表示规模报酬递增。

假设技术水平由一组可控制变量 Z 的指数线性组合表示，对式（1）两边取自然对数，得到 Cobb-Douglas 生产函数计量模型：

$$\ln Y_t = \sum_{i=1}^{m} \gamma_i Z_{it} + \alpha \ln K_t + \beta \ln L_t + \varepsilon_t \tag{2}$$

利用最小二乘估计方法（OLS）可以得到模型（2）的参数估计值。

但是，利用 Cobb-Douglas 生产函数估计得到的 α 和 β 值是固定常数，它们反映的只是整个研究时期的一个平均产出弹性水平，未能反映不同时期资本和劳动力的收入份额的变化。我国处于经济转型时期，随着生产要素的流动限制减少和价格放开，资本和劳动力的数量与价格是逐期变化的，因而不同时期的资本和劳动力份额也会存在一定程度的变化（章上峰、许冰，2009），真正的常参数模型只存在于假设之中（李子奈、叶阿忠，2004），因此，总体模型的参数不应是静态的，而应该是随着时间不断变化的（许冰，2010）。

超越对数生产函数是一个更具一般性的变弹性生产函数模型，利用超越对数生产函数模型估计得到的资本产出弹性和劳动力产出弹性是可变的。但是超越对数生产函数模型估计参数过多，容易带来自由度不足、多重共线性等统计计量问题。此外，在参数确定的情况下，资本和劳动力产出弹性分别是资本和劳动力投入量的指数线性组合函数，这一假设经常是不合理的。

随着现代计量经济学的发展，使得合理构造生产函数模型，用于估计不同时期资本和劳动力产出弹性成为可能。Shigeru Iwata（2003），赵志耘、刘晓路、吕冰洋（2006），Bing Xu、Berlin Wu（2007），章上峰、许冰（2009）提出时变产出弹性的非参数估计方法；高宇明、齐中英（2008）等提出时变产出弹性的卡尔曼滤波估计方法；章上峰、许冰（2009）提出时变产出弹性的变系数面板数据估计方法；章上峰、许冰（2009），罗羡华、杨振海、周勇（2009）和许冰（2010）将产出弹性看作时间 t 的非参数光滑函数，提出时变产出弹性的非参数变系数估计方法。

但是，非参数模型容易出现"维数灾难"问题，而如何验证时变弹性生产函数的客观准确性也是有待解决的一个重要问题（章上峰、许冰，2009）。本文综合非参数变系数模型和参数回归模型，给出时变弹性生产函数的半参数变系数 Profile 估计方法，并提出利用统计学和经济学原理检验时变弹性生产函数显著性和准确性的新思路。全文结构如下：第二部分介绍时变弹性生产函数的半参数变系数 Profile 估计方法；第三部分介绍统计学检验和经济学检验思路和原理；第四部分是中国数据的实证研究；第五部分是本文的研究结论。

二、模型与估计方法

如果将 Cobb-Douglas 生产函数模型中资本和劳动力产出弹性 α 和 β 看成时间 t 的非参数光滑函数 $\alpha(t)$ 和 $\beta(t)$，可以得到时变弹性生产函数模型如下：

$$\ln Y_t = \sum_{i=1}^{m} \gamma_i Z_i + \alpha(t)\ln K_t + \beta(t)\ln L_t + \varepsilon_t \tag{3}$$

$\alpha(t)$ 和 $\beta(t)$ 分别代表不同时期 t 的资本和劳动力产出弹性。时变弹性生产函数保留了 Cobb-Douglas 生产函数结构形式，具有明确的经济学意义；同时改进了不变产出弹性中性技术进步假设，是更具一般性的可变弹性生产函数模型。

时变弹性生产函数模型（3）本质上是一种半参数变系数模型，常系数分量用于刻画确定性影响因素对实际产出增长的影响，变系数分量用于描述产出弹性系数随时间的非线性变化。变系数部分关于回归变量仍是线性的，但其系数是所有 n 个回归变量观测值所对应观测时间位置中的函数，除包含回归变量本身的观测值信息外，还含有观测点"时间位置"的信息。该模型的优点之一是避免"维数灾难"，同时可以避免先验模型设定错误。半参数变系数模型常用的估计方法主要包括 Backfitting 估计方法（花俊洲、吴冲锋、梅长林，2003）、Efficient 估计方法（Ahmad，2005）和 Profile 估计方法（Fan 和 Huang，2005）等。本文采用 Fan 和 Huang（2005）提出的 Profile 估计方法来估计未知参数和函数系数值。

假如 $\{(Z_i,\ K_i,\ L_i,\ Y_i),\ i=1,\ \cdots,\ n\}$ 是已经观测到的 n 个样本，对于给定的线性部分的系数 γ，式（3）可以写成：

$$(\ln Y_t)^* = \alpha(t)\ln K_t + \beta(t)\ln L_t + \varepsilon_t \tag{4}$$

在这里 $(\ln Y_t)^* = \ln Y_t - \sum_{i=1}^{m} \gamma_i Z_i$，这样式（4）就成为经典的变系数模型。对于光滑的函数系数 $\alpha(t)$ 和 $\beta(t)$，采用局部多项式估计方法，在 t_0 处局部线性展开：

$$\alpha(t) = a_1 + b_1(t - t_0) \tag{5}$$
$$\beta(t) = a_2 + b_2(t - t_0) \tag{6}$$

令 $X_{1t} = \ln K_t$，$X_{2t} = \ln L_t$，式（4）的估计问题就转化为局部加权最小二乘法来最小化：

$$\min \sum_{t=1}^{n} \{(\ln Y_t)^* - \sum_{i=1}^{2} [a_i + b_i(t - t_0)X_{it}]\}^2 K_h \tag{7}$$

其中，$K_h = K(\cdot/h)/h$ 为核函数，h 表示窗框。记：
$Y = (Y_1,\ \cdots,\ Y_n)^T,\ Z = (Z_1,\ \cdots,\ Z_n)^T$
$Z_i = (Z_{i1},\ \cdots,\ Z_{im})^T,\ X = (X_1,\ \cdots,\ X_n)^T$

$X_i = (X_{i1}, \ X_{i2})^T, \ a(t) = (\alpha(t), \ \beta(t))^T$

$W = \text{diag}(K_h(t_1 - t), \ \cdots, \ K_h(t_n - t))$

$M = \begin{pmatrix} a^T(t)X_1 \\ \vdots \\ a^T(t)X_n \end{pmatrix}$

$D = \begin{pmatrix} X_1^T & \dfrac{t_1 - t}{h}X_1^T \\ \vdots & \vdots \\ X_n^T & \dfrac{t_n - t}{h}X_n^T \end{pmatrix}$

则式（4）可写成：

$$Y - Z\gamma = M + \varepsilon \tag{8}$$

M 的估计为：

$$\hat{M} = \begin{pmatrix} (X_1^T 0)\{D^T W D\}^{-1}D^T W \\ \vdots \\ (X_n^T 0)\{D^T W D\}^{-1}D^T W \end{pmatrix}$$

$$= S(Y - Z\gamma) \tag{9}$$

S 通常被称为光滑矩阵，把式（9）代入式（8），可以得到线性部分系数估计值为：

$$\hat{\gamma} = \{Z^T(I - S)^T(I - S)Z\}^{-1}Z^T(I - S)^T(I - S)Y \tag{10}$$

$$\hat{M} = S(Y - Z\hat{\gamma}) \tag{11}$$

资本产出弹性 $\alpha(t)$ 和劳动产出弹性 $\beta(t)$ 在 t_0 处局部线性展开的函数系数估计值为：

$$(\hat{a}_1, \ \hat{a}_2, \ h\hat{b}_1, \ h\hat{b}_2) = \{D^T W D\}^{-1}D^T W(Y - Z\hat{\gamma}) \tag{12}$$

三、统计学检验和经济学检验

（一）广义似然比检验

如果 $\alpha(t)$ 和 $\beta(t)$ 是固定常数，则时变弹性生产函数就退化为 Cobb-Douglas 生产函数，由此产生的一个问题是产出弹性 $\alpha(t)$ 和 $\beta(t)$ 是否真正随时间变化。构造假设检验问题如下：

H0：$\alpha(t) = \alpha$，$\beta(t) = \beta$

H1：$\alpha(t) \neq \alpha$，$\beta(t) \neq \beta$ $\tag{13}$

如果 H0 成立，则接受不变产出弹性中性技术进步假设，时变弹性生产函数模型（3）

就退化为 Cobb-Douglas 生产函数模型（2）；反之，如果拒绝 H0，则拒绝不变产出弹性中性技术进步假设，即拒绝 Cobb-Douglas 生产函数模型（2），接受时变弹性生产函数模型（3）。

在实证研究中，通常假定规模报酬不变，使得弹性估计结果符合经济学收入份额概念，还可在一定程度上消除资本和劳动力可能存在的共线性问题。假设 $\alpha(t) + \beta(t) = 1$ 规模报酬不变，Cobb-Douglas 生产函数模型（2）可简化为：

$$\ln(Y_t/L_t) = \sum_{i=1}^{m} \gamma_i Z_{it} + \alpha \ln(K_t/L_t) + \varepsilon_t \tag{14}$$

时变弹性生产函数模型（3）可简化为：

$$\ln(Y_t/L_t) = \sum_{i=1}^{m} \gamma_i Z_i + \alpha(t)\ln(K_t/L_t) + \varepsilon_t \tag{15}$$

假设检验（13）可简化为：

$$H0: \alpha(t) = \alpha \quad H1: \alpha(t) \neq \alpha \tag{16}$$

Fan 等（2001）提出利用广义似然比检验（GLR）方法来检验非参数检验问题（16）。记 RSS_0 为 H0 下 Cobb-Douglas 生产函数模型（14）的残差平方和，RSS_1 为备择 H1 下时变弹性生产函数模型（15）的残差平方和。广义似然比统计量 GLR 由下式给出：

$$GLR_n = \frac{n}{2}\log\left(\frac{RSS_0}{RSS_1}\right) \tag{17}$$

Fan 等（2001）证明了在样本足够大且满足一些正则条件时 GLR 统计量近似服从于 χ^2 分布，罗羡华、杨振海、周勇（2009）采用该检验方法。但是，考虑到时间序列数据通常为有限样本，渐近分布检验结果可能不够稳健，本文采用非参数条件自助法（bootstrap）对有限样本近似分布进行模拟，从而给出更加精确的检验结果。采用算法如下：

（1）对于模型（14）中得到的残差 $(\hat{\varepsilon}_1, \cdots, \hat{\varepsilon}_n)$，令 $\bar{\hat{\varepsilon}}$ 为其均值，再对 $(\hat{\varepsilon}_1 - \bar{\hat{\varepsilon}}, \cdots, \hat{\varepsilon}_n - \bar{\hat{\varepsilon}})$ 进行重抽样，得到一个 bootstrap 样本，记为 ε^*。

（2）由上述残差样本及下述公式产生相对应的 $\ln Y_i$ 的样本：

$$(\ln Y_t)^* = \sum_{i=1}^{m} \hat{\gamma}_i Z_i + \hat{\alpha}(t)\ln K_t + \hat{\beta}(t)\ln L_t + \varepsilon_t^*$$

（3）用这组自助法样本 $((\ln Y)^*, \ln K, \ln L)$ 构造 GLR 统计量 GLR^*。

（4）重复上述过程 1000 次，依次得到 $GLR_1^*, \cdots, GLR_{1000}^*$。

（5）利用经验分布：

$$\hat{F}(x) = \frac{1}{1000}\sum_{i=1}^{1000} I(GLR^* \leq x)$$

得到统计量 GLR 在原假设下的 p 值，若 p 较大，则接受原假设；若 p 较小，则拒绝原假设。

广义似然比检验提供了可操作的统计显著性检验；但是广义似然比统计检验主要是基于模型的拟合优度，因此还需要进一步检验时变弹性生产函数的经济学意义。

（二）经济学检验

时变弹性生产函数的经济学检验主要是检验产出弹性的经济意义是否合理。假设只有资本和劳动力两个生产要素，则在完全竞争和不变规模报酬假定条件下，资本和劳动力按照边际产出获得边际收入。因此，可以推导出资本产出弹性 $\alpha(t)$ 和劳动产出弹性 $\beta(t)$ 分别表示第 t 期初次分配中资本和劳动力的收入份额（章上峰、许冰，2010）：

$$\alpha(t) = \partial \ln Y(t)/\partial \ln K(t)$$
$$= K(t) \cdot MPK(t)/Y(t) \tag{18}$$
$$\beta(t) = 1 - \alpha(t) = \partial \ln Y(t)/\partial \ln L(t)$$
$$= L(t) \cdot MPL(t)/Y(t) \tag{19}$$

根据国民经济核算原理，收入法 GDP 由劳动者报酬、固定资产折旧、营业盈余和生产税净额四部分组成。劳动者报酬是雇员对企业提供劳动获得的工资和各种形式的报酬；固定资本折旧是生产中使用的房屋和设备在核算期内磨损的转移价值；营业盈余是企业从事经营活动所获得的利润；生产税净额是企业向政府支付的利润前的税金减政府对企业由于政策性原因造成的亏损而给予的补贴。通常认为，劳动收入份额是指劳动者报酬占收入法 GDP 的比重，资本收入份额是指劳动者报酬之外其他收入占收入法 GDP 的比重。《中国国内生产总值核算资料：1978–1995》、《中国国内生产总值核算资料：1978–2004》以及历年《中国统计年鉴》详细提供了 1978~2008 年份省份的收入法 GDP。利用省份收入法 GDP 加总可以分别计算得到全国资本收入份额和劳动收入份额统计值（见表 1 和图 1、图 2）。

表 1　时变产出弹性与要素收入份额

年份	资本弹性	资本份额	劳动弹性	劳动份额
1978	0.5129	0.5035	0.4871	0.4965
1979	0.5091	0.4854	0.4909	0.5146
1980	0.5051	0.4882	0.4949	0.5118
1981	0.5010	0.4732	0.4990	0.5268
1982	0.4969	0.4641	0.5031	0.5359
1983	0.4930	0.4645	0.5070	0.5355
1984	0.4895	0.4632	0.5105	0.5368
1985	0.4862	0.4710	0.5138	0.5290
1986	0.4834	0.4710	0.5166	0.5290
1987	0.4808	0.4810	0.5192	0.5190
1988	0.4785	0.4828	0.5215	0.5172
1989	0.4763	0.4595	0.5237	0.5405
1990	0.4742	0.4535	0.5258	0.5465
1991	0.4720	0.4784	0.5280	0.5216

年份	资本弹性	资本份额	劳动弹性	劳动份额
1992	0.4699	0.4968	0.5301	0.5032
1993	0.4678	0.5051	0.5322	0.4949
1994	0.4659	0.4965	0.5341	0.5035
1995	0.4646	0.4856	0.5354	0.5144
1996	0.4642	0.4879	0.5358	0.5121
1997	0.4654	0.4897	0.5346	0.5103
1998	0.4685	0.4917	0.5315	0.5083
1999	0.4738	0.5003	0.5262	0.4997
2000	0.4810	0.5129	0.5190	0.4871
2001	0.4897	0.5177	0.5103	0.4823
2002	0.4990	0.5225	0.5010	0.4775
2003	0.5084	0.5384	0.4916	0.4616
2004	0.5178	0.5845	0.4822	0.4155
2005	0.5272	0.5860	0.4728	0.4140
2006	0.5367	0.5939	0.4633	0.4061
2007	0.5466	0.6026	0.4534	0.3974
2008	0.5570	0.6050	0.4430	0.3950

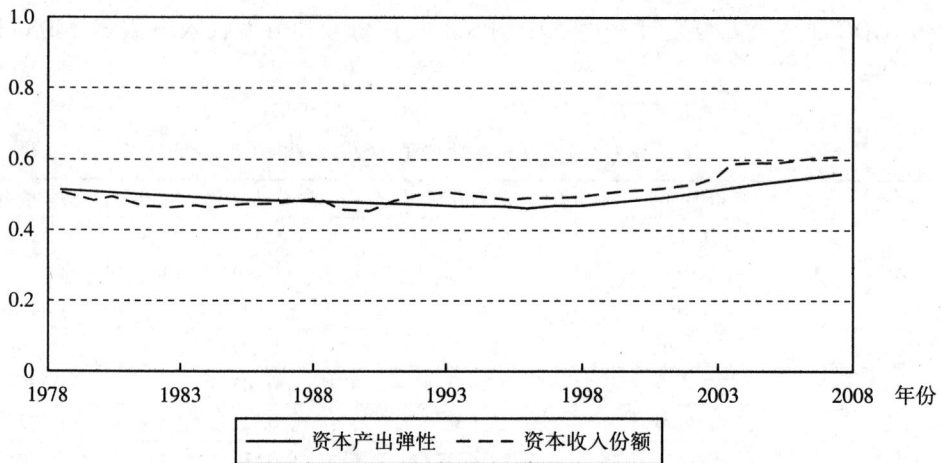

图 1 资本产出弹性与资本收入份额

因此，时变弹性生产函数的经济学检验主要是检验不同时期资本和劳动力时变产出弹性是否吻合资本和劳动力收入份额统计值。

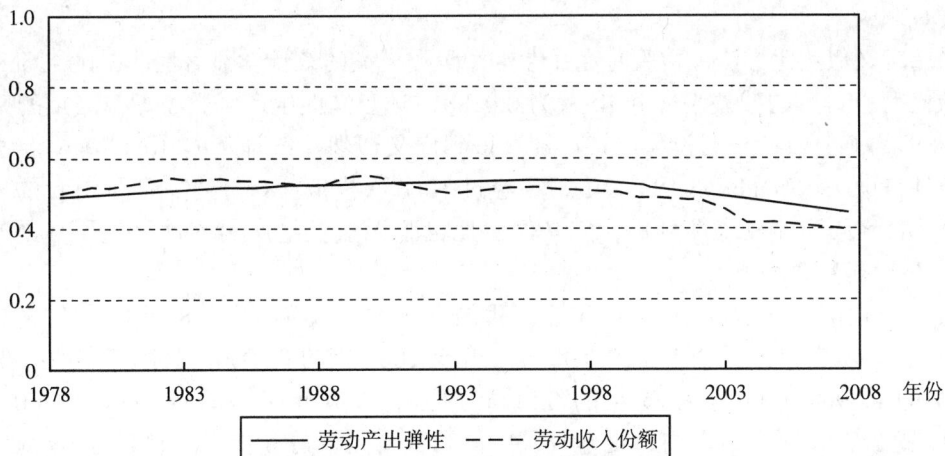

图 2　劳动产出弹性与劳动收入份额

四、数据说明和实证结果

本文使用的 1978~2008 年统计数据说明如下：

（1）国内生产总值 Y（单位：亿元）：以 1952 年为基期的实际国内生产总值表示。（2）资本存量 K（单位：亿元）：1952 年基期资本存量采纳张军（2004）的估算结果为 807 亿元，经济折旧率采纳张军（2004）的方法取 9.6%；参考曹吉云（2008）研究方法，法定残值率取 4%，以年初固定资本存量和年末固定资本存量的简单算术平均作为资本投入量。（3）劳动力投入 L（单位：万人）：以年初和年底就业人员数的平均值表示。（4）技术水平由常数项 Z_1、市场化程度 Z_2（以非国有经济在工业总产值中的比重近似代替）和经济结构 Z_3（第三产业劳动力投入占比）的线性组合表示。以上数据来自《中国统计年鉴》（2009）、《中国国内生产总值核算历史资料：1952–2004》和《新中国五十五年统计资料汇编》。

采用 Fan 和 Huang（2005）提出的 Profile 估计方法，选取高斯核函数，根据 Silverman 法选取窗框，利用局部线性估计方法估计得到时变弹性生产函数模型（15）的时变资本产出弹性 $\alpha(t)$ 估计值，根据 $\beta(t) = 1 - \alpha(t)$ 得到时变劳动产出弹性估计值，结果如表 1 和图 1、图 2 所示。

根据估计结果，在 1978~2008 年，中国资本产出弹性和劳动力产出弹性都不是固定常数，而是随时间变化呈现出非线性变化特征。资本弹性从 1978 年的 0.5129 逐步下降至 1996 年的 0.4642，再从 1996 年的 0.4642 快速上升至 2008 年的 0.5570，表现为先缓慢下降再快速上升的 U 形曲线；劳动力弹性从 1978 年的 0.4871 逐步上升至 1996 年的 0.5358，再从 1996 年的 0.5358 快速下降至 2008 年的 0.4430，表现为先缓慢上升再快速下降的倒 U

形曲线。

采用广义似然比方法，检验时变弹性生产函数模型的统计学显著性。Cobb-Douglas 生产函数模型（14）的残差平方和 RSS_0 为 0.0188，时变弹性生产函数模型（15）的残差平方和 RSS_1 为 0.0141，根据模型（17）计算得到广义似然比统计量 GLR=15.0464。通过非参数条件自助法（Conditional Bootstrap），经过 1000 次模拟计算得到统计量 GLR 的 p 值为 0.6502。因此从统计显著性分析，广义似然比检验无法拒绝产出弹性固定不变的 Cobb-Douglas 生产函数模型。

根据分省份收入法加总 GDP 数据，我国资本收入份额从 1978 年的 0.5035 下降至 1995 年的 0.4856，再由 1995 年的 0.4856 上升至 2008 年的 0.6050；我国劳动收入份额从 1978 年的 0.4965 上升至 1995 年的 0.5144，再由 1996 年的 0.5144 下降至 2008 年的 0.3950。这说明在研究时期内，资本收入份额和劳动收入份额在不同时期是不断变化的，资本收入份额大致表现为先下降后上升的 U 形变化趋势，劳动收入份额大致表现为先上升后下降的倒 U 形变化趋势。图 1 直观地对比了资本产出弹性和资本收入份额变化趋势，时变资本产出弹性吻合资本收入份额的 U 形变化趋势；图 2 直观地对比了劳动产出弹性和劳动收入份额变化趋势以及时变劳动产出弹性吻合劳动收入份额的倒 U 形变化趋势。资本和劳动力产出弹性在 1996 年出现转折，资本和劳动力收入份额在 1995 年出现转折，时变产出弹性对收入份额转折时期的刻画非常准确。这说明经济学检验拒绝产出弹性固定不变的 Cobb-Douglas 生产函数模型，时变弹性生产函数具有更加合理的经济学解释。

五、研 究 结 论

本文综合非参数变系数和参数回归模型，给出时变弹性生产函数的半参数变系数 Profile 估计方法，提出利用统计学和经济学原理检验时变弹性生产函数显著性和准确性的新思路。时变弹性生产函数保留了 Cobb-Douglas 生产函数结构形式，具有明确的经济学意义，同时改进了不变产出弹性中性技术进步假设。

广义似然比检验提供了可操作的统计显著性检验。基于非参数条件自助法的广义似然比检验结果无法拒绝资本和劳动力产出弹性固定不变的 Cobb-Douglas 生产函数模型。时变弹性生产函数的经济学检验主要是检验不同时期资本和劳动力时变产出弹性是否吻合资本和劳动收入份额实际统计值。估计结果表明，时变资本产出弹性吻合资本收入份额的 U 形变化趋势，时变劳动产出弹性吻合劳动收入份额的倒 U 形变化趋势，且产出弹性对收入份额转折时间的刻画也非常准确，这说明经济学检验拒绝产出弹性固定不变的 Cobb-Douglas 生产函数模型，时变弹性生产函数具有更加合理的经济学解释。

尽管统计学检验无法拒绝原假设，但是并不表示原假设就是正确的，因为接受原假设往往意味着更大的第二类假设检验"取伪"错误。因此从统计学检验和经济学检验结果综合考虑，时变弹性生产函数模型是更加符合实际的生产函数模型。

参考文献

［1］曹吉云. 我国总量生产函数与技术进步贡献率［J］. 数量经济与技术经济研究，2007（1）.

［2］高宇明，齐中英. 基于时变参数的我国全要素生产率估计［J］. 数量经济技术经济研究，2008（2）.

［3］花俊洲，吴冲锋，梅长林. 一类半参数可变系数广义线性模型及其拟合［J］. 统计研究，2003（12）.

［4］李子奈，叶阿忠. 高等计量经济学［M］. 北京：清华大学出版社，2004.

［5］罗羡华，杨振海，周勇. 时变弹性系数生产函数的非参数估计［J］. 系统工程理论与实践，2009（4）.

［6］许冰. 外国直接投资对区域经济的产出效应——基于路径收敛设计的研究［J］. 经济研究，2010（2）.

［7］章上峰，许冰. 时变弹性生产函数与全要素生产率［J］. 经济学（季刊），2009，8（2）.

［8］章上峰，许冰. 初次分配中劳动报酬比重测算方法研究［J］. 统计研究，2010（8）.

［9］张军，吴桂英，张吉鹏. 中国省际物质资本存量估算：1952-2000［J］. 经济研究，2004（10）.

［10］赵志耘，刘晓路，吕冰洋. 中国要素产出弹性估计［J］. 经济理论与经济管理，2006（6）.

［11］ I. Ahmad, S. Leelahanon and Q. Li. Efficient Estimation of a Semiparametric Partially Linear Varying Coefficient Model［J］. Ann. Statist, 2005（33）.

［12］ Bing Xu, Berlin Wu. On Nonparametric Estimation for the Growth of Total Factor Productivity: A Study on China and Its Four Eastern Provinces［J］. International Journal of Innovative Computing, Information and Control, 2007, 3（1）.

［13］ Fan, J., et a1. Generalized Likelihood Test Statistic and Wilks Phenomenon［J］. Ann statist, 2001（1）.

［14］ Fan and Tao Huang. Profile Likelihood Inferences on Semiparametric Varying-coefficient Partially Linear Models［J］. Bernoull, 2005, 11（6）.

［15］ Shigeru Iwata, Mohsin S. Khan and Hiroshi Murao. Sources of Economic Growth in East Asia: A Nonparametric Assessment［J］. IMF Staff Papers, 2003（50）.

Statistical and Economic Tests for the Time-varying Elasticity Production Function Model

Zhang Shangfeng　Xu Bing　Gu Wentao

（Zhejiang Gongshang University, Hangzhou　310018）

Abstract: Despite the advantages of simple structure, definite interpretation and easy estimation, The Cobb-Douglas production function is suffering from the unreasonable neutral assumption of the constant output elasticity. Applying profile least square method to estimate the semi-parametric varying coefficient model, this paper puts forward statistical and economic tests for the time-varying elasticity production function model. China's empirical results find the null hypothesis of Cobb-Douglas production function is accepted by the generalized likelihood ratio test, while it's rejected by the economic test. The time-varying elasticity production function is more suitable for it's accurate economic interpretation and non-neutral assumption.

Key Words: Time-varying Elasticity Production Function; Semi-parametric Varying Coefficient Model; Generalized Likelihood Ratio Test; Conditional Bootstrap; Labor Share

基于全要素生产率的中国 GDP 数据
准确性评估 *

刘洪　昌先宇

（中南财经政法大学，武汉　430064）

摘要： 中国 GDP 数据的准确性评估问题，一直受到国内外各方面的关注。本文从反逻辑思路，通过考察作为技术进步的替代性指标全要素生产率（TFP），反观 GDP 及其增长率是否准确或可信。运用隐性变量法通过建立状态空间模型测算中国 1979~2008 年 TFP 增长率，分析 GDP 数据是否存在误差。结果表明，1981 年、1988 年和 2000 年的 TFP 增长率的下降，找不到非正常情况下外生因素的影响，本文认为是由 GDP 核算误差造成的。

关键词： GDP 准确性；TFP 增长率；隐性变量法

一、引言

随着中国经济实力与国际影响力的不断增强，有关中国 GDP 总量及其增长速度准确性的争论不绝于耳。例如，我国由来已久的"省级 GDP 总和超过全国"现象就一直饱受诟病。2010 年 3 月，全国政协委员王少阶在人民大会堂全体大会上作《应着力提高统计数据的公信力》的发言，"炮轰" GDP 数据"打架"。2009 年国际能源署（IEA）表示，中国官方公布第一季度 GDP 同比增长 6.1%，但这一数据与中国当季石油需求下降 3.5% 的情况不符，与异常疲软的电力需求也不相吻合。同年 5 月 15 日，《华尔街日报》根据有关国际组织报告撰写了对中国经济资料提出质疑的文章。

---

* 本文选自《统计研究》2011 年第 2 期。作者简介：刘洪，男，1961 年生，中南财经政法大学统计与数学学院教授、博士生导师。研究方向：统计学理论与方法应用，市场调查理论与方法。昌先宇，女，1987 年生，中南财经政法大学统计学专业 08 级研究生。研究方向：统计学理论与方法应用。

由于这些质疑的声音，使得对我国统计数据准确性进行评估更显得重要。而鉴于统计数据的二手性及统计调查过程本身涉及面广、难以重复等特性，对所得统计数据的准确性进行"准确"评估存在诸多障碍，导致在研究和实践中一直未能形成评估方法的公认体系和标准。尤其是从定量角度对统计数据进行准确性评估的方法仍然在探索中，目前统计数据的评估方法主要有：逻辑性评估方法（如刘延年[10]）、误差效应分析法（如王华、金勇进[11]）、异常值检验法（如周建[16]、成邦文[3]）、相关指标建模法（如刘洪、黄燕[4-8]、刘永璋、朱胜[9]、杨海山[13]）。近年来对于经济增长的研究，很大部分采用的是全要素生产率分析法。基于此，本文从经济增长效率的角度，引入作为衡量广义技术进步的指标——全要素生产率（Total Factor Productivity，TFP），运用我国 1979~2008 年的 GDP 统计数据估算出该阶段的全要素生产率增长率，并依据我国全要素生产率增长的变化情况来推断我国经济增长核算是否存在误差。

二、理 论 基 础

（一）全要素生产率（TFP）与 GDP 的相互关系

新古典经济增长理论认为，一个经济体可以通过将更多的生产要素投入到生产过程中，或通过提升单位要素投入的效率来实现经济增长。这里的生产要素投入主要是指资本和劳动的投入，而要素的投入效率被索洛称为"无法解释的剩余"，即广义的全要素生产率。新古典经济增长理论将经济增长的源泉分解为两项：一是各生产要素积累对总量增长的贡献；二是全要素生产率对总量增长的贡献。从长远来看，由于各种生产要素投入都受到边际收益递减规律的制约，而全要素生产率却具有边际收益递增的特点。所以，TFP 的增长才是支持经济可持续增长的唯一源泉（陈娟[2]，2009）。

TFP 的正确估算依赖于正确地计算投入、产出以及投入与产出的联系（即函数关系）三个要素。在这三个要素中，有两个与作为产出量指标的 GDP 有关。如果 GDP 核算是正确的，那么 TFP 的计算就是正确的（若方法估算得当）；反之，产出水平不真实，则无从知道真正的 TFP，从而计算出来的 TFP 也就失去了其真正的意义。以往一般假定投入与产出水平的数据是准确的，并以此为前提计算 TFP 及其增长率。这是 GDP 核算、经济增长和 TFP 之间传递的正逻辑，即由 GDP 核算推算出经济增长，由经济增长推算出 TFP。但自 20 世纪 90 年代中期以来，国内外许多学者对中国经济的持续高速增长提出质疑，认为中国的 GDP 核算存在准确性问题。因而产生了 TFP 的反逻辑，即从 TFP 及其增长率的角度去检验中国 GDP 及其增长率是否准确可信。

这一反逻辑是否成立，依赖于技术进步的性质。最早从理论上系统研究技术进步性质的著名经济学家之一约瑟夫·熊彼特（Joseph Alois Schumpeter，1912），以"创新（Innovation）理论"为依据，认为经济增长和发展的真正根源在于创新或新组合，而创新需要一个时间过程或需要经历几个生产周期[11]。

从本质上说，创新过程是一个累积、演进的过程，从而内生地决定了经济增长和发展的模式，即经济增长过程也必然是一个演进过程。Nathan Rosenberg（1969）认为技术进步应被视为对市场力量的压力以及信号的反应的领域。一方面，必然是在出现了市场力量的压力和信号之后这种反应才出现，那么它至少要经历一个生产周期。另一方面，技术进步的扩散或模仿行为不是人们在一夜之间的共同行动，而是一个渐进的、逐步扩大的过程[7]。因此，技术进步也必然是一个相对稳定而且缓慢的演进过程。

技术进步的这一性质表明 TFP 在短期内的变动必然是相对平稳的，因而为从 TFP 的波动形式推断 GDP 核算准确性提供了理论基础。换言之，在正常情况下，只要不发生外生性的历史事件，如重大自然灾害、社会动乱或天赐良机等，TFP 不会在短期内发生急剧的波动，不可能出现大起大落。当 TFP 的增长率发生急剧波动时，应当能够找到相应的原因给予解释，例如根本性制度的变迁、外部经济环境的重大改变、大规模技术革命等。如果在拟合的某一时间段发现 TFP 有超常增长或者减少的现象，却不能被上述原因所解释，一般是产出或投入测量出现了问题，则我们可以将其视为经济增长率统计的误差，这时 TFP 超常增长或减少的幅度即说明 GDP 增长率虚增或虚减的幅度。

（二）TFP 估算方法简介

TFP 的估算方法可以分为两大类：一类是增长核算方法（Growth Accounting Approach），是延续索洛（Solow，1957）提出的基于对总量生产函数的分解而得到的方法，后来经过丹尼森（Denison）、乔根森（Jorgenson）的拓展研究而日趋完善。包括拉氏指数法（Laspeyres Index Approach），也称代数指数法（Arithmetic Index Number Approach，AIN）和索洛残差法（SR）等。它以新古典增长理论为基础，考虑因素较少而且相对简便、易于估算，但相对较为粗糙，假设约束较强，与特定国家的实际经济运行情况较难相符。另一类是经济计量方法，包括隐性变量法（Latent Variable Approach，LV）和前沿生产函数法（Frontier Production Function），也称潜在产出法（Potential Output Approach，PO）。它以经济计量理论为基础，建立各种模型，较为全面地考虑各种因素的影响，不需要过多的前提条件约束，可自由调整估算精细程度，但过程较为复杂。

基于本文的目的在于通过估算 TFP 反观我国 GDP 核算数据的准确性，要与我国的实际经济运行情况相符合，因而本文主要介绍计量经济方法之一，即隐性变量方法。该方法作为索洛残差法的改进，其基本思路是将 TFP 视为一个隐性变量即未被观测到的变量，进而借助状态空间模型（State Space Model）利用极大似然估计对 TFP 进行估算。该方法有两个假设前提：一是 TFP、要素投入与实际产出之间存在一种函数关系；二是 TFP 遵循一阶自回归过程。为了确定 TFP、要素投入与实际产出之间的函数关系，需要利用以往统计数据建立计量经济模型来估计相关的模型参数。具体估算中，为了避免伪回归，通常需要对变量数据的平稳性和协整进行检验。平稳性和协整检验的方法很多，常见的有 ADF 单位根检验。通常情况下产出、劳动力和资本数据的时间序列是单位根过程，且三者之间不存在协整关系，作无量纲处理，所以往往利用这三者的一阶差分对数序列来建立回归方程。通常采用 C-D 生产函数，且假设规模报酬不变，建立状态空间模型[5]，则有量测方程如下：

$$dLn(Y_t) = dLn(TFP_t) + \alpha dLn(K_t) + (1 - \alpha)dLn(L_t) + \varepsilon_t \tag{1}$$

式（1）中，$dLn(TFP_t)$ 为 TFP 增长率，假设其为一个隐性变量并且遵循一阶自回归过程，即 AR(1) 过程，则有状态方程如下：

$$dLn(TFP_t) = \rho dLn(TFP_{t-1}) + v_t \tag{2}$$

式（2）中，ρ 为自回归系数且满足 $|\rho| < 1$，v_t 为白噪声序列。这样，利用状态空间模型，通过极大似然估计法估算出量测方程（1）和状态方程（2）。然后利用迭代算法——卡尔曼滤波（Kalman Filter）来估计状态向量的现在状态，即估计观测区间的最终时点，从而获得 TFP 增长的估算值。

隐性变量方法的优点在于没有将 TFP 视为残差，而是将 TFP 视为一个独立的状态变量，从而将 TFP 从残差中分离出来，可以剔除掉一些影响 TFP 估算的测算误差，同时还避免了数据非平稳性带来的伪回归问题。

三、实证分析

（一）数据选取与来源说明

由于本文是从 TFP 的波动形式来考察 GDP 总量水平与经济增长率准确性问题，研究重点是放在 GDP 准确性的测度方法上，故本文对投入数据的测算方法不作深入的探讨。对于相关数据尽可能采用原始数据，并且数据均来源于历年的《中国统计年鉴》。

对于产出和劳动投入的数据，本文选用以 1978 年不变价的国内生产总值 GDP 序列作为产出的衡量指标，劳动投入以年末全国就业人数表示，即没有进行劳动力素质的修正，未考虑人力资本变动问题。

对于资本投入数据，本文选取固定资本存量作为资本投入量的衡量指标，采用目前广泛应用的戈登史密斯（Goldsmith，1951）开创的永续盘存法，其基本公式为：

$$K_t = I_t/P_t + K_{t-1}(1 - \delta) \tag{3}$$

式（3）中，K_t 表示第 t 年的固定资本存量，K_{t-1} 表示第 $t-1$ 年的固定资本存量，I_t 表示第 t 年的投资额，P_t 表示固定资产投资价格指数，δ 表示固定资产折旧率。式（3）的经济含义是，当年资本存量等于上一年净资本存量（总资本存量扣除资本折旧）与当年投资之和。用式（3）计算固定资本存量涉及如下几个关键：

1. 基年固定资本存量与固定资产折旧率的确定

本文采用 1978 年的固定资本存量作为基年固定资本存量，估计方法与 Hall 和 Jones（1999）的相同，用基年的全社会固定资本形成总额与其后 10 年的全社会固定资本形成总额增长率的几何平均数与折旧率之和的比值，其公式为：

$$\frac{I_{1978}}{(g+\delta)} \tag{4}$$

式（4）中 I_{1978} 为 1978 年全社会固定资本投资指数（以 1952 年=100 为基数），g 为 1978~1988 年全社会固定资本形成总额增长率的几何平均数，δ 为固定资产折旧率，依照 Hall 和 Jones（1999）的方法，本文取 6%[11]。构造的数据如表 1 所示。

表 1　固定资本存量估算表

年　份	全国固定资本形成总额绝对数（亿元）	固定资产投资价格指数（1978=100）	不变价全国固定资本形成总额（亿元）	不变价全国固定资本形成总额增长率（%）	不变价全国固定资本形成总额增长率 1979~1988 年的几何平均数（%）	K_{t-1}（亿元）
1978	1073.9	1	1073.9			8548.5
1979	1153.1	1.007	1145.1	6.63	6.56	
1980	1322.4	1.0301	1283.7	12.10		
1981	1339.3	1.0219	1310.5	2.09		
1982	1503.2	1.0637	1413.1	7.83		
1983	1723.3	1.0009	1721.7	21.83		
1984	2147	1.0659	2014.2	16.99		
1985	2672	1.1427	2338.4	16.10		
1986	3139.7	1.2339	2544.6	8.82		
1987	3798.7	1.4279	2660.4	4.55		
1988	4701.9	1.69	2782.2	4.58		

2. 固定资产投资价格指数的构造

张军（Zhang，2003）指出由于价格变动的因素，特别是 20 世纪 80 年代以后，投资品的价格上升得很快，因而各年的固定资产投资价值以及固定资产原值的数据是不可比较的，所以在采用永续盘存法时，必须将当年价格表示的固定资产投资用一定的价格指数进行平减，换算成以基年不变价格表示的实际值。

本文借鉴张军和章元（2003）直接采用上海市的固定资产投资价格指数作为全国的相应指数估算的方法，根据郭庆旺（2004）所估算的 1978~2002 年（以 1978 年为基期）上海固定资产投资价格指数序列，与 2003~2008 年（上一年=100）的上海固定资产投资价格指数相结合，构造出完整的固定资产投资价格指数，部分数据见表 1。

3. 当年投资指标的确定

张军等（2004）、[①] 杨冠琼（2006）、刘洪等（2009）均认为用固定资本形成总额来衡量当年投资较为合理。本文借鉴这一结论，以全社会固定资本形成总额作为衡量指标。

利用上述各项指标，根据式（1）和式（2）建立模型进行实证分析。

（二）TFP 的估算及 GDP 准确性评估

如前文所述，应用隐性变量方法估算中国 1979~2008 年 TFP 增长率时，须首先进行模型设定检验。具体地，本文使用平稳性检验中常用的 ADF 单位根检验，且对各个变量取自然对数。对中国 1978~2008 年的各变量取对数后的实际产出序列、劳动投入序列和资本投入序列分别记为 $Ln(Y_t)$、$Ln(L_t)$、$Ln(K_t)$，经整理，ADF 单位根检验结果如下：

由表 1 得，$Ln(Y_t)$ 序列单位根检验结果 ADF 值 = −0.3157，其绝对值小于各临界值，且 P 值为 0.9087，不显著，说明不能拒绝原假设，因此 $Ln(Y_t)$ 序列是一个非平稳的序列。接着对一阶差分 $dLn(Y_t)$ 序列进行单位根检验，ADF 值 = −3.6710，其绝对值大于 95% 水平的临界值，表明在 5% 的显著性水平下可以认为 $Ln(Y_t)$ 序列是一阶单整序列，即 $Ln(Y_t) \sim I(1)$。同理，我国 1978~2008 年资本存量 $Ln(K_t)$ 和劳动力 $Ln(L_t)$ 都为 $I(1)$ 序列。

表 2 单位根检验结果表

变 量	(c, t, k)	ADF 值	临界值			P 值
			1%	5%	10%	
$Ln(Y_t)$	(c, 0, 6)	−0.3157	−3.7379	−2.9919	−2.6355	0.9087
$Ln(L_t)$	(c, 0, 0)	−2.4273	−3.6701	−2.964	−2.621	0.1431
$Ln(K_t)$	(c, t, 2)	−0.0059	−4.324	−3.5806	−3.2253	0.994
$dLn(Y_t)$	(c, 0, 3)	−3.671	−3.7115	−2.981	−2.6299	0.011
$dLn(L_t)$	(0, 0, 0)	−3.1876	−2.6471	−1.9529	−1.61	0.0025
$dLn(K_t)$	(c, t, 2)	−3.9581	−4.3393	−3.5875	−3.2292	0.0231

注：c、t、k 分别表示截距、趋势项和滞后阶数；d 表示一阶差分。

于是本文利用 $Ln(Y_t)$、$Ln(K_t)$ 和 $Ln(L_t)$ 的一阶差分序列 $dLn(Y_t)$、$dLn(K_t)$ 和 $dLn(L_t)$，建立形如式（1）的量测方程，在 EViews 软件中建立状态空间模型，运用极大似然估计法估计两个方程得到的参数显著性较好，状态方程（2）的自回归系数 $\rho = 0.8194$，满足 $|\rho| < 1$。用卡尔曼（Kalman）滤波对状态方程中的 $dLn(TFP_t)$ 进行估计（估计值称为滤波 filtering），数据结果如表 3 所示。

从表 3 的数据可以看出，TFP 增长率在 1981 年、1984 年、1986 年、1988 年、1989 年、1992 年、1999 年、2005 年、2007 年这 9 年相比前一年均有较大的波动，以 1984 年

[①] 张军（2004）：固定资本形成总额是不包括存货的投资流量，它与经济学研究中通常所指的 I 具有一致的含义，同时也是和国际上通常用的固定资产投资基本一致的指标。

和 1992 年的两个波峰尤为明显，分别是 4.17% 和 4.25%（最大值）。其中是负增长的有 1981 年、1999 年、2005 年、2007 年、2008 年，尤其是 2008 年的 TFP 增长率达到历史最低（–3.07%），而 1986 年相比 1985 年的 TFP 基本没有变化。

表3　2000~2008 年的投入、产出、TFP 增长率

年 份	实际 GDP Y_t（亿元）	资本存量 K_t（亿元）	就业人数 L_t（万人）	$Ln(Y_t)$	$Ln(K_t)$	$Ln(L_t)$	TFP_t 增长率（%）
1978	3645.2	8548.5	40152	8.2012	9.0535	10.6004	—
1979	3922.3	9180.7	41024	8.2744	9.1249	10.6219	1.091
1980	4228.7	9913.6	42361	8.3496	9.2017	10.6540	0.948
1981	4450.5	10629.3	43725	8.4008	9.2714	10.6857	–0.167
1982	4853.5	11404.7	45295	8.4875	9.3418	10.7210	1.972
1983	5380.3	12442.1	46436	8.5905	9.4288	10.7458	2.189
1984	6196.8	13709.7	48197	8.7318	9.5259	10.7831	4.170
1985	7031.3	15225.5	49873	8.8581	9.6308	10.8172	2.970
1986	7653.3	16856.6	51282	8.9429	9.7325	10.8451	0.004
1987	8539.8	18505.6	52783	9.0525	9.8258	10.8739	1.662
1989	9503.1	20177.5	54334	9.1594	9.9123	10.9029	2.459
1990	9889.3	21292.8	55329	9.1992	9.9661	10.9211	0.626
1991	10268.9	22445.7	63909	9.2369	10.0189	11.0652	1.131
1992	11211.5	23957.0	64799	9.3247	10.0840	11.0790	2.633
1993	12808.1	26161.8	65554	9.4578	10.1721	11.0906	4.246
1994	14596.7	29114.0	66373	9.5886	10.2790	11.1030	2.954
1995	16506.0	32507.0	67199	9.7115	10.3892	11.1154	1.808
1996	18309.3	36273.8	67947	9.8152	10.4989	11.1265	0.230
1997	20141.8	40367.3	68850	9.9106	10.6058	11.1397	–0.503
1998	22014.3	44742.4	69600	9.9994	10.7087	11.1506	–0.834
1999	23738.8	49647.6	69957	10.0749	10.8127	11.1556	–1.975
2000	25547.7	54897.4	70586	10.1483	10.9132	11.1646	–2.090
2001	30001.0	66632.0	73025	10.3090	11.1069	11.1986	–1.0670
2002	32725.7	73940.5	73740	10.3959	11.2110	11.2083	–1.2135
2003	36006.6	83040.3	74432	10.4915	11.3271	11.2176	–1.6375
2004	39637.8	93501.7	75412	10.5875	11.4457	11.2307	–1.8995
2005	43773.2	106080.2	75825	10.6868	11.5720	11.2362	–2.4211
2006	48871.4	120905.3	76400	10.7969	11.7028	11.2437	–2.1683
2007	55243.3	137595.6	76990	10.9195	11.8321	11.2514	–1.1172
2008	60189.8	155959.7	77480	11.0053	11.9574	11.2578	–3.0699

　　如前所述，在正常情况下，只要不发生外生性的历史事件，如重大自然灾害、社会动乱或天赐良机等，TFP 会保持相对缓慢的变动，不可能出现大起大落。可以将 TFP 增长率的变化过程分为以下四个时期：

第一个时期：1979~1984 年。改革开放初期，国民经济正处于计划经济体制向市场经济体制转轨的初级时期，从 1978 年的农村经济改革到 1984 年以城市为重点的整个经济体制改革，尤其是改革商业流通体制，极大地释放了过去被抑制的生产潜力，总产出水平的绝对量增加，劳动生产率获得提高是很自然的。因而在这个时期，我国的 TFP 由于受到制度因素改变的影响而呈现出强劲的增长势头。到 1984 年，代表着中国经济增长率的 TFP 增长率达到改革开放后的第一个高峰。

第二个时期：1985~1989 年。从 1985 年开始，国民经济开始滑落，TFP 的增长也呈现下降趋势，并且在 1986 年 TFP 增长率为零，主要源于国家政治形势不稳定，改革进程缓慢，政府采取了压缩财政开支、紧缩银根的"双紧"经济政策。该经济政策的主要目的是抑制改革开放初期出现的经济过热现象。而这一阶段在 1989 年出现第二次低谷，主要与西方发达国家对中国进行经济制裁有关。当时为了避免国内经济出现急剧下滑，政府增加投资支出进而拉动经济增长。而投资的过快增长势必影响到投资增长的效率，使得 TFP 在这个时期的增长速度大幅下降。

第三个时期：1990~1994 年。该时期是我国经济发展的黄金时期，1992 年的新一轮经济改革，邓小平同志的"南方谈话"，使得改革开放的范围和领域明显扩大，与国际经济的联系进一步加强，全国各地采取各种措施吸引外资、先进技术、设备和生产、管理模式，从而促进了社会生产力的快速发展，推动了技术进步，直接引起生产效率的大幅度提高。因此，这个时期的 TFP 增长率也达到一个较高的水平，1994 年的 TFP 增长率高达 4.25%。

第四个时期：1995~2008 年。这个时期跨度较长，TFP 的增速较为稳定。1998 年 TFP 增长率最低水平的出现，主要是 1997 年席卷整个亚洲的金融危机的影响所致。另外，2006 年中央下发关于促进中部地区崛起的意见，为中部地区的技术进步提供了保障，两岸经贸论坛以及中非合作论坛北京峰会等的举行都为经济注入了新活力，因而相比 2005 年 TFP 有了小幅的增长。2007 年第一季度次贷危机爆发并转变成金融海啸引发了 2008 年的全球危机，中国的经济尤其是进出口贸易受到了强力的冲击，而 2008 年上半年对于中国来说更是天灾人祸，雪灾、地震接二连三，所以相比 2007 年，TFP 的增速急剧减缓自然是正常的。与 2008 年的天灾人祸相比，1998 年的特大洪水使得 1999 年的经济增速相比 1998 年有少许放缓，这是正常现象，但应该有波动的 2000 年的 TFP 增长率却是平缓发展，如果要急速增长也应该是在 2001 年，这一年申办奥运会成功以及加入世贸组织都给中国的经济带来不小的刺激。也就是说拐点不应该出现在 1999 年，而应该出现在 2000 年，所以本文认为 2000 年的 GDP 核算出现了误差。同样，1981 年、1988 年的 GDP 的核算也出现了误差。

四、结论与评价

本文从参数方法的计量分析角度并结合中国的实际情况，运用隐性变量方法建立状态空间模型来评估中国 1978~2008 年 GDP 统计数据的准确性，通过全要素生产率（TFP）增长率与 GDP 增长率的相互关系来反观 GDP 数据中存在的问题，目的在于寻找更为有效的评估 GDP 数据准确性的方法。

本文中运用的隐性变量法，一方面，充分运用状态空间模型中的特点，将不可观测的状态变量并入可观测模型并与其一起得到估计结果[12]，将 TFP 视为一个独立的状态变量，从而将 TFP 从残差中分离出来，可以剔除掉一些影响 TFP 估算的测算误差；另一方面，状态空间模型中的卡尔曼滤波迭代算法在符合一定条件时，可以对模型中的所有未知参数进行估计，从而可以估计出 TFP 增长率的值。同时，这一评估方法能较为有效地找出有核算误差的年份，能帮助我们更有针对性地修正 GDP 的核算。探究几个出现拐点的年份的发生原因，1984 年、1986 年等都可以相应找到外生性的历史事件，如重大自然灾害、社会动乱或天赐良机等使得 TFP 增长率有可能出现大起大落；而 1981 年、1988 年、2000 年 TFP 增长率的骤然波动找不到合理的原因解释，从而反映 GDP 核算可能存在误差，即对该年份的 GDP 准确性提出质疑，从而印证了上述结论。

本文是对统计数据质量评估方法的一个积极探索，但不足的是该方法的运用前提条件是投入测量要准确，目前还没有比较可行的方法，实际上对于资本投入和劳动投入的估算问题一直是学者们的讨论热点。如果资本投入和劳动投入的指标数据不准确，得到的 TFP 增长率则无法正确评估 GDP 核算的准确性。同时资本存量估算中各个变量的选取，固定资产投资价格指数的构造等，由于国家统计年鉴并没有提供 1991 年以前的固定资产投资价格指数，只能进行估算，也会影响到分析结果。

参考文献

［1］Zhang Jun. Investment，Investment Efficiency and Economic Growth in China［J］. Journal of Asian Economics，2003（14）：713–734.

［2］陈娟. 全要素生产率对中国经济增长方式的实证研究［J］. 数理统计与管理，2009（3）：277–287.

［3］成邦文，董丽娅，杨峻. 研究与开发机构统计数据质量与异常点的对数正态分布检验与识别［J］. 统计研究，2000（1）：42–46.

［4］郭庆旺. 中国全要素生产率的估算：1979–2004［J］. 经济研究，2005（6）：55–57.

［5］高铁梅. 计量经济分析方法与建模［M］. 北京：清华大学出版社，2007：353–373.

［6］孟连，王小鲁. 对中国经济增长统计数据可信度的估计［J］. 经济研究，2000（10）：7–9.

［7］刘洪，黄燕. 基于经典计量模型的统计数据质量评估方法［J］. 统计研究，2009（3）：95–97.

［8］刘洪，黄燕. 我国统计数据质量的评估方法研究——趋势模拟评估法及其应用［J］. 统计研究，

2007（8）：17-18.

　　[9] 刘永璋，朱胜. 基于 VEC 模型的四海上省 GDP 统计数据质量分析 [J]. 经济研究导刊，2010（4）：96-99.

　　[10] 刘延年. 如何评价统计数据的质量与可靠性 [J]. 统计研究，2002（8）.

　　[11] 王华，金勇进. 统计数据准确性评估的误差效应分析方法 [J]. 统计与信息论坛，2009（9）：10-17.

　　[12] 杨冠琼. 中国经济增长数据可信度检验研究——理论、模型与实验证实检验 [M]. 北京：经济管理出版社，2006：162-200.

　　[13] 杨海山. 统计数据质量评估的组合模型 [J]. 统计与决策，2007（7）：6-8.

　　[14] 易纲，樊纲，李岩. 关于中国经济增长与全要素生产率的理论思考 [J]. 经济研究，2003（8）：13-15.

　　[15] 张军，吴桂英，张吉鹏. 中国省际物质资本存量估算 [J]. 经济研究，2004（10）.

　　[16] 周建. 宏观经济统计数据诊断理论、方法及其应用 [M]. 北京：清华大学出版社，2005.

An Evaluation of the Accuracy of China's GDP Data Based on Total Factor Productivity

Liu Hong　　Chang Xianyu

（Zhongnan University of Economics and Law，Wuhan　430064）

Abstract：The evaluation of the accuracy of China's GDP data has long been attracted the concern of all over the world. From the anti-logical perspective, this paper focuses on whether China's GDP growth is accurate or credible through of total factor productivity （TFP） which is an alternative indicator of technological advances. By the utility of latent variable approach （LV） and state space model, the paper measures TFP growth from 1979 to 2008 in China in order to find the accounting error of GDP data. The results show that the decline in TFP growth rates in 1981, 1988 and 2000 can't be explained by non-exogenous factors under abnormal circumstances, which means it may be caused by GDP accounting error.

Key Words：Accuracy of GDP Statistics；TFP Growth；Latent Variable Approach

中国社会核算矩阵编制方法研究*

李宝瑜　马克卫

（山西财经大学，太原　030006）

摘要：本文以联合国历次 SNA 标准为基础，设计了两种形式的社会核算矩阵，采用"bottom-up"的编表模式构建了中国 2007 年社会核算矩阵 I 型表和 II 型表；提出并采用了"分项平衡法"，对初始矩阵中所有不平衡项目进行逐项处理，实现了整个社会核算矩阵的总体平衡，并将调整结果与国际上常用的"交叉熵"方法结果进行了比较。

关键词：社会核算矩阵；矩阵平衡；交叉熵

一、引　言

社会核算矩阵（SAM）是用矩阵形式表示的一个简化而完整的国民经济账户体系，是一个综合的宏观经济数据框架，也可以把它理解为将投入产出表、国民收入与支出流量表、金融与投资流量表、国际收支平衡表、国民经济资产负债表有机结合在一起编制而成的一张矩阵式国民经济综合平衡表。它是对宏观经济进行系统分析的非常有效的现代工具。

国际上，很多研究机构和专家个人都在研究和编制 SAM。联合国统计委员会历次出版的 SNA 中对其表式及原理均有详细介绍。实践中，联合国、世界银行、国际劳工组织、国际农业研究磋商组织（CGIAR）、国际食品政策研究院（IFPRI）、欧洲中央银行（ECB）等国际和地区组织都在积极参与 SAM 国际标准的制定及实际编制工作。荷兰、英国、意大利、美国、加拿大、印度、南非等数十个国家也都独立或者与国际组织合作编制了本国

* 本文选自《统计研究》2011 年第 9 期。本文是国家社科基金重点项目（10ATJ001）"中国社会核算矩阵研究"的阶段性成果。作者简介：李宝瑜，男，55 岁，山西省人，现为山西财经大学统计学院教授，博士生导师，享受国务院特殊津贴专家。研究方向为国民经济核算与宏观经济统计分析。马克卫，男，27 岁，河南省人，现为山西财经大学统计学专业在读博士生。研究方向为国民经济核算与宏观经济统计分析。

的 SAM 表。我国国务院发展研究中心曾经编制了中国 1987 年、1990 年、1992 年、1995 年、1997 年以及 2000 年的 SAM，也有一些研究人员分别研究编制了江苏省、广东省、甘肃省、云南省、新疆维吾尔自治区、北京市、厦门市、沈阳市等地的 SAM。

在 SAM 编制方法研究领域，国际上认为构造 SAM 有两种常用的模式，即"Top-Down（由总到分）"或者"Bottom-Up（由分到总）"。前者适用于数据基础较好的国家，后者更适合宏观数据有较多不衔接部分的国家。Graham Pyatt（1987），Reinert（1988），Jeffery I. Round（2003），Keuning 和 De Ruijter（1988），Finn Tarp（2002），Jennifer Chung-I Li（2002），Erik Thorbecke（2003），Manson Nwafor 等（2010），Felicity Pang（2006），Yusuf Siddiqi 和 Meir Salem（2006），Jesper Jensen（2007），Marc Vielle（2008），Jamia Aznita Binti Jamal（2010）都曾经对此问题进行过方法论研究或实际编制了不同国家的矩阵。

由于数据来源或统计误差导致不平衡，SAM 的构造过程还要求一个数据平衡。国际上最常用的平衡方法是交叉熵（CE）方法和 RAS 方法。Sherman Robinson（2001），Andrea Cattaneo 和 Moataz El-said（2001），Robinson 和 Mconald（2005）等人对相关问题进行了详细的讨论。在相关研究中，还有学者提出了基于 SAM 整体的非线性结构系数的调整方法（Casiano Manrique De Lara Penate 等，2003）。

目前国内已有的 SAM 编制多数采用"两步法"，[①] 第一步编制出一个宏观 SAM，第二步在宏观 SAM 的基础上对项目进行细分，编制详细的 SAM，大致上可以看作是 Top-Down 方法。范金（2010）等人在进行中国宏观 SAM 的编制过程中提到了这种方法。段志刚等（2003）在北京市 SAM 的编制过程中对国内目前普遍采用的 SAM 编制方法进行了详细介绍。范金、万兴（2007）对 SAM 更新和平衡方法进行了系统性总结。秦昌才（2007）对 RAS 法和 CE 法两种方法进行了比较研究，认为 RAS 法在保持价值流结构的一致性方面有一定优势，而 CE 方法则尽量保持了成本结构的一致性，因而应该根据分析所关注的角度选择合适的平衡技术。此外，侯瑜（2004）、万兴（2010）等人还介绍了 Stone-Byron 方法、"最小二乘法"、绝对值法、最小交叉熵方法、带有测量误差的交互熵方法等。

归纳国内外研究现状，有三方面的问题需要进一步讨论：一是表式的规范性问题。1968SNA、1993SNA、2008SNA 已经为全世界提供了 SAM 的规范表式，但直到目前，国内一些学者发表的文章名义上是在研究 SAM，实际上并不符合 SAM 的结构要求，如有的文章中所谓的 SAM 甚至连金融账户都没有；也有的 SAM 没有投入产出账户，有的把投入产出表稍加扩展就命名为 SAM；有人仅仅编制一个局部领域矩阵，也冠名 SAM，例如有金融 SAM、税收 SAM、奥运经济 SAM、绿色 SAM 等五花八门的所谓的 SAM；还有人编制的所谓的 SAM，实际上仅仅是个很简单的总量结构，没有细致的分类。二是编制两种类型的 SAM 问题。1968SNA 只是提出编制"交易×部门"SAM，其中所有的数据都是"交易×部门"类型（下文称为Ⅰ型表），1993SNA 和 2008SNA 要求编制"交易×部门"和"部门×部门"混合表（下文称为Ⅱ型表），增加了很多"部门×部门"流量数据，国外目

---

① 中国宏观 SAM 的编制，http://www.drcnet.com.cn/temp/20051228/hsjz/index3.html.

前编制的 SAM 多数都采用了 Ⅱ 型表，但国内研究成果中还没有人对此专门进行过讨论。三是数据的平衡方法。有学者应用 CE 等方法平衡数据后，与国家公布的主流数据口径差距甚大，除了常见的 CE 等方法外，是否还有其他更符合中国数据实际的平衡方法可供选择？

本文针对上述问题，首先根据中国的实际数据情况，选择 Bottom-Up 编制模式，在各核算账户基础上，编制一张中国 2007 年 SAM 的 Ⅰ 型表，采用一种"分项平衡法"（Termwise Equilibrium，TE）针对具体问题进行数据平衡，然后在 Ⅰ 型表的基础上，利用"交易×部门"数据，采用一种"收入转移法"推算"部门×部门"子矩阵编制 Ⅱ 型表，最后对 TE 和 CE 两种方法的 Ⅰ 型表平衡结果进行验证对比。由于国内统计资料的限制，本文的社会核算矩阵不包括国民经济资产负债表。

二、Ⅰ 型表的编制

由于我国国民经济核算体系已经提供了编制 SAM 所需的大部分数据，很多局部数据特别是账户数据都有公布，所以我们采用 Bottom-Up 的编制模式。首先把所有来源的数据编制成为特定账户，用这些账户组合成为 SAM 框架，其次对短缺数据加以推算，同时对不平衡数据进行调整，最后获得一个平衡的 SAM。采用这种模式，有利于将 SAM 数据与我国公布的核算数据衔接。编表所需的数据主要来源于投入产出表、资金流量表（实物交易）、资金流量表（金融交易）、国际收支平衡表和对外贸易统计资料、其他经济统计资料。

编制 Ⅰ 型表需要三大步骤：①确定核算矩阵的框架和结构，包括确定矩阵由哪些账户组成、明确行列数目等。②确定账户之间的关系并具体编制各个分类账户，包括对一些短缺数据的填补和推算，形成由原始数据组成的初始矩阵。③对初始矩阵进行平衡。根据我国资料的现实情况，我们确定了一个编制"78×78"的 SAM 方案，综合框架见表 2。下面对账户、分类和平衡问题给出简要说明。

（一）账户设置与分类

本文所要编制的 Ⅰ 型表，包含投入产出表子矩阵中的产品、产业部门、增加值账户；国民收入与支出流量表子矩阵中的来源机构部门、初次收入分配、收入再分配、承受机构部门、消费支出账户；金融与投资流量表子矩阵中的资本形成、产业部门资本筹集、金融交易、机构部门资本筹集账户；国际收支平衡表子矩阵中的国外账户等 13 类账户，每类账户都有进一步细分。

在每类账户中，都根据矩阵结构要求和数据基础确定特定的分类。①产品部门和产业部门采用一致的分类，产业部门的生产账户和资本筹集账户也采用一致的分类，分为农业、采掘业、制造业、建筑业、运输邮电业、批发零售住宿及餐饮业、金融保险业和其他服务业共 8 个部门。②增加值账户分为劳动者报酬、生产税净额、总营业盈余① 共 3 类。③机构部门在收入与支出账户中，来源部门和承受部门采用一致的分类，与机构部门资本筹集账户也采用一致的分类，分为非金融企业部门、金融企业部门、政府部门、住户部门共 4 类。④收入初次分配账户分为劳动者报酬、生产税净额、利息、红利、土地租金、其他财产收入共 6 项。⑤收入再分配账户分为收入税、社会保险缴款、社会保险福利、社会补助、其他经常转移共 5 项。⑥消费支出账户分为农村居民消费支出、城镇居民消费支出、政府部门消费支出共 3 项。⑦资本形成账户分为库存增加、固定资本形成、资本转移、非生产资产形成共 4 项。⑧金融交易账户分为通货、存款、贷款、证券、证券投资基金份额、证券公司客户保证金、保险准备金、结算资金、金融机构往来、准备金、库存现金、中央银行贷款、其他项目净值、对国外的直接投资、其他对外债务债权、外汇储备共 16 项。⑨国外账户又分为国外经常项目和国外资本项目，其中国外经常项目再分为货物和服务、收入变动两类。

（二）数据的整体平衡

对于数据平衡，我们采用上述 TE 方法对 SAM 中的不平衡项目进行调整。TE 方法的思想是从局部矩阵开始平衡，首先把总矩阵分解为若干对应平衡项目，从中逐个找出不平衡项目，各自独立确定平衡标准和平衡办法，其次在项目平衡基础上达到总体的平衡。与 CE 法相比，这种方法的好处是能针对具体问题分项处理，每个不平衡项目的处理都可以找到一个独立的标准。从编制出来的 2007 年初始矩阵看，数据的不平衡主要体现在两大方面：一是投入产出表的增加值与收入流量表的增加值在总量和结构上都不相等；二是投入产出表中消费、资本形成、净出口等最终使用数据，与金融和投资流量表、国际收支平衡表不平衡。整体上，我们根据项目的特点确定以国家公布的资金流量表口径来调整投入产出表数据的原则。这是因为资金流量表数据中，收入流量和金融流量大致上是衔接的，与国际收支平衡表也是相互接近的，特别是与国家的 GDP 核算口径是吻合的。

对于增加值数据，在总量上以机构部门增加值总量为准调整投入产出表，对于投入产出表的分行业增加值以 GDP 核算中的行业增加值为准。对于行业内部的劳动报酬、生产税净额等项目数据，则以原投入产出核算数据作为初始值，分别用行业增加值和机构部门增加值构成分类合计数为行、列控制数，采用 RAS 法进行推算。

对于最终使用数据，原则上按照支出法 GDP 核算和资金流量表中的各种总量作为调整投入产出表的控制数，但行业结构上采用原投入产出表的结构。对于城镇居民消费、农村居民消费、资本形成项目，采用固定比例法，以机构部门总量为控制数对投入产出表分行业总量进行调整。对于进出口数据，既要考虑国际收支平衡表以美元计算的数据，也要

---

① 由于我国机构部门增加值构成中未公布"固定资产折旧"项目，这里将"固定资产折旧"与"营业盈余"项目合并为"总营业盈余"。

考虑对外贸易统计公布的数据，同时也要考虑货物和服务的比例。

由于增加值与最终使用进行了调整，投入产出表的总产出也发生了变化，相应地就要调整产出矩阵。此外，资金流量表收入流量和金融流量衔接中也有不平衡，更有大量的统计误差存在，所以在矩阵中设置统计误差账户，专门处理误差数据。

三、Ⅱ型表的编制

Ⅱ型表与Ⅰ型表的主要区别是Ⅱ型表忽略了收入分配和金融交易中的"交易×部门"数据，转而编制初次分配"部门×部门"流量表、收入再分配"部门×部门"流量表和金融"部门×部门"流量表。表中的账户与分类也做相应的增减调整（见表3）。如果采用Top-Down的编表模式，可以在给出一个"部门×部门"初始流量矩阵①的基础上，用CE方法推算出这些表。但如果采用Bottom-Up的编表模式，则需要用专门的方法进行推算。对此，尚未见到国内外有关讨论。笔者曾于2001年和2009年分别设计了对收入流量进行转移的"收入转移法"和"支出转移法"，对金融流量进行转移的"投资转移法"和"负债转移法"并对中国"部门×部门"数据进行了推算。"收入转移法"和"支出转移法"的原理如下：

如果用A表示n个部门m项交易的"部门×交易"形式的部门交易收入流量矩阵，用B表示m项交易n个部门的"交易×部门"形式的部门交易支出流量矩阵，两个矩阵满足约束条件：

$$\begin{cases} \sum_{i=1}^{n}\sum_{s=1}^{m}a_{is} = \sum_{s=1}^{m}\sum_{j=1}^{n}b_{sj} \\ \sum_{i=1}^{n}a_{is} = \sum_{j=1}^{n}b_{sj} \end{cases}$$

$$i, j = 1, 2, \cdots, n; \quad s = 1, 2, \cdots, m \tag{1}$$

设W为n阶的"部门×部门"流量矩阵，满足约束条件：

$$\sum_{i=1}^{n}\sum_{j=1}^{n}w_{ij} = \sum_{i=1}^{n}\sum_{s=1}^{m}a_{is} = \sum_{s}^{m}\sum_{j=1}^{n}b_{sj}$$

$$i, j = 1, 2, \cdots, n; \quad s = 1, 2, \cdots, m \tag{2}$$

则"收入转移法"就是把A的流量转移到W。在这里，也就是利用Ⅰ型表数据编制Ⅱ型表。依据"收入转移法"，机构部门i在某交易项目上从机构部门j获得的收入 w_{ij}，等于机构部门i在该交易项目上得到的全部收入乘以机构部门j在该交易项目上的支出占

---

① 中国目前还没有这样的实际数据初始矩阵，因而只能给出随机初始矩阵，但结果的准确性无法把握。

全部机构部门在该交易项目上支出的比重。用公式来表达就是：

$$w_{ij} = \sum_{s=1}^{m} a_{is} \cdot r_{sj}, \quad 其中 \ r_{sj} = \frac{b_{sj}}{\sum_{j=1}^{n} b_{sj}}$$

$$i, \ j = 1, \ 2, \ \cdots, \ n; \ s = 1, \ 2, \ \cdots, \ m \qquad\qquad\qquad (3)$$

即 $W = A \times R$。

如果采用"支出转移法"，则是把 B 的流量转移到 W，用公式来表达就是：

$$w_{ij} = \sum_{s=1}^{m} r_{is} \cdot b_{sj}, \quad 其中 \ r_{is} = \frac{a_{is}}{\sum_{i=1}^{n} a_{is}}$$

$$i, \ j = 1, \ 2, \ \cdots, \ n; \ s = 1, \ 2, \ \cdots, \ m \qquad\qquad\qquad (4)$$

即 $W = R \times B$。

以上两种方法结果相同，且满足约束条件（2）。本文采用"收入转移法"编制 Ⅱ 型表。

由于 Ⅱ 型表是在 Ⅰ 型表的基础上建立的，Ⅱ 型表就不再存在平衡问题。同时 Ⅱ 型表中也设置了统计误差账户。Ⅱ 型表的具体编制结果见表 3。

四、用 CE 方法平衡社会核算矩阵及结果比较

与 TE 方法不同，交叉熵（CE）方法是一种国际上常用的总体平衡技术。它将 SAM 整体作为被调整对象，通过最小化交叉熵值的方法，在一定的约束条件下，对矩阵中的非空元素进行调整，得到一个在某种数学"距离"上与初始 SAM 最接近的目标 SAM。我们在前述 2007 年 Ⅰ 型表初始矩阵基础上，利用 GAMS 软件，采用 CE 方法对其进行平衡，平衡后得到的矩阵简化表见表 4，然后分别采用 Theil's U、SWAD（Standardized Weighted Absolute Difference）和 STPE（Standardized Total Percentage Error）三个指数计算 CE 法和 TE 法平衡后目标矩阵与初始矩阵的偏离程度。三个指数的计算公式分别为：

$$\text{Theil's U} = \sqrt{\frac{\sum \sum (a_{ij} - q_{ij})^2}{\sum \sum a_{ij}^2}} \times 100\% \qquad\qquad (5)$$

$$\text{SWAD} = \frac{\sum \sum a_{ij} \mid a_{ij} - q_{ij} \mid}{\sum \sum a_{ij}^2} \times 100\% \qquad\qquad (6)$$

$$\text{STPE} = \frac{\sum \sum \mid a_{ij} - q_{ij} \mid}{\sum \sum a_{ij}} \times 100\% \qquad\qquad (7)$$

其中 a_{ij} 为初始矩阵数据，q_{ij} 为目标矩阵数据。从计算结果来看，用 TE 方法调整后，

Theil's U 和 STPE 与初始矩阵的偏差都比 CE 方法要小。但是 SWAD 却显示 TE 方法的调整结果偏差较大，这主要是因为 TE 方法在调整过程中对产品部门最终使用、产业部门总产出和产业部门增加值构成这三个子矩阵进行了整体调整，而这三个部分的数据占据了 SWAD 方法计算权重的最大部分。

从被调整元素个数上看，TE 方法调整了 94 项，占到了初始矩阵中全部非空元素（332 项）的 28.3%，CE 方法调整了 139 项，占 41.8%。按每个元素的平均调整绝对值计算，TE 方法平均调整了 1425.9 亿元；CE 法平均调整了 2273.4 亿元。从最大偏离值看，TE 方法对初始矩阵中正向化调整最大偏离值为 10729.8 亿元，逆向化调整最大偏离值为 -19193.3 亿元；CE 法这两个值分别为 15365.1 亿元和 -21561.1 亿元。

表 1　目标矩阵与初始矩阵差异程度

单位：%

指　标	TE 方法	CE 方法
Theil's U	1.29	1.36
SWAD	1.82	1.03
STPE	2.39	4.86

从调整后分块矩阵的合计来看，应用 TE 方法，除投入产出部分合计与投入产出表公布数据存在最大 7% 的差额外，其他部分与年鉴公布数据均吻合。而 CE 法调整后的增加值仅为公布数据的 91.7%，收入分配部分差额在 11% 左右，金融交易部分差额在 7% 左右，国外部分差额更大，如国外部门储蓄差额达到 60%。

综合以上，TE 方法比 CE 法调整后的结果与公布数据更接近。从原理上来看，CE 方法属于纯数学线性调整和平衡方法，优点是方法简便，但它不考虑数据的现实合理性，不对数据调整建立评价标准，通过这类方法调整出来的结果是随机性的，特别是当该方法所依据的两项局部初始数据有较大差异时，调整的最终结果很有可能介于两者之间。而 TE 方法更多的是从核算原理和经济意义上考虑，因此不存在这种缺陷。

表 2 中国 2007 年社会核算矩阵 I 型表（TE 简化表）

单位：亿元

2007 年中国社会核算矩阵			生产			收入与支出					积累				国外		
			产品部门	产业部门	增加值	来源机构部门	收入初次分配	收入再分配	承受机构部门	消费支出	资本形成	产业部门	金融交易	机构部门	国外部门	统计误差	总计
			1	2	3	4	5	6	7	8	9	10	11	12	13	14	15
生产	产品部门	1		552815						131510	110943				102061		897330
	产业部门	2	818625														818625
收入与支出	增加值	3		265810													265810
	来源机构部门	4			265810												265810
	收入初次分配	5				209133									6314		215447
	收入再分配	6							37918						3243		41161
	承受机构部门	7				56677	211086	40858									308622
	消费支出	8							131510								131510
积累	资本形成	9										103949		9519	252		113719
	产业部门	10												103948			103948
	金融交易	11												212331	16689		229020
	机构部门	12							139194		2760		185599				327553
国外	国外部门	13	78681				4360	303			16		43423		-28274		98509
	统计误差	14	24										-3	1755	-1776		0
	总计	15	897330	818625	265810	265810	215447	41161	308622	131510	113719	103949	229019	327553	98509		

注：此表采用"分项平衡法（TE）"对初始数据平衡处理。

表3 中国2007年社会核算矩阵Ⅱ型表（简化表）

单位：亿元

2007年中国社会核算矩阵				生产		收入与支出				积累			国外	合计
				货物和服务 总产出		收入形成 收入初次分配 收入再分配 消费支出				资本形成 固定资本 金融交易			项目分类	
				产品部门	产业部门	增加值分类	机构部门	机构部门	消费类型	资本类型	产业部门	机构部门		
				1	2	3	4	5	6	7	8	9	10	11
生产	货物和服务	产品部门	1		552815		3		131510	110943			102061	897330
	总产出	产业部门	2	818625										818625
收入与支出	收入形成	增加值分类	3		265810									265810
	收入初次分配	机构部门	4			265810	206834						4252	476897
	收入再分配	机构部门	5				267764	37721					3137	308622
	消费支出	消费类型	6					131510						131510
积累	资本形成	资本类型	7								103949	9519	252	113719
	固定资本	产业部门	8									103948		103948
	金融交易	机构部门	9					139194		2760		171780	13817	327550
国外	项目分类		10	78681			2299	197		16		40551	-28274	93470
统计误差			11	24								1753	-1776	0
合计			12	897330	818625	265810	476897	308622	131510	113719	103949	327550	93470	

注：此表采用"收入转移法"编制"部门×部门"矩阵。

表 4　中国 2007 年社会核算矩阵 I 型表 (CE 简化表)

单位：亿元

2007年中国社会核算矩阵	生产 产品部门(1)	生产 产业部门(2)	生产 增加值(3)	收入与支出 来源机构部门(4)	收入与支出 收入初次分配(5)	收入与支出 收入再分配(6)	收入与支出 承受机构部门(7)	收入与支出 消费支出(8)	积累 资本形成(9)	积累 产业部门(10)	积累 金融交易(11)	积累 机构部门(12)	国外 国外部门(13)	统计误差(14)	总计(15)
生产 产品部门(1)		574851						131510	108232				79861		894454
生产 产业部门(2)	818859														818859
生产 增加值(3)		244008													244008
收入与支出 来源机构部门(4)			244008												244008
收入与支出 收入初次分配(5)				187331									5945		193276
收入与支出 收入再分配(6)							33451						3243		36694
收入与支出 承受机构部门(7)				56677	189027	36648									282353
收入与支出 消费支出(8)							131510								131510
积累 资本形成(9)										104090		4793	935		109817
积累 产业部门(10)												104090			104090
积累 金融交易(11)												184995	16993		201989
积累 机构部门(12)							117392		1584		176653				295629
国外 国外部门(13)	73705				4249	45			0		27201	1751	-11049		94152
统计误差(14)	1890										-1866		-1776		
总计(15)	894454	818859	244008	244008	193276	36694	282353	131510	109817	104090	201989	295629	94152		0

注：此表采用"交叉熵 (CE) 方法"对初始数据平衡处理。

参考文献

［1］Pyatt, G. Some Relationships between T-accounts, Input-output Tables and Social Accounting Matrices ［J］. Economic Systems Research, 1999 (11).

［2］Tjeerd Jellema, Steven Keuning, Peter McAdam and Reimund Mink. Developing A EURO Area Accounting Matrix Issues and Applications ［J］. European Central Bank Workingpaper, 2004 (356).

［3］Ghana Statistical Services (GSS) and International Food Policy Research Institute (IFPRI). A 2005 Social Accounting Matrix (SAM) For Ghana ［M］. SAM Development and Economy-wide Analysis at IFPRI, October, 2007.

［4］Sherman Robinson, Andrea Cattaneo, Moataz El-said. Updating and Estimating a Social Accounting Matrix Using Cross Entropy Methods ［J］. Economic Systems Research, 2001 (1).

［5］Casiano Manrique DE Lara PeÑate. Dolores Santos PeÑate New Nonlinear Approaches for the Adjustment and Updating of a SAM ［J］. Economics of Planning, 2003 (36).

［6］Jeffery I. Round. Constructing SAMs for Development Policy Analysis Lessons Learned and Challenges Ahead ［J］. Economic Systems Research, 2003, 15 (2).

［7］段志刚，冯珊，岳超源. 北京市社会核算矩阵的编制 ［J］. 统计研究，2003 (12).

［8］秦昌才. 社会核算矩阵及其平衡方法研究 ［J］. 数量经济技术经济研究，2007 (1).

［9］中国经济社会核算矩阵研究小组. 中国经济的社会核算矩阵 ［J］. 数量经济技术经济研究，1996 (1).

［10］万兴，范金，胡汉辉. 社会核算矩阵不同更新方法的比较研究 ［J］. 统计研究，2010 (2).

Research on Methodology of Social Accounting Matrix for China

Li Baoyu   Ma Kewei

(Shanxi University of Finance & Economics, Taiyuan   030006)

Abstract: The paper designed two forms of Social Accounting Matrix (SAM) based on previous United Nations SNA standards. The bottom-up approach is used in constructing 2007 China's social accounting matrix Ⅰ-Form table and Ⅱ-Form table. We proposed and adopted the "Termwise equilibrium" method to balance the projects one by one, and then constructed a balanced social accounting matrix. At last we compared the results between "Termwise equilibrium" method and "Cross-entropy" method.

Key Words: Social Accounting Matrix; Matrix Balance; Cross Entropy

中国季度 GDP 的季节调整：
结构时间序列方法 *

王群勇

（南开大学，天津　300071）

摘要： 本文利用结构时间序列方法讨论了中国季度 GDP 的季节调整问题，从季节单位根、季节自相关、周期自相关等多个方面对不同季节模式的调整结果进行了比较。结论认为，随机虚拟变量形式和三角函数形式得到的调整结果非常相似；结构时间序列方法更好地捕捉到了时变季节特征，明显优于 X-11 和 SEATS 方法；非高斯稳健季节调整的结果表明，高斯结构时间序列方法具有较好的稳定性。

关键词： 季节调整；结构时间序列；状态空间形式；非高斯分布

一、季节调整模式的选择

当前国际主流的季节调整方法分为两类：

第一类以非参数滤波为基础，以 X11 为代表。X12-ARIMA 在 X11 的基础上引入 ARIMA 建模方法，这种方法是以数据为基础的，包括了异常值修正、交易日效应修正和各种移动平均滤子几个步骤。除了对交易日、节假日等日历效应的处理，X12-ARIMA 还采用了两个重要的方法：其一，连续应用移动平均滤子；其二，在应用移动平均滤子过程中剔除异常值，并将其替换为经过适度加权的数据。

第二类是以结构模型为基础的信号提取理论，也被称作基于模型的方法。对于信号的提取，即对模型各种成分的提取，存在两种模式：

---

* 本文选自《统计研究》2011 年第 5 期。作者简介：王群勇，男，1976 年生，山东德州人，2005 年毕业于南开大学，获得数量经济学专业经济学博士学位，现为南开大学数量经济研究所、南开大学统计制度与方法研究中心副教授，天津社会科学院兼职研究员、天津数量经济学会秘书长。研究方向为计量经济学、时间序列分析。

第一种模式是利用 ARIMA 建模方法直接识别、估计观测序列，然后通过施加一定的约束条件推导各成分模型。这种方法不是对每个成分分别建模，而是直接对观测序列建模，因此观测序列的 ARIMA 模型也被称为简化模型，而这种方法被称作 ARIMA 模型为基础的方法（AMB），以 Burman（1980），Hiller 和 Tiao（1984）等为代表。McElroy（2008）给出了有限样本中非平稳 ARIMA 模型信号提取的一般矩阵公式。这一类方法以 TRAMO/SEATS 模块为代表，包括两步：第一步是估计时间序列模型（TRAMO），第二步是从选择的 ARIMA 模型中提取季节成分（SEATS）。用户需要设定合理充分的单变量时间序列模型，季节滤子取决于设定的模型。AMB 方法是通过简化形式推导各个成分的结构参数，其中必须施加一定的约束条件。比如，Burman（1980）约束噪声成分的均方误差最小。但约束条件带有一定的主观特征，更重要的是，并不是所有的 ARIMA 模型都可以进行分解。当某些成分出现负谱时，分解是不可行的（admissible）。另外，AMB 方法是通过简化模型来估计结构模型，对于非平稳序列，首先通过差分和季节差分转换为平稳过程，其次建立 ARMA 模型，因此 ARIMA 模型忽略了变量的内在结构，比如趋势特征是什么、季节特征是什么，被指责为"黑箱"操作。Fok，Franses 和 Paap（2005）随机模拟了五种数据生成过程，并分别利用 X12-ARIMA 和 TRAMO/SEATS 进行季节调整，结论认为，没有证据表明哪种方法更具有优势，在大多数情况下，两种方法都能够比较好地消除季节特征，因此选择哪一种模式更多地取决于用户的偏好。但对于周期性自回归过程，两种方法的调整结果都不理想。

结构模型的第二种模式则是直接设定并估计各成分模型，因此被称作结构时间序列模型（Structural Time Series，STS）。这种方法避免了模型的识别问题，STAMP 则是其代表性软件。利用结构时间序列方法进行季节调整的理论与经验研究在迅速增加。Butter 和 Mourik（1990）利用荷兰的多个季度数据和月度数据比较了 STS 方法和 X11 方法的调整效果，发现 STS 方法明显优于 X11 方法。

相比较而言，结构时间序列分析方法比 X11、AMB 方法具有明显的优势。结构模型方法具有更好的统计推断基础和更大的应用弹性。结构模型方法可以直接利用已有的统计理论对模型进行检验，判断用户设定的模型是否能够充分地体现真实的数据生成过程，而非模型方法则缺乏相应的统计推断理论基础。作为季节调整的基本特征，季节调整数据是估计量，而这一点在实践中被忽略了，使得人们无法判断季节调整的误差。对于移动节假日、异常值等结构变量，在 X12-ARIMA 等模块中，需要先做预调整，然后进行季节调整；在结构模型中，这些变量与季节成分同时进行估计，更加科学。另外，结构模型的设定具有直观的经济含义和灵活性，节假日、异常值等外生变量，以及抽样误差、异方差、非高斯分布误差、非线性、不同频率的数据（比如周度或半年度）、离散数据等都可以通过模型来体现。Maravall（2007）明确地指出："虽然对季节调整方法的选择还远未能达成一致，但趋势是显而易见的。基于模型方法的时代已经到来，并将最终取代 X11 范式。"

在国内关于季节调整的研究中，主要分为两条路线：其一是关于中国移动节假日的设定方法，比如王群勇等（2010）考察了移动节假日（包括春节、中秋节等节假日）、黄金周等效应的处理方法。这些问题主要集中于月度数据的季节调整。其二是关于不同调整方法的比较。陈飞、高铁梅（2007）认为比较了 X12 和结构时间序列模型得到的调整结果非常接近，但结构时间序列模型季节调整方法的稳定性较强，而 X12 由于设定方便、计算快速而更加实用。

本文利用结构时间序列分析方法研究了我国 GDP 的季节调整问题，在如下几个方面做了新的研究扩展：第一，由于剔除季节特征是季节调整的根本目的，因此本文着重讨论了几种不同的季节模式设定对季节调整结果的影响；第二，由于宏观经济序列中存在较多的结构变迁，本文采用非高斯厚尾分布对季节调整进行稳健分析；第三，在对季节调整质量的诊断中，本文重点考察了被传统检验方法所忽略的方面，比如异方差问题、周期自相关问题等。

二、不同季节模式的结构时间序列模型

结构时间序列模型是用趋势、季节、周期等成分表示一个随机过程，具有直观的经济解释。结构时间序列模型不仅提供了利用信号提取方法对时间序列进行分解的框架，还非常容易地扩展到多元时间序列、非高斯和非线性模式。对结构时间序列模型的基本统计处理方法是状态空间形式，使得数据的不规则特征，比如缺失值、不同频率数据的混合等问题变得非常容易处理。

设定如下结构时间序列模型：

$$y_t = \mu_t + \gamma_t + \varepsilon_t, \quad \varepsilon_t \sim N(0, \sigma_\varepsilon^2)$$
$$\mu_{t+1} = \mu_t + v_t + \eta_t, \quad \eta_t \sim N(0, \sigma_\eta^2)$$
$$v_{t+1} = v_t + \zeta_t, \quad \zeta_t \sim N(0, \sigma_\zeta^2) \tag{1}$$

其中，μ_t 为趋势成分，包含了水平成分和斜率成分 v_t。γ_t 为季节成分，是本文重点探讨的内容。设一年中的季节数为 s。对于季度数据，s = 4；对于月度数据，s = 12。Harvey（1989）将此模型称为基本结构模型（Basic Structural Model）。μ_t 为局部线性趋势成分，v_t 体现了其中斜率成分的变化。如果 $\sigma_\zeta^2 = 0$，$v_1 \neq 0$，则模型退化为固定线性趋势；如果 $\sigma_\zeta^2 = 0$，$v_1 = 0$，则模型退化为局部水平模型。

（一）虚拟变量形式

根据标准的季节虚拟变量设定方法，如果季节模式是确定性的，不随时间变化，则一年中各季节的加总之和为常数。为了避免将季节成分与趋势成分混淆，约束一年中所有季节成分之和为 0，即 $\sum_{j=0}^{s-1} \gamma_{t-j} = 0$，称为固定虚拟变量形式。如果季节模式随时间变化，那么一种方便的处理方法是加入随机扰动项，即 $\gamma_t = -\sum_{j=1}^{s-1} \gamma_{t-j} + w_t$，称为随机虚拟变量形式。

（二）三角函数形式

季节模式的另外一种方便的表示方法是利用调和分析，即各个季节频率对应的三角函数形式 $\lambda_j = 2\pi j/s$，$j = 1, 2, \cdots, [s/2]$。其中，符号 $[\ ]$ 表示小于或等于该数值的最大整数。

$$\gamma_t = \sum_{j=1}^{[s/2]} \gamma_{jt}$$

$$\gamma_{j,t+1} = \gamma_{jt} \cos\lambda_j + \gamma_{jt}^* \sin\lambda_j + \omega_{jt}, \quad \omega_{jt} \sim N\ (0,\ \sigma_j^2)$$

$$\gamma_{j,t+1}^* = -\gamma_{jt} \sin\lambda_j + \gamma_{jt}^* \cos\lambda_j + \omega_{jt}^*$$

$$\omega_{jt}^* \sim N\ (0,\ \sigma_j^2) \tag{2}$$

当 s 为偶数时，季节成分简化为 $\gamma_{j,t+1} = \gamma_{jt} \cos\lambda_j + \omega_{jt}$，$j = s/2$。在上述模型中，可以令每个调和成分的方差互不相同，即不同季节成分的变化模式有所差异。不过 Harvey（2005）认为，从实践应用的角度来看，除了季节 $j = s/2$ 之外，令其他季节的方差相同具有良好的估计结果。当 s 为偶数时：

$$\text{Var}\ (\omega_{jt}) = \text{Var}\ (\omega_{jt}^*) = \sigma_\omega^2, \quad j = 1, \cdots, [(s-1)/2]$$

$$\text{Var}\ (\omega_{jt}) = \sigma_\omega^2/2, \quad j = s/2 \tag{3}$$

Proietti（2000）证明，这种设定方法等价于在虚拟变量设定形式中令 $\sigma_\omega^2 = 2\sigma^2/s$（s 为偶数）或 $\sigma_\omega^2 = 2\sigma^2/(s-1)$（s 为奇数）。施加这种约束令模型的参数减少了很多，而模型的拟合优度几乎没有任何损失。不过，Bruce 和 Jurke（1996）也指出，令各季节的方差互不相同使得模型保持更大的弹性，同时会显著地提高季节因子的平滑度。

如果季节成分逐渐趋于消失，可以在上述模型中加入衰减因子。由于大量经验研究发现非平稳季节特征的证据，因此本文没有考虑这种情况。

我们以三角函数表示方法为例说明上述结构时间序列模型的状态空间表示和估计方法，其他季节模式对应的状态表示形式可以参见 Durbin 和 Koopman（2001）的著作。如果 s 为偶数，观测方程和状态方程分别为：

$$y_t = (1,\ 0,\ 1,\ 0,\ 1,\ 0,\ \cdots,\ 1)\ (\mu_t,\ v_t,\ \gamma_{1t},\ \gamma_{1t}^*,\ \gamma_2,\ \gamma_2^*,\ \cdots,\ \gamma_{[s/2],t})' + \varepsilon_t, \quad H_t = \sigma_\varepsilon^2$$

其中，diag（ ）表示由各元素构成的对角矩阵。

上述状态空间模型可以通过卡尔曼滤子和极大似然估计得到参数估计量，并利用平滑方法得到状态向量（即趋势和季节成分）的平滑估计量。技术细节请参见 Harvey（1989），Durbin 和 Koopman（2001）等的著作。

$$\begin{bmatrix} \mu_{t+1} \\ v_{t+1} \\ \gamma_{1,t+1} \\ \gamma_{1,t+1}^* \\ \gamma_{2,t+1} \\ \gamma_{2,t+1}^* \\ \gamma_{[s/2],t+1} \end{bmatrix} = \begin{bmatrix} 1 & 1 & & 0 & \\ 0 & 1 & & 0 & \\ 0 & 0 & \text{diag}\ [C_1,\ C_2,\ \cdots,\ C_{[s/2]},\ -1] \end{bmatrix}$$

$$\begin{bmatrix} \mu_t \\ v_t \\ \gamma_{1,t} \\ \gamma^*_{1,t} \\ \gamma_{2,t} \\ \gamma^*_{2,t} \\ \gamma_{[s/2],t} \end{bmatrix} + I_{s-1}\omega_t, \quad Q_t = \sigma^2_\omega I_{s-1} \tag{4}$$

$$C_j = \begin{bmatrix} \cos\lambda_j & \sin\lambda_j \\ -\sin\lambda_j & \cos\lambda_j \end{bmatrix}, \quad \lambda_j = 2\pi/s, \quad j = 1, 2, \cdots, [s/2]$$

三、季节调整与质量诊断

本文利用上述不同的季节模式设定方法对我国 1992 年第一季度至 2009 年第四季度的 GDP 进行季节调整，包括随机虚拟变量（Dum）和三角函数形式。对于三角函数形式，本文同时估计了同方差（Trig-1）和异方差（Trig-2）两种模型。模型中 GDP 取自然对数，即 GDP 为几种成分的乘积（乘法模型）。

我们首先用随机虚拟变量的形式对固定线性趋势模型（Fixed）和局部水平模型（Level）进行了比较。几种模型的残差序列自相关的 Q 统计量、残差的正态分布特征检验、预测误差方差、赤池信息准则（AIC）和贝叶斯信息准则（BIC）等指标都显示 BSM 模型是最优的，而 BSM 和固定线性趋势模型比较接近。

利用卡尔曼滤波对上述各个模型进行极大似然估计。[①] 几种模型的似然函数非常接近，以异方差三角形式最高。为了比较不同季节模式的调整结果，我们从多个方面对季节调整的质量进行了检验，包括季节单位根检验、确定性的季节成分检验、时变季节均值检验、季节自相关性检验、周期自相关检验、方差的季节性检验。与传统的检验方法相比，[②] 这些检验从均值、方差、自相关的季节特征以及周期特征进行了考察。下述检验方程中统一用 y 来表示 GDP 的自然对数，$\Delta_k y$ 表示 y 的 k 阶差分变量。

（1）季节单位根检验。季节单位根表现为季节模式的不稳定性，我们采用 Hylleberg 等（1990）的季节单位根检验（简写为 HEGY）。其检验方程为：

---

① 本文所有计算都是利用 Stata11 软件。限于篇幅，本文没有列出模型的估计结果。

② Hylleberg（1986），Bell 和 Hillmer（1984）讨论了季节调整质量诊断的标准。美国普查局的 X12-ARIMA 模块和西班牙银行的 TRAMO-SEATS 模块从不同的角度对季节调整的质量进行分析。这些检验都没有考虑异方差、周期性自相关等问题。

$$\Delta_4 y_t = a_0 + a_1 t + \sum_{s=1}^{4} \beta_s D_{s,t} + \sum_{j=1}^{4} \pi_j x_{jt} + \sum_{k=1}^{p} \delta_k \Delta_4 y_{t-k} + u_t$$

$$\Delta_4 y_t = y_t - y_{t-4}, \quad \Delta_4 y_{t-i} = y_{t-i} - y_{t-i-4}$$

$$x_{1t} = \left(1 + L + L^2 + L^3\right) y_{t-1}, \quad x_{2t} = \left(-1 + L - L^2 + L^3\right) y_{t-1}$$

$$x_{3t} = -\left(1 + L^2\right) y_{t-1}, \quad x_{4t} = -\left(1 + L^2\right) y_{t-2} \tag{5}$$

如果 $\pi_1 = \pi_2 = \pi_3 = \pi_4 = 0$，分别对应着存在单位根 1、-1、i、-i。Hylleberg 等（1990，table 1）给出了统计量的临界值。如果季节调整恰当的话，调整序列不应存在季节单位根 -1、i、-i，而单位根 1 不应被改变（即随机趋势不应改变）。检验方程的滞后阶数可以通过信息准则来判断。

（2）均值的季节特征检验。季节特征的基本检验方法是检验式（6）中的季节虚拟变量的显著性。

$$\Delta_1 y_t = \sum_{s=1}^{4} \beta_s D_{s,t} + u_t \tag{6}$$

其中，D 表示第 S 个季节（虚拟变量）。季节特征的显著性等价于检验 $\beta_1 = \beta_2 = \beta_3 = \beta_4$，这可以通过普通的 F 统计量来完成。如果季节调整恰当的话，调整序列应接受原假设，即不存在季节特征。

（3）方差的季节特征检验。前面的方法主要是探讨序列均值的季节特征，方差的季节特征也是很多宏观序列的重要表现形式。可以采用如下方法检验方差中的季节特征。首先对如下 AR(p) 模型进行回归：

$$\Delta_1 y_t = \mu + \sum_{i=1}^{p} \phi_i \Delta_1 y_{t-i} + u_t \tag{7}$$

其次利用残差平方回归方程：

$$\hat{u}_t^2 = \sum_{s=1}^{4} \beta_s D_{s,t} + \sum_{i=1}^{p} \beta_s D_{s,t} + v_t \tag{8}$$

检验季节特征等价于检验 $\beta_1 = \beta_2 = \beta_3 = \beta_4$。这可以通过标准的 F 检验来完成。如果季节调整恰当的话，残差方差不应表现出季节特征，即 F 统计量不应具有显著性。

（4）季节自相关检验。季节数据典型地表现为季节滞后的相关。考虑如下回归方程：

$$\Delta_1 y_t = \mu + \phi_1 \Delta_1 y_{t-1} + \phi_2 \Delta_1 y_{t-2} + \phi_3 \Delta_1 y_{t-3} + \phi_4 \Delta_1 y_{t-4} + u_t \tag{9}$$

季节滞后的相关等价于对约束 $\phi_4 = 0$ 的 t 检验。当然，由于真实的相关阶数可能大于 4 阶，因此季节滞后相关并不一定意味着季节性。如果季节调整恰当的话，调整序列不应表现出季节序列相关。

（5）周期自相关检验。时间序列季节特征的另外一个重要表现是，不同季节的自回归参数也不同。考虑如下周期自回归（PAR）模型：

$$\Delta_1 y_t = \mu + \sum_{i=1}^{p} \phi_{is} D_{s,t} \Delta_1 y_{t-i} + u_t \tag{10}$$

如果没有周期性，那么 $\phi_{i1} = \phi_{i2} = \phi_{i3} = \phi_{i4}$（$i = 1，\cdots，p$）。这可以通过标准的 F 检验来完成。如果季节调整恰当的话，调整序列不应表现出周期性自回归特征。

表 1 给出了所估计模型的质量诊断指标。为了与传统的 X11 方法和 SEAT 方法相比较，我们把 X11 和 SEAT 的调整结果也列在表中。原始序列存在长期趋势成分和明显的季节成分，各个季节频率上具有高度显著性。同时，原序列的均值、方差存在明显的季节特征，并且存在明显的季节自相关和周期自相关特征。各种结构时间序列模型调整序列的单位根检验中，长期趋势对应的单位根仍然存在，但季节频率的单位根被消除掉了；均值、方差都没有显著的季节特征；季节自相关和周期自相关也通过了显著性检验。X11 与 SEATS 调整序列仍表现出高度显著的季节自相关，表明季节调整仍不够充分，没有将季节成分完全有效地提出来。

表 1　季节调整的质量诊断表

模型	季节单位根				均值季节性	方差季节性	季节自相关	周期自相关
	1	−1	i	−i				
原序列	−0.43	−0.97	−1.36	−0.73	1335.3***	145.3***	174.6***	1405.6***
Dum	−1.50	−8.30***	−2.87***	−5.94***	0.0197	0.3584	0.2591	0.2679
Trig−1	−1.55	−8.03***	−3.65***	−6.43***	0.0239	0.5370	0.0035	0.2982
Trig−2	−1.57	−10.82***	−8.12***	−5.25***	0.0315	0.6294	1.3249	0.2363
Dum(t)	−1.49	−8.32***	−2.90***	−5.93***	0.0194	0.3423	0.2640	0.2781
Trig−1(t)	−1.55	−8.00***	−3.62***	−6.45***	0.0237	0.4785	0.0025	0.2926
Trig−2(t)	−1.44	−9.58***	−6.79***	−5.86***	0.0300	0.6485	1.7200	0.2515
X11	−1.04	−5.16***	−4.34***	−5.09***	0.2703	0.5034	8.779***	0.1283
SEATS	1.137	−4.73***	−5.18***	−5.60***	0.0152	0.4436	15.49***	0.0662

注：（t）表示 t 分布。*** 表示在 1% 的水平上具有显著性。

四、非高斯稳健季节调整

Clements 和 Hendry（2003）指出"确定性成分（截距项或趋势项）出现结构变化是预测失败的主要来源"。然而，除非样本内的结构变化可以明确地进行定义（比如政府新政策的出台、自然灾害、金融危机等事件），利用虚拟变量处理结构变化并不是理想的方式。大多数情况下，研究者并不能确定结构变化发生的日期，也不能确定发生了多少次结构变化。如果对样本外进行预测，由于研究者对未来的结构变化没有任何信息，模型预测会变得更加糟糕，这也是卢卡斯批判所指。因此，如果关于结构变化没有任何先验信息的话，那么采用厚尾分布是更加现实和科学的选择。在厚尾分布的情形下，结构变化不再是确定性的，而是随机的。从实践的角度来讲，未来的结构变化永远是不确定的。因此，厚尾分布考虑了未来结构变化的可能性，具有稳健性的优良特征。Aston 和 Koopman（2006）利用航空模型的非高斯扩展进行稳健季节调整，其中异常值和结构突变依赖于厚尾分布（t分布和高斯混合分布）。Koopman 和 Lee（2008）考查了非线性结构模型，其引入了趋势周期成分与季节成分的交互作用，并利用扩展的卡尔曼滤波进行估计。如此一来，季节成分既随着趋势的变化而变化，在经济周期的不同阶段也有所差异，很多经验研究也验证了失业率和工业生产等指标确实存在这种特征。Shepard（1994）利用模拟方法将高斯时间序列模型扩展到非高斯模型，异常值、离散马尔科夫成分、多元序列、随机波动等问题都可以在其框架下得到解决。Kitagawa（1996）提出了非高斯非线性状态空间模型的蒙特卡罗算法。

稳定性是衡量季节调整质量的重要指标。我国的传统节假日比较多，节假日制度变迁比较频繁，经济体制、经济结构处于不断的变迁之中，不同地区的历史文化、气候环境等因素存在巨大差异，导致宏观经济序列的季节特征的不稳定性和不规则特征非常强，典型的表现是异常值和结构突变比较多。比如 2003 年 5 月份的"非典"、2008 年 1 月份的雪灾等都可能对消费、旅游、运输量等指标构成明显的异常点。这些异常点在一定程度上降低了季节调整的稳定性，在某些时段上被检测为异常点的观测值随着样本区间的推移又被剔除在异常点之外。为了考察前文季节调整结果的稳健性，本文利用非高斯非线性结构时间序列模型对中国 GDP 进行季节调整。这不仅避免了 X11 方法在统计推断上的本质缺陷，更重要的是降低了我国宏观经济指标由于存在较多的异常值所带来的季节调整的不稳定性问题。

观测方程中采用 t 分布代替正态分布的假定，重新估计结构时间序列模型。本文采用 Durbin 和 Koopman（1997）算法进行估计。t 分布的似然函数要明显高于高斯分布，体现了模型拟合优度的提高。其中，以异方差三角函数形式为最高（241.58）。同时，t 分布扰动项的方差要明显高于高斯分布，反映了扰动项的厚尾特征，这也正是采用 t 分布模型所要体现的，即给意外事件更大的概率。如此一来，不仅样本内的拟合得到了提高，样本外的预测也更加准确。表 1 列出了对调整序列的质量诊断，所有检验统计量都表现为理想的特征。各个模型的 GDP 季节调整数据的环比增长率的平均值基本相同，但波动幅度却存在明显差异。X11 的波动最强烈，SEATS 次之，结构模型则最小。X11 的标准差为 0.0078，极差（最大值−最小值）为 0.0420；SEATS 的标准差为 0.0051，极差为 0.0258；异方差三角函数结构模型的标准差为 0.0049，极差为 0.0155。因此，结构模型的季节调整序列最为平滑，而 X11 由于过多的异常值导致其存在较大的不稳定性。

仔细观察 X11 调整序列则会发现，在一些时段仍然存在明显的季节特征，但这种季节特征具有很大的不稳定性，即在不同时段表现出不同的季节性，也正是这种不稳定性将局部的季节性掩盖住了。为了便于说明问题，我们选择了几个不同的时段。[①] 1992Q1~1994Q4 以及 2008Q1~2009Q4 表现为第一种模式，除了第一季度没有明显规律之外，第二、第三、

---

① 限于篇幅，季节模式的不稳定性示意图略去，如有需要可与作者联系。

第四季度明显表现为递减趋势。1995Q1~1996Q4、1998Q1~1999Q4、2002Q1~2002Q4 表现为第二种模式,从第一到第四季度呈现递增特点。2000Q1~2000Q4、2003Q1~2005Q4 表现为第三种模式,即第一、第三季度比较高,而第二、第四季度比较低。因此,X11 的季节调整序列仍然存在不稳定的季节模式。相比较而言,结构时间序列方法则比较好地克服了季节模式的时变特点。

五、结 论

本文利用结构时间序列方法讨论了中国季度 GDP 的季节调整问题,从季节单位根、季节自相关、周期自相关等多个方面对不同季节模式的调整结果进行了比较。结论认为,随机虚拟变量形式和三角函数形式得到的调整结果非常相似;结构时间序列方法更好地捕捉到了时变季节特征,明显优于 X-11 和 SEATS 方法;非高斯稳健季节调整的结果表明,高斯结构时间序列方法具有较好的稳定性。

本文的结构时间序列分析方法可以推广到其他季节数据,既可以是规则频率的数据,比如季度、月度、周度、日度数据等,也可以是不规则频率,比如季度和月度数据的混合数据。通过改变误差项的分布是稳健季节调整理论的主要手段,比如施加厚尾分布(如 t 分布或混合正态分布)可以有效地解决结构突变问题,施加 Gamma 分布则可以体现分布的有偏特征。如何在不同分布之间进行选择需要做进一步研究,Shephard(2006)等已经做了非常有益的尝试。同时,本文利用重要性抽样方法估计非高斯状态空间模型,这一方法在很多领域得到了广泛的应用。不过,这一方法的计算量比较大、耗时长。无疑,这一点阻碍了其在大规模数据处理中的应用。另外,如何在模型设定中考虑不同结构成分的非线性关系,比如季节模式与长期趋势的交互作用,也是需要做进一步探讨的问题。

参考文献

[1] Aston, J. A. D. and S. J. Koopman. A Non-Gaussian Generalization of the Airline Model for Robust Seasonal Adjustment [J]. Journal of Forecasting, 2006 (25).

[2] Bruce, A. G., and Jurke, S. R. Non-Gaussian Seasonal Adjustment: X-12-ARIMA Versus Robust Structural Models [J]. Journal of Forecasting, 1996 (15).

[3] Burman, J. P. Seasonal Adjustment by Signal Extraction [J]. Journal of the Royal Statistical Society, 1980 (143).

[4] Clements, M. P., Hendry, D. F. Economic Forecasting: Some Lessons from Recent Research [J]. Economic Modeling, 2003 (20).

[5] Durbin, J., Koopman, S. J. Time Series Analysis by State Space Methods [M]. Oxford University Press, Oxford, 2001.

[6] Fok, D., Franses, P. H., and Paap, R. Performance of Seasonal Adjustment Procedures: Simulation

and Empirical Results [M]. In: Patterson, K., Mills, T. C. (Eds.), Palgrave Handbook of Econometrics, Palgrave MacMillan, Basingstoke, 2005 (1).

[7] Harvey, A. C. Forecasting, Structural Time Series Models and Kalman Filte [M]. Cambridge University Press, Cambridge, 1989.

[8] Harvey, A. C., De Rossi, G. Signal Extraction [M]. In: Patterson, K., Mills, T. C. (Eds.), Palgrave Handbook of Econometrics, Palgrave MacMillan, Basingstoke, 2005 (1).

[9] Hillmer, S. C., G. C. Tiao. An ARIMA-Model-Based Approach to Seasonal Adjustment [J]. Journal of the American Statistical Association, 1982 (77).

[10] Kitagawa G. Monte Carlo Filter and Smoother for Non-Gaussian State Space Models [J]. Journal of Computational and Graphical Statistics, 1996 (5).

[11] McElroy T. Matrix Formulas For Nonstationary ARIMA Signal Extraction [J]. Econometric Theory, 2008 (24).

[12] 陈飞，高铁梅. 结构时间序列模型在季节调整方面的应用——与 X12 季节调整方法的比较分析 [J]. 系统工程理论与实践，2007（11）.

[13] 王群勇，武娜. 中国月度数据的季节调整：一个新方案 [J]. 统计研究，2010（27）.

Seasonal Adjustment of China Quarterly GDP

Wang Qunyong

(Nankai Uaiversity, Tianjin   300071)

Abstract: The paper analyzes the seasonal adjustment of GDP in China. We compare the adjustment through seasonal unit root, seasonal autocorrelation, periodic autocorrelation etc. Several important conclusions are drawn; the stochastic dummy variables form and trigonometric form get the similar results; The structural time series model captures the time-varying seasonality more precisely than X11 and SEATS; non-Gaussian model reveals that the Gaussian structural time series method is robust for seasonal adjustment.

Key Words: Seasonal Adjustment; Structural Time Series; State Space Form; Non-Gaussian Distribution

政府统计数据质量内涵的演化与启示 *

聂富强　崔名铠　向蓉美

（西南财经大学，成都　610052）

摘要： 本文选取政府统计数据质量内涵为研究对象，基于国际统计数据质量标准和各国统计部门成功实践经验，对其发展历程中所形成的"传统与现代"、"狭义与广义"、"绝对与相对"、"一般与特殊"四组范畴进行梳理，进而总结出政府统计数据质量管理工作的若干要点，并对进一步提高中国统计数据质量管理水平提出了建议。

关键词： 政府统计数据质量；成本收益分析；全面质量管理；中国统计

一、引　言

20 世纪末两次世界范围内的金融危机使国际货币基金组织（IMF）意识到，"向公众提供及时、全面的经济和金融数据能够促进稳健宏观经济政策和投资决定的制定与执行，进而减少未来金融市场剧烈动荡事件发生的次数并缓解其程度，"[1] 随后分别于 1996 年、1997 年、2003 年相继推出了《数据公布特殊标准（SDDS）》、《数据公布通用系统（GDDS）》和《数据质量评估框架（DQAF）》，由此引发了全球对统计数据质量问题的关注。2007 年爆发的次贷危机又使得人们重拾这一话题。中国政府于 2002 年加入 GDDS，自难置身于此潮流之外。现虽已初步建立起适应社会主义市场经济需求的、国际可比的统计体系，然而未来改革之路上挑战依然严峻，"提高统计能力、提高统计数据质量、提高统计公信力"

* 本文选自《统计研究》2011 年第 5 期。本文获西南财经大学"211 工程"三期重点建设项目"中国社会经济统计创新研究"资助。作者简介：聂富强，男，1964 年生，四川峨边县人，1986 年毕业于西南财经大学，获经济学硕士学位，现为西南财经大学统计学院教授、博士生导师，西南财经大学经济信息工程学院执行院长、四川省金融智能与金融工程重点实验室副主任。研究方向为金融统计与分析。崔名铠，男，1986 年生，山东烟台人，西南财经大学统计学院 2010 级博士研究生。研究方向为宏观经济统计。向蓉美，女，1949 年生，四川成都人，1985 年毕业于西南财经大学，获经济学硕士学位，现为西南财经大学统计学院教授、博士生导师，中国国民经济核算研究会常务理事、成都市统计学会副理事长。研究方向为国民经济核算。

仍是当前乃至今后一段时期统计工作的中心任务[3]。

在统计"入世"与统计体制改革双重背景之下，统计数据质量研究凸显了其重要之处。本文选取政府统计数据质量内涵为研究对象，基于国际统计数据质量标准和国外统计部门成功实践经验，对其发展历程中所形成的四组范畴进行细致梳理，力图总结出政府统计数据质量管理工作的若干要点，并就此对进一步提高我国统计数据质量管理水平进行些许思考。

二、结果评价维度从单一走向多元

多年前，统计语境下的"质量"特指统计数据的"准确性"，用"均方误差"来度量[4]。这一传统定义几经演化早已改变其原有面貌。现代定义主要借鉴"全面质量"的思想，美国《统计科学百科全书》将其表述为"统计数据自公布后多大程度上满足用户对统计信息需求和期待的各个方面"。

在评估中，通常采用将质量依次分解为不同层面的"阶式结构"，这在IMF所推出的DQAF中得到了充分的体现——"通用框架"由"质量的前提条件"和5个"方面"构成，在每个质量方面中还包括了3~5个良好做法的"要素"，并在每个要素中构建了若干"指标"。然而就质量方面的具体界定各方还尚未达成统一——DQAF定义的5个方面分别是"保证诚信"、"方法健全性"、"准确性和可靠性"、"适用性"以及"可获得性"；美国《统计科学百科全书》给出的划分是"报告内容"、"准确性"、"及时性"、"一致性（特别是可比性）"、"可获得性"5个维度；欧盟统计局（Eurostat）则认为数据质量指代"相关性"、"准确性"、"及时性和准时性"、"可获得性与清晰性"、"一致性和可比性"5组内容[5]。此外，即便就某一定义单独来看，其所包含的各方面内容之间也存在着相互制衡，不能被视为独立变量而同时取得最优。其中，以"相关性与准确性"、"相关性与及时性"、"相关性与一致性"、"相关性与时间可比性"、"地区可比与时间可比"和"准确性与及时性"6组矛盾最为突出[5]。

统计数据质量不仅限于文字表述，还可进行量化反映——Eurostat就分别针对其所界定的5个质量方面建立起一套"质量及表现指标"（见表1），将其纳入到"统计报告"中。《欧洲统计系统统计报告手册》对每组指标的具体含义、计算方法及适用条件进行了规定，并辅之以案例，以期推动欧盟成员国统计质量报告的规范性与相互可比性。

表1 统计数据质量及表现指标

数据质量方面	指标名称	指标解释
相关性	统计数据可获得比率	依照欧洲统计系统相关标准，当前所提供的信息数目与所需数目之比
准确性	变异系数	标准差与均值之比
	过渡覆盖率	抽样框中包含非总体单位的比例

227

数据质量方面	指标名称	指标解释
准确性	编辑错误率	按某一特定检验方法发出报错信号的比例
	单位回答率	至少就问卷中某些问题做出回答的单位的比例
	项目回答率	就某一指定变量做出回答的单位的比例
	插补率	异常值（数据缺失、无效、不一致或无法编辑）出现的比例
	出错数量（按种类）	未能在公布之前发现的计算或呈现过程中出现的严重错误
	修改幅度的平均水平	前后期估计差异的平均水平，被称为平均修订、平均绝对修订或平均相对修订量
及时性和准时性	参照时间与公布首次（或暂时）结果的时间间隔	标准时间与第一次公布结果的时间间隔
	参照时间与公布最终结果的时间间隔	标准时间与公布最终结果的时间间隔
	公布的准时性	计划发布与实际发布的时间间隔
可获得性与清晰性	每种关键纸质报告的购买数量或订阅数量	解释同名称
	在线数据库的访问数量	解释同名称
	元数据完整性比率	提供的元数据项目与全部可用的元数据项目之比
一致性与可比性	可比时间序列的长度	时间序列数据距上一次修正的时间间隔
	对应流量数据的差异性	对应流量数据之间的差异，比如国家之间的资金流动

注：整理自参考文献 [5]。

三、客体评价维度由数据向过程拓展

将质量依次分解为不同方面属横向扩展。除此之外，统计流程这一纵向视角也固然存在，在专家领导小组（LEG）① 呈报给欧盟统计计划委员会（SPC）的报告中就写道："产品质量是产出的质量，从统计机构的角度是指所提供数据和服务的质量。这些产品生成自一个基本过程或过程序列，因此该产品的质量可能受到过程质量的影响……在理论上，高质量的产品可以通过评估和返工来取得。然而，这不是一个可行的途径，因为它昂贵且费时。可行的替代办法是通过改善过程质量来提高产品质量 [4]"。在其后续开发的《数据质量评估方法和工具手册》中，进一步明确了质量概念所呈现出的三种不同状态 [6] ——"统计产品的特征"、"用户对于统计产品的感知"和"统计生产过程的不同特征"。

---

① 1999 年，在瑞典统计局的倡议下成立了以提高欧洲统计系统质量为目的的专家领导小组（LEG）。17 位来自国际组织与国家相关统计部门的专家对欧洲统计系统质量管理实际情况进行了考察，最终形成了包含 22 条改进建议的报告，在 2001 年 9 月召开的 SPC 第 42 次会议上获得批准并成立执行小组实施这些建议。

具体而言，产品质量通常由"质量报告"和"质量及表现指标"来反映（见表1）。为了解用户对统计产品的感知，Eurostat 主要依托现有 11 种用户调查来完成[6]。过程质量不如数据质量直观，借鉴《欧洲统计守则》可从两个角度对其进行分解[5]，即统计工作的"机构环境"（Institutional Environment）和"具体统计流程"（Individual Statistical Process），前者比后者着眼的范围更广（见表2）。

表 2　统计过程质量方面

过程质量	要　素	解　释
机构环境	职业独立性	统计当局应与其他政策、法规或行政部门和机构以及来自私人部门的经营者之间保持职业独立性，以确保欧洲统计的可信程度
	数据收集的授权	统计当局必须具备为欧洲统计收集信息的明确法律授权，行政部门、企业、住户等一般公众按照法律规定有义务接受访问或提供欧洲统计所需而被统计当局要求的数据
	资源的充分性	统计当局可支配的资源必须充以满足欧洲统计的需求
	质量承诺	欧洲统计系统的全体成员应承诺遵循《欧洲统计系统质量宣言》中所规定的原则来完成工作及相互协作
	统计保密性	严格保护数据提供者（住户、企业、行政部门以及其他报送单位）的个人信息、绝对保密其所提供的信息并保障使用仅限于统计目的
	公正客观性	统计数据的生产和公布应遵照科学独立的原则，并按客观、专业、透明的方式进行，平等对待一切用户
具体统计流程	健全的方法	健全的方法包括适当的工具、程序及专业知识以支撑高质量的统计数据
	适合的统计过程	从数据收集到评价的全过程均需与适当的程序相配合
	无过度报送负担	报送负担应该与用户的需求成比例，不应过度。统计机构应长期对其进行观测并以减少负担为目标
	成本有效性	资源应得到有效利用

注：摘自参考文献[5]。

针对"机构环境"的质量标准又被称作"机构框架"（Institutional Framework），如联合国统计司编写的《官方统计基本原则》和《统计组织手册》；而"质量保证框架"（Quality Assurance Framework）关注具体统计指标及其生产过程，加拿大统计局、瑞典统计局、英国统计局等机构均有相应的质量保证框架[6]。

我们现在所惯常使用的"统计质量"这个词，已经被悄然替换为含产品质量、过程质量、用户感知等多个方面的广义概念了。

四、效率评价开始进入国家实践

不同质量方面之间存在着相互制约的关系，在本已难取舍的情况下，广义质量定义又引入成本有效性等因素，使得矛盾更加错综复杂。为破解这一难题，国外统计机构主要借鉴“成本收益分析”（Cost-benefit Analysis，CBA）的方法。它不同于传统意义上只盯住收益方（绝对质量）的做法，而将成本要素纳入考量，体现了“相对质量”内涵的要求，运用最成功的当属英格兰银行（BoE）。①

CBA 所遵循的原理较为明了——古典企业模型中的收益最大化（成本最小化）原则。然而就统计数据这类公共产品（无市场价格）而言，无法对其成本与收益进行直接的度量，因而也就不能使用“边际成本 = 边际收益”计算出最优解。为此，BoE 分别构建了相对成本和相对收益模型。

成本方面主要考虑的内容是报送成本（见表3），通过成本模型②可以得到不同报送方式的成本估计，进而算出不同报送方式的成本占总成本的比重（相对成本）。针对新设立的项目还需考虑相应的建立成本。尽管统计数据的处理及发布过程相对于报送过程的成本要小得多，但当视野扩展到整个机构时，仍可以对机构的内部成本进行一个把握。BoE 主要通过对管理者及项目负责人进行调查，了解他们在不同项目（交流、汇总、分析、编制、公布、简报等）上所花费的时间，以此对内部成本进行观测。相对收益的不可比性更强，相对成本也更不易度量。BoE 采用的方法是预先对统计数据的各类需求赋权（见表4），在用户评分结果的基础上初步测算出不同统计项目的相对收益，在进一步交流之后给出最终判断。

表3　CBA 框架中的成本方面

成本种类	具体项目	内　容	估算方法
统计报送成本	表格规模	表格信息容量	（空格数/表）×（报告银行数）×（频数/年）
	所需信息的核算方式	存量或流量	通常流量数据的编制成本是存量数据的4倍
	所需信息的复杂程度	银行难以提供或者与其常规业务记录相区别	按对应方信息分解数据的编制成本通常是总量数据的2倍；银行账户中未包含的信息以及按照银行系统合并的信息成本为通常情况的2倍；按照金融工具分类的详细信息的编制成本是通常情况的3倍；流量分解约是净值编制的4倍

注：摘自参考文献[7]。

至此，经过成本收益测算的不同项目被汇总至一个包含4个象限的二维图中（见图1）。

---

① 英国统计局与英格兰银行货币与金融统计司（MFSD）联合向其他国家22个有关机构开展调查，了解 CBA 在统计工作中的使用情况。在2005年7月由 MFSD 举办的国际研讨会上，来自 MFSD、英国统计局、欧洲中央银行、英国财政部等机构的专家详细阐述了他们的经验。2006年，BoE 正式推出了《货币与金融统计的成本收益分析：一个操作指南》，介绍其在货币与金融统计数据收集过程中使用 CBA 的方法及实践，为其他同行在执行相关操作时提供参考。

② 成本模型假定规模（或业务范围）不同的银行具有相同的成本，同时亦不考虑跨时期数据报送的难易差别、编制者与报送者之间的交流成本以及银行内部信息系统与组织结构差异等因素。因此，该模型仅提供了对报送成本的一个初步认识，后续还需要结合实际情况进行调整。

表 4　CBA 框架中的收益方面

收益方面	分值	形式	解释
政策使用	25	单选：非常高（25）、高（20）、中等（15）、低（10）、非常低（5）、无（0）	高分数将给予那些用于评估货币与金融稳定（或国民经济核算所需）的数据
政策相关	25	单选：非常高（25）、高（20）、中等（15）、低（10）、非常低（5）、无（0）	对数据在主要政策制定过程中倚重程度的判定
标准与规则	15	单选：法律义务（15）、满足既定的标准（15）、国际可比（15），无（0）	是否是法律所需或国际标准（如 ESA、SNA、BPM）要求或用于国际可比
其他收益	10	复选：用于机构外研究（2）、通知公众/媒体（2）、用于其他经济政策制定（2）、出版，例如国家发行（2）、用于一致性检验或报送组合的选择等（2）	用于评估主要政策使用之外的其他用途
增加值	15	单选：高（15）、中（10）、低（5）、无（0）	用于评估该数据相对于其他来源的类似信息所增进的价值，高排名意味着总量及部门（产业）分解的数据只能通过该数据源取得
质量	10	单选：高（15）、中（10）、低（5）	关注于统计数据的潜在质量——样本是否优良？是否频繁修改？是否与其他数列相一致

注：摘自参考文献[7]。

落入第 1 象限的项目被视为改进的突破口，而第 3 象限的相对质量较高。① 该框架既可用于修订已有数据采集也可对新生数据需求进行评估。通过引入 CBA，BoE 报送成本较 2004 年降低了 35%，年度数据收集单元格数目减少了 1/3。

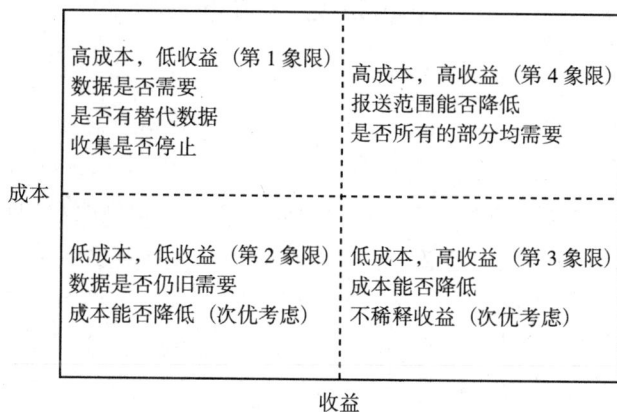

图 1　CBA 框架中成本和收益的汇总图

注：摘自参考文献[7]。

① 需要强调的是，BoE 的 CBA 模型测量的是相对成本与相对收益，所以不能认为落入第 1 象限的项目就应取消，而落入第 3 象限的项目无须改进，因为存在绝对质量（成本）同时高（低）的情况。

五、管理重心逐步由全面总体向局部重点落实

事实上，IMF 在颁布 DQAF "通用框架" 的同时还推出了涉及国民账户统计、消费者价格指数、生产者价格指数、政府财政统计、货币统计、国际收支统计和外债统计 7 个领域的 "具体数据组框架"。两类框架保持着良好的衔接——"通用框架" 提出的方面、要素、指标 3 个层次适用于所有 "具体数据组框架"。随后，根据不同数据组的需要提出更详细和更具体的内容，即焦点问题和要点，由此，阶式结构由 3 级扩展到 5 级——这种总分式架构反映出另一组统计数据质量范畴，即通用标准普适情况下的 "一般性" 与应对不同部门具体问题的 "特殊性"。

DQAF 主要关注经济部门的统计数据质量问题，然而其他关键领域亦存在对统计质量的客观诉求，比如政府间气候变化专门委员会（IPCC）。IPCC 不仅就温室气体排放清单的编制方法进行了相关规定[7]，同时对清单的质量也提出了明确的要求，包括透明性、完整性、一致性、可比性和准确性五个方面。为达成这一目标，数据报送方需要执行质量保证/质量控制和验证程序。

六、结论与启示

（一）结论

"传统与现代"、"广义与狭义"、"绝对与相对"、"一般与特殊" 四组范畴共同谱写出统计数据质量的丰富内涵：现代定义与广义定义偏重于理想模式，贯彻全面性的理念；而相对定义和特殊定义则更契合实际，突出操作性和重点性。政府统计数据质量内涵的演变既是全球范围内不断提高数据质量的国家实践经验的总结，也体现了发达国家统计数据质量管理的理念和时代发展催生的趋势性要求。借此可进一步就国外政府统计数据质量管理工作的走向归纳如下：

（1）政府统计数据质量管理以用户需求为导向。"政府统计数据质量" 这个词频繁出现不过是最近二三十年的事情，主要原因是统计服务范围扩大。具体而言，只有当统计数据真正成为提供给全社会的公共产品时，不同用户方才会对其提出优劣的评判，由此才能引申出统计数据质量这一命题。统计服务方向转变在国外同样是一个艰巨而漫长的过程。统计数据质量管理仅是手段而非目的，提高统计数据质量最终是为了更好地满足不同用户的需求。

（2）引入现代质量管理理论，加速政府数据质量管理工作现代化进程。现代质量管理方法从休哈特博士提出统计过程控制理论（SPC）算起，至今已有近百年的发展史。全面质量管理（TQM）当属最新进展，其较之于 SPC 改进体现在两个方面："'全面'意味着此概念应用于一个组织的所有部分，不仅限于制造阶段；'管理'强调各种功能而不仅指统计质量控制中的过程控制或检验手段。"[8] 它在国外被迅速应用于各行各业，政府统计工作也不例外。然而这一过程并非简单复制，需要结合统计工作自身的特性建立相应的统计数据质量管理方法论。

（3）相对质量逐渐成为政府统计数据质量管理绩效考核的标准。西方"私人财产不可侵犯"的观念根深蒂固，纳税人对财政收支进行严格把关，致使政府在制定各项政策、计划或项目时必须对成本和收益进行权衡。除 BoE 的案例之外，美国白宫管理与预算办公室下设的统计政策委员会同样以"产品质量"（包含相关性、准确性、及时性）和"项目表现"（包含成本、发布、任务完成情况）为参照对其协调之下的商务部人口普查局和经济分析局、劳工部劳工统计局等 13 个统计部门进行考核，以制定下一年度的预算安排[10]。

（4）统计数据质量管理对国民经济重点领域及关键环节予以特别关注。相关重点的划定取决于各国国情及部门各自的判断，但在全球化背景下某些内容甚至会跨越国界成为时代所共同关注的主题——20 世纪上半叶经济大萧条、第二次世界大战等历史事件，亟须宏观管理手段的出台，由此推动了国民经济核算在官方统计中的正式确立，统计数据的准确性、可获得性是该时期所主要关注的方面；随后金融危机频繁发生，及时性、可比性等因素开始被纳入进来；进入 21 世纪以来，日渐突出的环境问题又使得各方在完善环境与资源统计核算方法的同时对其统计数据质量提出了相应的要求。

（二）若干思考

从 1949 年 7 月 21 日成立的中央财政经济委员会在计划局内设立统计处算起，中国统计已走过了 60 多个年头。鉴于我国制度转型的特殊历史背景，其间不仅要经历由低级阶段向高级阶段的自然提升，还面临统计机构改革的艰巨任务。如何正确认识市场经济体制下统计这一生产要素及其在提高市场配置资源效率方面的作用是目前所要解决的核心问题。作为统计工作的重要组成部分，政府统计数据质量管理也应与此保持一致：

（1）继续推进统计服务方向的转变，同时应更加关注"统计生态环境建设"。"统计的服务方向发生了重要变化"是改革开放 30 多年来中国统计改革所取得的重要成绩之一[11]。然而改革过程中仍受到诸多因素的干扰，质疑最多的当属地方官员干预统计数据。2010年 1 月 1 日施行的新《统计法》连同之前公布的《统计违法违纪行为处分规定》必将对减少统计造假现象起到积极的作用。但要彻底解决这一问题不能只在统计系统内部找原因，还应更加关注"统计生态环境建设"问题，"包括与政府统计系统的改革以及统计数据质量的保障息息相关的各种社会因素，即统计的思想观念环境、体制制度环境、社会信用环境、法制环境、国际环境、社会舆论环境等"。[12]

（2）推进现代化统计质量管理体系的建设，尽快制定并出台中国的官方统计质量标准。近年来，提高统计数据质量被国家统计局摆到了统计事业发展的战略地位，加大了管理力度[13]："对于统计数据质量概念的理解从狭义转向广义；建立了主要统计指标数据质量的定期评估制度；在立法上体现了保障数据质量的宗旨。"中国统计于 2002 年加入GDDS，更加快了与国际统计质量标准接轨的步伐，但我们仍应充分认识到中国统计质量管理与国外存在的巨大差距[14]。而且在发展的初期阶段选择加入 GDDS 等国际标准、借助外脑外力加速国内统计改革不失是一条绝佳的路径，但从长期来看却未必能一劳永逸，应尽快制定中国的官方统计数据质量标准，为统计质量管理工作提供明确的目标指引，以防止各项改进工作流于形式。

（3）探索成本收益分析在统计实践中的应用。我国统计学界已经陆续开展对统计成本问题的理论研究。在后续追踪中可借鉴 BoE 等机构的成功经验，在我国典型地区、典型部门进行试点，将 CBA 付诸实践。尤其是近期为贯彻温家宝总理在国务院第三次廉政工作会议上做出"完善财政预算制度，推进预算公开透明"的重要指示，中央部委先后在各自的官方网站上公布了部门预算，国家统计局也于 2010 年 4 月 1 日发布了"财政部批复国家统计局 2010 年部门预算"的通知。尽管项目还不够细化，但已具有重要意义。CBA 成功运用进而大幅提高部门绩效水平更能推动这一进程。

（4）对于国民经济重点领域及关键环节的统计数据加强质量管理，以此为突破口，带动全局发展。次贷危机打破了传统金融危机爆发于以银行为主的间接融资市场的思维定式，致使各方不能提早防范，而金融市场统计缺失亦被指责为其原因之一。反观我国金融市场统计领域，统计范围不够全面、调查体系相对滞后、指标相对单一等问题同样不容忽视[15]。目前，亟须加强对国民经济重点领域及关键环节统计数据的质量管理工作。各统计部门应结合自身工作性质及实际情况做出数据质量管理的重点安排，以此为突破口带动全局发展。

参考文献

［1］IMF. The General Data Dissemination System—Guide for Participants and users ［M］. Washington, D. C. IMF Publication Services, 2007.

［2］International Monetary Fund. Addressing Information Gaps ［M］. Washington, D. C. IMF Publication Services, 2009.

［3］马建堂. 开拓进取再续辉煌——在中国统计学会成立 30 周年纪念大会暨第十五次全国统计科学讨论会上的致辞［J］. 统计研究, 2010 (1).

［4］LEG. Summary Report from the Leadership Group (LEG) on Quality ［M］. Eurostat Publication, 2001.

［5］Eurostat. ESS Handbook for Quality Reports ［M］. Eurostat Methodologles and Working Papers, 2001.

［6］Ehling, Körner. Handbook on Data Quality Assessment Methods and Tools ［M］. Eurostat Publication, 2007.

［7］Bank of England. Cost—benefit Analysis of Monetary and Financial Statistics: A Practical Guide ［M］. Bank of England, 2006.

［8］H. S. Eggleston, L. Buendia, K. Miwa, T. Ngara, K. Tanabe. 2006 年 IPCC 国家温室气体清单指南

［M］. 日本全球环境战略研究所，2006.

［9］H. V. Roberts. Total Quality Management ［A］. S. Kotz, C. B. Read, N. Balakrishnan, B. Vidakovic. Encyclopedia of Statistical Sciences ［M］. 2nd Edition. A Wiley-Interscience Publication, 2006.

［10］Office of Management and Budget of U. S. A. Strengthening Federal Statistics ［A］. Analytical Perspectives ［M］. Washington, D. C.: U.S. Government Printing Office, 2007.

［11］庞皓. 科学发展观引领中国社会经济统计的改革——改革开放 30 年中国统计改革的回顾 ［J］. 财经科学，2008（10）.

［12］庞皓. 政府统计生态环境建设的系统分析 ［J］. 统计研究，2010（9）.

［13］余芳东. 外国统计数据质量的涵义、管理以及对我国的启示 ［J］. 统计研究，2002（2）.

［14］金勇进，陶然. 中国统计数据质量理论研究与实践历程 ［J］. 统计研究，2010（1）.

［15］聂富强，崔名铠. 构筑完善的宏观金融市场统计体系 ［J］. 金融发展评论，2010（2）.

The Evolution and Implications of Official Statistics Quality Concept in China

Nie Fuqiang   Cui Mingkai   Xiang Rongmei

(Xinan University of Finance and Economics, Chengdu   610052)

Abstract: The development of international official statistics has brought in four pairs of quality concepts: "traditional and modern", "broad and narrow", "absolute and relative" and "general and special". This paper will explore it and give some advices regarding China's statistics.

Key Words: Quality Concept of Official Statistics; Cost-benefit Analysis; Total Quality Management; China's Statistics

机遇与挑战
——写在统计学成为一级学科之际 *

袁卫

(中国人民大学，北京　100072)

摘要： 本文简要回顾了中国统计学科发展的百年历史，重点讨论了统计学科与统计教育的现状，特别是统计学完全成为一级学科后面临的大好发展机遇，以及在做大的基础上如何做强统计学科需要我们重视、研究和解决的主要问题。

关键词： 学科史；统计学一级学科；机遇与挑战

2011 年 2 月，国务院学位委员会第 28 次会议通过了新的《学位授予和人才培养学科目录 (2011)》，统计学上升为一级学科，设在理学门类中，编号为 0714。[①] 这样，统计学就完全从数学和经济学中独立出来，成为了名副其实的一级学科。这既是几代统计学者梦寐以求、为之努力的结果，也为未来统计学的发展提供了更加广阔的舞台和空间。

一、统计学科发展的历史回顾

我国的统计教育，是从 20 世纪初清朝末年开始的，已有 100 多年的历史，大致可以分为三个阶段。

---

* 本文选自《统计研究》2011 年第 11 期。作者简介：袁卫，男，1950 年生，天津人，1988 年毕业于中国人民大学获经济学博士学位，我国首批经济统计学博士。现为中国人民大学常务副校长，统计学教授，博士生导师，新疆财经大学特聘教授。研究方向为应用数理统计，风险管理与保险精算。

① 07 表示理学 (新通过的目录共 13 个门类，分别是：01 哲学，02 经济学，03 法学，04 教育学，05 文学，06 历史学，07 理学，08 工学，09 农学，10 医学，11 军事学，12 管理学，13 艺术学)，0714 的 14 表示该门类的第 14 个一级学科 [分别为 0701 数学，0702 物理学，0703 化学，0704 天文学，0705 地理学，0706 大气科学，0707 海洋科学，0708 地球物理学，0709 地质学，0710 生物学，0711 系统科学，0712 科学技术史，0713 生态学，0714 统计学 (可授理学、经济学学位)]。

第一阶段，20世纪初至新中国成立之初（1902~1951年），是我国统计学科建立的阶段，其特点是学习借鉴欧美统计理论和方法，主要是作为课程在理学、工学、农学、医学、商学和社会科学等学科专业开设。

1902年，《钦定京师大学堂章程》规定，仕学馆11个科目，在商科大学正式讲授统计学课程，教材使用的是由日文翻译过来的讲义，课程由日本和中国教师共同承担。

1903年，日本社会统计学者横山雅男先生所著的《统计讲义录》被译成中文，并成为我国最早的统计学教材。全书共分上、下两卷，上卷为总论，包括统计学的历史、定义、研究方法、统计的法则、统计及统计学的分类、与统计学有关之诸学、统计机关等；下卷为分论，包括人口统计、道德统计、经济统计（农、工、商）、国势统计（财政、军事）、教育统计等。这部教材，在中国早期的统计教学中影响深远。

清末年间，我国的大学已经开始有统计学的课程。统计课程首先在经济管理类的商科专业开设，教材主要是从日文翻译或者编译过来的，而日本的统计在当时又主要受德国社会统计学派的影响。

民国期间，随着我国赴欧美留学生数量的增长，越来越多的欧美统计学著作与教材被翻译介绍过来，成为大学中使用的主要教材。例如，1913年，顾澄教授翻译了英国学者 G. U. Yule 于1911年出版的 *An Introduction to the Theory of Statistics* 一书，该书是继1897年《决疑数学》之后我国引进的又一部系统反映英美数理统计学派学说的统计学著作，较系统地介绍了统计方法及其应用。在教材翻译方面，行政院主计处统计局局长、著名统计学家朱君毅博士1944年翻译出版了美国纽约大学 H. Arkin 与 R. R. Colton 合著的《统计方法大纲》，由正中书局印行。该教材属大学各科大纲用书，有两大特点：第一，它以18种英美大学标准统计教科书为蓝本，删繁就简编写而成；第二，书中的统计方法并非只就某一专门学科单纯发挥，而是兼收并举经济、商业、教育、心理、生物、生命等各种统计方法。

从19世纪20年代开始，我国早期的统计学者在学习引进的基础上编写了大量的统计教材，用于教育与教学，如：王仲武《统计学原理及应用》（1927），商务印书馆；陈炳权《统计学概要》（1927），广州大学出版社；金国宝《统计学大纲》（1934），商务印书馆；刘鸿万《统计学纲要》（1935），中华书局；芮宝公《统计学概要》（1937），中华书局；诸一飞《统计学概要》（1943），重庆天地出版社；王思立《统计学新论》（1947），立信会计图书用品社；陈善林《统计学》（1947），中华书局；朱君毅《统计学概要》（1948），正中书局；薛仲三《高等统计学》（1948），商务印书馆等。这些教材在清华大学、复旦大学等校广泛使用。

新中国成立前，我国多数大学与欧美一样，一般不设统计学系与统计学专业，统计学是作为方法的课程在理、工、农、医、商学、社会学、经济学等学科开设，那时候只有一门统计学，即作为搜集数据、整理数据、分析数据的方法科学。我国最早设立统计学系的是国立重庆大学和国立复旦大学，重庆大学1937年建立了会计统计系，复旦大学1938年聘请早年留学法国巴黎大学统计学系的李蕃任商学院统计学系主任，之后首批招收统计学专业学生百余人，毕业后受到社会的广泛欢迎。1946年，上海财经大学的前身"国立上海商学院"成立，招收统计学专业本科生39人。到1949年，共有223所高校，设有统计学系或统计专修科的院校共18所，主要设在商科院校或综合大学的商学院，且集中在上海和四川一带。

在那段时间，我国学者在国际统计学界产生影响并做出世界级贡献的是许宝騄先生。许先生1933年毕业于清华大学数学系，先到北京大学任教，1936年去英国伦敦大学学院（University College, London）师从 R. A. Fisher，J. Neyman，E. S. Pearson 等攻读数理统计，1938年获得哲学博士学位（Ph. D.），1940年又获得科学博士学位（D. Sci.）。许先生在概率论、统计推断和多元统计等众多领域都做出了世界级的贡献，成为我国数理统计学界的大师。他1948年当选为中央研究院首批院士，1955年当选为中国科学院首批学部委员，成为我国统计学界唯一一位一级教授。

除了许宝騄先生之外，新中国成立前还有一批学者早年出国留学或在国内学有所成，并为统计学科的发展做出了贡献。前面所述早期统计教材的作者都是当时统计理论和实际统计部门的著名学者，朱君毅（1892~1963）、金国宝（1894~1963）分别于1922年和1923年在美国哥伦比亚大学获得教育心理统计学博士和统计学硕士学位，回国后在复旦大学、上海财经学院等处任教及在政府统计部门任职。薛仲三（1907~1988）1943年在美国约翰·霍普金斯大学获得卫生统计硕士学位，后任复旦大学统计学系主任。戴世光（1908~1999）1936年获美国密歇根大学统计学硕士学位，1937年转到哥伦比亚大学，1938年回到昆明西南联大国情普查研究所、清华大学经济系任统计教授。邹依仁（1908~1993）早年在密歇根大学获得统计学硕士学位，回国后任复旦大学教授、上海财经学院统计学系主任。

1949~1951年，我国多数大学仍然沿用新中国成立前的统计课程体系，使用原有的教材，也新编了一些教材。

第二阶段，新中国成立之初到改革开放之初（1951~1978），是我国统计学科深受前苏联的影响，分为两门统计学的特殊时期。

新中国成立后，我国开始一边倒地向前苏联学习。在遗传科学领域，苏联在20世纪30~40年代错误地批判孟德尔—摩尔根学派的遗传学。在统计科学领域，将统计学一分为二，认为概率论与数理统计方法属于数学，社会经济统计则是有阶级性的社会科学。

在1951年7月召开的全国财经统计会议上，时任国家计划委员会主任的李富春说："我们要实行国家的管理与监督，不能依靠资产阶级统计学，而只能向苏联学习社会主义的、以马列主义所武装的统计学。"在这一背景下，我国统计学界开始学习前苏联的马克思主义统计学，批判资产阶级统计学。其结果是，新中国成立前学习或讲授过欧美统计课程的老师们不得不做深刻的检查，批判自己的资产阶级统计思想，改学、改教苏联的统计学。1951年在全国范围内对英美统计理论进行批判，首先就是从勾适生先生编著的《统计学原理》（生活·读书·新知三联书店出版）开始的。在国家图书馆里，也可看到戴世光等教授当时写的自我批判的文章。其结果是，统计学的方法部分成为应用数学，称为"概率论与数理统计",是没有阶级性的纯自然科学;而统计学的应用部分,特别是在社会与经济管理中的应用,成为马列主义的武器,称为"统计学",是有阶级性和党性的社会科学。"两门统计"由此诞生,在相当长的时间里互相之间很少往来。数理统计越来越理论化,即使应用,也不太敢碰社会经济现象;社会经济统计则越来越概念化、指标化、简单化,甚少使用数理统计方法,统计理论与应用被人为地割裂开来。

这时,一些财经院校和部分综合院校开始翻译、学习、介绍苏联社会经济统计教材。代表性的教材是中国人民大学苏联专家 H. 廖佐夫所著的《统计学原理》(1951),由中国人民大学出版社出版。该书是中国人民大学 1950 年命名组建后组织翻译的首批介绍苏联社会经济统计理论的大学教材之一,1953 年被高等教育部推荐为高等学校教材。该书的主要内容是阐明苏联马列主义统计学的基本理论,共 10 章。系统介绍了苏联统计学 30 年来的成就及列宁、斯大林对马列主义统计学的贡献和指示,并批判了英美的资产阶级的统计理论,阐明了苏维埃统计学是世界上最先进的统计学,全书自始至终贯穿着一个基本思想,就是统计学是一门有阶级性、有党性的社会科学。该书作为介绍苏联社会经济统计学基本理论的首批教材,对后期中国学者自编的统计学教材产生了很大影响。

1954 年 8 月至 1955 年 7 月,财政经济出版社出版发行了由苏联中央统计局组织 27 位统计专家集体编写的《统计理论》一书。此书在 1954 年苏联召开的统计科学会议上获得好评,会后进行修订,于 1956 年由统计出版社于 1957 年翻译出版。该书无论是在前苏联还是在中国,都是排斥数理统计学,确立社会经济统计学主导地位的代表作。附录中还有"关于统计学的讨论总结"、"苏联统计学科学会议决议"、"莫斯科经济学院对《统计理论》一书的讨论"等。苏联统计科学会议的召开和该书的引进,在中国统计学界产生了深远的影响,使中国的统计教材很长一段时间内只注重革命性。

在学习、消化、吸收前苏联统计学理论的基础上,我国社会经济统计学学者和实际工作者编写了一批统计教材,并按照苏联"统计理论"的模式进行教学与科研。

1956 年 3 月,统计出版社出版发行了中国人民大学计划统计系合编的《统计理论一般问题讲话》,该书是在对 1954 年原稿做较大修改,并增添若干新内容的基础上编写而成。这本书连同《统计学原理讲义》一书所构架的内容体系成为"文化大革命"前财经类高等院校统计学专业统计学原理教材的基本模式。

1962 年,中国人民大学统计系编写的《统计学讲义》是当时统计教材中国化的代表作,曾广泛地应用于高等财经院系的统计学专业。该书的内容设置明显受前苏联《统计理论》一书的影响,这本教材直到 20 世纪 80 年代初期仍在使用。

在"文化大革命"中,多数高校社会经济统计专业停办,统计学的教师转而研究经济学、人口学等,同时他们也在思考统计学和统计教育的未来,尝试着将抽样调查等数理统计方法介绍和应用到社会经济领域中来。如 1975 年 2 月,厦门大学经济系计划统计教研室编写出版了《统计基本理论》,尝试将抽样调查原理和运用作为附录列出。

第三阶段,改革开放之初至今,是我国统计学从"拨乱反正"到"大统计",再到统计一级学科的建设时期,为追赶国际先进水平打下了基础。

1977 年，我国恢复高考，统计学专业和统计教育也得以恢复。1977 级首批招生的有厦门大学、天津财经学院、东北财经学院、山西财经学院、北京经济学院等。1978 年中国人民大学、上海财经学院、湖北财经学院、西南财经学院等也恢复招生。1978 年 12 月，国家统计局在四川峨眉召开了《全国统计教学科研规划座谈会》（即"峨眉会议"），针对当时统计教材奇缺的情况，确定了"全面规划，统一领导，分工协作，三年完成"的原则。拟定了《统计教材编写和科研工作规划》，并据此制定了 13 种统计教材的编写方案。1979 年 8 月，教育部召开"全国高等财经教育工作会议"，也制定了高等学校统计教材编写规划，在 13 种教材的基础上又增加了 2 种。这些新编教材与"文化大革命"前教材相比，其显著的变化是工业、农业、商业等部门统计减少了指标的解释，增加了方法的内容。《社会经济统计学原理》尽可能吸收数理统计学中可供社会经济现象运用的方法，增加了抽样调查等内容，同时邀请湖北财经学院的李茂年、周兆麟编写了《数理统计学》。

中国人民大学戴世光教授在 1935 年以清华公费生身份赴美国密歇根大学学习，1936 年获数理统计学硕士学位。当年又转入哥伦比亚大学继续攻读经济统计学学位。1937 年抗日战争开始后，他转道英国、法国、德国等，一边学习了解这些国家的普查方法，一边为回国做准备。1938 年他经香港到昆明进入西南联大，抗战后在清华大学教授初等统计和高等统计学。1952 年院系调整后，戴世光由清华大学先调到中央财经学院，随后转入中国人民大学。"文化大革命"前的十几年，他也和人大统计系的老师们一同学习前苏联的统计理论，按照前苏联统计理论的模式编写教材，讲授相关课程。粉碎"四人帮"、拨乱反正后，戴世光以他几十年教学、研究的经验，在 1979 年发表了《积极发展科学的统计学，为我国早日实现四个现代化服务》（《经济研究》，1979）的学术论文。文章认为，"国际科学界只存在一门统计学（即数理统计学），它是现代各国广泛应用的一门统计科学，也是我国对自然科学和社会、经济科学进行科学研究的一个必要的科学方法、技术"。戴世光的文章发表后，犹如一石激起千层浪，立即在统计学界产生了巨大的震动。紧接着，在 1980 年，他又发表了关于统计学基本问题的姐妹篇论文《实践是检验统计科学的唯一标准》（《统计研究》第一辑，1980）。这两篇文章从实事求是、解放思想的高度，分析了前苏联所谓统计理论的要害，为真正的统计科学正了名。这两篇文章的核心是一门统计学还是两门统计学的问题，由此开展了对统计学性质、对象、内容的长达十余年的大讨论。

前苏联模式的社会经济统计学专业，完全是按计划经济模式设置的课程，一个部门甚至一个行业就开一门统计课程，如工业统计、农业统计、建筑业统计、交通运输统计、商业统计、投资统计、物价统计等，每门课程的绝大部分内容都是一些指标的解释，细之又细。改革开放后，经济类各院校统计专业都在进行改革和探索，一方面加强数学和数理统计的课程和相关训练，另一方面在凝练和精简经济统计的内容。比如中国人民大学统计学专业于 1986 年开始分为两个方向招生，即社会经济统计专业方向和应用数理统计专业方向，前者招文科学生，后者招理科学生，分别制定教学方案。但仅仅试验了两年就改为全部招收理科学生，既强调数学和数理统计基础，也强调经济学、管理学等应用领域的训练。无疑，尽管在统计学研究性质和对象上一直存在着争论，但这一讨论和实践确实在推动着统计学科和统计教育的发展。如果说 20 世纪 80 年代统计学界主要是在争论一门还是两门统计学的话，90 年代以后则进入向着一门统计学的改革和实施阶段，下面的四件大事是这一历史进程的标志：

第一件大事，在 1992 年国家标准局公布的科技和科研成果统计的学科分类目录中，首次将统计学从经济学中独立出来，成为与经济学、数学等并列的一级学科，因此，统计学在科研项目的申请、经费的获得、科研成果转化和科研评奖等方面都有了极大的改观。

第二件大事，中国"大统计"学科的建设及中国统计科学联合会的成立。由于历史的原因，中国的统计学科分成了两门，中国的统计学会也有多个，学会之间是独立的，较少往来。自 1993 年 8 月在中国人民大学召开了首次"大统计"学科讨论会后，社会经济统计、数理统计和生物卫生统计界学者渐渐形成一门"大统计"的基本共识，即以数理统计方法作为基础，广泛应用到社会、经济、管理、教育、自然科学、工程和医疗卫生等各个领域的方法和交叉性学科。1994 年，中国统计学会、中国概率统计学会和中国现场统计学会共同成立了中国统计科学联合会，并共同组织举办了 1994 年 10 月在日本冈山理科大学召开的中日统计会议、1995 年 8 月在北京召开的第五十届国际统计大会、1996 年 10 月在广西桂林召开的三个学会的共同年会等。

第三件大事，在 1998 年国家教委（1998 年更名为教育部）颁布的本科专业目录中，经济类的"统计学"专业与数学类的"数理统计"合并成"统计学类"归入理学门类（既可以授理学学士学位，也可以授经济学学士学位），上升成为与数学、物理学、化学、生物学、经济学等并列的学科类（相当于研究生专业目录的一级学科）。

第四件大事，2010 年国务院学位委员会办公室、教育部研究生司启动了自 1985 年、1990 年、1997 年后的第四次研究生专业目录调整工作，经过院校建议、学科工作小组、专家小组、学科评议组投票和国务院学位委员会最终审议通过，原经济学门类"应用经济学"一级学科下的"统计学"二级学科与原理学门类"数学"一级学科下的"概率论与数理统计"二级学科合并成为"统计学"一级学科，设在理学门类下，既可以授理学学位，也可以授经济学学位。

这四件大事是中国统计教育、科研和学科不断发展壮大、追赶国际先进水平的里程碑。统计学学科不仅在本科生层次上上升为一级学科，而且在研究生层次上成为了一级学科；不仅在我国科研科技统计专业目录上成为一级学科，而且在我国教育专业目录上成为一级学科，从而在形式上与国际统计学接轨，这无疑会极大地促进国际学术交流和学生国际交流。实践证明，与国际接轨的一门理论、方法与各领域应用密切结合的统计学既有利于统计学科的发展，也有利于人才的培养，使得统计专业毕业生有着扎实的数量分析基础、熟练的计算机操作能力和广阔的就业领域；统计学成为一级学科，更有利于我国经济与社会的发展。

二、我国统计学科建设的现状

（一）统计学科建设的国际环境

首先，我们一起看几个统计方面的例子。

2009 年 8 月 6 日，《纽约时报》发表大幅文章《当今大学毕业生的唯一关键词是：统计学》（For Today's Graduate，Just One Word：Statistics），文章举例说明了统计对各行各业的重要性。往年的美国统计学年会一般有四五千人参加，而经济危机中的 2009 年却有近 7000 人参加，统计专业毕业生成为最抢手的专业之一。

2009 年 8 月 25 日，华尔街杂志刊登《有利于找工作的 5 个专业》文章，认为在美国"工程、生命科学、统计学、环境研究和金融"是就业市场最受欢迎的专业。

2010 年 6 月 3 日，第 64 届联合国大会第 90 次会议通过决议，将每年 10 月 20 日定为"世界统计日"。据估计，世界上有 100 多个国家和地区定期或不定期地举办过统计日、统计周或统计月，通过海报、论坛、研讨会、竞赛等形式多样的庆祝活动，普及统计知识，扩大官方统计的影响力，同时争取政府、企业和社会公众对统计工作的更多支持，体现出全世界对统计数据和统计学空前的关注和重视。

以上几个例子显示出在网络和信息时代，在经济全球化、科技飞速发展以及科学精确的管理的今天，数据、数据分析和统计方法对经济发展、社会进步和人类生活的方方面面正发挥着越来越重要的作用。在国际统计学界，如果说 20 世纪主要是许宝騄先生产生影响的话，那么今天则有一批华人学者站在了国际统计学的前沿。当今，绝大多数的美国大学统计学系都有华人教授，美国最强的统计学系，如 Stanford、University of California at Berkerly、Harvard 等学校系主任都是华人。COPSS 奖是北美统计学会奖给 40 岁以下国际青年统计学者的最高奖，每年授予一人，自 2000 年以来的 10 年中，已经有 5 位中国内地赴美学者获得了该项奖励，分别是 2000 年范剑青（普林斯顿大学教授）、2001 年孟晓犁（哈佛大学教授）、2002 年刘军（哈佛大学教授）、2006 年林希虹（哈佛大学教授）和 2008 年蔡天文（宾夕法尼亚大学教授），他们为国人争了光，是我们的骄傲。

（二）统计学科建设的国内环境

改革开放后，我国的统计学科和统计教育总体而言得到了恢复和较快发展。

1977 年恢复高考制度后，首先是部分综合院校和财经院校开始招收授予经济学学士学位的统计学专业本科生。到 1979 年已经有 17 所高校招生，1985 年授予该类学位的院校已经增加到 80 所，到 1991 年更快速增长到 118 所，反映出当时社会对经济管理类统计应用人才的需求。但在 1992 年邓小平"南方谈话"后，我国社会主义市场经济改革和开放速度加快，官方核算体系也由前苏联的"物质产品核算体系"（MPS）转向"国民经济账户体系"（SNA）。经济类的统计学专业也面临培养目标、教学方案、教学和教材建设改革和调整的紧迫问题。部分财经院校的统计学系和统计学专业没能未雨绸缪，在人才需求向综合型、基础型、应用型急剧变化时，一时束手无策，被迫将统计学系改为"投资经济系"、"国际经济系"等，甚至中止或暂停统计学专业的招生。到 2000 年前后只有 60 所左右的高等院校继续招生，到 2010 年才逐渐增加并恢复到接近 90 年代初的最高水平。

表 1　1996~2010 年授予硕士学位统计

单位：人

年份\学科	1996	1997	1998	1999	2000	2001	2002	2003	2004	2005	2006	2007	2008	2009	2010	合计
统计学	108	104	98	148	128	134	155	164	262	344	527	688	643	604	718	4825
概率论与数理统计	79	85	68	94	110	111	135	212	246	375	572	718	719	582	737	4843
流行病与卫生统计学	107	89	91	118	139	171	220	326	341	424	467	537	671	615	659	4975
合计	294	278	257	360	377	416	510	702	849	1143	1566	1943	2033	1801	2114	14643

表 2　1996~2010 年授予博士学位统计

单位：人

年份\学科	1996	1997	1998	1999	2000	2001	2002	2003	2004	2005	2006	2007	2008	2009	2010	合计
统计学	16	7	16	21	15	23	29	31	34	39	45	50	63	70	73	532
概率论与数理统计	21	18	18	41	26	39	34	45	61	55	82	97	93	75	135	840
流行病与卫生统计学	13	16	23	19	22	26	23	32	52	69	59	79	100	100	113	746
合计	50	41	57	81	63	88	86	108	147	163	186	226	256	245	321	2118

授予理学学士学位的概率论与数理统计本科专业开始设在数学系中，1985 年只有 4 所高校招生，到 1991 年也才有 12 所学校设有该专业。1997 年国家教委将经济类的"统计学"专业与数学类的"数理统计"合并成"统计学类"，归入理学门类（既可以授理学学士学位，也可以授经济学学士学位），这就为两个门类的统计学（即理论统计与经济管理的应用统计）的交叉融合创造了条件。21 世纪以来，统计科学的基础性、广泛应用性的学科特点越来越被人们接受、认同，加之世界进入信息和网络时代，各学科领域都需要对数据进行分析，统计在科学研究、经济与社会管理决策方面的重要性与日俱增，统计学专业的招生与分配越来越火。授予理学学位的本科招生高等院校从 2005 年的 76 所激增至 2010 年的 172 所。因为统计方法不仅应用到社会、经济和管理领域，而且生物、医学、制药、卫生、工程、司法等领域也需要大量统计专业人才。加之近年来有大批地方师范院校和地区学院上升为本科院校，这些学校的数理基础较强，这也是近年来大量本科高校新

增理学统计专业的原因。

接下来我们看看研究生的培养和需求情况：

过去 15 年来，经济学门类的"统计学"、理学门类的"概率论与数理统计"和医学门类的"流行病与卫生统计"三个统计二级学科共培养了近 15000 名统计硕士，三个二级学科规模非常接近，也从一定程度上反映出我国现阶段对统计高层次人才的需求，即在数理统计方法、经济管理应用和医疗卫生应用三大领域基本相同，构成大致三分天下。特别是 21 世纪以来，人才需求与培养的规模在扩大。

在博士生培养方面，经济类的统计学二级学科近 15 年稳定增长，共培养出 532 名博士。数学类的概率论与数理统计二级学科、医学类的流行病与卫生统计 15 年来培养的博士总量非常接近，分别为 840 人和 746 人，从一定角度反映了社会的需求。

不论是本科生还是研究生的培养，改革开放以来统计教育都取得了长足的进步。以中国人民大学本科生招生志愿和录取分数为例，20 世纪 80~90 年代统计专业在中国人民大学录取的第一志愿学生很少，很多是服从分配的，入学平均分数在学校各专业也是中等水平。21 世纪以来，统计学专业（含保险精算方向）录取的生源质量越来越好，现在基本都是校内第一志愿，录取的平均分数在学校 60 多个专业中名列前 5 名，特别是二、三年级转专业时统计学已经成为学生最愿意选择的专业之一。学生的毕业分配也很好，本科生一半以上出国继续读研或在国内读研。读研和就业的领域都很广，具有广泛的适应性。

从社会大环境来看，政府、社会和老百姓从没有像今天这样关注统计，从来没有像今天这样广泛使用统计数据。过去，像 GDP、CPI 这样的专业术语老百姓很少关心。现在，老百姓不仅熟知 GDP、CPI，而且也关心 GNP、GNI、PPI、PMI 等指标，甚至某些指标发布前就开始讨论，一些指标的走向还影响股市或其他经济活动，一些指标的数据引起社会的质疑和极大关注，经济研究、管理决策、社会工作等对统计数据和统计方法的依赖越来越强烈。

（三）为学科建设提供了更广阔的平台

统计学成为一级学科后，原来在应用经济学一级学科下的"统计学"二级学科和数学一级学科下的"概率论与数理统计"二级学科按规定都可以申请对应调整为"统计学"一级学科。此次对应调整的申报工作各培养单位高度重视，几乎所有"应用经济学"一级学科、"数学"一级学科、"统计学"学科点和"概率论与数理统计"学科点都提交了申请。经过"统计学"一级学科评议组按照国务院学位委员会和教育部文件的标准和要求投票表决，共有 57 所单位获得博士一级学科授权，101 所单位获得硕士一级学科授权。

为什么我们这么重视统计学上升为一级学科呢？主要原因是：第一，这次学科目录调整后，明确将来按照一级学科进行管理评价，二级学科的设置属于各高校的自主权，主要功能是用于人才培养和统计。如果没有统计一级学科，统计学仍分散在数个门类中，既不利于统计理论和应用的结合和学科之间的交叉，更重要的是将被其他强势二级学科所掩盖，很难得到发展。第二，学科的管理、各种资源的分配原则上是按照一级学科考虑的。

比如将来重点学科主要是评议一级重点学科。再比如"211 工程"建设的目标是重点学科，也是指建设一级重点学科。第三，"统计学"成为一级学科，为将来独立授予"统计学"学位提供了可能。现在，我国的学位授予仍然依据 1981 年的"学位条例"，按照 13 个学科门类授予。比如"社会学"属于"法学"门类，就授予法学学位，"新闻学"被授予"文学"学位。新的"学位法"正在制定之中，学术型学位理应按照学科授予，即大致按照一级学科授予"数学"、"物理学"、"化学"、"经济学"、"管理学"、"统计学"学位等。第四，一级学科可以成立学科评议组，"百篇优秀博士论文"评选等单独进行，有利于统计人才脱颖而出，有利于学科规划和发展。

在 2011 年 6 月统计学科评议组首次会议上确定了统计一级学科下的二级学科：

0714　　　统计学（可授理学、经济学学位）

071401　　数理统计学（理学）

071402　　社会经济统计学（经济学）

071403　　生物卫生统计学（理学）

071404　　金融统计、风险管理与精算学（经济学）

071405　　应用统计（理学、经济学）

统计学一级学科既可以授予理学学位，也可以授予经济学学位，授何种学位的自主权在培养单位。这次会议首先确定了 5 个二级学科：数理统计学是方法和基础，由于需要较强的数学和数理统计基础，这个二级学科授理学学位；社会经济统计学是统计方法在社会经济领域的应用，授予经济学学位；生物卫生统计是统计方法在生物、医学等领域的应用，对科学研究和人类生命与健康越来越重要，授予理学学位；金融统计、风险管理与精算学是概率统计方法在金融、保险和风险管理中的应用，授予经济学学位；应用统计学是一个开放的二级学科，凡是没有在前面 4 个二级学科涵盖的应用领域，都可以在应用统计学二级学科中设置，如教育统计、心理统计、人口统计、地质统计、海洋统计、环境统计、工程质量管理等，可根据学科特色授予理学或经济学学位。当然，各学校和培养单位都可根据自身学科特点自主设置其他统计学二级学科。

今天，我们有了这么好的学科发展环境，自然要感谢我们的统计前辈们百年来辛勤的耕耘。通过一代一代统计人的努力，我们才有了现在的学科基础、人才储备，才能为国家和社会做出应有的贡献。在这里要感谢并永远怀念的统计先贤很多，但对我国百年来统计学科和统计教育贡献最大的应是许宝騄和戴世光两位教授。许先生是我国近现代国际著名统计学家的第一人，他对统计方法的理论贡献为中国赢得了荣誉，他对数理统计人才的培养为我们今天的学科打下了坚实的基础。戴先生 40 年代初参与主持了我国区域性的人口普查和农业普查，1948 年首次提出"节制生育应成为基本国策"，为我国调查研究和人口研究与政策做出了巨大贡献。特别是粉碎"四人帮"后，戴先生以深厚的学术根底和大无畏的精神对统计学科"拨乱反正"，批判前苏联的"统计理论"，提出建设国际通行的以数理统计为基础、广泛应用的统计学科。这对改革开放后我国统计教育的改革和开放、统计人才的培养及追赶国际先进水平都起到了极其重要的推动作用。

三、统计学科面临的挑战

（一）在做大的基础上做强统计学科

通过学科点的对应调整，经济学类和理学类的统计学已有 57 所培养单位可以授予博士学位，在研究生专业目录中所有 110 个一级学科中，统计学科的博士点数量排在"管理科学与工程"、"生物学"、"材料科学"、"机械工程"、"数学"、"化学"、"计算机科学与技术"、"物理学"之后，列第 9 位，其 57 个博士点数量比"工商管理"和"应用经济学"都多。如果加上医学门类中"流行病与卫生统计"博士授予单位中北京协和医科大学、首都医科大学等 18 所医学统计培养单位，统计学科博士授权单位则多达 75 所，排在"材料科学"一级学科之后名列第 4 位。2010 年我国有 276 所普通本科院校招收统计学专业本科生，约占全国 706 所普通本科高等院校的 40%。这样，经过过去几年的建设和发展，以及这次统计一级学科的对应调整，不论是本科培养院校还是研究生培养单位的规模都有了跨越式的发展，可以说统计学科和统计教育的规模已经"做大"了。但我们的统计学科、统计教育、统计科研成果和统计师资队伍还不强。比如，在国家"863"、"973"和重大专项中还没有独立的统计项目；在国家三大奖中以统计为核心的奖项很少；自陈希孺院士去世后，还没有新的统计院士产生；连续 13 届全国百篇优秀博士论文中，统计学科的论文仅有少数几篇，经济统计方面一篇都没有；统计对国民经济和社会发展的贡献还不够大，而且很多官方统计数据的发布与使用引起社会的质疑和批评；统计学科的教师队伍数量较少，与博士点数量极不相称，培养的博士生数量和质量都亟待提升等。所有这些问题都要求统计学科、广大统计教学科研人员、广大统计工作者卧薪尝胆，扎扎实实地做好我们的本职工作，提高我们的工作质量，通过 5~10 年的努力，做强统计学科，使得统计工作成为最受人们尊敬和爱戴的职业之一。

（二）处理好与数学、经济学等学科的关系

统计学是数据的科学，从本质上看是一个交叉学科，其方法基础是概率论与数理统计，属于理科。它的生命力在于应用，在理、工、农、医、人文、社科各个领域的应用，属于不同学科和门类。因而要发展好统计学，就一定要处理好与其他学科的关系。由于数理统计是从数学中慢慢发展并独立出来的，因而统计教学科研人员一定要有扎实的数学基础。

这次专业目录修订后，"数学"一级学科下仍然保留"概率论与数理统计"二级学科，"应用经济学"一级学科下仍然保留"经济统计学"二级学科，说明统计方法对这些学科的方法性和重要性，即"你中有我"。虽然统计学独立成为一级学科，形式上统计学是独

立的，但统计学的发展离不开数学和其他各领域、各实质学科的发展。我们要尊重数学、经济学、社会学、管理学等各个学科，虚心向各学科学习请教，自觉主动参与各领域课题研究，甘当辅助工具，这也是统计方法服务于各学科的实质所在。

（三）处理好与非统计专业人才培养的问题

过去几年，一方面是统计学专业的大发展，另一方面非统计专业开设统计课程的数量也与日俱增。据我们对全国理、工、农、医、人文、社科各学科培养方案的调查研究，大约40%的高等院校学生开设统计相关课程。现在全国高等院校在校生已经超过了2000万，以40%推算，大约有800万在校大学生学习统计方法及应用的课程，而每年统计本科专业仅有1万多毕业生，硕士生有2000多人；博士生有几百人。统计专业的学生与非统计专业学习统计课程的学生相比，仅仅是数百分之一。因而，我们不但要全力以赴地培养好统计专业的人才，还要重视、研究其他专业的统计教育与教学，将这两类学生都培养好。

显然，所有这些挑战的核心是统计师资队伍的建设。统计教师队伍，不仅质量和水平亟须提高，而且数量也需要不断增加。让我们所有的统计同仁，勇敢地面对这些挑战，为统计学科美好的未来做出我们这一代人的贡献。

参考文献

[1] 国务院学位委员会，教育部. 学位授予和人才培养学科目录，2011.

[2] 湖南统计信息网（www.hntj.gov.cn），复旦大学百年校庆网站.

[3] 许宝騄先生纪念文集编委会. 道德文章垂范人间——纪念许宝騄先生百年诞辰 [M]. 北京：北京大学出版社，2010.

[4] 戴世光文集 [M]. 北京：中国人民大学出版社，2008.

[5] 刘畅，张芸. 二十世纪中国的统计学 [M]. 北京：党建读物出版社，2002.

[6] 袁卫. 建立一级统计学科，促进统计教育发展 [J]. 统计教育，1994（4）.

[7] 袁卫，刘畅，张芸. 我国统计教材建设的历史回顾与现实思考 [J]. 统计研究，2004（6）.

Opportunities and Challenges
——Thoughts on Statistics becoming the first–tier discipline

Yuan　Wei

（Renmei University of China，Beijing　100072）

Abstract： The paper reviews briefly the hundred year's history of Statistics in China and describes the current status of statistical discipline and statistics education. Specially, this paper envisions the opportunities after Statistics becomes the first-tier discipline in China, and discusses the future challenges we face towards building a strong discipline and how can we address them.

Key Words: History of Statistics; the First-tier Discipline; Opportunities and Challenges

多水平统计模型在 Meta 分析异质性控制中的作用 *

仇瑶琴[1]　贺佳[2]

(1.第二军医大学护理系，上海 200433；

2.第二军医大学卫生统计学教研室，上海 200433)

摘要：检索并综合国内外 Meta 分析异质性处理的相关文献，介绍基于随机效应的 Meta 回归、基线风险效应模型及基于分层贝叶斯的随机效应模型等多水平统计模型在 Meta 分析异质性控制中的应用。多水平统计模型将传统模型中单一的随机误差项分解到与数据层次结构相对应的水平上，其拟合效应不仅能使 Meta 分析结果更为稳健与合理，而且能通过对协变量的解释指导临床具体问题。

关键词：多水平统计模型；Meta 分析；异质性；控制

Meta 分析作为一种定量系统评价方法，是指对具有相同研究假设的多项独立研究结果进行合并分析，目的在于增大样本含量，减少随机误差所致的差异，增大检验效能。但 Meta 分析的广泛应用和发展也存在诸多问题，作为 Meta 分析中的重要一环，若不能对研究间存在的异质性进行合理解释和分析，也没有采用一定的方法对其加以控制，Meta 分析结果就不可靠，其结论也不能用于指导解决相应的临床问题。

---

* 本文选自《中国循证医学杂志》2011 年第 6 期。基金项目：国家科技重大专项（2008ZX10002-018）。作者简介：仇瑶琴（1976~），在读博士研究生，讲师，研究方向为流行病学与卫生统计学，E-mail：qiuyaoqin@sina.com.cn；贺佳，第二军医大学卫生统计系教研室主任，博士，教授，博士生导师。

一、Meta 分析中的异质性

（一）异质性的定义

在 Meta 分析中，尽管各项研究都针对同一问题或具有相同的研究假设，但各项研究通常在研究设计或实施的诸多方面不同于另一项研究，如纳入和排除标准、样本含量、质量控制等方面在不同研究间难免存在差异，这就导致了个体结局指标取值在某项研究中的相似性或聚集性，换言之就导致了"效应尺度"在不同研究之间的差异性。Cochrane 协作网网站的术语网页中将"异质性"定义为：①广义上描述参与者、干预措施和一系列研究间测量结果的差异和多样性，或那些研究中内在真实性的变异。②专指统计学异质性，用来描述一系列研究中效应量的变异程度，也用于表明除仅可预见的偶然机会外研究间存在的差异性[1]。

Engels 等[2]发现，125 个 Meta 分析中约半数存在异质性。在使用临床决策依据时，解释临床研究结果的异质性是一个关键问题。

（二）异质性的来源

Meta 分析效应合并时的变异来源有两类：一类是研究内变异，即使两个研究的总体效应完全相同，不同的研究由于样本含量不同，样本内的各观察单位可能存在差异，可得到不同的结果，但与实际效应相差不会很大。当样本含量较大时，抽样误差相对较小。另一类是研究间变异，即使干预措施和其他情况都一样，由于研究对象来自不同的总体以及偏倚控制等诸多方面存在差异，其实际效应也不相同。

Cochrane 系统评价员手册将 Meta 分析的异质性分为：临床异质性、方法学异质性和统计学异质性[3]。临床异质性是指由于参与者不同、干预措施的差异及研究的终点指标不同所导致的变异。方法学异质性是指由于试验设计和方法学质量方面的差异引起的，如盲法的应用和分配隐藏的不同，或者由于试验过程中对结局指标的定义和测量方法的不一致而出现的变异。统计学异质性是指不同试验间被估计的治疗效应的变异，它是研究间临床和方法学上多样性的直接结果。统计学上计算异质性以数据为基础，其原理是各研究之间可信区间的重合程度越大，则各研究间存在统计学同质性的可能性越大；相反，可信区间重合程度越小，各研究间存在统计学异质性的可能性越大。临床异质性、方法学异质性和统计学异质性三者是相互独立又相互关联的，临床或方法学上的异质不一定在统计学上就有异质性表现，反之亦然。

（三）异质性的处理

尽管传统的 Meta 分析方法在一定程度上解决了小样本研究效应的不确定性，在合并不同来源的研究资料时引入异质方差，改善了对效应值估计的精度或提高了检验效能，但不能解决随机效应模型中与研究性质有关的综合效应值的估计，不能回答不同研究的变异来源，也不能处理涉及协变量的效应值。

因此，如果不同研究之间存在异质性，可采取以下措施：①获取每个研究的原始数据，以探讨异质性来源，并对每个研究采用统一的多元回归模型进行分析，从而避免由使用的模型不一致导致的异质性。②按不同研究的特征分组进行分析，即亚组分析。③敏感性分析，在排除可能是异常结果的研究后，重新进行 Meta 分析，与未排除异常结果研究的 Meta 分析结果进行比较，探讨被去除的研究对合并效应的影响程度；或根据研究的不同特征分组进行 Meta 分析，通过比较了解异质性的来源[4,5]。④采用多水平统计模型适当合并所有来自于观察结果的不确定资料。该模型由 2 个水平构成，即个体水平和研究水平，前者来源于真实但未知的随机效应观测数据，后者与研究间的随机效应有关。⑤若临床和方法学异质性过于明显，则应放弃进行 Meta 分析，只对结果进行一般性的统计描述。

二、多水平统计模型在 Meta 分析异质性控制中的作用

根据模型中所考虑的研究间的效应形式，Meta 分析模型分为固定效应模型（fixed effects model）和随机效应模型（random effects model）。目前常根据各研究效应尺度（effect size）的异质性检验（hetero-geneity test）结果，决定采用固定效应模型或随机效应模型。使用随机效应模型后，数据中的变异被分解为研究内变异（within study variances）和研究间变异（between-study variances），允许除抽样误差外的其他变异来源存在，且能够估计出每个研究效应的估计值，但依旧难以分析影响研究结果间差异的因素。

多水平统计模型是将 II 型方差分析理论与多元统计分析相结合的新技术，是分析和处理具有层次结构特征的有力工具[6]。此类数据的主要特征是反应变量的分布在个体间不具备独立性，但存在地理距离内、某行政划区内或特定空间范围内的聚集性。一种极端的情形是，每个水平 2 单位中只有一个水平 1 单位即 $n_i = 1$，此时仍可估计水平 2 的残差方差。因此，Meta 分析可被看成是多水平统计模型的一个特例，即各项研究为高水平单位，每项研究中的研究对象为低水平单位。多水平统计模型将传统模型中单一的随机误差项分解到与数据层次结构相对应的水平上，即分解出研究水平的变异，并提供了进一步拟合研究水平上复杂误差结构的可能性。当然，Meta 分析通常只能获取到水平 2 单位（研究水平）的聚集数据，如各研究的均数及标准差、OR 值、RR 值等，这就使 Meta 分析资料的

多水平统计模型与普通多水平统计模型有所区别。

（一）基于随机效应模型的 Meta 回归

传统回归模型的估计方法是建立在个体测量值相互独立的假设上，当该假设不成立时，回归模型中的各参数估计值的有效性和统计特性均会受到影响，从而导致最终的统计推断结论出现偏倚。由于大部分 Meta 分析纳入的研究数量不多，因此可获得的自由度均较小；而且协变量往往有较明显的共线性，测量值会呈现聚集性偏倚。尽管有证据表明，处理效应的许多变异可以通过个体水平的数据来解释，但要获得个体数据非常困难且耗费巨大。

Bashore[7]、Greenland[8] 等探讨了线性回归思想用于 Meta 分析的有关问题，提出了 Meta 回归模型（Meta-regression model）。该方法将每一个研究作为一个观察单位，对文献数据建立效应尺度与研究因素间的回归模型，并在模型中纳入研究水平（study level）的协变量，若引入的协变量有统计学意义，则组间的异质性在一定程度上可以得到解释。与传统的 Meta 分析相比，Meta 回归模型旨在找出可以解释研究异质性的一个或多个基于研究水平的协变量，并在控制协变量影响后估计合并效应尺度，不但充分利用了信息，同时使研究间方差得到解释，可提高可信区间的精度，并同时增大检验效能[9,10]。

在聚集数据的多水平统计模型中，根据聚集数据的特点，建立 Meta 回归模型：

$y_i \sim N(\alpha + \beta x, \ \tau^2 + s_i^2)$，即：

$$y_i = \alpha + \sum_{h}^{k} \beta_h x_{h \cdot i} + u_i + e_i z_{1i}$$

其中，y_i 为第 i 个研究的效应值，α 为各研究合并效应值；$u_i \sim N(0, \ \tau^2)$，τ^2 为研究间方差，为模型的随机效应部分；$e_i \sim (0, \ s_i^2)$ 为与第 i 个研究有关的随机误差，s_i^2 为研究内方差，在模型拟合中保持不变；$x_{h \cdot i}$ 为引入的协变量，β_h 为其系数，可用似然比检验或 Walds 检验判断模型中各协变量有无统计学意义；z_{1i} 是设计变量，为第 i 项研究的权重因子。

从模型中可以看出，在考虑协变量影响时，普通随机效应模型只能通过 τ^2 的变化来了解协变量解释了多少变异；而 Meta 回归模型将随机效应与误差分解到与数据层次结构相对的各水平上，可以进一步估计协变量影响在不同研究水平间的变异，获得不同协变量的随机效应值，更好地校正综合效应尺度，提供更多的分析信息[11]。

可见，多水平统计模型能代替传统 Mata 分析方法给出固定效应或随机效应估计值，考虑了层次结构数据中误差的不同分层，而且能有效地把两个水平的随机误差进行分解，并在数据存在聚集性时对影响因素进行正确的参数估计和假设检验。此外，它还可对变异的影响因素加以分析，即哪些因素导致了数据间聚集性的出现，哪些又会导致个体间变异的增大，并计算影响因素不同情况下的综合效应尺度[12]。尤其是当处理效应显著、研究数量大、研究间的聚集变量有足够的变异、处理效应有足够的异质性时，采用 Meta 回归是非常有用的。

尽管引进研究间协变量的变异可能会干扰研究结果，但这类因素有时会帮助我们对结果做出更加客观的解释[13]。例如，社会经济状况作为一个非测量因素，却体现了不同个体在医疗资源获取方面的不公正性，社会经济状况好的患者往往能获得较好的治疗结果。在 Meta 回归中可引进患者收入、受教育程度或地址等因素，作为代表研究对象社会经济状况的协变量，探讨其对处理效应的影响。

值得注意的是，虽然 Meta 回归可以使用集合数据对研究间某些变量的交互作用进行估计，但与使用个体数据探讨各个研究内处理因素和影响因素的交互作用相比，Meta 回归中使用集合进行广泛模拟的效能较低[14]。尤其是当研究数量、患者例数和效能尺度较小时，Meta 回归难以通过协变量及时捕捉处理效应的变化。另外，因受试者特征变量在各项试验内部可能存在较大变异，在对研究或试验水平的协变量进行分析时，可能产生"聚合偏倚"，即汇总协变量并未代表个体的真实水平[15,16]。此外，由于大部分 Meta 分析纳入的研究数量不多，因此可获得的自由度均较小，且协变量之间往往有较明显的共线性，均可能降低模型的拟合效能。

（二）基线风险效应模型

基线风险（baseline risk）是指对照组的效应，也称为基线效应或安慰剂效应（placebo effect）。Meta 分析的效应尺度是试验组效应与对照组效应的简单函数形式。例如，对连续性变量：

效应尺度 = 试验组效应 − 对照组效应

或：

效应尺度 = 处理效应 − 对照组效应

对发生率的资料：

效应尺度为 log（RR）= log（试验组的 risk）− log（对照组的 risk）

这些效应尺度都在一定程度上扣除了基线效应的作用，因而提高了各研究间的可比性。但可能会损失部分信息，如各研究间基线效应是否具有同质性、各研究基线效应是否与某协变量有关、它与处理效应间的关系是线性的还是非线性的等，这些问题都不能得到很好的解释。由于研究水平的协变量难以获得，因此在建立适当模型（能够解释对照组的随机变异和来自于处理效应基线风险的相关性）的基础上，基线风险可作为一种有用的代理协变量。尤其是当 Meta 回归失败，仍然可以在 Meta 回归中将基线风险（对照组的平均结果）作为个体水平风险的集合代理[17~20]。

基线效应集中反映了各研究间的差异，可以作为一个替代变量，用于分析研究水平上的差异（受试者总体、研究设计特征、临床试验的年代等）对 Meta 分析异质性和效应尺度的影响。例如，最初的临床试验往往局限于最小样本量，且选择病情严重的患者，而后期的研究对象选择则较宽泛；一些采用双盲和安慰剂对照设计的研究，相对于非盲法和经验控制的队列研究，其对照组的结果比值往往较小；早期研究使用的感染控制措施效果较差或更少，联合治疗药物效能较低，因此与近期研究相比，对照组事件发生率较高。这些因素作为基线风险可用于探讨研究间的异质性，并调整研究的效应尺度。目前，越来越多的研究认为，基线效应是处理因素效应的潜在预测指标和影响因素，能综合反映研究特征对效应、误差估计的影响。

分析基线效应与处理效应间的关系，最直接的方法是以基线值为自变量，以处理效应为应变量拟合线性或非线性模型，参数估计采用加权最小二乘法[21,22]。模型结构：

（1）y_{Ei} 和 y_{Ci} 的联合分布：

$$\begin{pmatrix} y_{Ei} \\ y_{Ci} \end{pmatrix} \sim N \left[\begin{pmatrix} \theta_{Ei} \\ \theta_{Ci} \end{pmatrix} \begin{pmatrix} \sigma_{Ei}^2 & \sigma_{ECi} \\ \sigma_{ECi} & \sigma_{Ci}^2 \end{pmatrix} \right]$$

y_{Ei} 是第 i 个研究试验组的效应，y_{Ci} 是第 i 个研究的基线效应；θ_{Ei} 是第 i 个研究的真实随机效应，θ_{Ci} 是第 i 个研究的真实基线效应；σ_{Ei}^2 是试验组各研究内的变异，σ_{Ci}^2 是对照组各研究内的变异，σ_{ECi} 为其协方差。该协方差矩阵在没有个体资料的 Meta 分析中是无法估计的，不过可以假设它是已知的。

（2）θ_{Ei} 与 θ_{Ci} 的回归关系：

$$\theta_{Ei} | \theta_{Ci} \sim N (\mu_E + \beta (\theta_{Ci} - \mu_C), \ \tau_E^2)$$

μ_E 是平均基线风险 μ_C 时的处理效应，τ_E^2 是试验组的研究间变异。

（3）基线风险模型：

$$\theta_{Ci} \sim N (\mu_C, \ \tau_C^2)$$

τ_C^2 是对照组的研究间变异。$(\theta_E - \theta_C)$ 为平均效应尺度的估计值，其方差为：

$$Var(\theta_E - \theta_C) = \sqrt{\sigma_E^2 + \sigma_C^2 - 2cov(\theta_E, \ \theta_C)}$$

（三）基于分层贝叶斯的随机效应模型

当回归协变量是聚合的基线风险时，有必要考虑基线风险评估的随机不确定以及与处理效应的关系，以避免偏倚。而经典方法将效应合并值、研究间方差等参数视为未知数，忽略了参数估计的不确定性。此外，对小样本数据，如果不符合正态近似条件，经典方法也无法处理。而且当纳入研究中数据的极端值较多时，经典方法很难识别随机效应。因此，一些统计学家试图用贝叶斯算法解决在一般随机效应模型中不能解决的问题。基于分层贝叶斯的随机效应模型将未知参数视为服从某一分布的随机变量，由先验和样本信息，得到参数的后验分布[23]，在建模上有极大的灵活性。马尔科夫链—蒙特卡罗（Markov Chain Monte Carlo，MCMC）是 20 世纪 90 年代发展起来的通过构造马尔科夫链模拟参数的联合后验分布的贝叶斯计算方法[24]，近年来，用 MCMC 方法探讨 Meta 分析方法研究中的一些难点逐渐受到重视。Gibbs 抽样的基本原理则是通过构造马尔科夫链模拟参数的后验分布，得到所有待估参数的完全条件分布[25,26]，即每一个待估参数在假设其他待估参数已知时的边缘后验分布。用 Gibbs 抽样可以很方便地得到效应合并值、研究间方差等参数的后验均数和 95%CI，使贝叶斯方法中许多看起来复杂困难的计算变得简单直观。

在分层贝叶斯框架下，随机效应模型 Meta 分析可表示为：

$$Y_i | \mu_i, \ \sigma_i^{2\,indep} \sim N(\mu_i, \ \tau^2)$$

$$\mu_i | \mu, \ \tau^{2\,indep} \sim N(\mu_i, \ \sigma_i^2)$$

其中，Y_i 为纳入 Meta 分析的第 i 个研究的效应值，μ_i 是第 i 个研究的"真正效应"（true effect），μ_1，μ_2，$\cdots$，μ_k 相互独立。μ 即为我们所关心的效应合并值（效应的平均水平或总体水平），τ^2 为研究间变异，即随机效应。为计算方便，可假定 σ_i^2 已知，考虑一般情形，超参数 μ、τ^2 的先验分别为正态分布和逆 γ 分布，即：

$$\mu | a, \ b \sim N(a, \ b), \quad \tau^2 | c, \ d \sim IG(c, \ d)$$

Gibbs 抽样时，先对参数 μ_i、μ、τ^2 赋初值，再依次从各参数的完全条件分布中产生 Gibbs 抽样值。得到 t 次抽样值后，前 m 次用于"退火"（burn in），后 t − m 次的抽样值用于计算各参数的边缘后验密度。用 WinBUGS 可以很方便地对许多常用的模型和分布进行 Gibbs 抽样。WinBUGS 用有向图模型方式（directed graphical model）对模型进行直观描述，并给出参数的 Gibbs 抽样动态图、用 Smoothing 方法得到的后验分布的核密度估计图、抽样值的自相关图及均数和置信区间的变化图等，使抽样结果更直观、可靠。

综上所述，Meta 分析时由于一些潜在的混杂因素的存在，仍能出现研究不同质的情况，若研究间差异过大，就不能简单地进行加权合并。为尽量减小异质性对结果的不利影响，就必须掌握对资料异质性的识别与处理方法。多水平统计模型在 Meta 分析中异质性的识别和控制方面具有较明显的优势，其拟合效应不仅能使 Meta 分析结果更为稳健与合理，而且能通过对协变量的解释指导临床具体问题。

参考文献

[1] Green S., Higgins J. Glossary. Cochrane Handbook for Systematic Reviews of Interventions 4.2.5. The Cochrane Collaboration [EB/OL]. http://www.cochrane.org/resources/glossary.htm, 2009-05-19.

[2] Engels E.A., Schmid C.H., Terrin N., et al. Heterogeneity and Statistical Significance in Meta-analysis: an Empirical Study of 125 Metaanalyses [J]. Stat Med, 2000, 19 (13).

[3] Cochrane Handbook for Systematic Reviews of Interventions 4.2.6 Updated September 2006. The Cochrane Collaboration, 2006.

[4] 王建华. 流行病学 [M]. 北京：人民卫生出版社，2004.

[5] Colditz G.A., Burdick E., Moseller F. Heterogeneity in Meta-analysis of Data from Epidemiologic Studies: Commentary [J]. Am J Epidemiol, 1995 (142).

[6] Goldstein H. Multilevel Statistical Models [M]. 李晓松，陈滔，潘晓平译. 第 2 版. 成都：四川科学技术出版社，1999.

[7] Bashore T.R., Osman A., Heley E.F. Mental Slowing in Elderly Persons: A Cognitive Psychophysiological Analysis [J]. Psychology Aging, 1989, 4 (2).

[8] Greenland S. A critical Look at Some Popular Meta-analytic Methods [J]. Am J Epidemiol, 1994, 140 (3).

[9] Turner R.M., Omar R.Z., Yang M., et al. A Multilevel Model Framework for Meta-analysis of Clinical Trials with Binary Outcomes [J]. Stat Med, 2000, 19 (24).

［10］ Higgins J.P.T., Whitehead A., Turner R.M., et al. Meta-analysis of Continuous Outcome Data from Individual Patients［J］. Stat Med, 2001, 20 (15).

［11］ Thompson S.G., Turner R.M., Warn D.E. Multilevel Models for Meta-analysis［J］. Stat Methods Med Res, 2001, 10 (6).

［12］ 王安伟, 黄文丽. 多水平 Meta 回归分析及其在流行病学研究中的应用［J］. 大理学院学报, 2007, 6 (12).

［13］ Kreft I., de Leeuw J. Introducing Multilevel Modeling［J］. Thousand Oaks, CA: Sage, 1998.

［14］ Lambert P.C., Sutton A.J., Abrams K.R., et al. A Comparison of Summary Patient-level Covariates in Meta-regression with Individual Patient Data Meta-analysis［J］. J Clin Epidemiol, 2002, 55 (1).

［15］ Schwartz S. The Fallacy of the Ecological Fallacy: the Potential Misuse of a Concept and the Consequences［J］. Am J Public Health, 1994, 84 (5).

［16］ Berlin J.A., Santanna J., Schmid C.H., et al., for the Antilymphocyte Antibody Induction Therapy Study Group. Individual Patient Versus Group-level Data Meta-regressions for the Investigation of Treatment Effect Modifiers: Ecological Bias Rears Its Ugly Head［J］. Stat Med, 2002, 21 (3).

［17］ Brand R., Kragt H. Importance of Trends in the Interpretation of an Overall Odds Ratio in the Meta-analysis of Clinical Trials［J］. Stat Med, 1992, 11 (16).

［18］ McIntosh M. The Population Risk as an Explanatory Variable in Research Synthesis of Clinical Trials［J］. Stat Med, 1996, 15 (16).

［19］ Thompson S.G., Smith T.C., Sharp S.J. Investigating Underlying Risk as a Source of Heterogeneity in Meta-analysis［J］. Stat Med, 1997, 16 (23).

［20］ Lau J., Ioannidis J.P.A., Schmid C.H. Summing Up Evidence: One Answer Is Not Always Enough［J］. Lancet, 1998, 351 (9096).

［21］ Schmid C.H., Lau J., McIntosh M.W., et al. An Empirical Study of the Effect of the Control Rate as a Predictor of Treatment Efficacy in Meta-analysis of Clinical Trials［J］. Stat Med, 1998, 17 (17).

［22］ Arends L.R., Hoes A.W., Lubsen J., et al. Baseline Risk as Predictor of Treatment Benefit: Three Clinical Meta-re-analyses［J］. Stat Med, 2000, 19 (24).

［23］ Rebecca M., Turner R.M., Omar R.Z., et al. Bayesian Methods of Analysis for Cluster Randomized Trials with Binary Outcome Data［J］. Stat Med, 2001, 20 (3).

［24］ Smith A.F.M., Roberts G.O. Bayesian Computation via the Gibbs Sampler and Related Maekov Chain Monte Carlo Methods［J］. J Roy Stat Soc, Series B, 1993, 55 (1).

［25］ 张言彩. 结构方程模型的 Gibbs 抽样与贝叶斯估计［J］. 统计与决策, 2009 (6).

［26］ 周旭毓, 方积乾. Meta 分析中随机效应模型的 Gibbs 抽样及其应用［J］. 中国卫生统计, 2002, 1 (4).

Multi–Levels Statistical Model in the Heterogeneity Control of Meta–analysis

Qiu Yaoqin   HE Jia

(The Second Military Medical University, Shanghai   200433)

Abstract: Through collecting and synthesizing the paper concerning the method of dealing with heterogeneity in the meta analysis, to introduce the multi–levels statistical models, such as meta regression and baseline risk efect model based on random efects, and random efects model based on hierarchical bayes, and to introduce their application of controlling the meta analysis heterogeneity. The multi–levels statistical model will decompose the single random error in the traditional model to data structure hierarchical. It's fitting effect can not only make the meta–analysis result more robust and reasonable, but also guide clinical issues through the interpretation of association variable.

Key Words: Multi–levels Statistical Model; Meta–analysis; Heterogeneity; Control

中西医结合治疗咳嗽变异性哮喘随机对照试验的贝叶斯 Meta 分析 *

张天嵩 [a,b]　李秀娟 [a]　张素 [a]　王诚杰 [c]　潘宝峰 [a]

张伟伟 [a]　杨克敏 [a]

（上海市静安区中心医院 a. 中医科；b. 科教部；c. 图书馆，上海 200040）

摘要： 本文系统评价了中西医结合治疗咳嗽变异性哮喘的疗效。通过中国生物医学文献数据库（SinoMed 1978 年至 2011 年 2 月）、万方数据全文（1998~2011）、维普医药信息资源系统（VIP 1989~2011）、中国数字图书馆（1994–2011）等数据库，结合手工检索相关杂志；按系统评价方法筛选试验、评价质量、提取资料，并用 WinBUGS 软件进行贝叶斯 Meta 分析。共纳入 28 个试验，含 2226 例患者；纳入试验的方法学质量均低下。贝叶斯 Meta 分析显示，试验组相对于对照组提高一个或一个以上更佳疗效的比数比为 2.936 [95% 可信区间（2.454，3.508）]。本文得出的结论为：虽然中西医结合治疗咳嗽变异性哮喘有益，但由于纳入试验的研究方法学质量低下，需要进一步高质量随机对照研究加以证实。

关键词： 咳嗽变异性哮喘；中西医结合疗法；贝叶斯 Meta 分析

咳嗽变异性哮喘（Cough Variant Asthma，CVA）是指以慢性咳嗽为主要或唯一临床表现的一种特殊类型的哮喘，无明显喘息、气促等症状或体征，但有气道高反应性，是促使患者就诊的主要原因之一 [1-2]。国内外各种指南均认为 CVA 的治疗原则与哮喘治疗相同，大多数患者吸入 β 受体激动剂加小剂量糖皮质激素即可 [1,3-4]；但支气管扩张剂治疗有效的 CVA 患者，停药后易复发；如不积极治疗，有 10%~50% 的患者可变为典型的哮喘 [5-6]。

近年来，不少中医学者尝试运用随机对照设计的中西医结合方法治疗咳嗽变异性哮

---

* 本文选自《循证医学》2011 年第 6 期。基金项目：上海市卫生局科研项目（2008218）。作者简介：张天嵩（1970~），男，山东昌邑人，副主任医师，副教授，医学博士，主要从事呼吸系统疾病的中西医结合治疗及循证医学方法学研究。

喘，涌现出大量的临床报道，适时地对这些中西医结合治疗咳嗽变异性哮喘随机对照试验进行系统评价，可以了解中西医结合治疗 CVA 随机对照试验的研究方法学质量，获得临床证据，并为是否需要进一步进行高质量的中西医结合治疗 CVA 随机对照试验提供客观依据，具有一定的意义。

一、资料与方法

（一）纳入及排除标准

（1）研究类型：中西医结合方法治疗咳嗽变异性哮喘的随机对照试验。

（2）研究对象：符合中华医学会等[2,7]制定的诊断咳嗽变异性哮喘标准的患者，干预对象为成人，性别不限；干预对象为小儿或混有小儿者除外。

（3）干预措施：治疗组和对照组均采用相同的干预措施作为基础治疗（主要为激素和支气管扩张剂），治疗组采用中西医结合治疗（对照组采用基础治疗+中药）；治疗组和对照组基础治疗不同，对照组采用抗菌药物者除外。

（4）测量指标：提供治疗组和对照组治疗效果，分为临床控制、显效、有效（好转）、无效四级具体数字化结果的研究。

（二）文献检索

1. 检索策略

文献检索以关键词和自由词为检索途径，具体中文检索词为：咳嗽变异性哮喘、咳嗽变异型哮喘、哮喘性咳嗽、中西医结合疗法。为了避免丢失相关试验，我们又增加了"中医药疗法、中医疗法、中药疗法"等检索词，并未以"随机对照试验"为限定词；英文检索词为：cough variant asthma（CVA），cough type asthma，pharmacotherapy，integrated Chinese-western therapy，traditional Chinese medicine（TCM），traditional Chinese herbal，alternative medicine。

文献检索途径无语种限制。

2. 电子检索数据库

计算机检索 MEDLINE（Ovid，1950~2011）、PubMed（1992~2011）、EMBASE（1966~2011）、Cochrane 图书馆（2011 年第 2 期）、中国生物医学文献数据库（SinoMed，1978 年 1 月至 2011 年 2 月）、万方数据全文（医药期刊 1998~2011，学位论文 1998~2010，会议论文 1998~2010）、维普医药信息资源系统（1989~2011）、中国数字图书馆 CHKD 期刊全文数据库（CHKD，1994~2011）等数据库。

3. 手工检索

同时手工检索《中医杂志》、《中国中西医结合杂志》、《上海中医药杂志》、《新中医》、《中国中医药信息杂志》等中医类核心杂志（2010 年第 1~12 期，2011 年第 1~2 期），并追踪检索相关综述、纳入文献的参考文献，尽量降低漏检率。

（三）文献筛选

每篇文献由 2 名研究人员独立筛选，确定是否纳入；如果意见不一致，双方讨论决定，必要时由第三者仲裁。文献筛选分为三步：第一步为查重去重，通过《医学文献王》软件对几大数据库检出的文献进行合并，删除重复者；第二步初筛，根据检出的引文信息如文题、摘要等筛除明显不符合纳入标准的文献；对于肯定或不能肯定的文献查出全文再进行筛选；第三步为复选，通过阅读全文，对可能合格的文献进行分析，以决定是否纳入。

（四）纳入研究质量评价

采用 Cochrane 评价员手册 5.0 版评价纳入文献的偏倚风险[8]，主要内容包括：①随机分配方案的产生；②分配方案的隐藏；③盲法；④数据的完整性；⑤选择性报告结果；⑥其他偏倚来源等。针对每一个研究，对上述问题做出"是"（低度偏倚）、"否"（高度偏倚）、"不清楚"（缺乏相关信息或偏倚情况不确定）的判断。

同时采用 Jadad 质量记分法评价研究方法学质量[9]，总分为 1~5 分，1~2 分为低质量研究，3~5 分为高质量研究。

（五）数据提取

由两名评价员对符合纳入标准的文献独立进行提取数据，并按自行设计的表格输入数据库，完成后交叉核对，不一致处通过讨论协商确定。

提取的资料主要包括作者、发表年份、纳入病例数、治疗组和对照组干预措施及治疗结果、疗程、随访时间以及研究方法学要素等。

（六）资料分析

（1）定性分析。采用描述方法，对每个临床研究的特征（研究对象、干预措施、疗程、随访时间）、偏倚风险、报告质量等进行定性评价。

（2）定量分析。纳入研究的测量结果为多分类且有序的等级资料，故采用混合效应模型进行贝叶斯 Meta 分析[10]：假设临床结果变量为有 m 个等级的有序分类变量 C_1，C_2，…，C_m，将 C_1 定义为最佳，C_m 为最差，对于研究 i 中研究个体 j 属于 k 类（k = 1，2，…，m），则观测结果 y_{ij} 取值为 k，令属于第 k 个分类病人的概率为 p_{ijk}，属于 ≤ k 分类的累积概率为 Q_{ijk}，则 $Q_{ijk} = p_{ij1} + p_{ij2} + \cdots + p_{ijk}$，$Q_{ijk} = 1$，则其分层累积比数比贝叶斯分析模型为

$$\log\left(\frac{Q_{ijk}}{1-Q_{ijk}}\right)=\alpha_{ik}+\gamma_1\chi_{ij}+\upsilon_{1i}\chi_{ij},$$ α_{ik} 表示第 i 个研究中第 k 个截距，给定无信息先验分布 N (0，10^4)；β_{1i} 从 N(γ_1，σ_τ^2) 随机抽样，分别给定 γ_1 和 σ_τ^2无信息先验 N(0，10^4) 分布和 IG (0.001，0.001) 分布，γ_1 表示试验组相对于对照组提高一个或一个以上更佳疗效（如由有效提高到显效）比数比的对数值，通过公式 OR = e^{γ_1}换算获得相应的比数比。

以 WinBUGS1.4.3 软件采用马尔科夫链—蒙特卡罗 （Markov Chain Monte Carlo，MCMC）方法模拟 γ_1 等参数的后验分布，共进行 25000 次迭代，前 5000 次用于"退火"以消除初始值的影响，后 20000 次的抽样结果作为参数后验分布的估计值。

二、结 果

（一）纳入研究筛选结果

检索各数据库，共检获文献 1371 篇，通过《医学文献王》软件查重去重，剔除重复文献 615 篇，共获得 766 篇可能合格的文献，其中英文文献 3 篇，中文文献 763 篇；通过阅读文题和摘要，排除不合格文献，得到 95 篇需要进一步筛选的文献；阅读全文，排除不合格文献，最终 28 篇文献纳入研究，具体流程见图 1。

（二）纳入研究特征

纳入的 28 个研究中共含 2216 例患者，其中治疗组 1189 例，对照组 1027 例。各研究的具体特征见表 1。

（三）研究质量评价

纳入的 28 项研究均为低质量研究。所有研究在正文或摘要中提到随机分配，但对于随机方法，除 3 项研究提及 "随机数字表法" 外[21,24-25]，其他研究随机方案不详；所有研究均未提及随机方案的隐藏和盲法；所有研究结果数据完整，均无选择性报告结果；无一项研究报告样本量估算；无一项研究采用意向性治疗分析；所有研究均提及 "基线情况和可比性"；除 4 项研究[12,15,23-24] 提及治疗组和对照组的不良事件、1 项研究[27] 提及两组 "均未发生明显不良反应" 外，其他研究均未报告不良事件。具体偏倚风险评估和 Jadad 评分见表 2。

（四）贝叶斯 Meta 分析结果

主要参数 （γ_1、研究间方差分量 τ^2） 的 Gibbs 抽样结果 （后验分布的均数、标准差、中位数、95%可信区间） 见表 3，其相应的比数比 （Odds Ratio，OR） = e^{γ_1} = 2.936，95%可

MEDLINE：0 篇；PubMed：3 篇；EMBASE：0 篇；Cochrane 图书馆：0 篇；SinoMed：665 篇；CNKI：231 篇；万方：207 篇；维普：226 篇；会议论文：31 篇；学位论文：8 篇

剔除重复文献 615 篇

766 篇

阅读文题和摘要，排除 671 篇
　　无对照组：43 篇
　　治疗组为单纯中药：252 篇
　　干预对象为小儿者：71 篇
　　个人经验：74 篇
　　综述：67 篇
　　理论探讨：32 篇
　　西医文献：105 篇
　　重复发表：3 篇
　　其他（症候、诊断等研究）：24 篇

95 篇

阅读全文，排除 67 篇
　　无对照：12 篇
　　对照组用药不合理：13 篇
　　无随机：3 篇
　　伪随机：17 篇
　　不符合疗效评价标准：8 篇
　　重复发表：2 篇
　　未提供明确结果：2 篇
　　治疗组为单纯中药：2 篇
　　干预对象为混有儿童和成人者：8 篇

28 篇

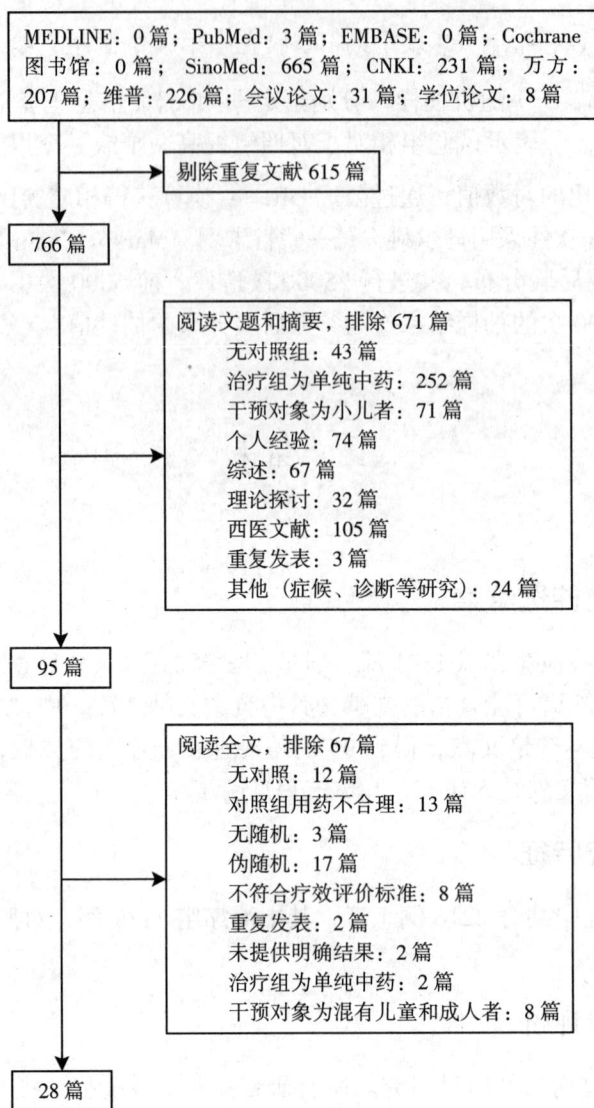

图1　文献筛选流程

信区间（Confidence Interval，CI）为（2.454，3.508）。

三、讨　论

在过去的 25 年中，Meta 分析作为一种汇总多个研究结果而进行总体效应评价的科学研究方法，已广泛应用于社会和医学科学研究中[39]，对于二分类数据和连续型数据，目

表1 中西医结合治疗咳嗽变异性哮喘随机对照试验的特征

纳入研究		例数 (T/C)	研究基线			干预措施		治疗时间	随访时间
作者	年份		平均年龄 (y)	性别 (M/F)	平均病程	治疗组	对照组		
邱志楠[11]	2004	168/80	40/41	(89/70)/(52/48)	未提及	对照组用药+天龙定喘汤	舒弗美、强的松	2m	24m
刘新发[12]	2006	40/40	35.18/33.18	(22/18)/(20/20)	未提及	对照组用药+金郁平喘汤	美普清、酮替芬	4w	未提及
朱金凤[13]	2006	30/20	39/38	(13/17)/(8/12)	(11.1/11.12) m	对照组用药+固本平喘汤	心可酮气雾剂、万托林气雾剂	15d	未提及
韩建东[14]	2007	30/30	未提及	(14/16)(13/7)	未提及	对照组用药+宣肺止咳饮	氨茶碱、丙卡特罗、酮替芬	2w	未提及
李德瑞[15]	2007	44/43	36/38	(24/20)/(22/21)	(1.2/1.4) y	对照组用药+止咳定喘汤	舒喘灵、酮替芬、普米克	21d	未提及
史从育[16]	2007	40/30	42.7/45.2	(19/21)/(15/15)	(4.2/4.6) m	对照组用药+疏风宣肺中药	帮备片、开瑞坦	4w	未提及
喻清和[17]	2007	42/34	26.5/26	(19/23)/(15/19)	未提及	对照组用药+天龙咳喘宁胶囊	顺尔宁、帮备片、开瑞坦	3w	12m
袁玉[18]	2007	40/40	未提及	(21/19)/(20/20)	未提及	对照组用药+柔肝降逆汤	布地奈德气雾剂	4w	未提及
霍会爱[19]	2008	32/24	38.5/40.52	(18/14)/(14/10)	(4.2/3.9) m	对照组用药+宣肺止咳汤	氨茶碱	1m	6m,10m,12m
姜水菊[20]	2008	70/58	37/39	(38/32)/(32/26)	未提及	对照组用药+自拟中药方	舒喘灵、酮替酚、普米克	21d	未提及
李俊[21]	2008	30/30	未提及	(15/15)/(15/15)	(27.15/26.89) m	对照组用药+桂龙咳喘宁	帮备片	14d	未提及
孙保军[22]	2008	50/40	33.06/30.13	(26/24)/(18/22)	(3.7/4.4) y	对照组用药+祛风解痉汤	喘康速气雾剂	4w	未提及
吴笛[23]	2008	40/40	38.7	34/46 (总)	未提及	对照组用药+咳变方	美普清、酮替酚	3m	6m
武慧[24]	2008	32/30	43.3/45.75	(20/12)/(17/13)	(99.72/103.32) d	对照组+中药	必可酮气雾剂、阿斯美	21d	未提及
李树强[25]	2009	30/30	31.5/32.3	(16/14)/(15/15)	(20.5/22.3) m	对照组用药+华盖散	帮备片、信必可	4w	未提及
林敏[26]	2009	58/56	37.1/35.4	(31/27)/(26/30)	(11.4/13.2) m	对照组用药+固本止咳颗粒	信必可	2m	2m
罗俊明[27]	2009	32/32	42.5/41.8	(19/13)/(18/14)	(4.5/4.8) m	对照组用药+中药汤剂	沙美特罗、普卡松	2w	6m
夏露[28]	2009	30/30	45.2/43.8	(17/13)/(14/16)	(13/11) m	对照组用药+止咳平喘汤	舒利迭	1m	未提及
杨国山[29]	2009	32/32	39.5/41.3	(14/18)/(13/19)	未提及	对照组用药+中药汤剂	氨茶碱、舒弗美	2w	未提及
杨新喜[30]	2009	48/48	36.58/37.56	(26/22)/(24/24)	(4.62/4.21) m	对照组用药+祛风止咳汤	舒弗美、酮替酚、普米克	8w	未提及
张淑英[31]	2009	30/30	40.5/39.3	(17/13)/(16/14)	(6.3/7.2) m	对照组用药+镇咳汤	氨茶碱、必可酮	2w	未提及
韩梅[32]	2010	17/16	39.3/39.1	(11/6)/(9/7)	(3.9/4.1) m	对照组用药+定喘汤	氨茶碱、酮替酚	2w	6m

续表

纳入研究		研究基线 (T/C)				干预措施		治疗时间	随访时间
作者	年份	例数 (T/C)	平均年龄 (y)	性别 (M/F)	平均病程	治疗组	对照组		
敬满芳[33]	2010	24/24	35.5 (总)	26/22 (总)	3.5m (总)	对照组用药+加味玉屏风散	氨茶碱、酮替酚	1m	6m
李平端[34]	2010	50/50	39.8/40.1	(22/28) / (20/30)	(6/6) m	对照组用药+二陈汤合三拗汤	氨茶碱、酮替酚、布地奈德	2w	未提及
林 松[35]	2010	30/30	45.2 (总)	27/33 (总)	未提及	对照组用药+润肺止咳方	舒利迭	1m	未提及
浦明之[36]	2010	50/50	31.2/28.9	(28/22) / (24/26)	未提及	对照组用药+定喘汤	舒利迭	4w	未提及
邵世芳[37]	2010	40/40	41.5/39.3	(17/23) / (16/24)	(6.3/7.2) m	对照组用药+平喘饮	氨茶碱、酮替酚	2w	未提及
叶卫国[38]	2010	30/30	62.5/60.8	(16/14) / (13/17)	未提及	对照组用药+中药汤剂	博利康尼、赛庚啶	2m	6m

注: T: 病例组; C: 对照组; y: 年; m: 月; w: 周; d: 日; M: 男性; F: 女性。

表2　中西医结合治疗咳嗽变异性哮喘随机对照试验风险偏倚评估及 Jadad 评分

研究作者	发表年份	随机方法	隐藏分组	盲法	结果数据完整性	选择报告研究结果	其他偏倚来源	Jadad 评分
邱志楠 [11]	2004	不清楚	否	否	是	是	不清楚	1
刘新发 [12]	2006	不清楚	否	否	是	是	不清楚	1
朱金凤 [13]	2006	不清楚	否	否	是	是	不清楚	1
韩建东 [14]	2007	不清楚	否	否	是	是	不清楚	1
李德瑞 [15]	2007	不清楚	否	否	是	是	不清楚	1
史肃育 [16]	2007	不清楚	否	否	是	是	不清楚	1
喻清和 [17]	2007	不清楚	否	否	是	是	不清楚	1
袁　玉 [18]	2007	不清楚	否	否	是	是	不清楚	1
霍会爱 [19]	2008	不清楚	否	否	是	是	不清楚	1
姜水菊 [20]	2008	不清楚	否	否	是	是	不清楚	1
李　俊 [21]	2008	随机数字表	否	否	是	是	不清楚	2
孙保军 [22]	2008	不清楚	否	否	是	是	不清楚	1
吴　笛 [23]	2008	不清楚	否	否	是	是	不清楚	1
武　慧 [24]	2008	随机数字表	否	否	是	是	不清楚	2
李树强 [25]	2009	随机数字表	否	否	是	是	不清楚	2
林　敏 [26]	2009	不清楚	否	否	是	是	不清楚	1
罗俊明 [27]	2009	不清楚	否	否	是	是	不清楚	1
夏　露 [28]	2009	不清楚	否	否	是	是	不清楚	1
杨国山 [29]	2009	不清楚	否	否	是	是	不清楚	1
杨新营 [30]	2009	不清楚	否	否	是	是	不清楚	1
张淑英 [31]	2009	不清楚	否	否	是	是	不清楚	1
韩　梅 [32]	2010	不清楚	否	否	是	是	不清楚	1
敬满芳 [33]	2010	不清楚	否	否	是	是	不清楚	1
李平端 [34]	2010	不清楚	否	否	是	是	不清楚	1
林　松 [35]	2010	不清楚	否	否	是	是	不清楚	1
浦明之 [36]	2010	不清楚	否	否	是	是	不清楚	1
邵世芳 [37]	2010	不清楚	否	否	是	是	不清楚	1
叶卫国 [38]	2010	不清楚	否	否	是	是	不清楚	1

表3　主要参数的贝叶斯估计

参数	均数（中位数）	标准差	95%可信区间
γ_1	1.077（1.077）	0.0913	（0.8977，1.255）
τ^2	0.0207（0.0302）	0.0092	（6.391E-4，0.1056）

前已有比较完善的统计分析方法，但在实践中很多临床结局采用有序分类尺度进行测量[10]，其结果常常为多分类且有序的等级资料，例如治疗效果的"治愈、显效、有效、无效"等。对于此类有序数据，经典的 Meta 分析方法较难处理[10]，而根据具有相当影响力的

Cochrane 手册处理方法，一是选取适当的切割点，将数据合并为二分类数据；二是通过计分转化为连续型数据[8]，可能不能全部利用资料的信息。需要关注的是，近年来日益受到重视的贝叶斯策略被应用于有序数据的 Meta 分析中。

本研究中，我们采用 Whitehead 等基于比例优势模型（proportional odds model）提出的混合效应 Meta 分析模型（mixed effect meta-analysis models）对数据进行分析，该模型具有两个水平：患者（水平 1）嵌套于研究（水平 2）中。与传统的贝叶斯分析明确给定带有主观意见的先验分布不同，该模型主要是利用贝叶斯框架实现似然分析，是基于效应模型给定先验分布。CMC 是一种通过构造马尔科夫链模拟参数的联合后验分布的贝叶斯计算方法，其中又以 Gibbs 抽样应用最为广泛[40]，而应用 WinBUGS 软件包，能大大提高 Gibbs 抽样的速度和效率，而且可以很方便地处理许多经典的 Meta 分析方法无法处理的模型[41]。我们的结果显示，最感兴趣的指标"试验组相对于对照组提高一个或一个以上更佳疗效"的 OR = $e^{1.077}$ = 2.936，表明相对于西药，中西医结合治疗咳嗽变异性哮喘疗效提高一个或一个更佳疗效等级以上的平均可能性增加 193.6%，提示中西医结合治疗获益。

本研究由于以下原因存在局限性，降低了本系统评价的临床实用价值，还需要以后进行多中心、大样本、高质量的随机对照试验，以得到更为可靠的证据。第一，纳入研究的方法学质量低下，虽然所有文献的摘要或正文中均提到随机，但大部分试验未描述具体的随机分配方法，而且所有试验均未通过分配隐藏来执行分配，必然会出现选择性偏倚；所有试验均未采用盲法，不可避免地存在实施偏倚和测量偏倚。第二，虽然无统计学意义的异质性，但由于纳入研究的中医证型不同、研究对象的差异、干预措施不一致、中药组方不完全相同、疗程不同等因素，可能存在临床异质性。第三，未详细报告药物不良反应。

对于未来的研究，我们认为要抓住随机对照设计的几个核心问题[42]。一是随机化，应详述随机分配序列的方法，注意随机方案的隐藏与实施等。二是盲法，由于中药特别是汤剂的安慰剂或模拟剂等的制备方法目前并不完善，使得盲法的实施较为困难，但对于胶囊制剂等仍应尽可能使用盲法，但应注意设盲方法及评价盲法是否成功。三是对照，应该以确实有效且规范的西医治疗方法为阳性对照组。四是样本量估计，应根据研究目的，试验前进行样本量估算，以便下结论时有一定的把握度，避免不必要的人力资源和经费的浪费。此外，还应提高随机对照试验报告的质量，特别是规范监测和报告中药不良反应。

参考文献

[1] Peter V. Chronic Cough Due to Asthma: ACCP Evidence-based Clinical Practice Guidelines [J]. Chest, 2006 (129).

[2] 中华医学会呼吸病学分会哮喘学组. 咳嗽的诊断与治疗指南（草案）[J]. 中华结核和呼吸杂志, 2005, 28 (11).

[3] 赖克方. 慢性咳嗽病因诊断程序 [J]. 中华结核和呼吸杂志, 2007, 30 (10).

[4] 母双. 咳嗽变异型哮喘 [J]. 中国临床医生杂志, 2007, 35 (1).

[5] Matsumoto H., Niimi A., Tskemura M., et al. Prognosis of Cough Variant Asthma: A Retrospective Analysis [J]. J Asthma, 2006 (43).

[6] 尹玉锑，张天嵩. 咳嗽变异型哮喘 [J]. 医学综述，1998，4（10）.

[7] 中华医学会呼吸病学分会哮喘学组. 支气管哮喘防治指南：支气管哮喘的定义、诊断、治疗、疗效判断标准及教育和管理方案 [J]. 中华结核和呼吸杂志，1997，20（5）.

[8] Higgins J.P.T., Green S. (editors). Cochrane Handbook for Systematic Reviews of Interventions Version 5.0.1 (Updated September 2008) [EB/OL]. The Cochrane Collaboration, 2008. Available from www.cochrane-handbook.org.

[9] Jadad A.R., Moore A., Carroll D., et al. Assessing the Quality of Reports of Randomized Clinical Trials: Is Blinding Necessary? [J]. Control Clin Trials, 1996, 17 (1).

[10] Whitehead A., Omar R.Z., Higgins J.P.T., et al. Meta-analysis of Ordinal Outcomes Using Individual Patient Data [J]. Statist Med, 2001, 20 (15).

[11] 邱志楠，喻清和. 天龙定喘汤治疗咳嗽变异性哮喘 168 例疗效观察 [J]. 中国中医急症，2004，13（2）.

[12] 刘新发，郝云霞，郭洁等. 中西医结合治疗咳嗽变异型哮喘 80 例临床观察 [J]. 四川中医，2006，24（9）.

[13] 朱金凤，陈梅玲，彭俊杰等. 固本平喘汤治疗咳嗽变异型哮喘的临床观察 [J]. 湖北中医杂志，2006，28（8）.

[14] 韩建东，王正椋，王珍红. 自拟宣肺止咳饮治疗咳嗽变异性哮喘 30 例 [J]. 实用中医内科杂志，2007，21（10）.

[15] 李德瑞. 中西医结合治疗咳嗽变异性哮喘 44 例临床观察 [J]. 山东医学高等专科学校学报，2007，29（2）.

[16] 史肃育，吴同启. 中西医结合治疗咳嗽变异性哮喘 40 例 [J]. 黑龙江中医药，2007，36（6）.

[17] 喻清和，邱志楠，潘素滢. 中西医结合治疗咳嗽变异型哮喘临床观察 [J]. 中国中医急症，2007，16（2）.

[18] 袁玉，魏文周，杨会双. 中西医结合治疗咳嗽变异性哮喘疗效观察 [J]. 河北中医，2007，29（7）.

[19] 霍会爱，杨质秀. 中西医结合治疗咳嗽变异性哮喘 32 例 [J]. 中医杂志，2008，49（2）.

[20] 姜水菊，徐丽娜，顾尔莉. 中西医结合治疗咳嗽变异性哮喘临床观察 [J]. 齐齐哈尔医学院学报，2008，29（20）.

[21] 李俊，胡家才. 中西医结合治疗咳嗽变异型哮喘 30 例 [J]. 实用中医药杂志，2008，24（11）.

[22] 孙保军. 中西医结合治疗咳嗽变异性哮喘 50 例 [J]. 中医研究，2008，21（10）.

[23] 吴笛，曾瑜，吴艳华等. 自拟咳变方结合西药治疗咳嗽变异性哮喘临床观察 [J]. 国际医药卫生导报，2008，14（14）.

[24] 武慧，张琳. 中西医并用治疗咳嗽变异性哮喘的临床研究 [J]. 北京中医药大学学报，2008，31（2）.

[25] 李树强. 华盖散治疗咳嗽变异型哮喘的临床疗效观察 [J]. 当代医学，2009，15（12）.

[26] 林敏，仇中叶，张桂才. 中西药联合治疗咳嗽变异性哮喘临床观察及护理 [J]. 齐鲁护理杂志，2009，15（12）.

[27] 罗俊明，高丽丽. 中西医结合治疗咳嗽变异性哮喘效果评价 [J]. 山东医药，2009，49（50）.

[28] 夏露. 止咳定喘汤治疗咳嗽变异性哮喘 60 例临床分析 [D]. 湖北中医学院硕士学位论文，2009.

[29] 杨国山，王淑琴. 中西医结合治疗咳嗽变异型哮喘 64 例疗效观察 [J]. 中国医学创新，2009，6

(26).

　　[30] 杨新营. 中西医结合治疗咳嗽变异性哮喘 48 例 [J]. 山西中医，2009，25（5）.

　　[31] 张淑英. 中西医结合治疗咳嗽变异性哮喘 30 例 [J]. 河北中医，2009，4（31）.

　　[32] 韩梅，杨林瀛，卢秋玲. 定喘汤加减联合西药治疗咳嗽变异型哮喘 33 例 [J]. 中国实验方剂杂志，2010，16（16）.

　　[33] 敬满芳，杜景芳，武洁. 中西医结合治疗咳嗽变异性哮喘 48 例临床观察 [J]. 四川中医，2010，28（6）.

　　[34] 李平端. 二陈汤和三拗汤加减治疗咳嗽变异型哮喘 50 例 [J]. 河北中医，2010，32（4）.

　　[35] 林松. 润肺止咳方治疗咳嗽变异性哮喘 30 例观察 [J]. 浙江中医杂志，2010，45（6）.

　　[36] 浦明之. 定喘汤合舒利迭治疗咳嗽变异性哮喘 50 例总结 [J]. 湖南中医杂志，2010，26（2）.

　　[37] 邵世芳. 中西医结合治疗咳嗽变异性哮喘 80 例 [J]. 河南中医，2010，30（4）.

　　[38] 叶卫国. 中西医结合治疗咳嗽变异型哮喘的临床分析 [J]. 中国实用医药，2010，5（3）.

　　[39] Huedo-Medina T.B., Sanchez-Meca J., Matin-Martinez F. Assessing Heterogeneity in Meta-analysis: Q and I² index? [J]. Psychoi Methods, 2006, 11（2）.

　　[40] 方积乾，陆盈. Meta 分析：现代医学统计学 [M]. 北京：人民卫生出版社，2002.

　　[41] 周旭毓，方积乾. Gibbs 抽样在 HBV、HCV 感染与肝癌关系的病例对照研究meta 分析中的应用 [J]. 中山医科大学学报，2002，23（3）.

　　[42] 张天嵩，张素，李秀娟等. 中西医结合治疗咳嗽变异性哮喘随机对照试验系统评价 [J]. 上海中医药杂志，2010，44（12）.

A Bayesian Meta-Analysis on Randomized Controlled Trials of Integrated Chinese-Western Therapy for Cough Variant Asthma

Zhang Tiansong[a,b]　　Li Xiujuan[a]　　Zhang Su[a]　　Wang Chengjie[c]

Pan Baofeng[a]　　Zhang Weiwei[a]　　Yang Kemin[a]

（a. Department of TCM；b. Department of Science & Education；c. Library,

Shanghai Jing'an District Central Hospital，Shanghai 200040）

Abstract： Objective　To evaluate the effect of integrated Chinese-western therapy for cough variant asthma （CVA）. Methods　The Cochrane Library （Issue 2，2011）, The MEDLINE （Ovid，1950-2011）, PubMed （1992-2011）, EMBASE （1966-2011）, SinoMed （1978.01 to 2011.02）, WANFANG database （1998-2011）, VIP （1989-2011）, CHKD （1994-2011） were searched，and relevant journals were searched by manual retrieval. Studies were selected and data were collected and the quality of included studies was assessed according to the principles of systematic reviews. Bayesian meta-analysis was performed using WinBUGS. Results 28 trials including 2226 patients were identified. All of the trials were not adequate in methodological quality. Meta-analysis showed that the OR of having a better response on the experimental treatment than on the control was 2.936 [95%CI (2.454, 3.508)]. Conclusion The results showed that the patients with CVA were benefited from integrated Chinese-western therapy, but more clinical trials of high methodological quality are needed to confirm this conclusion due to low quality of trials.

Key Words: Cough Variant Asthma; Integrated Chinese-western Therapy; Bayesian Meta-analysis

人口预测的随机方法：基于 Leslie 矩阵和 ARMA 模型 *

任强　　侯大道

（北京大学人口研究所，北京　100871）

摘要： 本文探讨了人口预测的一种随机方法。文章回顾了经典的 Leslie 矩阵并结合中国的人口统计数据，用时间序列的 ARMA 模型对未来的生育率、死亡率进行估计，并由此构造 Leslie 矩阵，经时间序列的数据中心化，根据自相关函数、偏自相关函数的截尾性或拖尾性，以及贝叶斯信息准则函数方法对模型定阶，实现对 ARMA 模型的识别。在中国人口预测方面的应用证明，基于 Leslie 矩阵和 ARMA 模型的人口随机预测方法是稳健的，具有很强的适用性。由于统计数据可获得性的局限，对模型做了不少假设和近似。随着人口数据的积累，未来将会在此方面有所改进。

关键词： 人口预测；Leslie 矩阵；ARMA 模型；随机模拟

一、前　言

在传统的人口队列—要素预测模型中，广泛使用的是通过生育率的高、中、低方案进行预测的方法。它们主要回答人口在生育、死亡和迁移参数的确定假定下"如果……那么……"这类问题（Lutz，1995）。它们不能告诉我们人口未来趋势发生可能性方面的有用信息，如中方案在某一时期发生的可能性如何？或者，中方案在一定条件下发生的范围有多大？而这些信息正是公众、政策制定者所需要的。虽然此类模型较为简单，操作方便，但是随着人口预测技术和计算机仿真技术的不断发展，对该模型的批评也日益增多，主要集中在：第一，它只对生育率做出了高、中、低三种估计，而较少考虑死亡率的波动；第

---

* 本文选自《人口研究》2011 年第 2 期。作者简介：任强，北京大学人口研究所副教授；侯大道，北京大学数学科学学院本科生，现为香港中文大学社会学系硕士研究生。

二，它假设了一个统一的人口变化趋势，而没有对变异性（variation）进行考察（Lutz 和 Scherbov，1998）；第三，对于诸多不确定性事件，以及不准确数据难以操作，尤其是对起始人口数据质量存在问题的人口（任强等，2008）。

Lutz 和 Sanderson 等人创建的随机模型，是改进高—中—低模型的一种重要而行之有效的方法。这个新方法通过对历史数据的考察，拟合出带有随机项的平稳时间序列，进而对未来的各变量进行估计，实现了有针对性的概率人口预测，得到的结论更为丰富，也更有价值（Lutz，1995；Lutz 等，1997，1998，2001；Lutz 和 Scherbov，1998；Sanderson 等，2004）。其基本模型如下：

设 ν_t 是 t 时刻的某人口变量，将 ν_t 分解为两部分：$\nu_t = \bar{\nu}_t + \varepsilon_t$，其中 $\bar{\nu}_t$ 是 t 时间该变量的均值，由专家意见（expertopinion）确定；ε_t 为随机项（离差）。

ε_t 是本模型重点关注的变项，表示不确定性。首先考虑一个 1 步自回归模型（Auto-regression Model，AR）AR(1)——各 ε_t 有直观意义上的自相关性，采用自回归模型是自然的，即 ε_t 只与 ε_{t-1} 相关，与 ε_{t-2}、ε_{t-3} 等无关，其表达式为 $\varepsilon_t = \alpha \cdot \varepsilon_{t-1} + u_t$，其中 u_t 服从零均值正态分布。我们同时考虑一个 q 步滑动平均模型（Moving Average Model，MA）MA(q)：$\varepsilon_t = \sum_{i=1}^{q} \alpha_i \cdot u_{t-i}$，$u_{t-i}$ 同样服从零均值正态分布，系数 $\alpha_i = \dfrac{\sigma(\varepsilon_t)}{\sqrt{q+1}}$ 与 i 无关，旨在满足事先设定的标准差 $\sigma(\varepsilon_t)$。Lutz 等（2001）采用了后者，他们认为首先在理论上，两者并无优劣之分；其次，利用两种模型产生的 ε_t 进行预测并无显著区别。

在选择模型参数时，还要考虑以下两类相关关系：生育变量和死亡变量的相关性——生育率下降伴随着平均预期寿命的上升，各变量在时间序列中的自相关性。Lutz 等（2001）否定了总和生育率（TFR）与平均预期寿命相关的假设，即将两者的相关系数设为 0，将 MA(q) 模型中的项数设为 31，即采用 MA（30）模型。[①]

Lutz 等（2001）同时指出，基线数据的误差是所有预测误差的重要部分。尤其对中国人口数据而言，人口普查公布的数据与实际出入较大，对基线数据存在许多相去甚远的估计（任强等，2008）。不过本文的重点是随机模型的建立，模型本身的有效性并不受到基线数据误差的影响。

与 Lutz 等（2001）不同的是，我们并无足够长时间序列的中国人口历史数据，也没有足够可信的专家预测，因此，我们在 Lutz 的一些基本思想和结论上，重点借助更偏数学理论的模型进行参数拟合，即不受数据质量、主观意见等的影响，并且对参数不做过多的假设，基本上是基于"客观的"人口数据，数据来源是诸如统计年鉴、人口普查数据集等数据（国家统计局，1995~2000 年；国家统计局人口统计司，1995~2000 年），提出一个用最基本的人口学方法，通过生育率、死亡率和出生性别比构建双性别 Leslie 转移矩阵，同时

---

① 这里取 31 基本上是一个经验值。Lutz 等（2001）对 21、31、41 做了一些比较，并指出 31 比较接近于一代间隔（generation），也是其中的一个原因。

通过时间序列方法得到各人口变量的 $\bar{\nu}_t$ 和 ε_t，进行随机人口预测的方法。如果有较长时间序列的数据和可靠的专家预测，可以用同样的方法得到模型中各元素，进而得到更精准的、符合实际的预测结果。与传统的高—中—低模型相比，我们的方法最显著的改进是添加了随机项（不仅对生育率，而且也对死亡率），从而可以得出人口预测的置信区间。

值得指出的是，早在 1968 年，Keyfitz 即提出了人口预测的基本数学方法，此后 Lee 等人亦构建了人口预测的概率模型，尤其对死亡率的波动做了细致的研究（Lee 和 Carter，1992；Lee 和 Tuljapurkar，1994）。但考虑到其模型的构建基于许多先验的判断，我们没有过多地参考该模型的细节。

二、转移方程：Leslie 矩阵

在实际的人口预测模型操作中，需要一种方法将模型得到的生育、死亡变量植入到人口总量（或者某个子人口）的变化中去。在本文中，我们仍通过经典的 Leslie 矩阵进行预测建模。这个方法是普适的：将某一年的年龄别人口视为一个列向量，通过年龄别生育率、死亡率构建一个转移矩阵，左乘前述的列向量，得到新的列向量即是预测的人口。严格来说，Leslie 矩阵是通过生命表的各函数构造的（Keyfitz 和 Caswell，2005）。如果缺乏模型生命表系统，可以通过公布的统计数据（主要是人口普查和人口抽样调查的数据）构建一个近似的 Leslie 矩阵。

（一）构建单性别的 Leslie 矩阵

我们先考察女性单性别模型，然后再扩展到双性别模型。假设有 18 个年龄分组，即 0~85 岁及其以上，年龄间隔为 5 岁。

初始人口 $P^{(0)}$ 为：

$$P^{(0)} = ({}_5P_0,\ {}_5P_5,\ \cdots,\ {}_5P_{80},\ {}_5P_{85+})'$$

有 18 个元素，分别对应 0~85 岁的 17 个 5 岁年龄组，加上 85 岁及其以上的 1 个开放年龄组，共计 18 个年龄组。上标的（0）表示的是预测起点，下文上标的（n）表示的是 n（在本文中是 5 的倍数）年后的预测结果。向量前 17 个元素 ${}_5P_x$，是指确切年龄（x，x + 5）的人口数，最后一个元素是 85 岁及其以上年龄组的人口数。下述变量也有两个意义类似的下标。

存活矩阵 S 是一个 18 × 18 的方阵：

$$S = \begin{vmatrix} 0 & \cdots & \cdots & \cdots & \cdots & 0 \\ {}_5s_0 & & & & & \\ & {}_5s_5 & & & & \\ & & \ddots & & & \\ & & & \ddots & & \\ & & & & {}_5s_{80} & s_{85+} \end{vmatrix}$$

各元素是相应年龄组的存活率。显然，$SP^{(0)}$ 就是 5 年后该初始人口仍然存活着的人口列向量。请注意，得到的列向量第一个元素是 0，最后一个元素是由两项相加的。

除了与死亡相关的 S 矩阵，我们还需要另一个出生矩阵 B：

$$B = \begin{vmatrix} b_0 & \cdots & b_{85+} \\ 0 & \cdots & 0 \\ \vdots & \ddots & \vdots \\ 0 & \cdots & 0 \end{vmatrix}$$

它也是一个 18×18 的矩阵，除了第一行 $\{b_0,\ b_5,\ b_{10},\ \cdots,\ b_{80},\ b_{85+}\}$，其余元素均为 0，第一行中也只有第 4 到第 10 个元素为非 0，即它们对应的是 15~49 岁育龄妇女组成的 7 个 5 岁年龄组。这些非 0 项在后面将再讨论。

Leslie 矩阵 $M = S + B$。M 的形式如下所示：

$$M = \begin{vmatrix} b_0 & \cdots & \cdots & \cdots & \cdots & b_{85+} \\ {}_5s_0 & & & & & \\ & {}_5s_5 & & & & \\ & & \ddots & & & \\ & & & \ddots & & \\ & & & & {}_5s_{80} & s_{85+} \end{vmatrix}$$

5 年期的人口预测即可表示为：

$$P^{(5)} = MP^{(0)}$$

我们把 M 也附上一个上标，则上式可以改写为通式：

$$P^{(n+5)} = M^{(n+5)}P^{(n)}$$

这里，$P^{(n+5)}$ 为 $n + 5$ 年后的人口数，$M^{(n+5)}$ 是 5 年期间的 Leslie 转移矩阵，P^n 为第 n 年的人口数。

（二）扩展为双性别模型

在单性别模型的基础上，将此矩阵扩展为双性别的。首先将这个扩大后的 36×36 矩阵写出来，然后再给出相应的解释：

$$
M = \left[
\begin{array}{cccccc|cccccc}
b_0 & \cdots & \cdots & \cdots & \cdots & b_{85+} & 0 & 0 & \cdots & \cdots & \cdots & 0 \\
{}_5s_0 & & & & & & 0 & 0 & \cdots & \cdots & \cdots & 0 \\
& {}_5s_5 & & & & & 0 & 0 & \cdots & \cdots & \cdots & 0 \\
& & \ddots & & & & \vdots & \vdots & & & & \vdots \\
& & & \ddots & & & \vdots & \vdots & & & & \vdots \\
& & & & {}_5s_{80} & s_{85+} & \vdots & \vdots & & & & \vdots \\
\hline
b_0^* & \cdots & \cdots & \cdots & \cdots & b_{85+}^* & 0 & \cdots & \cdots & \cdots & \cdots & 0 \\
0 & 0 & 0 & 0 & 0 & 0 & {}_5s_0^* & & & & & \\
\vdots & \vdots & \vdots & \vdots & \vdots & \vdots & & {}_5s_5^* & & & & \\
\vdots & \vdots & \vdots & \vdots & \vdots & \vdots & & & \ddots & & & \\
\vdots & \vdots & \vdots & \vdots & \vdots & \vdots & & & & \ddots & & \\
\vdots & \vdots & \vdots & \vdots & \vdots & \vdots & & & & & {}_5s_{80}^* & s_{85+}^*
\end{array}
\right]
$$

同时，将 $P^{(0)}$ 改写成双性别的，其中星号代表的是男性人口的相应变量：

$$P^{(0)} = ({}_5P_0,\ {}_5P_5,\ \cdots,\ P_{85+},\ {}_5P_0^*,\ {}_5P_5^*,\ \cdots,\ P_{85+}^*)'$$

很显然，大矩阵 M 是由 4 个 18×18 的子矩阵构成的。左上角的子矩阵即是女性单性别的 Leslie 矩阵。左下角子矩阵第一行各元素与左上角子矩阵第一行各元素是相对应的，将在后面予以详细讨论。

那么，在已经改写为双性别模型的公式 $P^{(n+5)} = M^{(n+5)}P^{(n)}$ 里，大矩阵 M 的第 19 行与 $P^{(n)}$ 相乘，得到的是第 19 个元素，也就是 5 年后男性人口中 0~4 岁年龄组的人口，其他年龄以此类推。

最后，右上角是零矩阵，右下角的子矩阵是男性单性别的存活矩阵。这样，双性别模型的结构含义就非常简单、清楚了。

（三）矩阵中的各元素

首先来看存活矩阵。对一个 5 年期内的 5 岁年龄组，可以得到年龄组（x，x + 5）的 5 个死亡率预测值，记为 q_{x1}，$\cdots$，q_{x5}，用 $\exp\left(-\sum_{i=1}^{5} q_{xi}\right)$ 作为 5 年期存活率的预测（Keyfitz 和 Caswell，2005），其中 x 是指年龄组。我们在这里其实假设了年龄组的所有人口都集中在该年龄组的左端点，这是针对年鉴数据所作的一个近似。这样就得到了存活矩阵中 ${}_5s_0$，$\cdots$，${}_5s_{80}$ 和 s_{85+} 的指数式表达，也类似地得到男性人口相应的带星变量。

再看出生矩阵。与存活矩阵相似，也在类似的假设上用一个指数式来描述生育率。得到的是（x，x + 5）年龄组的 5 个生育率的预测，记为 f_{x1}，$\cdots$，f_{x5}，用 $\exp\left(\sum_{i=1}^{5} f_{xi}\right) - 1$ 作为 5 年期生育率的预测。特别要注意的是，统计数据中给出的年龄别生育率是不分出生人口的性别的，换言之，这里得到的 $\exp\left(\sum_{i=1}^{5} f_{xi}\right) - 1$ 实际上是双性别的加总。我们将通过出生性别比 s 把两者分离开来。另外，此处感兴趣的是 0~4 岁年龄组的存活人口数，所以还需要乘以一个 0~4 岁年龄组的存活率 $_5s_0$ 和 $_5s_0^*$。因此，实际上是通过下面的公式得到出生矩阵中的非 0 元素：

$$\begin{cases} b_x = \dfrac{100}{100 + s}\left(\exp\left(\sum_{i=1}^{5} f_{xi}\right) - 1\right) \cdot {}_5s_0 \\[3mm] b_x^* = \dfrac{s}{100 + s}\left(\exp\left(\sum_{i=1}^{5} f_{xi}\right) - 1\right) \cdot {}_5s_0^* \end{cases}$$

其中，x = 15，20，…，45。

三、时间序列模型及其识别与定阶

将时间序列模型的选择限定在自回归滑动平均模型（Autoregressive Moving Average，ARMA）及其退化形式，即 AR(p) 和 MA(q)。我们首先将时间序列的数据中心化，再根据自相关函数、偏自相关函数的截尾性（cut-off）或拖尾性（tail-off），以及贝叶斯信息准则函数（Bayesian Information Criterion，BIC）方法予以定阶（何书元，2003；Box 等，1994）。

（一）ARMA 模型

下文使用的都是中心化后的 ARMA 模型，利用向后推移算子 B，中心化 ARMA(p, q) 可简记为：

$\Phi(B)X_t = \Theta(B)\varepsilon_t$

其中，$\Phi(B) = 1 - \varphi_1 B - \varphi_2 B^2 - \cdots - \varphi_p B^p$，是 p 阶自回归系数多项式，即 AR 部分；$\Theta(B) = 1 - \theta_1 B - \theta_2 B^2 - \cdots - \theta_q B^q$，是 q 阶滑动平均系数多项式，即 MA 部分。

作为 ARMA(p, q) 的退化形式，中心化 AR(p)（自回归）模型可简记为 $\Phi(B)X_t = \varepsilon_t$，$\Phi(B)$ 的定义同上；中心化 MA(q)（滑动平均）模型可简记为 $X_t = \Theta(B)\varepsilon_t$，$\Theta(B)$ 的定义同上。$\Phi(B)$ 和 $\Theta(B)$ 的表达法在统计软件的计算过程中，尤其在模型识别和定阶中较为常见和重要，下文将有所述及。

（二）零均值检验与中心化

对于历年（时间序列）的人口参数数据，如历年的年龄别生育率、粗死亡率和分性别年龄别死亡率等，假如用矩阵或交叉表形式表示，其列是年份，行是年龄组，则可以将每一行视为一个时间序列，即这些参数的每个年龄组都呈一个时间序列。显然，这些序列本身并非零均值。可以通过单总体 t 检验是否服从零均值假设，如果 p 值统计上显著（事实上所有序列的 p 值都是 0.0000），那么否定零均值假设。因此，对每一个时间序列 $\{X_t\}$ 进行中心化的过程，即是构造相应的时间序列 $\{X_t - \bar{X}_t\}$。

（三）模型的识别和定阶

根据平稳序列（Stationary Time Series）的理论（何书元，2003；Box 等，1994），AR(p) 模型的自相关函数是拖尾的、偏自相关函数是 p 步截尾的；MA(q) 模型的自相关函数是 q 步截尾的、偏自相关函数是拖尾的；不退化的 ARMA(p，q) 模型则是两者都拖尾。不过，如果时间序列的长度过短，仅用这些数据来计算自相关系数和偏自相关系数并不可行。

表 1　1983~2000 年中国人口粗死亡率

单位：‰

年份	死亡率
1983	6.73
1984	5.8
1985	6.64
1986	7.28
1987	7.07
1988	6.04
1989	5.70
1990	6.96
1991	6.54
1992	6.88
1993	6.76
1994	6.67
1995	6.47
1996	6.76
1997	6.65
1998	6.12
1999	6.27
2000	6.29

先以死亡率为例。数据如表 1 所示。考虑采用以下方法，即采用 1983~2000 年 18 个死亡率的数据，[1] 中心化后予以定阶。

相对而言，这个时间序列较长，可以用来模型识别和定阶。通过计算前几个自相关系

---

[1] 1983 年开始的人口抽样调查才有总人口的死亡率数据。

数和偏自相关系数，[①] 发现两者均无明显的截尾性，也就是说，我们应该考虑不退化的 ARMA(p，q) 模型。然后，我们直接采用 BIC 方法来给模型定阶。该方法的基本思想是从似然函数和未知参数个数两方面去衡量模型的优劣：似然函数值越大，拟合效果越好；未知参数越多，模型越灵活，但参数估计的精度也越差，模型的稳健性也越差。所以，一个好的模型要权衡两方面的因素。BIC 则是通过构造两者的加权函数来找到最优阶数的：使 BIC 准则函数取到最小值的数，对 (p，q) 即是最优阶数。ARMA(p，q) 模型对应的 BIC 准则函数是：[②]

$$BIC(p，q) = \ln \hat{\sigma}_\varepsilon^2(p，q) + \frac{p+q}{N}\ln N$$

例如，在模型操作中，将 ARMA(p，q) 中 p 和 q 的最大值均设为 3，可以得到 p = 3，q = 2 时，BIC 准则函数达到最小值。换言之，我们应该选用 ARMA(p，q) 模型来拟合表 1 中的死亡率数据。

再来看生育率。与死亡率的情况不同，统计数据并没有为我们提供足够长的时间序列，以保证通过自相关系数、偏自相关系数或者 BIC 准则函数来识别模型。[③] 但是，从人口学的角度来考虑，死亡率的模型同时具有自回归部分和滑动平均部分是合理的，因为死亡率一方面是连续的（自回归），另一方面也受突发灾害、疾病传播等一些不确定因素的影响（滑动平均）。我们以类似的思路考虑生育率，可以认为基本上只需考虑连续的（自回归）部分，即采用 AR(p) 模型。实际上，比较试验结果，用 MA(q) 模型来预测时生育率偏高，用 AR(p) 模型则较低，后者更符合实际情况。在对 AR(p) 模型定阶时，我们仍然将 p 值限定得较小：p = 2，即选用 AR(2) 模型。因为，一方面只有 7 个已知数据，定阶不可能超过 3 或 4；另一方面是偏相关系数到 2 时的截尾性已经比较明显了。

至于出生性别比，本文将其视为一个常量：s = 112。一方面是近几年的数据基本上没有明显的改善，在各种预测中也认为不会有明显的变化；另一方面也是为模型方便起见，如果 s 再有一个时间序列的话可能导致模型不稳定。

---

① 自相关系数和偏自相关系数有 1 阶、2 阶……如果从 p 阶开始基本上就是 0 了，就叫 p 步截尾，基本上只看前几个，如果不够小，就是不截尾。

② BIC 准则函数的写法并不统一。样本量 N 在有些写法中出现在分子上，有些则出现在分母上；p + q 有时也写成 p + q + 1，不过这并不影响定阶的结果。

③ Coale 等 (1991) 根据普查数据提供了一个回顾性生育率的估计，但考虑到数据来源的一致性，我们仍然采用现有的统计年鉴数据。实际上，通过类似于死亡率的 ARMA 模型识别过程，若有质量较好、序列较长的数据，可以很方便地得到合适的 p 和 q。

四、以中国人口数据为例

（一）数据和模拟的基本步骤

为了检验随机人口预测模型的可行性和稳健性，下面以中国人口数据为例加以具体应用。数据来源是人口普查的公报数据和历年统计年鉴的数据。[①] 公开的统计数据的质量问题、对统计数据的修正等，均不属于本文讨论的范畴。

选取 2000 年第五次全国人口普查的数据作为基线年龄别人口 $P^{(0)}$。2000 年 5 岁组分性别的年龄别人口如表 2 所示：

表 2　2000 年中国男性和女性不同年龄组人口数

单位：人

年龄组	男性	女性	年龄组	男性	女性
0~4	37648694	31329680	45~49	43939603	41581442
5~9	48303208	41849379	50~54	32804125	30500075
10~14	65344739	60051894	55~59	24061506	22308869
15~19	52878170	50152995	60~64	21674478	20029370
20~24	47937766	46635408	65~69	17549348	17231112
25~29	60230758	57371507	70~74	12436154	13137995
30~34	65360456	61953842	75~79	7175811	8752519
35~39	56141391	53005904	80~84	3203868	4785290
40~44	42243187	38999758	85+	1342707	2659218

对于生育率、死亡率、出生性别比等人口参数，我们采用时间序列方法予以估计。其基本思路是：通过 2000 年以及之前年份的相应数据，拟合出分性别的、各年龄组的时间序列模型，然后构造 Leslie 转移矩阵 $M^{(n)}$。所用到的生育率、死亡率、出生性别比数据分别见附表 1~附表 4。

根据以上随机模型的构造思路，我们可以通过以下 5 个步骤完成模拟：

第一步，用函数模拟生成 43 个白噪声序列 $\{\varepsilon_i\}$（7 个年龄组的生育率，18 个男性年龄组死亡率，18 个女性年龄组死亡率），并估计出标准差 σ。

第二步，根据估计出来的时间序列模型表达式和第一步得到的白噪声序列，递推地生成 43 个中心化的 $\{X_i\}$。

第三步，将 $\{X_i\}$ 的各项加回各自的均值，生成 43 个去中心化的时间序列，作为生育

[①] 只选用了 1994 年以后数据的原因是此前的统计年鉴数据没有年龄别数据。

率、死亡率的预测。

第四步，根据上面的估计方程式得到矩阵的各元素，进而得到 $M^{(5)}$, $M^{(10)}$, …, $M^{(50)}$ 共计 10 个 Leslie 矩阵。

第五步，由 $P^{(50)} = M^{(50)}M^{(45)}\cdots M^{(5)}P^{(0)}$ 得到 50 年期的预测人口列向量 $P^{(50)}$，同理可得 5，10，…，45 年期的预测 $P^{(5)}$，$P^{(10)}$，…，$P^{(45)}$。

（二）时间序列的预测

这里，我们粗略地认为，分性别的年龄别数据的拟合也应该选用 ARMA（3，2）模型。以男性 60~64 岁年龄组的死亡率为例，中心化后的时间序列，即相应的时间序列 $\{X_t - \bar{X_t}\}$，是 $\{2.472, 1.135, -0.086, 2.342, -2.668, -0.788, -2.408\}$。采用条件最小二乘法（Conditional Least Square，CLS）估计，得到 Φ（B）和 Θ（B）的表达式，同时得到白噪声序列 $\{\varepsilon_i\}$ 的方差 σ^2 的估计（即得到 σ 的估计）。这个 ARMA（3，2）模型写成数学表达式就是：

$$X_t + 0.39187X_{t-1} + 0.94718X_{t-2} - 0.10552X_{t-3} = \varepsilon_t + 0.40024\varepsilon_{t-1} + 0.95655\varepsilon_{t-2}$$

再看生育率 AR（2）的模型。以 20~24 岁年龄组为例，中心化后的时间序列 $\{X_t - \bar{X_t}\}$ 是 $\{3.439, 18.554, 27.469, -6.191, -8.741, -13.511, -21.021\}$。采用条件最小二乘法估计，得到 Φ(B) 的表达式，则 AR（2）模型写成数学表达式为：

$$X_t - 0.77228X_{t-1} + 0.3505X_{t-2} = \varepsilon_t$$

最终我们得到除出生性别比之外的 43 个时间序列对应的 ARMA（3，2）或 AR（2）模型，如表 3 所示：

表 3　中心化后的 43 个时间序列模型表达式

年龄组	中心化后的时间序列模型	σ 的估计
	育龄妇女年龄别生育率	
15~19	$X_t = 0.04711X_{t-1} - 0.20118X_{t-2} + \varepsilon_t$	3.576324
20~24	$X_t = 0.77228X_{t-1} - 0.3505X_{t-2} + \varepsilon_t$	17.24744
25~29	$X_t = -0.68792X_{t-1} - 0.30576X_{t-2} + \varepsilon_t$	21.45179
30~34	$X_t = -0.13933X_{t-1} - 0.4934X_{t-2} + \varepsilon_t$	6.338196
35~39	$X_t = -0.14477X_{t-1} - 0.31814X_{t-2} + \varepsilon_t$	1.667515
40~44	$X_t = -0.00164X_{t-1} - 0.00251X_{t-2} + \varepsilon_t$	0.858467
45~49	$X_t = -0.16045X_{t-1} - 0.28643X_{t-2} + \varepsilon_t$	0.291106
	男性年龄别死亡率	
0~4	$X_t = -0.39187X_{t-1} - 0.94718X_{t-2} + 0.10552X_{t-3} + \varepsilon_t + 0.40024\varepsilon_{t-1} + 0.95655\varepsilon_{t-2}$	2.266692
5~9	$X_t = 0.29012X_{t-1} - 1.00851X_{t-2} + 0.03375X_{t-3} + \varepsilon_t - 0.35512\varepsilon_{t-1} + 0.97005\varepsilon_{t-2}$	0.423893
10~14	$X_t = -0.65153X_{t-1} + 0.36116X_{t-2} + 0.06655X_{t-3} + \varepsilon_t + 0.64689\varepsilon_{t-1} - 0.35277\varepsilon_{t-2}$	0.324385
15~19	$X_t = -0.44568X_{t-1} + 0.52681X_{t-2} + 0.13859X_{t-3} + \varepsilon_t + 0.43999\varepsilon_{t-1} - 0.55995\varepsilon_{t-2}$	0.590224
20~24	$X_t = -0.6109X_{t-1} - 1.01013X_{t-2} - 0.01766X_{t-3} + \varepsilon_t + 0.50401\varepsilon_{t-1} + 0.89282\varepsilon_{t-2}$	0.433946
25~29	$X_t = -1.05601X_{t-1} - 0.94482X_{t-2} + 0.04987X_{t-3} + \varepsilon_t + 1.04163\varepsilon_{t-1} + 0.85008\varepsilon_{t-2}$	0.320803
30~34	$X_t = 0.1957X_{t-1} - 1.00009X_{t-2} + 0.00089X_{t-3} + \varepsilon_t - 0.28242\varepsilon_{t-1} + 0.96567\varepsilon_{t-2}$	0.420051

年龄组	中心化后的时间序列模型	σ 的估计
	男性年龄别死亡率	
35~39	$X_t = -1.21896X_{t-1} - 0.97136X_{t-2} + 0.023X_{t-3} + \varepsilon_t + 1.20388\varepsilon_{t-1} + 0.93828\varepsilon_{t-2}$	0.666538
40~44	$X_t = -1.04512X_{t-1} - 1.09638X_{t-2} - 0.81344X_{t-3} + \varepsilon_t + 0.45027\varepsilon_{t-1} + 0.47633\varepsilon_{t-2}$	0.423752
45~49	$X_t = -0.47148X_{t-1} - 0.95891X_{t-2} + 0.07492X_{t-3} + \varepsilon_t + 0.48551\varepsilon_{t-1} + 0.92399\varepsilon_{t-2}$	0.629050
50~54	$X_t = -0.356X_{t-1} + 0.62676X_{t-2} + 0.10531X_{t-3} + \varepsilon_t + 0.35337\varepsilon_{t-1} - 0.64568\varepsilon_{t-2}$	2.225718
55~59	$X_t = -0.35671X_{t-1} + 0.56585X_{t-2} + 0.02209X_{t-3} + \varepsilon_t + 0.39336\varepsilon_{t-1} - 0.60654\varepsilon_{t-2}$	3.167198
60~64	$X_t = -0.05897X_{t-1} - 0.98583X_{t-2} + 0.04731X_{t-3} + \varepsilon_t + 0.01654\varepsilon_{t-1} + 0.99981\varepsilon_{t-2}$	5.106000
65~69	$X_t = -0.53023X_{t-1} + 0.41575X_{t-2} + 0.13495X_{t-3} + \varepsilon_t + 0.5439\varepsilon_{t-1} - 0.45605\varepsilon_{t-2}$	4.625797
70~74	$X_t = 0.16217X_{t-1} - 1.0051X_{t-2} + 0.05081X_{t-3} + \varepsilon_t - 0.1589\varepsilon_{t-1} + 0.99199\varepsilon_{t-2}$	8.550050
75~79	$X_t = 0.3207X_{t-1} - 1.0151X_{t-2} + 0.05979X_{t-3} + \varepsilon_t - 0.31924\varepsilon_{t-1} + 0.99783\varepsilon_{t-2}$	10.63119
80~84	$X_t = -0.57663X_{t-1} + 0.36436X_{t-2} - 0.01347X_{t-3} + \varepsilon_t + 0.52731\varepsilon_{t-1} - 0.47197\varepsilon_{t-2}$	10.00374
85+	$X_t = -1.47882X_{t-1} - 0.80206X_{t-2} + 0.12319X_{t-3} + \varepsilon_t + 1.46758\varepsilon_{t-1} + 0.82867\varepsilon_{t-2}$	37.98631
	女性年龄别死亡率	
0~4	$X_t = 1.07077X_{t-1} - 0.25563X_{t-2} + 0.15253X_{t-3} + \varepsilon_t - 1.11017\varepsilon_{t-1} + 0.11033\varepsilon_{t-2}$	2.335377
5~9	$X_t = -1.71325X_{t-1} - 1.04568X_{t-2} - 0.02711X_{t-3} + \varepsilon_t + 1.67288\varepsilon_{t-1} + 0.92123\varepsilon_{t-2}$	0.236040
10~14	$X_t = 0.07184X_{t-1} - 0.87073X_{t-2} + 0.16268X_{t-3} + \varepsilon_t - 0.03449\varepsilon_{t-1} + \varepsilon_{t-2}$	0.443915
15~19	$X_t = -0.46567X_{t-1} + 0.48809X_{t-2} - 0.00484X_{t-3} + \varepsilon_t + 0.41326\varepsilon_{t-1} - 0.5865\varepsilon_{t-2}$	0.355628
20~24	$X_t = -0.05256X_{t-1} - 0.99301X_{t-2} + 0.06072X_{t-3} + \varepsilon_t + 0.05486\varepsilon_{t-1} + 0.94889\varepsilon_{t-2}$	0.555723
25~29	$X_t = -0.15091X_{t-1} - 0.98649X_{t-2} + 0.06295X_{t-3} + \varepsilon_t + 0.15111\varepsilon_{t-1} + 0.96583\varepsilon_{t-2}$	0.446925
30~34	$X_t = -0.67071X_{t-1} - 0.93478X_{t-2} + 0.08613X_{t-3} + \varepsilon_t + 0.69432\varepsilon_{t-1} + 0.88417\varepsilon_{t-2}$	0.261016
35~39	$X_t = -0.6014X_{t-1} + 0.40249X_{t-2} + 0.05128X_{t-3} + \varepsilon_t + 0.59959\varepsilon_{t-1} - 0.40029\varepsilon_{t-2}$	0.492782
40~44	$X_t = -0.15564X_{t-1} - 0.98933X_{t-2} + 0.05089X_{t-3} + \varepsilon_t + 0.16089\varepsilon_{t-1} + 0.95361\varepsilon_{t-2}$	0.643613
45~49	$X_t = 0.48937X_{t-1} - 1.01818X_{t-2} + 0.06886X_{t-3} + \varepsilon_t - 0.48263\varepsilon_{t-1} + 0.99936\varepsilon_{t-2}$	0.529840
50~54	$X_t = -1.31814X_{t-1} - 0.90498X_{t-2} + 0.06837X_{t-3} + \varepsilon_t + 1.32575\varepsilon_{t-1} + 0.90576\varepsilon_{t-2}$	1.606530
55~59	$X_t = -1.22569X_{t-1} - 0.20316X_{t-2} + 0.07017X_{t-3} + \varepsilon_t + 1.17973\varepsilon_{t-1} + 0.17982\varepsilon_{t-2}$	1.650849
60~64	$X_t = -0.64003X_{t-1} - 0.97161X_{t-2} + 0.04107X_{t-3} + \varepsilon_t + 0.63333\varepsilon_{t-1} + 0.99839\varepsilon_{t-2}$	1.729394
65~69	$X_t = 0.19912X_{t-1} + 0.75894X_{t-2} + 0.04154X_{t-3} + \varepsilon_t - 0.20046\varepsilon_{t-1} - 0.74942\varepsilon_{t-2}$	3.251322
70~74	$X_t = -0.36931X_{t-1} - 0.98107X_{t-2} + 0.04517X_{t-3} + \varepsilon_t + 0.33485\varepsilon_{t-1} + 0.96201\varepsilon_{t-2}$	7.331068
75~79	$X_t = -0.14553X_{t-1} - 0.98852X_{t-2} + 0.01224X_{t-3} + \varepsilon_t + 0.1299\varepsilon_{t-1} + 0.99986\varepsilon_{t-2}$	12.20945
80~84	$X_t = -1.586X_{t-1} - 0.75729X_{t-2} + 0.14057X_{t-3} + \varepsilon_t + 1.75358\varepsilon_{t-1} + 0.87527\varepsilon_{t-2}$	17.37374
85+	$X_t = -0.6868X_{t-1} - 0.98197X_{t-2} + 0.02478X_{t-3} + \varepsilon_t + 0.67719\varepsilon_{t-1} + 0.94081\varepsilon_{t-2}$	27.56909

（三）模拟算法

我们从时间序列模型的确认回到 Leslie 矩阵，来看如何得到具体的 $M^{(n)}$。

在存活矩阵部分，我们需要 $S.$ 的预测。在矩阵元素的估计部分，我们用 $\exp(-\sum_{i=1}^{5} q_{xi})$ 作为 $(x, x+5)$ 年龄组的 ${}_5s_x$ 的估计。仍以男性 60~64 岁年龄组为例，表 3 中得到的中心化后的死亡率的 ARMA(3, 2) 模型表达是：

$$X_t = -0.05897X_{t-1} - 0.98583X_{t-2} + 0.04731X_{t-3} + \varepsilon_t + 0.01654\varepsilon_{t-1} + 0.99981\varepsilon_{t-2}$$

其中，$\varepsilon_t \sim N(0, 5.106^2)$。对于这个时间序列 $\{X_i\}$，$i = 1, 2, \cdots, 57$，我们已知的是前 7 个值：[①]$\{2.472, 1.135, -0.086, 2.342, -2.668, -0.788, -2.408\}$，并可以生成 $\{\varepsilon_i\}$。要预测后 50 个值，我们用这样的方法递推地生成一个 $\{X_i\}$ 序列：

$$\begin{cases} X_8 = -0.05897X_7 - 0.98583X_6 + 0.04731X_5 + \varepsilon_8 + 0.01654\varepsilon_7 + 0.99981\varepsilon_6 \\ X_9 = -0.05897X_8 - 0.98583X_7 + 0.04731X_6 + \varepsilon_9 + 0.01654\varepsilon_8 + 0.99981\varepsilon_7 \\ \vdots \\ X_{57} = -0.05897X_{56} - 0.98583X_{55} + 0.04731X_{54} + \varepsilon_{57} + 0.01654\varepsilon_{56} + 0.99981\varepsilon_{55} \end{cases}$$

这些算式与 Lutz 等（2001）使用 $\nu_t = \bar{\nu}_t + \varepsilon_t$ 的思想是一致的：每一个算式里，前半部分（3 个 $\{X_i\}$ 项）即可认为组成了 $\bar{\nu}_t$，而后半部分（3 个 $\{\varepsilon_i\}$ 项）则组成了 ε_t。

据此，$_5s_x$（实际上是共计 10 个 $_5s_x^{(t-2)}$，上标 $(t-2)$ 指示预测时间）的估计即是：

$$\exp\left(-\sum_{i=1}^{5} q_{xi}\right) = \left(\exp\left(-5\mu_x - \sum_{k=1}^{5} X_{t+k}\right)\right)^{0.001}, \quad t = 7, 12, \cdots, 52$$

其中，$\mu_x = \mu_{60} = 20.33$ 是 1994~2000 年男性 60~64 岁年龄组死亡率的均值，0.001 次方是因为 X_i 和 μ_i 后面都带着一个千分号。注意这里我们用 t 和 k 改写了时间的标示。

在出生矩阵部分，我们需要 b_x 和 b_x^* 的预测，可以用出生矩阵中非 0 元素的估计公式获得。仍以 20~24 岁年龄组为例，表 3 得到的中心化后的生育率的 AR(2) 模型表达是：

$$X_t = 0.77228X_{t-1} - 0.3505X_{t-2} + \varepsilon_t$$

其中，$\varepsilon_t \sim N(0, 17.24744^2)$。与存活矩阵类似，我们已知的是 $\{X_i\}$，$i = 1, 2, \cdots, 57$ 的前 7 个值：$\{3.439, 18.554, 27.469, -6.191, -8.741, -13.511, -21.021\}$，并可以生成 $\{\varepsilon_i\}$。用这样的方法递推地生成一个 $\{X_i\}$ 序列：

$$\begin{cases} X_8 = 0.77228X_7 - 0.3505X_6 + \varepsilon_8 \\ X_9 = 0.77228X_8 - 0.3505X_7 + \varepsilon_9 \\ \vdots \\ X_{57} = 0.77228X_{56} - 0.3505X_{55} + \varepsilon_{57} \end{cases}$$

同理，$\{X_i\}$ 项和 $\{\varepsilon_i\}$ 项亦可认为是 Lutz 模型中的 $\bar{\nu}_t$ 和 ε_t。

把 $s = 112$ 代入，b_x 和 b_x^*（实际上是 10 个 $b_x^{(t-2)}$ 和 10 个 $b_x^{(t-2)*}$）的估计是：

$$\begin{cases} b_x = 0.4717 \cdot \left(\left(\exp\left(5\mu_x + \sum_{k=1}^{5} X_{t+k}\right)\right)^{0.001} - 1\right) \cdot {_5s_0^{(t-2)}} \\ b_x^* = 0.5283 \cdot \left(\left(\exp\left(5\mu_x + \sum_{k=1}^{5} X_{t+k}\right)\right)^{0.001} - 1\right) \cdot {_5s_0^{(t-2)*}} \end{cases}$$

---

① i 是年份，从 1994 开始，1994~2000 年的 7 个数据已知，也就是附录里的表格所示，要进行的是 50 年期预测，所以一共是 7+50=57 个年份。

其中，$\mu_x = \mu_{20} = 135.51$ 是 1994~2000 年 20~24 岁年龄组生育率的均值，${_5}s_0^{(t-2)}$ 和 ${_5}s_0^{(t-2)*}$ 由存活矩阵中的时间序列得到。

由此可以看到，只要先生成 43 个 $\{\varepsilon_i\}$（当然 σ 各不相同），就能得到 10 个 Leslie 矩阵：$M^{(5)}$，$M^{(10)}$，…，$M^{(50)}$，进而得到 50 年后（2050 年）的人口列向量 $P^{(50)}$。那么做多次独立模拟，即可得到 P^{50} 的一个分布。

（四）模拟结果

基线年龄别人口列向量 $P^{(0)}$ 和经 1 次模拟得到的 $P^{(5)}$，$P^{(10)}$，…，$P^{(50)}$ 估计如表 4 所示。我们可以清楚地看到在这次模拟下分性别年龄别人口的变化趋势。人口规模将在 2020~2025 年达到峰值 14.3 亿人左右，之后开始下降，2050 年人口规模将在 13.4 亿人左右。通过不同年龄组人口变动信息，还可以计算其他人口指标，如人口老龄化指标、少儿抚养比、老年抚养比、总抚养比、劳动力人口比例等。

表 4　一次模拟得到的中国未来人口数

单位：万人

年龄组 \ 年份	2000	2005	2010	2015	2020	2025	2030	2035	2040	2045	2050
0~4	6898	9425	9538	10107	9329	6869	6215	8213	8270	8546	7225
5~9	9015	6601	9083	9199	9767	8994	6621	5978	7920	7958	8213
10~14	12540	8992	6587	9062	9174	9733	8971	6602	5959	7898	7934
15~19	10303	12502	8964	6564	9027	9153	9700	8947	6592	5941	7882
20~24	9457	10243	12443	8936	6524	8985	9115	9653	8897	6567	5921
25~29	11760	9400	10183	12360	8866	6486	8937	9062	9588	8845	6518
30~34	12731	11676	9335	10121	12285	8804	6437	8881	9002	9523	8785
35~39	10915	12624	11583	9261	10043	12200	8727	6385	8811	8941	9453
40~44	8124	10827	12496	11492	9190	9950	12086	8656	6339	8719	8855
45~49	8552	8020	10684	12333	11352	9066	9828	11946	8545	6262	8612
50~54	6330	8368	7867	10463	12114	11123	8894	9650	11708	8380	6132
55~59	4637	6110	8111	7654	10167	11723	10843	8663	9337	11454	8144
60~64	4170	4396	5832	7751	7278	9749	11148	10331	8284	8895	10918
65~69	3478	3884	4026	5361	7293	6635	9041	10332	9583	7707	8256
70~74	2557	3075	3386	3558	4711	6350	5785	7795	8829	8211	6589
75~79	1593	2037	2477	2750	2872	3784	5116	4651	6161	6983	6642
80~84	799	1162	1451	1774	1932	2023	2832	3579	3224	4403	4760
85+	400	604	904	1237	1555	1758	1866	2416	2931	3040	3622
合计	124261	129948	134950	139982	143477	143386	142161	141740	139979	138272	134460

一次模拟结果可能会受到较大随机项的干扰，远不能得出有效的结论。所以我们要进行独立的多次模拟，并将多次模拟的结果做统计分析，或者将形成的人口折线图画在一起进行观察，得出较为可靠的结论。

经 100 次和 1000 次随机模拟所形成的 100 条和 1000 条折线如图 1 和图 2 所示。

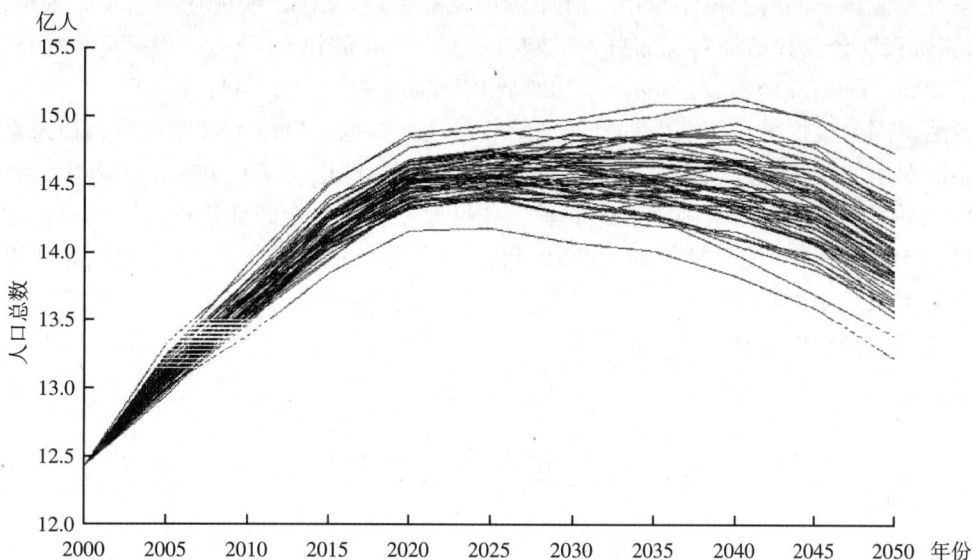

图 1 经 100 次随机模拟的人口规模

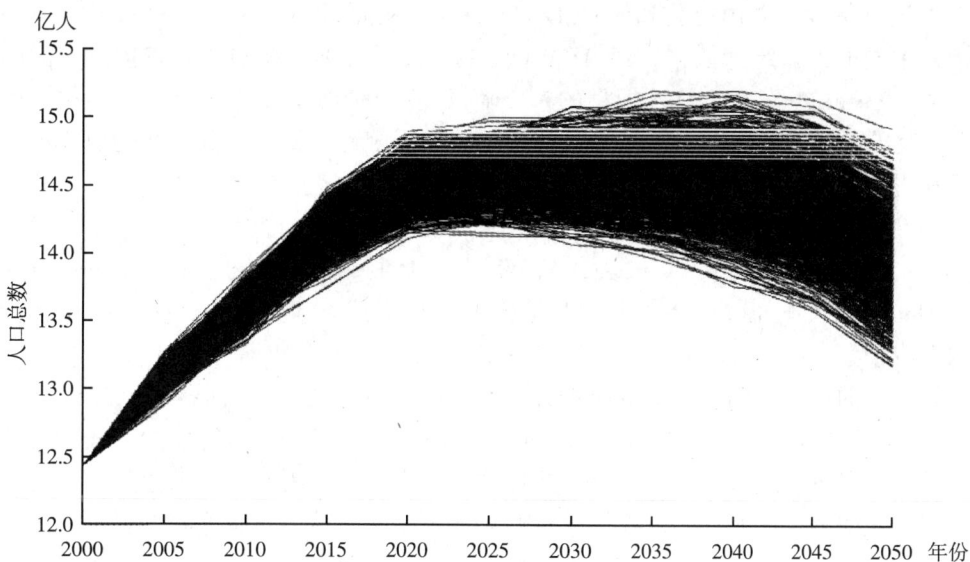

图 2 经 1000 次随机模拟的人口规模

从以上两张图可以得出初步的结论。1000 次模拟结果比 100 次模拟要稳健得多。在人口变化趋势没有较大改变的假设下，即上面得到的时间序列模型在预测时期内仍然适用的条件下，中国人口在 2025~2035 年达到顶峰的概率较大。

可以再对 $P^{(50)}$ 各元素之和，即 2050 年的预测总人口的 1000 次模拟进行一些简单的分析。首先我们进行正态性检验，很自然地预计 1000 次模拟得到的 1000 个总人口分布是正态分布。在模型检验中,多种正态性检验的 p 值都大于 0.05,所以在 0.05 的水平下应接受正态性零假设。同时,模型给出了分布的中位数估计,2050 年对应的总人口数是 13.92 亿;5%和 95%分位数估计对应的总人口数分别是 13.44 亿和 14.48 亿。因此,我们直观地得到了 2050 年总人口(亿人)的一个 90%置信区间的估计:[13.44,14.48]。

当然,因为模拟得到的结果是分性别的年龄别人口数,所以不仅能观察人口总量的变化,还能对诸如年龄别性别比、老龄人口、抚养比等指标进行统计分析。另外,诸如总和生育率、平均预期寿命等较为复杂的变量,亦可通过简单变量的计算得到。同时,得到的不仅是 2050 年的预测,而且得到了 2005 年、2010 年……2045 年的 9 个预测。如果将年限设定得更长,如 100 年,那么可以获得更长时间的模拟结果。因此,通过随机人口预测方法,我们能得到更丰富的结论,只是限于篇幅没有列出。

五、结论和有待改进的空间

本文在回顾经典的 Leslie 矩阵的基础上,用时间序列的 ARMA 模型对未来的生育率、死亡率等进行估计,并由此构造新的 Leslie 矩阵,从而建立了人口预测的随机模型。同时,结合中国的人口统计数据,对 ARMA 模型进行了识别。在中国人口预测方面的应用证明,基于 Leslie 矩阵和 ARMA 模型的人口随机预测方法是稳健的,具有很强的适用性。

本研究的不足主要在于:①在第二部分中,囿于统计数据的局限,我们对模型做了不少假设和近似估计。随着人口数据的积累,未来将会在此方面有所改进。②在第三部分中,我们在选用时间序列模型时仅限于 ARMA 模型,没有与差分自回归滑动平均(Autoregressive Integrated Moving Average,ARIMA)、自回归条件异方差(Autoregressive Conditional Heteroskedasticity,ARCH)等其他模型进行比较。③在我国,生育率水平受政策变化的影响较大,这在我们的模型中没有体现。

值得注意的是,我们所建立的模型几乎是纯数学理论的,与 Lutz 等(2001)、Sanderson 等(2004)相比,在事前没有做任何假定。但是,经实际应用的检验,我们有理由相信这个模型是有效的、稳健的。如果需要更改参数设定,或者纳入专家意见,只需改变其中相应的元素即可。比如,如果预计某年开始放宽生育政策,生育率将明显上升,可以在模型中从某年的预测生育率上乘以一个大于 1 的数,或者直接根据专家意见设定相应的 $\bar{\nu}_t$ 和 ε_t,模型本身不用更改。

附录

附表1　1994~2000年中国育龄妇女年龄别生育率

单位：‰

年龄别 \ 年份	1994	1995	1996	1997	1998	1999	2000
15~19	4.49	10.89	4.01	2.73	2.63	2.60	5.96
20~24	138.95	154.07	162.98	129.32	126.77	122.00	114.49
25~29	123.85	91.86	142.86	121.83	119.28	118.80	86.19
30~34	40.47	26.50	29.56	34.86	37.65	40.00	28.62
35~39	8.19	5.71	7.46	7.27	8.69	9.80	6.22
40~44	3.27	1.58	1.54	1.22	1.75	1.30	1.46
45~49	1.18	0.63	0.53	0.63	0.79	0.40	0.68

资料来源：1995年1%人口抽样调查、2000年第五次全国人口普查、其余各年度的全国人口变动情况抽样调查（抽样比大约1‰）。

附表2　1994~2000年中国男性人口年龄别死亡率

单位：‰

年龄别 \ 年份	1994	1995	1996	1997	1998	1999	2000
0~4	7.15	6.71	7.58	7.83	7.04	6.05	5.25
5~9	0.84	0.73	0.59	0.97	0.73	0.39	0.65
10~14	0.48	0.62	0.52	0.74	0.61	0.32	0.50
15~19	0.77	1.11	1.23	0.75	1.38	0.84	0.77
20~24	1.42	1.68	1.15	1.56	1.38	1.40	1.21
25~29	1.60	1.79	1.57	1.43	1.63	1.48	1.36
30~34	2.10	1.96	1.83	2.19	1.87	1.87	1.66
35~39	2.51	2.35	2.71	2.32	1.96	2.01	2.15
40~44	2.61	3.30	3.04	3.12	2.77	3.25	3.05
45~49	4.61	4.97	5.11	4.88	4.65	4.83	4.33
50~54	6.70	7.61	7.70	5.21	6.56	5.84	6.71
55~59	12.10	12.64	13.42	12.00	10.39	9.90	10.57
60~64	22.80	21.46	20.24	22.67	17.66	19.54	17.92
65~69	33.00	34.58	32.80	30.66	32.37	29.56	29.59
70~74	56.55	56.51	55.69	50.30	51.40	47.86	51.03
75~79	87.14	86.44	85.03	76.14	82.55	77.88	79.89
80~84	131.08	138.60	127.72	134.11	140.04	131.74	133.28
85+	212.95	222.06	212.90	233.27	197.00	187.19	204.26

注：部分高龄组死亡率是手工重算的。

资料来源：1995年1%人口抽样调查、2000年第五次全国人口普查、其余各年度的全国人口变动情况抽样调查（抽样比大约1‰）。

附表 3 1994~2000 年中国女性人口年龄别死亡率

单位：‰

年龄别 \ 年份	1994	1995	1996	1997	1998	1999	2000
0~4	9.49	8.32	8.32	9.59	8.84	7.22	6.98
5~10	0.34	0.58	0.59	0.46	0.59	0.38	0.44
11~14	0.80	0.46	0.56	0.53	0.28	0.24	0.33
15~19	0.78	0.79	0.58	0.83	0.85	0.84	0.47
20~24	1.41	1.23	1.05	0.89	1.29	1.04	0.72
25~29	0.99	1.17	1.26	1.30	1.04	1.32	0.84
30~34	1.06	1.18	1.29	1.17	1.02	1.16	0.98
35~39	1.54	1.46	1.59	1.29	1.09	1.17	1.18
40~44	2.37	2.02	1.92	1.56	1.84	1.78	1.70
45~49	3.08	3.07	3.04	2.67	2.90	2.67	2.57
50~54	5.33	5.02	4.83	4.62	3.61	3.70	4.19
55~59	8.35	7.88	7.72	6.64	6.83	7.41	6.63
60~64	12.77	12.56	13.13	12.51	12.10	11.21	11.43
65~69	19.97	21.75	21.02	22.20	18.80	20.19	19.06
70~74	40.26	38.87	34.57	36.56	32.79	32.56	34.11
75~79	62.14	61.42	61.57	56.54	55.05	48.31	55.70
80~84	111.89	103.81	92.62	98.44	87.87	93.80	97.48
85+	165.28	179.34	162.21	150.07	148.05	166.45	170.03

注：部分高龄组死亡率是手工重算的。

资料来源：1995 年 1%人口抽样调查、2000 年第五次全国人口普查、其余各年度的全国人口变动情况抽样调查（抽样比大约 1‰）。

附表 4 1994~2000 年中国人口出生性别比

年龄别 \ 年份	1994	1995	1996	1997	1998	1999	2000
出生性别比	110.507	109.868	111.298	111.994	111.516	111.839	111.821

注：部分高龄组死亡率是手工重算的，出生性别比是根据分性别的存活子女数推算的。

资料来源：1995 年 1%人口抽样调查、2000 年第五次全国人口普查、其余各年度的全国人口变动情况抽样调查（抽样比大约 1‰）。

参考文献

［1］Box, George E. P., Jenkins, Gwilym N. and Reinsel, Gregory C. Time Series Analysis: Forecasting and Control. Englewood Cliffs, N. J.: Prentice Hall, 1994.

［2］Coale, A. J., Wang, F., Riley, N. C. and Lin, F. D. Recent Trends in Fertility and Nuptiality in China. Science, 1991（251）.

［3］Lee, R. D. and Carter, L. R. Modeling and Forecasting U. S. Mortality［J］. Journal of the American Statistical Association, 1992（87）.

[4] Lee, R. D. and Tuljapurkar, S. Stochastic Population Forecasts for the United States: Beyond High, Medium, and Low [J].Journal of the American Statistical Association, 1994 (89).

[5] Lutz, W. Scenario Analysis in Population Projection. Working Paper WP-95-57 [M]. Laxenburg, Austria: International Institute for Applied Systems Analysis, 1995.

[6] Lutz, W., Sanderson, W. and Scherbov, S. Doubling of World Population Unlikely [J]. Nature, 1997 (387).

[7] Lutz, W., Sanderson, W. and Scherbov, S. Expert-Based Probabilistic Population Projections [J]. Population and Development Review, Supplement: Frontiers of Population Forecasting, 1998 (24).

[8] Lutz, W., Sanderson, W. and Scherbov, S. The End of World Population Growth [J]. Nature, 2001 (412).

[9] Lutz, W. and Scherbov, S. An Expert-Based Frame Work for Probabilistic National Population Projections: The Example of Austria [J]. European Journal of Population, 1998 (14).

[10] Keyfitz, N. Introduction to the Mathematics of Population [J]. Reading, Mass.: Addison-Wesley, 1968.

[11] Keyfitz, N. and Caswell, H. Applied Mathematical Demography (3rd ed.) [M]. New York: Springer, 2005.

[12] Sanderson, W., Scherbov, S., O'Neill, B. and Lutz, W. Conditional Probabilistic Population Forecasting [J]. International Statistical Review, 2004 (72).

[13] 国家统计局. 中国统计年鉴 (1994~2000) [M]. 北京: 中国统计出版社, 1995~2001.

[14] 国家统计局人口统计司. 中国人口统计年鉴 (1994~2000) [M]. 北京: 中国统计出版社, 1995~2001.

[15] 何书元. 应用时间序列分析 [M]. 北京: 北京大学出版社, 2003.

[16] 任强, 郑晓瑛, Wolfgang Lutz, Sergei Scherbov. 中国人口的不确定性研究 [J]. 中国人口科学, 2008(6).

Stochastic Model for Population Forecast: Based on Leslie Matrix and ARMA Model

Ren Qiang   Hou Dadao

(Beijing University, Beijing   100871)

Abstract: This paper develops a stochastic model for population forecast with applications to China.Forecasting fertility and mortality with ARMA model creates a Leslie matrix.The classical Leslie matrix is adjusted with Chinese data; and the specific ARMA model is identified through centralization of time-series data, determining the order of model by auto-correlation function, the properties of cut-off or tail-off of partial auto-correlation function, and Bayesian information criterion function. Applications to China's population forecast indicate that this stochastic model based on Leslie matrix and ARMA model is robust and adaptable.We have made some assumptions and approximation due to limitation of data availability, and this could be improved when appropriate data are available.

Key Words: Population Forecast; Leslie Matrix; ARMA Model; Stochastic Stimulation

科技资源空间分布影响因素的统计检验 *

马强

（东南大学经济管理学院，南京 210096）

摘要： 受国家科技区域布局等影响，即使经济水平相似的区域，科技资源不仅在总量上，而且在投入结构、投入主体、科技活动类型等方面往往也存在较大差异。实证研究科技资源的空间分布影响因素，可从理论上寻找影响当前科技资源空间分布差异的动因，亦有助于为优化科技资源配置、提升科技资源成效提供决策参考。文章结论表明，科技资源的区域分布、行业分布，受到区域经济、产业结构、环境制度等交互影响，不仅如此，各影响因素之间亦存有交互影响的机制。

关键词： 科技资源；空间分布；影响因素；结构方程模型

一、引　言

科技资源的空间分布差异在我国是一种客观存在的现象。对于科技资源的研究，我国学者的研究兴趣长期以来主要集中在对科技资源内涵和外延的讨论（丁厚德，2000）[1]、科技资源的配置（徐建国，2002）[2] 及其效率问题（李石柱等，2003）[3]、区域科技资源分布及其成因（吴贵生、魏守华、徐建国等，2004）[4] 等方面。而对于科技资源空间分布的影响因素研究，现在国内的研究取得了一定的成果，但在研究方法上还偏于传统，多使用回归分析等技术，本文采用结构方程模型方法探讨这一问题，为研究科技资源空间分布的影响因素问题提供新的视角。

---

* 本文选自《统计与决策》2011 年第 1 期（总第 325 期）。

二、文献回顾与理论假设

（一）科技资源空间分布

对于科技资源的空间分布，国内学者大多从"配置"的角度进行分析，配置的主体（丁厚德，2001）[5]、配置的效率、配置的体制（刘磊、胡树华，2000）[6] 等，都一度成为研究的热点。国外对于科技资源的空间分布问题较少有独立的专门研究，但将其置于"区位研究"的框架下，同样取得了很多成果。Griliche 和 Lichtenberg（1984）[7] 在分析美国制造业数据的基础上，指出全要素生产率与研发投入配置之间存在密切的联系。Mogan 和 Sayer（1983）[8] 认为根据地理区位可构建空间等级关系模型，跨国公司将研究与开发等公司总部集中于发达国家或发展中国家的主要城市，而将生产活动分布于外围地区，这部分地说明了跨国公司在研究与开发活动中在全球范围内对空间区位的选择过程。Bramanti 和 Maggioni（1997）[9] 把产业的空间集聚现象与创新活动联系起来，提出创新环境是由制度、法规、实践等组成的诱导创新的区域系统，换句话说，创新环境是一种发展的基础或背景，使创新性的机构能够创新并能和其他创新机构相互协调。

（二）影响因素研究

区域经济发展水平是一个地区各种资源配置效率和运行效率的总概括。从一定意义上说，经济增长的实质就是各种要素的投入增加引起产出相应增加及其投入产出组合效率提高。区域经济发展水平如何，决定了一个区域一定时期内能够调配的资源范围、程度和规模。李显君（2004）[10]、魏守华（2005）[11] 分别就影响我国区域科技发展的十个因素进行了分析，其中第一个就是区域经济发展水平。徐建国（2005）则在他们研究的基础上，选取了四个主要影响因素进行分析，它们分别是：①区域经济发展水平；②区域产业特征；③国家科技的区域布局；④区域科技发展基础。可见，区域经济发展水平是十分重要的度量指标，也是绝大多数学者研究时首先采纳的分析指标。

产业结构是影响科技资源产业分布不可忽视的重要原因。可以料想，从国际市场看，传统产业中，中国参与国际分工的程度不断加深，国际产业间的转移已经是不可逆转的趋势。从国内市场看，2008 年国际金融危机以来，保增长、促转型成了从中央到地方的一致政策目标。而被当作实现这种目标的重要方法之一的，则是大力提倡产业结构升级和转型。伴随着这种升级和转型，必将引起对科技资源的看重与争夺。最后，在新兴技术产业领域，我国更是确定了一大批关键领域的技术追赶战略，这些同样最终落实在具体的产业发展规划和项目上。因此，产业结构对于科技资源分布的行业特征而言，是必须考虑到的因素。

在新一轮竞争中找准自己的定位和方向，对于经济发展的重要动力源之一的科技资源而言，环境制度上的先进与否十分关键。区域和区域之间的竞争逐渐转向软实力的竞争，如市场开放度、市民文明程度、环境卫生程度、行政服务效率等。鉴于这种逻辑，本文将环境制度纳入考查范围，这是本文的一大创新指标，也是传统研究中用统计数据进行的实证分析难以实现的研究内容。

（三）理论假设

理论假设主要解决初始结构方程模型各变量之间的作用路径和方向，设计初始结构方程模型时，一般均先假设各个变量之间具有直接的交互作用，进而通过调查获得的数据开展分析和修正。根据以上理论分析，本文认为上述变量作为影响因素，是存在相关关系的。具体理论假设如下：

假设 1（H1）：区域经济对科技资源的区域分布具有直接的正向作用；
假设 2（H2）：产业结构对科技资源的行业分布具有直接的正向作用；
假设 3（H3）：环境制度对科技资源的区域分布具有直接的正向作用；
假设 4（H4）：环境制度对科技资源的行业分布具有直接的正向作用；
假设 5（H5）：环境制度对产业结构具有直接的正向作用；
假设 6（H6）：区域经济对环境制度具有直接的正向作用。

三、研究过程与方法

（一）问卷设计

根据上一小节对相关变量的理论分析和假设，针对结构方程模型对变量和可测指标的要求，我们针对每个变量设计相应的题项。设计题项时，在采取多重（每个潜变量不少于三项可测指标）题项的设计原则下，尽可能引用相关研究文献中既有的量表并根据研究变量的定义增加新题项。问卷初步设计后，笔者邀请部分专家、企业相关人员和政府科技管理部门人员对问卷的内容、合理性及表述的清晰性等进行了初步探讨，并根据他们的建议对问卷进行了修改并确定了最终题项，通过在小范围内的预调查，最终才付诸实施。

问卷主要包含的变量和题项概括如下：

（1）科技资源的区域分布。包括国家层面的科技拨款、高等院校的科研经费、企事业单位中的研发经费、从事科研活动的人员、信息和相关组织。

（2）科技资源的行业分布。含义与上一条目相同，行业分布则根据一、二、三产业，即农业、工业、服务业这样的大类为切口，重点关注第二产业和第三产业，尤其是第二产业，此处的行业分布一般均可以细分到二位数代码的产业。

（3）区域经济基础。包括经济发展水平、基础设施建设、经济发展速度等多个方面，一般意义理解的可以衡量一个区域经济水平的概念均可以引入。

（4）区域制度环境。区域的知识产权保护力度、科技规划制定、市场集中度和开放度等，主要用以衡量一个区域的软环境建设。

（5）区域产业状况。区域中产业结构、产业链的高低、三大产业的比重等，用以衡量一个区域的产业发展现状和潜力。

在问卷设计上，为了确保测量工具的信度和效度，我们在设计过程中，借鉴了 Likert 量表，对每个题项进行记分统计，记分方法为：1分表示最符合的表述，10分表示最不符合的表述。考虑到本文研究的内容是科技资源的分布问题，因此问卷调查的发放对象主要是政府科技管理部门、高等院校从事科研工作的专家学者、从事科研工作并对科技资源有一定了解的研究生，以及大量的企业管理人员。具体方式是通过实地走访、个别访谈、召开座谈会、借助有关会议闭幕间隙的空余时间等形式，前后历经一月有余，共计印制和发放问卷 350 份，回收 327 份，其中能够被利用的有效问卷 294 份。

（二）研究方法与步骤

本文采用结构方程建模方法进行研究。结构方程模型是一种基于变量的协方差矩阵来分析变量间关系的多元统计技术，因具备同时分析多个观测变量和潜在变量、容许自变量和因变量含测量误差、同时估计因子结构和因子关系等多种优势而在近年来的研究中得到了广泛应用。

在具体研究中，一般按照如下步骤：①根据理论假设建立初步模型，并进行信度检验；②对每一个测量模型的因子与指标间关系进行验证性因子分析，若因子与指标间的拟合不好，强行继续检查因子间关系是徒劳无功的（侯杰泰、温忠麟等，2004[12]）；③整体模型拟合检验与评价；④模型修正：在理论分析基础上，根据相应法则对模型进行多次修正，直至找到拟合相对最好而又比较简单的模型；⑤进行模型交互效度检验：根据侯杰泰、温忠麟等（2004）的建议，结构方程模型需要进行交互效度检验，而对于较大的样本容量，可以将原来的样本随机分为两部分：一部分用于探索性分析，另一部分用于效度验证；⑥通过路径系数显著性对最初的理论假设进行验证分析。

四、模型修正与研究结果

（一）信度检验与测量模型分析

1. 信度检验

首先我们要进行的是问卷数据信度检验。信度是反映问卷可靠性的指标，采用 Likert

量表的情况下，常用的信度检验方法是 Cronbach's Alpha 系数判定法。一般认为 Cronbach's Alpha 系数大于 0.6 是可以接受的。本文采用 SPSS17.0 软件对问卷信度进行分析。分析检验结果显示，行业分布变量的 Cronbach's Alpha 系数为 0.771；区域分布变量的 Cronbach's Alpha 系数为 0.876；区域经济变量的 Cronbach's Alpha 系数为 0.944；环境制度变量的 Cronbach's Alpha 系数为 0.896，产业结构变量的 Cronbach's Alpha 系数为 0.861，这表明量表的内部一致性信度可以接受（吴明隆，2003）[13]。

2. 测量模型分析

本文属于科技资源分布影响因素的验证性研究，验证性因子分析结果显示各潜在变量中，行业分布变量、区域经济变量、产业结构变量的验证性指标结果不尽理想，因此我们对这三个变量的题项进行了修正。根据相应的修正法则，修正的结果是将上述变量中最不显著的题项予以删除。经过这样的处理后，所有的测量模型指标拟合度指标包括 χ^2、DF、RMSEA、CFI、TLI 等都较为显著。

（二）模型拟合修正与交互效度检验

通过对整体模型的拟合检验，结果发现模型拟合总体情况良好，初始模型的参数估计结果表明，绝大多数的路径均可以接受。但是我们看到，在诸多路径中，环境制度潜变量对行业分布潜变量的路径并不显著，其相伴概率未落在可接受的范围内。通常情况下，模型的初步检验会存在拟合不合理的情况，需要对概念模型进行进一步的改善，以便符合数据所反映的模型。大量关于 SEM 的研究说明，很少有模型只经过一次运算就能够取得成功，形成这个结果的原因包括两方面：一是由于所建立的概念模型本身可能存在一些问题，二是由于问卷所得到的数据造成的偏差。因此，如何基于理论或样本数据，分析找出初期的概念模型中拟合欠佳部分，修改模型，并通过同一数据或其他样本，检查修正模型的拟合程度，产出一个最佳模型是进行结构方程模型检验的重要步骤（侯杰泰等，2004）。修正后的模型如图 1 所示。

修正后的 SEM 模型路径系数的 CR 值均大于 4，说明所有的路径系数在 p = 0.001 的水平上显著。修正模型的拟合指标 CMIN/DF、GFI、NFI、CFI、TLI 和 RMSEA 分别为 4.52308、0.958、0.952、0.978、0.978 和 0.061，其均在可以接受的范围内。参数估计结果表明模型拟合良好。

（三）路径系数与假设验证

修正后的结构方程模型路径系数如图 1 所示，理论假设的检验标准是路径系数的显著性水平 P < 0.05 时关系成立，路径系数的显著性水平 P < 0.10 时假设关系部分成立，P > 0.1 时假设关系不成立。因此，我们可以对之前的所有理论假设检验进行汇总。按上述判断标准，我们将各项假设检验的结果汇总如表 1 所示。

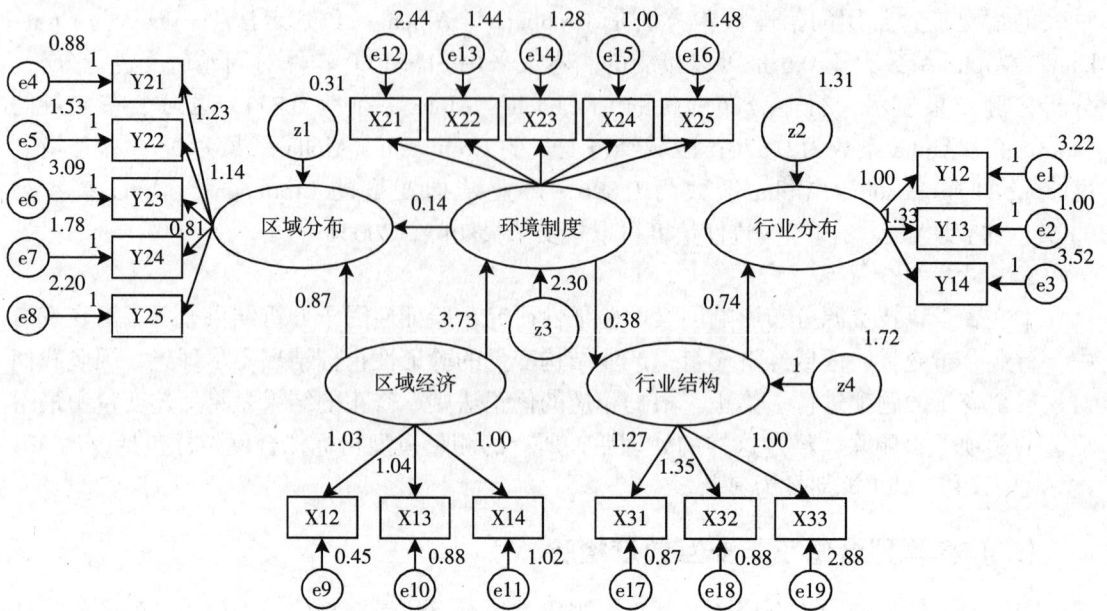

图 1　修正后的最终模型路径图

表 1　理论假设的检验结果

假　　设	初始 SEM 模型		修正 SEM 模型		结果
	标准化路径系数	临界比	标准化路径系数	临界比	
H1 区域经济对科技资源的区域分布具有直接的正向作用	0.668	13.139	0.668	13.140	成立
H2 产业结构对科技资源的行业分布具有直接的正向作用	0.728	7.391	0.739	7.861	成立
H3 环境制度对科技资源的区域分布具有直接的正向作用	0.136	3.901	0.136	3.901	成立
H4 环境制度对科技资源的行业分布具有直接的正向作用	0.022	0.374	—	—	不成立
H5 环境制度对产业结构具有直接的正向作用	0.379	6.441	0.380	6.474	成立
H6 区域经济对环境制度具有直接的正向作用	0.380	7.104	0.379	7.099	成立

五、结论与讨论

从上述分析可以看出，结构方程模型主要作用是揭示潜变量之间（潜变量与可测变量之间以及可测变量之间）的结构关系，这些关系在模型中通过路径系数（载荷系数）来体现。

（一）直接效应

直接效应是指由原因变量（可以是外生变量或内生变量）到结果变量（内生变量）的直接影响，用原因变量到结果变量的路径系数来衡量直接效应。区域经济变量到区域分布变量的路径系数为 0.67，这说明区域经济变量对区域分布变量的直接效应为 0.67，从数值上看，这样的带动作用比较显著，区域经济变量对区域分布变量有正向影响。区域经济变量到环境制度变量的路径系数为 3.75，这也揭示了在诸多变量中，区域经济变量对环境制度变量的交互作用最显著，证实了区域经济对环境制度有显著的正向影响。其他变量也具有类似的相关路径及其影响系数。

（二）间接效应

间接效应是指原因变量通过影响一个或者多个中介变量，对结果变量的间接影响。当只有一个中介变量时，间接效应的大小是两个路径系数的乘积。首先是区域经济变量通过环境制度变量对区域分布变量的间接效应。在路径图中，区域经济一方面直接影响区域分布，同时还借由环境制度变量间接影响区域分布。通过间接效应，我们看到区域经济在直接影响区域分布的同时，还间接对区域分布变量形成影响，这个影响的强度为两条路径的系数乘积，也就是 3.75 与 0.14 的乘积，为 0.525。

（三）总效应

总效应是指由原因变量到结果变量总的影响，它是直接效应与间接效应之和。在上述总效应和间接效应的基础上，我们得以更为全面地计算和归纳相关变量受到的总效应。区域分布变量受到的直接效应来自环境制度变量和区域经济两个变量，其强度为直接效应 0.67 与间接效应 0.525 的和，即 1.195。其他变量也依次类推。

从以上讨论中我们可以得到启示，首先是要注重经济区域的发展，因为经济区域是按照合理的产业分工原则形成的，已经超越了行政区域的界限，通过把握市场经济条件下产业价值链在经济区域的布局，政府应当起协调组织作用。其次，高度重视和跟踪研究由于产业在区域间的转移而形成的区域经济兴衰。区域兴衰的根本原因是区域产业兴衰。一个产业的发展按一般规律总要经历萌芽、发展、高潮和衰退的过程，所以单个产业兴衰是正常的，但在一个区域中，要想保持区域经济的长盛不衰，必须在某主导产业走向衰落时，及时培育出新的主导产业。在市场经济条件下，资源配置按照成本最小利润最大的利益驱动，推动着产业的空间转移。最后，注重产业集聚的研究，调整公共科技政策重点，完善区域内的科技资源支撑体制和服务机制，从环境制度等软实力方面尽早谋划，把握未来科技资源空间分布的竞争方向。

参考文献

[1] 丁厚德. 中国科技运行论 [M]. 北京：清华大学出版社，2000.

［2］徐建国. 我国区域科技资源配置能力分析［J］. 中国软科学，2002（9）.

［3］李石柱等. 影响我国区域科技资源配置效率要素的定量分析［J］. 科学管理研究，2003（4）.

［4］吴贵生，魏守华，徐建国等. 区域科技浅论［J］. 科学学研究，2004（6）.

［5］丁厚德. 科技资源配置的战略地位［J］. 哈尔滨工业大学学报（社会科学版），2001（3）.

［6］刘磊，胡树华. 国内外 R&D 管理比较研究及对中国科技资源配置的启示［J］. 科学学研究，2000.

［7］Griliches Z.，Lichtenberg F. Inter-industry Technology Flows and Productivity Growth：A Reexamination［J］. Review of Economics Studies，1984（86）.

［8］Morgan，K.，Sayer，A. The International Electrics Industry and Regional Development in Britain，Universiy of Sussei，School of Urban and Regional Studies［C］. Working Paper，1983（34）.

［9］A. Bramanti，M.A. Maggioni. The Dynamics of Innovative Regions［M］. London：Ashgate，1997.

［10］李显君. 我国区域科技发展研究：理论、现状和计划［R］. 清华大学博士后出站报告，2004.

［11］魏守华. 区域科技理论与实证分析［R］. 清华大学博士后出站报告，2005.

［12］侯杰泰，温忠麟等. 结构方程模型及其应用［M］. 北京：教育科学出版社，2004.

［13］吴明隆. SPSS 统计应用实务［M］. 北京：科学出版社，2003.

中国制造业碳排放强度变动及其因素分解 *

潘雄锋　舒涛　徐大伟

（大连理工大学管理与经济学部，大连 116085）

摘要： 目前，中国已成为世界制造大国，并且制造业的碳排放量已占全国碳排放总量的 80% 以上，要寻找制造业的有效减排途径，就需要准确分析和计量促使制造业碳排放增加的影响因素。为此，本文在对我国制造业碳排放强度变化趋势进行分析的基础上，运用因素分解法将碳排放强度变化分解为结构份额与效率份额，并基于 1996~2007 年的统计数据对我国制造业碳排放强度变化中的结构份额和效率份额进行了测算。结果表明，我国制造业碳排放强度在 1996~2007 年整体呈现出下降的趋势，我国制造业碳排放强度的下降均是由效率引起的，而结构则引起了碳排放强度的提升。因此，应大力推进低碳技术的开发，以进一步发挥效率份额在制造业碳排放强度下降中的积极作用，同时，进一步优化制造业产业结构，逐步淘汰一些高碳排放行业，使制造业产业结构向规模化、低碳化和高端化升级。

关键词： 制造业；碳排放强度；结构份额；效率份额

全球化的浪潮使得国际产业（尤其是制造业）转移步伐加快，发达国家不断将高排放的制造业转移到中国等发展中国家。中国目前已经成为世界制造大国，碳排放总量已位居世界第二，而制造业碳排放就占了 80% 以上，要实现 2020 年单位 GDP 二氧化碳排放比 2005 年下降 40%~45% 的目标任重而道远。要寻找制造业减排途径，就需要准确分析和计量促使碳排放增加的影响因素，这样才能对症下药。因素分解法是一种通过数学转化运算将目标变量分解成若干关键因素进行分析的方法，运用该方法进行分解，可以详细了解各因素对制造业碳排放强度变化的相对影响程度。近年来，学术界采用因素分解法研究我国碳排放问题取得了不少进展，有代表性的研究包括：Wang 等采用对数均值迪氏分解法定量分析了 1957~2000 年能源强度、能源结构和经济增长对我国的 CO_2 排放的影响[1]。Ma

---

* 本文选自《中国人口·资源与环境》2011 年第 5 期。作者简介：潘雄锋，博士，讲师，主要研究方向为环境生态与环境规划管理。本文为教育部博士点基金项目（200801411133），中央高校基本科研业务费专项资金（DUT11RW304）资助。

和 Stern 同样运用对数均值迪氏分解法分析了 1971~2003 年能源强度、能源结构和经济增长对我国的 CO_2 排放的影响，但其创新之处在于在能源结构中引进了生物质能 [2]。徐国泉等采用简单平均的迪氏分解法定量分析了 1995~2004 年能源结构、能源效率和经济发展等因素的变化对我国碳排放的影响 [3]。胡初枝等采用平均分配余量的分解方法定量分析了 1990~2005 年经济规模、产业结构和碳排放强度对碳排放的贡献 [4]。李艳梅等以我国 1980~2007 年为样本期，构建因素分解分析模型，计量经济总量增长、产业结构演进和碳排放强度变化对所产生的碳减排效应 [5]。在总结现有的文献中可以发现，目前尚没有文章对我国制造业的碳排放强度进行研究，并且基于碳排放强度进行因素分解分析也是一个被学术界忽略的问题。笔者认为开展这方面的研究具有以下三点重要的意义：第一，从纵向来看，制造业碳排放强度的变化对于我国制定制造业节能减排方面的长期战略具有重要参考价值；第二，从横向来看，制造业内部不同产业碳排放强度的差异对于我国优化制造业产业结构具有明显的指导意义；第三，从结构调整、效率改进两个角度分析我国制造业碳排放强度的变化有助于揭示导致我国制造业碳排放强度变化的内在动因。基于此，本文将采用因素分解法，将影响制造业碳排放强度变动的因素分解为效率份额和结构份额并提出相应的测算方法，并基于我国 1997~2007 年的统计数据，从结构和效率两个维度对导致我国制造业碳排放强度变化的内在动因进行评价和分析。

一、制造业碳排量强度的因素分解方法

碳排放强度等于碳排放量与工业总产值的比值，如公式（1）所示：

$$c = \frac{C}{Y} \qquad (1)$$

其中：C 表示碳排放量（万吨），Y 为制造业工业总产值（亿元人民币）。在这里由于考虑到了经济发展过程中的价格不断变化的因素，以各个年份的工业总产值所计算出来的单位碳排放量不能进行对比，所以对工业总产值进行平减，取 1996 年为基期，且取工业品出厂价格指数作为平减指数，即将各年度现价工业总产值通过工业品出厂价格指数转化为 1996 年价格基准年可比价。另外从这个公式也可以看出，碳排放强度越小越有利于发展低碳经济。将 C 和 Y 分别按照制造业的各行业进行分解 [6]，即：

$$C = \sum_{i=1}^{29} C_i, \quad Y = \sum_{i=1}^{29} Y_i \qquad (2)$$

由此将 c 进行分解，得到：

$$c = \frac{\sum\limits_i C_i}{\sum\limits_i Y_i} = \frac{\sum\limits_i c_i r_i}{\sum\limits_i Y_i} = \sum_i c_i \cdot y_i \qquad (3)$$

其中，$i = 1, 2, 3, \cdots, 29$，c_i 表示第 i 产业的碳排放强度；y_i 表示第 i 产业产值占制造业总产值的比例。

由 $c = \sum_i c_i y_i$ 可以看出，制造业的总体碳排放强度取决于各行业的碳排放强度，它反映了各行业碳排放技术效率的高低；产业结构反映了各行业产值占制造业总产值的比重。另外许多其他因素也能够通过能源消费的途径，进而对碳排放强度形成影响，如市场化程度、国际制造业贸易量、固定资产投资量等。但实际上这些因素都是通过影响产业结构或各产业能源使用效率的变化来间接地影响整体能源消费强度的变化，从而达到对碳排放强度的作用。因此，总体来说，对碳排放强度的分析，应从碳排放技术效率与产业结构角度出发。

令 $c^n (n = 0, 1, \Lambda, N)$ 表示第 n 期的碳排放强度，c^0 表示基期的碳排放强度，则有：

$$c^n = \sum_i c_i^n y_i^n, \quad c^0 = \sum_i c_i^0 y_i^0 \quad i = 1, 2, \Lambda, 29; \ n = 1, 2, \Lambda, N \tag{4}$$

为了分析结构变化和效率变化对碳排放强度的影响份额，将 c^n 进行分解[4]：

$$c^n = \sum_i c_i^n y_i^n = \sum_i c_i^0 y_i^0 + \sum_i c_i^0 (y_i^n - y_i^0) + \sum_i (c_i^n - c_i^0) y_i^n \tag{5}$$

由此，碳排放强度的变化可以分解为：

$$\Delta c = c^n - c^0 = \sum_i c_i^n y_i^n - \sum_i c_i^0 y_i^0 = \sum_i c_i^0 (y_i^n - y_i^0) + \sum_i (c_i^n - c_i^0) y_i^n \tag{6}$$

$i = 1, 2, \Lambda, 29; \ n = 1, 2, \Lambda, N$

其中，$c_i^0 (y_i^n - y_i^0)$ 表示由于第 i 行业在制造业总产值中所占比重变化导致碳排放强度的变化量；$\sum_i c_i^0 (y_i^n - y_i^0)$ 表示由于整体制造业结构变化导致碳排放强度的变化量，则第 n 期碳排放强度变化中的结构份额为：

$$c_s^n = \frac{\sum_i c_i^0 (y_i^n - y_i^0)}{\sum_i c_i^n y_i^n - \sum_i c_i^0 y_i^0} \tag{7}$$

式中，$(c_i^n - c_i^0) y_i^n$ 表示由于第 i 行业碳排放技术效率变化而导致碳排放强度的变化量；$\sum_i (c_i^n - c_i^0) y_i^n$ 表示由于制造业整体碳排放技术效率变化而导致碳排放强度的变化量，则第 n 期碳排放强度变化中的效率份额为：

$$c_e^n = \frac{\sum_i (c_i^n - c_i^0) y_i^n}{\sum_i c_i^n y_i^n - \sum_i c_i^0 y_i^0} \tag{8}$$

为计算第 n 期碳排放强度变化中的结构份额和效率份额，取第 n-1 期为基期，则第 n 期碳排放强度变化中的结构份额为：

$$\hat{c}_s^n = \frac{\sum_i c_i^{n-1}(y_i^n - y_i^{n-1})}{\sum_i c_i^n y_i^n - \sum_i c_i^{n-1} y_i^{n-1}} \qquad (9)$$

第 n 期碳排放强度变化中的效率份额为：

$$\hat{c}_e^n = \frac{\sum_i (c_i^n - c_i^{n-1}) y_i^n}{\sum_i c_i^n y_i^n - \sum_i c_i^{n-1} y_i^{n-1}} \qquad (10)$$

结构份额式（7）和效率份额式（8）分别描述了从基期以来，结构份额变化和效率份额变化对碳排放强度的贡献率；而结构份额式（9）和效率份额式（10）则分别表示了结构变化和效率提高在第 n 期碳排放强度变化幅度中所占比重，当结构份额和效率份额为正值时，说明其推动力与碳排放强度的变化是同向的；如果是负值，则表示其影响方向和碳排放强度的变化方向是相反的。

二、我国制造业碳排放强度因素分解

（一）数据来源与计算

在计算制造业碳排放强度之前，先要得出制造业碳排放量的值。根据 IPCC 碳排放计算指南，碳排放量采用如下的计算公式[7]：

$$C = \sum_i E_j \times \delta_j \qquad (11)$$

制造业各行业能源消费数据来自于 1997~2009 年《中国统计年鉴》。式（11）中，C 为碳排放总量，E_j 为能源 j 的消费量，δ_j 为能源 j 的碳排放系数。从 IPCC《国家温室气体排放清单指南》可得到如下各种能源的碳排放系数[8-9]，如表 1 所示。

表 1　各种能源的碳排放系数

能源种类 Energy types	碳排放系数 Carbon emission coefficient	能源种类 Energy types	碳排放系数 Carbon emission coefficient
原煤	0.7559	煤油	0.5714
焦炭	0.8550	柴油	0.5921
原油	0.5857	燃料油	0.6185
汽油	0.5538	天然气	0.4483

注：碳排放系数为吨碳/吨标准煤。

（二）我国制造业发展与碳排放总体趋势分析

本文计算了制造业整体以及制造业内 27 个行业 1996~2007 年各年的单位工业总产值的碳排放量，即碳排放强度，并以制造业整体 1996~2007 年碳排放强度的平均值作为参考指标，高于平均值的划分为高碳行业，反之为低碳行业。根据这个划分标准，高碳行业主要有造纸及纸制品业、石油加工、炼焦及核燃料加工业、化学原料及化学制品制造业、化学纤维制造业、非金属矿物制品业、黑色金属冶炼及压延加工业。因此，制造业中剩下的其他诸如食品加工业、饮料制造业等则为低碳行业。

从我国制造业发展趋势图（见图 1）可以看出，我国制造业、高碳制造业和低碳制造业均呈现出快速增长的变化趋势。其中，制造业总体产值平均增长率为 20.79%，高碳行业的平均增长率为 21.41%，低碳行业的平均增长率为 20.58%。

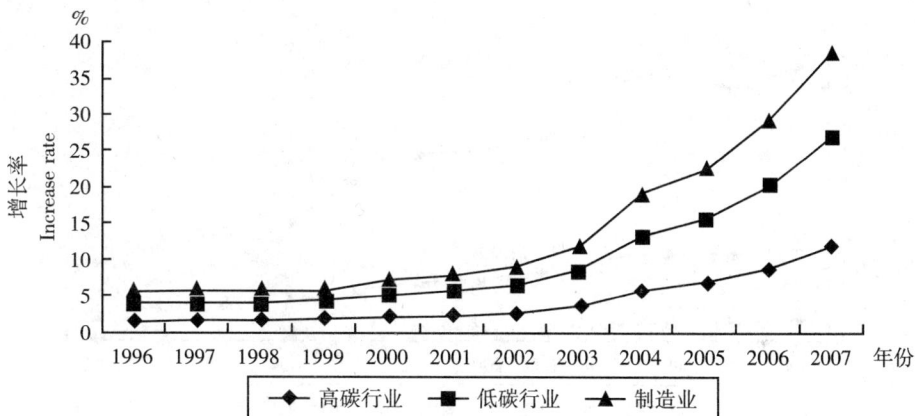

图 1　我国制造业发展趋势

从我国制造业碳排放趋势图（见图 2）可以看出，我国制造业、高碳行业和低碳行业的碳排放量均呈现出增长的变化趋势，其中，制造业碳排放总量从 1996 年的 57016.83 万吨到 2007 年的 107606.5 万吨，年均增幅为 6.3%；高碳行业碳排放量从 1996 年的 48196.29 万吨增长到 2007 年的 98701.33 万吨，年均增幅为 7.07%；低碳行业碳排放量增长幅度不是太大，仅从 1996 年的 8820.546 万吨增长到 2007 年的 8905.145 万吨，年均增幅为 0.46%。

（三）我国碳排放强度的变化趋势

制造业发展和碳排放量的变化趋势决定了我国碳排放强度的变化趋势。从图 3 可以看出，我国制造业、高碳行业和低碳行业的碳排放强度均表现出下降的趋势，其中，制造业碳排放强度从 1996 年的 1.06 下降到 2007 年的 0.28，年均降幅为 11.18%；高碳行业碳排放强度从 1996 年的 3.01 下降到 2007 年的 0.844，年均降幅为 15.98%；而低碳行业碳排放强度则从 1996 年的 0.233 下降到 2007 年的 0.033，年均降幅为 10.46%。

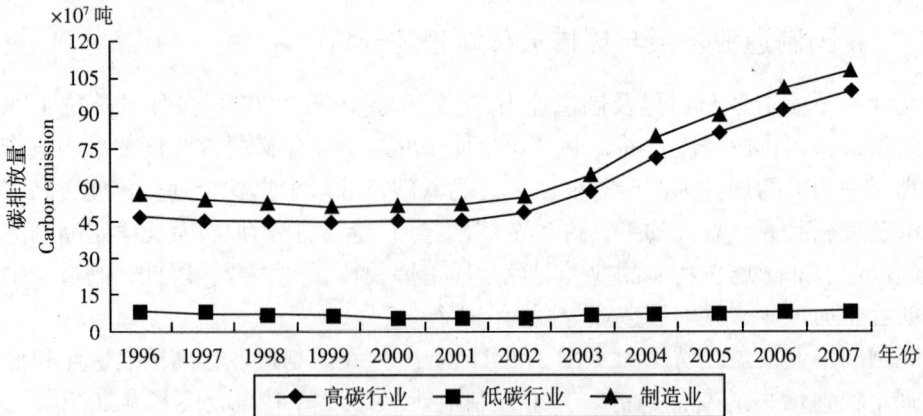

图 2 我国制造业碳排放量的变化趋势

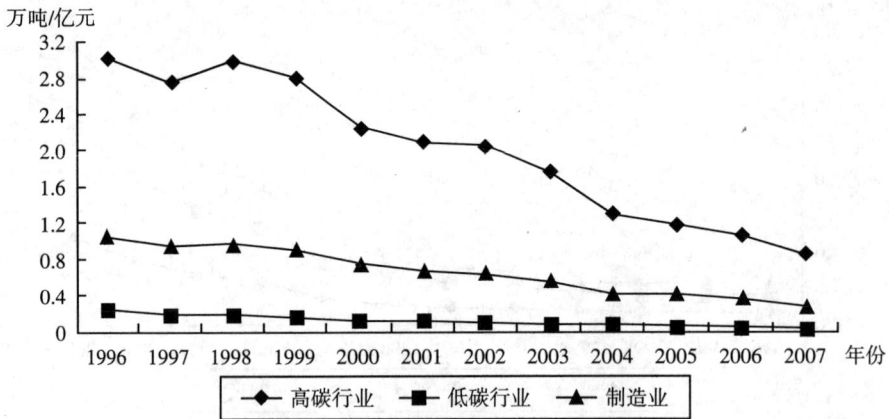

图 3 我国制造业碳排放强度的变化趋势

（四）我国碳排放强度变化中的结构份额和效率份额分析

依据前面结构份额和效率份额计算方法计算出 1996~2007 年我国制造业碳排放强度，结果如表 2 所示。可以看出，1997~2007 年我国制造业碳排放强度下降的因素中，结构份额的累计贡献为-23.5%，而效率份额的累计贡献为 123.5%，可见碳排放强度下降的因素中主要由效率份额贡献，而结构份额则起着阻碍作用。另外，由于结构份额很容易受到宏观经济形势的影响，所以对碳排放强度呈现出较强的波动。且正是由于结构份额易受到宏观经济形势的作用，而宏观政策根据宏观经济形势的不同而不断变化，造成了结构份额在某些年份对碳排放强度起到积极作用，而某些年份又对碳排放强度起到负面效果。如始于 1997 年 6 月的亚洲金融危机，我国经济受到较大的冲击，特别是对出口相关行业影响较大，为了缓和这种冲击，拉动经济增长，国家加大了投资的力度。由于制造业中出口行业大多为轻工业，而这些行业为低碳行业，在此阶段受到的冲击较大，投资动力不足，因此在此轮对制造业的投资中，投资主要集中在重化工业。而重化工业基本为高碳行业，投资的作用使得产业结构发生调整，从计算结果上看，1998~2000年，结构份额连续几年都对碳排放强度起到抑制作用。其后，由于经济形势的好转，特别是出口相关行业的好转，这些行业投资需求增强，使得低碳行业在制造业中的比重逐步加大。然而在2001年后，发达国家把高污染、高排放的重化工业向我国转移的力度加大，与此同时，我国很多地区片面追求GDP增长，以重化工业为主的高碳行业在各地发展速度加快，结构份额对碳排放强度的抑制作用加大，并且抑制作用逐步增强，这点可以从2003~2005年的计算数据上得到表现，其计算结果为-0.2、-0.204、-0.674。2006年，国务院出台了《关于加快振兴装备制造业的若干意见》，并针对高排放高污染的行业出台了相关措施，取缔了一部分高排放高污染的企业。这在数据上反映为结构份额在碳排放强度作用中逐步起到积极效果。另外，效率份额受宏观政策的影响较小，相比而言效率份额对碳排放强度的影响则相对平稳一些，且其作用使得碳排放强度不断下降，如图4所示。

表2 我国制造业碳排放强度变化中的结构份额和效率份额

年份（Year）	1997	1998	1999	2000	2001	2002	2003	2004	2005	2006	2007
结构份额（SS）	0.097	-2.129	-0.112	-0.216	0.244	0.469	-0.200	-0.204	-0.674	0.147	-0.004
效率份额（ES）	0.903	3.129	1.112	1.216	0.756	0.513	1.200	1.204	1.674	0.853	1.004

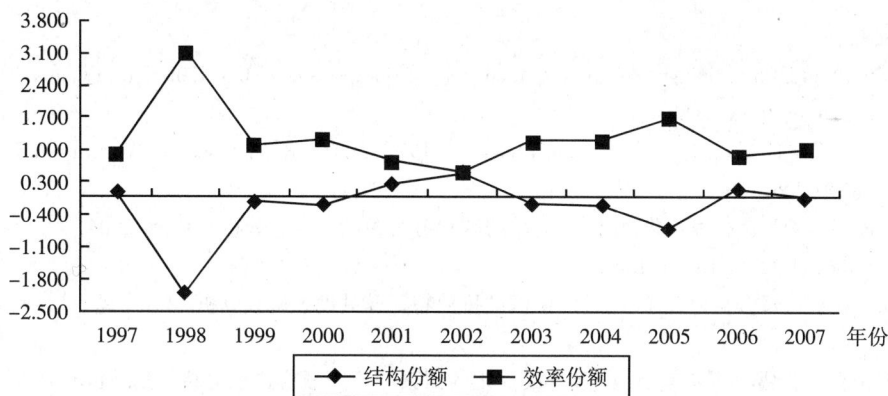

图4 我国制造业碳排放强度变化中的结构份额和效率份额

三、结　论

目前，中国已成为世界制造大国，并且制造业的碳排放量已占全国碳排放总量的80%以上，要寻找制造业的有效减排途径，就需要准确分析和计量促使制造业碳排放增加的影响因素。为此，本文在对我国制造业碳排放强度变化趋势进行分析的基础上，运用因素分解法将碳排放强度变化分解为结构份额与效率份额，并基于 1996~2007 年的统计数据对我国制造业碳排放强度变化中的结构份额和效率份额进行了实证测算与分析，结果表明：①我国制造业碳排放强度在 1997~2007 年呈现出下降的趋势，其中，制造业碳排放强度从 1997 年 1.06 万吨/亿元下降到 2007 年 0.28 万吨/亿元，年均降幅为 11.18%，高碳行业碳排放强度从 1996 年 3.01 万吨/亿元下降到 2007 年 0.844 万吨/亿元，年均降幅为 15.98%，低碳行业碳排放强度则从 1996 年的 0.233 万吨/亿元下降到 2007 年的 0.033 万吨/亿元，年均降幅为 10.46%。②我国制造业碳排放强度的下降主要由效率份额贡献，每年相对变化幅度均在 1 上下波动，累计贡献为 123.5%，结构份额虽然在某些年份也对碳排放强度起积极作用，但总体来说主要起抑制作用，累计贡献为-23.5%。因此，我国各级政府或制造业规划部门应制定有效的低碳政策和规划，通过加强与发达国家的技术交流合作、引进消化先进的节能技术和加大对低碳技术研发的投入力度等手段推进面向低碳技术的开发和推广，并实现对原有的老旧设备的技术升级和改造[10]，以便进一步发挥效率份额在制造业碳排放强度下降中的积极作用。同时，利用经济手段和行政手段进一步优化制造业产业结构，推进制造业淘汰落后和兼并重组，强制淘汰一些高碳排放行业，使制造业产业结构向规模化、低碳化和高端化升级[11]，推动结构份额成为我国制造业碳减排强度下降的主导因素。

参考文献

[1] Wang Can, Chen Jining, Zou Ji. Decomposition of Energy-related CO_2 Emission in China：1957-2000 [J]. Energy, 2005 (30)：73-83.

[2] Ma C., D. I. Stern. China's Carbon Emissions 1971-2003 [R]. Rensselaer Working Papers in Economics, Number 0706, 2007.

[3] 徐国泉, 刘则渊, 姜照华. 中国碳排放的因素分解模型及实证分析：1995-2004 [J]. 中国人口·资源与环境, 2006, 16(6)：160-161.

[4] 胡初枝, 黄贤金, 钟太洋, 谭丹. 中国碳排放特征及其动态研究分析 [J]. 中国人口·资源与环境, 2008, 18 (3)：38-42.

[5] 李艳梅, 张雷, 程晓凌. 中国碳排放变化的因素分解与减排途径分析 [J]. 资源科学, 2010, 32 (2)：218-222.

[6] 刘凤朝, 潘雄锋, 徐国泉. 基于结构份额与效率份额的我国能源消费强度研究 [J]. 资源科学, 2007, 29(4)：2-9.

[7] 谭丹, 黄贤金. 我国东、中、西部地区经济发展与碳排放的关联分析及比较 [J]. 中国人口·资源与环境, 2008, 18 (3)：54-55.

[8] IPCC. 2006 IPCC Guidelines for National Greenhouse Gas Inventories：Volume Ⅱ [EB/OL]. Http：//www.ipcc.ch/ipccreports/Methodo-logy-reports.htm.

[9] 赵敏, 张卫国, 俞立中. 上海市能源消费碳排放分析 [J]. 环境科学研究, 2009, 22 (8)：985-988.

[10] 石敏俊, 周晟吕. 低碳技术发展对中国实现减排目标的作用 [J]. 管理评论, 2010, 22 (6)：48-53.

[11] 徐大丰. 低碳经济导向下的产业结构调整策略研究[J]. 华东经济管理, 2010, 24 (10)：6-9.

［12］ 潘家华. 人文发展分析的概念构架与经验数据——对碳排放空间的需求为例 ［J］. 中国社会科学, 2002(6)：15-26.

［13］ 胡鞍钢. 通向哥本哈根之路的全球减排路线图 ［J］. 当代亚太, 2008 (6)：22-38.

On the Changes in the Carbon Emission Intensity of China's Manufacturing Industry and Its Factors Decomposition

Pan Xiongfeng   Shu Tao   Xu Dawei

(Faculty of Management and Economics, Dalian University of Technology, Dalian 116085)

Abstract: At present, China has become the world manufacturing country and carbon emissions in the manufacturing sector accounts for the national carbon emissions more than 80%, to search for an effective route of emissions reduction in the manufacturing industry, it will need to analyze and measure the factors which promote the increase of carbon emissions in manufacturing industry. Thus this paper, analyzes the changes in the carbon emission intensity of China's manufacturing industry firstly, and on basis of it, calculates the structure share and efficiency share of the changes in the carbon emission intensity of China's manufacturing industry by using the factor decomposition method and the statistical data from 1996 to 2007. The results show that the carbon emission intensity of China's manufacturing industry in 1996-2007 displayed an overall downward trend which was caused by efficiency, while structure plays a retardation effect. So we should vigorously promote the development of low carbon technology in order to further develop the positive role of efficiency share in the decrease of carbon intensity in manufacturing industry, at the same time, we should optimize the industrial structure of manufacturing industry, and wash out the high-carbon industries so as to promote industry structure of manufacturing industry to be scale, low-carbon and high-end.

Key Words: Manufacture Industry; Carbon Emission Intensity; Structure Share; Efficiency Share

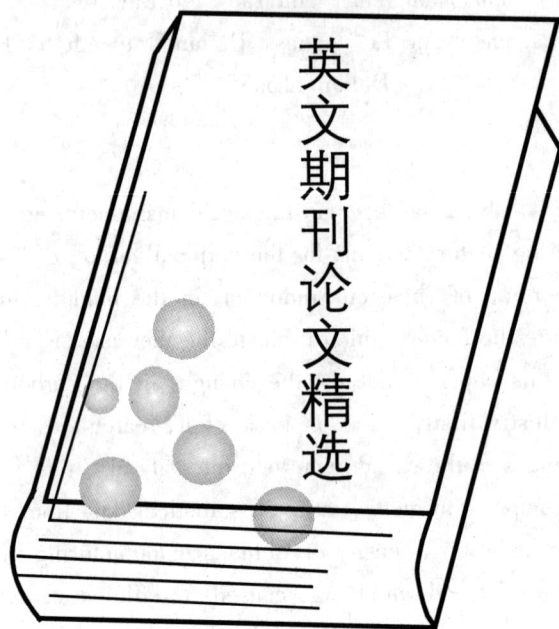

第二节

英文期刊论文精选

我们以统计学论文所处的子学科、学科热点和被引频次等作为依据，选取了 15 篇国外代表性文章，如表 2-1 所示。

表 2-1　国外文章列表（2011 年）

序号	作者名	文章名	类别	模型方法
1	Wood S. N.	Fast Stable Restricted Maximum Likelihood and Marginal Likelihood Estimation of Semiparametric Generalized Linear Models	数理统计	贝叶斯
2	Belloni A. Chernozhukov V.	L（1）-Penalized Quantile Regressi on in High-dimensional Sparse Models	数理统计	高维统计学
3	Cha J. H. Finkelstein M.	On New Classes of Extreme Shock Models and Some Generalizations	数理统计	生存分析
4	Varin C. Reid N. Firth D.	An Overview of Composite Likelihood Methods	数理统计	纵向数据
5	Yau C. Papaspiliopoulos O. Roberts G. O. Holmes C.	Bayesian Non-parametric Hidden Markov Models with Applications in Genomics	数理统计	非参数半参数
6	McShane B. B. Wyner A. J.	A Statistical Analysis of Multiple Temperature Proxies：Are Reconstructions of Surface Temperatures Over the Last 1000 Years Reliable？	数理统计	空间建模
7	Suri Tavneet	Selection and Comparative Advantage in Technology Adoption	社会经济统计	随机系数模型、项目评估
8	Chudik Alexander Pesaran M. Hashem Tosetti Elisa	Weak and Strong Cross-section Dependence and Estimation of Large Panels	社会经济统计	大面板数据的估计
9	Kohler Ulrich Karlson Kristian Bernt Holm Anders	Comparing Coefficients of Nested Nonlinear Probability Models	社会经济统计	嵌套非线性概率模型
10	Darolles S. Fan Y. Florens J. P. Renault E.	Nonparametric Instrumental Regression	社会经济统计	非参数、联立方程模型
11	Geskus R. B.	Cause-Specific Cumulative Incidence Estimation and the Fine and Gray Model under Both Left Truncation and Right Censoring	生物与医学统计	生存分析
12	Higgins J. P. T. Whitehead A. Simmonds M.	Sequential Methods for Random-effects Meta-analysis	生物与医学统计	Meta 分析
13	Drovandi C. C. Pettitt A. N.	Estimation of Parameters for Macroparasite Population Evolution using Approximate Bayesian Computation	生物与医学统计	Autologistic 模型、贝叶斯计算、随机模拟
14	Laserson J. Jojic V. Koller D.	Genovo：De Novo Assembly for Metagenomes	生物与医学统计	非参数、贝叶斯
15	Chebana F. Ouarda Tbmj	Multivariate Quantiles in Hydrological Frequency Analysis	环境统计	多元分位

Title: Fast Stable Restricted Maximum Likelihood and Marginal Likelihood Estimation of Semiparametric Generalized Linear Models

Journal: Journal of The Royal Statistical Society Series B-statistical Methodology

Author: Wood S. N.

Publication Data: 2011.1

Abstract: Recent work by Reiss and Ogden provides a theoretical basis for sometimes preferring restricted maximum likelihood (REML) to generalized cross-validation (GCV) for smoothing parameter selection in semiparametric regression. However, existing REML or marginal likelihood (ML) based methods for semiparametric generalized linear models (GLMs) use iterative REML or ML estimation of the smoothing parameters of working linear approximations to the GLM. Such indirect schemes need not converge and fail to do so in a non-negligible proportion of practical analyses. By contrast, very reliable prediction error criteria smoothing parameter selection methods are available, based on direct optimization of GCV, or related criteria, for the GLM itself. Since such methods directly optimize properly defined functions of the smoothing parameters, they have much more reliable convergence properties. The paper develops the first such method for REML or ML estimation of smoothing parameters. A Laplace approximation is used to obtain an approximate REML or ML for any GLM, which is suitable for efficient direct optimization. This REML or ML criterion requires that Newton-Raphson iteration, rather than Fisher scoring, be used for GLM fitting, and a computationally stable approach to this is proposed. The REML or ML criterion itself is optimized by a Newton method, with the derivatives required obtained by a mixture of implicit differentiation and direct methods. The method will cope with numerical rank deficiency in the fitted model and in fact provides a slight improvement in numerical robustness on the earlier method of Wood for prediction error criteria based smoothness selection. Simulation results suggest that the new REML and ML methods offer some improvement in mean-square error performance relative to GCV or Akaike's information criterion in most cases, without the small number of severe undersmoothing failures to which Akaike's information criterion and GCV are prone. This is achieved at the same computational cost as GCV or Akaike's information criterion. The new approach also eliminates the convergence failures of previous REML-or ML-based approaches for penalized GLMs and usually has lower computational cost than these alternatives. Example applications are presented in adaptive smoothing, scalar on function regression and generalized additive model selection.

Key Words: Adaptive Smoothing; Generalized Additive Mixed Model; Generalized; Additive Model; Generalized Cross-validation; Marginal Likelihood; Model Selection; Penalized Generalized Linear Model; Penalized Regression; Splines; Restricted Maximum Likelihood; Scalar on Function Regression; Stable Computation; Structured Additive Regression; Smoothing Parameter Selection; Bayesian; P-splines; Cross-validation; Penalized Likelihood; Component Estimation; Mixed models; Information; Inference

文章名称: 半参数广义线性模型的加速收敛限制最大似然估计和边际似然估计

期刊名称: 皇家统计学会统计方法论 B

作　者: 西蒙·N.伍德

出版时间: 2011.1

内容摘要: 近期 Reiss 和 Ogden 的工作为在半参数回归平滑参数的选择问题中,选择限制最大似然估计(REML)而非广义交叉检验(GCV)提供了理论基础。然而,现有的以限制最大似然或边际似然方法(ML)为基础的半参数广义线性模型(GLM),使用迭代的 REML 或 ML 估计作为半参数广义线性模型的线性估计。在现实分析中,这样一种间接的方法在一定的比例下不需要也无法收敛。与此相反,确实存在非常可靠的预测误差标准平滑参数选择方法,以 GCV 的直接优化或 GLM 相关标准为基础。因为这样的方法直接优化了经过合理定义的平滑参数的函数,所以它们有更可靠的收敛特性。本文首先发展了此种方法用作平滑参数的 REML 或 ML 估计。为了有效地直接优化,采用 Laplace 逼近来获得一个对于任意 GLM 的近似 REML 或 ML 估计。这个 REML 或 ML 标准需要 Newton-Raphson 迭代而非 Fisher 得分来做 GLM 拟合。与此同时,一个计算稳定的方法也被提出。随着需要的导数被一个隐性和直接微分法混合得到,REML 或 ML 准则本身被牛顿方法优化。这种方法和数值秩亏在拟合模型中配合使用,事实上也在一定程度上提高了以估计误差标准为基础的平稳选择中的数值稳健性。仿真结果显示,大多数情况下,新的 REML 和 ML 方法在 GCV 相关或赤池信息量准则的均方误差上有所提高。少数情况下,会有 GCV 相关或赤池信息量准则下有收敛失败的倾向。这在 GCV 相关或赤池信息量准则相同的计算代价下发生。新的方法也消除了先前 REML 或 ML 方法的发散问题,同时有比其他方法更低的计算代价。应用实例展示在自适应平滑、方程回归的标量和广义相加模型。

关键词: 自适应平滑;广义相加混合模型;广义相加模型;广义交叉检验;边际似然估计;模型选择;惩罚的广义线性模型;惩罚回归;样条;限制最大似然估计法;方程回归标量;稳定计算;结构相加回归;平滑参数选择;贝叶斯;P-样条分片;交叉检验;惩罚似然;估计;混合模型;信息准则;推断

経济管理学科前沿研究报告

Title: L(1)–Penalized Quantile Regressi on in High–dimensional Sparse Models

Journal: Annals of Statistics

Author: Belloni A., Chernozhukov V.

Publication Data: 2011.2

Abstract: We consider median regression and, more generally, a possibly infinite collection of quantile regressions in high–dimensional sparse models. In these models, the number of regressorsp is very large, possibly larger than the sample size n, but only at most s regressors have a nonzero impact on each conditional quantile of the response variable, where s grows more slowly than n. Since ordinary quantile regression is not consistent in this case, we consider L(1)–penalized quantile regression (L(1)–QR), which penalizes the L(1)–norm of regression coefficients, as well as the post-penalized QR estimator (post–L(1)–QR), which applies ordinary QR to the model selected by L(1)–QR. First, we show that under general conditions L(1)–QR is consistent at the near–oracle rate. Root s/n root log (p boolean OR n), uniformly in the compact set U subset of (0, 1) of quantile indices. In deriving this result, we propose a partly pivotal, data–driven choice of the penalty level and show that it satisfies the requirements for achieving this rate. Second, we show that under similar conditions post–L (1)–QR is consistent at the near–oracle rate root s/n root log (p boolean OR n), uniformly over U, even if the L (1)–QR–selected models miss some components of the true models, and the rate could be even closer to the oracle rate otherwise. Third, we characterize conditions under which L(1)–QR contains the true model as a submodel, and derive bounds on the dimension of the selected model, uniformly over U; we also provide conditions under which hard–thresholding selects the minimal true model, uniformly over U.

Key Words: Median Regression; Quantile Regression; Sparse Models; Dantzig Selector; Lasso; Estimators; Aggregation; Recovery

文章名称: 高维稀疏模型中惩罚最小一乘分位数回归

期刊名称: 统计学年鉴

作　　者: 亚历山大·贝洛尼，维克多·雪诺佐科夫

出版时间: 2011.2

内容摘要: 我们关注中位数回归和更广泛的、一个可能无限的高维稀疏模型的分位数回归。在这些模型中，回归元的数量 p 非常大，而且有可能比样本容量 n 还要大，但是只有一部分 s 个回归元对每个响应变量的条件分位有非零的影响，但是 s 增长速度比 n 慢得多。因为普通分位数回归在这里没有考虑进来，我们考虑最小一乘惩罚分位数回归（L(1)-QR），这种回归惩罚了 L(1) 普通回归的系数，以及 post-penalized 分位数回归估计系数。把普通的 QR 估计量应用到模型中，用 L(1)-QR 回归来选择。第一，我们指出了在一般条件下，L(1)-QR 在 near-oracle 率下是一致的。$\sqrt{s/n}\ \sqrt{\log(p\vee n)}$ 均匀地服从分位

310

数指数完整集 U（0，1）。在导出这个结果时，我们指出一个局部性的关键问题，数据驱动选择惩罚水平并且指出它满足达到这个速率的要求。第二，我们指出在相似的条件下，即使 L（1）-QR 选择的模型缺失了一部分真实模型组成，但 post-L（1）-QR 在 near-oracle 率下是一致的，并且该比率可能在一定程度上更接近 Oracle 率。第三，我们做出了 L(1)-QR 模型将真实模型作为子模型的条件，并且导出了选定模型维数的界限均匀分布在 U 中。我们还提供了 U 一致下算法选择最小真实模型的条件。

关键词：中位数回归；分位数回归；稀疏模型；Dantzig 选择器；lasso 回归；估计量；聚集；恢复率

Title：On New Classes of Extreme Shock Models and Some Generalizations

Journal：Journal of Applied Probability

Author：Cha J. H., Finkelstein M.

Publication Data：2011.3

Abstract：In extreme shock models, only the impact of the current, possibly fatal shock is usually taken into account, whereas in cumulative shock models, the impact of the preceding shocks is accumulated as well. A shock model which combines these two types is called a "combined shock model". In this paper we study new classes of extreme shock models and, based on the obtained results and model interpretations, we extend these results to several specific combined shock models. For systems subject to nonhomogeneous Poisson processes of shocks, we derive the corresponding survival probabilities and discuss some meaningful interpretations and examples.

Key Words：Extreme Shock Model；Combined Shock Model；Wear；Virtual Age；Probability Approximation；Repair

文章名称：极端值冲击模型的新类型及其推广

期刊名称：应用概率论

作　　者：查·J. H., 芬克尔斯坦·M.

出版时间：2011.3

内容摘要：在极端值冲击模型中，只有当前的重要极端值的影响会被考虑，然而在累积冲击模型中，先前的冲击也被累计进去。结合了这两种方式的冲击模型被称为组合冲击模型。在本文中，我们研究了新类型的极端值冲击模型。而且，基于已知结果和模型解释，我们扩展这些结果到一些特定的组合冲击模型中去。在服从于非齐次泊松分布的冲击的系统中，我们导出了相应的生存概率并进行了一些有意义的解释和例子。

关键词：极端值冲击模型；组合冲击模型；磨损；虚拟寿命；概率估计；修复

Title：An Overview of Composite Likelihood Methods

Journal：Statistica Sinica

Author：Varin C., Reid N., Firth D.

Publication Data：2011.1

Abstract：A survey of recent developments in the theory and application of composite like-lihood is provided, building on the review paper of Varin (2008). A range of application areas, including geostatistics, spatial extremes, and space-time models, as well as clustered and longitudinal data and time series are considered. The important area of applications to statistical genetics is omitted, in light of Larribe and Fearnhead (2011). Emphasis is given to the development of the theory, and the current state of knowledge on efficiency and robustness of composite likelihood inference.

Key Words：Copulas; Generalized Estimating Equations; Geostatistics; Godambe; Information; Longitudinal Data; Multivariate Binary Data; Pseudo-likelihood; Quasi-likelihood; Robustness; Spatial Extremes; Time Series; Generalized Linear-models Correlated Binary Data; Conditional Score; Functions; State-space Models; Time-series Models; Panel Count Data; Pairwise Likelihood; Pseudo-likelihood; Mixed Models; Marginal; Likelihoods

文章名称：复合似然方法概述

期刊名称：统计学报

作　　者：克里斯蒂亚诺·瓦兰，雷德·N.，大卫·费斯

出版时间：2011.1

内容摘要：基于 Varin（2008）的文章，本文给出了一个关于复合似然方法应用和理论最新发展的调查，包括地理统计、空间极限、时空模型以及聚类、纵向和时间序列等一大批应用领域。根据 Larribe 和 Fearnhead（2011）的文章，这里不包括一个重要的应用领域统计遗传学。本文强调复合似然方法理论的进展和复合似然方法推断效率和稳健性的现状。

关键词：连接函数；广义估计方程；地理统计；Godambe；信息准则；纵向数据；多元二项数据；伪似然；拟似然；稳健性；空间极限；时间序列；广义二元线性模型；条件评分；函数；状态空间模型；时间序列模型；面板计数数据；成对似然；混合模型；边际；似然

Title：Bayesian Non–parametric Hidden Markov Models with Applications in Genomics

Journal：Journal of the Royal Statistical Society Series B–Statistical Methodology

Author：Yau C., Papaspiliopoulos O., Roberts G. O., Holmes C.

Publication Data：2011

Abstract：We propose a flexible non–parametric specification of the emission distribution in hidden Markov models and we introduce a novel methodology for carrying out the computations. Whereas current approaches use a finite mixture model, we argue in favour of an infinite mixture model given by a mixture of Dirichlet processes. The computational framework is based on auxiliary variable representations of the Dirichlet process and consists of a forward–backward Gibbs sampling algorithm of similar complexity to that used in the analysis of parametric hidden Markov models. The algorithm involves analytic marginalizations of latent variables to improve the mixing, facilitated by exchangeability properties of the Dirichlet process that we uncover in the paper. A by-product of this work is an efficient Gibbs sampler for learning Dirichlet process hierarchical models. We test the Monte Carlo algorithm proposed against a wide variety of alternatives and find significant advantages. We also investigate by simulations the sensitivity of the proposed model to prior specification and data–generating mechanisms. We apply our methodology to the analysis of genomic copy number variation. Analysing various real data sets we find significantly more accurate inference compared with state of the art hidden Markov models which use finite mixture emission distributions.

Key Words：Block Gibbs Sampler；Copy Number Variation；Local and Global Clustering；Partial Exchangeability；Partition Models；Retrospective Sampling；Single –molecule Fret；Array Cgh Data；Dirichlet Processes；Inference；Mixtures；Priors

文章名称：贝叶斯非参数隐马尔科夫模型在基因组学中的应用

期刊名称：皇家统计学会统计方法论 B

作　　者：亚尤·C.，奥米俄斯·帕帕斯菲里奥波洛斯，加雷斯·O.罗伯茨，切斯·霍尔姆斯

出版时间：2011

内容摘要：我们提出了关于设定隐马尔科夫模型中发射概率分布的一种灵活的非参数方法，并且还介绍了一种新的方法来执行其计算过程。然而，现有的方法使用的是有限混合模型，我们则认为应该支持基于混合狄利克雷过程的无限混合模型。计算的框架是建立在代表狄利克雷过程的辅助变量之上的，并且包含了前向后向 Gibbs 抽样算法，与分析参数隐马尔科夫模型的复杂度类似。该算法包括了分析性边际化潜变量来改善和加强了混合模型，这些是通过我们在本文中发现的狄利克雷过程可交换性属性来提供的。本文工作的副产品是提供学习狄利克雷过程层次模型的一个有效的 Gibbs 采样器。我们同过蒙特卡罗算法模拟测试，发现它相比很多其他选择有着显著的优势。我们还通过模拟检查提出了模

型对先验设定的敏感程度，同时探讨了数据生成机制。我们将该方法应用于基因组学的拷贝数变异分析中。分析了很多真实数据集后我们发现，我们的模型与有限混合发射概率分布的隐马尔科夫模型相比，推断的准确性有显著的提高。

　　关键词：块吉布斯采样器；拷贝数变异；局部和全局聚类；部分交换性；分配模型；回顾采样；单分子荧光共振能量转移；狄利克雷过程；推断；混合；先验

Title: A Statistical Analysis of Multiple Temperature Proxies: Are Reconstructions of Surface Temperatures over the Last 1000 Years Reliable?

Journal: Annals of Applied Statistics

Author: McShane B. B., Wyner A. J.

Publication Data: 2011.3

Abstract: Predicting historic temperatures based on tree rings, ice cores, and other natural proxies is a difficult endeavor. The relationship between proxies and temperature is weak and the number of proxies is far larger than the number of target data points. Furthermore, the data contain complex spatial and temporal dependence structures which are not easily captured with simple models. In this paper, we assess the reliability of such reconstructions and their statistical significance against various null models. We find that the proxies do not predict temperature significantly better than random series generated independently of temperature. Furthermore, various model specifications that perform similarly at predicting temperature produce extremely different historical backcasts. Finally, the proxies seem unable to forecast the high levels of and sharp run-up in temperature in the 1990s either in-sample or from contiguous holdout blocks, thus casting doubt on their ability to predict such phenomena if in fact they occurred several hundred years ago. We propose our own reconstruction of Northern Hemisphere average annual land temperature over the last millennium, assess its reliability, and compare it to those from the climate science literature. Our model provides a similar reconstruction but has much wider standard errors, reflecting the weak signal and large uncertainty encountered in this setting.

Key Words: Climate Change; Global Warming; Paleoclimatology; Temperature; Reconstruction; Model Validation; Cross-validation; Time Series; Past Climate; Paleoclimate; Reconstruction; Bayesian Algorithm; Millennium; Robustness; Selection; Anomalies; Space

文章名称: 多种温度指标的统计分析: 最近 1000 年地表温度的重现可不可靠?

期刊名称: 应用统计年鉴

作　　者: 布雷克·麦克谢恩, 安东尼·J.威勒

出版时间: 2011.3

内容摘要: 通过年轮、冰核和其他自然指标估计历史温度是一个比较复杂的工作。指标和温度的关系很弱而且指标的数量远大于目标数据点的数量。不止如此, 数据还包含了无法通过简单模型捕捉的复杂的空间和时间相关性。在本文中, 我们评估了这种重现的可靠性和在面对各种零模型时它们的统计显著程度。我们发现, 这些指标在估计温度时并不比随机模型要更显著。不止如此, 很多专注于温度估计的模型得出了很多和历史数据完全相反的结果。最后, 这些指标似乎都无法预报 20 世纪 90 年代的温度急剧升高, 无论是通过样本或是相邻的保持模块。所以人们对于这些模型能否估计数百年前的温度是有疑惑

的。我们提出了最近 1000 年北半球每年的平均地面温度再现，估计了它的可靠程度，并把它和其他气候科学文献做了对比。我们的模型提供了一个相似但有更多标准差的重现，显示了这个设定中虚弱的信号传递以及很大的不确定性。

关键词：气候变化；全球变暖；古气候学；温度；再现；模型验证；交叉验证；时间序列；过去的气候；古气候；贝叶斯算法；千年；稳健性；选择；异常；空间

Title：Selection and Comparative Advantage in Technology Adoption

Journal：Econometrica

Author：Suri Tavneet

Publication Data：2011.1

Abstract：This paper investigates an empirical puzzle in technology adoption for developing countries：the low adoption rates of technologies like hybrid maize that increase average farm profits dramatically. I offer a simple explanation for this：benefits and costs of technologies are heterogeneous，so that farmers with low net returns do not adopt the technology. I examine this hypothesis by estimating a correlated random coefficient model of yields and the corresponding distribution of returns to hybrid maize. This distribution indicates that the group of farmers with the highest estimated gross returns does not use hybrid，but their returns are correlated with high costs of acquiring the technology (due to poor infrastructure). Another group of farmers has lower returns and adopts，while the marginal farmers have zero returns and switch in and out of use over the sample period. Overall，adoption decisions appear to be rational and well explained by (observed and unobserved) variation in heterogeneous net benefits to the technology.

Key Words：Technology；Heterogeneity；Comparative Advantage；Random Coefficient Model；Hybrid Corn；Panel–data；Instrumental；Variables；Developing–countries；Rogr-training–programsam Evaluations；Agriculture；Earnings；Returns

文章名称：技术采用的选择和比较优势

期刊名称：计量经济学

作　　者：苏瑞·塔维涅特

出版时间：2011.1

内容摘要：本文研究了一个发展中国家技术采用的实证悖论：低采用率的技术如杂交玉米使农场的平均利润显著增加。对此，笔者给出了一个简单的解释：技术的收益和成本是异质的，所以低净回报的农民是不会采用该技术的。笔者通过以下方法检验了这个假设，估计一个收益率的随机系数模型和相应的杂交玉米收益分布。此分布结果显示，最高预计收益的农民组没有使用杂交技术，但是他们的收益与使用技术的高成本相关（因为较差的基础设施）。较低收益并使用技术的农民组，虽然每个农民只有零的回报且在样本期中反复使用和脱离技术。使用技术的决定被认为是理性的，并且能被该技术异质性净回报率中可观察和不可观察的方差所解释。

关键词：技术；异质性；比较优势；随机系数模型；杂交农作物；面板数据；工具变量；发展中国家；项目评估；培训项目；农业；所得；收益

Title：Weak and Strong Cross-section Dependence and Estimation of Large Panels

Jouranl：Econometrics Journal

Author：Chudik Alexander, Pesaran M. Hashem, Tosetti Elisa

Publication Data：2011.1

Abstract：This paper introduces the concepts of time-specific weak and strong cross-section dependence, and investigates how these notions are related to the concepts of weak, strong and semi-strong common factors, frequently used for modelling residual cross-section correlations in panel data models. It then focuses on the problems of estimating slope coefficients in large panels, where cross-section units are subject to possibly a large number of unobserved common factors. It is established that the common correlated effects (CCE) estimator introduced by Pesaran remains asymptotically normal under certain conditions on factor loadings of an infinite factor error structure, including cases where methods relying on principal components fail. The paper concludes with a set of Monte Carlo experiments where the small sample properties of estimators based on principal components and CCE estimators are investigated and compared under various assumptions on the nature of the unobserved common effects.

Key Words：Common Correlated Effects (CCE) Estimator; Panels; Strong and Weak Cross-section Dependence; Weak and Strong Factors

文章名称：横截面相关性的强弱和大型面板的估计

期刊名称：计量经济学期刊

作　　者：亚历山大·朱迪克，哈希姆·M.皮萨安，艾莉莎·托塞迪

出版时间：2011.1

内容摘要：本文介绍了特定时间横截面相关性强弱的概念，并且研究了这些概念是如何和在面板数据残差横截面相关模型中常用的弱、强、半强因素相关的。本文重点关注横截面单元可能有大量的未被注意的常见因素时大型面板数据中的斜率系数问题。我们证明了 Pesaran 提出的一般相关性影响估计方法（CCE）在无限因子误差载荷结构的特定条件下仍然是渐近正态的。其中包含用主成分方法失效的情况。本文通过一系列蒙特卡罗试验进行总结，调查了基于主成分估计的小样本性质和 CCE 估计，比较了它们在不同假设条件下的影响。

关键词：一般相关性影响估计；面板；横截面强弱相关性；强弱因素

Title：Comparing Coefficients of Nested Nonlinear Probability Models

Journal：Stata Journal

Author：Kohler Ulrich，Karlson Kristian Bernt，Holm Anders

Publication Data：2011.1

Abstract：In a series of recent articles, Karlson, Holm, and Breen（Breen, Karlson, and Holm，2011，http：//papers.ssrn.com/sol3/papers.cfm？abstractid=1730065；Karlson and Holm，2011，Research in Stratification and Social Mobility 29：221 237；Karlson, Holm, and Breen，2010，http：//www.yale.edu/ciqle/Breen_Scaling %20effects.pdf）have developed a method for comparing the estimated coefficients of two nested nonlinear probability models. In this article，we describe this method and the user-written program KHB，which implements the method. The KHB method is a general decomposition method that is unaffected by the resealing or attenuation bias that arises in cross-model comparisons in nonlinear models. It recovers the degree to which a control variable, Z, mediates or explains the relationship between X and a latent outcome variable, Y*, underlying the nonlinear probability model. It also decomposes effects of both discrete and continuous variables，applies to average partial effects，and provides analytically derived statistical tests. The method can be extended to other models in the generalized linear model family.

Key Words：KHB；Decomposition；Path Analysis；Total Effects；Indirect Effects；Direct Effects；Logit；Probit；Primary Effects；Secondary Effects；Generalized Linear Model；KHB Method

文章名称：比较嵌套非线性概率模型的系数

期刊名称：Stata 期刊

作　者：乌尔里希·科勒，克里斯蒂安·贝尔恩特·卡尔森，安德斯·霍尔姆

出版时间：2011.1

内容摘要：在一系列最近的文献中，Kalson、Holm 和 Breen 发展了一个比较两个嵌套的非线性概率模型系数的方法。在本文中，我们阐述了该方法及其补充程序 KHB。KHB 是一个广义的分解方法，它不受非线性模型中跨模型比较的再封装或衰减偏差的影响。该方法恢复了控制变量 Z，调解或解释了 X 和潜在输出变量 Y 之间的关系，这是非线性概率模型的基础。该方法也分解了离散和连续变量的效应，应用于平均分离效应，并提供了分析性的统计测试推导方法。这个方法也可以被扩展到广义线性模型家族的其他模型中去。

关键词：KHB；分解；路径分析；总效应；间接效应；直接效应；Logit；Probit；主效应；次效应；广义线性模型

Title：Nonparametric Instrumental Regression

Journal：Econometrica

Author：Darolles S., Fan Y., Florens J. P., Renault E.

Publication Data：2011.9

Abstract：The focus of this paper is the nonparametric estimation of an instrumental regression function PHI defined by conditional moment restrictions that stem from a structural econometric model E [Y–PHI (Z) vertical bar W] = 0, and involve endogenous variables Y and Z and instruments W. The function PHI is the solution of an ill–posed inverse problem and we propose an estimation procedure based on Tikhonov regularization. The paper analyzes identification and overidentification of this model, and presents asymptotic properties of the estimated nonparametric instrumental regression function.

Key Words：Instrumental Variables; Integral Equation; Ill–posed Problem; Tikhonov Regularization; Kernel Smoothing; Simultaneous–equations Models; Posed Inverse Problems; Identification; Variables; Operator

文章名称：非参数工具变量回归

期刊名称：计量经济学

作　　者：谢尔盖·达洛雷斯，J.P.弗洛伦斯，E.雷诺

出版时间：2011.9

内容摘要：本文的关注点是工具变量回归函数 φ 的非参数估计，其中 φ 由一个条件均值定义，该定义来源于一个 $E[Y-\varphi(z)|W]=0$ 的计量模型，包含内生变量 Y、Z 和工具变量 W。函数 φ 是一个病态逆问题的解决方案，并且，我们还提出了一个基于 Tikhonov 正则化的估计过程。本文分析了模型的识别和过度识别问题，并且呈现了非参数工具回归函数的渐近性质。

关键词：工具变量；积分方程；问题；Tikhonov 正则化；核平滑；联立方程模型；反定问题；识别；变量；算子

Title: Cause-Specific Cumulative Incidence Estimation and the Fine and Gray Model under Both Left Truncation and Right Censoring

Journal: Biometrics

Author: Geskus R. B.

Publication Data: 2011.3

Abstract: The standard estimator for the cause-specific cumulative incidence function in a competing risks setting with left truncated and/or right censored data can be written in two alternative forms. One is a weighted empirical cumulative distribution function and the other a product-limit estimator. This equivalence suggests an alternative view of the analysis of time-to-event data with left truncation and right censoring: individuals who are still at risk or experienced an earlier competing event receive weights from the censoring and truncation mechanisms. As a consequence, inference on the cumulative scale can be performed using weighted versions of standard procedures. This holds for estimation of the cause-specific cumulative incidence function as well as for estimation of the regression parameters in the Fine and Gray proportional subdistribution hazards model. We show that, with the appropriate filtration, a martingale property holds that allows deriving asymptotic results for the proportional subdistribution hazards model in the same way as for the standard COX proportional hazards model. Estimation of the cause-specific cumulative incidence function and regression on the subdistribution hazard can be performed using standard software for survival analysis if the software allows for inclusion of time-dependent weights. We show the implementation in the R statistical package. The proportional subdistribution hazards model is used to investigate the effect of calendar period as a deterministic external time varying covariate, which can be seen as a special case of left truncation, on AIDS related and non-AIDS related cumulative mortality.

Key Words: Competing Risks; Inverse Probability Weight; Subdistribution Hazard; Survival Analysis; Proportional Hazards Models; Competing Risks; Weighted Average; Regression-model; Probability; Sample; Time

文章名称：病因特异性累积发病率的估计以及左截断和右删失的 Fine 和 Gray 模型

期刊名称：生物统计

作　　者：罗纳德·B.格斯卡斯

出版时间：2011.3

内容摘要：在竞争风险背景下，标准的左截断和右删失数据下的病因特异性累积发病率函数的估计量有两种不同的形式。一种是加权累积分布函数，而另外一种是产出限制估计量。这种同质化表明了一种在左截断和右删失形式下从时间到事件分析的不同观点：那些仍处于风险或早期竞争事件的个体会受到截断和删失机制的权重影响。这样的结果是，权重形式的标准手段可以显示累积形式的影响。这种方法适用于病因特异性累积发病率函数的估计，同时也适用于 Fine 和 Gray 比例次分配风险模型回归参数的估计。次分配风险模型下的病因特异性累积发病率函数和回归的估计还可以用标准生存分析的软件来得到，只要这种软件支持时间相关权重。我们用 R 统计包表现了这种实现。比例次分配风险模型被用来发现决定性的外生时间协变量下的女性周期效果，这种效果能够作为特别的艾滋病相关和艾滋病不相关累积寿命的左截断观察案例。

关键词：竞争风险；逆概率权重；次分配风险；生存分析；比例风险模型；平均权重；回归模型；概率；样本；时间

Title：Sequential Methods for Random-effects Meta-analysis

Journal：Statistics in Medicine

Author：Higgins J. P. T., Whitehead A., Simmonds M.

Publication Data：2011.4.30

Abstract：Although meta-analyses are typically viewed as retrospective activities，they are increasingly being applied prospectively to provide up-to-date evidence on specific research questions. When meta-analyses are updated account should be taken of the possibility of false-positive findings due to repeated significance tests. We discuss the use of sequential methods for meta-analyses that incorporate random effects to allow for heterogeneity across studies. We propose a method that uses an approximate semi-Bayes procedure to update evidence on the among-study variance，starting with an informative prior distribution that might be based on findings from previous meta-analyses. We compare our methods with other approaches，including the traditional method of cumulative meta-analysis，in a simulation study and observe that it has Type I and Type II error rates close to the nominal level. We illustrate the method using an example in the treatment of bleeding peptic ulcers.

Key Words：Meta-analysis；Sequential Methods；Cumulative Meta-analysis；Prospective Meta-analysis；Prior Distributions；Clinical-trials；Cumulative Meta-analysis；Iterated Logarithm；Interim；Analyses；Size；Law

文章名称：随机效应元分析的序贯方法

期刊名称：医药统计学

作 者：乔纳森·P.T.希金斯，A.怀特海，马修·西蒙斯

出版时间：2011.4

内容摘要：虽然元分析通常被认为是回顾性的研究，事实上元分析越来越多地应用于前瞻性研究，提供具体研究问题的最新证据。在元分析更新时，因为重复的显著性测试，我们一定要考虑假阳性的可能性。考虑到研究中出现的异质性问题，我们讨论了元分析中包含随机效应的序贯方法的使用。我们还提出了一种使用近似半贝叶斯程序的方法来更新研究中方差的证据，这种方法以之前元分析的结论为基础得到的信息先验分布为开始。我们把自己的方法和其他方法作了比较，包括在一个模拟分析之中和传统的累积元分析方法比较。我们发现，我们的方法中第一类错误和第二类错误率接近于名义水平。我们还用一个出血层处理的例子阐述了这个方法。

关键词：元分析；序贯方法；累积元分析；前瞻性元分析；先验分布；临床试验；迭代算法；中期；分析；规模；法则

Title：Estimation of Parameters for Macroparasite Population Evolution Using Approximate Bayesian Computation

Journal：Biometrics

Author：Drovandi C. C., Pettitt A. N.

Publication Data：2011.3

Abstract：We estimate the parameters of a stochastic process model for a macroparasite population within a host using approximate Bayesian computation (ABC). The immunity of the host is an unobserved model variable and only mature macroparasites at sacrifice of the host are counted. With very limited data, process rates are inferred reasonably precisely. Modeling involves a three variable Markov process for which the observed data likelihood is computationally intractable. ABC methods are particularly useful when the likelihood is analytically or computationally intractable. The ABC algorithm we present is based on sequential Monte Carlo, is adaptive in nature, and overcomes some drawbacks of previous approaches to ABC. The algorithm is validated on a test example involving simulated data from an autologistic model before being used to infer parameters of the Markov process model for experimental data. The fitted model explains the observed extra-binomial variation in terms of a zero-one immunity variable, which has a short-lived presence in the host.

Key Words：Approximate Bayesian Computation；Autologistic Model；Inference；Macroparasite；Markov Process；Sequential Monte Carlo；Sequential Monte-carlo；Stochastic Simulation；Likelihoods；Models

文章名称：用近似贝叶斯计算来估计大型寄生虫数量进化的参数

期刊名称：生物统计

作　者：克里斯托弗·C.德罗瓦蒂，安东尼·N.佩蒂蒂

出版时间：2011.3

内容摘要：我们采用了近似贝叶斯计算（ABC）来估计一个关于宿主中大型寄生虫数量的随机过程模型的参数。宿主的免疫系统是一个不可观测的变量，只有成熟的大型寄生虫在宿主身体中牺牲了才会被计数。在非常有限的数据中，过程率被很精确地表现出来。建模包括一个三变量的 Markov 过程，然而观察数据似然是无法被计算追溯的。ABC 方法在似然能够被分析和计算追溯时特别有效。我们提出的 ABC 运算法则以连续型的蒙特卡罗为基础，在本质上是能够适用的，并且克服了很多先前 ABC 方法的缺点。这种算法经过来自 Autologistic 模型的模拟数据实验验证有效后，被用来推断实验数据的马尔科夫过程模型的参数。这种适用模型解释了在 0-1 型免疫变量下观察到的超二项变异，这种免疫变量在宿主中显现的时间很短。

关键词：近似贝叶斯计算；autologistic 模型；推理；大型寄生虫；Markov 过程；连续型蒙特卡罗；随机模拟；似然；模型

Title：Genovo：De Novo Assembly for Metagenomes

Journal：Journal of Computational Biology

Author：Laserson J., Jojic V., Koller D.

Publication Data：2011.3

Abstract：Next-generation sequencing technologies produce a large number of noisy reads from the DNA in a sample. Metagenomics and population sequencing aim to recover the genomic sequences of the species in the sample, which could be of high diversity. Methods geared towards single sequence reconstruction are not sensitive enough when applied in this setting. We introduce a generative probabilistic model of read generation from environmental samples and present Genovo, a novel de novo sequence assembler that discovers likely sequence reconstructions under the model. A nonparametric prior accounts for the unknown number of genomes in the sample. Inference is performed by applying a series of hill-climbing steps iteratively until convergence. We compare the performance of Genovo to three other short read assembly programs in a series of synthetic experiments and across nine metagenomic datasets created using the 454 platform, the largest of which has 311k reads. Genovo's reconstructions cover more bases and recover more genes than the other methods, even for low-abundance sequences, and yield a higher assembly score.

Key Words：Algorithms；Cancer Genomics；Sequences；Short Reads；Environment；Algorithms；Genomes

文章名称：Genovo：元基因组学的重新集合

期刊名称：计算生物学期刊

作　者：J.雷瑟森，弗拉德米尔·乔基奇，达芙妮·科勒

出版时间：2011.3

内容摘要：下一代测序技术使得在样本 DNA 读取中产生了很多噪声读数。元基因组学和人口测序希望能够恢复样本中种群的基因组序列，这可能有较高的多样性。在这种设定下，面向单序列重建的方法不够敏感。所以我们引入了从环境样本中读取下一代的生成概率模型，并且介绍了 Genovo——一个新型的集合序列重组的方法，进而发现可能的序列重建模型。一个非参数先验负责样本中的未知数量基因组。通过重复使用一系列步骤以达到收敛，最后做出推理。我们使用了一系列的合成试验和使用 454 平台创造的元基因组数据集（最大的数据有 311k 的读数），比较了 Genovo 的结果和其他三种短期读数收集程序。相比于其他方法，Genovo 的重建能够涵盖更多的成分并且能够重现更多的基因。即使是低丰度的序列，仍能够获得一个高的组合得分。

关键词：算法；肿瘤基因组学；序列；短期读数；环境；算法；基因组

Title：Multivariate Quantiles in Hydrological Frequency Analysis

Journal：Environmetrics

Author：Chebana F., Ouarda Tbmj

Publication Data：2011.2

Abstract：Several hydrological phenomena are described by two or more correlated characteristics. These dependent characteristics should be considered jointly to be more representative of the multivariate nature of the phenomenon. Consequently, probabilities of occurrence cannot be estimated on the basis of univariate frequency analysis (FA). The quantile, representing the value of the variable (s) corresponding to a given risk, is one of the most important notions in FA. The estimation of multivariate quantiles has not been specifically treated in the hydrological FA literature. In the present paper, we present a new and general framework for local FA based on a multivariate quantile version. The multivariate quantile offers several combinations of the variable values that lead to the same risk. A simulation study is carried out to evaluate the performance of the proposed estimation procedure and a case study is conducted. Results show that the bivariate estimation procedure has an analogous behaviour to the univariate one with respect to the risk and the sample size. However, the dependence structure between variables is ignored in the univariate case. The univariate estimates are obtained as special combinations by the multivariate procedure and with equivalent accuracy.

Key Words：Frequency Analysis；Multivariate Quantile；Estimation；Hydrology；Floods；Of-fit Tests；Bivariate；Copulas；Events

文章名称：水文频率分析中的多元分位数

期刊名称：环境统计

作　　者：法特赫·显巴纳，特梅杰·奥阿达

出版时间：2011.2

内容摘要：一些水文现象可以用两个或以上相关的特征描绘出来。这些相关的特征应该同时考虑从而更好地表现现象的多元本质。所以，我们不能用单因素基础的频率分析（FA）来估计水文产生的概率。作为一个在给定风险下表现变量值的属性，分位数是 FA 分析中最重要的概念之一。现有的水文 FA 分析文献还没有特别强调多元分位数的估计。在本文中，我们呈现了一个新的广泛适用的、基于多元分位数的本地 FA 框架。多元分位数提供了趋向于相同风险的一些变量值组合。我们做了一个模拟研究，以评估我们提出的估计方法。我们还相应做了案例研究。结果显示，在相同的风险水平和样本规模下，二元估计和一元估计有相似的性能。但是，一元方法忽视了变量间的相关结构。一元估计可以在多元手段的特殊组合中得到，并且能够得到相同的精确度。

关键词：频率分析；多元分位数；估计；水文；潮汐；拟合检验；二元；连接函数；事件

第三章　统计学学科 2011 年出版图书精选

第一节

中文图书精选

序号	作者	书名	自学科
1	李锡钦	应用统计学丛书·结构方程模型：贝叶斯方法	数理统计
2	陈希孺	广义线性模型的拟似然法	数理统计
3	杨振海、程维虎、张军舰	拟合优度检验	数理统计
4	马秀峰、夏军	游程概率统计原理及其应用	数理统计
5	陈霸东、朱煜、胡金春	系统参数辨识的信息准则及算法	数理统计
6	赵建华	数据降维和聚类中的若干问题研究（英文）	数理统计
7	徐礼文	线性模型的预测理论及其应用	数理统计
8	傅德印、黄恒君	统计调查质量的测度与评估方法	社会经济统计
9	赵喜仓	中国 R&D 统计理论、方法及应用研究	社会经济统计
10	程虹、李丹丹、范寒冰	宏观质量统计与分析	社会经济统计
11	蒋萍	统计百家丛书：核算制度缺陷、统计方法偏颇与经济总量失实	社会经济统计
12	任英华	现代服务业集聚统计模型及其应用	社会经济统计
13	周荣喜、杨丰梅	利率期限结构模型：理论与实证	经济统计
14	蒋家东、冯允成	统计过程控制	社会经济统计
15	陈娟	浙江省城镇居民地区收入不平等统计研究——基于非参数理论的研究视角	社会经济统计
16	刘强	关于测量误差模型的统计推断研究	生物医学统计
17	胡良平	正确实施科研设计与统计分析：统计学三型理论在生物医学领域中的应用与发展	生物医学统计
18	胡良平、王琪	中医药科研设计与统计分析	生物医学统计
19	刘鸣	系统评价、Meta-分析设计与实施方法	生物医学统计
20	李仲生	发达国家的人口变动与经济发展	人口统计

书　名：《应用统计学丛书·结构方程模型：贝叶斯方法》
Title：Structural Equation Modelling: A Bayesian Approach
作　者：李锡钦
出版社：高等教育出版社
时　间：2011.08

内容简介： 贝叶斯分析方法（Bayesian Analysis）提供了一种计算假设概率的方法，这种方法是基于假设的先验概率、给定假设下观察到不同数据的概率以及观察到的数据本身而得出的。其方法为，将关于未知参数的先验信息与样本信息综合，再根据贝叶斯公式，得出后验信息，然后根据后验信息去推断未知参数的方法。

计算后验分布期望的传统数值计算方法是数值积分、拉普莱斯近似计算和蒙特卡罗（Monte Carlo）重要抽样。目前，MCMC 方法，即马尔科夫链——蒙特卡罗（Markov Chain Monte Carlo）方法已经变成了非常流行的贝叶斯计算方法。一方面是由于它处理复杂问题的效率，另一方面是因为它的编程方法相对容易。

关于 MCMC 方法最重要的软件包是 BUGS（Bayesian Inference Using Gibbs Sampling）和 WinBUGS。这个软件最初是由位于英国剑桥的生物统计学研究所（Biostatistics the Medical Research Council，Cambridge，United Kingdom）研制的，现在由这个研究所和位于伦敦的皇家学院医学分院（The Imperial College School of Medicine）共同开发。

BUGS 的运行以 MCMC 方法为基础，它将所有未知参数都看作随机变量，然后对此种类型的概率模型进行求解。它所使用的编程语言非常容易理解，允许使用者直接对研究的概率模型做出说明。软件中的 MCMC 分析部分采用 Fortran 语言编写，相关的编程语言设计非常有效。BUGS 的主要目的是解决对完全概率模型的 MCMC 分析，BUGS 软件包适用于计算机的各种操作平台。WinBUGS 是在 BUGS 基础上开发面向对象交互式的 Windows 软件版本，它可以在 Windows 操作系统中使用，此外，WinBUGS 还提供了图形界面，允许通过点击鼠标直接建立研究模型。

本书提出了新的模型和统计方法以更精确地分析更加复杂的数据。结构方程模型的贝叶斯方法使用先验信息，得到更准确的参数估计、潜在变量估计以及用于模型比较的统计量，并且在小样本情况下能得到更稳健的结果。香港中文大学统计系李锡钦教授的专著《结构方程模型：贝叶斯方法》概括了本学科的近期发展，并有如下特点：示范如何使用强大的统计计算工具得到贝叶斯结果；讨论用于模型比较的贝叶斯因子和偏差信息准则；涵盖多种复杂的模型；通过模拟研究以及来自工商管理学、教育学、心理学、公共卫生和社会学的实际数据说明所提出的方法；通过辅助网页提供的程序代码以及数据集示范免费软件 WinBUGS 的应用。《结构方程模型：贝叶斯方法》可作为不同领域（包括统计学、生物统计学、商学、教育学、医学、心理学、公共卫生与社会学等）的教师、学生和研究人员学习统计分析、统计方法的工具书。

书　　名：《广义线性模型的拟似然法》

Title： Linear Model Parameter Estimation Theory

作　　者：陈希孺

出版社：中国科学技术大学出版社

时　　间：2011.01

内容简介： 广义线性模型是线性模型的扩展，其特点是不强行改变数据的自然度量，数据可以具有非线性和非恒定方差结构，主要是通过联结函数 g( )，建立响应变量 Y 的数学期望值与线性组合的预测变量 P 之间的关系。与线性模型相比，GLM 模型中 Y 的分布可以是任何形式的指数分布（如高斯分布、泊松分布、二项式分布），联结函数可以是任何单调可微函数（如对数函数 logarithm 或逻辑函数 logit）。这些优点使得 GLM 模型可以处理非正态分布的响应变量，同时可包含定性、半定量的预测变量；Y 通过联结函数 g[E(Y)] 与线性预测因子 P 建立联系，不仅确保线性关系，且可保证预测值落在响应变量的变幅内，并可解决数据过度离散的问题，从而使 GLM 逐渐成为植被—环境关系研究的重要模型，并得到越来越多的关注。

《广义线性模型的拟似然法（陈希孺文集)》是一本广义线性模型理论的入门用书，内容除了广义线性模型的建模方法外，主要是关于广义线性模型的几种基本统计推断形式（极大似然估计、假设检验和拟似然估计）的大样本理论，最后一章讲述了广义线性模型的模型选择和诊断。

全书共分为四章。第一章介绍了一维广义线性回归和多维广义线性回归的建模问题。第二章讨论了广义线性回归极大似然估计的大样本理论，包括向量函数导数、自然联系、非自然联系、拟似然估计。第三章介绍了 GLM 参数的假设检验问题，包括了 Wald 检验、约束检验以及似然比检验。第四章讨论了模型的选择与诊断问题，包括 P 值、模型选择和诊断问题三个方面。

书　名:《拟合优度检验》
Title: The Test of Goodness of Fit
作　者: 杨振海、程维虎、张军舰
出版社: 科学出版社
时　间: 2011.03

内容简介: 拟合优度检验在统计理论中有其特殊地位,不仅是统计基础的组成部分,而且和实际应用有密切关系。众所周知,参数估计和参数的假设检验,是总体分布在一定类型的条件下展开其理论的。例如,在总体分布是正态条件下,关于其参数数学期望和方差的估计和假设检验有严密系统的理论,在实际中广泛地应用正态总体的参数估计和假设检验理论处理实际问题。在总体分布是多元正态分布条件下,参数估计、假设检验问题是构成多元统计分析的主体。在线性模型或复杂的其他模型中,也都是在观察值服从特定分布的前提下展开其统计推断理论的。即使对总体分布要求很少的非参数方法,也是在总体分布满足一定条件下讨论各类问题的。统计理论讨论的问题相当复杂多样,难以用简短语言概括其具体理论,但无论什么统计模型,总是假设观测误差的分布属于特定分布族,在此前提下讨论各种统计问题。在处理实际问题时,也总是先选定统计模型,然后按该模型的理论处理这些问题。因此,不管是统计理论还是处理实际问题,我们经常需要回答总体分布或数据是否属于相应统计模型所要求的总体分布族这个问题。换言之,是否可用已知分布(族)拟合现实数据?拟合好坏的标准是什么?这就是拟合优度检验要研究的问题。

本书系统介绍拟合优度检验的理论、方法及其应用,其中包括作图法与回归方法、χ^2 型检验、edf 型检验、拟合优度检验中的变换方法、常见分布的拟合优度检验、多元分布的拟合优度检验等。拟合优度检验不仅是统计基础的组成部分,而且和实际应用有密切关系,其内容讨论可用已知分布(或分布族)拟合现实数据以及评价拟合优劣的标准等。

书　名：《游程概率统计原理及其应用》

Title: Probability and Statistics Principle and Its Application
　　　　of Run

作　者：马秀峰、夏军

出版社：科学出版社

时　间：2011.07

内容简介：本书是著者对游程长度、数量的概率统计问题17年的研究成果。它着重向读者介绍如何应用"游程分析"的数学工具，揭示我国历史文献灾情记录中蕴含的重现规律。书中详细地介绍了著者独特的研究思路和方法：首先根据游程长度与数量的基本定义，依据概率论的基本原理，生成可能发生互不重复的全部样本，用"概念、数字、解析技术"寻求样本游程长度、数量的概率密度、分布及数字特征等一整套解析公式；其次用随机模拟的方式，生成大量独立或非独立样本，对解析公式的可靠性、适用性进行检验。对于长期困扰统计学界的非独立样本游程概率问题，也创造性地给出了简练、有效的解决方法。书中还介绍了估算黄河流域连旱重现期的典型算例，以及应对环境变化、多年连旱的应用实例。《游程概率统计原理及其应用》以一般理工科专业师生能够顺利阅读为宗旨进行撰写，在学术和方法论上都希望给读者有益的启迪。

本书把游程分析大致划分为两大部分：第2章至第5章集中探讨样本游程长度的概率密度与数字特征。第6章和第7章集中探讨样本游程数目的概率密度与数字特征。在使用游程理论回答实际问题时，往往要牵涉时序系列的独立性问题。例如，要回答年径流系列中丰水段或枯水段的重现期时，首先要分析相邻年份之间的径流是否存在着相关关系。因为不独立的时序系列与相互独立的时序系列相比，游程长度或游程数目的统计特征将发生明显差异。

本书可供希望利用历史文献、构建符号序列、研究灾情演化规律的专业人士参考，也可供防灾、减灾、水文、气象、水资源、海洋、保险、农业等部门有关科技人员及大专院校的师生参考。

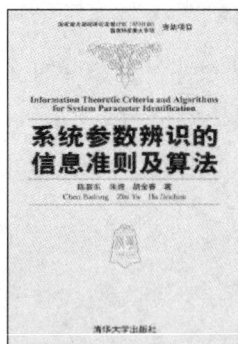

书　名：《系统参数辨识的信息准则及算法》

Title： Information Theoretic Criteria and Algorithms for System Parameter Identificatio

作　者：陈霸东、朱煜、胡金春

出版社：清华大学出版社

时　间：2011.05

　　内容简介： 系统辨识是建立系统数学模型的一种方法，换言之，是从含有噪声的系统输入、输出数据中估计未知系统的数学模型。许多学者力图给系统辨识下一个明确的定义。1962年，Zadeh给出的定义是："系统辨识就是在输入和输出数据的基础上，从一组给定的模型中，确定一个与所测系统等价的模型。"寻找一个与实际系统完全吻合的模型几乎是不可能的。实际上，系统的输入、输出数据一般都含有噪声，故辨识所得的模型只不过是实际系统的一种近似描述。为此，1974年，Eykhoff给出了系统辨识的另一个定义："辨识问题可以归结为用一个模型来表示客观系统（或将要构造的系统）本质特征的一种演算，并用这个模型把对客观系统的理解表示成有用的形式。"显然，Eykhoff的定义并不期望获得一个物理实际的确切数学描述，所要的仅是一个适合应用的模型。1978年，Ljung给辨识下的定义为："辨识有三个要素：数据、模型和准则。辨识就是按照一个准则在一组模型中选择一个与数据拟合得最好的模型。"根据Zadeh和Ljung的定义，系统辨识涉及三大要素：数据、模型和等价准则（或准则函数）。这三大要素直接影响着辨识诸多方面的性能，包括可系统辨识性、辨识精度、辨识算法的复杂性及鲁棒性等。因此，如何设计或选择这三大要素一直受到广泛关注。

　　本书为系统参数计算提供解决手段，进而为对象的表征、分析、优化、控制等应用提供模型基础。准则函数是系统参数辨识的要素，影响辨识的各个方面，包括参数可辨识性、辨识精度、算法复杂性及鲁棒性等。作为新型准则函数，信息准则为系统辨识开辟了崭新途径，成为信号处理与系统模型参数辨识相关领域的重要研究方向。《系统参数辨识的信息准则及算法》系统地介绍系统参数辨识的各种信息准则及相应辨识算法、算法特性分析，包括最小误差熵准则、最小信息距离准则、最大（小）互信息准则等，介绍了其基本概念和性质、实现算法及仿真算例。

　　本书可供系统辨识与信号处理、系统控制、人工神经网络、模式识别、神经及认知科学等学科或领域的科技工作者阅读，也可供这些领域的研究生和本科生参考。

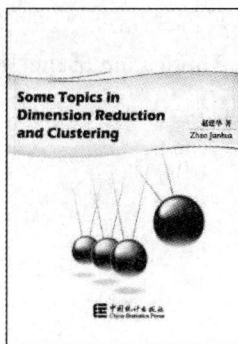

书　名：《数据降维和聚类中的若干问题研究（英文）》

Title：Some Topics in Dimension Reduction and Clustering

作　者：赵建华

出版社：中国统计出版社

时　间：2011.08

　　内容简介：数据挖掘和机器学习的一个核心研究领域是概率建模，因为概率模型法与非概率方法相比，有很多优势。给定一个概率模型，可以采用极大似然（ML）方法或者是变分贝叶斯（VB）方法来调试模型。在 ML 方法中：①许多算法可能收敛得非常缓慢，因此计算高效的方法通常是被需要的。②尽管存在许多选择模型的准则，但是选择一个合适的模型很困难，因此，需要具有更高准确度的准则。在 VB 方法中，采用不同的先验会产生不同的表现形式，因此研究如何选择一个合适的先验是很重要的。这本书对数据降维和聚类问题中的建模、估计和模型选择 3 个副主题进行了研究。

　　全书共分为七章。第一章为绪论，简单介绍了主成分分析法和变量模型、因子分析以及概率主成分。第二章介绍了因子分析法的 ML 估计、EM 算法和非 EM 算法。第三章讨论了混合因子分析通过 ECM 算法的快速 ML 估计。第四章介绍了混合模型选择的准则：BIC 准则以及等级 BIC 准则。第五章讨论了变分贝叶斯因子分析。第六章介绍了双线性概率主成分分析。第七章为结论和总结，进行了一些问题的讨论。

书　　名：《线性模型的预测理论及其应用》

Title：The Linear Prediction Theory and Application of the Model

作　　者：徐礼文

出版社：中国水利水电出版社

时　　间：2011.06

　　内容简介：《线性模型的预测理论及其应用》所论述的主要内容是作者及其合作者在线性统计模型预测这一领域近些年的研究成果，以及相关的最新进展。全书共分六章：第一章通过实例引进线性模型预测问题和预备知识；从第二章开始系统讨论线性模型预测的基本理论、方法及其应用，包括未来观察值的最优线性无偏预测，稳健性预测，可容许性预测，极小、极大预测和混合效应模型中的预测以及它们之间的关系。具体来说，第二章介绍了最优线性无偏预测，包括二次损失下矩阵和多元线性模型中的最优线性无偏预测。第三章讨论了有限总体中预测的稳健性，包括 SPP 的最优性和稳健性、最优线性无偏预测的稳健性。第四章介绍了有限总体中预测的可容许性。第五章讨论了有限总体中的 Minimax 预测。第六章介绍了混合效应模型中的预测。

　　《线性模型的预测理论及其应用》的主要读者对象是数理统计理论与方法研究的专家，数学、工程、经济、金融等领域的科研人员和实际工作者。本书也可用作高等院校数理统计专业本科生、研究生的教材或参考书。

书　名：《统计调查质量的测度与评估方法》

Title： Statistical Investigation Quality Measure and Evaluation Methods

作　者：傅德印、黄恒君

出版社：中国统计出版社

时　间：2011.12

内容简介： 统计调查是根据统计任务的要求，运用科学的调查方法，有计划、有组织地从社会上搜集统计资料的过程。统计调查是统计工作的基础环节，是认识事物的起点。

统计调查搜集来的资料有两种：一种是对调查单位未做任何加工整理的原始资料，又称为初级资料；另一种是次级资料，即已经经过某个部门或地区加工整理过了的综合说明某个部门或地区综合情况的统计资料。

统计调查的种类按调查对象包括的范围不同，可分为全面调查和非全面调查；按登记时间是否连续，可分为经常性调查与一次性调查；按调查的组织方式不同，可分为统计报表制度和专门调查。

本项研究是在国内外有关统计调查质量研究的基础上，界定统计调查质量内涵，将统计调查质量分解到统计数据质量和调查过程质量上来。基于此，再对统计调查质量的测度、评估、控制和改进方法进行系统研究，我们做了如下尝试和探索：

（1）按照调查质量维度，讨论了调查质量测度与评估的框架、思路和方法。

（2）按照人们对事物认识规律的顺序（分类、比较、判别、归纳），讨论了调查质量的识别方法。

（3）按照调查过程，讨论了调查质量测度与评估的框架、思路和方法。

（4）按照调查过程，讨论了调查质量管理与改进的框架、思路和方法。

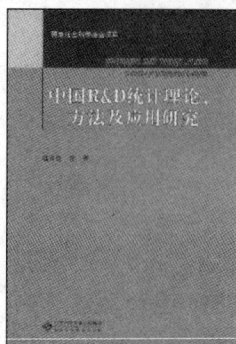

书　名：《中国 R&D 统计理论、方法及应用研究》

Title：China R&D Statistical Theory，Method and Application Research

作　者：赵喜仓

出版社：北京师范大学出版社

时　间：2011.01

　　内容简介：随着经济的全球化，科学技术活动日益国际化，如各国在大科学项目上的广泛合作，各国科技机构和研究人员之间频繁的交流与合作研究，大批跨国公司为了开拓海外市场和利用发展中国家优质廉价的科技人力资源在国外设立研究开发机构，国际间企业技术联盟的不断扩大，等等。怎样准确评估判断当前科技活动、R&D 活动国际化和经济全球化的基本态势，怎样充分利用国际化带来的机会使本国科技实现跨越式发展，是各国尤其是发展中国家不可忽视的政策课题，并由此而成为科技统计指标研究的重要领域。

　　在指标方法论方面，现实中存在着对综合指数评价的迫切需求。顺应这种需求，国内外都有研究者开展了国家科技实力或科技竞争力的综合评价研究。例如：瑞士洛桑国际管理发展研究院的《国际竞争力年度报告》、联合国《人类发展报告》新设立的技术成就指数（TAI）、国内自然科学基金会资助的关于科技竞争力的研究等。用这种方法所得的评价结果具有简明、直观的优点，但这类评价都不同程度地受研究者本身价值取向的影响，其评价结果往往是有争议的，很难得到同行专家和公众的公认。到目前为止，人类对科技活动规律的认识尚不足以为构筑单一完整可靠的数学模型提供基本框架和基础支撑，所以现在仅有一些局部模型。而在缺乏基本数学模型的情况下，任何具体数学方法的选择都显得依据不足。因此，为了满足决策需求，科技指标研究者应积极开展有关数学模型和数学方法的研究，不断改进综合指数评价方法并尝试将其运用到实践中。

　　本书以中国 R&D 统计理论、方法及应用研究为主线，从 R&D 统计理论研究及 R&D 统计实践工作现状分析入手，剖析了我国 R&D 统计存在的问题及成因，探讨了我国 R&D 统计体制目标模式、R&D 统计指标体系、R&D 统计调查方法体系及 R&D 统计调查组织实施的有关问题，并对我国 R&D 统计数据进行了挖掘分析。《中国 R&D 统计理论、方法及应用研究》主线清晰，层次分明，资料翔实，论证充分，语言流畅，体系完整，具有前沿性、系统性和学术性，对政府科技管理机构、高校师生和广大科技统计工作者等具有重要的参考价值。

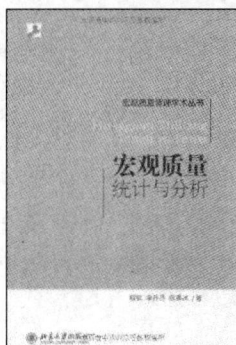

书　　名:《宏观质量统计与分析》

Title: Modern Industrial Statistics and Quality Management

作　　者：程虹、范寒冰

出版社：北京大学出版社

时　　间：2011.12

　　内容简介:《宏观质量统计与分析》是一部基于宏观质量统计，主要研究宏观质量状况分析理论和方法的著作。全书的第一编是文献分析和实证研究部分，对国内外主要的质量统计指标和分析方法进行了系统的归纳，并在大量调查和问卷分析的基础上，提出了政府对宏观质量统计与分析的主要需求。全书的第二编是基础理论研究部分，通过对宏观质量状态和质量主体的一般理论分析，分别从生产者和消费者这两个不同主体的角度，比较了宏观质量统计与分析的科学性和客观性，明确对消费者质量感知的观测是统计与分析的主要来源。本编设计了由质量安全和质量发展两个维度构成的统计与分析体系。全书的第三编是技术方法研究，介绍了宏观质量统计与分析的技术理论、计算方法等。全书的第四编是指标研究，提出质量伤害率的统计与分析是反映质量安全最重要的工具。全书的第五编是应用范例和政策建议，展开了对质量分析报告的结构研究，以示范模板对理论设计进行了检验。

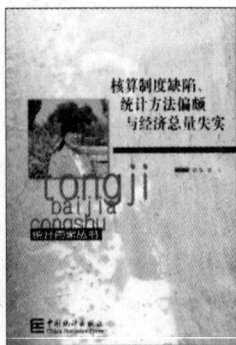

书　名：《统计百家丛书：核算制度缺陷、统计方法偏颇与
　　　　经济总量失实》

Title：Statistical Hundred Books：Accounting System Defects，
　　　　the Statistical Method is Biased and Economy

作　者：蒋萍

出版社：中国统计出版社

时　间：2011.12

内容简介：与国际标准相比，中国的核算制度并未达标，引致经济总量漏算。其中，公共产品与准公共产品产出流失的原因变量是核算方法有偏，未观测到经济产出流失在于核算漏洞。核算制度未达标不仅说明中国的核算水平相对较低，还反映出中国的官方统计能力低于经济发展水平。

经济总量漏算不仅使经济增长率失真，也会对社会经济发展规划的制定产生相当严重的负面影响。从构成来看，流失的份额在不同行业是不同的，因此，流失对行业发展的影响程度也不一样。比如，未观测到经济的流失物质生产部门所占比重高些，公共产品与准公共产品产出流失直接影响的是第三产业规模。

经济总量漏算与制度建设联系在一起，只要制度健全，经济总量漏算有可能避免。由于公共产品与准公共产品产出漏算和未观测到经济产出流失引发的制度因素不同，其治理政策也不同。未观测经济产出流失的制度建设属于"补白"，公共产品与准公共产品产出流失的制度建设属于"纠偏"。

全书分为四篇，包括基本原理与方法、非市场服务产出核算、未观测经济核算、财政金融统计与数据质量等内容。将知识和方法有机结合，鱼渔兼得。将零散的知识系统梳理，逻辑高效。《核算制度缺陷、统计方法偏颇与经济总量失实》框架新颖、结构严谨、重点突出，有鲜明的实践特征。

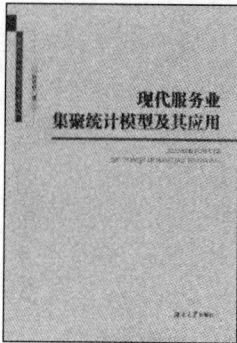

书　　名：《现代服务业集聚统计模型及其应用》

Title：Modern Service Industry Agglomeration Statistical Model and Its Application

作　　者：任英华

出版社：湖南大学出版社

时　　间：2011.04

内容简介：本书结合经济地理学、空间经济学等相关理论，在对现代服务业集聚基本理论研究的基础上，结合现代服务业的特征，借助计量分析工具，构建现代服务业集聚统计分析体系，即现代服务业集聚现象测度、集聚演化、集聚形成机理、集聚竞争力的一般理论与模型，结合我国实际进行应用研究，并据此提出促进现代服务业有效集聚、提升服务业竞争力的政策选择。

全书共分为六章。第一章为绪论，介绍了研究背景和意义，对国内外现代服务业集聚的研究进行了综述。第二章讨论了现代服务业集聚的基本理论。包括现代服务业集聚相关概念的界定、现代服务业集聚竞争优势的来源以及现代服务业集聚竞争优势的形成机制。第三章介绍了现代服务业集聚现象测度模型及其应用。第四章讨论了现代服务业集聚演化模型及其应用，包括现代服务业集聚演化过程及其数理描述、现代服务业集聚演化的内在机理。第五章介绍了现代服务业集聚形成机理统计模型及其应用。第六章讨论了现代服务业集聚竞争力统计模型及其应用。

书　　名：《利率期限结构模型：理论与实证》

Title：The Term Structure of Interest Rates Model：Theory and Empirical

作　　者：周荣喜、杨丰梅

出版社：科学出版社

时　　间：2011.05

内容简介：利率期限结构是指某个时点不同期限的即期利率与到期期限的关系及变化规律。由于零息债券的到期收益率等于相同期限的市场即期利率，从对应关系上来说，任何时刻的利率期限结构都是利率水平和期限相联系的函数。因此，利率的期限结构，即零息债券的到期收益率与期限的关系可以用一条曲线来表示，如水平线、向上倾斜和向下倾斜的曲线。甚至还可能出现更复杂的收益率曲线，即债券收益率曲线是上述部分或全部收益率曲线的组合。收益率曲线的变化本质上体现了债券的到期收益率与期限之间的关系，即债券的短期利率和长期利率表现的差异性。

利率的期限结构反映了不同期限的资金供求关系，揭示了市场利率的总体水平和变化方向，为投资者从事债券投资和政府有关部门加强债券管理提供可参考的依据。

本书系统地研究了静态利率期限结构模型和动态利率期限结构模型，并紧密结合中国债券市场的实际，开展了实证与应用研究。全书共分10章，具体包括利率期限结构概述、基于直接推导法的国债收益率曲线模型、基于样条函数的利率期限结构模型、利率期限结构参数拟合模型、模糊利率期限结构模型、基于线性规划的利率期限结构模型、基于遗传算法的静态利率期限结构组合优化模型、均衡利率期限结构模型、无套利利率期限结构模型、非参数利率期限结构模型。《利率期限结构模型：理论与实证》可作为金融学、金融工程、管理科学、应用数学、经济管理等有关专业的高年级学生、研究生以及MBA学员的参考书，亦可为金融管理和企业管理从业人员提供决策支持。

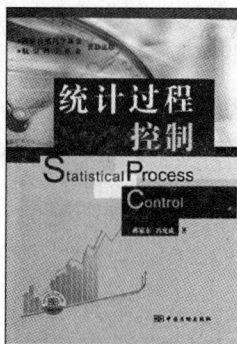

书　　名：《统计过程控制》
Title：Statistical Process Control
作　　者：蒋家东、冯允成
出版社：中国计量出版社
时　　间：2011.08

　　内容简介：统计过程控制（简称 SPC）是应用统计技术对过程中的各个阶段进行评估和监控，建立并保持过程处于可接受的且稳定的水平，从而保证产品与服务符合规定要求的一种质量管理技术。它是过程控制的一部分，从内容上说主要是有两个方面：一是利用控制图分析过程的稳定性，对过程存在的异常因素进行预警；二是计算过程能力指数分析稳定的过程能力满足技术要求的程度，对过程质量进行评价。

　　统计过程控制（简称 SPC）是一种借助数理统计方法的过程控制工具。它对生产过程进行分析评价，根据反馈信息及时发现系统性因素出现的征兆，并采取措施消除其影响，使过程维持在仅受随机性因素影响的受控状态，以达到控制质量的目的。它认为，当过程仅受随机因素影响时，过程处于统计控制状态（简称受控状态）；当过程中存在系统因素的影响时，过程处于统计失控状态（简称失控状态）。由于过程波动具有统计规律性，当过程受控时，过程特性一般服从稳定的随机分布；而失控时，过程分布将发生改变。SPC正是利用过程波动的统计规律性对过程进行分析控制。因而，它强调过程在受控和有能力的状态下运行，从而使产品和服务稳定地满足顾客的要求。

　　本书系统研究了统计过程控制的基本原理、统计方法、常用工具和关键技术，总结了当前国内外在统计过程控制领域的最新发展。主要内容包括：过程描述与图形表示、过程分布假设检验、过程能力分析、单变量统计控制图、多变量统计控制图、主成分统计过程控制，以及非线性与动态统计过程控制等。

书　　名：《浙江省城镇居民地区收入不平等统计研究——基于非参数理论的研究视角》

Title：Urban Residents in Zhejiang Province Regional Income Inequality Statistics Research：Research Perspectives Based on Nonparametric Theory

作　　者：陈娟

出版社：浙江工商大学出版社

时　　间：2011.06

内容简介： 从贫困的程度和贫困的范围加以区分，贫困可以划分为绝对贫困和相对贫困、狭义贫困和广义贫困两大类。

国内研究者目前已基本接受了绝对贫困和相对贫困的概念。认为贫困是绝对贫困与相对贫困的统一。绝对贫困是指获得的实际收入水平、拥有的消费资料和得到的服务达不到维持其基本生存需要的最低量。而相对贫困是指收入虽然能达到或超过维持生存和基本发展的需要，但与一定时期内社会经济发展水平相比仍是处于较低的生活水准，在很大程度上反映了社会分配不平等的状况。

本书将非参数理论应用到传统的收入分配领域，将数理统计的方法与经济社会的现实问题相结合，为地区收入不平等问题的研究提供了全新的视角。通过以浙江省各地区城镇居民的收入水平为研究对象，利用非参数理论中核密度估计方法拟合各地区居民收入分布的密度曲线，然后在收入分布的基础上计算收入不平等指标，从一个全新的视角度量地区收入不平等程度。

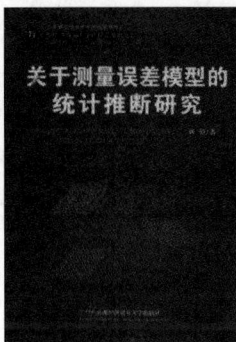

书　名：《关于测量误差模型的统计推断研究》

Title：Statistical Inference Research About Measurement Error
Model

作　者：刘强

出版社：首都经济贸易大学出版社

时　间：2011.06

　　内容简介：分析测量误差的最初模型于 20 世纪 60 年代末 70 年代初由 Warlstrom 提出，是在假设测量过程测点间的误差是随机的基础上，引入了误差椭圆来描述井眼的不确定性，由此而来的误差预测值比实际上的小，原因主要是采用了原始状态的统计误差模型。沃尔夫和瓦德在假设误差是随机的基础上，引入了系统误差，精度要高得多。1981年瓦伦从实际井对测量误差作了细致的分析，证实了系统误差和随机误差的存在，且位置的系统误差比随机误差要大。随着老区不断部署新井，Williamson 等人提出了一种预测 MWD 误差的新模型。

　　本书的第 1 章是绪论，主要介绍书中涉及的一些基本模型、基本方法和常见数据。第 2~6 章主要介绍作者近几年对测量误差模型估计理论与估计方法的一些研究成果。具体而言，第 2 章主要讨论了半参数 EV 模型的小波估计问题；第 3 章讨论了纵向数据下半参数 EV 模型的估计问题；第 4 章讨论了响应变量随机删失情形下的半参数 EV 模型的经验似然估计问题；第 5 章讨论了缺失数据下线性 EV 模型的估计问题；第 6 章讨论了核实数据下带有一般测量误差的单指标 EV 模型的估计问题。

书　名：《正确实施科研设计与统计分析：统计学三型理论在生物医学领域中的应用与发展》

Title: Correct Implementation of the Scientific Research Design and Statistical Analysis: Three Type Theory of Statistics in the Field of Biomedical Application and Development

作　者：胡良平

出版社：人民军医出版社

时　间：2011.05

内容简介：很多与统计学有关的实际问题，均以"表现型"的面貌呈现在人们的面前，表现型常常带有假象，直接依据表现型盲目套用传统统计学教科书上的"标准型"，十有八九会出错，因此，要想正确运用统计学，必须弄清反映"表现型"本质的"原型"，将"原型"正确转变成"标准型"后，再有的放矢地去处理，就很少会出错。这样一种可有效解决问题的新理论，被称为"统计学三型理论"。此理论可帮助您正确实施科研设计与统计分析。

本书全面介绍了三型理论在科研设计、统计表达与描述、定量资料统计分析、定性资料统计分析、现代回归分析、多元统计分析中的应用和 SAS 软件实现方法。内容包括试验设计要点、设计类型，统计表、统计图和随机变量概率分布，定量与定性资料的差异性分析，多重线性回归分析、生存资料 COX 模型回归分析、变量聚类和样品聚类分析、原因变量为定性或定量的判别分析、对应分析、因子分析和结构方程模型分析等。以上均涉及如何用 SAS 软件巧妙实现的技术和方法，并有配套软件 SASPAL 方便程序调用。

本书既适合未学过统计学和 SAS 软件的新读者，也适合从事统计学科研、教学、咨询和培训多年的老读者，以及需要学习和运用 SAS 软件解决科研设计、统计表达与描述、各种统计分析的研究生、博士生、科研工作者和管理工作者、临床医生和杂志编辑学习和使用。

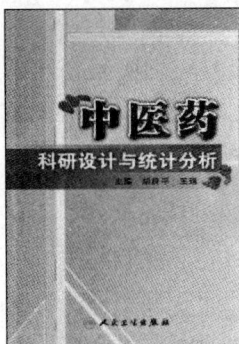

书　　名：《中医药科研设计与统计分析》
Title：Medical Study Design and Statistical Analysis
作　　者：胡良平、王琪
出版社：人民卫生出版社
时　　间：2011.10

内容简介：中医药学是一门科学，是具有原创性和独创性的科学，它作为一种关于人体生命科学的知识体系，存在于西医和现代西方科学的视野之外。

科研设计与统计分析是中医药科技工作者、临床医生、期刊编辑和广大学生（本科生、硕士研究生和博士研究生）不可缺少的知识和技能。如何正确实现复杂的试验设计和统计分析是很多人感到十分棘手的问题，但是市场上针对中医药领域的统计书籍非常有限，许多研究者急需此类书籍。胡良平编著的《中医药科研设计与统计分析》以近几年出版的中医药学相关杂志为主要的资料来源，在阐述统计学的基本理论、知识和技能的基础上，突出培养统计学思维方法、科研设计能力和应用统计分析方法的能力，以及在处理中医药科研资料中正确应用计算机技术的能力。书中还用较大篇幅对中医药科研课题和论文中常见的统计学错误案例进行辨析与释疑，有利于人们更好地把握统计思想、理论和方法的精髓。《中医药科研设计与统计分析》力求通俗易懂、简明扼要，富有启发性、针对性和实用性，便于自学；注重对读者基础知识的训练和综合应用能力的培养，各章配以丰富的实例，数据处理可通过书中提供的 SAS 引导程序实现，方便快捷、准确可靠。为中医药科研工作者学习和正确运用统计学知识和 SAS 软件解决实际问题，提供了理论指导和技术支持。《中医药科研设计与统计分析》可满足广大中医药科技工作者、药师、临床医生、期刊编辑、审稿专家和各层次学生的需要，可作为高等院校中医药专业本科生、硕士研究生和博士研究生的参考书和工具书。由于统计学具有广泛的实用性，故本书也适合非中医、中药专业学者学习和借鉴。

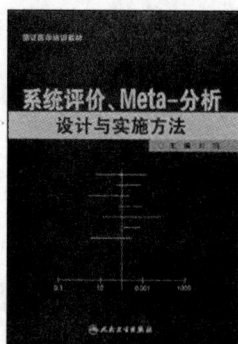

书　名：《系统评价、Meta-分析设计与实施方法》

Title： System evaluation，Meta-analysis of the Design and Implementation Method

作　者：刘鸣

出版社：人民卫生出版社

时　间：2011.02

内容简介： 系统评价是对新开发的或改建的系统。根据预定的系统目标，用系统分析的方法，从技术、经济、社会、生态等方面对系统设计的各种方案进行评审和选择，以确定最优或次优或满意的系统方案。由于各个国家社会制度、资源条件、经济发展状况、教育水平和民族传统等各不相同，所以没有统一的系统评价模式。评价项目、评价标准和评价方法也不尽相同。

Meta 分析（荟萃分析）是对具备特定条件的、同课题的诸多研究结果进行综合的一类统计方法，用统计学方法对收集的多个研究资料进行分析和概括，以提供量化的平均效果来回答研究的问题。广义上的 Meta 指的是一个科学的临床研究活动，指全面收集所有相关研究并逐个进行严格评价和分析，再用定量合成的方法对资料进行统计学处理得出综合结论的整个过程；狭义上的 Meta 指的是一种单纯的定量合成的统计学方法。

系统评价、Meta 分析是循证医学重要的研究方法和最佳证据的重要来源之一，是当前临床医学各专业使用最频繁的研究工具之一。掌握系统评价方法还有助于提高临床研究设计的质量及发表高水平学术论文的能力。特别是 Cochrane 系统评价于 2007 年被 SCI 收录，2008 年其影响因子达 4.6，国内各高校医学研究生、博士生对学习系统评价制作方法热情高涨，学员对该知识的需求巨大。中国循证医学中心应全国各地学员要求，编写了这本针对性强的参考书，以指导其具体研究。

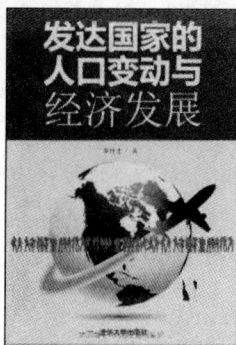

书　名：《发达国家的人口变动与经济发展》

Title: The Changes of Population and Economic Development of
　　　　Developed Countries

作　者：李仲生

出版社：清华大学出版社

时　间：2011.06

内容简介：对经济发展的人口效果来说，代表的论说有人口增长是积极的和消极的两个不同侧面。新古典经济学派埃德温·坎南（Edwin Cannan）在《初级政治经济学》中指出：在任何一定时期，或者说人的知识和各种条件保持不变的情况下，当人口增加达到某点时，就可以获得最大的收益，如果超过这个点就会减少其收益，这就是说他从人口与经济收益的关系来考查人口的数量。埃德温·坎南认为，并不是人口增加就意味着产业的生产率降低，人口减少就会使产业的生产率上升。而是人口增长到了一定程度，才可使生产率下降，如果人口数量本来就不足，再减少人口，只会使生产率下降；只有当人口超过这一限度时，人口减少才能使生产率上升。

换句话说，在理论上人口增长经济效果而言，不能轻易地断定对经济发展是有利或者是不利的。

本书作为国家重点学科劳动经济学专项资金出版资助的研究成果，以发达国家的人口变动与经济发展为题，论述美国、日本、欧盟、德国、法国、英国、意大利和加拿大的经济发展与人口增长的波动过程、经济增长过程中的人口因素以及人口变动对经济发展的影响，并从人口经济学角度考查了发达国家经济结构与就业结构、人口迁移与城市化、工业发展与劳动力以及农业发展与剩余劳动力等人口经济问题，探讨其历史的推移、存在的问题点及其对策。就方法论而言，《发达国家的人口变动与经济发展》在分析发达国家的人口经济问题上采用了从微观到宏观、从短期到长期、从静态到动态、从统计的实证分析到计量的经济分析。本书内容丰富，结构严谨，力求创新，在一定程度上弥补了世界人口经济学领域的某些空白，促进了人口经济方面的研究，在理论与实践上具有一定的学术价值和创新性。

第二节

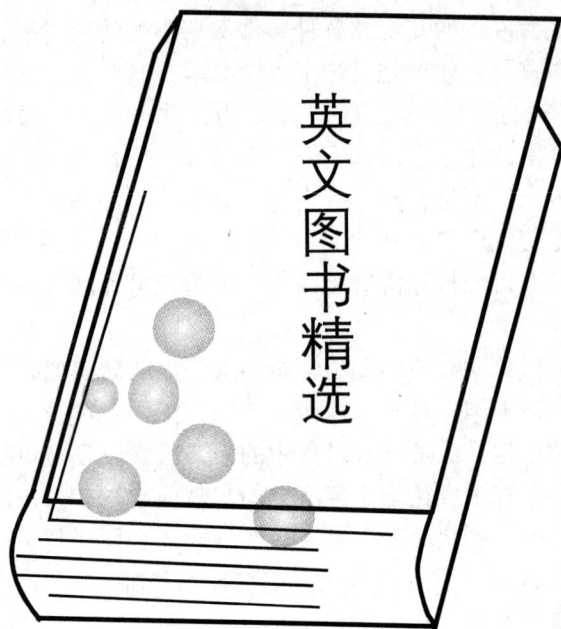

英文图书精选

表 3-2　国外图书列表（2011 年）

序号	作者	书名	子学科
1	P.F. Fougere	Maximum Entropy and Bayesian Methods	数理统计
2	David J. Bartholomew, Martin Knott, Irini Moustaki	Latent Variable Models and Factor Analysis: A Unified Approach	数理统计
3	Dan Crisan, Boris L. Rozovskii	The Oxford Handbook of Nonlinear Filtering	数理统计
4	Reinhard Viertl	Statistical Methods for Fuzzy Data	数理统计
5	Ludwig Fahrmeir, Thomas Kneib	Bayesian Smoothing and Regression for Longitudinal, Spatial and Event History Data	数理统计
6	Hans van Houwelingen, Hein Putter	Dynamic Prediction in Clinical Survival Analysis	数理统计
7	Noel Cressie, Christopher K. Wikle	Statistics for Spatio-Temporal Data	数理统计
8	Geoff Cumming	Understanding the New Statistics: Effect Sizes, Confidence Intervals, and Meta-Analysis	社会经济统计
9	Brajendra C. Sutradhar	Dynamic Mixed Models for Familial Longitudinal Data	社会经济统计
10	Nicole Bauerle, Ulrich Rieder	Markov Decision Processes with Applications to Finance	社会经济统计
11	Lyle D. Broemeling	Advanced Bayesian Methods for Medical Test Accuracy	医药统计
12	Andriy I. Bandos, Kelly H. Zou, Aiyi Liu, Lucila Ohno-Machado, Howard E. Rockette	Statistical Evaluation of Diagnostic Performance: Topics in ROC Analysis	医药统计
13	Richard Chandler, Marian Scott	Statistical Methods for Trend Detection and Analysis in the Environmental Sciences	生物统计
14	Sabin Lessard	Mathematical and Statistical Developments of Evolutionary Theory	生物统计

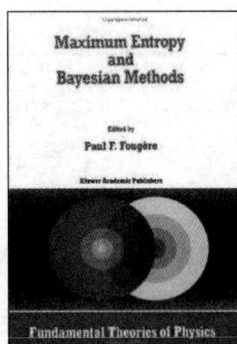

书　名：《最大熵法和贝叶斯方法》

Title： Maximum Entropy and Bayesian Methods

作　者：保罗·F.富格勒

出版社：德国斯普林格出版社

时　间：2011.09

内容简介： 贝叶斯概率论和最大熵法这对方法是物理界一致归纳推理的基础。本书是第九届最大熵专题讨论会的成果。该讨论会于 1989 年 8 月 14~18 日在新罕布什尔州汉诺威的达特茅斯学院召开。该年度会议致力于贝叶斯概率的理论和实践及最大熵法的数学形式描述，列举的应用领域包括概率论基础、大气碳变化、1987 超新星和基础量子力学。论题包括海底、人体药物吸收、压力、中子散射、等离子体平衡、核磁共振、雷达和天体物理图像重现、质谱、广义参数估计、时延估计、模式识别、地下水升沉反应等。前十篇文献主要关于概率论理论，它们首先被基于应用领域归类。第十篇文献同时包含了贝叶斯和最大熵方法，所以它作为联系贝叶斯方法和最大熵法的桥梁放在书中。本书中，我们再次使用了先理论后实践的排列方式，分别由 Kesaven，Seth 和 Kapur 所写的第 29、第 30 和第 31 篇文献表达了一个不同的甚至有些打破常规的观点，虽然很多编辑和达特茅斯讨论会的与会者并不同意他们的观点，但我们仍把他们的文章收录在内。我认为，科学的分歧在很多发展中的领域都十分重要，因为分歧常常能引出更深层次的理解。我们和这些分歧一起，展示了各个领域的最新研究，包括相干成像、回归分析、体层摄影术、神经网络、原生质说、量子力学等。本书中所列的方法将会引起数学家、物理学家、天文学家、晶体学家、工程师和其他参与信号处理的人们的巨大兴趣。

Book Description： Bayesian probability theory and maximum entropy are the twin foundations of consistent inductive reasoning about the physical world. This volume represents the proceedings of the Ninth Annual MaxEnt Workshop, held at Dartmouth College in Hanover, New Hampshire, on August 14-18, 1989. These annual meetings are devoted to the theory and practice of Bayesian Probability and the Maximum Entropy Formalism. The fields of application exemplified at MaxEnt'89 are as diverse as the foundations of probability theory and atmospheric carbon variations, the 1987 Supernova and fundamental quantum mechanics. Subjects include sea floor drug absorption in man, pressures, neutron scattering, plasma equilibrium, nuclear magnetic resonance, radar and astrophysical image reconstruction, mass spectrometry, generalized parameter estimation, delay estimation, pattern recognition, heave responses in underwater sound and many others. The first ten papers are on probability theory, and are grouped together beginning with the most abstract followed by those on applications. The tenth paper involves both Bayesian and MaxEnt methods and serves as a bridge to the remaining papers which are devoted to Maximum Entropy theory and practice. Once again, an attempt has been made to start with the more theoretical papers and to follow them with more and more practical applications. Papers number 29, 30 and 31, by Kesaven, Seth and Kapur, represent a somewhat different, perhaps even "unorthodox" viewpoint, and are included here even though the editor and, indeed many in the audience at Dartmouth, disagreed with their content. I feel that scientific disagreements are essential in any developing field, and often lead to a deeper understanding. Together these provide a state of the art account of latest developments in such diverse areas as coherent imaging, regression analysis, tomography, neural networks, plasma theory, quantum mechanics, and others. The methods described will be great interest to mathematicians, physicists, astronomers, crystallographers, engineers, and those involved in all aspects of signal processing.

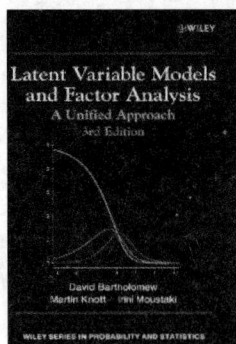

书　　名：《潜变量模型和因子分析：一个统一的方法》

Title：Latent Variable Models and Factor Analysis：A Unified Approach

作　　者：大卫·J.巴托洛缪，马丁·科诺特，艾里尼·莫斯塔基

出版社：约翰威立父子公司出版社

时　　间：2011.09

内容简介：《潜变量模型和因子分析：一个统一的方法》从统计学角度为因子分析和潜变量建模提供了一个广泛和统一的方法。本书为常用模型提供了一个衍生的框架，并辅以最新的数值举例。我们还加入了潜变量的本质解释和研究相关性有关的技巧。本书：①佐证了为什么如此多样的潜变量组合因子分析实际属于一个家族。②为有序表现的 MCMC 方法和非线性模型以及相关性研究技巧提供新的材料。③为结构方程模型和马尔科夫链蒙特卡罗方法提供新的内容及新的说明性的例子。④提供拟合优度检验统计、非线性模型和离散或连续的潜变量模型的最新进展。

虽然很多人以前没有接触过潜变量建模，但是先前对于统计学的理解能够让人较容易地从适合的角度理解这种方法。本书对于应用统计学家、心理测量医生、医学统计学家、生物统计学家、经济学家和社会经济学研究者都是有帮助的。

Book Description：Latent Variable Models and Factor Analysis provides a comprehensive and unified approach to factor analysis and latent variable modeling from a statistical perspective. This book presents a general framework to enable the derivation of the commonly used models, along with updated numerical examples. Nature and interpretation of a latent variable is also introduced along with related techniques for investigating dependency.

This book：

● Provides a unified approach showing how such apparently diverse methods as Latent Class Analysis and Factor Analysis are actually members of the same family.

● Presents new material on ordered manifest variables，MCMC methods，non－linear models as well as a new chapter on related techniques for investigating dependency.

● Includes new sections on structural equation models （SEM） and Markov Chain Monte Carlo methods for parameter estimation，along with new illustrative examples.

● Looks at recent developments on goodness－of－fit test statistics and on non－linear models and models with mixed latent variables，both categorical and continuous.

No prior acquaintance with latent variable modelling is pre－supposed but a broad understanding of statistical theory will make it easier to see the approach in its proper perspective. Applied statisticians，psychometricians，medical statisticians，biostatisticians，economists and social science researchers will benefit from this book.

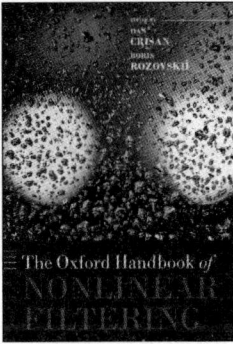

书　名：《非线性滤波的牛津手册》
Title：The Oxford Handbook of Nonlinear Filtering
作　者：丹·克里森，鲍里斯·L.洛佐夫斯基
出版社：牛津大学出版社
时　间：2011.03

内容简介：在很多人类致力于研究的领域中，很多研究系统不存在直接测量的方法。相应的，通过结合一个系统量化的数学模型及其演化阶段的部分观察，我们就可以对该目标做出合理的推断。随着现实世界复杂性的提升，面对该问题时，这种分析和大数据的综合成为了一个重要的方面。久负盛名的 Kalman-Bucy 滤波器是最有名的贝叶斯方法的滤波器，这个滤波器是为线性结构测量的线性动态系统设计的。该滤波器向非线性系统的推广常被称作非线性滤波（NIF），这是一个贝叶斯框架下的估计、预测和非线性随机动态。NIF 使用一个随机模型来做演化系统的推理。在理论上，它是最优的算法。其已经牢固确立但仍然持续发展的应用的广度是令人震惊的。早期应用包括密码术、追踪和导向以及军事涉及用途。从那之后，应用范围扩展到全球气候、经济预测、使用非侵略性手段识别肿瘤等。本书是第一本为该主题所写的范围广泛的材料。它包括 58 名作者所写的经典和最新的研究结果及应用，涵盖了非线性滤波的基础，建立了与随机偏微分方程的联系、稳定性和渐近分析、估计和控制、非线性滤波问题的估计理论和数学方法（包括粒子方法），此外还包括非线性滤波在一些数理金融学中的应用。

Book Description：In many areas of human endeavour, the systems involved are not available for direct measurement. Instead, by combining mathematical models for a system's evolution with partial observations of its evolving state, we can make reasonable inferences about it. The increasing complexity of the modern world makes this analysis and synthesis of high-volume data an essential feature in many real-world problems. The celebrated Kalman-Bucy filter, designed for linear dynamical systems with linearly structured measurements, is the most famous Bayesian filter. Its generalizations to nonlinear systems and/or observations are collectively referred to as nonlinear filtering (NLF), an extension of the Bayesian framework to the estimation, prediction, and interpolation of nonlinear stochastic dynamics. NLF uses a stochastic model to make inferences about an evolving system and is a theoretically optimal algorithm. The breadth of its applications, firmly established and still emerging, is simply astounding. Early uses such as cryptography, tracking, and guidance were mostly of a military nature. Since then, the scope has exploded. It includes the study of global climate, estimating the state of the economy, identifying tumours using non-invasive methods, and much more.

The Oxford Handbook of Nonlinear Filtering is the first comprehensive written resource for the subject. It contains classical and recent results and applications, with contributions from 58 authors. Collated into 10 parts, it covers the foundations of nonlinear filtering, connections to stochastic partial differential equations, stability and asymptotic analysis, estimation and control, approximation theory and numerical methods for solving the nonlinear filtering problem (including particle methods). It also contains a part dedicated to the application of nonlinear filtering to several problems in mathematical finance.

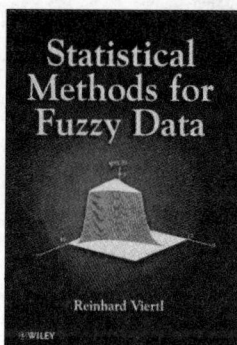

书　名:《模糊数据的统计方法》
Title: Statistical Methods for Fuzzy Data
作　者:莱恩哈特·菲尔特
出版社:约翰威立国际出版公司
时　间:2011.03

内容简介:统计数据并不一直是精确的数字、向量或范畴。真实的数据常常是模糊的,模糊数据包括生命数据、环境、生物、医学、社会学和经济学数据,所以相应的计量方法用模糊数据和向量来表达最好。统计分析方法必须和模糊数据分析相适应。本书解释了模糊数据的基础,包括如何获得模糊计量结果的特征函数。不仅如此,统计方法被扩展到模糊数据和模糊先验信息的分析中。

本书的关键特色是:①提供模糊数据的基本数学简介,并分析模糊数据的统计方法。②描述一些越来越重要的应用领域方法,如环境统计和社会科学领域。③以图表和例子的形式通过实践练习和解决方法来补充理论。④探索新的领域如不确定性数据的定量描述和模糊数据的数学描述。

本书主要着眼于使用模糊数据逻辑工作的统计学家、工程统计学家、金融研究者和环境研究者的工作。本书同时为了解基本随机模型和基础统计方法的人所写。

Book Description: Statistical data are not always precise numbers, or vectors, or categories. Real data are frequently what is called fuzzy. Examples where this fuzziness is obvious are quality of life data, environmental, biological, medical, sociological and economics data. Also the results of measurements can be best described by using fuzzy numbers and fuzzy vectors respectively.

Statistical analysis methods have to be adapted for the analysis of fuzzy data. In this book, the foundations of the description of fuzzy data are explained, including methods on how to obtain the characterizing function of fuzzy measurement results. Furthermore, statistical methods are then generalized to the analysis of fuzzy data and fuzzy a-priori information.

Key Features:

• Provides basic methods for the mathematical description of fuzzy data, as well as statistical methods that can be used to analyze fuzzy data.

• Describes methods of increasing importance with applications in areas such as environmental statistics and social science.

• Complements the theory with exercises and solutions and is illustrated throughout with diagrams and examples.

- Explores areas such quantitative description of data uncertainty and mathematical description of fuzzy data.

This work is aimed at statisticians working with fuzzy logic, engineering statisticians, finance researchers, and environmental statisticians. It is written for readers who are familiar with elementary stochastic models and basic statistical methods.

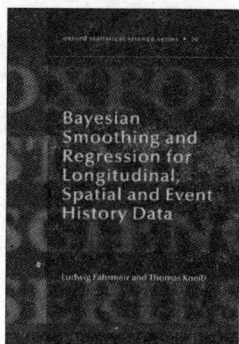

书　名：《贝叶斯纵向平滑和回归：空间和事件历史数据》

Title： Bayesian Smoothing and Regression for Longitudinal,
　　　　Spatial and Event History Data

作　者：路德维希·法阿迈尔，托马斯·科纳普

出版社：牛津大学出版社

时　间：2011.09

内容简介： 本书从一个统一的贝叶斯观点的角度呈现了一些平滑和半参数回归的最新进展。本书包括基于仿真模拟的完整的贝叶斯马尔科夫蒙特卡罗推断（MCMC），以及与惩罚似然估计和混合模型密切相关的实证贝叶斯方法。本书的重点是未知函数基本扩展基础上的半参数回归和平滑方法以及基本系数在结合平滑先验后的影响。本书以平滑和混合模型开篇，纵向数据、空间数据和事件历史数据被分别放在不同章节中讲述。

我们已经用贝叶斯软件 Bayes X 和 R 软件分析过大多数的案例。这些案例和数据已经同本书一起公布于网站上。

本书第一章是引言。第二章讨论了平滑和半参数回归的基本概念。第三章描述了广义线性混合模型。第四章给出了纵向数据的半参数混合方法。第五章呈现了空间平滑、互动和地理可加回归。第六章给出了事件历史数据。

Book Description： Several recent advances in smoothing and semiparametric regression are presented in this book from a unifying, Bayesian perspective. Simulation–based full Bayesian Markov chain Monte Carlo (MCMC) inference, as well as empirical Bayes procedures closely related to penalized likelihood estimation and mixed models, are considered here. Throughout, the focus is on semiparametric regression and smoothing based on basis expansions of unknown functions and effects in combination with smoothness priors for the basis coefficients. Beginning with a review of basic methods for smoothing and mixed models, longitudinal data, spatial data and event history data are treated in separate chapters. Worked examples from various fields such as forestry, development economics, medicine and marketing are used to illustrate the statistical methods covered in this book. Most of these examples have been analysed using implementations in the Bayesian software, Bayes X, and some with R Codes. These, as well as some of the data sets, are made publicly available on the website accompanying this book.

Chapter 1 provides an introduction to the role, scope of the book an applications. Chapter 2 discusses Basic Concepts for Smoothing and Semiparametric Regression. Chapter 3 describes Generalised Linear Mixed Models. Chapter 5 provides Semiparametric Mixed Models for Longitudinal Data. Chapter 6 presents Spatial Smothing, Interactions and Geoadditive Regression. Chapter 7 provides Event History Data.

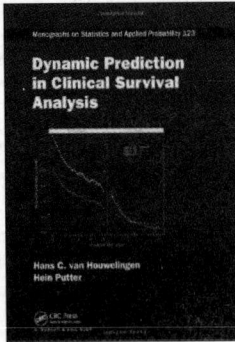

书　名：《临床生存分析中的动态预测》

Title：Dynamic Prediction in Clinical Survival Analysis

作　者：汉斯·范·豪威林根，海因·布特

出版社：CRC 出版社

时　间：2011.11

内容简介：现在有很多关于预测重大疾病诊断后的生存预测的统计学模型，包括癌症、心脏病和慢性肾病。现有的研究方法是使用以 COX 比例风险模型为基础的预测模型来呈现诊断和治疗后的剩余寿命的静态模型。与此相反，临床生存分析的动态预测则着眼于更晚时间点的剩余寿命，如使用界标模型。为了使本书能够应用于统计学家和临床流行病学家所用。本书的每一章都有一个关于生命数据工作的实践案例，包括模型解释、替代模型或理论背景的附加材料。本书主要有四个部分：第一部分生存分析是以 COX 模型为基础的临床信息的预后模型。第二部分是当违反 COX 模型比例风险假设时，使用以 COX 模型为基础的临床信息的预后模型。第三部分致力于动态预测中时变信息的使用。第四部分探究了使用基因组数据的生存动态估计模型，并总结了使用传统或新方法的动态估计模型的前沿研究。因为目标是让积极分析临床资料的应用统计人员与临床医生合作，所以本书中不同数据集的分析展示了如何获得适当的预测模型的数据集。

Book Description：There is a huge amount of literature on statistical models for the prediction of survival after diagnosis of a wide range of diseases like cancer, cardiovascular disease, and chronic kidney disease. Current practice is to use prediction models based on the COX proportional hazards model and to present those as static models for remaining lifetime after diagnosis or treatment. In contrast, Dynamic Prediction in Clinical Survival Analysis focuses on dynamic models for the remaining lifetime at later points in time, for instance using landmark models. Designed to be useful to applied statisticians and clinical epidemiologists, each chapter in the book has a practical focus on the issues of working with real life data. Chapters conclude with additional material either on the interpretation of the models, alternative models, or theoretical background. The book consists of four parts: Part I deals with prognostic models for survival data using (clinical) information available at baseline, based on the COX model Part II is about prognostic models for survival data using (clinical) information available at baseline, when the proportional hazards assumption of the COX model is violated Part III is dedicated to the use of time-dependent information in dynamic prediction Part IV explores dynamic prediction models for survival data using genomic data Dynamic Prediction in Clinical Survival Analysis summarizes cutting-edge research on the dynamic use of predictive models with traditional and new approaches. Aimed at applied statisticians who actively analyze clinical data in collaboration with clinicians, the analyses of the different data sets throughout the book demonstrate how predictive models can be obtained from proper data sets.

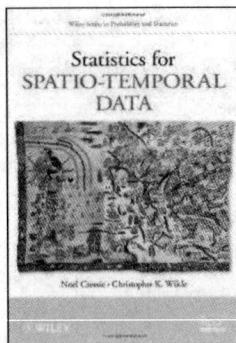

书　　名：《空间统计与时空数据》
Title: Statistics for Spatio-Temporal Data
作　　者：诺埃尔·克里希，克里斯托弗·K.维克
出版社：约翰威立国际出版公司
时　　间：2011.01

内容简介：最先进的时空过程连接经典思想与现代层次统计建模概念以及最新的计算方法，从理解环境过程和气候趋势到发展新的公共卫生图谱和侵略性物种的增多，学术界对于空间、时间和时空信息有了越来越多的需要。时空数据统计提供了一个获得关键数量系统化的方法。这些数量方法包含统计计算中的最新进展以及层次建模，特别是贝叶斯的统计建模，着重于动态时空模型。

Cressie 和 Wikle 做出了一个结合时间序列、空间统计领域和随机过程的独特阐述。以时间数据和空间数据的区别处理作为开头，本书把这些概念混合起来讨论时空统计方法以理解复杂的过程。

本书的内容包括：①探索时空数据的研究方法，包括可视化技术、光谱分析、实证正交函数分析和 LISAs。②时空协方差函数、时空克里金方法和空间过程的时间序列。③层次动态时空模型（DSTMs）的发展，并加上线性和非线性 DSTM 模型的讨论和计算算法作为补充。④量化并探索科学应用中的时空变量，包括基于真实世界环境数据的案例分析。

时空数据统计是研究生阶段学习时空统计的绝佳的书。它对于应用数学、工程学和环境和健康科学的研究者和实践者有重要的参考价值。

Book Description: A state-of-the-art presentation of spatio-temporal processes, bridging classic ideas with modern hierarchical statistical modeling concepts and the latest computational methods.

From understanding environmental processes and climate trends to developing new technologies for mapping public-health data and the spread of invasive-species, there is a high demand for statistical analyses of data that take spatial, temporal, and spatio-temporal information into account. Statistics for Spatio-Temporal Data presents a systematic approach to key quantitative techniques that incorporate the latest advances in statistical computing as well as hierarchical, particularly Bayesian, statistical modeling, with an emphasis on dynamical spatio-temporal models.

Cressie and Wiklesupply a unique presentation that incorporates ideas from the areas of time series and spatial statistics as well as stochastic processes. Beginning with separate treatments of temporal data and spatial data, the book combines these concepts to discuss spatio-temporal statistical methods for understanding complex processes.

Topics of coverage include:

• Exploratory methods for spatio-temporal data, including visualization, spectral analysis, empirical orthogonal function analysis, and LISAs.

• Spatio-temporal covariance functions, spatio-temporal kriging, and time series of spatial processes.

• Development of hierarchical dynamical spatio-temporal models (DSTMs), with discussion of linear and nonlinear DSTMs and computational algorithms for their implementation.

• Quantifying and exploring spatio-temporal variability in scientific applications, including case studies based on real-world environmental data.

Statistics for Spatio-Temporal Data is an excellent book for a graduate-level course on spatio-temporal statistics. It is also a valuable reference for researchers and practitioners in the fields of applied mathematics, engineering, and the environmental and health sciences.

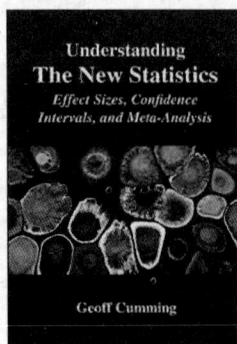

书　　名:《理解新的统计数字:效应大小、置信区间和 Meta
　　　　　分析》

Title: Understanding the New Statistics: Effect Sizes,
　　　　　Confidence Intervals, and Meta-Analysis

作　　者:吉奥夫·科明
出版社:劳特利奇出版社
时　　间:2011.08

内容简介: 这是第一本以可理解的方式介绍新统计的书,包括效应大小、置信区间和 Meta 分析。这本书拥有充足的实例以及如何使用新统计方法分析和报告研究结果。和本书配套的应用包括置信区间的探索软件包,可以在 EXCEL 下运行的免费软件(可至 www. thenewstatistics.com. 下载)。本书的练习使用 ECSI 模拟,这种模拟是可视和可操作的,吸引和鼓励使用者的研究探索。模拟的工作加强了对于关键统计思想的理解。本书中也有许多实例和详细的指南指导读者如何使用新统计方法分析自己的数据,还有一些解释分析结果的策略方法。本书的一大优势是它使用简单图表和例子解释 Meta 分析。即使在本科学习阶段,因为医学、心理学和很多其他学科现也使用 Meta 分析以集合证据为基础的实践所需的数据,理解 Meta 分析现在已经变得越来越重要。本书建立在认知科学基础上的示范程序,加强了学习。Boxes 在最有效的统计技术上提供了数据基础的建议,很多例子也有助于学习,并且显示出很多学科现正使用新统计的方法。我们在 ESCI 中放了图表以使关键概念清楚而便于记忆。这本由浅入深的书可以作为任何以新统计为重点的课程,或作为一个研究生和高年级本科生在统计学、心理学、教育学、人类发展、育儿和自然、社会、生命科学研究方法学习上的重要参考。对新统计和未来更多的研究有兴趣的研究者和实践人员也会喜欢上这本书的。在编写这本书时,我们假定读者都是具有基础统计知识的。

Book Description: This is the first book to introduce the new statistics-effect sizes, confidence intervals, and meta-analysis-in an accessible way. It is chock full of practical examples and tips on how to analyze and report research results using these techniques. The book is invaluable to readers interested in meeting the new APA Publication Manual guidelines by adopting the new statistics-which are more informative than null hypothesis significance testing, and becoming widely used in many disciplines. Accompanying the book is the Exploratory Software for Confidence Intervals (ESCI) package, free software that runs under Excel and is accessible at www.thenewstatistics.com. The book's exercises use ESCI's simulations, which are highly visual and interactive, to engage users and encourage exploration. Working with the simulations strengthens understanding of key statistical ideas. There are also many examples, and detailed guidance to show readers how to analyze their own data using the new statistics, and practical strategies for interpreting the results. A particular strength of the book is its explanation of meta-analysis, using simple diagrams and examples. Understanding meta-analysis is increasingly important, even at undergraduate levels, because medicine, psychology and many other disciplines now use meta-analysis to assemble the evidence needed for evidence-based practice. The book's pedagogical program, built on cognitive science principles, reinforces learning: Boxes provide "evidence-based" advice on the most effective statistical techniques. Numerous examples reinforce learning, and show that many disciplines are using the new statistics. Graphs are tied in with ESCI to make important concepts vividly clear and memorable. Opening overviews and end of chapter take-home messages summarize key points. Exercises encourage exploration, deep understanding, and practical applications. This highly accessible book is intended as the core text for any course that emphasizes the new statistics, or as a supplementary text for graduate and/or advanced undergraduate courses in statistics and research methods in departments of psychology, education, human development, nursing, and natural, social, and life sciences. Researchers and practitioners interested in understanding the new statistics, and future published research, will also appreciate this book. A basic familiarity with introductory statistics is assumed.

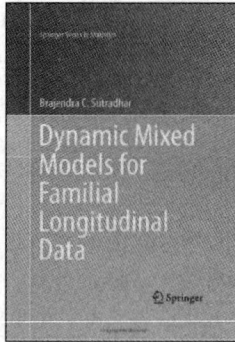

书　　名：《家族性纵向数据的动态混合模型》

Title：Dynamic Mixed Models for Familial Longitudinal Data

作　　者：布拉因德拉·C.苏特拉德哈

出版社：施普林格出版社

时　　间：2011.02

内容简介：本书提供了一个离散数据分析的理论基础。这些离散数据包括纵向格局中的计数和二元数据。与现有的图书不同，本书使用一类自相关结构来建立一个重复离散数据的纵向相关模型，容纳所有可能的高斯型自相关模型作为特例，包括 equi-correlation 模型。这个新的动态建模方法是为了发展理论上合适的推理方法。如连续和有效估计模型中相应回归效果的广义伪似然技术。因为现有的以广义估计方程（GEE）为基础的工作相关性方法在一致性和有效估计方面有着严重的理论局限性。并且现有的随机效应为基础的相关方法不适用于纵向相关。本书只着眼于家族性数据的相关建模。之后，本书通过使用随机效应的条件自相关结构从大量独立家族成员中搜集纵向数据，利用这些数据的相关性来建立模型。本书也提供了离散纵向数据在自适应临床试验下的模型和推断。本书的数学推理严格，并详细介绍了所选家族和纵向数据估计方法的发展。不仅如此，本书还提供了相关模型背后的数学方法，它也提供了很多真实生命数据的统计分析。本书对于包括生物统计、计量经济学的统计学研究领域的研究生和研究者都是有益的。本书作者 Brajendra Sutradhar 是一个在加拿大圣约翰纪念大学的研究教授，他是国际统计研究所的会员和美国统计学会的成员。他在多元分析、时间序列分析，包括预测、抽样、相关故障时间的生存分析、广义线性模型在有外生变量的稳健性推断以及生物统计和计量经济学方面的广义线性纵向混合模型等领域发表了 110 篇文献。他已经在加拿大统计期刊及环境和生态统计期刊的副编辑岗位上分别工作了六年和四年，并作为加拿大统计学方法论坛的咨询委员工作了三年。Sutradhar 教授因为多年对协会的贡献，特别是对协会周年会的贡献而被授予加拿大统计学会杰出贡献奖。

Book Description：This book provides a theoretical foundation for the analysis of discrete data such as count and binary data in the longitudinal setup. Unlike the existing books，this book uses a class of auto-correlation structures to model the longitudinal correlations for the repeated discrete data that accommodates all possible Gaussian type auto-correlation models as special cases including the equi-correlation models. This new dynamic modelling approach is utilized to develop theoretically sound inference techniques such as the generalized quasi-likelihood (GQL) technique for consistent and efficient estimation of the underlying regression effects involved in the model，whereas the existing "working" correlations based GEE (generalized estimating equations) approach has serious theoretical limitations both for consistent and efficient estimation, and the existing random effects based correlations approach is not suitable to model the longitudinal correlations. The book has exploited the random effects carefully only to model the correlations of the familial data. Subsequently, this book has modelled the correlations of the longitudinal data collected from the members of a large number of independent families by using the class of auto-correlation structures conditional on the random effects. The book also provides models and inferences for discrete longitudinal data in the adaptive clinical trial set up. The book is mathematically rigorous and provides details for the development of estimation approaches under selected familial and longitudinal models. Further, while the book provides special cares for mathematics behind the correlation models, it also presents the illustrations of the statistical analysis of various real life data. This book will be of interest to the researchers including graduate students in biostatistics and econometrics, among other applied statistics research areas. Brajendra Sutradhar is a University Research Professor at Memorial University in St. John's, Canada. He is an elected member of the International Statistical Institute and a fellow of the American Statistical Association. He has published about 110 papers in statistics journals in the area of multivariate analysis, time series analysis including forecasting, sampling, survival analysis for correlated failure times, robust inferences in generalized linear mixed models with outliers, and generalized linear longitudinal mixed models with bio-statistical and econometric applications. He has served as an associate editor for six years for Canadian Journal of Statistics and for four years for the Journal of Environmental and Ecological Statistics. He has served for 3 years as a member of the advisory committee on statistical methods in Statistics Canada. Professor Sutradhar was awarded 2007 distinguished service award of Statistics Society of Canada for his many years of services to the society including his special services for society's annual meetings.

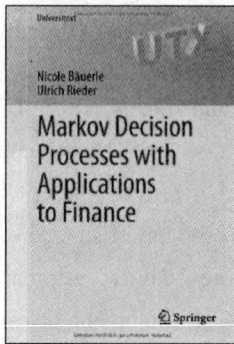

书　名：《马尔科夫决策过程在金融方面的应用》

Title：Markov Decision Processes with Applications to Finance

作　者：尼克尔·鲍俄雷，乌尔里希·里德

出版社：施普林格出版社

时　间：2011.06

内容简介：马尔科夫决策过程理论着眼于在离散时间下的可控马尔科夫链。本书的作者展示了这个理论的概述和研究范围，并且通过很多实例展示了该理论的应用。这些应用大多来源于金融和经营研究。通过使用一个结构化的方法，很多技术性问题（考虑到计量理论）。如有限和无限下的问题和部分可观察的马尔科夫决策过程，分段决定的马尔科夫决策过程和停止问题被回避掉了。本书用实例展现了马尔科夫决策过程，且包含了各种最先进的应用程序，特别是在金融领域。本书对于应用概率论和金融学的高年级本科生、研究生和研究者都是有益的。本书作者不只着眼于离散的马尔科夫决策过程（MDP），同时还提供了各类马尔科夫模型的简介。本书的每一章都有评论结尾，也许会有学者发现关于推理的更多提示。

第一章提供了马尔科夫决策过程的引言和一些实例、阐述，着眼于有限最优化问题和金融市场。第二章讨论有限马尔科夫决策过程理论。第三章描述金融市场。第四章讨论金融最优化问题。第五章描述了部分可观察的马尔科夫决策过程问题。第六章给出了金融市场中部分可观察马尔科夫决策过程问题。第七章给出了无限马尔科夫决策过程理论。第八章给出了分段决定的马尔科夫决策过程。第九章讨论了金融和保险中的最优化问题。第十章给出了最优化停止问题。第十一章描述了金融中的停止问题。

Book Description：The theory of Markov decision processes focuses on controlled Markov chains in discrete time. The authors establish the theory for general state and action spaces and at the same time show its application by means of numerous examples，mostly taken from the fields of finance and operations research. By using a structural approach many technicalities （concerning measure theory） are avoided. They cover problems with finite and infinite horizons，as well as partially observable Markov decision processes，piecewise deterministic Markov decision processes and stopping problems. The book presents Markov decision processes in action and includes various state-of-the-art applications with a particular view towards finance. It is useful for upper-level undergraduates，Master's students and researchers in both applied probability and finance，and provides exercises （without solutions）. The authors do not focus only on discrete-time MDPs，but provide the description of different classes of Markov models. Each chapter ends with remarks，where the potential reader may find further hints concerning references.

Chapter 1 provides an introduction to the role，and some examples. The presentation focuses on Finite Horizon Optimization Problems and Financial Markets. Chapter 2 discusses the Theory of Finite Horizon Markov Decision Processes. Chapter 3 describes the Financial Markets. Chapter 4 discusses financial optimization problems. Chapter 5 describes partially observable Markov decision processes. Chapter 6 provides partially observable Markov decision problems in finance. Chapter 7 present the theory of infinite horizon Markov decision Processes. Chapter 8 provides piecewise deterministic Markov decision processes. Chapter 9 discusses optimization problems in finance and insurance. Chapter 10 presents the theory of optimal stopping problems. Chapter 11 describes stopping problems in finance.

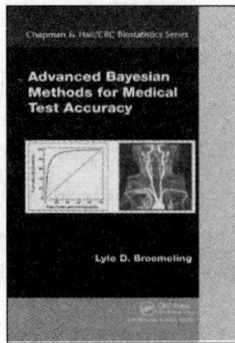

书　　名：《先进的贝叶斯方法：医药测试的准确性》

Title：Advanced Bayesian Methods for Medical Test Accuracy

作　　者：莱尔·D.布吕梅林

出版社：CRC 出版社

时　　间：2011.08

内容简介： 在很多医学和生物领域贝叶斯方法都很有效，尤其是在临床试验和诊断测试这类以先前研究中的已有信息为基础的研究中很受欢迎。在介绍用于医药测试准确性的先进的贝叶斯方法之前，首先回顾一下传统的测试方法，包括特异度、敏感度、阳性预测值，阴性预测值和 ROC 曲线下的领域。之后，研究范围扩展到了更先进的内容，如验证偏差、非黄金标准的诊断测试和那些没有检验标准的内容。

为了提高临床试验和诊断过程的准确性和效率，本书：①通过一个 WinBUGS 包让读者能够更高效地获得先验信息。②提供很多不仅限于两个标准的推理。③把很多不同方法结合到读者手册中，如 X 光、CT 检查等来研究它们对医学测试精度的影响。④章节后面提供实践的问题。

本书对在诊断医学和研究设计领域的研究生和咨询统计学家都是有益的。这个实践的资源介绍了 BUGS 的编程和执行基础，给予读者工具和经验来成功地分析医药测试的准确性。

Book Description： Useful in many areas of medicine and biology, Bayesian methods are particularly attractive tools for the design of clinical trials and diagnostic tests, which are based on established information, usually from related previous studies. Advanced Bayesian Methods for Medical Test Accuracy begins with a review of the usual measures such as specificity, sensitivity, positive and negative predictive value, and the area under the ROC curve. Then the scope expands to cover the more advanced topics of verification bias, diagnostic tests with imperfect gold standards, and those for which no gold standard is available.

Promoting accuracy and efficiency of clinical trials, tests, and the diagnostic process, this book:

- Enables the user to efficiently apply prior information via a WinBUGS package.

- Presents many ideas for the first time and goes far beyond the two standard references.

- Integrates reader agreement with different modalities–X–ray, CT Scanners, and more–to study their effect on medical test accuracy.

- Provides practical chapter–end problems.

Useful for graduate students and consulting statisticians working in the various areas of diagnostic medicine and study design, this practical resource introduces the fundamentals of programming and executing BUGS, giving readers the tools and experience to successfully analyze studies for medical test accuracy.

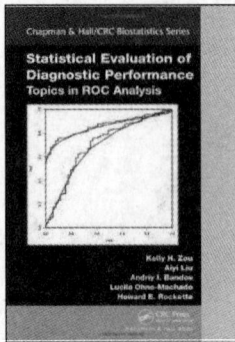

书　名：《统计评价的诊断性能：主题 ROC 分析》

Title：Statistical Evaluation of Diagnostic Performance：Topics in ROC Analysis

作　者：安德雷·I.班多斯，凯利·H.周，刘艾依，
　　　　路希拉·沃诺马查多，霍华德·E.洛克特

出版社：CRC 出版社

时　间：2011.07

内容简介：广义的诊断结果的统计评价和受试者操作特性分析（ROC）对于评估医药测试和统计归集都是十分重要的，同时还能评估预测模型或算法。本书为很多应用领域提供革新的 ROC 分析方法，包括医学成像、癌症研究、流行病学和生物信息学。诊断效果的统计评价包括以下内容：参数 ROC 分析中的单调变换技术、混合和整合生物标记的 ROC 方法、贝叶斯分层变化模型、ROC 集中的序列设计和推理、预测建模、多读数 ROC 分析和自由响应 ROC 方法（FROC）。本书对于统计学、生物统计、流行病学、公共卫生、生物医药工程、放射学、医学成像、生物医药信息学等相关学科的研究生和研究者都是有益的。除此以外，学校和行业内的临床研究者和实验统计学家也能从如此重要但又常被忽视的内容中获得收获。

David J. Hand 认为，"本书是 ROC 文献的很好补充，本书对于医药诊断的参与者和 ROC 理论的研究者都是有价值的"。

ISCB 新闻（2012）对本书做了报道，"Zou 等人所写的这本书很好地通过对于基本问题的简短总结和对于一些高阶的、研究相关问题的深层次演示，对现有的研究做出了总结。有兴趣的研究者能够通过阅读本书获得灵感，并发现新的、未曾被探索的研究路径。本书的另一个优势是，每章后面的附加参考书单对有兴趣的研究者都是十分有用的，总的来说，本书对于做 ROC 基础分析研究的人和对在实践中对纯理论有兴趣的研究者都是一个很好的起点"。

Book Description：Statistical evaluation of diagnostic performance in general and Receiver Operating Characteristic（ROC）analysis in particular are important for assessing the performance of medical tests and statistical classifiers, as well as for evaluating predictive models or algorithms. This book presents innovative approaches in ROC analysis, which are relevant to a wide variety of applications, including medical imaging, cancer research, epidemiology, and bioinformatics. Statistical Evaluation of Diagnostic Performance：Topics in ROC Analysis covers areas including monotone-transformation techniques in parametric ROC analysis, ROC methods for combined and pooled biomarkers, Bayesian hierarchical transformation models, sequential designs and inferences in the ROC setting, predictive modeling, multireader ROC analysis, and free-response ROC（FROC）methodology. The book is suitable for graduate-level students and researchers in statistics, biostatistics, epidemiology, public health, biomedical engineering, radiology, medical imaging, biomedical informatics, and other closely related fields. Additionally, clinical researchers and practicing statisticians in academia, industry, and government could benefit from the presentation of such important and yet frequently overlooked topics.

"A useful addition to the ROC literature, which will prove valuable for both those involved in medical diagnosis and those whose primary interest is ROC analysis itself." —David J. Hand, International Statistical Review (2013), 81, 2 "This new book by Zou et al significantly contributes to the existing publications by providing short descriptions on basic issues and in-depth presentations on a few advanced, research-related issues. ⋯ the interested researcher can get inspired reading this book and discover new, unexplored research paths. Another pro of the book, useful for the interested researcher, is the extensive reference list at the end of each chapter. Overall, the book by Zou et al is a valuable starting point for those conducting basic research on ROC analysis and for applied researchers who are intrigued by the use of neat methodologies in applications." —ISCB News (2012).

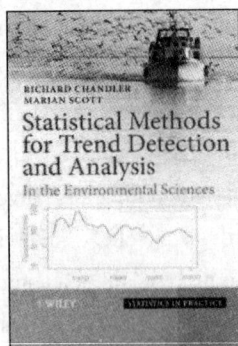

书　　名：《统计方法来检测和分析在环境科学的趋势》

Title：Statistical Methods for Trend Detection and Analysis in the Environmental Sciences

作　　者：理查德·钱德勒，玛丽安·斯科特

出版社：威利出版社

时　　间：2011.04

内容简介：理解和量化变化是环境科学的基础。这包括描述历史变量，理解观察到变化的机制，预测未来可能的变化或监视一些干预环境系统的影响。本书提供了一些本质上相关的现代统计技巧的回顾总结。很多研究环境变化的实践学者可能会对识别和估计趋势的经典统计方法很熟悉。但是，越来越强的收集和处理大量环境信息的能力使得人们越来越意识到这些方法在视野上有局限性。同时，很多统计学的重大发展广泛地分散在各统计文献中，因此环境科学界的发展有限。本书希望为这些发展做一个清晰而可理解的总结。本书分为两个部分：第一部分给出了该领域的引言。第二部分给出了关于真实研究的趋势分析和现代统计学的实践应用。

关键内容包括：①为环境科学趋势分析的实践应用和方法提供了详细的介绍。②探索非参数估计和检验以及参数方法。③通过一系列环境应用领域的案例阐述研究方法。④研究各个过程中的趋势，包括平均数、分位数和极值。⑤辅以一个数据库和 R 编码网站。

本书是写给具备一些基础统计训练的读者，但同时也包含一些为实验统计学家作参考的详细细节，它对于环境科学和统计学的研究生及研究者都是有帮助的。

Book Description：The need to understand and quantify change is fundamental throughout the environmental sciences. This might involve describing past variation，understanding the mechanisms underlying observed changes，making projections of possible future change，or monitoring the effect of intervening in some environmental system. This book provides an overview of modern statistical techniques that may be relevant in problems of this nature.

Practitioners studying environmental change will be familiar with many classical statistical procedures for the detection and estimation of trends. However，the ever increasing capacity to collect and process vast amounts of environmental information has led to growing awareness that such procedures are limited in the insights that they can deliver. At the same time，significant developments in statistical methodology have often been widely dispersed in the statistical litera-ture and have therefore received limited exposure in the environmental science community. This book aims to provide a thorough but accessible review of these developments. It is split into two parts：the first provides an introduction to this area and the second part presents a collection of case studies illustrating the practical application of modern statistical approaches to the analysis of trends in real studies.

Key Features:

- Presents a thorough introduction to the practical application and methodology of trend analysis in environmental science.

- Explores non-parametric estimation and testing as well as parametric techniques.

- Methods are illustrated using case studies from a variety of environmental application areas.

- Looks at trends in all aspects of a process including mean, percentiles and extremes.

- Supported by an accompanying website featuring datasets and R code.

The book is designed to be accessible to readers with some basic statistical training, but also contains sufficient detail to serve as a reference for practising statisticians. It will therefore be of use to postgraduate students and researchers both in the environmental sciences and in statistics.

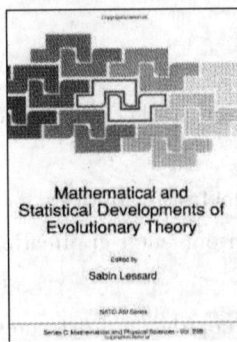

书　名：《进化理论的数学和统计的发展》

Title：Mathematical and Statistical Developments of Evolutionary
　　　　　Theory

作　者：萨宾·雷萨德

出版社：斯普林格出版社

时　间：2011.10

内容简介：进化论的数学和统计学方法是多种多样的。1987 年 8 月 3~27 日在蒙特利尔大学举办的北约高阶研究会是一个回顾经典方法和学习最新发展前沿的最好机会。与会的包括理论生物学家、基因学家、应用数学家和统计学家。在会议上能够交换各自对于问题的不同观点，这些会议录包括从十一个会议系列中选出七份会议报告。进化稳定策略理论可以从很多角度来考虑，如从博弈论方法到理解行为与进化（W.G.S. Hines），或从 ESS 性质和方式的系统分类到沙赫沙哈尼矩阵微分几何的特殊应用（E. Akin）。ESS 理论到有性种群和有限种群的延伸，更不用说近缘间的博弈（W.G.S. Hines）。特别受人关注的是一个叫作消耗战博弈的经典博弈，这个博弈有 n 个参加者，而且个人随机奖励（C. Cannings）。沙赫沙哈尼矩阵、双点位模型和双等位基因模型也相继出现（E.Akin）。很多关于人口基因学的推理问题也被提及，识别和计量选择因素及多态性的方法也在最后得到了讨论（F.B. Christiansen）。

Book Description：Mathematical and statistical approaches to evolutionary theory are numerous. The NATO Advanced Study Institute（ASI）held at the Universite de Montreal, Montreal, August 3–21, 1987, was an opportunity to review most of the classical approaches and to study the more recent developments. The participation of theoretical biologists and geneticists as well as applied mathematicians and statisticians made possible exchanges of ideas between students and scholars having different views on the subject. These Proceedings contain the lecture notes of seven（7）of the eleven（11）series of lectures that were given. ESS（Evolutionarily Stable Stragety）theory is considered from many perspectives, from a game–theoretic approach to understanding behavior and evolution（W.G. S. Hines）, and a systematic classification of properties and patterns of ESS's（C. Cannings）to particular applications of the differential geometry of the Shahshahani metric（E. Akin）. Extensions of ESS theory to sexual populations and finite populations, not to mention games between relatives, are presented（W.G.S. Hines）. Special attention is given to the classical game called the War of Attrition but with n players and random rewards（C. Cannings）. The Shahshahani metric is also used to show the occurrence of cycling in the two–locus, two–allele model（E. Akin）. Various inference problems in population genetics are addressed. Procedures to detect and measure selection components and polymorphism. In particular, the Wahlund (effect) at one or several loci from mother-offspring combinations in natural populations are discussed at length (F.B. Christiansen).

第四章 统计学学科年度大事记

第一节 国内年度大事记

1. 2011 年 4 月 16 日，全国统计学会秘书长工作会议在湖南省长沙市召开。国家统计局副局长、中国统计学会副会长徐一帆出席会议并讲话。湖南省统计局局长张世平和国家统计局湖南调查总队总队长程子林出席会议并致辞。中国统计学会副秘书长许亦频向大会报告了 2010 年度学会工作情况及 2011 年学会工作要点。湖南省统计局副局长张绍文，统计研究杂志社常务副主编何平，全国各地统计学会、专业分会的秘书长参加了会议。

2. 2011 年 5 月 3 日，中国统计学会第八届二次会长办公会议召开。会上，马建堂会长强调：学会工作要着眼于统计理论和方法的创新，着眼于更好地服务和推动中国统计的实践，着眼于统计知识的普及，着眼于提高学会的统筹组织能力，要突出重点，注重实效，扩大影响，办出特色。

3. 2011 年 6 月 11~15 日，"2011 客观贝叶斯国际研讨会"（The 2011 International Workshop on Objective Bayes Methodology）在华东师范大学学术交流中心（逸夫楼）召开。会议的宗旨是讨论贝叶斯方法，特别是客观贝叶斯统计分析的理论，探讨客观贝叶斯方法的最新动态及其在各个领域中的应用。此次会议是客观贝叶斯国际研讨会的第九次会议，也是首次在中国举行，影响深远。

4. 2011 年 6 月 20~24 日，第七届国际可靠性数学、理论、方法与应用会议在北京科技大学召开。

5. 2011 年 7 月 12 日，中国统计学会召开了《综合发展指数研究》课题专家研讨会，中国统计学会副会长鲜祖德主持会议并讲话。来自国家有关部门、知名院校和研究机构的专家学者参加了会议并对《综合发展指数研究》给予了高度评价，提出了许多建设性宝贵意见。

6. 2011 年 8 月 5 日，中国统计学会近期发布我国东部、东北、中部、西部四大区域及 31 个省、自治区、直辖市的 2000~2009 年综合发展指数。

7. 2011 年 8 月 21 日，应大会组委会的邀请，以国家统计局总统计师、中国统计学会副会长鲜祖德为团长的中国统计学会代表团一行参加了这次国际统计学会第 58 届大会。

8. 2011 年 8 月 26 日，由世界著名数学家、菲尔兹奖得主、美国哈佛大学丘成桐教授发起，中国人民大学信息学院、清华大学数学科学中心和中科院晨兴数学中心主办的"2011 应用数学与统计国际研讨会"在中国人民大学汇贤大厦成功举办。哈佛大学、耶鲁大学、清华大学、中国科学院大学、中国人民大学等国内外专家学者近 150 人共同参加了此次学界盛宴。

9. 2011 年 8 月 30 日，国家统计局在北京分别召开国家统计局统计科学研究所和国家统计局北京调查总队干部会议，宣布对统计科学研究所和北京调查总队主要负责人的交流任职决定。国家统计局党组书记、局长马建堂分别出席会议并作重要讲话。他强调，要牢记统计科研机构的定位，围绕统计发展改革中心，强化对全国统计科研工作的组织协调，努力推动统计科学研究迈上新台阶；要牢固树立为国调查意识，不断加大改革创新力度，切实加强统计干部队伍建设，加快推进统计现代化进程。国家统计局总统计师鲜祖德主持统计科学研究所干部会议。北京市委常委、组织部部长吕锡文出席北京调查总队干部会议并讲话，北京市副市长洪峰出席会议。

10. 2011 年 9 月 15 日，由中国统计学会编辑、中国统计出版社出版的统计科普读物——《无处不在的统计》一书出版。

11. 2011 年 9 月 22 日，中国统计学会第十六次全国统计科学讨论会在大连隆重举行。国家统计局科研所所长、中国统计学会副会长潘璠主持特邀学术报告，国家统计局副局长、中国统计学会副会长李强，中科院院士、中国数学会理事长马志明等专家学者作了特邀学术报告。

12. 2011 年 9 月 25 日，由中国现场统计研究会与重庆理工大学联合主办的"2011 统计与管理科学国际会议"在重庆理工大学国际学术报告厅隆重开幕。"统计与管理科学国际会议"是国内统计学学科的峰会，精英荟萃，专家云集。此次会议是统计学成为一级学科以来的第一次会议。会议旨在围绕统计理论、方法及其应用的前沿问题开展广泛的国际学术交流，加强统计与管理学科的融合与交流，更好地促进统计方法与管理科学在经济和社会发展各个领域的结合和推广应用。会议的主题紧扣重庆市"十二五"发展规划纲要的内容，很好地切合了重庆市积极打造内陆地区金融高地、国内最大离岸数据开发和处理中心、云计算中心以及大力发展以信息产业为主导的战略性新兴产业的发展潮流，对推动重庆市重点发展的信息产业、金融业、云计算产业和生物制药业等支柱产业的发展意义重大。

13. 2011 年 10 月 15~17 日，第十三次全国中青年统计科学研讨会在山西省太原市举行。国家统计局局长、中国统计学会会长马建堂致信祝贺，国家统计局副局长、中国统计学会副会长徐一帆出席并讲话，国家统计局总统计师鲜祖德主持开幕式。

14. 2011 年 10 月 26~28 日，全国统计科研所所长座谈会在北京统计培训中心召开。会议传达学习了马建堂局长在出席国家统计局科研所和北京调查总队主要负责人交流任职干部会议和致第十三次全国中青年统计科学研讨会的贺信中对统计科研工作批示精神；研究探讨了 2012 年及今后统计科研工作发展方向；各省、市、自治区统计科研所所长踊跃发言，联系统计科研实际，对统计科研工作定性、定位、加强组织管理、发挥科研职能作用等方面提出许多宝贵意见和建议。

15. 2011 年 12 月 25 日，中国统计学会会长办公会和中国统计学会第八届理事会第四次常务理事会在北京召开，会议审议并通过《2011 年中国统计学会工作报告》和《2012 年中国统计学会工作计划》，选举增补了中国统计学会第八届理事会理事、常务理事和中国统计学会副会长，表彰了 2010~2011 年度全国统计学会先进单位、先进工作者。

第二节　国外年度大事记

这部分主要记录了 2011 年召开的国际会议，不包括 workshop、seminar、summer school、winter school 等小型会议。

January：

1. Adapsk Ⅲ，the Satellite Meeting to MCMSki Ⅲ

January 3–4，2011

The Canyons，Park City，Utah，USA

IMS Representative（s）on Program Committees：Christophe Andrieu，University of Bristol and Christian Robert，Université Paris–Dauphine.

（IMS Co–sponsored Meeting）

2. MCMSki Ⅲ：Markov Chain Monte Carlo in Theory and Practice

January 5–7，2011

Snowbird，UT

Program Chairs：Bradley P. Carlin（University of Minnesota）and Antonietta Mira（University of Insubria）.

（IMS Sponsored Meeting）

3. 10th Winter School on Mathematical Finance

January 24–26，2011

CongresHotel De Werelt，Lunteren

Two mini courses of 5 hours each will be delivered by Rüdiger Kiesel（Universität Duisburg–Essen），Bernt Øksendal（University of Oslo）. Special invited lectures will be given by Hansjoerg Albrecher（Université de Lausanne），Gilles Pagès（Université de Paris Ⅵ），and Johan Tysk（Uppsala Universitet）.

March：

4. International Conference on Malliavin Calculus and Stochastic Analysis

March 19–21，2011

University of Kansas, Lawrence, KS

An event in honor of Professor David Nualart.

5. 2011 ENAR/IMS Meeting

March 20-23, 2011

Hyatt Regency Miami, Miami, FL

(IMS Sponsored Meeting)

6. 1st Conference on Spatial Statistics

March 23-25, 2011

The Netherlands

Spatial statistics is a rapidly developing field which involves the quantitative analysis of spatial data and the statistical modelling of spatial variability and uncertainty. Applications of spatial statistics are for a broad range of environmental disciplines such as agriculture, geology, soil science, hydrology, ecology, oceanography, forestry, meteorology and climatology, but also for socio-economic disciplines such as human geography, spatial econometrics, epidemiology and spatial planning. The aim of the meeting is to present interdisciplinary research where applicability in other disciplines is a central core concept.

7. Seminar on Stochastic Processes

March 24-26, 2011

University of California, Irvine

IMS Representative (s) on Program Committees: Davar Khoshnevisan.

(IMS Co-sponsored Meeting)

April:

8. The third International Biometrics Society (IBS) Channel Network Conference

April 11-13, 2011

Bordeaux, France

Every two years, the International Biometrics Society (IBS) Channel Network Conference brings together biometricians from four IBS regions: Belgium, France, Great-Britain/Ireland, and Netherlands.

9. Columbia-Princeton Probability Day 2011

April 15th, 2011

Princeton, New Jersey

10. The 25th New England Statistics Symposium

April 16, 2011

Storrs, Connecticut

The meeting's purpose is to to bring together statisticians from all over New England at a central location. There will be two full day short courses, and several arranged special theme sessions. In addition, there will be contributed paper sessions, allowing 15 to 20 minutes per paper. We invite talks on all aspects of statistics and probability.

11. 2011 International Conference on Probability, Statistics and Data Analysis (ICPSDA-2011)

April 21-24, 2011

Department of Statistics, NC State University, Raleigh, NC, USA

IMS Representative (s) on Program Committees: SoumendraNath Lahiri (Chair of International Organization Committee), Subhashis Ghoshal (Co-Chair of Local Organization Committee).

(IMS Co-sponsored Meeting)

12. Graduate Student Probability Conference

April 29-May 1, 2011

Georgia Institute of Technology, Atlanta, GA

Conference objectives are: Provide graduate students and postdoctoral fellows with the opportunity to speak on an area of interest within probability; Foster discussions with a friendly and informal atmosphere; Establish connections for potential future collaborations; Introduction to recent developments in probability from keynote speakers.

May:

13. The Fourth Erich L. Lehmann Symposium

May 9-12, 2011

Houston, TX

This is the fourth of a series of Symposia on theoretical statistics with emphasis on optimality. The Symposium consists of a series of plenary lectures and invited sessions. Contributed papers are also welcome. The series started to honor Erich Lehmann's work and impact on the discipline. Those interested in presenting in a contributed session can email a title and an abstract to jrojo@rice.edu There will be partial travel support for young investigators and advanced graduate students.

14. A Volume of Refereed Papers Will be Published

May 17-20, 2011

Ann Arbor, Michigan

15. The Rao Prize Conference

May 19, 2011

Penn State University, Pennsylvania

The centerpoint of the conference will be the award of the 2011 Rao Prize to Professor James O. Berger of Duke University.

16. International Symposium on Recent Advances in Statistics and Probability

May 19–20, 2011

Hasselt University, Belgium

The main scientific theme of the symposium is mathematical statistics, in particular survival analysis, nonparametric methods, and probability and stochastic processes. The goal is to disseminate recent developments, to build bridges between the sub-field, and to allow for stimulating interaction between the theoretical developments and some areas of application. The scientific meeting will be followed by a session in honor of the contributions made by Professor Noel Veraverbeke. The meeting will bring together the top researchers in the aforementioned areas, from all over the globe.

17. High Dimensional Statistics: Advances and Challenges

May 24–27, 2011

Singapore

Conference topics will include high dimensional analysis, survival analysis, and biostatistics.

18. 4th Chaotic Modeling and Simulation International Conference (CHAOS 2011)

May 31–June 3, 2011

Crete, Greece

The principal aim of Chaos2011 International Conference is to expand the development of the theories of the applied nonlinear field, the methods, empirical data and computer techniques as well as the best theoretical achievements of chaotic theory.

June:

19. Southern Regional Council on Statistics–Summer Research Conference

June 5–8, 2011

McCormick, South Carolina

The annual SRCoS Summer Research Conference is designed to bring together statistical researchers at all levels to learn about current areas of investigation and trends in statistics, including statistics education.

20. La Pietra 2011

June 13–17, 2011

Florence, Italy

GNAMPA–PIRE School–conference on percolation and particle systems.

21. Statistical Challenges in Modern Astronomy V

June 13–17, 2011

The Pennsylvania State University

IMS Representative (s) on Program Committees: David Banks.

(IMS Co–sponsored Meeting)

22. 3rd Baltic–Nordic Conference on Survey Statistics （BaNoCoSS）

June 13–17, 2011

Norrfällsviken, Sweden

The conference aims to provide a platform for discussion and exchange of ideas for a variety of people. These include, for example, statisticians, researchers and other experts of universities, national statistical institutes, research institutes and other governmental bodies, and private enterprises, dealing with survey research methodology, empirical research and statistics production. University students in statistics and related disciplines provide an important interest group of the conference.

23. Conference in Genetics, Probability and Statistics, in Honor of David Siegmund

June 17–18, 2011

Stanford, Calfornia

The conference will feature invited lectures on probability, mathematical and applied statistics, statistical genetics, and computational biology. It is held in honor of the 70th birthday of Professor David Siegmund, who has made seminal contributions and left far–ranging impacts on these fields.

（IMS Co–sponsored Meeting）

24. Conference on Stochastic Processes and their Applications

June 19–25, 2011

Oaxaca, Mexico

（IMS Co–sponsored Meeting）

25. WNAR/IMS Meeting

June 19–22, 2011

San Luis Obispo, CA, USA

IMS Program Chair: Jay Bartroff （bartroff@usc.edu）

（IMS Sponsored Meeting）

26. SAMSI/Sandia Summer School for Uncertainty Quantification

June 20–24, 2011

Albuquerque, NM

The utilization of computer models for complex real–world processes requires addressing Uncertainty Quantification （UQ）. Corresponding issues range from inaccuracies in the models to uncertainty in the parameters or intrinsic stochastic features. This Summer school will expose students in the mathematical and statistical sciences to common challenges in developing, evaluating and using complex computer models of processes. It is essential that the next generation of researchers be trained on these fundamental issues too often absent of traditional curricula.

27. Journées de Probabilités 2011

June 20–24, 2011

Institut Elie Cartan, Nancy, France

Scope: Probability and Statistics

28. Graybill 2011 Conference

June 22–24, 2011

Fort Collins, Colorado

IMS Representative (s) on Program Committees: Mary Meyer, Jean Opsomer, Rui Song. (IMS Co-sponsored Meeting)

29. ICSA 2011 Applied Statistics Symposium

June 26–29, 2011

New York City, New York, USA

ICSA applied statistics symposium was first held in San Francisco in . Since then, it has successfully attracted statisticians all around the world, to exchange and explore new scientific research and application techniques. In 2011, it reaches its 20th Anniversary. The organizing committee cordially welcomes you to join us to celebrate the 20th Anniversary of this exciting and rich symposium organized by the ICSA.

30. The International Conference on Robust Statistics (ICORS11)

June 27–July 1, 2011

Universidad de Valladolid, Spain

The aim of this conference is to be a forum for the developments and applications of robust statistical methods, and their interactions to other fields of statistics, and to science in general. It is an opportunity to meet, exchange knowledge, and build scientific contacts for all people interested in the subject.

31. 7th Conference on Extreme Value Analysis, Probabilistic and Statistical Models and their Applications (EVA 2011)

June 27–July 1, 2011

University of Lyon, France

It is the aim of the conference to bring together a wide range of researchers, practitioners, and graduate students whose work is related to the analysis of extreme values in a wide sense.

July:

32. The 2011 International Conference on Statistics and Probability

July 1–2, 2011

Busan, Korea

Commemorating the 40th anniversary of the Korean Statistical Society.

33. Statistics 2011 Canada/IMST-2011-FIM X X

July 1-4, 2011

Concordia University, Montreal, Canada

In keeping with the long tradition of previous conferences, this convention is dedicated to all areas of mathematical and statistical sciences. In addition to traditional theoretical/applied areas, interdisciplinary research would be encouraged and promoted. Historically these meetings have concentrated in the following areas of scholarship: applied and theoretical statistics, Bayesian statistics, bioinformatics, biostatistics, combinatorics, computer and information sciences, design and analysis of experiments, ergodic theory, functional analysis, graph theory, multivariate analysis, number theory, partial differential equations and topology.

34. Patient Reported Outcomes and Quality of Life

July 4-5, 2011

Université Pierre et Marie Curie, Paris

IMS Representative (s) on Program Committees: Mounir Mesbah

(IMS Co-sponsored Meeting)

35. PROBASTAT 2011

July 4-8, 2011

Smolenice Castle, Slovakia

The mission of PROBASTAT conferences is to stimulate exchanges of ideas and research in the field of probability and statistics.

36. The INFORMS Applied Probability Society Conference

July 6-8, 2011

Royal Institute of Technology (KTH), Stockholm, Sweden

IMS Representative (s) on Program Committees: Co-chairs: Kavita Ramanan, Marty Reiman.

Members: Baris Ata, Rami Atar, Vivek Borkar, Amarjit Budhiraja, Paul Dupuis, David Gamarnik, Takis Konstantopoulos, Thomas Mikosch, Lea Popovic, Amber Puha, Devavrat Shah, Steven Shreve, Assaf Zeevi.

(IMS Co-sponsored Meeting)

37. IMS-China International Conference on Statistics and Probability 2011

July 8-11, 2011

XiAn, China

IMS Organizing Chair: Heping Zhang, Yale University

(IMS Sponsored Meeting)

38. 7th Cornell Probability Summer School

July 11-22, 2011

Ithaca, NY, USA

(IMS Co-sponsored Meeting)

39. ICIAM 2011

July 12-22, 2010

Vancouver, Canada

The congress will highlight the most recent advances in the discipline and demonstrate their applicability to science, engineering and industry. In addition to the traditional, strong focus on applied mathematics, the congress will emphasize industrial applications and computational science in new and emerging topic areas identified by panels of top international scientists.

40. 1st Annual NIGMS-funded Short Course on Statistical Genetics and Genomics

July 18-22, 2011

Birmingham, AL

Focusing on the analysis of complex traits characterized by quantitative variation, this five-day course will offer an interactive program to enhance researchers' ability to understand and use statistical genetic methods, as well as implement & interpret sophisticated genetic analyses. Travel fellowships available, see website for details!

41. The 7th IMT-GT International Conference on Mathematics, Statistics and its Application (ICMSA 2011)

July 21-23, 2011

Bangkok, Thailand

The main objective of this conference is to provide a forum for researchers, educators, students and industries to exchange ideas, to communicate and discuss research findings and new advances in mathematics and statistics. To explore possible avenues to foster academic and student exchange, as well as scientific activities within the region. The conference will be a venue to communicate and discuss on mathematical and statistical problems faced by the industries. The topics of the conference include Mathematics, Applications of Mathematics, Statistics, Operations Research, Mathematical Education, and Computer Sciences.

42. NSF-CBMS Regional Research Conference: Mathematical Epidemiology with Applications

July 25-29, 2011

East Tennessee State University, Johnson City, TN

Carlos Castillo-Chavez and Fred Brauer will give ten keynote lectures, and there will be breakout sessions and formation of working research groups. A poster session will also be held for participants to display their work. Full support will be offered to between 35 and 40 participants.

43. Conference on Modeling High Frequency Data in Finance 3

July 27–31, 2011

Stevens Institute of Technology, Hoboken, New Jersey

IMS Representative (s) on Program Committees: Ionut Florescu, Jose Figueroa Lopez.

(IMS Co-sponsored Meeting)

44. IMS Annual Meeting/Joint Statistical Meetings

July 30 August 4, 2011

Miami Beach, FL

(IMS Sponsored Meeting)

August:

45. Conference in Honour of Søren Asmussen—New Frontiers in Applied Probability

August 1–5, 2011

Sandbjerg Estate, Sønderborg, Denmark

The conference honours one of the leading researchers in applied probability, Søren Asmussen, on the occasion of his 65th birthday. Thirtyfive major contributors to applied probability have agreed to participate in the conference. The talks will present the state of the art in applied probability and cover Søren Asmussen's wide-ranging scientific interests.

46. The 46th Actuarial Research Conference

August 11–13, 2011

University of Connecticut, Storrs, Connecticut, USA

This conference provides an opportunity for anyone with interest in the actuarial discipline to discuss issues and solutions.

47. useR! 2011

August 16–18, 2011

University of Warwick, Coventry, UK

A conference centred on the use of R for data analysis and statistical computing. The conference schedule comprises invited lectures and user-contributed sessions. In addition half-day tutorials presented by R experts will run on August 15, 2011, prior to the conference.

48. An International Association for Official Statistics 2011 Conference

August 17–19, 2011

Belfast, Ireland

The theme of the conference will be "The Demography of Ageing and Official Statistics". The conference will consist of 12 invited renowned speakers.

49. Dynamic Statistical Models, ISI-satellite meeting

August 17–19, 2011

Copenhagen, Denmark

The purpose of the meeting is to bring together researchers in statistics and related areas working with frontier research topics in statistics for dynamic models.

50. Young Statisticians Meeting (YSI 2011) –ISI Satellite Meeting

August 19–21, 2011

Dublin, Ireland

As a satellite meeting to the 2011 ISI World Congress, and the first of its kind, YSI 2011 seeks to promote the active participation of early career statisticians in the epicentre of the ISI World Congress. The meeting will give the opportunity for young statisticians to present their work in an encouraging and heartening environment, build scientific bonds with colleagues in their respective fields, and learn from and interact with some of the leaders of the discipline in an informal, compact and conducive environment.

51. Seventh International Conference on Multiple Comparison Procedures

August 29–September 1, 2011

Washington D.C., USA

The main goal of the conference is to promote research and applications of multiple comparison procedures. The application areas of multiple comparison procedures are a rich and important source of cross–disciplinary statistical research. The conference will cover many current topics such as adaptive and sequential designs, Bayesian methods, bioinformatics, clinical trials, genomics, closed testing and partitioning principles, false discovery rate, multiple endpoints and so on. An important role of the conference will be to provide a forum for technical interactions among research and practicing statisticians in academia, government, and industry.

SAMSI 2011–2012 Uncertainty Quantification Program: Climate Modeling

September:

52. 17th European Young Statisticians

September 5–9, 2011

Lisbon, Portugal

The European Young Statisticians Meetings are conferences organized every two years under the auspices of the European Regional Committee of the Bernoulli Society. The aim is to provide a scientific forum for the next generation of European researchers in probability theory and statistics. The meeting will gather about 46 participants coming from about 23 European countries. Participants are less than 30 years old or have 2 to 8 years of research experience. They are chosen by invitation only in a uniformly distributed way in Europe (2 participants per country).

53. Mathematical and Computational Approaches in High–Throughput Genomics

September 12–December 16, 2011

Institute for Pure and Applied Mathematics, Los Angeles, CA, USA

DNA sequencing instruments have undergone an extraordinary increase in efficiency during the past few years that has reduced the time and cost required to sequence billions of bases by several orders of magnitude. This is revolutionizing the scale and potential applications of genomic studies, and creating an enormous need to develop mathematical and computational infrastructures to meet emerging data analysis challenges. This long program aims to foster interactions between mathematical and computational scientists, sequencing technology developers in industry and academia, and the biologists who use the instruments for particular research applications to advance the mathematical foundations of this exciting field.

54. Annual Meeting of the German Statistical Society

September 19-23, 2011

Leipzig, Germany

At this Meeting the German Statistical Society will celebrate its 100th anniversary. Special topics will be: Spatial Statistics and Beyond GDP-the Measurement of Well-Beeing. Plenary talks by Axel Börsch-Supan, Holger Dette, Ed Diener, Bruno S. Frey, Natalie Neumeyer, Danny Pfeffermann, Ingmar Prucha, Walter Radermacher, Havard Rue. Christoph Hanck (Groningen) will organize the Young Researchers Mini-Symposium on Hypothesis Testing in Nonstationary Time Series Analysis.

55. 2011 New England Symposium on Statistics in Sports

September 24, 2011

Cambridge, Massachusetts

This is a meeting of statisticians and quantitative analysts connected with sports teams, sports media, and universities to discuss common problems of interest in statistical modeling and analysis of sports data.

56. Applied Statistics 2011

September 25-28, 2011

Ribno (Bled), Slovenia

The annual conference of methodologists and statisticians.

57. 5th International Chemometrics Research Meeting

September 25-29, 2011

The Netherlands

The aim of this conference is to bring together people from a wide range of industry, research and academic backgrounds to share and discuss recent developments in the field of chemometrics. Chemometrics is the discipline concerned with the extraction of information from analytical chemical data. It has numerous successful applications in extremely wide range industries, for example in chemical and pharmaceutical research and production.

58. Statistical Analyses for Next Generation Sequencing

September 26-27, 2011

Birmingham, Alabama

Next-generation sequencing technology is impacting almost all aspects of biomedical re-search. This technology generates an unprecedented wealth of data that demands novel analysis strategies. While IT infrastructure and bioinformatics developments are obviously required to en-able sound information extraction, sophisticated statistical methodologies and algorithms are also essential for interpreting the data. In this regard, we are organizing a NHGRI funded two-day conference, calling statisticians, genetic epidemiologists, bioinformaticians, and genome biol-ogists, to discuss the statistical challenges and opportunities in next-generation sequencing data analysis. We believe that this conference will provide a venue for exchanging of cutting-edge in-formation and ideas, and fostering collaborations among methodologists, analysts, and biomedi-cal investigators.

第五章　文献索引 [*]

第一节　中文期刊索引

[1] 韦博成. 漫谈统计学的应用与发展（1）[J]. 数理统计与管理，2011（1）：85–97.

[2] 韦博成. 漫谈统计学的应用与发展（2）[J]. 数理统计与管理，2011（2）：254–270.

[3] 韦博成. 漫谈统计学的应用与发展（3）[J]. 数理统计与管理，2011（3）：454–466.

[4] 韦博成. 漫谈统计学的应用与发展（4）[J]. 数理统计与管理，2011（4）：671–685.

[5] 冯叔民. 论统计学的定义 [J]. 上海统计，1997（3）：22–24.

[6] 吴喜之. 统计学到底是什么？一个本不应成为问题的问题 [J]. 中国统计，1997（12）：29–30.

[7] 乔亚梅. 统计学的历史回顾与体系构建 [J]. 统计与信息论坛，1998（3）：25–28.

[8] 耿建华. "统计总体"辨析——兼与贾俊平、周恒彤商榷 [J]. 统计教育，2006（10）：63–64.

[9] 袁卫. 统计学的过去、现在与未来——兼论我国统计教育的改进 [J]. 统计研究，1992（3）：33–41.

[10] 杨灿，董海龙. 基于国家标准学科分类的统计学科体系研究 [J]. 统计研究，2010（1）.

[11] 信继红. 统计学科体系发展研究 [J]. 辽宁行政学院学报，2006（3）：84–94.

[12] 聂皖生. "大统计"学科研究在中国 [J]. 财贸研究，1995（1）：1–5.

[13] 张尧庭. 从统计学的历史看现代统计的发展方向 [J]. 统计教育，1994（3）：2–6.

[14] 陈希孺. 数理统计学：世纪末的回顾与展望 [J]. 统计研究，2000（2）：27–32.

[15] 陈希孺. 数理统计学及其与社会经济统计学的关系 [J]. 统计研究，2000（2）.

---

[*] 说明：2011 年的文献国外有 7000 多篇，国内有 5000 多篇，本书采用列出正文中提及的论文（参考文献）和列出部分重要期刊论文的方式。中文只列了一个《统计研究》，其他中文期刊没有列出的原因是：仅《统计与决策》2010 年的论文就达到了 1414 篇，因此没有全部列出。另外，所有中英文文献的索引排名都是按照被引频次由高到低排序，方便读者查阅。

［16］数理统计学：回顾与展望［A］.中国科学技术协会.科技进步与学科发展——"科学技术面向新世纪"学术年会论文集［C］.中国科学技术协会，1998：3.

［17］贾俊平.统计学（第2版）［M］.北京：清华大学出版社，2006.

［18］黄良文，洪琳琳，陈龙.关于大统计学学科的重新思考［J］.中国统计，2011（1）：52-53.

［19］韩明，丁元耀.失效率的综合 E-Bayes 估计［J］.数学物理学报，2005（5）：88-94.

［20］韩明.只有一个失效数据情形失效概率的 E-Bayes 估计［J］.数学物理学报，2011（2）：577-583.

［21］徐天群，刘焕彬，陈跃鹏.无失效数据情形失效率的综合 E-Bayes 估计［J］.数理统计与管理，2011（4）：644-654.

［22］李贤锦.双重时间序列模型参数估计的一类新方法［D］.新疆大学博士学位论文，2011.

［23］杨玉琴.基于 Esscher 变换的 Stoodley 模型下变利率的欧式期权定价［D］.新疆大学博士学位论文，2011.

［24］徐宝.基于题组判别参数的题组反应模型的参数估计及其应用［D］.吉林大学博士学位论文，2012.

［25］付志慧.多维项目反应模型的参数估计［D］.吉林大学博士学位论文，2010.

［26］姚惠，戴勇.平方损失下 Lomax 分布形状参数的 Bayes 估计［J］.黔南民族师范学院学报，2011（3）：4-7.

［27］姚惠.Linex 损失下 Lomax 分布形状参数的 Bayes 估计［J］.统计与决策，2011（16）：173-175.

［28］姚惠，谢林.不同损失下 Lomax 分布形状参数的 Bayes 估计［J］.数学杂志，2011（6）：1131-1135.

［29］姚惠.熵损失函数下 Lomax 分布形状参数的 Bayes 估计［J］.遵义师范学院学报，2011（6）：107-109.

［30］李海林，郭崇慧.基于云模型的时间序列分段聚合近似方法［J］.控制与决策，2011（10）：1525-1529.

［31］李海林，郭崇慧.基于形态特征的时间序列符号聚合近似方法［J］.模式识别与人工智能，2011（5）：665-672.

［32］吴学文，索丽生，王志坚.基于 SVM 的入库径流混沌时间序列预测模型及应用［J］.系统仿真学报，2011（11）：2556-2559.

［33］王艳清.三维 Wiener Sausage 体积的中偏差［J］.数学学报，2011（3）：495-502.

［34］王艳清.高维 Wiener Sausage 的强逼近［J］.中国科学：数学，2011（9）：789-796.

［35］张捷.NA 样本的半参数模型的渐近性［D］.湖北师范学院博士学位论文，2012.

［36］张捷，胡宏昌，朱丹丹.NA 样本下随机设计的半参数回归模型的弱相合性［J］.

数学杂志，2013（5）：849–856.

[37] 朱丹丹，胡宏昌，张捷. 半参数回归模型的广义 Liu 型估计 [J]. 湖北师范学院学报（自然科学版），2012（1）：59–63.

[38] 陆媛媛，宋立新. 单个总体方差差异的 U 统计量检验法 [J]. 吉林大学学报（理学版），2011（6）：1064–1067.

[39] 韩玉涛，杨万才，武新乾. 中国人口预测的半参数自回归模型 [J]. 河南科技大学学报（自然科学版），2011（1）：100–104.

[40] 吕书龙，梁飞豹，刘文丽. 半参数线性回归模型的最小一乘核估计 [J]. 福州大学学报（自然科学版），2011（2）：187–191.

[41] 蔡择林，胡宏昌. 半参数回归模型小波估计的弱收敛速度 [J]. 数学杂志，2011（2）：331–340.

[42] 孙志猛，张忠占，杜江. 缺失数据下半参数单调回归模型的估计 [J]. 数理统计与管理，2011（6）：979–988.

[43] 崔文艳. 一类纵向数据半参数模型估计的收敛速度 [J]. 数学杂志，2011（6）：1136–1140.

[44] 姜荣，邵明江，钱伟民. 半参数非线性模型中的 t–型估计和影响分析 [J]. 华东师范大学学报（自然科学版），2011（3）：1–11.

[45] 魏章进，唐丹玲. 西北太平洋热带气旋源地、强度及其关联性的统计研究 [J]. 数理统计与管理，2011（3）：512–521.

[46] 李春红，廖娟芬. 非参数的异均值方差分析 [J]. 西南大学学报（自然科学版），2011（9）：12–16.

[47] 孙慧慧. 纵向数据线性混合模型中 M 估计的渐近正态性 [J]. 周口师范学院学报，2011（5）：21–23.

[48] 孙慧慧. 基于 M 估计的纵向数据线性混合模型 CDM 和 MSOM 的等价性证明 [J]. 新乡学院学报（自然科学版），2011（5）：401–404.

[49] 李群峰. 基于分位数回归的面板数据模型估计方法 [J]. 统计与决策，2011（17）：24–26.

[50] 吴鑑洪，赵卫亚. 面板数据模型的序列相关性检验——理论研究与实证分析 [J]. 数理统计与管理，2011（5）：824–830.

[51] 傅惠民，吴琼. 多元双方差回归分析 [J]. 机械强度，2011（2）：201–205.

[52] 傅惠民，吴琼. 多元线性过程回归分析 [J]. 机械强度，2011（3）：343–347.

[53] 朱慧明，管皓云，林静，虞克明，曾昭法. 基于多阶段预报分布的贝叶斯多变量均值向量监控模型 [J]. 湖南大学学报（自然科学版），2011（3）：82–86.

[54] 朱慧明，周帅伟，李素芳，曾昭法. 基于 Gibbs 抽样算法的贝叶斯动态面板数据模型分析 [J]. 经济数学，2011（1）：52–60.

[55] 朱慧明，郝立亚，管皓云，曾昭法. 基于贝叶斯 SV 模型的通货膨胀水平与不确

定性关系研究 [J]. 财经理论与实践, 2011 (2): 13-19.

[56] 朱慧明, 李素芳, 曾惠芳, 虞克明. 基于非参数 ACE 变换的贝叶斯非线性协整检验 [J]. 管理科学学报, 2011 (5): 52-64.

[57] 朱慧明, 郝立亚, 虞克明, 曾惠芳, 李素芳. 基于 MCMC 模拟的贝叶斯复合状态信用溢价模型研究 [J]. 中国管理科学, 2011 (3): 1-10.

[58] 朱慧明, 许昊, 郝立亚, 曾昭法. 基于贝叶斯网络的上市公司财务困境预测研究 [J]. 统计与决策, 2011 (20): 4-8.

[59] 郝立亚, 朱慧明, 李素芳, 曾惠芳. 基于 MCMC 的贝叶斯长记忆随机波动模型研究 [J]. 湖南大学学报 (自然科学版), 2011 (10): 82-87.

[60] 朱慧明, 曾惠芳, 郝立亚. 基于 MCMC 的贝叶斯变结构金融时序 GARCH 模型研究 [J]. 数理统计与管理, 2011 (6): 1009-1017.

[61] 郝立亚, 朱慧明, 虞克明. 基于贝叶斯滤波的股指动态结构特征研究 [J]. 运筹与管理, 2011 (6): 147-156.

[62] 朱慧明, 曾惠芳, 郝立亚, 李素芳, 虞克明. 基于 M-H 抽样的贝叶斯非对称厚尾 GARCH 模型研究 [J]. 数理统计与管理, 2011 (3): 431-439.

[63] 胡博, 刘焕彬. 多类型复发事件下可加—加速均值回归模型 [J]. 黄冈师范学院学报, 2011 (6): 19-25.

[64] 李艳玲, 张云鹏. 新疆地区气温与降水量的空间自回归分析 [J]. 人民黄河, 2011 (7): 51-52.

[65] 陈青青, 龙志和. 中国省级 CO_2 排放影响因素的空间计量分析 [J]. 中国人口·资源与环境, 2011 (11): 15-20.

[66] 胡晶, 魏传华, 吴喜之. 基于空间滞后随机前沿模型技术效率的估计 [J]. 数理统计与管理, 2011 (5): 831-839.

[67] 林怡坚, 欧变玲, 龙志和. 线性回归模型 Bootstrap LM-Lag 检验有效性研究 [J]. 统计与信息论坛, 2011 (4): 14-20.

[68] 林怡坚. 空间线性回归模型 Bootstrap LM 检验有效性研究 [D]. 华南理工大学博士学位论文, 2011.

[69] 赵相伟, 靳奉祥, 王健, 季民. 基于 K-L 变换的多维空间数据正态性检验方法及其应用 [J]. 山东科技大学学报 (自然科学版), 2011 (2): 41-47.

[70] 王娟, 王彤. 截尾分位数回归及其在生存分析中的应用 [J]. 中国卫生统计, 2011 (2): 135-138.

[71] 梁歌春, 任学敏. Copula 理论在信用风险研究中的应用 [J]. 应用概率统计, 2011 (4): 369-379.

[72] 唐胜达, 秦永松. 极值分布的一个注记 [J]. 数理统计与管理, 2011 (6): 996-1001.

[73] 吴月琴. 纵向删失数据下线性模型的相合估计 [J]. 数学的实践与认识, 2011

（21）：135–147.

[74] 赵彦云. 社会经济统计学几个问题的思考 [J]. 统计研究，1990（5）：66–68.

[75] 邱东，宋旭光. 中国经济统计学 60 年 [J]. 统计研究，2010（1）：26–34.

[76] Bruce Lindsay, Jon Kettenring, David Siegmund, 缪柏其. 统计学：二十一世纪的挑战和机遇（Ⅰ）[J]. 数理统计与管理，2005（3）：118–126.

[77] 缪柏其. 统计学：二十一世纪的挑战和机遇（Ⅱ）[J]. 数理统计与管理，2005（4）：111–117.

[78] Bruce Lindsay, Jon Kettenring, David Siegmund, 缪柏其. 统计学：二十一世纪的挑战和机遇（Ⅲ）[J]. 数理统计与管理，2005（5）：112–125.

[79] 缪柏其. 统计学：二十一世纪的挑战和机遇（Ⅳ）[J]. 数理统计与管理，2005（6）：122–129.

[80] 刘超，吴喜之. 统计教学面对的挑战 [J]. 统计研究，2012（2）：105–108.

[81] 袁卫，刘超. 统计学教材建设的问题与思考 [J]. 统计研究，2011（9）：9–12.

[82] 聂富强，崔名铠，向蓉美. 政府统计数据质量内涵的演化与启示 [J]. 统计研究，2011（5）：72–77.

[83] 徐霄峰，上官金丽. 层次分析法中一种新的保序方法 [J]. 统计与决策，2011（6）：35–37.

[84] 林海明. 如何用 SPSS 快速计算主成分的结果 [J]. 统计与决策，2011（12）：152–154.

[85] 杭斌. 理性习惯偏好与居民消费行为 [J]. 统计研究，2011（3）：23–29.

[86] 杭斌，闫新华. 住房交易约束与农户习惯形成 [J]. 数量经济技术经济研究，2011（8）：65–76.

[87] 姚晓军，孙美平. 基于 Ordered Logistic 模型的居民幸福感组群差异分析 [J]. 统计与决策，2011（6）：83–85.

[88] 张祖庆，姜雅莉. 基于联合分析法的消费者对产品支付意愿和偏好研究 [J]. 统计与决策，2011（3）：112–114.

[89] 熊志斌. 基于 ARIMA 与神经网络集成的 GDP 时间序列预测研究 [J]. 数理统计与管理，2011（2）：306–314.

[90] 熊志斌. ARIMA 融合神经网络的人民币汇率预测模型研究 [J]. 数量经济技术经济研究，2011（6）：64–76.

[91] 张国帅. 基于累积法的灰色马尔科夫预测模型及其应用 [J]. 统计与决策，2011（8）：157–158.

[92] 鄢琼伟，陈浩. GDP 与能源消费之间的关系研究 [J]. 中国人口·资源与环境，2011（7）：13–19.

[93] 陈仲常，谢小丽. 中国 GDP 能源消耗强度变动趋势及影响因素解析 [J]. 经济学家，2011（6）：56–62.

[94] 陈仲常，谢小丽. 体制转型时期中国的货币政策乘数与 M_2/GDP 关系——基于变参数 IS-LM 模型分析 [J]. 经济科学，2011（5）：81-90.

[95] 李文溥，李静. 要素比价扭曲、过度资本深化与劳动报酬比重下降 [J]. 学术月刊，2011（2）：68-77.

[96] 李宝瑜，马克卫. 中国社会核算矩阵编制方法研究 [J]. 统计研究，2011（9）：19-24.

[97] 许秀真，颜双波. 福建省绿色 GDP 核算研究及应用 [J]. 安徽农业科学，2011（19）：11806-11808.

[98] 杨彩霞，孙广恭，常艳群，朱强，季克峰. 脑梗死患者住院费用影响因素分析 [J]. 中国卫生统计，2011（6）：706-707.

[99] 徐倩倩. 扩散方程高阶格式的分组迭代法 [D]. 山东大学博士学位论文，2011.

[100] 徐倩倩. Mterfd2 的表达调控机制及生物学功能的初步研究 [D]. 哈尔滨工业大学博士学位论文，2011.

[101] 丁国武，韩雪梅，王槐，赵文静. 应用加权秩和比法评价定西市 7 个县区卫生资源配置 [J]. 中国卫生统计，2011（4）：433-434.

[102] 赵小龙，石永芳. 134 例介入治疗的原发性肝癌患者生命质量分析 [J]. 中国卫生统计，2011（5）：565-567.

[103] 韩春蕾，胡西厚，王玖. 我国城乡居民健康水平与生活水平差距的关系研究 [J]. 中国卫生事业管理，2011（4）：247-248.

[104] 曹高芳，韩春蕾，李炯，姚岚. 医学生信息素养的模糊综合评价分析 [J]. 中国卫生统计，2011（2）：171-173.

[105] 韩春蕾，胡西厚，赵拥军，董兆举. 组合模型在我国卫生技术人员数量预测中的应用 [J]. 中国卫生统计，2011（4）：391-393.

[106] 孙红卫，王玖，韩春蕾. 基于 Monte Carlo 模拟的非参数多重比较方法评价 [J]. 中国卫生统计，2011（5）：501-503.

[107] 李鹏，蔡丽，崔壮，李长平，魏风江，柯慧，李莎涛，马骏. 天津市某三甲医院阑尾炎患者住院费用影响因素的结构方程模型分析 [J]. 中国卫生统计，2011（2）：161-164.

[108] 李琳琳，杨永利，施学忠，尹姗姗，王爱英. 郑州市外来务工人员安全套使用干预模式的析因设计分析 [A]. 中国卫生信息学会统计理论与方法专业委员会，中华预防医学会卫生统计专业委员会. 2011 年中国卫生统计学年会会议论文集 [C]. 中国卫生信息学会统计理论与方法专业委员会，中华预防医学会卫生统计专业委员会，2011.

[109] 赵倩倩，杨永利，施学忠. 河南省卫生系统反应性影响因素多水平模型分析 [J]. 中国公共卫生，2011（6）：762-764.

[110] 尚小平，杨永利，施学忠. 随机对照临床试验论文统计质量评价量表的建立 [J]. 中国卫生统计，2011（3）：276-277，280.

[111] 张芳，施念，杨永利，施学忠. HIV/AIDS 患者脉象与中医症候的多重对应分析[J]. 郑州大学学报（医学版），2011（4）：535-537.

[112] 施学忠，杨永利，时松和，谢世平. HIV/AIDS 中医实证与四诊信息的结构方程建模[J]. 中国卫生统计，2011（5）：495-496，500.

[113] 花琳琳，施学忠，杨永利. 不同缺失值填充技术在 HIV/AIDS 血液样品检测数据中的应用[J]. 中国卫生统计，2011（6）：668-669，673.

[114] 陈正利，许璐，陈伟，郭万申. TOPSIS 法对河南省 2008 年传染病网络直报质量综合评价[J]. 中国卫生统计，2011（1）：50-51.

[115] 黄巧娱，赖伏虎，贺敬波，吴晓文. 用加权 TOPSIS 法对基层医院科研教学质量进行综合分析[J]. 中国卫生统计，2011（1）：61-62.

[116] 王亚丽. TOPSIS 法在传染病网络直报工作质量评价中的应用[J]. 中国卫生统计，2011（2）：184-185.

[117] 任强，侯大道. 人口预测的随机方法：基于 Leslie 矩阵和 ARMA 模型[J]. 人口研究，2011（2）：28-42.

[118] 张艳粉，栗滢超，陈伟强. 土地利用规划中人口预测模型研究[J]. 安徽农业科学，2011（20）：12412-12414.

[119] 寇业富，孙晓静. 基于模糊线性回归分析的我国人口估计[J]. 统计与决策，2011（4）：25-27.

[120] 梁辉，岳彩娟. 流动人口空间体系及其与城镇体系的相关分析——以武汉城市圈为例[J]. 南方人口，2011（2）：39-47.

[121] 申真，张杰云. 基于面向对象的高分辨率遥感影像道路提取研究[J]. 科学之友，2011（22）：4-5.

[122] 张杰云，申真. 基于 GIS 的人口统计数据的空间化探讨[J]. 科学之友，2011（22）：8-10.

[123] 贺华翔，牛存稳，周祖昊，王浩. 松辽流域人口信息空间分布规律研究[J]. 中国人口·资源与环境，2011（S2）：486-489.

[124] 张应碧，赵韫，郑婷，周慧珍. 人口特征综合指标体系的构建与应用[J]. 武汉理工大学学报（信息与管理工程版），2011（2）：335-338.

[125] 谢延. 如何运用人口总量统计指标[J]. 统计科学与实践，2011（8）：63.

[126] 白先春，凌亢. 提高人口统计数据质量的对策研究——以人口迁移统计为例[J]. 中国行政管理，2011（12）：113-116.

[127] 胡桂华. 我国调查失业率估计抽样方案——基于行政记录与统计调查数据来源[J]. 西北人口，2011（2）：18-22.

[128] 胡桂华. 人口普查净误差构成部分的估计[J]. 统计研究，2011（3）：90-100.

[129] 胡桂华. 基于行政记录的广西人口数目估计[J]. 广西财经学院学报，2011（4）：1-6，25.

[130] 胡桂华. 行政记录在人口普查质量评估中的应用 [J]. 徐州工程学院学报（自然科学版），2011（3）：21-30，34.

[131] 王孟欣. 我国区域 R&D 资本存量的测算 [J]. 江苏大学学报（社会科学版），2011（1）：84-88.

[132] 王孟欣. 完善我国 R&D 统计制度的对策思考 [J]. 改革与战略，2011（5）：31-33，62.

[133] 刘娟娟，刘娅. 供应链信息传递效率影响分析 [J]. 统计与决策，2010（10）：176-178.

[134] 高伟，李佼瑞. 多维时间序列的条件独立性检验及其在股市相依关系中的应用 [J]. 统计与信息论坛，2012（9）：69-73.

[135] 武秀杰. 山东省科技统计年报填报浅析及对策研究 [J]. 科技信息，2011（22）：521-522.

[136] 朱孔来，李静静，乐菲菲. 中国城镇化进程与经济增长关系的实证研究 [J]. 统计研究，2011（9）：80-87.

[137] 徐映梅，张学新. 中国基尼系数警戒线的一个估计 [J]. 统计研究，2011（1）：80-83.

[138] 钱水土，周永涛. 金融发展、技术进步与产业升级 [J]. 统计研究，2011（1）：68-74.

[139] 李涛，傅强. 中国省际碳排放效率研究 [J]. 统计研究，2011（7）：62-71.

[140] 李昊，王少平. 我国通货膨胀预期和通货膨胀粘性 [J]. 统计研究，2011（1）：43-48.

[141] 杨超，王锋，门明. 征收碳税对二氧化碳减排及宏观经济的影响分析 [J]. 统计研究，2011（7）：45-54.

[142] 张成，朱乾龙，同申. 环境污染和经济增长的关系 [J]. 统计研究，2011（1）：59-67.

[143] 徐盈之，徐康宁，胡永舜. 中国制造业碳排放的驱动因素及脱钩效应 [J]. 统计研究，2011（7）：55-61.

[144] 刘庆富，华仁海. 中国股指期货与股票现货市场之间的风险传递效应研究 [J]. 统计研究，2011（11）：84-90.

[145] 杨小军. 中国新凯恩斯主义菲利普斯曲线的经验研究 [J]. 统计研究，2011（2）：13-18.

[146] 周晶，何锦义. 战略性新兴产业统计标准研究 [J]. 统计研究，2011（10）：3-8.

[147] 孟祥兰，雷茜. 我国货币供应与经济增长及物价水平关系研究 [J]. 统计研究，2011（3）：43-50.

[148] 项后军，潘锡泉. 汇率变动、货币政策与通货膨胀 [J]. 统计研究，2011（5）：3-14.

[149] 周平，王黎明. 中国居民最终需求的碳排放测算 [J]. 统计研究，2011（7）：71-78.

[150] 牛晓健，陶川. 外汇占款对我国货币政策调控影响的实证研究 [J]. 统计研究，2011（4）：11-16.

[151] 王燕武，李文溥，李晓静. 基于单位劳动力成本的中国制造业国际竞争力研究 [J]. 统计研究，2011（10）：60-67.

[152] 胡军峰，赵晓丽，欧阳超. 北京市能源消费与经济增长关系研究 [J]. 统计研究，2011（3）：79-85.

[153] 林文芳. 县域城乡居民消费结构与收入关系分析 [J]. 统计研究，2011（4）：49-56.

[154] 籍艳丽，郜元兴. 二氧化碳排放强度的实证研究 [J]. 统计研究，2011（7）：37-44.

[155] 朱启贵，段继红，吴开尧. 国际油价向中国通货膨胀的传递及其影响因素研究 [J]. 统计研究，2011（2）：7-12.

[156] 陈冲. 政府公共支出对居民消费需求影响的动态演化 [J]. 统计研究，2011（5）：13-20.

[157] 王曦，邹文理. 货币政策对股票市场的冲击 [J]. 统计研究，2011（12）：55-65.

[158] 汪彩君，唐根年. 长江三角洲地区制造业空间集聚、生产要素拥挤与集聚适度识别研究 [J]. 统计研究，2011（2）：59-64.

[159] 袁卫. 机遇与挑战——写在统计学成为一级学科之际 [J]. 统计研究，2011（11）：3-10.

[160] 常进雄，王丹枫. 初次分配中的劳动份额：变化趋势与要素贡献 [J]. 统计研究，2011（5）：58-64.

[161] 师应来，王平. 房地产预警指标体系及综合预警方法研究 [J]. 统计研究，2011（11）：16-21.

[162] 章上峰，许冰，顾文涛. 时变弹性生产函数模型统计学与经济学检验 [J]. 统计研究，2011（6）：91-96.

[163] 白仲林，赵亮. 我国通货膨胀率的最优目标区间几何？[J]. 统计研究，2011（6）：6-10.

[164] 瞿晶，姚先国. 城镇居民收入不平等分解研究 [J]. 统计研究，2011（11）：50-55.

[165] 苏为华，张崇辉. 关于异质性假说的中国 EKC 再检验 [J]. 统计研究，2011（12）：66-71.

[166] 韩德超. 生产性服务业 FDI 对工业企业效率影响研究 [J]. 统计研究，2011（2）：65-70.

[167] 桂文林，韩兆洲. PPI 与 CPI 关系及我国通货膨胀治理 [J]. 统计研究，2011

（9）：49–56.

[168] 杨缅昆. 论外汇推动型通货膨胀及其治理——兼评输入型通货膨胀假说 [J]. 统计研究，2011（11）：56–61.

[169] 金双华. 财政支出水平对地区收入差距作用的统计评价 [J]. 统计研究，2011（2）：39–44.

[170] 肖争艳，姚一旻，唐诗磊. 我国通货膨胀预期的微观基础研究 [J]. 统计研究，2011（3）：8–14.

[171] 何启志. 货币和产出缺口能给通货膨胀提供有用的信息吗？[J]. 统计研究，2011（3）：15–22.

[172] 吕光明. 中国劳动收入份额的测算研究：1993~2008 [J]. 统计研究，2011（12）：22–28.

[173] 周玮，徐玉德，李慧云. 政企关系网络、在职消费与市场化制度建设 [J]. 统计研究，2011（2）：53–58.

[174] 王松涛. 中国住房市场政府干预的原理与效果评价 [J]. 统计研究，2011（1）：27–35.

[175] 魏浩，刘吟. 对外贸易与国内收入差距：基于全球 125 个国家的实证分析 [J]. 统计研究，2011（8）：34–42.

[176] 袁鹏，程施. 我国工业污染物的影子价格估计 [J]. 统计研究，2011（9）：66–73.

[177] 何树全，张秀霞. 中国对美国农产品出口持续时间研究 [J]. 统计研究，2011（2）：34–38.

[178] 朱启荣. 中国出口贸易活动中的能源消耗问题研究 [J]. 统计研究，2011（5）：41–46.

[179] 原鹏飞，吴吉林. 能源价格上涨情景下能源消费与经济波动的综合特征 [J]. 统计研究，2011（9）：57–65.

[180] 卓志，丁元昊. 巨灾风险：可保性与可负担性 [J]. 统计研究，2011（9）：74–79.

[181] 韩清，朱平芳，郭蓉. 企业技术效率的影响分析 [J]. 统计研究，2011（10）：66–75.

[182] 刘洪，昌先宇. 基于全要素生产率的中国 GDP 数据准确性评估 [J]. 统计研究，2011（2）：81–86.

[183] 隋建利，刘金全. 我国通货膨胀结构突变及不确定性检验 [J]. 统计研究，2011（2）：19–26.

[184] 于雪. 我国居民金融资产的新变化与国际比较研究 [J]. 统计研究，2011（6）：16–21.

[185] 江曙霞，陈玉婵. 金融约束政策下的金融发展与经济效率 [J]. 统计研究，2011（7）：21–26.

[186] 赵懿，李熠. 原油价格、流动性与我国的通货膨胀 [J]. 统计研究，2011（8）：28-33.

[187] 马莉莉，李泉. 中国投资者的风险偏好 [J]. 统计研究，2011（8）：63-72.

[188] 吴开尧，朱启贵. 国内节能减排指标研究进展 [J]. 统计研究，2011（1）：16-21.

[189] 李凯，陈平. 汇率机制改革后人民币汇率的动态变化 [J]. 统计研究，2011（2）：27-33.

[190] 徐淑一，王宁宁. 竞争风险下我国住房抵押贷款风险的实证研究 [J]. 统计研究，2011（2）：45-52.

[191] 钱雪亚，叶焘，肖馨. 转变经济发展方式目标下的劳动密集优势评价 [J]. 统计研究，2011（3）：51-58.

[192] 李建军，王德祥. 经济开放与地方财政支出 [J]. 统计研究，2011（7）：9-20.

[193] 袁卫，刘超. 统计学教材建设的问题与思考 [J]. 统计研究，2011（9）：9-12.

[194] 张海波，陈红. 不同阶段人民币汇率的价格传导机制分析 [J]. 统计研究，2011（9）：35-41.

[195] 方匡南，谢邦昌. 基于聚类关联规则的缺失数据处理研究 [J]. 统计研究，2011（2）：87-92.

[196] 肖卫国，袁威. 1996-2008 年中国货币需求非线性实证分析 [J]. 统计研究，2011（1）：54-60.

[197] 王宋涛，杨薇，吴超林. 中国国民总效用函数的构建与估计 [J]. 统计研究，2011（4）：17-23.

[198] 王燕玲. 基于专利分析的我国低技术制造业技术创新特征研究 [J]. 统计研究，2011（4）：57-61.

[199] 蒲业潇. 理解区位基尼系数：局限性与基准分布的选择 [J]. 统计研究，2011（9）：101-109.

[200] 才国伟，钱金保. 中国地方政府的财政支出与财政效率竞争 [J]. 统计研究，2011（10）：36-46.

[201] 肖争艳，彭博. 住房价格与中国货币政策规则 [J]. 统计研究，2011（11）：40-49.

[202] 余芳东. 2011 年新一轮国际比较项目（ICP）方法改进 [J]. 统计研究，2011（1）：11-16.

[203] 王克林，刘建平. 多阶模型在地区消费差异研究中的应用 [J]. 统计研究，2011（1）：84-90.

[204] 郭晔. 货币政策与财政政策的分区域产业效应比较 [J]. 统计研究，2011（3）：36-44.

[205] 崔晓东，郑玉华. 基于 RAM 的我国财险公司效率与偿付能力关系研究 [J]. 统计

研究，2011（3）：72-78.

[206] 鲍晓华，张莉. 中国制造业外包水平的测度 [J]. 统计研究，2011（4）：24-32.

[207] 章和杰，何彦清. 财政政策与货币政策对国民收入的影响分析 [J]. 统计研究，2011（5）：21-26.

[208] 施炳展. 中国靠什么成为世界第一出口大国？[J]. 统计研究，2011（5）：27-34.

[209] 邵腾伟，冉光和. 基于 POT-GPD 损失分布的农业自然灾害 VAR 估算 [J]. 统计研究，2011（7）：79-83.

[210] 许启发，蒋翠侠，刘玉荣. 收入增长、分配公平与贫困减少 [J]. 统计研究，2011（7）：27-36.

[211] 吴庆晓，刘海龙，龚世民. 基于极值 Copula 的投资组合集成风险度量方法 [J]. 统计研究，2011（7）：84-91.

[212] 赵萌. 中国煤炭企业的全要素生产率增长 [J]. 统计研究，2011（8）：55-62.

[213] 郭劲光. 我国贫困人口的脆弱度与贫困动态 [J]. 统计研究，2011（9）：42-48.

[214] 陆跃祥，曹永栋. 中国城市商业银行竞争力分析 [J]. 统计研究，2011（9）：110-112.

[215] 杨青，钱新华，庞川. 消费者网络信任与网上支付风险感知实证研究 [J]. 统计研究，2011（10）：89-97.

[216] 陈文府. 中国城镇居民收入性别差异 [J]. 统计研究，2011（11）：62-65.

[217] 王群勇. 中国季度 GDP 的季节调整：结构时间序列方法 [J]. 统计研究，2011（5）：78-83.

[218] 丁友刚，宋献中. 基于多元 logit 模型的国有企业高管更换决策机理研究 [J]. 统计研究，2011（6）：35-40.

[219] 王春丽，张伟. 上市公司经营效率的区域差异比较 [J]. 统计研究，2011（6）：41-46.

[220] 孟生旺，李皞，商月. 交强险的成本因素分析 [J]. 统计研究，2011（6）：47-52.

[221] 桂文林. 月度数据季节因素调整和预测 [J]. 统计研究，2011（6）：79-85.

[222] 贾男，张亮亮. 城镇居民消费的"习惯形成"效应 [J]. 统计研究，2011（8）：43-48.

[223] "基于家庭收入的保障性住房标准研究"课题组. 基于家庭收入的保障性住房标准研究 [J]. 统计研究，2011（10）：22-27.

[224] 张润君，潘文卿，陈杰. 中国区域经济的空间联系：1997-2007 [J]. 统计研究，2011（10）：47-53.

[225] 向书坚，柴士改. 地区与国家 GDP 核算总量数据衔接方法比较研究 [J]. 统计研究，2011（12）：14-21.

[226] "中国 2007 年投入产出表分析应用"课题组. "十二五"至 2030 年我国经济增

长前景展望 [J]. 统计研究，2011（1）：5-10.

[227] 冯尧，廖晓燕，彭欢. 银行业市场结构与非国有经济增长 [J]. 统计研究，2011（3）：107-108.

[228]"证券公司失败预警研究"课题组. 证券公司失败预警研究 [J]. 统计研究，2011（5）：67-71.

[229] 陈骥，苏为华. 区间指标的排序评价方法及应用 [J]. 统计研究，2011（5）：84-88.

[230] 王孟欣. 美国 R&D 资本存量测算及对我国的启示 [J]. 统计研究，2011（6）：58-63.

[231] 王智波. 投入产出结构变动的分析方法研究 [J]. 统计研究，2011（8）：86-91.

[232] 何强. 群组评价中指标最优权重设计 [J]. 统计研究，2011（8）：99-102.

[233] 杨灿，陈龙. 基于效用函数和消费数据的动态价格指数测度 [J]. 统计研究，2011（10）：98-102.

[234] 余丽生，冯建，虞斌. 浙江省低碳经济发展综合评价研究 [J]. 统计研究，2011（10）：111-112.

[235] 欧阳资生. 地质灾害损失分布拟合与风险度量 [J]. 统计研究，2011（11）：78-83.

[236] 郑学工，董森. 世界主要国家季度 GDP 核算方法研究 [J]. 统计研究，2011（11）：34-39.

[237] 张虎. 统计学的发展与未来——第三届中国统计学年会综述 [J]. 统计研究，2011（2）：106-112.

[238] 张卫平，李天栋，隋福民. 制度变迁背景下人民币实际汇率趋势研究：1986-2009 [J]. 统计研究，2011（1）：36-42.

[239] 王培辉，袁薇. 我国通货膨胀率非线性特征研究 [J]. 统计研究，2011（1）：49-53.

[240] 刘丽华，徐济超，张涛. 银行服务窗口调度策略模型的统计分析 [J]. 统计研究，2011（1）：75-79.

[241] 黄森，蒲勇健. 区域差异导致经济块状发展的空间机理研究 [J]. 统计研究，2011（4）：42-48.

[242] 葛守中. 国际货币基金组织 2001 年版政府财政统计再研究[J]. 统计研究，2011（4）：67-75.

[243] 崔述强. 基于定基指数的经济社会协调发展评价方法探讨 [J]. 统计研究，2011（5）：64-66.

[244]"中国 2007 年投入产出表分析应用"课题组. 经济结构演变与中国服务业的发展 [J]. 统计研究，2011（5）：47-51.

[245] 欧阳葵. 理论基尼系数及其社会福利含义的讨论 [J]. 统计研究，2011（5）：52-

57.

[246] 张新雨，邹国华. 模型平均方法及其在预测中的应用 [J]. 统计研究，2011 (6)：97-102.

[247] 刘伟. 房租的"非财产性收入"属性及居民收入分类研究 [J]. 统计研究，2011 (6)：22-27.

[248] 孙利荣. 一类扩展的投入产出模型 [J]. 统计研究，2011 (6)：86-91.

[249] 赵春艳. 平滑转换自回归模型的单位根检验问题研究 [J]. 统计研究，2011 (6)：103-108.

[250] 李强. 精心实施四大工程　推进统计信息化再上新台阶 [J]. 统计研究，2011 (7)：3-8.

[251] 谢锐，王腊芳，赖明勇. 中国钢铁产业关联效应及国际比较分析 [J]. 统计研究，2011 (8)：49-54.

[252] 卢二坡，张焕明. 基于稳健主成分回归的统计数据可靠性评估方法 [J]. 统计研究，2011 (8)：21-27.

[253] 刘庆彬，郝胜龙. 利用世代交叠模型对赡养经济中养老不确定性问题的理论研究 [J]. 统计研究，2011 (10)：84-90.

[254] 张恩英，逄守艳. 公路建筑业对国民经济相关产业的贡献研究 [J]. 统计研究，2011 (9)：88-94.

[255] 邵敏，包群. 出口企业转型与企业的经营表现 [J]. 统计研究，2011 (10)：76-83.

[256] 蒋萍，杨仲山，黄雪成. "十一五"期间统计学国家社科基金项目分析 [J]. 统计研究，2011 (9)：3-8.

[257] 廖远甦，朱平芳. 均值和方差双重变点的贝叶斯侦测 [J]. 统计研究，2011 (11)：91-97.

[258] 王新华. 中国货币需求函数与货币缺口统计研究 [J]. 统计研究，2011 (12)：49-54.

[259] 韩秀兰，李宝卿. 益贫式增长与社会机会分配 [J]. 统计研究，2011 (12)：41-48.

[260] 贾怀勤. 从属权贸易核算角度评析 FATS 及中国数据现状 [J]. 统计研究，2011 (1)：22-26.

[261] 刘田，谈进. 正交多项式逼近下非线性趋势序列单位根检验 [J]. 统计研究，2011 (4)：99-105.

[262] 许宪春，彭志龙，刘起运，佟仁城，张亚雄，张鹏，赵坤. 基于 2007 年投入产出表的我国投资乘数测算和变动分析 [J]. 统计研究，2011 (3)：3-7.

[263] 彭代彦，杜德军. 从经济普查看区域工业结构趋同的原因 [J]. 统计研究，2011 (3)：59-64.

[264] 马建堂. 加强统计科研与统计实践的结合——在第十届全国统计科研优秀成果奖颁奖暨共建中国人民大学政府统计研究院签字及揭牌仪式的讲话 [J]. 统计研究，2011 (4)：3-5.

[265] 陈立敏. 入世是否成为了转折点？[J]. 统计研究，2011 (5)：33-40.

[266] 李宝慧. 女性人力资本：经济发展的有力保障 [J]. 统计研究，2011 (6)：64-69.

[267] 王瑜. 计算机辅助自填式调查中敏感问题数据质量评价 [J]. 统计研究，2011 (6)：68-71.

[268] 郑挺国，郭辉铭. GDP 数据修正对经济周期测定的影响 [J]. 统计研究，2011 (8)：14-20.

[269] 张芳. 针对加工贸易之非竞争型投入产出表的编制与应用分析 [J]. 统计研究，2011 (8)：73-79.

[270] 金勇进，陶然. 普查涵盖误差及其测量机制研究 [J]. 统计研究，2011 (8)：3-8.

[271] 林治芬. 社会保障统计国际比较与借鉴 [J]. 统计研究，2011 (10)：16-21.

[272] 谷宇，安辉. 人民币汇率应对美国非对称冲击的缓冲机制及效应分析 [J]. 统计研究，2011 (9)：28-34.

[273] 孙玉环. 改进住宅销售价格指数编制质量的一种思路探讨 [J]. 统计研究，2011 (10)：28-35.

[274] 韩本三，徐凤，黎实. 面板数据模型的截面相关检验研究 [J]. 统计研究，2011 (12)：83-88.

[275] 王萍萍. 农村住户调查县级样本代表性评估方法研究 [J]. 统计研究，2011 (2)：71-75.

[276] 武洁，李桂芝. 我国各地区常住人口总量推算方法探讨 [J]. 统计研究，2011 (2)：76-80.

[277] 刘汉中. 平稳阈值自回归下的伪回归研究 [J]. 统计研究，2011 (1)：99-105.

[278] "中国 2007 年投入产出表分析应用"课题组. 出口导向经济模式的形成、问题与前景 [J]. 统计研究，2011 (2)：3-6.

[279] 钱永坤. 煤矿工人"统计"的生命价值研究 [J]. 统计研究，2011 (4)：89-93.

[280] 向书坚，徐海云. 改革开放以来我国货币供给周期波动特征 [J]. 统计研究，2011 (3)：30-35.

[281] 李金昌，黄莺. 工业结构变动率计算方法探讨 [J]. 统计研究，2011 (3)：86-89.

[282] 许宪春，彭志龙，刘起运，佟仁城. 国际金融危机就业效应的投入产出分析 [J]. 统计研究，2011 (4)：4-10.

[283] 何辉，尹音频，张清. 股息红利所得税的收入再分配效应研究 [J]. 统计研究，2011 (6)：11-15.

[284] 郭红丽，王华. 宏观统计数据质量评估的研究范畴与基本范式 [J]. 统计研究，2011 (6)：72-78.

[285] 王素立. 基于差分及主分量变换的多元线性回归系数估计方法 [J]. 统计研究，2011（7）：110-112.

[286] 舒晓惠，雷钦礼. 非线性协整的秩检验方法及其响应面函数研究 [J]. 统计研究，2011（8）：92-98.

[287] 高先务，刘心报，刘林. 基于方差分析方法的群决策专家估值偏差的一致性检验 [J]. 统计研究，2011（8）：111-112.

[288] 陈太明. 中国改革开放政策有效性的定量研究 [J]. 统计研究，2011（10）：54-59.

[289] 贾怀勤. 美国属权贸易核算的缘起和框架 [J]. 统计研究，2011（11）：22-26.

[290] 韩中. 住户部门卫星账户的构建与理论阐述 [J]. 统计研究，2011（11）：27-33.

[291] 李腊生，翟淑萍，关敏芳. 证券市场收益率分布时变性的经济学分析及其我国的经验证据 [J]. 统计研究，2011（11）：66-78.

[292] 赵进文，邢天才，高丹霞. 财务信息效应的非线性性 [J]. 统计研究，2011（11）：98-104.

[293] 王虹. 不同收入水平国家能源库兹涅茨曲线走势分析 [J]. 统计研究，2011（12）：72-76.

[294] 李静萍，高敏雪. 基于中国实际的社会保障宏观核算机理研究 [J]. 统计研究，2011（12）：7-13.

[295] 李强. 关于完善部门服务业统计工作的若干思考 [J]. 统计研究，2011（12）：3-6.

[296] 吕萍. 重权数在复杂调查的方差估计中的应用 [J]. 统计研究，2011（2）：93-99.

[297] 叶光. 协整参数的自举推断 [J]. 统计研究，2011（3）：99-106.

[298] 张进峰. 分布未知情况下的空间滞后模型检验 [J]. 统计研究，2011（4）：93-98.

[299] 林勇. 远视角下的统计数据生产及改革再思考 [J]. 统计研究，2011（4）：62-66.

[300] 程开明. 三种国际统计质量管理框架的比较及启示 [J]. 统计研究，2011（4）：74-79.

[301] 李腊生，沈萍，赵全华. 开放式样本综合指数的编制与调整 [J]. 统计研究，2011（5）：97-104.

[302] 张凌翔，张晓峒. 结构突变趋势平稳过程与随机趋势过程的虚假回归研究 [J]. 统计研究，2011（5）：105-110.

[303] 马建堂. 加快空间信息技术应用全面提高统计现代化水平 [J]. 统计研究，2011（6）：3-6.

[304] 陈卫国. 灌区统计工作问题与对策的探究 [J]. 统计研究，2011（6）：111-112.

[305] 刘渝琳，陈书. 我国社会保障基尼系数的讨论与估算 [J]. 统计研究，2011（6）：

28-34.

[306] 陈相成, 汪彩玲. 从社会分工和统计核算的角度解读中国经济的高速增长 [J]. 统计研究, 2011 (6): 109-110.

[307] 李芬, 尹文耀, 姚引妹. 婚配概率及婚配对数估计方法的探讨 [J]. 统计研究, 2011 (7): 92-97.

[308] 廉同辉, 袁勤俭. 国际标准产业分类体系的采矿和采石业分类演化及启示 [J]. 统计研究, 2011 (8): 9-13.

[309] 张红霞, 刘起运. 投入产出局部闭乘数的内涵 [J]. 统计研究, 2011 (8): 80-85.

[310] 吴鑑洪. 面板数据模型中随机效应存在性检验的理论研究及其实证分析 [J]. 统计研究, 2011 (9): 95-100.

[311] 郭鹏辉. 内生初始假定下动态空间固定效应模型的拟极大似然估计 [J]. 统计研究, 2011 (10): 103-110.

[312] 朱莉. 对外承包工程国际收支统计存在问题与改进建议 [J]. 统计研究, 2011 (9): 25-27.

[313] 王松. 统计四大工程建设的法制保障研究 [J]. 统计研究, 2011 (11): 11-15.

[314] 林卫斌, 施发启, 谢利平. 强度效应、结构效应与中国电力消费之谜 [J]. 统计研究, 2011 (12): 77-82.

[315] 贺建风. 基于双重抽样框架的抽样估计方法研究 [J]. 统计研究, 2011 (12): 89-96.

[316] 周晶, 李伟, 原鹏飞, 谷斌, 于洋, 陶然. 第十三次全国中青年统计科学研讨会综述 [J]. 统计研究, 2011 (12): 96-101.

[317] 彭道宾. 中央苏区调查统计工作的特色、功能及启示——中央苏区调查统计工作的光辉实践与有益启示 (三) [J]. 统计研究, 2011 (2): 98-105.

[318] 彭道宾. 中央苏区调查统计工作的内容和成效——中央苏区调查统计工作的光辉实践与有益启示 (二) [J]. 统计研究, 2011 (1): 106-114.

[319] 第三届中国统计学年会在中南财经政法大学召开 [J]. 统计研究, 2011 (2): 113.

[320] 金玉国. 非经典计量经济建模方法论的特征分析与比较研究 [J]. 统计研究, 2011 (1): 91-98.

[321] 喻开志, 史代敏, 邹红. 随机系数离散值时间序列模型 [J]. 统计研究, 2011 (4): 106-112.

[322] 金玉国. 全球中小企业反规制进程及其因素分解 [J]. 统计研究, 2011 (3): 65-71.

[323] 徐蔼婷. 基于 SNA 生产观的生产负担不均等测度与分解 [J]. 统计研究, 2011 (4): 33-41.

[324] 田秀华. 一体化企业调查的内容和作用 [J]. 统计研究，2011 (4)：80-83.

[325] 储海林，任建智，高崇山. 纤维丛与金融统计分析 [J]. 统计研究，2011 (4)：84-88.

[326] 第十三次全国中青年统计科学研讨会征文通知 [J]. 统计研究，2011 (4)：114.

[327] 郭建军，马铁丰，吉永娇. 统计理论方法和应用、社会经济统计研究新进展——第十届中日统计研讨会会议论文综述 [J]. 统计研究，2011 (3)：109-112.

[328] 第十届中日统计研讨会在西南财经大学召开 [J]. 统计研究，2011 (3)：113-114.

[329] 胡桂华. 人口普查净误差构成部分的估计 [J]. 统计研究，2011 (3)：90-100.

[330] 徐宽. 评《居民收入分配失衡的测度方法研究》[J]. 统计研究，2011 (5)：111.

[331] 徐国祥，王芳. 连续性抽样调查中的样本轮换研究 [J]. 统计研究，2011 (5)：89-96.

[332] 卞松保，柳卸林，吕萍. 国家实验室在原始创新中作用的实证研究 [J]. 统计研究，2011 (6)：53-57.

[333] 罗幼喜，李翰芳，田茂再. 基于 Gibbs 抽样算法的面板数据分位回归方法 [J]. 统计研究，2011 (7)：98-103.

[334] 李海奇，Sung Y.Park. 一个新的稳健 ARCH 检验和 YJ-GARCH 模型 [J]. 统计研究，2011 (7)：104-110.

[335] 孙艳，何建敏，周伟. 非参数随机条件持续期模型及其迭代算法 [J]. 统计研究，2011 (8)：103-112.

[336] 国家统计局深圳调查队"房地产价格统计研究"课题组. 准确反映房地产价格水平的难点与对策研究 [J]. 统计研究，2011 (10)：9-17.

[337] 张仲梁. 碎片化语境下的统计话语权 [J]. 统计研究，2011 (9)：13-18.

[338] 徐强，杨仲山，吕洁. 中国统计学会第十六次全国统计科学讨论会学术综述 [J]. 统计研究，2011 (11)：106-112.

[339] 刘俊英. 关于影响人口普查质量的问题和对策 [J]. 统计研究，2011 (11)：105.

[340] 李金昌，沈晓栋. 我国非正规部门宏观效应动态量化分析 [J]. 统计研究，2011 (12)：36-40.

[341] 王华，郭红丽. 统计数据项目、发布渠道与用户质量感知 [J]. 统计研究，2011 (12)：29-35.

[342] 吴翌琳，李伟. 全球统计研究的多元化应用与实践性发展——国际统计学会第58届大会综述 [J]. 统计研究，2011 (12)：102-109.

第二节　英文期刊索引

［1］Lindley, D.V. (2000). The Philosophy of Statistics. Journal of the Royal Statistical Society, D (The Statistician), Vol. 49 (3), 293–337.

［2］Bontemps, D. (2011). Supplement to "Bernstein–von Mises Theorems for Gaussian Regression with Increasing Number of Regressors." DOI: 10.1214/11–AOS912SUPP.

［3］Kass, R.E. (2011). Statistical Inference: The Big Picture, with Discussion by Andrew Gelman, Discussion by Steven Goodman, Discussion by Rob McCulloch, Discussion by Hal Stern, and Rejoinder, Statistical Science, 26, 1–20.

［4］Rao, J.N.K. and Singh, A.C. (2011). Impact of Frequentist and Bayesian Methods on Survey Sampling Practice: A Selective Appraisal, Statistical Science–STAT SCI, Vol. 26, 240–256.

［5］Isabelle Albert, Sophie Donnet, Chantal Guihenneuc –Jouyaux, Samantha Low – Choy, Kerrie Mengersen, and Judith Rousseau (2011). Combining Expert Opinions in Prior Elicitation, 240–256.

［6］Obonzinski G., Taskar B., Jordan M. (2006). Multi–task Feature Selection Technical report. University of California, Berkeley.

［7］Rohde, A. and Tsybakov, A.B. (2011). Estimation of High–dimensional Low–rank Matrices, Ann. Statist, Vol. 39, 887–930.

［8］A. Juditsky, P. Rigollet, and A. B. Tsybakov (2008). Learning by Mirror Averaging. Ann. Statist.Volume 36 (5), 2183–2206.

［9］Bernacchia, A. & Pigolotti, S. (2011). Self–Consistent Method For Density. Estimation Journal of the Royal Statistical Society, 73 (3), 407–422.

［10］F. Comte and C. Lacour. Deconvolution with Estimated Error. Preprint MAP5 2008–15, 2008. Available at http: //www.math–info.univ–paris5.fr/map5/Prepublications–2008.

［11］Charles E. McCulloch and John M. Neuhaus. (2011). Misspecifying the Shape of a Random Effects Distribution: Why Getting It Wrong May Not Matter. Statist. Science, 26 (3), 388–402.

［12］Pourahmadi, M. (2011). Covariance Estimation: The GLM and Regularization Perspectives. Statistical Science, 26 (3), 369–387.

［13］Wang, L., Cao, J., Ramsay, J.O., Burger, D. M., Laporte, C. J. L., and Rockstrohk, J. K. (2011). Estimation of Mixed–effects Differential Equation Models. Submitted.

［14］Hadgu, A., Dendukuri, N., and Wang, L. (2011). Evaluation of Screening Tests for Chlamydia Trachomatis: Bias Associated with the Patient Infected Status Algorithm. Accepted by Epidemiology.

[15] Wang, L. and Cao, J. (2011). Estimating Parameters in Delay Differential Equation Models. Accepted by Journal of Agricultural, Biological, and Environmental Statistics.

[16] Cao, J., Cai J., Wang, L. (2011). Estimating Curves and Derivatives with Parametric Penalized Spline Smoothing. Accepted by Statistics and Computing.

[17] Dendukuri, N., Wang, L., and Hadgu, A. (2011). Evaluating Diagnostic Tests for Chlamydia Trachomatis in the Absence of a Gold-standard: A Comparison of 3 Statistical Methods. Statistics in Biopharmaceutical Research, 3 (2): 385–397.

[18] Cao, J. and Wang, L. (2011). Discussion of the Paper "Riemann Manifold Langevin and Hamiltonian Monte Carlo Methods" by Girolami and Calderhead. Journal of the Royal Statistical Society, Series B (73), 177–178.

[19] Huang, H., Chu, S., Pan, J., Huang, C. and Liao, B. (2011). Tabu Search Based Multi-watermarks Embedding Algorithm with Multiple Description Coding. Information Sciences, 181 (16), 3379–3396.

[20] Zhou, Q., Qian, P. Z. G. and Zhou, S. (2011). Surrogate Modeling of Multistage Assembly Processes Using Integrated Emulation, the American Society of Mechanical Engineers (ASME). Journal of Mechanical Design, 134, 011002.

[21] He, X. and Qian, P. Z. G. (2011). Nested Orthogonal Array Based Latin Hypercube Designs, Biometrika, 98, 721–731.

[22] Xu, X., Haaland, B. and Qian, P. Z. G. (2011). Sudoku-Based Space-Filling Designs, Biometrika, 98, 711–720.

[23] Lindgren, F., Rue, H. and Lindström, J. (2011). An Explicit Link between Gaussian Fields and Gaussian Markov Random Fields: The Stochastic Partial Differential Equation Approach. Journal of the Royal Statistical Society, Series B (Statistical Methodology), 73 (4), 423–498.

[24] Lindgren, G. and Lindgren, F. (2011). Stochastic Asymmetry Properties of 3D Gauss-lagrange Ocean Waves with Directional Spreading. Stochastic Models, 27 (3), 490–520.

[25] Lindgren, F., Martins, T., Rue, H. and Simpson, D. (2011). Discussion on "Spatial Prediction in the Presence of Positional Error". Environmetrics, 22 (2), 127.

[26] Bolin, D. and Lindgren, F. (2011). Spatial Models Generated by Nested Stochastic Partial Differential Equations, with an Application to Global Ozone Mapping. Annals of Applied Statistics, 5 (1), 523–550.

[27] Min Qian and Susan A. Murphy. (2011). Performance Guarantees for Individualized Treatment Rules.Ann. Statist. 39 (2): 1180–1210.

[28] Abadie Imbens, G. W. (2011). Bias Corrected Matching Estimators for Average

Treatment Eects, with G. Imbens. Journal of Business and Economic Statistics, 29 (1): 1–11.

[29] Abadie, Imbens, G. W. (2006). The Impact of Presumed Consent Legislation on Cadaveric Organ Donation: A Cross-Country Study, with S. Gay. Journal of Health Economics, 25, 599–620. (Lead Article.)

[30] Kennan, J., Walker, J. R. (2011). The Effect of Expected Income on Individual Migration Decisions, (with James R. Walker), Econometrica.

[31] Beresteanu, A., I. Molchanov, and F. Molinari. (2011). Sharp Identification Regions in Models with Convex Moment Predictions. Econometrica, 79, 1785–1821.

[32] Arcidiacono, P., and R. A. Miller (2011). Conditional Choice Probability Estimation of Dynamic Discrete Choice Models with Unobserved Heterogeneity. Econometrica, 79, 1823–1867.

[33] Komunjer, I., and S. NG (2011). Dynamic Identification of Dynamic Stochastic General Equilibrium Models. Econometrica, 79, 1995–2032.

[34] Vives, X. (2011). Strategic Supply Function Competition with Private Information. Econometrica, 79, 1919–1966.

[35] Bollerslev, T., and V. Todorov (2011). Estimation of Jump Tails. Econometrica, 79, 1727–1783.

[36] Attar, A., T. Mariotti, and F. Salanie (2011). Nonexclusive Competition in the Market for Lemons. Econometrica, 79, 1869–1918.

[37] Eckstein, Z., and O. Lifshitz (2011). Dynamic Female Labor Supply. Econometrica, 79, 1675–1726.

[38] Lee, J., and H. Sabourian (2011). Efficient Repeated Implementation. Econometrica, 79, 1967–1994.

[39] Eaton, J., S. Kortum, and F. Kramarz (2011). An Anatomy of International Trade: Evidence from French Firms. Econometrica, 79, 1453–1498.

[40] Darolles, S., Y. Fan, J. P. Florens, and E. Renault (2011). Nonparametric Instrumental Regression. Econometrica, 79, 1541–1565.

[41] De Loecker, J. (2011). Product Differentiation, Multiproduct Firms, and Estimating the Impact of Trade Liberalization on Productivity. Econometrica, 79, 1407–1451.

[42] Kaboski, J. P., and R. M. Townsend (2011). A Structural Evaluation of a Large-Scale Quasi-Experimental Microfinance Initiative. Econometrica, 79, 1357–1406.

[43] Benoit, J. P., and J. Dubra (2011). Apparent Overconfidence. Econometrica, 79, 1591–1625.

[44] Perrigne, I., and Q. Vuong (2011). Nonparametric Identification of a Contract Model with Adverse Selection and Moral Hazard. Econometrica, 79, 1499–1539.

[45] McLennan, A., P. K. Monteiro, and R. Tourky (2011). Games with Discontinuous

Payoffs: A Strengthening of Reny's Existence Theorem. Econometrica, 79, 1643–1664.

[46] Barro, R. J., and T. Jin (2011). On the Size Distribution of Macroeconomic Disasters. Econometrica, 79, 1567–1589.

[47] Robin, J. M. (2011). On the Dynamics of Unemployment and Wage Distributions. Econometrica, 79, 1327–1355.

[48] Gossner, O. (2011). Simple Bounds on the Value of a Reputation. Econometrica, 79, 1627–1641.

[49] Midrigan, V. (2011). Menu Costs, Multiproduct Firms, and Aggregate Fluctuations. Econometrica, 79, 1139–1180.

[50] Fieler, A. C. (2011). Nonhomotheticity and Bilateral Trade: Evidence and a Quantitative Explanation. Econometrica, 79, 1069–1101.

[51] Park, A., and H. Sabourian (2011). Herding and Contrarian Behavior in Financial Markets. Econometrica, 79, 973–1026.

[52] Fogli, A., and L. Veldkamp (2011). Nature or Nurture? Learning and the Geography of Female Labor Force Participation. Econometrica, 79, 1103–1138.

[53] Williams, N. (2011). Persistent Private Information. Econometrica, 79, 1233–1275.

[54] Horner, J., T. Sugaya, S. Takahashi, and N. Vieille (2011). Recursive Methods in Discounted Stochastic Games: An Algorithm for Delta→1 and a Folk Theorem. Econometrica, 79, 1277–1318.

[55] Attanasio, O. P., and N. Pavoni (2011). Risk Sharing in Private Information Models with Asset Accumulation: Explaining the Excess Smoothness of Consumption. Econometrica, 79, 1027–1068.

[56] Gagliardini, P., C. Gourieroux, and E. Renault (2011). Efficient Derivative Pricing by the Extended Method of Moments. Econometrica, 79, 1181–1232.

[57] Kleven, H. J., M. B. Knudsen, C. T. Kreiner, S. Pedersen, and E. Saez (2011). Unwilling or Unable to Cheat? Evidence from a Tax Audit Experiment in Denmark. Econometrica, 79, 651–692.

[58] Gabaix, X. (2011). The Granular Origins of Aggregate Fluctuations. Econometrica, 79, 733–772.

[59] Bruckner, M., and A. Ciccone (2011). Rain and the Democratic Window of Opportunity. Econometrica, 79, 923–947.

[60] French, E., and J. B. Jones (2011). The Effects of Health Insurance and Self-Insurance on Retirement Behavior. Econometrica, 79, 693–732.

[61] Shaikh, A. M., and E. J. Vytlacil (2011). Partial Identification in Triangular Systems of Equations with Binary Dependent Variables. Econometrica, 79, 949–955.

[62] Faingold, E., and Y. Sannikov (2011). Reputation in Continuous-Time Games. E-

conometrica, 79, 773–876.

[63] Goeree, J. K., and L. Yariv (2011). An Experimental Study of Collective Deliberation. Econometrica, 79, 893–921.

[64] Kandori, M. (2011). Weakly Belief–Free Equilibria in Repeated Games with Private Monitoring. Econometrica, 79, 877–892.

[65] Hansen, P. R., A. Lunde, and J. M. Nason (2011). The Model Confidence Set. Econometrica, 79, 453–497.

[66] Acemoglu, D., and A. Wolitzky (2011). The Economics of Labor Coercion. Econometrica, 79, 555–600.

[67] Reny, P. J. (2011). On the Existence of Monotone Pure –Strategy Equilibria in Bayesian Games. Econometrica, 79, 499–553.

[68] Horowitz, J. L. (2011). Applied Nonparametric Instrumental Variables Estimation. Econometrica, 79, 347–394.

[69] Noor, J. (2011). Temptation and Revealed Preference. Econometrica, 79, 601–644.

[70] Graham, B. S. (2011). Efficiency Bounds for Missing Data Models with Semiparametric Restrictions. Econometrica, 79, 437–452.

[71] Muller, U. K. (2011). Efficient Tests under a Weak Convergence Assumption. Econometrica, 79, 395–435.

[72] Suri, T. (2011). Selection and Comparative Advantage in Technology Adoption. Econometrica, 79, 159–209.

[73] Kennan, J., and J. R. Walker (2011). The Effect of Expected Income on Individual Migration Decisions. Econometrica, 79, 211–251.

[74] Strzalecki, T. (2011). Axiomatic Foundations of Multiplier Preferences. Econometrica, 79, 47–73.

[75] Holmes, T. J. (2011). The Diffusion of Wal–Mart and Economies of Density. Econometrica, 79, 253–302.

[76] Alvarez, F., and R. Shimer (2011). Search and Rest Unemployment. Econometrica, 79, 75–122.

[77] Buera, F. J., A. Monge–Naranjo, and G. E. Primiceri (2011). Learning the Wealth of Nations. Econometrica, 79, 1–45.

[78] Benhabib, J., A. Bisin, and S. H. Zhu (2011). The Distribution of Wealth and Fiscal Policy in Economies with Finitely Lived Agents. Econometrica, 79, 123–157.

[79] Witten, D. M., and R. Tibshirani (2011). Penalized Classification Using Fisher's Linear Discriminant. Journal of the Royal Statistical Society Series B–Statistical Methodology, 73, 753–772.

［80］ Martinussen, T., S. Vansteelandt, M. Gerster, and J. V. Hjelmborg (2011). Estimation of Direct Effects for Survival Data by Using the Aalen Additive Hazards Model. Journal of the Royal Statistical Society Series B-Statistical Methodology, 73, 773-788.

［81］ Cai, T. T., X. J. Jeng, and J. S. Jin (2011). Optimal Detection of Heterogeneous and Heteroscedastic Mixtures. Journal of the Royal Statistical Society Series B -Statistical Methodology, 73, 629-662.

［82］ Mattei, A., and F. Mealli (2011). Augmented Designs to Assess Principal Strata Direct Effects. Journal of the Royal Statistical Society Series B -Statistical Methodology, 73, 729-752.

［83］ Rousseau, J., and K. Mengersen (2011). Asymptotic Behaviour of the Posterior Distribution in Overfitted Mixture Models. Journal of the Royal Statistical Society Series B-Statistical Methodology, 73, 689-710.

［84］ Bickel, P. J., and Y. R. Gel (2011). Banded Regularization of Autocovariance Matrices in Application to Parameter Estimation and Forecasting of Time Series. Journal of the Royal Statistical Society Series B-Statistical Methodology, 73, 711-728.

［85］ Ferreira, M. A. R., S. H. Holan, and A. I. Bertolde (2011). Dynamic Multiscale Spatiotemporal Models for Gaussian Areal Data. Journal of the Royal Statistical Society Series B-Statistical Methodology, 73, 663-688.

［86］ Lindgren, F., H. Rue, and J. Lindstrom (2011). An Explicit Link between Gaussian Fields and Gaussian Markov Random Fields: The Stochastic Partial Differential Equation Approach. Journal of the Royal Statistical Society Series B-Statistical Methodology, 73, 423-498.

［87］ Li, Y. M., H. T. Zhu, D. G. Shen, W. L. Lin, J. H. Gilmore, and J. G. Ibrahim (2011) . Multiscale Adaptive Regression Models for Neuroimaging Data. Journal of the Royal Statistical Society Series B-Statistical Methodology, 73, 559-578.

［88］ Comte, F., and C. Lacour (2011). Data-Driven Density Estimation in the Presence of Additive Noise with Unknown Distribution. Journal of the Royal Statistical Society Series B-Statistical Methodology, 73, 601-627.

［89］ Bunea, F., A. E. Ivanescu, and M. H. Wegkamp (2011). Adaptive Inference for the Mean of a Gaussian Process in Functional Data. Journal of the Royal Statistical Society Series B-Statistical Methodology, 73, 531-558.

［90］ Fryzlewicz, P., and H. S. Oh (2011). Thick Pen Transformation for Time Series. Journal of the Royal Statistical Society Series B-Statistical Methodology, 73, 499-529.

［91］ White, J. T., and S. Ghosal (2011). Bayesian Smoothing of Photon-Limited Images with Applications in Astronomy. Journal of the Royal Statistical Society Series B -Statistical Methodology, 73, 579-599.

[92] Tibshirani, R. (2011). Regression Shrinkage and Selection Via the Lasso: A Retrospective. Journal of the Royal Statistical Society Series B-Statistical Methodology, 73, 273-282.

[93] Bradic, J., J. Q. Fan, and W. W. Wang (2011). Penalized Composite Quasi-Likelihood for Ultrahigh Dimensional Variable Selection. Journal of the Royal Statistical Society Series B-Statistical Methodology, 73, 325-349.

[94] Delaigle, A., P. Hall, and J. S. Jin (2011). Robustness and Accuracy of Methods for High Dimensional Data Analysis Based on Student's T-Statistic. Journal of the Royal Statistical Society Series B-Statistical Methodology, 73, 283-301.

[95] Guillotte, S., F. Perron, and J. Segers (2011). Non-Parametric Bayesian Inference on Bivariate Extremes. Journal of the Royal Statistical Society Series B-Statistical Methodology, 73, 377-406.

[96] Yang, W. J., H. G. Muller, and U. Stadtmuller (2011). Functional Singular Component Analysis. Journal of the Royal Statistical Society Series B -Statistical Methodology, 73, 303-324.

[97] Bernacchia, A., and S. Pigolotti (2011). Self-Consistent Method for Density Estimation. Journal of the Royal Statistical Society Series B-Statistical Methodology, 73, 407-422.

[98] Scealy, J. L., and A. H. Welsh (2011). Regression for Compositional Data by Using Distributions Defined on the Hypersphere. Journal of the Royal Statistical Society Series B-Statistical Methodology, 73, 351-375.

[99] McCabe, B. P. M., G. M. Martin, and D. Harris (2011). Efficient Probabilistic Forecasts for Counts. Journal of the Royal Statistical Society Series B-Statistical Methodology, 73, 253-272.

[100] Li, P. F., and D. P. Wiens (2011). Robustness of Design in Dose-Response Studies. Journal of the Royal Statistical Society Series B-Statistical Methodology, 73, 215-238.

[101] Holland-Letz, T., H. Dette, and A. Pepelyshev (2011). A Geometric Characterization of Optimal Designs for Regression Models with Correlated Observations. Journal of the Royal Statistical Society Series B-Statistical Methodology, 73, 239-252.

[102] Wood, S. N. (2011). Fast Stable Restricted Maximum Likelihood and Marginal Likelihood Estimation of Semiparametric Generalized Linear Models. Journal of the Royal Statistical Society Series B-Statistical Methodology, 73, 3-36.

[103] Yau, C., O. Papaspiliopoulos, G. O. Roberts, and C. Holmes (2011). Bayesian Non-Parametric Hidden Markov Models with Applications in Genomics. Journal of the Royal Statistical Society Series B-Statistical Methodology, 73, 37-57.

[104] Li, L. X., L. P. Zhu, and L. X. Zhu (2011). Inference on the Primary Parameter of Interest with the Aid of Dimension Reduction Estimation. Journal of the Royal Statistical So-

ciety Series B-Statistical Methodology, 73, 59-80.

[105] Ma, Y. Y., J. D. Hart, R. Janicki, and R. J. Carroll (2011). Local and Omnibus Goodness-of-Fit Tests in Classical Measurement Error Models. Journal of the Royal Statistical Society Series B-Statistical Methodology, 73, 81-98.

[106] Shao, N., and K. S. Lii (2011). Modelling Non-Homogeneous Poisson Processes with Almost Periodic Intensity Functions. Journal of the Royal Statistical Society Series B-Statistical Methodology, 73, 99-122.

[107] Baddeley, A., E. Rubak, and J. Moller (2011). Score, Pseudo-Score and Residual Diagnostics for Spatial Point Process Models. Statistical Science, 26, 613-646.

[108] Goeman, J. J., and A. Solari (2011). Multiple Testing for Exploratory Research. Statistical Science, 26, 584-597.

[109] Pericchi, L., and D. Torres (2011). Quick Anomaly Detection by the Newcomb-Benford Law, with Applications to Electoral Processes Data from the USA, Puerto Rico and Venezuela. Statistical Science, 26, 502-516.

[110] Prado, R., and B. Sanso (2011). The 2004 Venezuelan Presidential Recall Referendum: Discrepancies between Two Exit Polls and Official Results. Statistical Science, 26, 517-527.

[111] Hausmann, R., and R. Rigobon (2011). In Search of the Black Swan: Analysis of the Statistical Evidence of Electoral Fraud in Venezuela. Statistical Science, 26, 543-563.

[112] Delfino, G., and G. Salas (2011). Analysis of the 2004 Venezuela Referendum: The Official Results Versus the Petition Signatures. Statistical Science, 26, 479-501.

[113] Martin, I. (2011). 2004 Venezuelan Presidential Recall Referendum (2004 Prr): A Statistical Analysis from the Point of View of Electronic Voting Data Transmissions. Statistical Science, 26, 528-542.

[114] Jimenez, R. (2011). Forensic Analysis of the Venezuelan Recall Referendum. Statistical Science, 26, 564-583.

[115] Carriquiry, A. L. (2011). Election Forensics and the 2004 Venezuelan Presidential Recall Referendum as a Case Study. Statistical Science, 26, 471-478.

[116] Heller, R. (2011). Discussion of "Multiple Testing for Exploratory Research" by J. J. Goeman and A. Solari. Statistical Science, 26, 598-600.

[117] Pourahmadi, M. (2011). Covariance Estimation: The Glm and Regularization Perspectives. Statistical Science, 26, 369-387.

[118] Vansteelandt, S., J. Bowden, M. Babanezhad, and E. Goetghebeur (2011). On Instrumental Variables Estimation of Causal Odds Ratios. Statistical Science, 26, 403-422.

[119] McCulloch, C. E., and J. M. Neuhaus (2011). Misspecifying the Shape of a Random Effects Distribution: Why Getting It Wrong May Not Matter. Statistical Science, 26, 388-

402.

[120] Fraser, D. A. S. (2011). Is Bayes Posterior Just Quick and Dirty Confidence?. Statistical Science, 26, 299–321.

[121] Evans, M., and G. H. Jang (2011). Weak Informativity and the Information in One Prior Relative to Another. Statistical Science, 26, 423–439.

[122] Hobert, J. P., V. Roy, and C. P. Robert (2011). Improving the Convergence Properties of the Data Augmentation Algorithm with an Application to Bayesian Mixture Modeling. Statistical Science, 26, 332–351.

[123] Wasserman, L. (2011). Frasian Inference. Statistical Science, 26, 322–331.

[124] Panaretos, V. M. (2011). A Conversation with David R. Brillinger. Statistical Science, 26, 440–469.

[125] Landon, J., F. X. Lee, and N. D. Singpurwalla (2011). A Problem in Particle Physics and Its Bayesian Analysis. Statistical Science, 26, 352–368.

[126] Rao, J. N. K. (2011). Impact of Frequentist and Bayesian Methods on Survey Sampling Practice: A Selective Appraisal. Statistical Science, 26, 240–256.

[127] Little, R. (2011). Calibrated Bayes, for Statistics in General, and Missing Data in Particular. Statistical Science, 26, 162–174.

[128] Morris, C., and R. X. Tang (2011). Estimating Random Effects Via Adjustment for Density Maximization. Statistical Science, 26, 271–287.

[129] Fienberg, S. E. (2011). Bayesian Models and Methods in Public Policy and Government Settings. Statistical Science, 26, 212–226.

[130] Ghosh, M. (2011). Objective Priors: An Introduction for Frequentists. Statistical Science, 26, 187–202.

[131] Meeden, G., J. Sedransk, E. Slud, and J. N. K. Rao (2011). Discussion of "Impact of Frequentist and Bayesian Methods on Survey Sampling Practice: A Selective Appraisal". J. N. K. Rao Rejoinder. Statistical Science, 26, 257–270.

[132] Larsen, M. D., N. Schenker, and R. Little (2011). Discussion of "Calibrated Bayes, for Statistics in General, and Missing Data in Particular" R. J. A. Little. Statistical Science, 26, 175–186.

[133] Hand, D. J., and G. Kalton (2011). Discussion of "Bayesian Models and Methods in Public Policy and Government Settings" S. E. Fienberg. Statistical Science, 26, 227–234.

[134] Bernardo, J. M., T. Sweeting, and M. Ghosh (2011). Discussion of "Objective Priors: An Introduction for Frequentists" M. Ghosh Rejoinder. Statistical Science, 26, 203–211.

[135] Fuentes, C., G. Casella, P. Lahiri, S. Pramanik, and C. Morris (2011). Discussion of "Estimating Random Effects Via Adjustment for Density Maximization" C. Morris and R.

Tang Rejoinder. Statistical Science, 26, 288–298.

[136] Zaslavsky, A. M., and S. E. Fienberg (2011). Sampling from a Bayesian Menu Rejoinder. Statistical Science, 26, 235–239.

[137] Salzman, J., H. Jiang, and W. H. Wong (2011). Statistical Modeling of Rna-Seq Data. Statistical Science, 26, 62–83.

[138] Kass, R. E. (2011). Statistical Inference: The Big Picture. Statistical Science, 26, 1–9.

[139] Xia, Y. C., and H. Tong (2011). Feature Matching in Time Series Modeling. Statistical Science, 26, 21–46.

[140] Robert, C., and G. Casella (2011). A Short History of Markov Chain Monte Carlo: Subjective Recollections from Incomplete Data. Statistical Science, 26, 102–115.

[141] Savitsky, T., M. Vannucci, and N. J. Sha (2011). Variable Selection for Nonparametric Gaussian Process Priors: Models and Computational Strategies. Statistical Science, 26, 130–149.

[142] Shafer, G., A. Shen, N. Vereshchagin, and V. Vovk (2011). Test Martingales, Bayes Factors and P-Values. Statistical Science, 26, 84–101.

[143] Zhang, H. P. (2011). Statistical Analysis in Genetic Studies of Mental Illnesses. Statistical Science, 26, 116–129.

[144] Zhu, L. P., L. X. Li, R. Z. Li, and L. X. Zhu (2011). Model-Free Feature Screening for Ultrahigh-Dimensional Data. Journal of the American Statistical Association, 106, 1464–1475.

[145] Hero, A., and B. Rajaratnam (2011). Large-Scale Correlation Screening. Journal of the American Statistical Association, 106, 1540–1552.

[146] Kleiber, W., A. E. Raftery, and T. Gneiting (2011). Geostatistical Model Averaging for Locally Calibrated Probabilistic Quantitative Precipitation Forecasting. Journal of the American Statistical Association, 106, 1291–1303.

[147] Huang, L., J. Zalkikar, and R. C. Tiwari (2011). A Likelihood Ratio Test Based Method for Signal Detection with Application to Fda's Drug Safety Data. Journal of the American Statistical Association, 106, 1230–1241.

[148] De Livera, A. M., R. J. Hyndman, and R. D. Snyder (2011). Forecasting Time Series with Complex Seasonal Patterns Using Exponential Smoothing. Journal of the American Statistical Association, 106, 1513–1527.

[149] Davidov, O., and S. Peddada (2011). Order-Restricted Inference for Multivariate Binary Data with Application to Toxicology. Journal of the American Statistical Association, 106, 1394–1404.

[150] Dobra, A., A. Lenkoski, and A. Rodriguez (2011). Bayesian Inference for Gen-

eral Gaussian Graphical Models with Application to Multivariate Lattice Data. Journal of the American Statistical Association, 106, 1418–1433.

[151] Minnier, J., L. Tian, and T. X. Cai (2011). A Perturbation Method for Inference on Regularized Regression Estimates. Journal of the American Statistical Association, 106, 1371–1382.

[152] Schweinberger, M. (2011). Instability, Sensitivity, and Degeneracy of Discrete Exponential Families. Journal of the American Statistical Association, 106, 1361–1370.

[153] Efron, B. (2011). Tweedie's Formula and Selection Bias. Journal of the American Statistical Association, 106, 1602–1614.

[154] Matteson, D. S., and R. S. Tsay (2011). Dynamic Orthogonal Components for Multivariate Time Series. Journal of the American Statistical Association, 106, 1450–1463.

[155] Kim, M. O., and Y. W. Yang (2011). Semiparametric Approach to a Random Effects Quantile Regression Model. Journal of the American Statistical Association, 106, 1405–1417.

[156] Cai, T., and W. D. Liu (2011). A Direct Estimation Approach to Sparse Linear Discriminant Analysis. Journal of the American Statistical Association, 106, 1566–1577.

[157] Canale, A., and D. B. Dunson (2011). Bayesian Kernel Mixtures for Counts. Journal of the American Statistical Association, 106, 1528–1539.

[158] Zhou, Q. (2011). Multi–Domain Sampling with Applications to Structural Inference of Bayesian Networks. Journal of the American Statistical Association, 106, 1317–1330.

[159] Chen, M. H., A. Zaas, C. Woods, G. S. Ginsburg, J. Lucas, D. Dunson, and L. Carin (2011). Predicting Viral Infection from High–Dimensional Biomarker Trajectories. Journal of the American Statistical Association, 106, 1259–1279.

[160] Schwartz, S. L., F. Li, and F. Mealli (2011). A Bayesian Semiparametric Approach to Intermediate Variables in Causal Inference. Journal of the American Statistical Association, 106, 1331–1344.

[161] Ding, P., Z. Geng, W. Yan, and X. H. Zhou (2011). Identifiability and Estimation of Causal Effects by Principal Stratification with Outcomes Truncated by Death. Journal of the American Statistical Association, 106, 1578–1591.

[162] Qin, J., J. Ning, H. Liu, and Y. Shen (2011). Maximum Likelihood Estimations and Em Algorithms with Length–Biased Data. Journal of the American Statistical Association, 106, 1434–1449.

[163] Corradi, V., W. Distaso, and N. R. Swanson (2011). Predictive Inference for Integrated Volatility. Journal of the American Statistical Association, 106, 1496–1512.

[164] Chen, L. S., D. Paul, R. L. Prentice, and P. Wang (2011). A Regularized Hotelling's T–2 Test for Pathway Analysis in Proteomic Studies. Journal of the American Statis-

tical Association, 106, 1345–1360.

［165］ Ma, L., and W. H. Wong (2011). Coupling Optional Polya Trees and the Two Sample Problem. Journal of the American Statistical Association, 106, 1553–1565.

［166］ Lu, T., H. Liang, H. Z. Li, and H. L. Wu (2011). High–Dimensional Odes Coupled with Mixed–Effects Modeling Techniques for Dynamic Gene Regulatory Network Identification. Journal of the American Statistical Association, 106, 1242–1258.

［167］ Gutman, R., G. DeDe, D. Caplan, and J. S. Liu (2011). Rasch Model and Its Extensions for Analysis of Aphasic Deficits in Syntactic Comprehension. Journal of the American Statistical Association, 106, 1304–1316.

［168］ Hans, C. (2011). Elastic Net Regression Modeling with the Orthant Normal Prior. Journal of the American Statistical Association, 106, 1383–1393.

［169］ Toth, D., and J. L. Eltinge (2011). Building Consistent Regression Trees from Complex Sample Data. Journal of the American Statistical Association, 106, 1626–1636.

［170］ Zhu, B., J. M. G. Taylor, and P. X. K. Song (2011). Semiparametric Stochastic Modeling of the Rate Function in Longitudinal Studies. Journal of the American Statistical Association, 106, 1485–1495.

［171］ Ruth, D. M., and R. A. Koyak (2011). Nonparametric Tests for Homogeneity Based on Non–Bipartite Matching. Journal of the American Statistical Association, 106, 1615–1625.

［172］ Jensen, S. T., and S. H. Shore (2011). Semiparametric Bayesian Modeling of Income Volatility Heterogeneity. Journal of the American Statistical Association, 106, 1280–1290.

［173］ Peng, L. M., R. S. Li, Y. Guo, and A. Manatunga (2011). A Framework for Assessing Broad Sense Agreement between Ordinal and Continuous Measurements. Journal of the American Statistical Association, 106, 1592–1601.

［174］ Li, P. F., and J. Qin (2011). A New Nuisance–Parameter Elimination Method with Application to the Unordered Homologous Chromosome Pairs Problem. Journal of the American Statistical Association, 106, 1476–1484.

［175］ Mazumder, R., J. H. Friedman, and T. Hastie (2011). Sparsenet: Coordinate Descent with Nonconvex Penalties. Journal of the American Statistical Association, 106, 1125–1138.

［176］ Liang, H., G. H. Zou, A. T. K. Wan, and X. Y. Zhang (2011). Optimal Weight Choice for Frequentist Model Average Estimators. Journal of the American Statistical Association, 106, 1053–1066.

［177］ Zhang, H. H., G. Cheng, and Y. F. Liu (2011). Linear or Nonlinear? Automatic Structure Discovery for Partially Linear Models. Journal of the American Statistical Association,

106, 1099-1112.

[178] Kuan, P. F., D. J. Chung, G. J. Pan, J. A. Thomson, R. Stewart, and S. Keles (2011). A Statistical Framework for the Analysis of Chip-Seq Data. Journal of the American Statistical Association, 106, 891-903.

[179] Tao, M. J., Y. Z. Wang, Q. W. Yao, and J. Zou (2011). Large Volatility Matrix Inference Via Combining Low-Frequency and High-Frequency Approaches. Journal of the American Statistical Association, 106, 1025-1040.

[180] Kang, E. L., and N. Cressie (2011). Bayesian Inference for the Spatial Random Effects Model. Journal of the American Statistical Association, 106, 972-983.

[181] Dette, H., P. Preuss, and M. Vetter (2011). A Measure of Stationarity in Locally Stationary Processes with Applications to Testing. Journal of the American Statistical Association, 106, 1113-1124.

[182] Zhu, H. X., P. J. Brown, and J. S. Morris (2011). Robust, Adaptive Functional Regression in Functional Mixed Model Framework. Journal of the American Statistical Association, 106, 1167-1179.

[183] Faes, C., J. T. Ormerod, and M. P. Wand (2011). Variational Bayesian Inference for Parametric and Nonparametric Regression with Missing Data. Journal of the American Statistical Association, 106, 959-971.

[184] Laber, E. B., and S. A. Murphy (2011). Adaptive Confidence Intervals for the Test Error in Classification. Journal of the American Statistical Association, 106, 904-913.

[185] Lee, S., H. P. Shen, Y. Truong, M. Lewis, and X. M. Huang (2011). Independent Component Analysis Involving Autocorrelated Sources with an Application to Functional Magnetic Resonance Imaging. Journal of the American Statistical Association, 106, 1009-1024.

[186] Crainiceanu, C. M., B. S. Caffo, S. Luo, V. M. Zipunnikov, and N. M. Punjabi (2011). Population Value Decomposition, a Framework for the Analysis of Image Populations. Journal of the American Statistical Association, 106, 775-790.

[187] Breitung, J., and J. Tenhofen (2011). Gls Estimation of Dynamic Factor Models. Journal of the American Statistical Association, 106, 1150-1166.

[188] Delgado, M. A., and C. Velasco (2011). An Asymptotically Pivotal Transform of the Residuals Sample Autocorrelations with Application to Model Checking. Journal of the American Statistical Association, 106, 946-958.

[189] Ding, X. B., and Q. H. Wang (2011). Fusion-Refinement Procedure for Dimension Reduction with Missing Response at Random. Journal of the American Statistical Association, 106, 1193-1207.

[190] Lin, D. Y., and D. Zeng (2011). Correcting for Population Stratification in

Genomewide Association Studies. Journal of the American Statistical Association, 106, 997–1008.

[191] Park, C., J. Ahn, M. Hendry, and W. Jang (2011). Analysis of Long Period Variable Stars with Nonparametric Tests for Trend Detection. Journal of the American Statistical Association, 106, 832–845.

[192] Yuan, Y., and G. S. Yin (2011). Robust Em Continual Reassessment Method in Oncology Dose Finding. Journal of the American Statistical Association, 106, 818–831.

[193] Ba, S., and V. R. Joseph (2011). Multi–Layer Designs for Computer Experiments. Journal of the American Statistical Association, 106, 1139–1149.

[194] Zhang, Y., and J. S. Liu (2011). Fast and Accurate Approximation to Significance Tests in Genome–Wide Association Studies. Journal of the American Statistical Association, 106, 846–857.

[195] Bien, J., and R. Tibshirani (2011). Hierarchical Clustering with Prototypes Via Minimax Linkage. Journal of the American Statistical Association, 106, 1075–1084.

[196] Yang, H. X., S. O'Brien, and D. B. Dunson (2011). Nonparametric Bayes Stochastically Ordered Latent Class Models. Journal of the American Statistical Association, 106, 807–817.

[197] Kaizar, E. E., Y. Li, and J. C. Hsu (2011). Permutation Multiple Tests of Binary Features Do Not Uniformly Control Error Rates. Journal of the American Statistical Association, 106, 1067–1074.

[198] Ma, Y. Y., J. D. Hart, and R. J. Carroll (2011). Density Estimation in Several Populations with Uncertain Population Membership. Journal of the American Statistical Association, 106, 1180–1192.

[199] Ghosh, J., and M. A. Clyde (2011). Rao–Blackwellization for Bayesian Variable Selection and Model Averaging in Linear and Binary Regression: A Novel Data Augmentation Approach. Journal of the American Statistical Association, 106, 1041–1052.

[200] Ghosal, S., and A. Roy (2011). Predicting False Discovery Proportion under Dependence. Journal of the American Statistical Association, 106, 1208–1218.

[201] Zhao, Y. H. (2011). Posterior Probability of Discovery and Expected Rate of Discovery for Multiple Hypothesis Testing and High Throughput Assays. Journal of the American Statistical Association, 106, 984–996.

[202] Huynh, K. P., D. T. Jacho–Chavez, R. J. Petrunia, and M. Voia (2011). Functional Principal Component Analysis of Density Families with Categorical and Continuous Data on Canadian Entrant Manufacturing Firms. Journal of the American Statistical Association, 106, 858–878.

[203] Frees, E. W., G. Meyers, and A. D. Cummings (2011). Summarizing Insurance

Scores Using a Gini Index. Journal of the American Statistical Association, 106, 1085-1098.

[204] Chen, A. Y., J. Cao, L. Shepp, and T. Nguyen (2011). Distinct Counting with a Self-Learning Bitmap. Journal of the American Statistical Association, 106, 879-890.

[205] Cai, T., W. D. Liu, and X. Luo (2011). A Constrained L (1) Minimization Approach to Sparse Precision Matrix Estimation. Journal of the American Statistical Association, 106, 594-607.

[206] Cai, T., and W. D. Liu (2011). Adaptive Thresholding for Sparse Covariance Matrix Estimation. Journal of the American Statistical Association, 106, 672-684.

[207] Fan, J. Q., Y. Feng, and R. Song (2011). Nonparametric Independence Screening in Sparse Ultra-High-Dimensional Additive Models. Journal of the American Statistical Association, 106, 544-557.

[208] Chatterjee, A., and S. N. Lahiri (2011). Bootstrapping Lasso Estimators. Journal of the American Statistical Association, 106, 608-625.

[209] Fenske, N., T. Kneib, and T. Hothorn (2011). Identifying Risk Factors for Severe Childhood Malnutrition by Boosting Additive Quantile Regression. Journal of the American Statistical Association, 106, 494-510.

[210] She, Y. Y., and A. B. Owen (2011). Outlier Detection Using Nonconvex Penalized Regression. Journal of the American Statistical Association, 106, 626-639.

[211] Farrington, C. P., K. Anaya-Izquierdo, H. J. Whitaker, M. N. Hocine, I. Douglas, and L. Smeeth (2011). Self-Controlled Case Series Analysis with Event-Dependent Observation Periods. Journal of the American Statistical Association, 106, 417-426.

[212] Greven, S., F. Dominici, and S. Zeger (2011). An Approach to the Estimation of Chronic Air Pollution Effects Using Spatio-Temporal Information. Journal of the American Statistical Association, 106, 396-406.

[213] Kramer, N., and M. Sugiyama (2011). The Degrees of Freedom of Partial Least Squares Regression. Journal of the American Statistical Association, 106, 697-705.

[214] Imai, K. (2011). Multivariate Regression Analysis for the Item Count Technique. Journal of the American Statistical Association, 106, 407-416.

[215] Bhadra, A., E. L. Ionides, K. Laneri, M. Pascual, M. Bouma, and R. C. Dhiman (2011). Malaria in Northwest India: Data Analysis Via Partially Observed Stochastic Differential Equation Models Driven by Levy Noise. Journal of the American Statistical Association, 106, 440-451.

[216] Li, J. L., and W. Y. Zhang (2011). A Semiparametric Threshold Model for Censored Longitudinal Data Analysis. Journal of the American Statistical Association, 106, 685-696.

[217] Van Aelst, S., and G. Willems (2011). Robust and Efficient One-Way Manova

Tests. Journal of the American Statistical Association, 106, 706–718.

[218] Delaigle, A., and A. Meister (2011). Nonparametric Regression Analysis for Group Testing Data. Journal of the American Statistical Association, 106, 640–650.

[219] Mammen, E., M. D. M. Miranda, J. P. Nielsen, and S. Sperlich (2011). Do-Validation for Kernel Density Estimation. Journal of the American Statistical Association, 106, 651–660.

[220] Antal, E., and Y. Tille (2011). A Direct Bootstrap Method for Complex Sampling Designs from a Finite Population. Journal of the American Statistical Association, 106, 534–543.

[221] Cai, T. X., and Y. Y. Zheng (2011). Nonparametric Evaluation of Biomarker Accuracy under Nested Case–Control Studies. Journal of the American Statistical Association, 106, 569–580.

[222] Jiang, J. M., T. Nguyen, and J. S. Rao (2011). Best Predictive Small Area Estimation. Journal of the American Statistical Association, 106, 732–745.

[223] Zhang, K., D. S. Small, S. Lorch, S. Srinivas, and P. R. Rosenbaum (2011). Using Split Samples and Evidence Factors in an Observational Study of Neonatal Outcomes. Journal of the American Statistical Association, 106, 511–524.

[224] Alimadad, A., and M. Salibian-Barrera (2011). An Outlier-Robust Fit for Generalized Additive Models with Applications to Disease Outbreak Detection. Journal of the American Statistical Association, 106, 719–731.

[225] Jing, B. Y., X. B. Kong, and Z. Liu (2011). Estimating the Jump Activity Index under Noisy Observations Using High-Frequency Data. Journal of the American Statistical Association, 106, 558–568.

[226] Bartolucci, F., and L. Grilli (2011). Modeling Partial Compliance through Copulas in a Principal Stratification Framework. Journal of the American Statistical Association, 106, 469–479.

[227] Nolen, T. L., and M. G. Hudgens (2011). Randomization-Based Inference within Principal Strata. Journal of the American Statistical Association, 106, 581–593.

[228] Bergesio, A., and V. J. Yohai (2011). Projection Estimators for Generalized Linear Models. Journal of the American Statistical Association, 106, 661–671.

[229] Zantedeschi, D., P. Damien, and N. G. Polson (2011). Predictive Macro-Finance with Dynamic Partition Models. Journal of the American Statistical Association, 106, 427–439.

[230] Magnus, J. R., B. Melenberg, and C. Muris (2011). Global Warming and Local Dimming: The Statistical Evidence. Journal of the American Statistical Association, 106, 452–464.

[231] Cruz-Marcelo, A., K. B. Ensor, and G. L. Rosner (2011). Estimating the Term

Structure with a Semiparametric Bayesian Hierarchical Model: An Application to Corporate Bonds. Journal of the American Statistical Association, 106, 387–395.

[232] Guan, Y. T., Y. H. Li, and R. Sinha (2011). Cocaine Dependence Treatment Data: Methods for Measurement Error Problems with Predictors Derived from Stationary Stochastic Processes. Journal of the American Statistical Association, 106, 480–493.

[233] Hanlon, B., and A. N. Vidyashankar (2011). Inference for Quantitation Parameters in Polymerase Chain Reactions Via Branching Processes with Random Effects. Journal of the American Statistical Association, 106, 525–533.

[234] Iacus, S. M., G. King, and G. Porro (2011). Multivariate Matching Methods that Are Monotonic Imbalance Bounding. Journal of the American Statistical Association, 106, 345–361.

[235] Mohler, G. O., M. B. Short, P. J. Brantingham, F. P. Schoenberg, and G. E. Tita (2011). Self-Exciting Point Process Modeling of Crime. Journal of the American Statistical Association, 106, 100–108.

[236] Reich, B. J., M. Fuentes, and D. B. Dunson (2011). Bayesian Spatial Quantile Regression. Journal of the American Statistical Association, 106, 6–20.

[237] Gile, K. J. (2011). Improved Inference for Respondent-Driven Sampling Data with Application to Hiv Prevalence Estimation. Journal of the American Statistical Association, 106, 135–146.

[238] Xie, M. E., K. Singh, and W. E. Strawderman (2011). Confidence Distributions and a Unifying Framework for Meta-Analysis. Journal of the American Statistical Association, 106, 320–333.

[239] Kim, J. K., and C. L. Yu (2011). A Semiparametric Estimation of Mean Functionals with Nonignorable Missing Data. Journal of the American Statistical Association, 106, 157–165.

[240] Liu, Y. F., H. H. Zhang, and Y. C. Wu (2011). Hard or Soft Classification? Large-Margin Unified Machines. Journal of the American Statistical Association, 106, 166–177.

[241] Robbins, M. W., R. B. Lund, C. M. Gallagher, and Q. Q. Lu (2011). Change-points in the North Atlantic Tropical Cyclone Record. Journal of the American Statistical Association, 106, 89–99.

[242] Sun, W. G., and Z. Wei (2011). Multiple Testing for Pattern Identification, with Applications to Microarray Time-Course Experiments. Journal of the American Statistical Association, 106, 73–88.

[243] Taddy, M. A., R. B. Gramacy, and N. G. Polson (2011). Dynamic Trees for Learning and Design. Journal of the American Statistical Association, 106, 109–123.

[244] Carroll, R. J., A. Delaigle, and P. Hall (2011). Testing and Estimating Shape-Constrained Nonparametric Density and Regression in the Presence of Measurement Error. Journal of the American Statistical Association, 106, 191–202.

[245] Zhong, P. S., and S. X. Chen (2011). Tests for High-Dimensional Regression Coefficients with Factorial Designs. Journal of the American Statistical Association, 106, 260–274.

[246] Kang, J., T. D. Johnson, T. E. Nichols, and T. D. Wager (2011). Meta Analysis of Functional Neuroimaging Data Via Bayesian Spatial Point Processes. Journal of the American Statistical Association, 106, 124–134.

[247] Datta, G. S., P. Hall, and A. Mandal (2011). Model Selection by Testing for the Presence of Small-Area Effects, and Application to Area-Level Data. Journal of the American Statistical Association, 106, 362–374.

[248] Culp, M. (2011). On Propagated Scoring for Semisupervised Additive Models. Journal of the American Statistical Association, 106, 248–259.

[249] Rosenbaum, P. R. (2011). Some Approximate Evidence Factors in Observational Studies. Journal of the American Statistical Association, 106, 285–295.

[250] Lee, S., M. H. Seo, and Y. Shin (2011). Testing for Threshold Effects in Regression Models. Journal of the American Statistical Association, 106, 220–231.

[251] Lin, D. Y., D. P. Foster, and L. H. Ungar (2011). Vif Regression: A Fast Regression Algorithm for Large Data. Journal of the American Statistical Association, 106, 232–247.

[252] Finley, A. O., S. Banerjee, and D. W. MacFarlane (2011). A Hierarchical Model for Quantifying Forest Variables over Large Heterogeneous Landscapes with Uncertain Forest Areas. Journal of the American Statistical Association, 106, 31–48.

[253] Xiao, G. H., X. L. Wang, and A. B. Khodursky (2011). Modeling Three-Dimensional Chromosome Structures Using Gene Expression Data. Journal of the American Statistical Association, 106, 61–72.

[254] Woodard, D. B., and M. Goldszmidt (2011). Online Model-Based Clustering for Crisis Identification in Distributed Computing. Journal of the American Statistical Association, 106, 49–60.

[255] Efromovich, S. (2011). Nonparametric Regression with Predictors Missing at Random. Journal of the American Statistical Association, 106, 306–319.

[256] Nadkarni, N. V., Y. Q. Zhao, and M. R. Kosorok (2011). Inverse Regression Estimation for Censored Data. Journal of the American Statistical Association, 106, 178–190.

[257] Ma, Y. Y., and E. Ronchetti (2011). Saddlepoint Test in Measurement Error Models. Journal of the American Statistical Association, 106, 147–156.

[258] Hung, Y. (2011). Adaptive Probability-Based Latin Hypercube Designs. Journal of the American Statistical Association, 106, 213-219.

[259] Dupuis, D. J., and M. P. Victoria-Feser (2011). Fast Robust Model Selection in Large Datasets. Journal of the American Statistical Association, 106, 203-212.

[260] Chen, K., K. H. Chen, H. G. Muller, and J. L. Wang (2011). Stringing High-Dimensional Data for Functional Analysis. Journal of the American Statistical Association, 106, 275-284.

[261] Paige, R. L., P. L. Chapman, and R. W. Butler (2011). Small Sample Ld50 Confidence Intervals Using Saddlepoint Approximations. Journal of the American Statistical Association, 106, 334-344.

[262] Wolfson, J. (2011). Eeboost: A General Method for Prediction and Variable Selection Based on Estimating Equations. Journal of the American Statistical Association, 106, 296-305.

[263] Kidwell, P., G. Lebanon, and K. Collins-Thompson (2011). Statistical Estimation of Word Acquisition with Application to Readability Prediction. Journal of the American Statistical Association, 106, 21-30.

后 记

　　一部著作的完成需要许多人的默默贡献，闪耀着的是集体的智慧，其中铭刻着许多艰辛的付出，凝结着许多辛勤的劳动和汗水。

　　本书在编写过程中，借鉴和参考了大量的文献和作品，从中得到了不少启悟，也汲取了其中的智慧菁华，谨向各位专家、学者表示崇高的敬意——因为有了大家的努力，才有了本书的诞生。凡被本书选用的材料，我们都将按相关规定向原作者支付稿费，但因为有的作者通信地址不详或者变更，尚未取得联系。敬请您见到本书后及时函告您的详细信息，我们会尽快办理相关事宜。

　　由于编写时间仓促以及编者水平有限，书中不足之处在所难免，诚请广大读者指正，特驰惠意。